SELECTED WRITINGS OF J. HILLIS MILLER

J. 希利斯·米勒文集

著 [美] J. 希利斯·米勒 (J.Hillis Miller)

主编 王逢振 周敏

中国社会科学出版社

图书在版编目（CIP）数据

　　J. 希利斯·米勒文集/王逢振，周敏主编. —北京：中国社会科学
出版社，2016.1
　　ISBN 978 - 7 - 5161 - 6713 - 7

　　Ⅰ.①J… 　Ⅱ.①王…②周… 　Ⅲ.①米勒,J. H. —文集
Ⅳ.①K837. 125. 6 - 53

　　中国版本图书馆 CIP 数据核字（2015）第 166966 号

出 版 人　赵剑英
选题策划　郭沂纹
责任编辑　张　湉
特约编辑　丁玉灵
责任校对　韩天炜
责任印制　李寡寡

出　　　版　中国社会科学出版社
社　　　址　北京鼓楼西大街甲 158 号
邮　　　编　100720
网　　　址　http://www.csspw.cn
发 行 部　010 - 84083685
门 市 部　010 - 84029450
经　　　销　新华书店及其他书店

印刷装订　北京君升印刷有限公司
版　　次　2016 年 1 月第 1 版
印　　次　2016 年 1 月第 1 次印刷

开　　本　650×960　1/16
印　　张　40
字　　数　518 千字
定　　价　88.00 元

凡购买中国社会科学出版社图书,如有质量问题请与本社营销中心联系调换
电话:010 - 84083683

总　序

　　1986—1987 年，我在厄湾加州大学（UC Irvine）从事博士后研究，先后结识了莫瑞·克里格（Murray Krieger）、J. 希利斯·米勒（J. Hillis Miller）、沃尔夫冈·伊瑟尔（Walfgang Iser）、雅克·德里达（Jacques Derrida）和海登·怀特（Hayden White）；后来应老朋友弗雷德里克·詹姆逊（Fredric Jameson）之邀赴杜克大学参加学术会议，在他的安排下又结识了斯坦利·费什（Stanley Fish）、费兰克·伦屈夏（Frank Lentricchia）和爱德华·赛义德（Edward W. Said）等人。这期间因编选《最新西方文论选》的需要，与杰费里·哈特曼（Geoffrey Hartman）及其他一些学者也有过通信往来。通过与他们交流和阅读他们的作品，我发现这些批评家或理论家各有所长，他们的理论思想和批评建构各有特色，因此便萌发了编译一批当代批评理论家的"自选集"的想法。1988 年 5 月，J. 希利斯·米勒来华参加学术会议，我向他谈了自己的想法和计划。他说"这是一个绝好的计划"，并表示将全力给予支持。考虑到编选的难度以及与某些作者联系的问题，我请他与我合作来完成这项计划。于是我们商定了一个方案：我们先选定十位批评理论家，由我起草一份编译计划，然后由米勒与作者联系，请他们每人自选能够反映其思想发展或基本理论观点的文章约 50 万至 60 万字，由我再从中选出约 25 万至 30 万字的文章，负责组织翻译，在中国出版。但

1989 年以后，由于种种原因，这套书的计划被搁置下来。1993年，米勒再次来华，我们商定，不论多么困难，也要将这一翻译项目继续下去（此时又增加了版权问题，米勒担保他可以解决）。作为第一辑，我们当时选定了十位批评理论家：哈罗德·布鲁姆（Harold Bloom）、保罗·德曼（Paul de Man）、德里达、特里·伊格尔顿（Terry Eagleton）、伊瑟尔、费什、詹姆逊、克里格、米勒和赛义德。1995 年，中国社会科学出版社决定独家出版这套书，并于 1996 年签了正式出版合同，大大促进了工作的进展。

　　为什么要选择这些批评理论家的作品翻译出版呢？首先，他们都是在当代文坛上活跃的批评理论家，在国内外有相当大的影响。保罗·德曼虽已逝世，但其影响仍在，而且其最后一部作品于去年刚刚出版。其次，这些批评理论家分别代表了当代批评理论界的不同流派或不同方面，例如克里格代表芝加哥学派或新形式主义，德里达代表解构主义，费什代表读者反应批评或实用批评，赛义德代表后殖民主义文化研究，德曼代表修辞批评，伊瑟尔代表接受美学，米勒代表美国解构主义，詹姆逊代表美国马克思主义和后现代主义文化研究，伊格尔顿代表英国马克思主义和意识形态研究。当然，这十位批评理论家并不能反映当代思想的全貌。因此，我们正在商定下一批批评家和理论家的名单，打算将这套书长期出版下去，而且，书籍的自选集形式也可能会灵活变通。

　　从总体上说，这些批评家或理论家的论著都属于"批评理论"（critical theory）范畴。那么什么是批评理论呢？虽然这对专业工作者已不是什么新的概念，但我觉得仍应该略加说明。实际上，批评理论是 60 年代以来一直在西方流行的一个概念。简单说，它是关于批评的理论。通常所说的批评注重的是文本的具体特征和具体价值，它可能涉及哲学的思考，但仍然不会脱离文本价值的整体观念，包括文学文本的艺术特征和审美价值。而批评理论则不同，它关注的是文本本身的性质，文本与作者的关系，文本与读者的关系以及读者的作用，文本与现实的关系，语言的作用和地位，等等。换句话说，它关注的是批评的形成过程和运作方式，批评本身的特征和价值。由于批评可以涉及多种学科和多种文本，所以批评理论不限于文学，而是一个新的跨学科的领域。它与文学批评和文学理论有这样那样的联系，甚至有某些共同的问题，但它有自己的独立性和自治性。大而化之，可以说批评理论的对象是关于社会文本批评的理论，涉及文学、哲学、历史、人类学、政治学、社会学、建筑学、影视、绘画，等等。

批评理论的产生与社会发展密切相关。60 年代以来，西方进入了所谓的后期资本主义，又称后工业社会、信息社会、跨国资本主义社会、工业化之后的时期或后现代时期。知识分子在经历了 60 年代的动荡、追求和幻灭之后，对社会采取批判的审视态度。他们发现，社会制度和生产方式以及与之相联系的文学艺术，出现了种种充满矛盾和悖论的现象，例如跨国公司的兴起，大众文化的流行，公民社会的衰微，消费意识的蔓延，信息爆炸，传统断裂，个人主体性的丧失，电脑空间和视觉形象的扩展，等等。面对这种情况，他们充满了焦虑，试图对种种矛盾进行解释。他们重新考察现时与过去或现代时期的关系，力求找到可行的、合理的方案。由于社会的一切运作（如政治、经济、法律、文学艺术等）都离不开话语和话语形成的文本，所以便出现了大量以话语和文本为客体的批评及批评理论。这种批评理论的出现不仅改变了大学文科教育的性质，更重要的是提高了人们的思想意识和辨析问题的能力。正因为如此，批评理论一直在西方盛行不衰。

我们知道，个人的知识涵养如何，可以表现出他的文化水平。同样，一个社会的文化水平如何，可以通过构成它的个人的知识能力来窥知。经济发展和物质条件的改善，并不意味着文化水平会同步提高。个人文化水平的提高，在很大程度上取决于阅读的习惯和质量以及认识问题的能力。阅读习惯也许是现在许多人面临的一个问题。传统的阅读方式固然重要，但若不引入新的阅读方式、改变旧的阅读习惯，恐怕就很难提高阅读的质量。其实，阅读方式也是内容，是认知能力的一个方面。譬如一谈到批评理论，有些人就以传统的批评方式来抵制，说这些理论脱离实际，脱离具体的文学作品。他们认为，批评理论不仅应该提供分析作品的方式方法，而且应该提供分析的具体范例。显然，这是以传统的观念来看待当前的批评理论，或者说将批评理论与通常所说的文学批评或理论混同了起来。其实，批评理论并没有脱离实际，更没有脱离文本；它注重的是社会和文化实际，分析的是社会文本和批评本身的文本。所谓脱离实际或脱离作品只不过是脱离了传统的文学经典文本而已，而且也并非所有的批评理论都是如此，例如詹姆逊那部被认为最难懂的《政治无意识》，就是通过分析福楼拜、普鲁斯特、康拉德、吉辛等作家作品来提出他的批评理论的。因此，我们阅读批评理论时，必须改变传统的阅读习惯，必须将它作为一个新的跨学科的领域来理解其思辨的意义。

要提高认识问题的能力，首先要提高自己的理论修养。这就需要像经济建设那样，采取一种对外开放、吸收先进成果的态度。对于引进批评理论，还应该有一种辩证的认识。因为任何一种文化，若不与其他文化发生联系，就不可能形成自己的存在。正如一个人，若无他人，这个人便不会形成存在；若不将个人置于与其他人的关系当中，就不可能产生自我。同理，若不将一国文化置于与世界其他文化关系之中，也就谈不上该国本身的民族文化。然而，只要与其他文化发生关系，影响就是双向性的；这种关系是一种张力关系，既互相吸引又互相排斥。一切文化的发展，都离不开与其他文化的联系；只有不断吸收外来的新鲜东西，才能不断激发自己的生机。正如近亲结婚一代不如一代，优种杂交产生新的优良品种，世界各国的文化也应该互相引进、互相借鉴。我们无须担忧西方批评理论的种种缺陷及其负面影响，因为我们固有的文化传统，已经变成了无意识的构成，这种内在化了的传统因素，足以形成我们自己的文化身份，在吸收、借鉴外国文化（包括批评理论）中形成自己的立足点。

今天，随着全球化的发展，资本的内在作用或市场经济和资本的运作，正影响着世界经济的秩序和文化的构成。面对这种形势，批评理论越来越多地采取批判姿态，有些甚至带有强烈的政治色彩。因此一些保守的传统主义者抱怨文学研究被降低为政治学和社会科学的一个分支，对文本的分析过于集中于种族、阶级、性别、帝国主义或殖民主义等非美学因素。然而，正是这种批判态度，有助于我们认识晚期资本主义文化的内在逻辑，使我们能够在全球化的形势下，更好地思考自己相应的文化策略。应该说，这也是我们编译这套丛书的目的之一。

在这套丛书的编选翻译过程中，首先要感谢出版社领导对出版的保证；同时要感谢翻译者和出版社编辑们（如白烨、汪民安等）的通力合作；另外更要感谢国内外许多学者的热情鼓励和支持。这些学者们认为，这套丛书必将受到读者的欢迎，因为由作者本人或其代理人选择的有关文章具有权威性，提供原著的译文比介绍性文章更能反映原作的原汁原味，目前国内非常需要这类新的批评理论著作，而由中国社会科学出版社出版无疑会对这套丛书的质量提供可靠的保障。这些鼓励无疑为我们完成丛书带来了巨大力量。我们将力求把一套高价值、高质量的批评理论丛书奉献给读者，同时也期望广大读者及专家学者热情地提出建议和批评，以便我们在以后的编选、翻译和出版中不断改进。

王逢振

1997 年 10 月于北京

目 录

一 阅读的伦理

二 理论介入

三 文学中的言语行为

四　他者主题

五　维多利亚主题

六　论德里达

致 谢

非常感谢国外出版社授予本选集中相关文章的中文翻译权。
具体文章和出版社如下：

《〈达洛卫夫人〉：作为已逝再生的重复》

"*Mrs. Dalloway*：Repetition as the Rising of the Dead", a-
bridged and reprinted by permission of the publisher from *Fiction and
Repetition*：*Seven English Novels* by J. Hillis Miller, pp. 176 – 202,
Cambridge, Mass. Harvard University Press, Copyright © 1982 by J.
Hillis Miller.

《跨国大学中的文化研究》

"Literary Study in the Transnational University", pp. 3 – 183,
from *Black Holes*, Copyright © 1999 by the Board of Trustees Leland
Stanford Jr. University.

《什么是异述性?》、《保罗·德曼》、《述行性的情感：德里
达、维特根斯坦、奥斯汀》、《马塞尔·普鲁斯特》

"What Is Iterability?" pp. 77 – 85; "Paul de Man", pp. 140 –
154; " Passion Performative：Derrida, Wittgenstein, Austin ",
pp. 155 – 176; "Marcel Proust", pp. 176 – 213; from *Speech Act in*

《弗里德里希·史莱格尔：对混沌的误用》、《约瑟夫·康拉德：我们该阅读〈黑暗之心〉吗?》、《E. M. 福斯特：公正地阅读〈霍华德庄园〉》

《叙事的伦理》、《阅读的伦理：巨大的裂缝和分别的时刻》、《阅读启示：康德》、《艾米莉·勃朗特》、《杰拉尔德·曼利·霍普金斯诗歌中的自我创造》、《哈代》、《如何阅读文学》、《艺术政治化——什么是文化研究?》

《信仰的告白》、《德里达的遗留物》、《德里达独特的述行性理论》

"A Profession of Faith", pp. 1 – 8; "Derrida's Remians", pp. 72 – 100; "Derrida's Special Theory of Performativity", pp. 133 – 173, from *For Derrida* by J. Hillis Miller, Copyright © 2009, Fordham University Press.

前　言

　　非常感谢王逢振和周敏从我多年的写作中编选、翻译了这里收录的二十篇文章，能够把这二十篇富有代表性的文章呈现给中国读者我深感荣幸。这对我真是慷慨之举。王逢振和周敏比我更加清楚中国读者会对哪些文章感兴趣，哪些文章对中国读者更加有用，他们的这些选目不仅精确而且极具代表性。

　　在中国拥有许多读者于我真是一件乐事。在我多次访问中国、在中国参加会议期间，我得以认识其中一些读者，我还通过电子邮件与一些阅读、研究我的著作的中国学者相识。对于中国大学里近年来文学及文学理论研究的发展和进步，我深感敬佩。能够在这些年参与到这些变化之中，尽管只是一小部分，比如中国比较文学的显著发展，我深感荣幸。

　　王逢振和周敏把我的这些论文分成了六个部分：阅读的伦理；理论介入；文学中的言语行为；他者主题（指我对几位欧洲作家的阅读）；维多利亚主题；论德里达。他们的这个分类做得非常好，在"理论介入"部分甚至包括了我长期从事、最近更加重视互联网、iPhone 和电子文本影响下的当今的世界中文学的功用研究。

　　从我最初授课和写作之时，我的工作始终离不开对文学作品的认真阅读。我一直热衷于把我对文学的热爱传递给其他人、学生以及世界各地的同行。尽管我对理论始终怀有兴趣，但我始终主要把它当作工具来帮助阅读文学作品。然而，就像阅读优秀的文学作品一样，对理论的阅读也要关注其语言细节。理论不能被简化为几句概括性的口号。

现在让我来详细谈谈为什么文学一直对我如此重要。

文学由字母组成，最早是书写、印制在纸张上面的。众所周知，晋代时期（265—420）印刷术在中国发明、发展起来，随后在宋朝（960—1279）出现了活字印刷，1440 年德国约拿·古登堡（Johann Guttenberg）发明了金属印刷术，使得印刷更加简单。对整个世界而言，印刷术的发明都是文明的进步。自 17 世纪至今，文学的传播一直是靠印刷术实现的，这一时期正是西方所谓的文学黄金时期。

维多利亚时代的读者想当然地认为文学，特别是小说，是对他们所生活世界的反映，而且，小说教导他们在婚姻等日常生活方面的礼仪。这种对重视文学的观念可以解释为什么模仿的、现实主义范式何以在今天仍然流行。不过，文学同时也是维多利亚时代的人们想象世界的主要渠道。这些享乐通常被认为是罪恶和危险的，特别是对于年轻的女性和年轻男子而言，以简·奥斯汀的《诺桑觉寺》中的女主人公凯瑟琳·莫兰，以及康纳德笔下的吉姆爷为例。福楼拜笔下的爱玛·包法利正是文学作品所腐蚀的代表性人物。这两种关于文学的重要性的观点在维多利亚时期文化和整个欧洲文化中一直颇有争议，这种争议说明了维多利亚时代中上层知识分子对文学功用的观点。试想一下，维多利亚时期没有电影，没有收音机，没有电视，没有录像，没有 DVD，没有互联网，没有电子文本，没有 iPhone，技术十分贫乏！他们只有用书籍、报纸和杂志来表达对现实的反映和畅想、想象世界。

我们知道，现在情况已经大大不同了。新的技术——电脑、iPad、互联网、脸书、推特、手机，以及电子文本，更不用说电影、电视，还有电子游戏——都已经在很大程度上取代了印刷文学对世界的反映，对人们日常行为方式的教导，以及作为"文之悦"的源泉作用。尽管现在世界各地的人们仍然在阅读印刷书籍，但是它们的影响力正在消失。人们日均上网时间就可以说明这一点，在这种新情况下，文学需要新的辩护。

下面我将简要谈谈为什么文学一直对我非常重要，而且还要继续重要下去。尽管我并非维多利亚时代人，但信不信由你，我的确怀念那个除了书籍以外，电子交流只有收音机、电话、录音机以及少量电影的时代。我曾住在上纽约州的一个小村庄。从小我就喜欢文学，读了很多书，我是出于对想象世界的喜欢，而不是为了学习更好的日常规范而阅读。我哪里在乎那个?! 我也在刘易斯·卡洛尔（Lewis Carroll）的字母游戏书以及 A. A. 米琳（A. A. Milne）的小熊维尼图书中获得同样多的欢乐，这些我曾在《论文学》中有过详细记载。尽管我妈妈是位高中英文老师，我爸爸是个规模很小的大学的校长（他在约翰·杜威的指导下在哥伦比亚大学获得心理学博士学位），但当我去欧柏林大学（Oberlin College）读物理时，我的文学知识还是相当贫乏的。

由于"热爱文学"，也因为我发现文学特别令人迷惑，在欧柏林大学二年级的时候我从物理转向了文学。对我而言，文学是一个挑战，就像要对来自银河系或者黑洞的一个奇怪数据进行解释。我发现欧柏林许多学生的文学知识都远胜于我。比如，我当时就从未听说过 T. S. 艾略特的名字。高中时我们有一个挺好的文学老师，他讲授美国文学，但他所讲的大都是一些重要著作的名字或者美国文学作家，因此我知道 18 世纪有一个叫让·德·克拉维瑟里（St. Jean de Crèvecœur）的人写过一本叫做《美国农夫的来信》（*Letters from an American Literature*）的书，但我从来没有读过这本书。我们从来没有在那个课上读过原著，我记得我们家到现在都没有克拉维瑟里的书，大部分人都没有这本书。

想想吧，欧柏林的文学课都讲得很好，并没有要求学生阅读各个时期的文本，这些是在我转成英语专业以后发现的。欧柏林的课程包括英语文学的各个方面，甚至有现在比较边缘化的题目，如华滋华斯之前、德莱顿和蒲伯之后的 18 世纪诗歌。我怀疑现在美国的学校是否还有这类课程，大概中国还有。

　　尽管受到了不少的训练，但是我至今仍为文学作品所迷惑。我还记得那首很能表达我的迷惑的诗歌，是丁尼生写的一首短诗，收录在《公主》里，标题是"眼泪，无聊的眼泪"。这是一首非常美妙的诗歌，当我还在读物理专业的时候我就阅读了这首诗，感觉其中语言的使用非常奇妙。在课堂，我们被教育要直言真相，尽量不要使用复杂的语言。而丁尼生运用的语言绝非如此。那首诗是这么开始的：

> 眼泪，无聊的眼泪，我不知道它们有何意味
> 发自神圣绝望深处的眼泪
> 从心底升起，汇聚在眼睛
> 凝望着幸福的秋日田野
> 怀想着时光不再的日子

　　我问我自己，"这到底是什么意思?"丁尼生说他的眼泪"无聊"是什么意思? 在什么意义上这些眼泪是无聊的? 他为什么会写，"我不知道它们有何意味"? 我也不知道它们有何意味。这首诗非常美，无论是节奏，用词还是形象都非常优美，这是毫无疑问的，但那又怎样呢? "来自神圣绝望深处的眼泪"，"神圣绝望"是什么意思? 它一定意味着什么神灵的绝望。什么神灵? 神灵是不应该绝望的。这位神灵因何绝望呢? 为什么秋日的田野会幸福? 我觉得它们不过是非人之物而已。简而言之，对这么几行诗我就有十几处的疑问。我觉得仅仅把诗歌大声读给学生，就

像老师们通常做的那样，并告诉他们这诗歌有多么优美是不够的。当然，我同意，这诗歌很美。但它有何意味？我想我们有理由要求文学作品有较高程度的"可解释性"，并且要求教师能够帮助学生来解释作品。我继续自问，我是否理解了这首诗歌对我的重要性？我希望找到这些问题的答案，就像天体物理学家希望解释来自外太空的数据一样。在我从物理系转到英语系十几年之后，我发表了一篇迟到的文章，题为"时间地质学"的，试图回答我对"眼泪，无聊的眼泪"的问题。我花了好几年的时间才明白自己当时的错误，我仍在试图解释诗歌的意义和它的表达方式。对我的错误可以有一个简单的解释，即来自星球的数据和构成诗歌的语言"物质"需要完全不同的"解释"方法。我一生都在试图解释各种各样的"文学"作品，现在我终于明白它们是由单词，而不是星球什么的构成的。这就是我的职业：阅读、讲授文学，针对文学讲演、写作。文学对我至关重要。

　　那么，今天文学的地位又如何呢？显而易见，印刷形式的诗歌、戏剧和小说是越来越不受重视了。现在是印刷文学的迟暮时代，这个时代始自四个多世纪之前，现在它有可能寿终正寝，但文明并不会就此消亡。当然，文学作品仍在全世界被广泛地阅读，但在不同的程度上，不同的地方，文学对许多人来说已经越来越不重要了，包括受过高等教育的人。文学具有双重的作用，一方面它给予我们进入想象世界的乐趣，另一方面它又帮助我们了解现实的世界。现在这些功能已经越来越被转移到可以进行电子交流的新技术上，比如电影、电子游戏、电视表演、流行音乐、Facebook，等等。我把电视新闻广播也视为想象的形式。对许多人来说，在印刷的页面上用单词来创造想象世界的能力或需要已经越来越不重要了。或许人们也正在越来越不擅长于此了。当人们能非常简单地去观看 BBC 精彩的电视节目时，为什么还要费那么大的功夫去阅读那特别难读的小说，比如亨利·詹姆斯的《金碗》呢？

这种新的电子交流设备给整个人类的文化带来了迅速和完全的变化，文学也从根本上受到了巨大的影响。无论是在表面还是更为深层的层面上，把乔治·艾略特的《米德尔马契》下载在电脑屏幕、Kindle 或者 iPad 上进行阅读与阅读印刷版本都是不一样的。部分的原因是因为电子版本可以搜索，常常还能够被剪切、粘贴；部分原因是由于电子版的载体，与印刷版本非常不同；部分原因是电子文本与其他文本并列其他文本（赛博空间的异质性与图书馆里按字母整齐排列的书籍是多么的不同）；部分原因是由于它的便携性以及非地点性——由于赛博空间的非空间性，和电脑屏幕上的字母与印刷书籍上的字母是如此不同，印刷书籍是你能拿在手上的实在物体。

文学作品创作的过程也发生了根本的改变。文学的基础，它的物质基础，已经发生了革命性的改变。作家再也不需要用钢笔或铅笔在纸上一遍一遍地修改草稿，然后费劲地打字、再打字，直到最终的草稿能够被排版。在早期的印刷时代，这种排版是一个字母、一个字母完成的，后来有了画线机，可以用手来画线、校对，不断地重排。电脑上完成的文学作品把这些都改变了。电脑文件很容易修改，这也意味着一个新的文学作品永远不会最终完成，它总是可以被进一步修改，就像我现在就正在对这篇文章进行修改。在很大程度上，电脑文件出现后的纸质草稿消失了。这就导致了致力于某一文本的早期草稿的版本学研究的过时。这种新的文学形式从起初就是以一种准空心的形式存在的，就好像硬盘上的二进制，或者"云记忆"等。尽管文件（很怪的字）最终以印刷的形式出现，现在的印刷可以根据电脑文件丝毫不差地被印刷出来，通常以 PDF 的形式。文学作品越来越以印刷版本和电子文本同时出版。那些还阅读文学的人通常会选择"在线"阅读，我把这称为文学的"电子戏法"（prestidigitalization）。

"媒介即作者"，这是我最近一本书的标题。一部文学作品的物质形式可以从根本上决定它的意义及其述行力量。文学的物质形式至关重要。新的电脑"媒介"使得文学与原先的形式发生了根本的改变。我们必须从两个方面来理解"媒介"，一方面作为一种新的物质基础，另一方面则是传播的那种幽灵般、精神性、巫术般的通灵的方式。媒介可以传达信息。奇怪的是，写作的时候人会想到自己的手指。我并非作家，不过就是不断地围绕文学进行些写作。不过，我曾经经历了从用钢笔写作到电脑键盘写作的困难，当然我现在已经习惯于此。现在这一切就正在发生：这些单词正从我的神经系统通过我的手指到达键盘，然后又神奇地出现在电脑屏幕上，随着它们被键盘输入，好像有什么内在声音在对它们讲话。它们通过一个更具"发现性"的发明的身体过程出现，而不是被有意"制造"出来。

很早以前，在《激情》（Passion）一书中，雅克·德里达（Jacques Derrida）区分了现代西方意义上的文学与有着几个世纪历史的印刷文化。伴随着印刷文化，产生了新的技术以及现代民主和现代资本主义的，同时出现了知识中产阶级，他们可以自由地在文学作品中表达观点却不必承担责任。作家总是可以说，就像小说中的叙述者和诗歌中的抒情者，"那并非我在说话，而是一个由语言创造的想象的人物在说话"。不仅对于西方文学，对于今天越来越重要的"世界文学"而言，德里达的这种对文学的解释也是有问题的。许多国家的被称为世界文学一部分的文学作品，并非是西方那种资本主义民主意义上的文学。那是否意味着它们的诗歌和小说就不是"文学"呢？还是德里达的概括并不适用于西方之外的情形？

德里达也在另一名篇《明信片》中有关"邮件"的一篇文章里提到计算机技术以及其他一些重要的文化机构，将带来文学

的消亡。德里达其中一个想象的明信片作者这么写道："所谓的
完整的文学时代，即使不是全部，也不能在电子交流时代的技术
王国（在这个意义上政治王国倒在其次了）存活。"

哲学、心理分析或者情书都不能存活。技术王国推翻了任何
政治王国，正如我们在"阿拉伯春天"里看到的对压迫性的北
非王国的反抗的变化一样。这些又受到手机应用的影响。在
"邮件"的另外一处，德里达写道，倘若弗洛伊德当时通过电子
邮件，而不是借助邮局系统或者电话，作为准——科学的对社会
制度的心理分析会大不一样。文学亦然。假设一下吧，倘若莎士
比亚或菲尔丁、华滋华斯或狄更斯当时能够在电脑上创作并在自
己的个人网页或者 Facebook 上发表作品，那会是种什么情形！
单是想想这些就够让人吃惊的！

表面看来，德里达是对的，即是说，在每个国家，以不同的
方式和程度，印刷文学作为一种文化力量都在逐渐消亡。美国的
例子是，近年来，美国大学英语专业的比例从 8％下降到了 4％，
同时语言专业也从 2％下降到了 1％，大量的文学博士失业或者
半失业，政治家在他们关于教育（主要是科学和数学）的高谈
阔论中绝口不提文学教育，许多讲授文学的院系转向了"文化
研究"，在他们的研究中已经很少关注文学文本，文学已经或多
或少成为许多文化形式中的次要文化形式。在贝拉克·奥巴马关
于教育的演讲中我从未听他提到文学。他的重点，甚至大学校长
如耶鲁大学校长里查德·莱文（Rich Levin）的重点，也都是在
于提高科学、数学和工程教育，以便美国能在"全球经济中具
有竞争力"。理查德·阿特金森（Richard Atkinson）则说那也
是他几年前担任有九个校区的加利福尼亚大学校长时的目标。在
西方，将人文学科作为整个人生和职业预备的模式正在被取代，
现在高等教育的目标是科学和数学的职业教育，以预备学生未来
在技术和商业领域里就业，比如计算机编程。这类工作不需要阅

读莎士比亚。

在中国的经历让我感到，文学研究，包括英国文学和美国文学研究，在中国比在美国要繁荣得多。我非常高兴看到这一点。比如，最近在一个学术会议上我听说一个英美文学专业年轻的硕士生对艾米莉·迪更森（Emily Dickinson）的诗歌进行了精彩的细读，并把它们与中国传统诗歌进行了熟练简洁的对比。有时候我甚至觉得严肃的英美文学研究已经迁移或者被"转包"到中国了。

现在在美国，文学似乎是个无关重要的消遣。这是一个全球化的、被电子交流所控制的时代，历经两次经济上探底的衰退，美国的失业率高达7.9%（如果包括兼职、半失业以及那些已经放弃努力的人，这个数字会高许多），美国15.1%的贫困率以及陈旧的基础设施，欧洲许多国家的政治混乱，灾难性的气候变化，所有这一切，都使得文学重要性看似无关紧要。但在今天，关于文学的重要性的问题是值得担忧的。可有谁会在乎呢？我们如何去证实花时间思考这些看起来微不足道、无关紧要的事情是有意义的呢？这个前言就是试图给予这些问题一些正面的答案。

我在别处曾经讨论过对于老的文学作品的时代性误读。我所谓的时代性误读指的是在我们这个时代阅读文学作品，并非指的是让我们的思想回到文艺复兴时代的心态去阅读莎士比亚，或者说以维多利亚时代中产阶级的心态去阅读狄更斯或乔治·艾略特。统一时代的心态的观念，比如瓦特·胡顿（Walter Houghton）在《维多利亚时期的精神结构》（*The Victorian Frame of Mind*, 1957）和 E. M. W. 蒂里亚德（E. M. W. Tillyard）的《伊丽莎白的世界图景》（*Elizabethan World Picture*, 1942），无论如何都是很成问题的。维多利亚时期和伊丽莎白时期的精神结构，是非常多样的，就像我们之前所提到的那些经典作品。就算存在统一时代的心态，为什么要在想象中与其认同呢，我们又不是文学史家？他们是所谓非个人化和客观的学者。为何要假装我们仍是维多利亚时代的人或伊丽莎白时代的人呢？我想答案在于它能够改善我们的心智，使得我们能够更好地阅读《哈姆雷特》、《米德尔马契》，或者丁尼生的《公主》。然而，文学作品为读者制造出恰当的精神结构，虽然历史的注脚有解释作用，但每一个文本都创造出一种不同的精神结构。与所谓"历史想象"的优点不同，我认为文学的重要性在于文学阅读当下的作用，"修辞性"的阅读是一种训练，可以帮助我们辨别谎言、虚幻的意识形态以及隐含的政治意义，这些今天在媒介中将我们从各方面包围。比如乔治·艾略特的《米德尔马契》讲述了一个特别聪明的年轻女子多萝西布鲁克的故事，她总是误解周围的人的意图，并且因此陷入了一个灾难性的婚姻。她就是误读的经典案例，就像亨利·詹姆斯《一位年轻女士的肖像》中的伊莎贝尔·亚切，或者康拉德《吉姆爷》（1899—1900）中的主人公。

　　让我给大家举一个现今大众媒体中的例子，"修辞阅读"的训练将能够帮助我们避免这些小说人物所犯的错误：美国全国广播公司的电视晚间新闻每晚结束的时候都有一个"爱心带来改变"的环节。这些都是关于一些人、家庭或者团体如何帮助邻人的感人故事。最近的一个节目介绍了一个位于得克萨斯州的家庭每个月寄给阿拉巴马州的一个家庭 2000 美元，因为后者家庭顶梁柱失业，他们的贷款也因此被取消了赎回权。由于无力偿还每月的贷款，他们就要失去自己的房子。现在得州的家庭还在帮助阿州的爸爸寻找工作。谁会不羡慕得州家庭的善举和他们的人道主义同情心呢？但是，这其中隐含有政治信息，用这类故事日复一日地教化观众，暗示美国不需要对富人和大型机构增税，不需要更好的教育，不需要对银行、其他金融机构以及信用卡公司进行规范，不需要刺激联邦政府的花费以便创造工作机会、普及医疗，不需要控制二氧化碳的排放，等等。我们不需要关注这些，因为总会有得克萨斯州或其他地方那样的家庭会去帮助那些需要帮助的人。

教导人们对那些老的诗歌、戏剧以及小说进行"修辞性"阅读，有助于他们理解媒体信息的种种含义。我所说的"修辞性"指的是按照解释学和诗学之间的区别来教授文学，也就是说要辨析意义的所指和意义表达的方式。我是从保罗·德曼借用的这个词，他又是从沃尔特·本雅明和德国康斯坦茨大学出版的"解释学和诗学"系列会议的论文集里借用的。德曼说，我认为他说得很正确，解释学和诗学是互不相容的。当然，这种不相容性可以从新媒介的例子中得出，比如，石油、天然气以及煤炭电视营销的代言人一直都是女性、"少数族裔"，或者长络腮胡的知识分子，而不是那些无情贪婪的白人男性，但他们实际上拥有着雪佛龙、哈利伯顿等公司。但是，许多最好的"修辞性"阅读是对文学作品或者哲学和理论文本的阅读，比如德曼和德里达的阅读。而且，文学文本提供了更加集中和复杂的例子，能够说明语言的复杂性以及它们如何有效地说服读者。

根据诗学和解释学之间的区别来教授文学是一个使文学继续发生作用的方法。唉，可是这种阅读文学的方法不太可能普及，至少在美国不可能，尽管它很有可能在中国实现。在美国这只是一个梦想。也许在某种特殊情况中这个梦想能够实现，但美国的大部分文学老师已经不再被教导要如此讲授文学了。如我前面所说，至少在美国，文学教育已经越来越少了。对许多美国人来说，文学根本就不重要了。

或许有人说，人类对于文学性、想象性的难以满足的欲望，即对于言语或其他符号的比喻性或虚构性运用的欲望已经转移到其他媒介之上了，比如电影，包括动画片，或者电子游戏，甚至使用双关语的报纸标题，或者电视广告。"对于词语或其他符号的某种比喻性或虚构性运用"是对"文学性"颇成问题的界定，而且，这也需要大量的说明。我认为德里达是正确的，在《文学行为》所记录的他与德里克·阿特里基（Derek Attridge）的访谈中，德里达指出，"没有文本自身是文学性的。文学性并非一个特定的性质，并非文本的固有特性。它是与文本的一种意向性关系的相关物，其把自己作为一个构成部分或一个意向性层次结合于其中，是一种多少有些对规则的含蓄认识，这些规则在任何情况下都是传统的，或者制度——社会性的"。"意向性"在此是胡塞尔或现象学意义的指称，表示对于某物或某人的意识指向。报纸标题和电视广告通常是非常明显地具有机智和想象力的。如果德里达是对的，我们有理由把它们的"意向"视为"文学性"的表达。电视广告通常能把观众立刻带到一个古怪或闹剧般的想象世界，就像那支小狗四处奔跑要寻找一个安全之处来隐藏自己的骨头的广告。这是一个类比，暗示人类要寻找安全之处安放钱财。这个焦虑的小狗的场景是一个投资公司的广告。它是对一个隐喻性比较的使用。

　　这种广告使用一种复杂的固定的成规，它们通常会采用动画或者其他高级的电影技术。顺便指出，这种广告很多包含着大量的谎言，或者至少是意识形态的扭曲，比如我前面所讲的美国全国广播新闻里的"爱心带来改变"系列，或者那些代表石油、天然气以及"清洁"煤炭公司的广告，它们不会指出使用矿物燃料给地球所造成的不可逆转而且是灾难性的气候变化。谎言是想象的有效形式。假如莎士比亚现在复活，他可能会去创作电子游戏或者电视情景剧，而不是写作戏剧。因为电子世界才有大钱可赚。"文学性"的确在发生迁移，却是以老式的印刷书籍为代价的。很有可能，印刷文学会逐渐成为往昔之事。

　　文学之所以重要是因为它的三大功能：通过指涉文学之外的社会世界进行社会批判；来自文本的愉悦——词语游戏、双关语、转喻，等等；进入由语言创造的多重想象世界。人类文明并

不会因为老式印刷文学在所谓的"泛电子化"的时代的消亡而
湮灭，仍会有很多失去的东西是电子游戏、电影、电视以及流行
歌曲所不能取代的。新媒体能够成为它们的替代形式：1）文学
之外的社会指涉；2）语言游戏或符号游戏之愉悦，就像那个小
狗试图把骨头藏起来所暗示的；3）进入替代性想象世界的愉
悦。即便如此，新媒体也不能弥补印刷文学消亡所带来的损失。

（周敏译）

一 阅读的伦理

阅读的伦理:巨大的裂缝
和分别的时刻

抓起一本邪恶之书；那土耳其人
再没读过比此更加致命的作品……

乔治·克莱比《分别的时刻》（Ⅱ：355—356）

目前美国文学研究中最大的一个特点即是跨国性，其结果是在原本看来严丝合缝的整体中出现了裂缝，无论是在文学史和思想史的庇护之下，或是在新批评的庇护下，或是在诺思罗普·弗莱的原型批评的庇护之下。在美国各种新的语言学理论、俄国形式主义、现象学、结构主义、欧陆马克思主义和弗洛伊德主义以及所谓解构的裂缝中，所有统一的梦想，至少在目前，都被终结。这些入侵的理论本身之间也难以协调。这种洞察、分裂，抑或是"狂热"使得美国的文学研究机构变成了自我分裂之屋，其内部的经济受到了来自国外的外敌的侵犯。这些海外的舶来品入侵时日不短，它们破坏性的含义至少可以得到部分的理解，而我们多半会对它们持负面的反抗之态。

我的目的是在此背景之下探讨阅读的伦理的问题。"阅读的伦理"一说或许看似一个矛盾的说法。读者、教师和批评家的责任似乎应该是完全认识论的。读者必须清楚地看到他所阅读的文本说了什么，并在他的评论或教学中重复这个意思。因此，读者的功用——恰当地说——就是中介，是助产士或者催化剂。教师把本已存在，但读者或学生可能捕捉不到的客观意义传达给他们。批评家使意义作为他们头脑中的启蒙和洞见而产生，使互动在自己并不进入或改变的情况下发生。似乎阅读的领域只包括认识论意义上的真理和谬误、洞见和盲点。教师是揭示者，而非创造者。

然而，在阅读的行动中，伦理问题会以各种方式产生，无论是实践上还是理论上。比如，曾有男女读者因为解释的问题，因为经文中某个短语的阅读而献出生命。人们期待阅读一种或另一种方式产生道德的效果，无论是善良的还是邪恶的。对于成对的概念，真理和谬误，洞见和盲点，其本身并不十分对等，但在审美的判断上，以及伦理判断的意义上，它们却必须被添加成或善或恶、或言辞或沉默的对子。这些对子总是与另外一方作对，一个批评的判断不可能轻易地将它们扭曲或者强加给对方。完全不可能凭一个区别的时刻就把麦子和稗子，真实与虚假，良善与邪恶分别、挑拣或者筛选出来。

因此，在认识论和伦理责任的裁决中就会产生这样一个困难的问题，教师和批评家是否有责任只选择某些作品进行讲授或评论？谁有权利确立经典并建立索引？是否应该如马修·阿诺德所言"由国家来负责"？好的作品是否总是道德的？当教师或批评家对某一作品出人意料地得出伦理上负面的结论时，他是否应该保持沉默？在教学的初级阶段，某一作品的某些方面是否应该被压制，或者在课程计划中是否应该包括分成等级的伦理复杂性递进的作品？教师——批评家的坚定的伦理责任的需要如何适应对于不同时代、不同文化作品的同情理解所需要的开放性和"复数性"的需要？在特定的教学和写作环境中，美国传统中的科学和宗教观所致力的对于真理的无畏发现和表达，会与具体的学生和同事的伦理责任相冲突，而这种伦理责任也是我们文化传统的一部分。这种冲突并非是外在的，并不仅仅是在一个批评家与另一个批评家之间，一个教师与另一个教师，以及一种批评模式与另一种批评模式之间。最激烈的冲突往往发生在一个人的头脑和情感之中，在他或她试图完成不对称的责任之时。

[……] 目前人文学科的教师的具体境况正在飞速地发生着变化。我们仿佛比以往任何时候都更加处在危机的时刻，分裂的时刻，一个"分别的时刻"。变化的方面包括对于讲授写作的要求的提高（倘若不是只强调清晰和逻辑，这一点是非常好的），选择传统文学和人文学科的学生的下降，年轻人文学者职位的毁灭性的减少，以及对此大学的保守反映。这一切表明了某种令人深思的质疑性诅咒。或许这种反应局限在大学和学院之中，一个60年代、70年代的反映，或许这是我们社会整体的一个更大的政治变迁。

打破这种等级的一种形式是以重建传统人文价值的名义返回基础，或许以重塑对于启蒙理性的信心的名义。与这种形式相伴的常常是对于"理论"自身的拒绝，特别是对于近来在欧洲和美国发展的方法论。后者的发展共同质疑了美国传统人文研究中最为珍惜的稳定性：自我的稳定性，故事讲述的连贯，直白的语言，对于一个作品的确定、统一阅读的可能性，传统的历史和文学史纲要，它们构成了人文学科课程的结构基础，比如确定、客观的文学"阶段"的存在。

挑战了美国文学研究的传统基础的方法论革新是科学的，或者号称是所谓"人文科学"的一部分。这些包括来自现代语言学、心理学、心理分析、人类学、符号学、普通语言哲学以及维特根斯坦和他的后人的关于语言发生作用的方式的洞见。这些方法论中的革新有些是意识形态的，或是来自近来的历史压力。其中一个例子是马克思文学批评的新形式，在美国其正在被体制化，并且发生作用，特别是对年轻教师们。但有一个有趣、也非常重要的事实需要被提及，马克思主义文学批评，无论是其单纯传统的美国形式，还是更加复杂的（在"混合"及"智慧"的意义上的复杂）受符号学、结构主义以及拉康心理分析等影响的新形式，总是非常奇怪地与传统的反应结合在一起，比如或多或少地强调传统的历史、自我、文学的道德功能的观点，最重要的是它的模仿或指代的地位。对马克思主义而言，文学只能反映社会和历史的状况以及它们所创造的意识形态结构。马克思主义在此与最为传统的"人文主义"联手反对我所描述的方法论创新。

许多这些方法论都是舶来品，比如，现象学、结构主义、符号学，以及所谓的"解构"。这一点常常被人诟病，认为来自旧欧洲的方法不可能在新大陆的土壤上繁茂。但是，文学研究中的国际化是它今天最为明显的特征，其具体的效果就是削弱了课程大纲中国家文学之间的界限。文学理论和文学方法论中的跨国渗透比以往任何时候都发生得更快，部分是技术发展的原因，全球交通的便利可以把世界各地的学者聚在一起参加会议或电子交流，翻译、出版、发行的加速，外语教学的改进（至少在一些学校的课程计划中），以及人文研究各个分支的国际杂志的发展等。

文学研究的国际化，如我所言，已经遭到各个方面的攻击，因为它们的稳定性受到了威胁。这些攻击多多少少是理智的或令人信服的，但它们的存在正是阅读伦理问题当前版本的重要症候。对于将这些新发展事先诅咒为不道德的、虚无主义的或者非美国的看法是否基于对它的理解，还是真的超越了它们所提出的挑战，或仅仅是个掩盖或压抑，只能通过对每一种情况进行认真的研究方能得出结论。然而可以肯定的是，对于开除教籍、引渡逮捕，或是异端邪说的信仰，常常是由于没有对所涉及的档案进

行认真的阅读。至少从对他们并不充分的指控可以说明这一点:
"他们拿了一本邪恶的书。"应该先掌握新方法的文本,然后才
能对它进行讨论,这并不容易,因为它们某种程度上正是与掌握
的不可能性相关。最为重要的是,对于有些来自这些理论的书籍
的阅读,或者这些理论所来源的书籍的阅读,必须是细致的。一
种理论的有效性应该通过它解读的结果来衡量。不能孤立地去批
判一种理论自身,比如通过运用假设的破坏性后果来对它进行批
评,而是应该通过详细地分析证明它所引向的阅读是不充分的,
或者错误的,是不符合文本的实际的。或许年轻的教师和批评家
更容易对理论的新发展全盘吸收,而不是试图超越它,或者以新
的方式返回到以前文学研究的那种真实性上。无论如何,美国的
文学研究都不可能与从前一样了。差异,或者"巨大的裂缝",
已经出现了。

我希望在这样一个历史时刻来对阅读伦理的问题进行更加详
细的考察。我将通过一个例子说明我的观点,尽管我明白我的例
子,就像其他的例子一样,有着例证和综合方面的问题,比如,
这一个方面能够说明更大的整体状况吗?事实上这个问题就存在
于我将要讨论的诗歌以及我对它的应用上。

假设我手上有这样一首乔治·克莱比(George Crabbe,
1754—1832)发表在《传说》(*Tales*,1812)上的诗歌《分别的
时刻》,我是否应该讲授这首诗歌,或者写点什么呢?当我这么
做的时候又会发生什么呢?

或许有人会说这只是英语文学经典中很边缘的一个部分,甚
或是整个西方文学的边缘。没有什么人,没有机构,或者课程大
纲迫使我讲授或者评论这首诗歌。我的这个选择或许有点随意或
者奇怪。从某种程度上来说,或许教学大纲中的任何一个选择都
是如此。然而,这首诗歌或许事实上正是一个好的选择。克莱比
或许更能够给那些挑战美国传统人文研究观点的人提供一些支

持，有些挑战还是挺有力量的。

克莱比在英语文学史中的地位令人尊重，但地位相对较低，他被视为一个与众不同的杰出叙事作者。他的作品既有18世纪的风格，也有如华滋华斯的"被摧毁的茅屋"一样的诗体故事。人们普遍认为克莱比的诗歌非常有趣，但他的诗作并没有得到足够的重视。批评界对克莱比的亏欠将很快得到部分的改观，威尔士大学圣大卫学院的加文·爱德华（Gavin Edwards）正在写作一本关于克莱比的专著。我也深感有愧于他。无论怎么说，《分别的时刻》都是一首好诗。它提出了有关阅读的伦理的问题，这正是我的兴趣，而且，我也希望指出，这些问题一直存在于西方的文学和文学批评中，比如亚里士多德的《诗学》和索福克勒斯的《俄狄浦斯王》。克莱比的诗歌是个非常好的例子，它说明了一个在文学研究中看似边缘和毫无问题的例子，或许是随便举出的例子，总是能够提出所有文学和文学批评中最为重要的问题。

《分别的时刻》的开头引用了不下五句莎士比亚的名言，其中每一句都有很大阐释空间，而且名言本身也存在着意义增殖的问题。似乎克莱比必须找到一个先行的碎片成为一个坚实的基础，才能开始他要讲述的故事。文本以一个双重论断开始：其一是任何人生，不管有多么奇妙，都是彼此相连的；其二是人生因此都是可以叙述的。它可以作为一个有意义的连续的故事被追述，有开头，中间和结尾。

> 细细追溯人的一生；一年又一年，
> 数算他的日子让他的作为呈现，
> 发现，即使有些人的生活显得怪异，
> 但其实并无巨大突然的变化；
> 各样事件的联系清晰可见。

其中并无神秘的虚空。(Ⅱ:1—6)

此处的对立存在于怪异和神秘之间;细致追踪会发现一方面是因果的连续性,另一方面则是突然不连贯的变化,其穿越了"虚空"或者"巨大的间隔"。尽管生活可能是支离破碎的,但如果我们忠实详细地进行叙述,其仍然会成为一条不断的链条。"细细追溯"就会发现:其轮廓就是形象总是被其之前的一个形象所强加,这个形象又被再前的形象强加,仿佛一个做好了设计的记号纸,以此来小心地追踪野兽的足迹。希腊语里表示叙述或历史的单词"digesis"也隐含这个意思。另一方面,倘若追溯的过程出现任何失误,生活就会显得不是奇怪,而是完全的神秘以及深不可测。生活之流会被空白的深渊所打破。克莱比此诗就描写了如果我们把一个人早期生活的简介与他的老年生活并置,却不去细细追溯其间事件的话,会发生什么。当一个连续的时间之流与两个其间存在着时间鸿沟的空间形象并置时就会出现对立,就好像两张照片放在一起,一个对折的"之前"和"之后"连环画。这样生动的一幅图画或者两幅画并置的形象克莱比在这首诗中用了不止一次:

但且让这些连接之链尽都毁掉,

他经年所承受的和享受的;

且让那巨大的缺口出现,然后看哪——

这是青春,而这乃他老年的形象;

我们立刻成为时间调查的作品,

顷刻间看到生命的衰落;

我们心中的痛苦混合着遗憾。

吃惊不久,又有了新的痛苦和悲哀。

这段诗节在几个方面非常奇特。它对抗了连续的时间之流,其中本可以追溯到与空间并置连接之链，就在一刻之间可以把一个人生命中的不同时期的两个形象连接起来。它们两者被时间鸿沟的空白所隔开。连续的叙述有着令人安慰的暗示，能够给予一种沉着的理解，因为一个人从此到彼，从年轻到年老过程都被展示了出来，没有留下什么吃惊或震惊的空白。另一方面，穿过年轻和年老鸿沟的突然暴露会由于吃惊而产生痛苦、遗憾、伤心和悲伤。这样的说法与亚里士多德《诗学》里的观点非常接近，倘若我们能够理解"痛苦"也包含着我们自己的恐惧和对这两幅并列画面中所表达的这种衰落的遗憾："这是青春，而这乃他老年的形象。"亚里士多德所讲的因素在此同样存在，但它们之间是一种交叉的关系，是一个对偶句（chiasmus）。亚里士多德的悲剧理论中，炫目的启示，对把看似混乱的数据联系起来的认识，创造了适合悲剧的同情和恐惧，比如俄狄浦斯发现自己实现了神谕，杀死了自己的父亲，娶了母亲为妻。对克莱比而言，正是一个没有联系的幻觉，面对一个无法跨越的鸿沟，才产生了这些情感。但是通过仔细的追溯，将所有联系进行的展示则是令人满足的。它消除了神秘感，满足了头脑对于理性理解的需要。

然而对偶只是表面的。毕竟，亚里士多德式的认知和反转显示了一切最终联系在一起，将悲剧英雄打倒，这不仅使观众产生遗憾和恐惧，也使他们的情感得到宣泄（catharsis）。这样的宣泄是一种变形或转换，其把遗憾和恐惧的痛苦情感转变成了符合成功模仿（mimesis）的喜乐。这种转换，正如 S. H. 布乞儿很久以前在他论《诗学》的论著（1951，113—407，特别参考《悲剧的功能》，240—273）中所讨论的，实际上是个隐喻，是把一物转换成或者携带至另一物，把痛苦重新命名为喜乐。轮船的形象当然是《诗学》中亚里士多德的基本隐喻之一，它不仅是一个隐喻的例子，也包含着隐喻的含义。同样的隐喻被编织进了著名的悲剧例子《俄狄浦斯王》。它不断以一个船只的形象出

现，被俄狄浦斯所驾驶，底比斯城所有的人都乘坐其上，不知道
结局会如何。底比斯的牧师和市民的合唱，底比斯城所有的市
民，雅典那些在现场观看索福克勒斯的剧作的观众，所有阅读
过、观看过、试图翻译它的人，从荷尔德林、弗洛伊德，以至今
天的阅读者和解读者，都被俄狄浦斯所驾驶的船只所吸引。我们
被它引领，直到亲眼看到英雄走向灭亡。很奇怪的是，我们就是
那艘船只的主旨，那个隐喻的主体。我们正是被它所带领、
吸引。

　　我们知道自己被带向何方:"我们如何能寻到现在很难阅读
的古老罪恶的线索?"(《俄狄浦斯王》Ⅱ:108—109，翻译
Gould，1970，29)俄狄浦斯是成功的解读者的喻表。他把各种
谜语和神谕进行了正确的解读，把它们两两放在一起构成了一个
一致的故事，一个连续的叙事轨迹。他强烈要求不惜代价要得到
一个理性的理解，一个由此及彼的绝对清晰的线索，为此他情愿
(或是被解读者的热情所驱使)给自己背负极大的罪名:弑父及
乱伦，目的就是要保存清晰和完全的看见的价值。这些正是亚里
士多德所言的优秀的背景所提供给观众的。他所追踪的野兽的足
迹是他自己，但只有他完全跟随这个踪迹才有可能得到启示，观
众才能被痛苦和遗憾所净化，底比斯城的人才能摆脱阿波罗的
瘟疫。

　　在亚里士多德的悲剧理论中，在《俄狄浦斯王》里面，在
克莱比的《分别的时刻》的开头所提出的叙事理论中，情节的
不间断和因果连续是转换的必须方式，只有通过把真相完全展示
痛苦才能转换成喜悦。模仿(mimesis)的喜悦，或者克莱比所
谓的细细地追溯，无论是对亚里士多德，还是对克莱比而言，都
是了解被模仿物的真相的喜悦，也是韵律或者把作品的元素和谐
整合的喜悦。在《分别的时刻》开头几行，克莱比含蓄地肯定
了亚里士多德在《诗学》(1450b 22—1451a 5)第二部分所讲到

的情节的重要性。情节是作品的灵魂。对他们两者而言，好的作品应该像一个活的有机体，其中没有不连贯，也没有任何部分不是整体的一个构成。它应该有开头，一个因果相连的中间，一个结尾，而且有一个潜在的基础或统一的灵魂把它们联系在一起，赋予它生命。它应该有足够的体积，用亚里士多德的话来说就是"长度"，"在人们的记忆范围之内"，因而是"清晰"的（Butcher，1951，33）。"模仿"的功效取决于人们能把它砍头，把它全部放在我们的记忆之中，或"拥抱在一个视野之内"（33）："开头和结尾要能够展现于一个视野之内。"（91）这正是克莱比所强调的，要在人生活中不同的事件背后发现所有的联系。

克莱比的诗歌，亚里士多德的《诗学》，以及亚里士多德所解读的索福克勒斯的《俄狄浦斯王》都是某些概念、数字和叙述的体系的版本，它们在我们的历史中以不同的方式不断出现。那个体系包括对于自我的连续性、文学作品确定单一的意义、理性的主导作用以及历史进程连贯性的假设，这些说法，如我开头所说，受到了来自国外的方法论的威胁。克莱比在《分别的时刻》非常优雅简洁地表达了这些观点，它作为一个承诺再一次实现了叙事连贯的可能性这一千年论点，这一切是建立在一个人的一生中必需的、但也是隐藏的连贯性上。

那么克莱比接下来所讲述的故事是否证实了他的论点，他的承诺是否兑现，债务是否偿还了呢？完全没有。事实正相反，故事讲述者或主人公越是试图通过仔细追溯来填补鸿沟，他就越是发现存在着难以解释的鸿沟。故事线索和生活的连续性被悬置，线索破碎成不连贯的静止瞬间，就仿佛沙子编织的绳索。一旦《分别的时刻》中明显无辜的裂缝被插入，连续性就再也不能重新建立。

关于克莱比诗歌的详细内容尚有很大的解读空间，我们在此只能进行简单的解读。如同克莱比其他的叙事诗一样,《分别的时刻》是一首关于受挫或受限的性欲望的诗歌,我们几乎可以说它就是颠倒的俄狄浦斯的故事。这首诗讲述了一个男人没有能够与他所爱的女人结婚,原因是他们之间存在着一个近亲关系的障碍,至少在隐喻的含义上他们之间是近亲。虽然艾伦·布斯和朱蒂斯·弗莱明来自他们村庄中的不同家庭,他们就像兄弟姐妹一样相爱,如同加文·爱德华所说,他们的父母都好像是出于俄狄浦斯的禁忌一样而反对他们的婚姻。年老的时候他们生活在一起,彼此间的关系完全与性无关。他已经非常虚弱,她则像母亲、姐妹、妻子一样照顾他,尽管她并无这些名分。在这样一种无名的亲密或联盟的关系中,她与他的关系更加紧密,超越了他们之间永远不同的裂缝以及彼此之间的距离:"她不是妻子,不是姐妹,也没有名分/没有什么亲缘关系比他们更加亲密;/但他们联系地如此紧密,没有人能够体会/她持久、温暖、不倦及焦虑的热情"(Ⅱ:18—21)"无人能体会……她的热情"——这既可以表示无人能体会到她对他的情感的强度,也可以表示无人能像他如此幸运地成为她热情照顾的对象。

《分别的时刻》以倒叙的方式开始了叙述,并非如"这是青春,而现在他垂垂老矣",而是首先从艾伦·布斯的老年开始,他被朱蒂斯照顾着("在你的树下,看那对古老的伴侣"[Ⅰ:15]),然后就是艾伦·布斯的孩童时代,与前面的老年形成了突兀的并置("对大卫·布斯而言,他的第四个也是最小的男孩,艾伦这个名字,绝不仅仅是快乐"[Ⅱ.32—33])。诗歌的其余部分就是在试图通过展示将两个年龄联系起来的事件来填补这两幅图画之间的空白。

这个努力很明显是失败的。其失败的方式呈现出一种相反的情况,这在亚里士多德那里已经非常重要,即在明显可见的与只能通过细致追溯的过去之间的对立;对于可见的一部分一切都仿佛表演在舞台之上，因此时间成为了空间，历时成为了共时，而对于不可见的过去而言，其只能被通过叙述才保持它的历时的连续性，就像一条彼此相扣的链条。这样的说法当然只能是在隐喻的意义上，就像人们所说的"我现在仍然可以看到"。像"景象"、"众景象"、"图像"、"特征"，以及"场景"等这样的词汇在诗歌里面随处可见。这些词在读者的眼前就像可看见的图画一样，有助于理解。理解就是对图画进行阅读。但是这首诗向我们展示了诗歌的叙述者越是要试图呈现他的一生的连续性，就越是暴露出其中的鸿沟。这使得他的一生不像一幅图画，倒像是一个语法错乱的句子，如同一个破格文体，一会儿是这个人称、时态，一会儿又突然地、没有缘由地变成了别的人称和时态。从艾伦·布斯与他的女友在海滩上告别去远方挣钱，以便回来娶她的时刻，在他们彼此的生命之间，以及他自己的生命中就出现了一个空白，这个空白是任何回顾的叙事都不能填补的。他随后背叛了朱蒂斯，与一个西班牙的天主教徒结婚、生子，并皈依了天主教，这只是重复了他起初离开朱蒂斯时对她的背叛。一旦他离开了她就不可能再回到她身边，也不可能回到他自身了。他自己也无法解释自己为什么变了，为什么背叛了朱蒂斯和他自己。

> 他们就此分别，被希望和命运牵引着，
> 朱蒂斯再也没有了沉思的喜悦？
> 那年轻人何时归来了呢？——已经不再年轻
> 欢喜地返回到古国沙滩；
> 然而四十载已经过去，返回的
> 是一个疲惫不堪，虚弱颠簸的男人……

（Ⅱ：181—186）

克莱比所描写的四个场景中有两个取自莎士比亚，如此巧妙的选择为解释诗中的断裂提供了模式。第一个场景来自《辛白林》第一幕第三节中伊慕琴的讲辞。它以"分别之吻"作为两个语词之间的连接来对抗她的父亲的突然闯入："我还没来得及/向他献上分别之吻/我正要说完那两个蜜词——我的父亲走了进来。""分别之吻"是个矛盾修辞法，把连接与分别结合在一起。父亲的进入预示了亲吻所表征的分别，就如同罗密欧与朱丽叶由于父母的反对不得不分别一样：在他发财之前他们不能结婚。一旦与后果不匹配的东西插入到这两个词语之间，即便是分别之吻，这两个词语所在句子的语法也将永远无法适当完善。这个句子变成了一个难以为继的失败的句子，而这正是破格的词汇学意义所在。

在《错中错》第一幕第四个场景中，伊济安告白说，"细腻的时辰用时光扭曲的手掌/在我脸庞书写了怪异的损伤（defeatures）"，就像时光将艾伦·布斯从一个充满希望的美妙少年变成了一个面目全非的年迈男人一样。并非像克莱比开头说的那样，时光绝非那股不可抵挡力量的源泉，它不是为了形式存在，不是为了延续存在，也不是为了确保它们，时光对克莱比和对莎士比亚一样，是一种把事物变得面目全非的毁坏性力量。具体表现就是外观上的变化，用莎士比亚的话说就是"损伤"（defeaturing），他的这种用法后来被作为首个例子收入《牛津英语词典》（OED）。这个词将对外观的理解从视觉影像转移到阅读影像。在克莱比的诗歌中，这种转移与图画和故事、场景与叙述以及剧院与演出之间的对立共存。这种外观不是用来看的一种影像，而是一组符号或特征，是一个用来解读的书写文本。由时光书写在文本外观上的显著特征就是其不可读性，是它与自身的脱节、断裂和它的损伤。艾伦·布斯流放40年后返回故乡的港湾，徒劳地试图"去追寻/一些苍老脸庞上年轻的踪影"（Ⅱ.221—222）。

时间对于人而言并非一种自然的或有机的延续，也不是一幅在一个角度就能看清的图片。时间对于人而言总是一种用来体验的符号，一个用来追寻的踪迹，一条要重描的线索，一张有待解读的充满特色的脸孔。这意味着时间永远需要被当作一种不协调的重复去体验。体验的时候，可以把它当作一幅充满空缺的图画，或是两幅并排但不匹配的图画。就像克莱比的故事叙述者和主人公所发现的那样，这也意味着发现那些空缺、断裂、不协调和不连贯，这一切正是所有符号结构重复的内在特征。你试图按图索骥时，却发现无图可按。克莱比的故事叙述者的努力并未达到开头声称的那样效果，没能证明生活的连贯，只是让"神秘的空缺……越发明显"。他的叙述呈现的是不连贯的拼图，而不是连贯的事实的链条。没人能解释为何艾伦·布斯后来与过去的自己产生了分歧，为什么他娶了别人，公开背弃誓言，后来也没能尽早回心转意，而是日复一日、年复一年地推迟本可以弥合由分别时刻造成的鸿沟的重聚。

《分别的时刻》的时间结构相当奇怪。首先，叙述者将那"古老的一对儿"置于树下，然后他又跳回艾伦·布斯的童年，跳回到一些事件，这些事件致使他与朱蒂斯·弗莱明分开。之后，他又向前跳跃40年，艾伦回来了，他试图通过回归朱蒂斯来重获生命的延续。只有当他合理解释那些插入的岁月，把过去带回到现在，他才能做到这一点。

此时，叙述的责任又落到了艾伦自己身上。他就像犯了强迫症，一遍又一遍地给朱蒂斯讲述自己的故事，奥赛罗跟苔丝德蒙娜讲述自己故事时的不少句子被克莱比借鉴，这些句子"贯穿始终"，构成了第四个场景（《奥赛罗》，I：3）。艾伦反复讲述自己的故事，想让人接受，试图在自己和她眼中证明自己，但其实毫无希望。这种叙述的关键词是"relate"，它是指连接、讲述和家庭纽带。他"讲述"时间不连贯的表征就是在过去时与现在时之间不断转换。只有当他的叙述把事件过去的后果变成目前的现实拥有，讲述才是成功的，但这又永远不可能发生，所以他的讲述在两种时态之间震荡，而且一再重复，却没有延续的可能性："对她，只有对她，他的多舛命运/在不同的时代，才适合来讲述"（Ⅱ：309—310）；"首先他讲述道……"（Ⅰ：313）；"然后他讲述道……"（Ⅰ：372）；"在这里，他的讲述这样结束……"（Ⅰ：434）。艾伦没能通过对插入事件的细致追踪把过去和现在联系起来，他只是成功地将自己带回到一种现在，在这里他是两个人：既是西班牙妻子伊莎贝尔忠实的丈夫，她的孩子的父亲，同时也是朱蒂斯忠实的未婚夫。不管选择哪条路，他都会背叛一个人。每个人都是一个梦幻，他使另一个人变成了一个不可能的流动的现实，这样，他的自我、他的"生命"都不可避免地分崩离析了。随之消失的还有对于所有那些包含开头、中间和结尾的一个完整叙述的希望：

> ……一切显得多么混乱和不安；
> 他过去和现在的思想汇聚一起，
> 所有未来的景象都枯萎、毁损：
> 他拥有的是费解的混合主题，
> 跟现实一样悲伤，和梦境一样狂野。
> （Ⅱ：429—433）

艾伦背叛了童年的爱，离开了自己的本原，因而对未来没有确定的观念或态度。就像《亨利八世》（Ⅳ：2）中渥西主教要求的那样，克莱比也只希望得到"一抔泥土"，他将这一部分作为诗歌的第五个场景。艾伦·布斯回到"他故乡的港湾/使他失去呼吸的躯体与同根共祖的泥土混合"（Ⅱ：189—90）。他故乡的年长者说，"此人就是艾伦·布斯，似乎/他早些年与我们一同居住；/我们见到那名字刻在石头上，/这可怜的漂泊者就在这

里把尸骨埋葬"（Ⅱ：279—82）。艾伦·布斯溘然长逝，葬于那
一方土地上，坟头竖立着墓碑，上面刻着孤独的姓名，正是这姓
名将他与长眠于此的家人联系起来；只有这样，他才与万事万物
融为一体，不必担忧再与它们分离，他这样也就永不分离地与
"同族的泥土"融合一起。

《分别的时刻》在开始的地方结束，艾伦·布斯在一棵树
下安睡，他心爱的朱蒂斯不知疲倦地守候着。现在读者知道，
这个画面并不是一个毫无争议的结局，对艾伦·布斯盖棺定
论，他只是艾伦·布斯离开自我的一个意象，因为他在深情的
朱蒂斯面前怀念着自己的西班牙妻子和孩子，而他在有生之
年，不仅不能使朱蒂斯遂愿，反而只能背叛她。在诗歌的最
后，他离开梦中的伊莎贝尔去见朱蒂斯，然后惊叫道："老天
哪！浮生若梦"（Ⅰ：473）。

《分别的时刻》提供了一个鲜明的情形，展示了叙事在连续
性上的失败。因为来自西班牙的异端邪说，艾伦被迫流亡，离开
那个他结婚和发迹的地方。当他贫困之时，无人问津，但富裕之
后，引来众人关注，也引祸上身：

> 哎！可怜的艾伦，因了财富人们发现
> 他在贫困之中难以暴露的罪愆；
> 蒙尘图画上不为人知的缺憾
> 抛光后却立刻展现于众人眼前。
> （Ⅱ：361—364）

一开始是因为资金不足，艾伦才离开英格兰。如果他有足够
钱，那他就可能娶了朱蒂斯，保持自己的言行一致和对朱蒂斯许
下的忠贞的誓言。在艾伦·布斯的第一次生命中，金钱象征着缺
失了一致性那个原则。但在他的第二次生命中，获得的金钱变成

了断裂性的一个手段，把他与伊莎贝尔、孩子们以及他的第二自我永远分离开来。在诗歌的一些地方，也使用了这个"画面"的意象，但那是作为一个人生命特定阶段的隐喻来使用的，这样用的时候，克莱比的修辞格就显得格外鲜明。企图粉饰龌龊的画面只会更显出其"缺憾"。"缺憾"一词叫人想到诗歌开头的"裂缝"和"虚空"。粉饰或许可以看作是一种叙事修辞，旨在把两个事物在时间叙述中联系起来。这暴露了不可弥合的裂隙，就像一些地貌中的地质断层那样。克莱比的《分别的时刻》曾试图实现自己许下的诺言：证明生活是怎样互相联系的，但这样的意图反而最终表明要实现这个诺言是不可能的。这样的意图不过是一个幌子，一个用来粉饰的幌子。这毫无疑问暴露了它试图遮掩的裂缝。

《分别的时刻》几乎是在不自觉的情况下解构了人文主义的文学研究中两种最为珍贵的确定性：自我的延续，以及从开头到中间至结尾的叙事的有机连续性。或许可以这样说，这样的诗歌是作者的出格作品，或者是那个时代的出格作品，但经过相关证明会发现，事实并非如此。只要稍稍想一下洛克、狄德罗或休谟对自我一致性和时间延续性提出的质疑，或者是卢梭和华滋华斯以不同方式提出的同样质疑，就会发现克莱比的诗歌其实是前浪漫主义和浪漫主义典型特征之一的缩微版。这个特征就是一种共存：对希腊思想所代表的形而上哲学体系观点的强力肯定与对同一体系同样强力的否定的共存。事实上，在开始描述的时候，这种双重的肯定和否定、连接与断开，也塑造着我们自己。不必否认，在语言史和文化史中，在假设意义上，这种肯定和否定可以被视作西方甚至希腊的知识史和文学史中所有时期促成不统一中出现统一的因素。任何历史时期的特征，不管是"文艺复兴"、"浪漫主义"、"现代主义"还是其他时期，都在于一定重复出现因素的特别融合，而不在于这个时期诞生了前所未闻的东西。这些裂缝和断裂处在共时的表达之中，也处在从一种表达到另一种表达的演变之中，他们使语言史和文化史变成了巨大的破格文体。

[……]

克莱比的《分别的时刻》显然是从一个无伤大雅的小例子开始的，这种手法促使我意识到一点：我一开始描述的诗歌中关于自我、历史和文学形式的概念体系既是得到肯定，又是被消解了的。如果有人有胆量从这个例子中进行推断，那么他可能为我们所有传统的文本得出一个人为的普遍法则。如果这个法则站得住脚，那么现在美国文学研究中保守派和解构派之间的纷争只不过是一个例子，证明了西方文学和文论中那个反复出现的模式。果真如此，"阅读的伦理"究竟还要遵循什么呢？

由此或许可以得出两个临时性的假定。首先，不管是对当代美国文论中传统人文研究的定论，还是对这些定论的激进的辩护和肯定，都不是任意的、恶意的，或是盲目无知的，而且它们也都并非为我们这个时代所特有的，不是闻所未闻的虚无主义，或者"人类的终结"和遥远的西部海岸所有独有的"新人文主义"。两种立场都重复了写作和阅读这两种活动，这种活动贯穿人类历史且反复发生。两者身上或许是必然的错误和盲目，而不是为了意识到彼此的必要性。

第二个结论体现在"必要性"这个词上。两种阅读方式都因为它们所面对文本中的文字而变得必须。这意味着在成为伦理选择或价值判断论题之前，阅读首先具有认识论上的必要性。从根本上来说，这意味着阅读伦理受制于绝对命令，这种绝对命令是语言学意义上的，而不是先验的，跟主观意志也没有关系。就阅读而言，认识论比伦理重要。如果一开始不能使自己置身于书本文字的影响之下，一个人就不可能做出道德判断，产生诸如讲授一首诗歌这样的道德行为，但一旦置身于文字的影响，道德就会发挥它的作用。就像保罗·德曼在最近的一篇文章里引用荷尔德林的那句话所说的那样：但是发生的就是真实的。德曼认为，可以对这句话进行自由的解读："真实的事情就是注定会发生的事情"，也就是说"在注定要发生的事情的名义下，阅读……只会与一个人期望发生的事情的本质相悖。"（德曼，1978，xi）阅读是真实的，就像一个锐角对于它的模型而言是真实的一样，或是像一个声音或单词对于另一个声音和单词而言是真实的一样。阅读的伦理不是一种人类有意的解读行为，人们不是靠解读从一部作品里获取道德主题，或者是借助阅读伦理来重申读者已经知道的东西，也不是随意将一种意义加入读者反应论或者透视主义批评的过程，以特定的方式看待文本。阅读的伦理就是文本中的文字对大脑以及读者的话语所产生的能量。这是一种不可抵挡的强力，它塑造了读者和教师对文本的观点，即便他们的观点是曲折委婉的也不例外。但是发生的就是真实的。阅读的伦理是道德上的必要性，这种必要性要求人们不管说什么，都要以某种方式遵从我们所谈到的语言命令所表达的真理。

注：

最近的数据十分惊人。1964 年，每四个中学生当中只有一个学习外语，现在这一比例下降到了 1/7。1966 年，34% 的美国高校录取的时候要求考外语，现在只有 8% 的高校有这一要求（《纽约时报》1979 年 11 月 10 日）。不过，美国的外语教学水平大有提高，公立和私立学校的一些学生接受了良好的外语教育。

（周敏　万小磊　译）

阅读的启示:康德

我的第一个例子来自康德的《道德形而上学基础》(1785)。这个选择涉及一系列复杂的活动和考量,如果不算道德选择的话,甚至还包括我们所谓"学术政治"意义上的"政治"考量。一开始就提康德,会将我所有的言论置于康德的庇护之下,这样一来,我发表自己的观点可能都要依赖于我对康德的评论,或者依赖于他说过的话,如此,我就立即深陷一系列的共谋之中,不管我是否喜欢这种共谋,也不管我是否意识到它们。参与这些共谋,大概意味着要靠近乎无尽的条分缕析才能解开一些谜底。

似乎选择康德就是要从一开始就献身于某种伦理理论,一种唯意志论和主观论的理论,但同时这种理论也重申不同的责任以及放弃和客观作用的至高价值,这类价值一方面源自坚忍克己的斯多葛学派,另一方面也与基督教教义密不可分,对新教更是至关重要。康德看似无比客观和普世,但最终他却强调自己所在国家、阶级、宗教和历史阶段的道德。这种奇怪的情形,只有在伦理理论中才会演绎得如此精彩绝伦。可以说,在普世真理的幌子下,康德所做的不过是重申欧洲一定的阶级、宗教、历史阶段和地域的想法和意识形态。今天去拷问康德,看起来有点像是对那些本不该弄懂的问题产生疑问。

选择讨论康德以及他的伦理学,而非其《纯理性批判》中的认识论,也不是《判断力批判》中的美学,就是自愿加入目前对康德的热烈论争队伍的行列，但同时，也显然使自己置身于这些论争和行动的边缘，虽然我认为人们对康德的道德观点颇感兴趣。但其实置身边缘并非文学研究中持久不变的现象。

在任何情况下选择研究康德，都是自觉或不自觉地使自己置身于康德接受美学的复杂历史之中。这种历史对今天学习美国文学史的学生而言具有双重意义。一方面，康德的影响十分巨大，部分原因是他对席勒的误读，主要集中在文学理论的发展和创立系统的英美文学、人文研究的机制两方面。如今的美国书写从其传统的内部开始，不管书写者是否知道这传统，比如关键时候，就有人拿康德的理论来研究雷内·韦勒克（Rene Wellek）和沃尔特·杰克逊·贝特（Walter Jackson Bate），用来对抗"解构"，说它"毁灭了文学研究"，极大地促成并加剧了一场"英文研究的危机"①。另一方面，康德从复杂的路径切入包括自己时代在内的欧洲哲学史，这自然包括他的三个重要话题：认识论、美学和伦理学。

在将康德作为伦理理论学家研究的过程中，尼采、海德格尔

① 此处参考书目较多。作为冰山一角，我们可以先来看看在一些关键的地方，有人在自己的论述中引用康德来批判 R. Wellek 和 W. J. Bate。另一方面，保罗·德曼晚年也曾撰文论述康德，这些文章收集在将出版的 *Aesthetic Ideology*（University of Minnesota Press），其中一篇题为 "Phenomenality and Materiality in Kant" 的文章可以参见 *Hermeneutics: Questions and Prospects*, Gary Shapiro and Alan Sica, eds. (Amherst: University of Massachusetts Press, 1984), pp. 121 - 144。在美国哲学界，John Rawl 的著作 *A Theory of Justice* (Cambridge: Belknap Press of Harvard University Press, 1971) 是对康德伦理理论的回应，同时也试图挑战功利主义。近期对康德伦理的权威论述参见 Onora Nell 的 *Acting on Principle: An Essay on Kantian Ethics* (New York: Columbia University Press, 1975)。Nell 分析了康德列举的那个许下不能兑现诺言的人。在欧陆，德里达也有论述康德的文字，尤其值得关注的是 "Parergon", *La verite in peinture* (Paris: Flammarion, 1978), pp. 21 - 168。专门论述康德伦理理论的法语作品有 Jean - Francois Lyotard 和 Jean - Loup Thebaud 的 *Au juste* (Paris: Bourgois, 1979)，此外还有一本文集 *La faculte de juger* (Paris: Les editions de minuit, 1985)，这是在瑟里西拉萨尔（Cerisy - la - Salle）举办的关于 Lyotard 的研讨会上各路学者的文章形成的论文集。

和弗洛伊德这几个名字将会起到决定性的作用。康德声称为道德形而上学建立了普世永存的基础，但前面这三个名字中的任何一个都可以以不同的方式从根本上挑战康德的说法。研究康德的时候不了解这种"后历史"将会是非常无知的，这种历史其实是我们自己的历史。比如，在研究康德的自由理论和主观性时，要考虑到弗洛伊德的潜意识造成的挑战，还有尼采在《论道德的谱系》中对康德的持续发难（虽然尼采实际上对康德的依赖程度超乎自己的想象）；还有海德格尔，他将人定义为主观性和意志力，是形而上学历史中的高潮部分，而这种历史在一定意义上是因存在（Being）的掩蔽而造成的一个错误。这么漫长、复杂而又浓厚的历史矗立在我们和康德之间，仿佛模糊的迷雾，又像笼罩在睡美人四周的一道难以逾越的用尖刺构筑的网，阻断了我们与康德的直接接触。下面还是让我们来看看康德的《道德形而上学基础》里面的一段关键文字，从而搞清楚它在讲什么，以及其中观点的问题所在，同时也要明白，我的兴趣不在于伦理，而在于阅读伦理，以及阅读的伦理性与讲述、讲故事和叙事之间的关系。

这个文段是一个脚注，康德在这里为他使用的"尊重"（Achtung）一词做了辩护。而聪明的读者都知道，所谓的脚注通常是作者露马脚的地方，作者试图在那里编织一张保护网，脚注虽然试图支持作者的思想，但往往却表现了一种不安，体现了作者思想中的裂缝或裂隙。康德的脚注也不例外。就像有人说过的一样，脚注是一种妙语。此外，脚注也在这种文段里，阅读伦理以最显著的方式得到展现，因为，在这里作者与读者是一样的。在这种情况下，作者回到自己，回到他自己创作的文本，重读它，其行为就可能是那种被称作是阅读伦理的例证。我从德曼、乔治·艾略特、特罗洛浦和詹姆斯那里拿来的例子就属于这种情况，就是康德所做的脚注。一个脚注在这种情况下往往就是对主要文本的阅读和评论，这里充满了变动、压制、意外的真相披露和不关联等无数可能性，它们通过像你和我这样阅读康德的第三方来赋予"阅读"特征。

康德一直在阐述一个观点："责任就是由于尊重（Achtung）道德法之规律而产生的行为必要性。"①这意味着道德的行为并非是因某种"倾向"而产生的，也就是说，不是因为我想做这件事，我受到外在的因素诱导，也不是因为考虑到行为的结果，即便结果是于人于己都有利。当这些个人和非个人的动机都去除之后，"剩下的唯一能客观主宰意志的因素就是道德法之规律，而唯一能在主观上主宰意志的因素，就是对这种实用法则的尊重"。康德的读者将会明白这种纯粹的观点的重要性，它意味着要消除一切不确定的、经验主义的和狭隘的因素，比如特定时期、地域、阶级、国家和文化的道德准则，也只有这样，才能从所有的特性之中提取纯粹的普世性的东西。不管康德所说的"自在之法"（law in itself）和"此种法则"（law as such）的具体含义是什么，有人因尊重它而成为理性的个体，只有在这样的人的纯粹意志之中，才能发现康德所谓的"至高之无条件的至善"（the highest and unconditioned good）。

在这一点上，康德一板一眼做了脚注，试图澄清他所说的"Achtung"，把它与其他所有主观情感区别开来。尽管"Achtung"可能就是18世纪德语中用来表示"尊重"的一个普通的词，而且当时这个词跟今天不同，并不具有今天这样明显的积极的含义，它跟英语中的"respect"在细微意思上也有所不同。"Achtung"表示"关注、留意"以及"尊重、敬意和致意"。它

---

① Immanuel Kant, *Grundlegung zur Metaphysik der Sitten*, *Werkausgabe*（Frankfurt am Main: Suhrkamp Verlag, 1982）, 7: 26, henceforth G; for the English translation: *Foundations of the Metaphysics of Morals*, Lewis White Beck, tr. （Indianapolis: Bobbs - Merrill Educational Publishing, 1978）, p. 19, henceforth E.

暗示着对某种潜在的危险强制性的或警惕性的关注。带有"auf"的动词"Achten"表示"关心、关注或留意"，不带"auf"则表示"尊敬、尊重、珍视、看重、重视和高度评价"。这样一来，现在"Achtung！"至少有"当心！小心！注意！"这些意思了。康德在注释中想说的是他所用的"Achtung"是指对道德法则的尊重，而这种尊重是一种并非情感的情感，就是非寻常意义上的情感。显而易见，必须要说服读者接受这种区分，否则他们可能会误以为道德伦理有点像是一种主观的情感。这里，所有的注释都十分清楚。如果我们能在其主要文本中切实读懂上下文，那我们至少可以对康德的伦理理论以及这种理论的主要症结有个粗略把握，同时也能大概领略种种暗指和寓意。无论我对康德关于尊重文段的解读是否值得尊重，或者是否扭曲了原文，也不管我对康德的解读以及我的读者对我的观点的解读是否在一定意义上是道德的行为，我都必须将这一切留给读者去判断。

有人可能会反对我，认为我藏身于"尊重"这个词所包含的含混情感之中，没能用理智的概念将问题弄清楚。其实，虽然尊重是一种情感，但却不是通过任何（外在）影响获取的，它是一种理性概念的自我衍生物，因而，它也就能十分明显地与之前提到的倾向和畏惧这类情感区分开来。那些我直接为自己确立的法则，我都会带着尊重面对，这其实不过意味着在没有来自我脑中其他外力干扰时，我的意志对一种法则的臣服。这种法则对意志的直接主宰以及这种主宰的意识都是尊重，因而，尊重可以被视作这种法则对事物的作用，而不是这种法则的起因。尊重是一种价值观，恰恰是它阻挠了我对自己的怜惜，因此，它被视为一种既非倾向也非畏惧的东西，虽然它与二者都有某些共同之处（其实从德语翻译过来的时候，并没有把原文中的"zugleich"翻译出来，它的意思是"同时，同步"，这样也就掩盖了在这两个词上玩的文字游戏，这两个词都包含"gleich"，意思是"像，犹如"，而 "Gleichnis" 就是一种相似；"ogbleich"、"zugleich"
和 "Analogisches" 都有相似的意思，它们在句子中回响，相当
于一种 underthought 或是异见，突出着康德提出的问题）。唯一
要尊重的对象就是这法则，而且确实只有这种法则是我们强加给
自己的，同时也知道这法则是独立而必需的。我们受制于这种法
则，并不怜惜自己；我们自愿受制于这种法则，这是我们自己意
志的产物。我们对一个人的尊重不过是对这种法则的尊重，这个
人是这种法则的化身。我们认为提高自身的天赋是一种责任，而
一个有天赋的人就是一种法则的化身（似乎我们如果按照同样
法则行事，也会变成像他那样有天赋的人），而这一切，就促使
我们产生了尊重。所有那些所谓的道德利害关系都存在于对这种
法则的尊重之中。

　　首先我有个疑问，是否可能存在这样一种情况：在康德的类
比之外，我们再加上一个——我们对文本的尊重如同对一个人的
尊重，意即我们不是尊重文本本身，而是尊重文本体现的一种法
则。如果这样，这种类比的文学依据是什么？是一个文本还是一
个人？其中哪一个又是喻体？在这种情况下，说一个文本如同一
个人想表达的意思是什么？我认为阅读康德的这种注释将有助于
理解阅读的伦理，我这种观点的前提是前面这种类比是可靠有效
的。康德向我们解释了这种说法的含义：在我们将一个人视作一
种普世的、超验的道德法则化身的前提下，我们对一个人的感受
是具有道德含义的。但是否也存在这种可能呢：一种文本体现的
法则也可能是十分道德的，或者有一种道德的维度？也就是一种
和语法、句法和比喻相对应的维度？我所谓的道德维度并非那种
提纲挈领式的道德总结，也并非道德法则的戏剧性表现（比如
说 "你不得行男女苟且之事" 当然是小说的重要道德主题），而
是现实中一些道德法鲜明有效的体现。假如确实如此，那么文本
对读者的作用，就如同道德法则对读者的作用，那是一种难以避

开的因素，将读者牢牢缚住，或是致使读者自觉约束自身的意志。阅读行为也将使读者自觉用这种文本中体现的必需的道德法则约束自己。

目前，我接受这种可能性：尊重一种文本在一定程度上类似于尊重一个人，这个人是道德法则的化身，在这样的前提下，我想回头再看看康德的话，因为我怀着对他所做注释的尊重。细心的读者可能发现，康德颇为费力地绕开了几个危险，这几个危险和他细心定义的"尊重"并存。然而，康德这样做却使自己暴露于另一个更大的危险中，这个危险在他注释的末尾，他在那里有点语焉不详，造成这一结果的原因，似乎正是他当初小心翼翼想要规避危险。这一危险在下面正文的段落里愈发明显。正如康德所言，如果尊重是一种情感，那么它又缺少康德所谓那种情感的主要特征之一：情感是一种"倾向"或"畏惧"，一种想要接近或逃避的倾向，一种对自身之外某种东西的反应。情感就是对某种"影响"的反应，这种影响由外而内进入大脑，迫使大脑产生反应。但尊重并非这种情感，它是一种并非情感的情感。这是一种自发生成的情感，不须假借外力产生，它不是一种要接近喜欢的东西或远离畏惧的东西的行为。另一方面，尊重是对某种东西的反应，这种东西产生于尊重之前，存在于人脑之外，它不是对这种东西的加工塑造。如果康德要不惜一切代价（包括逻辑连贯这个代价）避免这种可能性：Achtung 仅仅是对愿望和畏惧的反射反应的话，那另一方面他也必须极力避免另一种可能性：因为尊重的"自发性"，它也将自己的对象——道德法则，塑造或投射成自发的。康德如同一个在刀锋似的山巅上行走的人，两面都是万丈深渊，一个深渊是关于生产的自发性，另一个是关于接受的被动性。然而更麻烦的是，那刀锋似的山巅本身也变成了一个深渊。这一点我将在下面阐述。

如果尊重不是自发地创造自身的对象，也不是对自身之外以客观能量形式存在的某种东西的被动反应,那尊重所尊重的到底是什么? 它自身又有什么好尊重的? 而且,所谓的法则到底是什么? 我又该如何面对它、定义它或是接近它? 读者是想知道的,就像卡夫卡小说中那个乡村男人,他来自"法律门前",他凛然要求和法律对质。康德已经给出的和他所能够给出的,只是这种道德法则的负面的或者是间接的定义。有些道德法则能够像格言那样下定义,例如"不可撒谎","不得偷盗","不得行男女苟且之事"等。我们所谈的就是这样的法则。这意味着:任何特定的能够以一定字数界定的道德法则和我们所说的法则之间的关系与后面这种关系相同或类似:我们因其是这种道德法则的化身而尊重的这个人与这种法则本身的关系。康德在注释之后的正文段落里这样说道:"只是对这种法则的遵循"(并非预设一种特定的法则适用于某些特定的行为) 实际上是意志的原则;其实,这句话的英语译文漏掉了德语中的 "zum Grunde zu legen" 所表达的意思,这是德语中一个表示根据和建立坚实基础的比喻,意思就是"奠定基础"。

那么,什么是这种法则呢? 这是读者想搞清楚的一个问题。读者想了解这种法则,并且和它面对面,看到它以书面形式写在一个地方,这样才能知道是否需要遵从它。然而,康德虽然费了大量笔墨,却并没有清楚地告诉人们这种法则到底是什么,也没有讲清楚它身在何处,来自何方。也许就像德里达所言,这种法则"以不表达的方式表达自己"①。我们遭遇它的方式只能是通过它的代表,或者是通过它对我们自己和别人产生的影响,正是这种影响,促使人们产生对这种法则的尊重。然而,如果康德不

---

① 源自讨论康德的第二批判《实践理性批判》的一次研讨会,论文集尚未出版,研讨会上关于康德伦理理论观点的精粹提炼,可参见德里达论述卡夫卡寓言的精彩论文 *Vor dem Gesetz*: "Prejuges, *devant la loi*," *La faculte de juger* (Paris: Les editions de minuit, 1985), pp. 87—139。

能确切地告知世人这种法则实为何物、身在何处、来自何方，那么他也就无法告诉人们它到底和什么东西类似。如同卡夫卡"法律之门"里面的那个乡下来的男人一样，我们站在一片空荡的所在，这里面无法直接触及那种法则，但我们依然毕恭毕敬；正是通过比喻，或其他形式的类比，两种能够被理解和直接命名的情感被转移到那片空荡的所在。对这种法则的尊重据说与这两种情感类似：倾向和畏惧，虽然之前曾说过又和它们不同。这种法则本来因为无法直接面对，所以无法给它命名，但还是要通过修辞手法来给它命名，这种做法其实是生硬而矛盾的修辞，康德在其《判断力批判》的第 59 段里将它称之为"生动的叙述"（hypotypose）。康德在这个注释里的做法体现了对一个词的强制性的或不当的转移，将它从一个陌生的领域里拿来给一种东西命名，但这种东西本身实际上并没有恰当的名称，因为它并非一种能够被感官直接感知的物体。这其实就是"生硬修辞"的含义所在，它在词源学的意思上是指"不当使用"。这样一来，究竟是怎样的"强制性或不当"便一目了然了。康德说过，对这种法则的尊重并非基于畏惧和倾向，但因为没有哪个词可以说清这种法则的根源到底在哪里，他又不得不说这种尊重跟畏惧和倾向两种情感类似，但前面他已经说过其实不像。

　　康德说对法则的尊重如同畏惧，因为我们认为这种法则是必需的、无法回避的。就此而言，这种法则有点像我们畏惧的一些自然灾害。不管我们喜欢与否，我们都受制于这种法则。我们接受这种法则的时候，并没有考虑最根本的一个动机——对自己的怜惜。另一方面，对这种法则的尊重又如同一种倾向，因为我们主动以这种法则来约束自己，我们自己想要遵守它。在这一意义上，这种法则就像一种倾向性，它引导我们追求利于自己的东西。我们不但真心愿意遵守这种法则，而且因为这是对我们有利的法则，所以我们作为理性动物，自愿受到它的约束。因而，我们尊重这种法则也就是尊重自己，因为我们将自己视作这样一个物种：我们配拥有这样的法则、这属于我们自己的法则、这能够施加于自身的一种绝对的律令。或许，也可以这样来看，既然对这种法则的每种尊重都是特别而独立的，处于某一历史阶段的，甚至即便这种法则是普世的和超越历史的，那我们不妨坚持用第一人称单数来这样表述："我自愿以这种法则约束自己，虽然我也同时尊重它的绝对必须性。我自愿用它约束自我，将它视作为我而定的律法，因为我尊重这种律法，在尊重它的过程中，我也是在尊重自己，把自己视作一个自由而理智的个体，能够尊重一种法则，能够在这种法则的基础上做出道德的行为。"如果我能够做到这些，在一个短暂而重要的时刻里运用意志的力量做到，那么我自身就会变成这种道德法则的典范和化身。如此，我也就值得别人尊重了。

如果现在想起我在康德的类比之外又添加的那个类比：对一个文本的尊重就像对一个人的尊重一样，那么我是否就可以这样说呢：这是因为作者创作文本其实是对这种法则的反应，而不是要回应某种特定的、明确的道德法则——比如像禁止男女苟且之事那种戒条，这只是对我们谈论的道德法则的反应。我的例证将会告诉大家情况确实如此，对我们所阅读的小说所传达的寓意而言是这样，对小说作者讲述自己的创作环境时亦然。限于篇幅，这本书的重点将放在后者上，也就是说重点在小说作者，而不是小说本身。如果一个哲学的、文学的或者批评的文本值得我们去尊重，那仅仅是因为创作它们的宗旨是本着对这种法则的尊重，就像我对一个人的尊重不是因为这个人本身，而是因为他是这种法则的典范。这种类比的前景何在呢？难道是作者的想法被悄悄地安置在文本的主题之中？还是说一个文本值得我们尊重，是因为它像一个人？抑或二者彼此相似，因为它们都跟第三方相似？这个第三方是他们的生命之源，也就是我们所说的法则。自己、自我，或是德语里的"Ich"，它是一个自由的、自愿的主观存在，我们很容易认为它在这里扮演着至关重要的角色，也是康德对道德和实用理性思考的根本前提，但类比却有一定的变通性。一种可能的情况是：一个人的观点在一定程度上、以某种方式形成了，他的观点本身就是其形成的基础。或许在小说里，人们能弄懂为何这种关于主导性的问题是一个问题。在一本小说里，作为道德法则化身的角色和小说自身作为道德法则之间存在一种类比，通过这种类比，读者能够切实地体会刚才说到的那个问题。我阅读小说的角色，了解他们，这种行为由小说的叙述者表达出来，这本身就是一个寓言故事，就像人们所说的那样，这是关于"我"对文本的阅读和体悟的寓言故事。

但这个类比对康德而言是否合情合理呢？我声称自己在阅读康德的作品，并且认为他的作品可以被用作一种关于小说阅读伦理的理论基础，我这样做，是不是在扭曲康德的作品呢？康德的伦理理论和叙事、叙述甚至和历史有什么关系呢？这里所说的历史就是我们讲的一些故事，它描述了千百年中社会的变迁。我们讨论的道德法则超越所有这一切。无论时光流转、世事变迁，它对所有的人都是亘古不变的。每个人都只是其不甚稳定的例证之一。而且，似乎所有的故事最多只能反证这种法则，反证的方法就是将它扯进外界特定而复杂的时空之网，不管这时空是现实的还是想象的。

如果我足够了解一个人，认为他就是这种法则的化身，那么我们之间的关系一定很有意思。这也可能是一个很平常的故事，具有一般小说最基本的那种风格，讲的是叙述者和主人公之间的关系，主人公对自己和读者将自己的故事作为例子。因而，就可能变成这样的情况：叙述者只有通过主人公才能知道那种道德法则，而且只有通过主人公对道德法则的体验才能感受到这道德法则。一个例子就是在亨利·詹姆斯的小说《梅西知道什么？》中叙述者对梅西视角的依赖。也可以是故事里面两个角色的对立，让我们还是拿詹姆斯的作品为例，在《奉使记》中，施特莱赛与查德的对立构成了整个小说的故事，施特莱赛通过查德知悉一切，因为他本人不具备查德所拥有的那种转换式的"学习体验"。

可能有人会在这里发现一个有趣的关系：任何关于伦理道德的论述中叙述的必要性与在无法避免的文学和概念语言中使用类比和修辞的必要性之间的关系。跟类比一样，叙述被嵌入一片空白区域，在那里，预想的纯粹的概念性哲学话语缺失，或不能奏效。这种法则化身的角色与法则之间的关系就是修辞性的。这个人就是一种提喻修辞，是整体的部分，但被认为可以被视作整体，就像一块样品布可以代表整块布。这种人与法则之间的关系就是一种类比或类似，因为这个例子被视作类似某种东西，而它正是这个东西的一个例子。在类比之中，作为法则化身而赢得我们尊重的那个人就与这个法则发生了关联，这种关联方式，就跟畏惧和倾向与对法则的尊重之间的关联相似。作为化身的人本身并非那法则，在一定意义上他甚至也不像那种法则，那么怎么能说一个特定的人像一种普世的法则呢？实际上，他是在另一重意思上像那种法则。如果我们永远无法解除那种法则，那么我们是能够解除作为那种法则化身的那个人的，因为畏惧和倾向这种情感我们是能够体会并定义的，我们对这种法则感到尊重，这种尊重在许多文学话语里无法被理解和定义。一个人象征着这种法则，与这个人的对立与这种法则同处一地，可以替代和象征这种法则，而这种法则确实是我们无法触及和深入的。这种法则永远在不同的时间或空间，或是回归到最初的诞生地，或是潜入未来某一个时刻，只有在那里，我才可能和它直面相对，亲眼看见它。在那种空间里，在此地和那种法则所在的但无法抵达的彼处之间，在现在和原初或终结之间，叙述参与进来，其目的是要追寻与那种法则之间近乎不可能的接近。叙述的连贯和传达的能量形成了故事，如果叙述的权威依赖于对那种法则的接近，而这种法则又只能这样界定：叙述如同一个人，它值得我们尊重，因为它是那种道德法则的体现，是其积极力量的一个明证。鉴于叙述又是发生在与这种法则面对的无限延迟之中，那么我们可以这样说：叙述就是对叙述的不可能性的讲述，这里的叙述指的是一个有头、有身、有尾和有明确意义的、连贯的、符合逻辑的和清楚的故事。对那些耳朵眼睛俱全，能够听到并理解的人而言，叙述的作用就是将这一点弄清楚。

在论述这种道德法则的过程中离不开叙事，但叙事有时候又无法使读者获得理想的效果，不能与这种法则直面相对，这两点康德都认识到了，但他的认识是模糊的、规避性的和选择性地被掩盖的，这一点在他的《道德形而上学原理》中有所体现，就在注释之前的正文段落之中。在这些段落的开始部分，叙述和伦理道德之间的交错关系在康德的注释中有不明显的体现，在这个地方的论证中，他提出了那种我如果想做出道德的行为就应当遵循的规定，无论何时何地，似乎那都该是我的格言，根据这格言我选择做什么和不做什么，似乎那格言也要成为全人类的普世法则。但是我如何知道自己的行为是道德的呢？如果一种法则要求所有的人无论何时何地在一定的情形下都要遵循一定的行为方式，那么我就必须自问这样的话将会发生什么。我行动的时候必须假定当时就是那种情形。这里的"假定"式的整个叙述的虚构性显而易见。下面就是康德的一些话，或者说是他翻译的话，中间夹杂着康德自己的话：

　　如果一种法则的概念必须决定意志，而又不依据预期的结果，那这将是一种怎样的法则呢？只有在这种情形下，意志才可以被称作是无条件的绝对的善。因为我去掉了意志中所有的冲动，对任何法则的遵循可能产生这些冲动，那么除了意志力的行动对这种法则的全面遵从外，没有什么可以被用来作为意志力的原则了。也就是说，如果我不能让我的格言成为一种普世法则，那么我就永远不应该去行动。只是对这种法则的遵从（而不是设想任何特定的法则对某些行动适用）可以成为这种意志力的原则，而且，如果不想义务成为一种空洞的幻觉和荒诞的概念的话，它就必须扮演这种角色。

在这里，康德的语气如此理智，但又并非十分肯定和绝对，以至于他的道德伦理中最为精华的部分可能被读者忽略。康德说，一种真正道德的行为，也就是一种源于意志力的无条件的绝对向善的行为产生的时候，不应该考虑到预期的结果。它也不应该是基于"对任何法则的遵从"。对这种法则的遵从不应该是建立在对其他任何法则的遵从上。这里不妨说，康德的意思是一方面有特定的法则，比如反对男女私通的法则，也有反对说谎的法则；另一方面，也有我们所讨论的法则，就是合法性的根本原则，它没有任何特点和界定。这样说，可以使这种悖论（如果这样说合适的话）更加清楚，从而揭露这种法则和其他特定法则之间难以逾越的鸿沟，其他特定的法则就是那些我们拿来作为判断标准，可能遵守也可并不遵守的法则。有一种道德准则完全是超然的，那种超然是显而易见而又无可改变的，它独立于任何跟我们讨论的这种法则的原则有明确关联的东西之外，正是基于这种我们所讨论的法则，这种道德原则得以确立，那么这究竟是怎样的一种道德准则呢？它又包含多少诸如"应当"和"不该"这样训诫性的条目呢？另一方面，我们讨论的这种法则被视作所有道德的根本或 grundlegung，它不必以任何特定的道德准则的形式体现，而且似乎无法告知人们在某种特殊情形下该如何行动，至多是一些看起来过于谨慎和委婉的建议，这样的情况下，人们又该如何评价这种法则呢？为了做出道德的行为，我行动时必须忽略任何对我行为后果的预期，不管是好的、坏的还是漠不关心的预期，也不管这种预期是为了我自己还是为了别人，此外，我行动时也不应当带着要遵从某种特定道德法则的冲动。为了使行为道德，我必须做出不道德的行为，或是超道德的行为，我行为的动机完全是自发性的对那种法则的普世的遵从。但是我如何才能使自己的行为符合（所谓的符合，就是说能够被恰当地考量）这样一种法则呢：它没有规则可言，纯粹的没有实质性的内容，因而在任何实际的意义上作为一种行为的标准都是完全无用的。这种法则似乎对我施加了双重的禁令。一方面，这种法则是这样一种禁令：它禁止逾越那种道德法则和任何其他我可能确定的格言之间的鸿沟，我可能依据那些格言来决定在特定情形下的行为。如果我想自己的行为是道德的，那我应该杜绝对一切行为后果的揣测，也不能因为任何特定的律令才去行动。我似乎进退维谷，无法脱身，但我又不得不去行动，去做出选择。其实不作为也是一种行动，不选择也是一种选择，我真切地想使自己的行为道德，想问心无愧地说我的所作所为完全是出于责任，我那样做是因为我别无选择。除非我能找到这样的法则作为我的决定、选择和行为的依据，否则义务不过是为所欲为的另一个叫法。这样的义务也是无源之水、无本之木，是"空洞的幻觉和缥缈的念头"，是"镜花水月"。

康德为一个明显无法解决的症结提出了一个解决方案，正是在这里，叙述的必要性纳入了他的伦理理论。康德说，我们需要做一个小试验，将想象融入到一本小说里，形成一种"可能"或"如此"的情形。我的格言是一种特定的道德律法，我的行为受到它的引领，我必须假装这格言是一种适用于全人类的普世法令。而这是由想象发出的行为,就跟写一部小说一样。当我将想象融入到我为自己创作的微型小说里的时候,我应该能够清楚自己的行为是否是道德的。叙述是人类的一种根本活动,它能创作小说,讲故事给自己和他人听,对康德而言,叙述是一种不可或缺的桥梁,没有了它,这种道德法则与其他所有特定的行为规范的道德律之间都无法联系。在无法界定尊重的地方形成了一片真空,那里没有谓语,那里充满了畏惧和倾向的修辞性类比,而畏惧和倾向并非尊重。在康德的第三大批判《判断力批判》中,艺术或者关于艺术的作品被认为是唯一能够连接两个方面的桥梁。一方面是认识论,另一方面是纯理性作品、道德伦理作品和实践理性(本来这两方面可能因那巨大的鸿沟而分离);① 在这里,在实践理性的内部又裂开了一条缝隙,这条裂缝也只有两种类型的艺术作品才能弥合,虽然并非康德所说的那种作品。在这种法则和现实世界中有关实践理性的作品之间的鸿沟里,必须填入一些虚构的叙事,这种叙事应当同时解除鸿沟的两岸,或者直接沟通两边,它必须被这种法则涵盖,同时,也应该给纯粹的意志提出实用的建议,这些建议是针对关于在历史和社会的作品中,以及个人周围的具体情形而提出的。如果我给自己讲的故事是虚构的叙事,那么它也必须同时像桥墩那样牢牢地嵌在深沟的两岸,也必须深深根植于这种并不虚幻的法则以及现实世界,在现实世界中,我的选择和行为具有实实在在的效力。

　　但我要讲的故事并不是一个简单的段子,只涉及我们所讨论的道德选择问题。这种想象的段子会使我考虑行为的预期结果,或者是让我想到那些因为畏惧和倾向而发出的行为,而这些行为

---

① 参见我论述这一意象的论文 "The Search for Grounds in Literary Study," *Rhetoric and Form: Deconstruction at Yale* (Norman: University of Oklahoma Press, 1979), p. 30。

正是康德曾极力反对的，因为无法给人们提供可靠的选择依据。我给自己讲的故事，其实是一个缩微版的开头，这样一个开头发展下去，就能产生一个国家、一个民族和一个地区。我行动的时候，必须把自己的人生格言当成全人类的普世法则。在这种"似乎"既普世又独特、既公开又私密的小说中，这种法则和一种独特的行为准则之间联系了起来，我自己也因而变成了这种道德法则的化身，值得尊敬。这里，那个与"似乎"有关的小说，其实是一个宏大的历史故事，它讲的是神圣的立法者和社会契约的缔造者，包括摩西、莱克格斯（Lycurgus）和《独立宣言》以及《人权法案》的缔造者。在每一次道德的行为中，我都应该将自己想象成某一个人或者某一个小团体，在历史中破旧立新、改朝换代，做出了开创性和革命性的突破，就像摩西当年从西奈山上下来，得到神授十诫传播给以色列人，摩西的这一举动可谓开天辟地，为他的族人带来了全新的开始。这一举动创立了社会秩序，订立了律法，使得人们组建和平社会，而不是那种没有法律纲常的聚集区，邻人都是冤家对头。此外，这种创举暗含着一定的目的论，它创造了历史，它是一个头、身、尾俱全的故事的开端。跟所有根本性的立法和社会契约的草案一样，它也做出了许诺：你若遵守这些律法，你将幸运富有；若不遵守，则后患无穷。我应当这样行事：我的所为从局部上体现着这种订立法条的开创性精神，我的行为也在微观上包含着普世的历史性的叙事；若不如此，我的行为就是不道德的。这样一个故事里面的人物，对全人类都有示范作用，这些人从一开始，到未来的世世代代都享受福泽，因为主宰他们的是普世的正义与和平。我只有按照这个虚构的故事来行事，才能变成那种法则的化身，赢得他人的尊重。

在我所读段落后面的两段文字里，康德继续阐述他的普世灵方（行事的时候，要想着自己的格言就是适合全人类的律法），

他举了一个小例子,表明如何将个人行为变成普世范例。康德编
了一个虚构的小故事,里面充满了假定,目的是让我们在想象中
领悟他的意思。和乔治·艾略特所说的"生命中的实验"相比,
康德的方法并无太大区别。我们阅读小说的时候,能够在虚构和
想象的安全境地中践行道德选择上的一些信条,看看会发生什
么。我们把小说当作这种道德法则的潜在例证,也作为适合全人
类立法的一种可能的根本。所有的人都应该像《梅西知道什
么?》和《奉使记》中的梅西和施特莱赛一样行事,或是像《金
碗》中的麦吉那样。康德在举例中使用的特定表达,是哲学天
才的一种表现,具有微言大义的特征。他在论证中所采用的这个
例子具有如下特征:它不是无懈可击的(其实所有的例子都不
是无懈可击的),但在一种显著或隐含的意义上造成了一种根本
的挑战,挑战的对象就是那些例证所验证和支持的概念性的陈
述。这个例子因而妨碍了它本来要证实的东西。

　　"我们不妨举这样一个例子",康德曾提议,"在心情不佳的
时候,我是否可以许下一个故意不打算遵守的诺言?"然后,他
用两种不同的方式就这一点进行了论述。一方面,我要小心谨慎
地衡量,如果以某种方式撒谎是否会使我脱离困境,这样撒谎是
否没有后患,或者是后来我的谎言会被揭穿,因而陷入更大困
境,还有其他种种情况也要考虑到。例如,一个即将被别的食人
者吃掉的人许诺,如果他们不吃掉自己,将会得到更好的食物,
像这个人这样的算计和考虑其实跟道德无关。此外,我可能决定
遵循我的格言,养成一种习惯:避免许下自己无法遵守的诺言,
因为我可能因此陷入更大困境,"这种格言只是建立在对后果的
关心上",它不是道德的,因为它产生的基础是畏惧而非对这种
法则的尊重;它是基于对后果的顾忌,而不是基于义务。显然,
在有的情况下撒谎可能确实是一种明智之举。但我真正的义务是
在下面这种情况下表现出来的:我扪心自问,如果我信奉一种格

言，许下空头诺言，还把这视为普世律法的基础，这样的话，我是否会安心？当我给自己讲述这个小故事，为自己虚构一个充满"假设"的小故事的时候会发生什么呢？康德的一段阐述可以回答这个问题。

　　一个欺骗性的诺言是否与那种义务相符，一个最简便、可靠的检验方法就是扪心自问：我是否相信自己信奉的格言（通过虚假诺言使自己脱离困境）对自己和他人而言都是普世性的法则？而且，我是否可以安慰自己，说每个人都可能在迫不得已的时候开空头支票？但我很快就会发现，我可能接受自己撒谎，却不能接受关于谎言的普世法则。如果有了这样的法则，就没有承诺可言，因为在未来的行动中，如果我还试图在不相信我的人面前掩盖自己的真实意图，那将是徒劳无用的；即便他们盲目相信我，最后也还是会让我自己付出相应的代价。这种情况下，我的信条成为普世法则之日，也就是其自掘坟墓之时。

　　就像前面我所说过的，许诺言的动机是潜藏在这种行为之中的：我行动的时候，感觉自己的信条似乎就是全人类的规则。因此，这种关于人类开空头支票的小型叙事潜伏在这种法则之中：开空头支票只不过是众多例子当中的一个。实际上，这个例子不是随意的，而是根本性的一个例子，它就像一种概念的根本性的一方面那样并不明显，正是这个例子证明了那种概念。因而，这个例子其实已不再只是一个例子，它变成了那种使隐藏在概念中的叙事显露出来的因素。

　　此外，许诺在两个方面颠覆了有关道德行为概念的表面含义。首先，许诺并不是一种行为，它是一种特别的语言行为；此外，它是一个特别的语言学现象的例子：述行语。许下诺言跟打赌和原谅用语一样，都是话语本身就产生行为的语言。康德选择的例子具有语言学的意义，这产生了一种可能性：道德法则不仅是用言语命定的，而且靠言语实现。这种例子不只是一种语言的形式，而且是一种述行语，这个事实大大增加了这样一种可能性：想要确定述行语的语言形式是否能使它自身引发的行为真的发生是不可能确定的。这种可能性内在于所有的述行语。一个述行语促使一些行为发生，但也存在这种情况：它本该促成或本打算促成的行为究竟是否会发生，永远也没人能说得准。一方面，一种诺言是"不确定的"，因为决定它的权威也不确定。它究竟是基于外在的某种东西，还是在生成的过程中产生了自发的权威，没人能说得清；另一方面，它的目的论也尚不清楚。信守诺言跟时间和时间性有关，要把许下诺言的时间和信守诺言的时间匹配起来。第二种时间可能会被无限期地推迟。但这只是康德想用这个例子来解释的两方面：一方面是一种真正道德的行为既是独立的、自由的和自发的，同时又是基于对一种普世法则的尊重，这种法则又先于这种行为存在，为它立法；另一方面是以这种方式，一种行为可以成为一种全人类普世律法的基础，为他们带来幸福、稳定和繁荣。

　　所以康德选择的例子并不纯粹，它其实跟康德最想为之辩护的东西背道而驰。他想让读者相信，对那种法则的尊重是自发的，但同时也受到一种法则的限定，那种法则先于尊重，且在这种行为之外。这种法则对我而言是无可替代的，是一种绝对的命令。比如说，我在尝试违背的时候，这种命令就产生不可抵抗的强迫力。但康德所举的例子是一种特殊的述行语言——诺言。诺言需要时间上的条件，需要对前后的时间进行比较。今天我许下了诺言，但后来我可以信守也可以打破它。诺言是否有效不在于自身，而在于未来对它的实践。我们可以争论，说这种未来的实践永远无法确认，因为可能会出现意外情况，从而无法信守诺言。诺言内在的特征决定了对它的实践的无限延迟。不妨举一个例子：我许下诺言，要对与自己结婚的女子忠贞不渝，但实际情况有可能是，我一生信守诺言，但在生命的最后一刻背叛了她。我前面说过，将在往后的书中解释同样的道理，我所用的例子来自艾略特、特罗洛浦和詹姆斯的小说，这些小说最终会揭示这种道德法则。

这种法则是差异的、延迟的，或者用德里达的话说，它的"延异"的特征，以及它在内部的分裂和对其效果的推迟、拖延，正是叙事和这种法则结合的地方。叙事可以这样定义为对与那种法则最终直接面对的无限期推延，在这种法则里安插了叙事，以便在一个值得尊重的例子中实现这种法则。在诺言和对诺言的无限期拖延的空隙里发生了叙事。法则本身似乎在内部产生了变化，并且因为这种变化而无法被人认知，叙事在对这种变化产生反应的时候也出现了自相矛盾的现象，因为出于它对法则内部分裂的尊重。这种叙事最终不会满足读者的愿望，他们仍然期待着诺言的兑现，因为那是整个故事存在的依据。最后，聪明的读者面临的不是由显著的例子证实的道德法则，而是无法卒读的文本。文本犯了自己所批判的错误，这是它无法卒读的原因。换句话说，这种错误就是文本声称能够直接为法则代言，因为它得到了法则的直接授权。这里我要许下一个诺言：我将拿一些小说做例子来证明这种情况。至于我是否能信守诺言，需要读者最后定夺。此外，在许下诺言到实践诺言的间隙，我可以在这本基础性的作品当中讨论那种特殊叙事文本的例子，即读者对自我的解读。

现在我想对这一部分论证做个结论，我想回到康德拿来做阅读例子的那个虚构小故事，也就是他将我提到的格言变成那种普世律法基础的做法。此刻人们或许会记起保罗·德曼在其论述卢梭《社会契约论》的论文中曾注意到的一件事：事关建立社会契约的立法行为，以及缔造一个社会或国家的行为，其实就是被称作诺言的述行语的一种表现。因而，它也就具有我在诺言内部发现的那些含混和裂痕。缔造国家的行为极具颠覆性，它与过去彻底决裂，立法者时常以看似非常必要的口吻宣扬自己订立的法条，说它们具有神圣的至上权威，似乎忘却了这个事实：他们自身最初改朝换代的叛逆行为已明确证明了他们所谓的权威的虚无和渺远。在另一种时间维度上，幸福社会中这种诺言的兑现要拖延的更晚一些，还要制订另一个五年计划，还要再一次重申契约法案，也不管国家缔造之初订立的法案通过后又过了多少年。德曼在论述《社会契约论》文章的最后，对海德格尔《语言在说话》中的概念进行了充满智慧和颠覆的改写："尽管事实上诺言的不可实施性已经确定无疑（其方式就是将《社会契约论》视为一种文本寓言），但这种诺言的再度生效并不会因为许下诺言的人的谨慎而发生……这种文本的巨大效力应当归因于它本身所属的那种修辞方式。这种方式是一个语言事实，罗素自己也无法掌控，他势必要误读文本，把它视作政治变化的兆头，其实错误不在读者，而是语言本身使认知和事实脱节。语言向自己许诺［die sprache ver-spricht（sich）］；以至于导致了误解（sic），语言只不过表达了自身真理的诺言。这也是为什么文本寓言在这么复杂的修辞意义上缔造了历史。"[①] 语言确实能许下诺言，但其实它许下的不过是它自己，它永远无法实践自己许下的诺言。正是语言的这种超越所有使用者的特性使得事情发生，其实事情本身就是在物质世界的历史中发生的。因此，历史就像卡夫卡作品中的那个牧师在墓志铭中所说的那样："是必须但不真实的。"

---

① Paul de Man, *Allegories of Reading*, New Haven and London: Yale University Press, 1979, pp. 276 – 277.

在我阅读的有脚注的段落中包含康德的短篇文本寓言，康德坚称会用一个关于诺言的例子来厘清普世法则与特定案例之间的关系，他满怀自信地告诉我们，说他会作为一个可靠的沟通桥梁。然而事与愿违的是，他的例子陷入自我矛盾，变成两种可能但却不相容的文本，因而变得无法卒读。那座跨越普世法则和特定法则之间深渊的桥梁自身却裂开了一条大缝。这种情况下，要确定开空头支票这种不道德的行为是否是基于那种法则的格言的一个表现，或者要确定它是否说明了社会秩序是一种语言事实，都是不可能的。在后一种情况下，社会应该被视作完全依赖于语言习俗，如果男男女女想要在社会中共处，词语的意思就应该一成不变。这样的话，一份关于保持语言稳定的规范的协议就可以成为国家秩序的基础，而不是我们讨论的那种法则。可能有人将此视为功利主义。谁会关心国家是否"建立在"什么东西的基础上呢，是否具有"根据"呢，只要其法制起作用，并且给尽可能多的人带来尽可能大的幸福就行。然而，在这种形式的功利主义中，社会将会建立在极其不稳定的语言契约的基础之上。这种契约随时可能被打破，实际上，如果语言具有德曼所说的那些内在的矛盾的话，它就会一直打破自己。如果开空头支票可能变成普世的法则，那么就会像康德所说的那样："没有承诺可言，因为在未来的行动中，如果我还试图在不相信我的人面前掩盖自己的真实意图，那将是徒劳无用的；即便他们盲目相信我，最后也还是会让我自己付出相应的代价。这种情况下，我的信条成为普世法则之日，也就是其自掘坟墓之时。"这到底意味着社会是依赖于纯粹的人为的语言契约，还是意味着某个地方有一种反对空头支票的不可更改的超级律法，这一点没人能说清楚。此外，康德的说法甚至也没给读者任何暗示，告诉他们如何区分这两种可能，虽然一切似乎都能决定到底哪种假设是正确的。①

　　康德的例子并未表明它的证明对象到底是什么。这里的诺言Versprechen具有了"口误"这第二种含义，这种现象发生的时候，作为诺言的"Versprechen"变成了widersprechen，意即"冲突"，这种话语总体也会变成Widersprechung，一种冲突，一种和自身产生冲突的东西。德语的前缀ver总有一种潜在的冲突的含义，它可能是一种强调，或者相反，是一种否定。康德说了一些并非他本意的话，这些话暴露了他论证的一个潜在的漏洞，使他的论证成为一种不合逻辑的论证或错格，成为一种难以为继的错误。一个人许下诺言但不打算遵守，就像一座桥从两端开始，但中间没衔接上，就这样留下一个大口子，保持不完整的状态。康德想要证明的是：这种法则能使一种特定的律法禁止开空头支票。但他想象的短篇故事实际上证明的却是：社会秩序依赖于一种不稳定的、语言内的人际协定，这种协定要通过语言来保持其

────────────

　　①　弗里德里希·尼采是康德聪慧但未必驯服的读者，他在《论道德的谱系》中把许下诺言并遵守诺言的能力列为人性（与动物相对）和文明社会的根本。然而，在这本书第二篇文章的第二部分，尼采将两类人加以区分：一类人被迫变成"必需的、统一的、类似的、常见的，继而又是会算计的"（notwendig, einformig, gleich unter Gleichen, regelmaBig und folglich berechenbar），因而这些人能够许下诺言并遵守诺言；另一类人是"自主的个体"（souverane Individuum），他们能遵守许下的诺言因为他们就是自身的律法，并且会在时光之中保持一致，他们这样做仅仅是基于自己独立的意愿："自主的个体就（是）他本身（unr sich selbst gleiche），他不受传统道德的约束（Sittlichkeit der sitte），他是独立的和超道德的（因为"独立"与"道德"是相互排斥的），简言之，这个人有自己独立的、延伸的意志和权利来许下诺言。"Friedrich Nietzsche, *Werke in Drei Banden*, Karl Schlecta, ed.（Munich: Carl Hanser Verlag, 1966），2: pp. 800 –801; *On the Genealogy of Morals*, Walter Kaufmann and R. J. Hollingdale, trs. New York: Vintage Books, 1967, p. 59。人们或许可以这样表述康德和尼采之间的差异：康德举例说一个人许下了无法实现的诺言，尼采似乎对这个例子的颠覆性含义了然于胸，也就是说他明白了这个例子其实与康德想证明的概念背道而驰，不仅如此，尼采还超越了这种理解，进而推出一种许下诺言和遵守诺言的模式，在这种模式下，实践的诺言依赖于一种小心翼翼地平衡举动：在时间中依靠意志力保持语言的连贯一致。

含义不变。空头支票就像个人用语，两者都不依靠语言的内部规则和惯例来保持稳定和一致。然而，空头支票可能是语言的一种内在特征，它尤其像是那种被称作诺言的述行语的一种特征，这种诺言的一个例子就是康德曾承诺说，他的例证将专门证明那种法则极大的必要性，它许下了不能信守的诺言，所以语言的现实超越了使用者的目的；如果真是这样的话，不管我的动机到底是什么，康德所描述的那种自我破坏（"我的信条成为普世法则之日，也就是其自掘坟墓之时"）都会发生。诺言的这种内在特征是语言使用的一种方式，诺言正是以这种形式毁灭了自己。

更确切地说，意图是另一种述行语，跟诺言本身一样。康德的例子实际上包含了对述行语言的双重使用。首先，我许下种种诺言，告诉食人者如果他们不吃我，后面会得到更好的食物，我发誓要忠于妻子。然后，或者甚至就在同时，我打算遵守或不遵守这种诺言。第一个述行语得到第二个述行语的矫正，似乎第一个述行语本身还不够。仅仅表达一个诺言还不够，我还必须有第二个述行语，一种信守诺言的倾向。问题是，一种意图可能是，而且在这种情况下显然已经是私下表述的。我告诉自己说打算信守许下的诺言，或者是不准备信守。不打算信守的那种意图使诺言成为空头支票。然而，私下的意图就像个人的语言，它无法接受维特根斯坦对其可能性的拷问。跟个人玩的游戏一样，跟人的语言无法接受一种独立标准的考量，从而可能确定其规则始终保持不变。因此，个人语言并非语言，或者说根本没有个人语言这回事。同样的道理也适用于那种特殊的述行语，它被称作个人意图。康德例子中潜在的一种令人不安甚至恐惧的含义是这样一种可能性：最终无法区分诺言背后的意图到底是信守还是不信守。发生这种现象的原因是：没有哪种客观的标准能够检验任何一种意图是否可靠。这种封闭性将诺言与其意图之间的联系切断，从而使其成为另一个例子，表明必须和真理之间的断裂，正如卡夫卡作品中的约瑟夫·K. 在墓志铭中所说的那样，这是一个"悲伤的结局"。其实远不止悲伤这么简单，实际上它是一种大灾难，因为"它将谎言变成了一个普世的原则"。不管我是否意图说谎，我在任何情况下都因为一种语言的内在必然性撒了谎。

　　在解读我的关于阅读伦理的第一个例子的最后，我发现了这个例子的不可读性。一方面，康德坚称依着那些规则人们就能产生道德的行为。他在阐述中表明叙事是他的信心的至关重要的一部分，他认为叙事是一座桥梁，贯通了我们讨论的法则与特定律法，这些律法适用于家庭、社会和历史。另一方面，康德讲述了一个故事，故事里的人许下了自己不打算信守的诺言，这个故事的意义是无法确定的，因为也就留下了以疑问的空间。读者无法确定，诺言的道德性到底是在于这种法则，还是说它是一种不确定行为的表现，这种行为将道德界定为一种语言学上的述行语，它只能由内在的时间上的延续性来判断，这种延续性可以通过口误这样的例子得到证明，但这却永远无法实现。文本的不可读性可以界定为文本无法识读自己的能力，而不是我无法阅读。义务与这种法则的清楚依据之间的联系被切断后，这种义务就不是义务，而是空洞的幻觉和荒唐的想法。在论证这一点之后，康德继续使用他的例子来证明这一点是永远无法厘清的：义务不是一种虚构，不是那种没有根据的孤立无援的语言，也就是说，它不是一种空洞的幻觉和荒唐的想法，不是一种由令人悲哀的语言必要性制造出来的幽灵。

　　马丁·海德格尔在《康德与形而上学难题》中的第 30 段里曾讨论了康德关于尊重的理论，就在这一段之后的第 31 段，他认为康德"畏缩"着不敢面对自己的思想所指向的东西，它其实指向一种概念，这种概念是那种非凡想象力的原动力，那是康德思想转折的标志。纯粹的人类想象力，不管非凡与否，在康德眼里都变成了一种空洞的幻觉和荒唐的想法。他不惜一切代价，甚至压制自己最根本的洞察力，说服自己相信人类的想象力是基于超越它自身的某种东西，也就是我们所说的那种法则。

面临这种困境，最显著的办法是去对付其他的文段，它们诠释了类似的问题，然后我们就阅读这些文字。只有如此，我才能弄清楚我在努力阅读康德的时候所发生的一切，是否能解释阅读的伦理，是否具有范例作用，或者弄清楚这是否是一种非法的越轨行为，一种意外或诺言，一种倒霉的口误。在下一章里，我将开始这种更深入的研究，其中会涉及保罗·德曼所谓的"伦理性"，这在一般意义上很难说和康德有关系，也很难说是"文学理论"的一个例子。我在接下来的篇章里会使用来自其他小说家的例子。

（万小磊　译）

叙事的伦理

在《阅读的伦理》(*The Ethics of Reading*)中,我初步讨论了这本书的标题中提出的问题。现在我打算继续证明一种观点:文学的修辞性研究对于我们所谓的文学的外在关系的探索而言必不可少。这种关系是指文学与历史、政治和社会的关系,以及文学与个人和机构的关系。《阅读的伦理》在书末给出了建议:去读一些实实在在的叙事,而不是作者对自己已成作品的评论文段。

这本书旨在诠释上面的建议。书中以对一系列故事的阅读为例,这些故事诠释了伦理与叙事之间的关系。为达到这一目的,笔者特别关注基本生成语言学行为使一个特定故事之所以成为故事时所用的拟人手法。如果没有故事就没有伦理,并且没有拟人就没有故事,那么这种对修辞的理解对于理解伦理就至关重要,对阅读的伦理而言尤为如此。

我的第一个以及最根本的问题,就是我在《阅读的伦理》开篇部分提出的问题。这本新书的写作目的,就是希望通过细读一些实实在在的故事来逐渐找出问题的答案。阅读行为是否具有一种伦理维度(就像那些跟所读文本中表达的伦理主题相对的维度一样)?是否通过阅读这种孤立的行为就能获得道德升华?果然如此的话,那么这种道德又该如何准确衡量?此外,这种道德优势的具体优越性又体现在何处?是否是对本有价值观的强化和改造,进而融入所在社会的价值体系?

A. 巴特利特·戈雅马蒂 （A. Bartlett Giamatti） 曾在担任耶鲁大学校长时猛烈抨击一种文论。他看起来似乎是在肯定上面提出的最后一个问题，但实际上，他是在批判当时耶鲁的一批有影响力的同行。他的演讲恰恰是在哈佛大学的西格涅特协会 （The Signet Society） 里发表的。1985 年 4 月 17 日的《波士顿环球报》对这件事做了较为详细的报道。文学理论遭到攻击时，大众媒体是支持还是反对所产生的影响值得探究。这一问题从那件事之后已受到一定关注。媒体报道说，戈雅马蒂认为文学研究"旨在成为一种方法，去澄清价值观，并强化人们获得的教益，从而使生命能够为人承受，甚至充满乐趣……语言创造并传播价值，并为理性、体面和文明的生活创造适宜的环境"。这种观点看起来言之有理、切实可行，让人觉得无可争议，人们不会去求证在何种特定情形这样的事才会发生，也不会追问"创造"价值和"传播"价值之间的区别何在。但戈雅马蒂提到"创造"时，到底有多少自主性呢？不管怎样，如果文学研究有如许好处，并且能够证明语言具有此种作为文明的创造者和维护者的人文价值，那么是否我的解读就能将文学的这种好处传递给他人？如果我身为教师，是否我就能够将这种好处传播给学生？如果我是评论家，是否我就能将这好处传递给读者？如果这样，阅读又有什么用呢？

在最初和最根本的意义上而言，阅读应该关系到正确获取阅读物的意义，这是一个有关认知或认知论的问题，而不是关于行为和责任的伦理问题。然而，就像亨利·詹姆斯在《金碗》（The Golden Bowl） 前言最后那段意味深长的话中所言，写作行为是他所谓的"生命行为"① 的一个特殊部分，因而，我也想声

① Henry James, *The Golden Bowel*, Vol. 23, Charles Scribner's New York Edition of 1909 （reprint New York: Angustus M. Kelley, 1971）, p. xxiv. （除非另注，其他对詹姆斯作品的引用均出自此版本——作者注）。

言，阅读行为也是生命行为的一个部分。我认为阅读下列作家可以证明这一点：詹姆斯、克莱斯特、梅尔维尔以及布朗绍，最后再返回到詹姆斯的另一个故事。所有这些故事都不过是皮戈马利翁与加拉缇娅故事的翻版，在这样的故事里，随着一人与雕塑坠入爱河，对一切故事都至为重要的拟人手法也就从主题上得到凸显。

我有如下疑问：在实在的"现实生活"情形下，阅读文学作品、教授文学作品，或者撰文论述文学作品时，读者、教师和评论家的伦理责任到底是什么？我们该向谁负责？又该如何负责？我们应该主要向社会负责，还是向当地所在的社区负责？如果是教师，是该向所在单位负责，还是向学生负责？从另一方面来看，难道不是所有的阅读都该源自传统意义上所谓的"对文本的尊重"？读者如何能同时负起这么多或许有些互相矛盾的责任呢？如果各种责任之间有矛盾，又该怎样调和？要靠读者的"良心"，还是靠某种外在权威？如果对文本的尊重是准绳，那么我们"尊重文本"的时候到底又该对何人何事负责？处理文本时，包括"以正确方式解读文本"的认知任务，在这一过程中，伦理问题到底是在哪个时刻与读者、教师和文学批评家发生关联的？

但首先，我所谓的"阅读的伦理"中"伦理"的意思到底是什么？其实我认为，大抵相当于亨利·詹姆斯在《金碗》前言里提到的含义，他认为"生命的整个行为包括那些所有已完成的任务，这继而又促成其他事情的完成"①。如果詹姆斯认为写作，比如说《金碗》的写作，是一种已完成，继而又会促成其他事情完成的行为这一说法正确的话，那么我的问题也是实际

---

① Henry James, *The Golden Bowel*, vol. 23, Charles Scribner's New York Edition of 1909 (reprint New York: Angustus M. Kelley, 1971), p. xxiv.

而具体的。阅读小说、诗歌或哲学，或者讲授和写文章评论这些内容，究竟在何意义上，这些行为的完成又会促成另一些事情的发生？阅读具有认知和认识论的维度特征，那么阅读是否也具有某种难以绕开的伦理维度特征？如果有的话，又是什么？阅读跟其他伦理行为有何区别？这些行为包括许下诺言和信守诺言、对真实报道的偏向、赠送和接受礼物，以及跟邻居打招呼。

但是，我所指的伦理行为并不仅是促使其他事情发生的行为。伦理的行为必须是自由的行为，也就是说我有做这件事的自由，也有不做的自由，这样我就承担相应的责任。但我如何为一件我不得不做的事负责呢？同时，在所谓被迫的伦理行为的行为中，我务必遵循"我必须；我别无选择"的指令。所以，这种指令性的或被迫的选择，就是伦理行为的根本特征，阅读行为作为伦理行为，也具有这一特征。在一些文学作品中（文学作品跟阅读过程中涉及的伦理行为截然不同），就包含伦理行为的例子；例如在安东尼·特罗洛浦（Anthony Trollope）的《他知道他是对的》（*He Knew He Was Right*）这本书里，诺拉·罗利（Nora Rowley）拒绝格拉斯科克（Glascock）的求婚，因为她不爱他："她必须拒绝那诱人的请求，放弃成为蒙克汉姆丝（Monkhams）那样的摄政女王的想法"[1]；另一个例子在詹姆斯的《梅西知道什么？》（*What Maisie Knew*?）里面，在故事最后，如果克洛德爵士愿意放弃碧儿夫人的话，梅西就愿意放弃魏克斯夫人。根据詹姆斯的叙述，梅西的"我必须那样"是基于"比伦理道德更深层意义之上的东西"[2]。"我必须那样"的根源何在？它跟詹姆斯写作小说时受到的召唤，跟我们阅读、讲授和评论小说时受到的召唤是否一样？

---

[1]　Anthony Trollope, *He Knew He Was Right*, New York: Dover Publications, 1983, I, p. 104.

[2]　James, II, p. 354.

　　在举例说明的时候，我发现我的观点并不能在抽象意义上得到充分讨论。它必须在具体情形中才能得到分析和论证。关于阅读伦理的理论中，存在着一个症结，那就是例子和概念归纳之间的关系。任何例子的选择都并非完全中立的，这一点显而易见。每种选择都多少是主观的选择，选择者必须为此负责。另一方面，作为一种生活中的行为，如果没有例子，这个领域里也就不会有所作为。这种观点适用于这种伦理讨论，也适用于文学研究。叙事、例子和故事对伦理的讨论而言都不可或缺，有一个例子，就是康德的《道德形而上学基础》（*Grundlegung zur Meta-physikder Sitten*）中那个男人的故事，他许下了诺言，却故意不去信守。令人有些吃惊的是，把伦理作为一种哲学或者认知范畴来加以探讨，要依赖于解读书面故事的能力，而这种能力通常被认为是文学评论家们的领域。如果这种看法成立的话，它将对我提出的那一观点产生重要意义：对文学的修辞研究将对我们的道德、社会和政治生活产生重要的实际的意义。叙事的例子在研究阅读伦理时将尤为合适。一些故事在主题上将伦理的境况、选择和判断戏剧化，但并不是因为这些，故事才特别适合我的观点，恰恰相反，是因为伦理本身与我们称之为叙事的这种语言形式之间的特殊关系。在叙事中对伦理问题在主题上的戏剧化是这种语言必要性的间接讽喻。这一点稍显晦涩，我稍后将进一步阐述。

　　我认为伦理行为必须既是自由的，同时也是符合绝对规则的，但有些伦理理论可能会质疑我这一观点。自康德以降，对伦理问题的探讨都试图解决这个明显的悖论。例如，我们或许可以这样论证，认为一个人不管是非故意或无意识的行为，还是自我选择的行为，都该负有同样的道德责任。不能把不了解法律作为借口，而且也不能把自己并不知道在非故意行为中发生的事情作为借口，比如梦游中发生的事。即便有理由说"我不是故意的"，也不能免除我的道德伦理责任。这个问题，就是文学作品中时常被戏剧化的主题之一。卡夫卡的《审判》(*The Trial*) 在开头和后续故事里都体现了这一点："肯定有人说了关于约瑟夫·K. 的坏话，因为清白无辜的他在一个明朗的早上被逮捕了。"① 这本小说里的悬念就是约瑟夫·K. 是否是清白无辜的，以及这样做是否公正：他因为犯了法被判处死刑，但他之前对这项法律一无所知，而且也绝无机会直接接触这项法律，或者看到白纸黑字上明白无误法律条文。《审判》文本中包含的寓言就是："在法律之前"，这个寓言使情况变得戏剧化，那种情形受制于一则法律，那则法律虽看不见摸不着，但却生死攸关、不可违逆。

就像我试图说的那样，从关于伦理作品的主题表现过渡到关于伦理问题的阅读行为本身时，能够获得一种难能可贵的结果。有一点很明显且很有趣：阅读行为既是自由的，又不是自由的。显而易见的是，我读或者不读某本书，讲授这本书或者评论这本书，似乎都是可以自由选择的。但我真的是自由的吗？如果我所在的院系或学校指责我教授某门课程，或者如果我是学生的话，我被迫在某个大纲特定的范围内选择规定的课程，这样的话，就很难说我有不去选择那个大纲规定的课程的自由。从另一个角度来看，这一自由会受到更大的损害：所有的美国学生都必须阅读那些规定的成功的基本文学经典。

请允许我来阐述这种对阅读自由的奇怪的限制。想象一下，我碰巧从书架上取下一本书，或者在别人的桌子上发现一本打开的书。如果我懂那种语言，我可能去读那本书，不管那是否是我的本意，而且我必须为这个举动负责。在一定程度上，阅读是一种无意识的、不由自主的行为。我凑巧读了某本书，比如说我在

---

① Frank Kafka, *The Trial*, Trans. Willa and Edwin Muir (Harmondsworth: Penjuin Books, 1953), p. 6 ; Paul de Man, foreword to Carol Jacobs, *The Dissimulating Harmony* (Baltimore: Johns Hopkins University Press, 1978), p. xi.

旅馆房间或者一间租赁来消夏的房间里见到的一本书。这种偶然的举动可能会在我的生活中引发非常深远的伦理后果，也可能影响别人的生活，因为我的阅读行为会促成其他行为的发生。这里有个例子：我就是偶然才读到乔治·普莱（Georges Poulet）的评论的，但这对于我作为教师和评论者的职业生涯而言，具有决定意义，甚至对我的个人生活也如此。

这些作品期待着有人能欣赏其作为书面语言的内在特质，即便有时候永远也遇不到这样的读者。所有图书馆里书架上陈列的书籍都并非在那里消极地守株待兔，它们无比渴望读者，它们夜以继日召唤读者，就像沃尔特·本雅明（Walter Benjamin）在"译者的任务"中描述的那样，每个文本都需要翻译，虽然可能永远也找不到那个译者。只有当文本被转换成另一种语言，或者是转换成所有其他语言的时候，这种召唤才能得到实现。阅读的伦理肇始于此：读者对这样一种召唤作出反映——每个文本都需要阅读，甚至一再阅读。

这种反应在痛苦的两难境地中开始，并持续下去。每一本书、每个文本、每篇论文、每段书面文字，甚至那些我们看不懂的语言都等待着阅读。那种召唤指向我个人，每种文本都发出能量。我必须阅读他们。不存在原初的方法或原则，只有主观的或不确定的方法和原则，我可以任意决定所有书籍的轻重先后。我需要在我能阅读的地方开始。但是，那本书是偶然落到我手里的，而我选择了响应它发出的召唤，这样我就背叛了对其他所有书籍的责任。这种责任我永远难以履行。因此我永远生活在亏欠造成的内疚感之中，这是我能读书识字之后的宿命。我即便奔赴黄泉，依然欠债，且无法靠英雄壮举清偿债务。托马斯·沃尔夫（Thomas Wolf）曾说过，他当初在哈佛求学之时，饱受痛苦，因为无法读完维德勒图书馆的所有书籍，同时还心知肚明，德国每年出版 10 万本新书，而德语他又根本不认识。然而，他虽不懂德语，但读德语书的迫切愿望却丝毫不减。

　　这种状况因为另一件事变得更加不堪：我如果决心读书，那就意味着要暂缓履行其他责任与合约，这些是针对我的家庭、我所在的单位、我的学生和同事的，针对他们的"次要的"文本，我感到日益增加的责任，我需要面对那些我参加的委员会和顾问委员会。普鲁斯特（Proust）曾描述他年少时候阅读马歇尔（Marcel）的经历，刻画他阅读时胆怯、自责和隐秘的心理，以及像她祖母那样的旁观者是如何总是打发他去做别的事，让他到阳光下，去投入到外界生活中，他对这些描述加以戏剧化。在小说里，还有许多描述，是关于书中的阅读者当时在做什么。这样的例子包括：乔治·艾略特描述麦吉·塔利弗的童年阅读经历，康拉德文中吉姆阅读冒险故事的决定性影响，阅读对堂吉诃德和爱玛·包法利的影响。这些小说对读者是个提醒，必须做一些事情，读者才能理解这种提醒。那样最好还是别读。这种迫使人放弃阅读的巨大压力，也并不会随着年龄的增长而消失。教书是一件熟悉而又矛盾的职业，年龄和成就越大，你能留给本职工作的时间反而越少，也就是说你没那么多时间去尽可能地阅读各种语言的文学作品，也没那么多时间去谈论和评论你读过的东西。

　　这也并不是一开始就要求、命令或急需我把所有的书都读作一种幻想或纯理论的概念。阅读是一种真切而实在的体验，这种体验事关那种难以避免、但又无法完全实现的责任。所有认真对待阅读的读者都会感受到这种责任的力量，不管他是如何视它为奇怪的事，并成功压制它。是谁说我必须读完所有这些书？身为读者，我处于这种境地：我似乎签署了一项不可思议的协议，但实际上并未签署；又似乎一出生就身陷债务，但永远没有还清的可能。似乎是别的什么人或什么东西替我签署了这一协议。我自识字时起，就受到约束，但对这项责任却毫无概念。我如同约瑟夫·K.一样，虽然无辜，却在一个晴日被捕。

　　在这种伦理窘境里，就像在其他难以打破的两难境地中一样，唯一负责任的方法就是有所作为。这种窘境颇似在莎士比亚的《皆大欢喜》中被表现得淋漓尽致的精神之爱与肉体之爱之间那种不可调和的关系。这部戏里，语言文本和戏剧表演都表明，在根本上，无法让两种爱同时并存。然而，《皆大欢喜》以四场婚姻的欢庆收尾。这些婚姻并未建立一种新的人际关系：人们之间存在肉体之爱，且肉体之爱与精神之爱相互匹配；因而，这部戏也没能打破僵局。相反，这几场婚姻造成了如下情形：所有主要人物，无论高低贵贱，都置身这样的境地——他们深陷充满巨大张力的僵局，这一点任何结了婚的人都清楚。

　　就阅读的僵局而言，这种类比虽有风险，但道理显而易见。绝望之中，我必须抓起第一本落到我手里的书，然后开始读。"拿起来，去读"（Tolle, lege）是阅读的第一法则。为了履行阅读伦理涉及的责任，我必须先要读些什么，比如说一本书、一首诗、一篇小说，或者一篇论文，虽然也有这样一个事实存在：选择一个、放弃其他，不仅是一种主观的、不合理的选择，而且是对其他所有书本负有的责任的背叛。所有的书都发出强烈的召唤，它们需要被阅读。阅读了一本，就意味着拖延了对其他书籍的阅读。但我必须要读。这本书后面的论文都是对这种召唤的回应。

　　我阅读的时候发生了什么？我真正阅读的时候又发生了什么？虽然后者发生的频率并不是那么高。发生的事情常常是偶然的、难以预料并且令人吃惊的，即便如此，那书之前仍然被多次阅读，甚至被我读过。有个方法可以界定这种真正阅读行为难以预料的特质：我的阅读体验跟别的读者告诉我的体验永远难以完全一致——不管这些读者是多么博学、专业和多么具有权威性。还有一个方法可以描述真正阅读行为的不确定性：阅读总是会驳斥或修正预设的文学理论，而不是证明它。我阅读一本特定的书时发生的事，从不符合我或任何人在理论上的推测。你永远无法预料，一个人在特定情形中读某本书时会发生的事。有人可能会觉得，书架上那些书无疑是西方文化价值的积淀，是一排排亘古不变的法则的陈列，然而，人们更应该这样看：那些书都是未引爆的炸弹，谁也不知道如果它们在适当（或不适当）的地点或时间被适当（或不适当）的人阅读，会产生怎样的后果。一本书就是一种危险物，或许所有的书都该贴上警示标签，因为人们阅读的时候会发生奇异的事情。

关于阅读伦理的理论认为，阅读可能会引起道德上的善行，但也不能排除这种可能性：即便堪称道德楷模的书籍，有的人也会因读它发生不端行为。其实这样的事已经发生过不止一次。老练的保罗·德曼（Paul de Man）将荷尔德林（Holderlin）的"这件事发生了，它确实是真的"（Esereignet aber das Wahre）改成了一种适用于阅读的公式。德曼说，荷尔德林的表达"可以意译，'真实的就是必然要发生的'。此外，就对文本的阅读而言，发生的事情是一种必要的理解。这种理解的真理并不在于某种普遍的抽象意义，而在于这样一个事实：不管别人作何想，它都照样发生"①。

对于德曼的公式，我们不能这样理解：每次阅读特定的文本都会发生完全一样的事情。"Ereignen"的意思是"发生，即将到来，出现"。阅读行为是作为一种事件发生的。它发生的时候，同样要经历起初的爆发、超越一切预期的步骤，就像现实世界里的出生、交配、死亡或独立宣言一样。诸如此类包括阅读的事件，在一定程度上或许都是一种重复，它的影响力势不可当，就像克尔凯郭尔（Kierkegaard）在阐述重复的时候所认识到的一

---

① Sylviane Agacinske, trans. Kevin Newmark, *Aparté*: *Conceptions and Deaths of Seren Kierkegaard*, Tallahassee: Florida State University Press, 1988, p. 3.

样，雪维安·爱嘉辛斯基（Sylviane Agacinski）后来对此也有所论述：重复"如同一个裂痕或缺口，它裂开或破碎、爆炸、穿透、扩大、显现。它原来在那儿，现在到了这儿。它就这样产生"。如同当初写作文本一样，对文本的阅读也"发生了"，发生的事情具有神秘的力量，它虽然来无踪影，但却占据着空间，然后又把那空间变成了地域，具有定位坐标轴的地域。阅读在一定的时间，发生在一定的人身上，具有历史的、个人的、体制的和政治的性状，但它又总是超越了在这些环境下的可预见性。它促使某件事情发生，这件事源自它的上下文，发生的事情每次又都需要新的诠释。它引发的事包括后来针对这种阅读行为的书面或口头话语，比如论文、教学等；当然，阅读也可能导致很多其他行为。换句话说就是：阅读永远都兼具述行（peformative）和认知（cognitive）的双重特性。鉴于此，对文学的、历史的、实际的和理论的研究，都应该关注阅读的述行特征。我的著作即是对阅读行为作为一种特定行为的记录。

（万小磊　译）

《达洛卫夫人》:作为已逝再生的重复

　　……一部小说最重要的主题往往并非作者明确阐明之物,而是讲故事的方式所产生的意义。弗吉尼亚·伍尔夫采用各种形式的再现来构建她的小说,这是最重要的叙述方式之一。伍尔夫认为,叙述故事即再现小说中封存于作品角色及叙述者记忆中的过去。《达洛卫夫人》(1925)就是对记忆作为一种再现的精彩探索。

　　较之用来研究个体心理深度,这部小说更适于用来探索不同个体心理之间的微妙差异之处……小说中对叙事声音的掌控与人类时间或人类历史这类似乎是小说形式的固有主题息息相关。很多小说里过去时态的运用使得叙述者仿佛置身于整个故事发生之后、对过去的一切全知全晓。叙述者在当下讲述故事,而这种当下又以过去再现或重复的方式向将来前行。这样的复述把过去以一个完全的整体带到现在,抑或过去向着这种完整性靠近。时间进程趋于完结,这种完结将会完美地把过去、现在和将来融为一体,这样不完整的环形正是许多小说的时间形式。

　　人际关系是弗吉尼亚·伍尔夫的作品的主题之一,运用全知叙述者、使其作为由多个个体心理共同存在而形成的集体心理,还运用间接话语使得叙述者能洞悉角色心理并将之如实记录,同时以时间性作为其主题和技巧的决定性准则。《达洛卫夫人》表明伍尔夫不仅探索着这些形式上传统俗规的个中牵连,且赋予小说新意。这部小说中的叙述者记得一切，同时能用她的叙述让过去复活。在《达洛卫夫人》中，叙述即重复，作为已逝的重生。

"除了思维，我们身外别无他物"（1925，62）——这是彼得在摄政公园的长椅上鼾然打盹时他梦中那孤独的漫游者所想的话。这话看似随意却又有些神秘。这句话透露出《达洛卫夫人》叙述者的存在模式。叙述者正是那在小说角色身外而从不被角色直接察觉的思维。虽然角色察觉不到它，它却能察觉角色。这种"思维"萦绕着、包围着、笼罩着角色，并洞悉他们的内心；它无时无刻、无处无地不在角色的生活之中、把那些时空都聚集在一刻。叙述者正是那"渗透全身的内在核心"、是那"冲破表层的热烈情感"（1925，46）、是克拉丽莎·达洛卫所缺乏的整合与穿透的力量。或者，换个比方，叙述者具有如圣·玛格雷特教堂十一点半的钟声般无法抗拒而又难以捉摸的力量。叙述者如教堂的钟声"悄悄地钻入内心深处，消逝在一圈圈音波之中"、"仿佛是什么有生命的东西，要向自己倾诉衷肠，驱散自己，带着一阵幸福的颤抖去憩息"（1925，74）。叙述者进而走到每个角色的内心深处、将所有的一切揽之入怀。

虽然小说里的角色对这种叙述存在毫无觉察，但是一种比角色自身心理更加强劲的无形心理却时时对其洞悉无遗、了若指掌，这样的了解是带有侵犯意味的。此心理窥探角色的隐私秘密、将其所思所想仔细记存。《达洛卫夫人》的基本叙述形式正是这种间接话语记录，即角色当下的心理活动被叙述者用过去时态讲述出来。这种腹语式干扰模式在这部小说中随处可见，其明显标志就是用常见的"他想"或者"她想"来不时打断叙述，展现出一种奇特的单向人际关系。这种关系的独到之处之所以不被发觉，主要是因为小说读者过于视之理所当然。比如小说中描写彼得·沃尔什从克拉丽莎家走去摄政公园的这一段："克拉丽莎拒绝了我，他想"；"正如克拉丽莎，彼得·沃尔什心想"；

"那便是克拉丽莎本人，他想"；"文明的未来仍在，他想"；"未来就掌握在那样的青年手中，他想"（1925，74—76），等等，小说中的每一页都是如此。如果读者看《达洛卫夫人》中任何一页时自问感觉置身何处，多数人都会回答说是陷入了一种心理，而这种心理又被一种全在全知的心理全然了解，后者在某个不确定的、稍后的时间点来讲述，这个时间点往往"滞后于"小说角色的所想或所感。叙述者的心理在各种有限心理间来去自如，即刻便将全部心理通通了解且全部代之讲述出来。此种语言方式形成了《达洛卫夫人》这部小说的局部风格。

由此，尽管《达洛卫夫人》中的角色并不知晓，他们却都以一种奇特的方式依赖着叙述者。叙述者保存了他们稍纵即逝的思想、情感、心理影像以及内心话语，使其免于随过去一同消逝，将它们用语言再次呈现给读者。在《达洛卫夫人》中，叙述本身就是重复。换言之，叙述者心理依赖于小说中角色的心理，没有角色心理就没有叙述者心理。整部小说几乎没有篇章段落是有关叙述者私人声音所独有的思索或描写。读者几乎不能得知叙述者自身的想法，他们所看到的是角色眼中而非叙述者个人眼中的世界。反对"平稳"和对她令人敬畏的姊妹"感化"的这段说教是小说中仅有的几处讲述叙述者观点的地方之一，甚或讲述的是伍尔夫本人的观点，而不是以小说中某个角色的心理来讲述。即便如此，叙述者还是将自己隐藏起来，把一些她本人对威廉爵士的看法说成是露西娅的："这位女神（露西娅·沃伦·史密斯）看透了也存在于威廉爵士心中。"（1925，151）

《达洛卫夫人》中，无论是一种想法还是一样事物，只有先存在于某个小说角色心理之后，对于叙述者来说才存在。那些借助外部对象从一个角色心理过渡到另一个角色心理的段落可以揭示这一点。这种过渡似乎表明外部世界的固定存在物把这些不同人的心理结合起来，其原因是，尽管每个人陷入他或她自己的心理和个人反应中，但是，无论他们对同一事件（比如一架飞机用烟雾在空中写字）的反应有多么不同，这些各异的心理都是能做出反应的。从这一层面上来说，我们至少处于同一个世界。

《达洛卫夫人》的这一主题更深层的意义与其说是使我们认识到了对固定存在的外在世界的普遍依赖，不如说是揭示了事物只有为作品角色存在才为叙述者存在。有时，叙述者无须过渡就能自如地一个作品角色和另一个角色的心理之间转换。［……］尽管叙述者不囿于任何单个心理，她却依赖于作品角色心理而存在，思彼之所思、感彼之所感、见彼之所见。仅仅因为他们曾经存在过，所以事物为她而存在，她为自己而存在。《达洛卫夫人》中的全知叙述者是由故事中所有个人的集体心理体验所产生的一种共同意识或社会心理。《达洛卫夫人》中叙述者是"彼思，故吾在"。

叙述者心理和作品角色心理之间关系的含义之一是，虽然作品角色往往并不知晓，但是全知心理却是作品角色心理的一部分，更确切地说，作品角色心理是全知心理的一部分。如果深入任何个性心理会发现全知心理，即叙述者的心理。表面上看，叙述者和个人之间的关系是单向的，就像只能从一面看清的玻璃窗一样，叙述者能看清作品角色，角色却看不清叙述者。然而，在每个个性心理深处，这种单向关系变成了双向关系。结果，这将不再只是一种联系，而是一种结合、一种认同。全知心理和个性心理在深处结为一体。这样，双方都在玻璃窗的同一面，两者之间的玻璃就消失了。

如果这对所有与共性心理相关联的个性心理都适用的话，那么这些个性心理则表面上相互分离、深层次上却相互结合。《达洛卫夫人》中最鲜明的体现就是从所有主要作品角色心理深处会自发涌现出来一些同样的意象，这些意象相互协调、相互融合、息息相通。其中，最常有的意象之一就是一棵荫翳的大树，她如伟大的母亲般用繁茂的枝枝叶叶拥抱万物。这一意象也说明了为什么会用阴性代词来指称叙述者，她正是这种母性特质的女性发言人。无论男性还是女性都并非局限于自身，而是经由这种树与他人相连接，像雾一样在他或她所到之处、所见之人中弥漫开来。每个男人女人都拥有一种永恒性，即便猝然离世也是如此。"是否会觉得欣慰"，克拉丽莎向邦德街走去的时候独自思忖："想到一死便可以了结？不过，随着人事沧桑，她在伦敦的大街上却能随遇而安，得以幸存，彼得也活过来了，他俩互相信赖，共同生存。她深信自己属于家乡的树木与房屋，尽管那屋子又丑陋又破旧；她也属于那些素昧平生的人们；她像一片薄雾，散布在最熟悉的人们中间，他们把她高高举起，宛如树木托起云雾一般，她曾见过那种景象。然而，她的生活，她自身，却远远地伸展。"（1925，12，亦见231、232）

每个心理在深层次上都与所有其他心理以及由叙述者代言之的客观普遍心理相联系。这一观点可以在《一位作家的日记》中得到证实。书中记载，伍尔夫在写《达洛卫夫人》时谈到她的"伟大发现"，她称之为"挖隧道的过程"。通过这种办法，正如她所说，"在我塑造的作品角色的深层挖掘出美丽的隧道：我认为这恰恰给了我想要的东西——人性、内涵、深度。我的想法是这些隧道应当相互连接"（1954，59）。

《达洛卫夫人》里始终有一种对湮灭尽逝的恐惧或是对这种虚无的吸引力。小说似乎基于个性和共性之间一种不可调和的对立之上。由于是作为有意识的人而存在，每位男性或女性都疏离于其实际所属的整体之外，然而，实际上他或她又无意识地或最多半清醒地意识到属于这个整体。这种半清醒状态给每个人一种不完整的感觉，他或她因其作为个体而存在的条件以至与整体相分离，同时又渴望以某种方式加入到这个整体。

获得这种完整性的方法之一也许是在光明世界里构造出某

种完整，而不是陷入黑暗的死亡世界。"多激昂！多投入！"
（1925，3）——《达洛卫夫人》第三段的开头就包含了这部小
说两种对立运动的缩影。如果说陷入死亡是小说的一极，体现在
塞普蒂默斯·史密斯一纵而跳的自戕中，那么另一极就是当下
"构造"与建设性行动所具有的上升态势，这一极则在克拉丽
莎·达洛卫的宴会中体现出来。像克拉丽莎一样，小说中的作品
角色如果不去理会心里昏暗的深处，那么他们可以欢喜地拥抱此
刻，并试着把一切都集中在如钻石般闪耀的一点上。"只有老天
才知道人为何如此热爱生活，又如此看待生活，在自己周围构造
空中楼阁，又把它推翻，每时每刻创造新花样"；"她喜欢的是
此时、此地、眼前的现实"；"克拉丽莎……把整个身心都倾注
到这一瞬间的核心中，使它停留不动——这六月清晨的时刻，在
它之上积聚着其他一切早晨的压力……她把全身都集中在一点
上"（1925，5、12、54）。同样，彼得·沃尔什在公园的长凳上
一觉醒来后也感到："生活本身及其一分一秒、一丝一毫，此时
此地，这一瞬间，在阳光下，在摄政公园内，令我心满意足。"
（1925，119—120）（值得注意的是，这段从克拉丽莎到彼得的
呼应证明了克拉丽莎认为她和彼得"相互依存"的想法是正
确的。）

　　"其他一切早晨的压力"——《达洛卫夫人》中作品角色获
得持续性和完整性的方式之一就是他们过去的意象悠然地在其内
心浮现，使之被一种直接存在感所占据。尽管小说中角色的生活
节奏突兀紧张又断断续续，一时升至狂喜的巅峰、结果只是再次
陷入突如其来的恐惧与沮丧，但是他们的体验都具有深刻的连续
性上。

　　显然，这种连续性是作品角色回到过去的直接通道。对角色
而言，现在就是过去的永恒重复。从某种意义上说，此刻才是唯
一的真实。此时此刻的生活好似搭在死亡深渊之上的木板，两边

则是介于过去与未来的空茫虚无。临近小说结尾时，克拉丽莎想起"生之恐怖：父母赋予生命，要尽天年，平静地走完生命之路，但没有这能耐，完全不能；她内心深处充满极端的恐惧"（1925，281），从另一个意义上来说，所有过去时刻的重量都积压在现在的表层之下，随时准备着在一瞬间涌入意识，过去即刻迸发，占据意识。《达洛卫夫人》中记忆流露自然舒坦就像华滋华斯或普鲁斯特作品中记忆的间歇和艰涩一样。反复经历小说发生于一天里的情节之中，读者发觉自己置身于某个已经被一种鲜活的记忆侵占、吞噬的人物角色心灵中。这记忆取代了小说的现在、变成读者经历的事实上的现在。因为过去和现在之间的界限在变化，所以读者有时很难弄清遇到的意象是来自角色的过去还是角色直接经验的一部分。

　　这部小说开头就有这样的例子。《达洛卫夫人》开篇是克拉丽莎在威斯敏斯特离家、从邦德大街走去花店前说过什么话："达洛卫夫人说她自己去买花"（1925）。在描写克拉丽莎意识到这是个好天气的几个句子之后，紧随对恐惧中带有狂喜这一主题的第一个例证（"多激昂！多投入！"），读者"投"进了仿佛是现在的一种体验边缘，因为读者到现在还没有注意到小说里的地名，也不清楚这些地名与克拉丽莎生活时期之间的关系。这种体验实际上来自克拉丽莎的青年时期："就像以前在布尔顿的时候，当她猛地推开落地窗，跃向户外，她总有这种感觉；此刻耳边依稀还能听到推窗时铰链发出轻微的吱吱声。"（1925，3）

　　"投入"这个含糊而又耐人寻味的词再次在此出现。倘若"激昂"与"投入"初看几乎是一样，是对同样狂喜而雀跃的上升与下落状态的描述，且如果克拉丽莎在布尔顿猛地推开落地窗、投向户外似乎是肯定了这种一致性，那么后来当塞普蒂默斯从窗户投身致死的时候读者可能会联想起开篇这页。克拉丽莎在宴会上得知他自杀后，她的扪心自问证实了这一关联，"那青年自尽了——他是紧握珍宝而投身窗外的吗？"（1925，281）假如《达洛卫夫人》是围绕起伏对立而作，那么这些动向就不仅仅是对立的，而且还有着不明确的相似性。两者令人迷惑地互换位置，以至上上下下、起起伏伏、死亡与生命、孤立与交流，都是彼此的镜像，而不是精神上消极与积极的冲突。克拉丽莎在布尔顿跃向户外是拥抱生活的华美、希望和真实感，然而，这一意象在读者读到时已是来自已逝的过去了。此外，塞普蒂默斯跳窗而死也在预料之中。在克拉丽莎的记忆里，当她站在打开的窗前时，她预感到"有些可怕的事即将发生"（1925，3）。这部小说的几个主题发生了一系列微妙的变化，读者会毫不惊讶地在小说中发现克拉丽莎在布尔顿从窗口看到的一个景象就是"白嘴鸦飞起，坠落"（1925，3）。

　　同样的，克拉丽莎在布尔顿的经历时间设置也是模糊的。描写克拉丽莎的雀跃这句话里的"此刻"（"此刻她耳边依稀还能听到推窗时铰链发出轻微的吱吱声"）是叙述者的记忆。在叙述者的记忆中克拉丽莎的脑海里对她儿时家的记忆如此鲜活，以至于成为她所体验的现在，也成为读者所体验的现在。这句话打开了一扇门，使得记忆如洪水般将遥远的过去作为一种现在带给她，这种现在如直接经验般复杂而丰富。

　　这些记忆并非只是现在。叙述者使用小说中传统的过去时态使得这种过去在时间中的位置变得模糊。小说角色所做或所想都被牢牢地置于不明确的过去，读者读到的总是已经发生过的事情。这一切都带有不可磨灭的过去印迹，叙述语言将之从过去复活、置于读者体验的现在时刻之前。在叙述这种普遍的过去性时，当人物角色记起了他们自己过去的某事，当叙述者用《达洛卫夫人》中另一惯用方式即间接话语把它讲述出来时，为了将之置于过去，叙述者不得不使用过去时态的一些描写，她一直以此来讲述人物角色经历的现在："那时清晨的空气多新鲜，多宁静，当然比眼下的更为静谧。"（1925，3）那是过去中的过去，是一种双重重复。

这句话前面的句子中含有过去完成时的助动词以将其置于过去的过去，这过去是小说的"现在"即克拉丽莎办宴会的当天，而"现在"克拉丽莎仍然能听见铰链发出的声响，使得读者相信她可能在把先前打开窗子与这个动作现在的重复做比较。其后的那句用的是一般过去时，然而这并不属于叙述的现在，而是属于克拉丽莎过去的少女时代。叙述中这些微妙移位是间接话语这种语言模式的特色，而这样的移位刚好说明这种变化是可行的。间接话语总是两种不同心理之间的关系，但是这种关系会发生细微变化，词语运用也有相应的变化。"她总有这种感觉"——此句中过去完成时的助动词构建了三种可辨认的时间：叙述者的无时间或所有时间都是过去的时间外的时间；小说情节里那天的时间；以及克拉丽莎的青年时期的时间。［……］时态结构的细微变化形成了双重重复模式，三种时间在其中运行到一起而后分离。对伍尔夫而言，间接话语中的叙述是即刻疏离与即刻结合的重复。

小说是没有现在的，或者说只有一个似是而非、飘然恍惚的现在，叙述者使过去复活为言语意象而非现实来达到这一效果。

在《达洛卫夫人》中，伍尔夫巧妙地运用传统故事叙述方式的含混性，以之证明她赋予角色直接回到过去的能力是合理的。假如这部小说是源于叙述者把脑海里从过去复原，那么小说情节是在主要人物角色生活中的一天当中推进的。那天，他们相继拥有现在的体验，常常在城市中穿行，克拉丽莎走着去买花，彼得·沃尔什拜访克拉丽莎之后在伦敦漫步，塞普提莫斯和蕾西娅走着去拜访威廉·布莱德肖爵士，等等。当角色在伦敦行走时，他们心中浮现出了过去时光里最重要的事情，因而《达洛卫夫人》里的这天可以称为回忆的一天。角色体验过的复活了

的过去反过来成为另一个复活了的过去，由叙述者把这个已逝的
过去带回来。

　　伍尔夫已经不动声色地甚至是悄悄地在小说里埋下线索揭示
故事发生那天将会以何种方式被视为亡魂从过去复活的时刻。小
说里有三页内容奇怪，且显然和小说主题不相关（1925，122—
124），这几页描写了一个年老糊涂、衣衫褴褛的老妪伸手乞讨
铜板时所唱的歌。彼得在摄政公园地铁站旁穿过马里勒伯恩大街
时听到了她的歌声。那像是从某个原始的沼泽地里涌出的"古
泉之声"，这含糊不清、丝毫未变的悲叹呻吟仿佛已回响了千百
万年，而且有可能会持续得更久远。

　　　依　恩姆　法　恩姆　梭
　　　福　斯维　土　依姆　乌

　　这位饱经风霜的老妪用她那好似来自远古、未来或是时间之
外的声音，唱起她曾如何在五月如何与她的爱人一起漫步。尽管
这可以和小说中已逝的爱这一主题联系起来（彼得一直在想克
拉丽莎还有她的冷淡，"像冰一样冷"；1925，121—122），但是
这一联系似乎还是很牵强，这段插曲几乎没有理由占据小说的篇
幅，除非读者意识到伍尔夫在老妪的歌里织入了理查德·施特劳
斯所作歌曲《万灵节》的歌词即赫尔曼·冯·格尔姆的诗。① 伍
尔夫部分意译或改述、部分直接引用了英文译本。歌里引用的英
文句子跟我找到的三种英文译文都不一样，所以要么是伍尔夫自
己翻译的，要么是她选用了另一种我还没找到的译文版本。下面
的译文比我所见过的三个已出版的译文中的任何一个都更加直

――――――――

　　① 　Opus 10, no. 8. For the socore see von Gilm's text see Strauss (1907, pp. 9—
11).

白，也比伍尔夫的译文更直白。

> 把芬芳的石楠花放在桌上，
> 带来最后的红雏菊，
> 让我们再次呢哝情话，
> 如在曾经的五月。

> 把你的手给我，让我温柔地抚摸吧，
> 即使被人看见又有何妨？
> 用你那甜蜜的眼神注视着我的眼睛吧，
> 如在曾经的五月。

> 每个坟茔今天都芳香四溢，
> 一年中的这天是亡魂自由的日子，
> 来到我的心房让我再次拥有你吧，
> 如在曾经的五月。

石楠花、红雏菊、曾在五月与爱人的相会，这些在《达洛卫夫人》中的篇章里都有呼应，而且有几句还是直接引用的："用你那甜蜜的眼神注视着我的眼睛吧"；"把你的手给我，让我温柔地抚摸吧，即使被人看见又有何妨"。毫无疑问这位老妪是在吟唱施特劳斯的歌曲。没有直接在《达洛卫夫人》中反映出的歌曲部分对小说结构至关重要。"一年中的这天"实际上"亡魂自由的日子"，"万灵节"，所有亡魂集体复活的日子，失去爱人的人希望心上人在这天从坟墓里回来。如同施特劳斯的歌，《达洛卫夫人》具有万灵节的形式，在这一天彼得·沃尔什、萨利·赛顿还有其他人都起死回生、相聚于克拉丽莎的宴会。正如歌中所唱，已故爱人的记忆可能在一年中的某天直接面对他或她复活的灵魂,因此,《达洛卫夫人》中的角色整天沉迷于克拉丽莎拒绝彼得、选择嫁给理查德·达洛卫这个时刻的记忆里,而那些记忆里的角色实际上是集体从克拉丽莎的过去里回来了。叙述的力量不仅仅是重述过去,而是让过去以另一种形式重生,这种叙述是小说情节中的浓墨重笔。

　　每个人物角色都与自己的过去延续,所有重要人物都在共享的过去中相连——这些交流形式的完成依靠人物角色现在能非同寻常地潜入他人心理。[……]在伍尔夫的作品中,一个人往往很自然地知晓另一个人的心理,如同他知道自己在想什么一样地了如指掌。若叙述者悄悄潜入每一个角色心理而不被察觉,且因角色心理实为叙述者心理的一部分而叙述者对角色了如指掌,那么,即使并不总是如此,人物角色往往会对他人非常了解。部分原因大概是他们有共同的回忆,所以对同样的暗示会以相同的方式做出反应,每个人都知道对方必定在想什么,然而,这仿佛也是一种心理不自觉地袒露给另一种心理,是一种心灵感应。克拉丽莎和彼得之间的相互了解最能证明这种亲密性:"他俩毫不费心便能互相了解对方的思绪",彼得想着,记起他俩在布尔顿的谈话(1925,94)其他角色也有同样的沟通能力。比如雷西娅和塞普蒂默斯,在霍姆斯大夫进来、塞普蒂默斯跳窗之前,塞普蒂默斯帮雷西娅做帽子、二人享受短暂快乐时光的时候,"他俩好久没在一块儿欢笑了,此刻又像一般夫妻那样,私下里寻别人开心"(1925,217)。或是克拉丽莎与她的女仆露西之间的这种亲密性:"'天哪!'克拉丽莎嚷道,当她向露西说自己很失望时,露西也能感同身受(并非痛苦),能感觉到她们之间的默契。"(1925,43)

　　在所有这些例子中,角色心理之间都有着微妙的障碍。尽管克拉丽莎和彼得之间的默契交流近乎完美,她终究还是决定不嫁给他,反而爱上了理查德·达洛卫。雷西娅和塞普蒂默斯之间的交流并非一直顺畅，在塞普蒂默斯发疯期间雷西娅几乎无从知晓他在想些什么。克拉丽莎也没有能让露西知道她对布鲁顿夫人的妒忌之苦。《达洛卫夫人》中人物角色心理间关系的恰当模型是角色心理对叙述者心理来说是完全透明的，但那是种被改变过的透明，两个角色心理之间却变成像结了霜或雾的玻璃。不过，对某一角色来说，其心理的现在与过去之间的连续性必须辅之以当前一种心理与另一种心理的相关连续性。

　　《达洛卫夫人》里的角色都想得到这些连续性并将之在当下实现。这种强烈愿望的动态模式就是一种动向，它把不同要素聚拢、拼接成一体且以狂喜的姿态将其提入光明世界，支撑起在死亡的黑暗深渊上形成的完整性。"构造"这个词萦绕着整部小说，它是内在和外在行动结合的标志。读者会记得，克拉丽莎思考生活时，思忖着"怎样看待生活，在自己周围构造空中楼阁"（1925）彼得·沃尔什跟随一个妙龄女郎从特拉法尔加广场到摄政街、穿过牛津街和大伯特兰街直到她打开房门消失得无影无踪，彼得给那位姑娘虚构了一种性格、也给自己构造出一种新的性格，还为他们两人一起构造出一个有关冒险的故事："因为他自己也很清楚，那多半是想入非非，与那姑娘开的玩笑只是空中楼阁，纯属虚构，他自忖，正如人们想象生活中美好的一面——给自己一个幻觉，虚构出一个她。"（1925，81）雷西娅把一片片碎布拼起来做成帽子或是亲热地拉着送晚报的小女孩转圈的力量都暂时让塞普蒂默斯不再有错乱的幻觉、打消了他认为自己注定会孤独死去的可怕念头："每天老是这样。一桩事接着另一桩事。她就这样按部就班做着，先做这桩，再做那桩……她按部就班地做着，眼下在缝帽子。"（1925，219、221）布鲁顿夫人把理查德·达洛卫和休·惠特布雷德带去午宴、让他们帮她给《泰晤士报》写封有关移民的信，即便是这样的午宴也是对建设性行为这一主题的一次戏仿。

　　这一主题最重要的例证就是克拉丽莎的宴会，她试着"戴上珠翠宝饰、闪耀着炫目的光芒"（1925，6）。虽然人们因为她的那些宴会而嘲笑她，认为她太喜欢勉强自己了，但是设宴是她对生活的奉献，是努力把人们从各自的生活中聚拢在一起、结合为一体的奉献："就好比某人在南肯辛顿，某人在贝斯沃特，另一个人在梅弗尔。她每时每刻感到他们各自孤独地生活，不由得怜悯他们，觉得这是无谓地消磨生命，因此心里想，要是能把他们聚拢来，那多好啊！她便这样做了。所以，设宴是一种奉献：结合，创造嘛。"（1925，184—185）小说结束时的宴会的确成功地把一众人聚拢起来，下到穷小子埃利·亨德森，上至首相，还有萨利·赛顿和彼得·沃尔什等。克拉丽莎"依然有一股天然的魅力；活着，生存着，行走着，眼观四方，囊括一切"（1925，264）。

　　克拉丽莎的宴会把每位宾客平时的自我转变成新的社会自我，一个与他人共处时游离于自身之外的自我。这种转变的神奇迹象体现在沉迷在宴会里的拉尔夫·莱昂把帘子扯好、继续和人交谈的那一刻。那时的宴会"进入具体的活动，并不空虚"（1925，259），随后克拉丽莎思索着一个成功宴会所具有的能毁掉一个人平时的性格代之以另一个自我的力量，这个自我能够用一种特殊亲密性了解他人，并且能更加自由地道出肺腑之言。两个相互关联的自我中一个是真实的一个是不真实的，但是当这一比照被察觉的时候，比如就在克拉丽莎失去自我意识、被卷入她自己的宴会之前的那一时刻，就不可能分辨得出哪一个是真实的自我，哪一个是不真实的："她每次设宴请客，都有这种超脱的感觉，并且感到，每个人一方面是不真实的，另一方面要真实得多……在宴会上，可以谈些在别的场合不能谈的话，这种谈话得费点劲儿，但比平时可能深入得多。"（1925，259—260）

　　《达洛卫夫人》中所有主要角色都有一股冲动想创造出一种

社会情境，来揭露往往隐藏着的现在与过去之间、人与人之间、人与其自身内心之间深处的连续性。这一普遍欲想使小说里的精神动力成为一种提升与聚拢的共同愿望。

所有事例表明这样的努力失败了，或者说似乎有一部分已经失败了。很显然，叙述者知道这一点，包括克拉丽莎在内的一些角色更加明白这点。如此看来，强调这些角色、事件、彼得·沃尔什与不知名少女冒险的消极面的观点只是一种幻象。布鲁顿夫人是个肤浅、跛脚、爱管闲事的人，是伍尔夫想在小说里展现的那个上流社会的代表。"我想批评社会体制"，她在创作《达洛卫夫人》的时候写道："把它正在运行的时候展现出来，在它最紧张激烈的时候。"（1954，56）雷西娅建设性的力量和女性的温暖无法阻止她的丈夫自杀。那么克拉丽莎呢？夸大小说对她及其所体现的社会价值观的谴责程度是不正确的。伍尔夫对19—20世纪英国社会上流阶层的态度是不明朗的，且把这部小说归结为只是一部消极地讽刺社会的作品也未必允当。伍尔夫在写这部小说时担心克拉丽莎对读者来说没有足够的吸引力。"疑点"，伍尔夫在完成这部小说的前一年在日记中写道："我认为是达洛卫夫人这个角色。她也许太生硬，太锋芒毕露、华而不实。"（1954，60）。伍尔夫笔下的克拉丽莎确实有不足的一面：她势利，太渴望在社会上取得成功。她的宴会某种程度上被看作垂死社会的延续，宴会上有诸如休·惠特布雷德和无趣的首相这样的人在场："你可能把他看作一个站柜台的售货员，向他买饼干呢——可怜的家伙，浑身缠绕着金色饰带。"（1925，261）

尽管这种负面评价有待商榷，且角色看来值得我们同情的，仍然不能否认虽然在克拉丽莎的宴会上这些人更易进行不寻常的交流，但那只是暂时的。宴会结束，暖意褪去，人们回到他们平日的样子。回头看来，这场宴会所打造的那种与他人合为一体的感觉好像有些不合逻辑。克拉丽莎有能力把人们聚在一处，这似乎与她不苟言辞、冷淡漠然、保留内心私密一隅不受侵扰相矛盾。尽管她认为每个人并非局限于他或她自身,她心灵的一部分如弥散在树丫中的薄雾身处他人中间,另一部分却又缩回自己的世界且极其憎恶隐私遭受侵犯。她保持一个私密的自我和她把人们聚拢并使其相互联系的社会能力好像是相对应的。这部小说始终贯穿着克拉丽莎冷淡、拘谨和疏离的主题。"她的灵魂死了",彼得这样说道(1925,89)。自生病后她便独自睡在小阁楼斗室里的一张窄床上。她"虽然生过孩子,却依然保持童贞,这一想法恰如裹在身上的床单,无法消除"(1925,46)。她"那种冷漠的性情"(1925,46)让她的丈夫一次又一次失望。对克拉丽莎来说,女性比男性有更强的性吸引力。她生命中的亮点就是当萨利吻她的那一刻。她决定不嫁给彼得·沃尔什,而与理查德·达洛卫结婚是她抗拒亲密、亟求隐私的表现。"因为一旦结了婚,在同一所屋子里朝夕相处,夫妻之间必须有点儿自由,有一点自主权。这,理查德给了她,她也满足了理查德……然而,跟彼得一起非得把每件事都摊开来,这令人难以容忍。"(1925,10)"凡是人都有一种尊严,都有独处的生活,即便夫妻之间也不容干扰"。(1925,181)她厌恶女儿的朋友基尔曼小姐和威廉爵士,厌恶一切代表控制欲、本能地想去改变别人信仰的人,所有代表所谓"爱与宗教"(1925,191)的人,这种厌恶源于她对独处与超脱的尊崇:"她是否曾自己试着去改变任何人的信仰吗?她不希望每个人都保持本色吗?"(1925,191)克拉丽莎看到的那位即在隔壁房子里经常到楼上房间去的老太太,似乎就主要代表着这种最高价值,即"灵魂的私密性"(1925,192):"这就是奇迹,这就是神秘;她指的是那老太太……最神秘的不过如此:这里是自己的房间,那里是老太太的卧室,无形地相通。难道宗教或爱情能解决这奥秘吗?"(1925,193)

　　《达洛卫夫人》的高潮不是克拉丽莎的宴会,而是当克拉丽莎闻知塞普蒂默斯自杀后她离开宾客、踅入几分钟前布鲁顿夫人同首相谈论印度情况的斗室的那一时刻。她在那儿又瞥见对面房的老太太，老太太这次正十分安详地上床去。克拉丽莎想到塞普蒂默斯，意识到她为把人们聚拢一处并使其联系起来的一切尝试是多么虚假。退出宴会意味着她即使身处宾客之中也能使自己的灵魂不受干扰，从那宁静的一处能发觉社交世界的空虚、能感受到死亡的吸引力，每个人都将此作为其最切骨的现实装在心中。死亡是真正的交流之地。克拉丽莎一直在尝试不可能实现的事情、试图把死亡的价值带进生命的光明世界。塞普蒂默斯做出了正确的选择，他用自杀保全了自己，"紧握珍宝而投身窗外"（1925，281），使自己得以同那个人人相互关联的深处连接起来。要是他没有在发疯时听见他已故的伙伴埃文斯从那所有已逝者聚集的地方对他说话呢？"互通信息意味着健康幸福"（1925，141）——塞普蒂默斯在发疯时说出了对这部小说里所有人物角色而言的最高目标，但他的自杀构成了一种认知，即唯有生命消散才能获得交流，唯有自杀才能成功地重获过去。

克拉丽莎意识到这个真相、开始自责之时便是她大彻大悟的时刻：

以前有一回，她曾随意地把一枚先令扔到蛇河里，仅此而已，再没有掷掉别的东西。那青年却把生命抛掉了……他们（她一直在想起老家布尔顿、彼得与萨利），他们将变为老人。无论如何，生命有一个至关紧要的中心，而在她的生命中，它却被无聊的闲谈磨损了，湮没了，每天都在腐败、谎言与闲聊中虚度。那青年却保持了生命的中心。死亡乃是挑战。死亡企图传递信息，人们却觉得难以接近那神秘的中心，它不可捉摸；亲密变为疏远，狂欢会褪色，人是孤独的。死神倒能拥抱人哩。（1925，280—281）

　　从那个至关紧要的中心的角度来看，所有言论和社会交往、一切构造与交流的形式都是谎言。越是想通过这些办法达到这个中心就会离它越远。《达洛卫夫人》的最终启示是构造即毁灭。只有抛弃生命才能保留生命。生命通过被置于根本的现实之上而得以保存。伍尔夫在别处将这一现实描述为"一种在我眼前的东西：它至关紧要，抽象却存在于天地；我将安息于此并在此处继续存在。我称之为现实"（1954，129—130）。　"至关紧要"——较之这个被生活中所有日常活动磨损、腐蚀与掩盖的现实，其他的一切都是空茫与虚无："什么都没有"，伍尔夫在她一次犯抑郁症期间写道："我们任何人都没有。工作、阅读、写作统统都是假的；与人们的关系也是。"（1954，141）［……］

　　《达洛卫夫人》似乎是在生与死的对抗中结束，就像镜子的两面。现实、真相和完整在镜子看不见的那面，而生命至多是黑暗现实的既虚幻又破碎的意象。不过，《达洛卫夫人》里有一个更具有结构性的元素，最后的一下扭转把两个极端再次颠倒过来，更确切地说是让这两极在不可调和中保持平衡。对此进行探索，有可能最后会确认伍尔夫带入的英语小说传统故事叙述模式的公开、潜在的暗示方式。

　　《达洛卫夫人》有双重时间形式。小说的一天中主要角色将他们共有过去的中心事件在记忆里一点一滴地重现。然后所有的角色又聚集在克拉丽莎的宴会上。叙述者以隔着一定距离的视角采用两种叙述时间向前推进，直到小说里角色的这两个时间在小说结束时最后几句话会合，那时彼得看到克拉丽莎正回到她的宴会。或者是不是应该说"几乎会合"呢？因为一般现在时的 be 动词与其一般过去时之间仍然有时间上的不同。"是克拉丽莎，他自言自语。她就在眼前。"（1925，296）

　　在小说角色的生命中，这一完全的时刻过去了。宴会结束了。萨利、彼得、克拉丽莎还有其他的人都步向死亡。叙述者的成功之处在于以文学这又一种力量把这一刻以及小说里在万灵节那天的其他时刻从死亡中解救出来。对伍尔夫而言，文学就是通过再现来保存，但是保存的是人和事的对立状态。这种重复挽救了时间，在永远倒退的时间区间中得以挽救。小说第一页就表明了时间被带到了叙述者在心理上已经认同的死亡地带。这是一个空茫无人的地带，除了文字没有任何东西存在。这些文字生成了它们自己的现实。克拉丽莎、彼得和其余的人只能在小说的篇章世界里相会。当读者开始读《达洛卫夫人》的时候便离开自己的现实世界，进入了这个语言的王国。小说是双重再现。角色存在貌似是由于活在当下，实则是他们已逝过去的复活。在叙述者全知全晓的心里角色是作为已故的男男女女而存在，他们的存在取决于叙述者的语言。当叙述之圈回到原点时，过去与现在交汇，看似活着的小说角色显露出了他们是亡魂的真相。

克拉丽莎的活力与她"存在存活"的能力在小说倒数第二行，彼得使用一般现在时阐述的话语中得以表达出来："那是克拉丽莎。"这肯定了克拉丽莎那时把一切作出总结的能力，这样的肯定与对她早前的描述相互呼应："她具有女性特有的天赋，不论身在何处，她都能创造自己的一片小天地"："她走进一间房，站在门口，周围簇拥着一大群人，就像他常看到的那样……她的谈吐也从不显得格外机智，尽管如此，她却令人难忘，令人难忘"（1925，114—115）；"她在那儿，补着衣裳"（1925，179）早前的这些段落用的是过去时态，小说的最后一句也是如此："她就在眼前。"本句话在叙述者的间接话语中一般现在时的 be 动词"is"变为一般过去时"was"。在那样的语言模式下，克拉丽莎和其他所有角色一道，退进一个无限遥远的过去。在叙述者的客观思想和语言中生命变成了死亡，她的语言是在死亡里交流的场所，碎片在此拼成完整，所有的一切都汇集成一个整体。只有叙述者机敏而又无处不在的思想洞悉小说中各部分之间的所有关联。这些关联只有通过叙述者的语言才得以存在于信奉那种调和的精神中。

　　然而，再一次回到讽刺语的另外一面，在克拉丽莎的宴会上，她从独自面对死亡中归来。她意识到与塞普蒂默斯的相似之处，当彼得见到她时感到"恐惧"和"狂喜"（1925，296）。她回到叙述的语言当中，与读者在经久不衰的文学语言中相遇。

　　也许正是因此，伍尔夫改变了她原本的计划而让塞普蒂默斯成为克拉丽莎死亡的代替品。只有一个被黑暗吞噬的主角会有悖作者的意图，所以作者需要两位主角，一位死去，另一位随着前者的死亡而死去。当克拉丽莎在宴会上独自冥思苦想时她分明经历了塞普蒂默斯的死。在感同身受地经历死亡之后，克拉丽莎活了过来。她的出现使宾客们至少让彼得·沃尔什"异常激动"（1925，296）。不仅是克拉丽莎的活力源自她处于死亡的边缘。两种既对立又相似的动向才能使小说达到结构上的完整，那就是塞普蒂默斯从生至死和克拉丽莎的起死回生。《达洛卫夫人》同时存在于这两种境地之间，它是通往死亡领域交流的入口，同时也是生者可能会读到的彰显死亡领域的文字。

　　《达洛卫夫人》看起来像是推崇死亡，实际上却跟伍尔夫的其他作品一样代表的是跟这一精神相反的一种动向。比如克拉丽莎的宴会或是小说中其他关于建构的例子，整部小说是一种建设性的运行，把不相关的元素凝塑成一个实实在在存在的、属于日常物质世界的对象。这本书有纸板封面，白色纸页上满是黑色字迹。跟它的象征物即克拉丽莎的宴会不同，这种建构出来的物品同时属于两个世界。如果从某种意义上来说它只不过是一件人造的物品，那么从另一种意义上来看它是由文字构成的，这些文字不是表明所说事物的现实存在，而是事物从日常世界中消失而存在于地点之外的地点和时间之外的时间即文学的空间和时间中。伍尔夫的写作把语言中的这一交流领域公之于世。小说对伍尔夫而言就是世人明晰可见的死亡世界。写作是唯一一个同时存在于镜子两面的行为，即在生与死中同时存在。

　　虽然伍尔夫描写的是极端的精神状况，但她的作品并未助推那种认为 20 世纪文学比 19 世纪文学更消极、更虚无或者更模糊的文学史案本。《达洛卫夫人》之所以不可界定是因为从文本中不可能知晓死亡中的联合领域是否存在，对伍尔夫来说，这一领域是否只存在于文字中，或者文字是否代表一个对小说角色、叙述者及伍尔夫本人而言"真实存在"的超语言世界。然而，较之诸如艾略特、萨克雷或哈代等作家，伍尔夫更相信死亡世界在现实生活和小说里都有可能存在。伍尔夫比她的大多数英国小说界前辈都更坚定地相信叙述中的再现可能代表一个调和与保存的超精神世界、一个已逝永恒重生的世界。

（胡丹　译　周敏　校）

二　理论介入

如何阅读文学?

教人怎样阅读是件劳而无功的傻事

告诉某个知道怎样阅读的人该如何去阅读是件劳而无功的傻事,T. S. 艾略特(T. S. Eliot)谈到诗歌创作时说过同样的话。艾略特很有可能是说诗歌创作需要大量的苦学钻研。根据《牛津英语词典》的解释,"mug"(傻事)是,或曾经是,牛津俚语,指某学生学习得太累,成了"苦差事"(grind)。"To mug"就是"(某门功课)学得很辛苦"。艾略特说诗人像一个 mug,也可能是指在犯罪的意义上,即这个单词的另一个意义(美国英语中的意义)。艾略特有一个著名的论断,说诗中的意义就像是窃贼为进入房子扔给看门狗的一块肉。教人如何去阅读就是这两层意义上的无用功。你必须懂的很多,比如要精通比喻,更不用说历史与文学史。而且,你所教的内容在任何意义上讲都不仅仅是一种技巧。

教人阅读也显得没有必要。如果你能够阅读,你就会阅读。谁还需要更多的帮助?就像一个人从不识字到识字,或从基本的字面阅读到成为一个"优秀的读者"一样仍然是件神秘的事情。举例来说,一种阅读出反讽的天赋,就是良好阅读的必备条件。对反讽的敏感性似乎在人群中分布得并不均匀。对反讽的感觉无论如何也不等同于智慧。你要么具有反讽感,要么没有。狄更斯

(Dickens) 在《荒凉山庄》（*Bleak House*）里对于乔（Jo）这位
清道夫的描述中，动情地为我们读者设想了不能阅读意味着
什么：

> 当一个像乔这样的人，在街上遛来遛去，看到店铺招
> 牌、街头路牌、门板和橱窗上到处都是那些莫名其妙的符
> 号，而对它们的形状和意义却一无所知；看着别人阅读、书
> 写，看着邮差送信，而自己一点也不认识那上面的字（哪
> 怕是片纸只字，也使他目瞪口呆），那一定是怪有意思的！①

对反讽的无知，即使对一个能够"读"得非常好的人来说，
也与乔的茫然不解没什么两样。

当某个人已经学会了阅读，并且在阅读某特定页时，很有可
能在他或她的大脑里或情感上所实际发生的情形会因人而异，其
差异程度会超出人们的希望或期待。当学生按照指令"在下周
二前阅读《荒凉山庄》"、或者"阅读叶芝的下面几首诗为周五
的课做准备"时，老师们，那些在令人沮丧情形下不可救药的
乐观主义者们，经常想假定同样的情形会发生在所有的学生身
上。在我的经历中，令人沮丧的是，当学生做阅读时，迥然不同
的情形时有发生。或许有人会对学生不愿意被铸进同一个阅读模
式而感到庆幸。学生在阅读一篇"作业"时实际发生了什么？
要得到这方面的确凿的数据并不那么容易。对此很难得出确切的
结论，就像当一个人说"我爱你"时，或另一个人对颜色如何
感觉时，我们很难得知其内心的真实感受一样。

更有启示意义的是 I. A. 瑞恰兹（I. A. Richards）发现并在
《实用批评》（*Practical Criticism*）里阐发的阅读分歧和"误读"。

---

① 《荒凉山庄》，黄邦杰译文，上海译文出版社 1979 年版，第 289 页。

他叫学生对他以"讲义"形式发下去的几首诗做出反馈评论。这些学生都是剑桥的本科生，水平相当，有着几乎相同的课堂背景，受过相同的早期教育。然而，以大部分受过教育的人的标准来衡量，他们不仅"把诗读错了"，误解了诗，对于好诗和劣诗的判断完全颠倒，而且其误读的方式多样，不易分类。

　　普及文化教育几乎一直都是出版文化的主要组成成分，也是民主国家政府的伴生品。如同帕特里其亚·克莱恩（Patricia Crain）在《A 故事》里所表述的那样，用"字母书"来教孩子们字母表，在出版文化里，这曾经是一个向孩子们灌输日益发达的资本主义与消费主义文化主导意识形态的主要方式。比如，"A 是'苹果派'"（Apple Pie），引领孩子们把学习字母表与吃联系起来，而还有什么比苹果派更美国的呢？孩子学会阅读以后，儿童书籍，比如《瑞士家庭鲁宾逊》（也译作《海角一乐园》）（Swiss Family Robinson），就会继续这一工作，把孩子们培养成模范公民。今天，也许读写能力的培养对于儿童教育变得越来越没必要了。电视和电影通过视觉和听觉形象进行着同样的灌输工作。儿童电视剧《芝麻街》（Sesame Street）教字母表与看字读音。然而，真正有教育威力的是那些小喜剧和木偶剧，甚至那些无法阅读的人都在这些节目中受到了极大的教育。这并不一定是什么坏事。尽管没有哪一个社会不存在偏见与不公，但那些以类似的方式看待问题、判断事物的人们走到一起，组成社区，这似乎是人类掌握语言的一个特征。这就是为什么民主总是"有待到来"（"to come"）的一个原因。民主是遥不可及的正义地平线，所有人都应该朝着它努力。

　　那么好，假定有人还是想阅读文学，他该怎么做呢？我开出两个相互矛盾且不易调和的药方。放在一起考虑，我把它们叫做阅读难题。

作为狂热（Schwarmerei）的阅读

　　如果真是这样，如我所论，每一部文学作品都打开了一个奇特的世界，除了阅读该作品外别无他途进入其中。那么，阅读就该是读者毫无保留地投入全部的心、智、情感与想象力，以文字为基础在其内心创造出那个世界来。这是一种狂热（fanaticism），或狂喜（rapture），甚至是伊曼努尔·康德（Immanuel Kant）所称的"充满幻想的"（Schwärmerei）狂欢（revelry）。作为一种心内戏剧，作品有了生命，似乎以一种奇怪的方式摆脱了对页面上文字的依赖。我第一次读《瑞士家庭鲁宾逊》时就是这样的情形。很有可能这种能力普遍存在。一旦你学会了阅读，也就是说，一旦你学会了把那些无声的、客观无意义的形状转换成相当于口语的字母、单词和句子，你就能做到这一点。

　　我觉得我的内心戏剧或者狂欢无论如何都会与别人的不一样。即便如此，每一位读者由某部特定的作品所产生的想象世界对于这个读者来说似乎都有无可置疑的权威。在观看一部由曾经读过的小说改编而成的电影时，很多人都会有这种反应："不，不！根本不是这样！他们把它完全搞错了"，这个经验就验证了这一点。

　　插图，尤其是儿童书籍中的插图，在塑造那个想象的戏剧时起着重要的作用。约翰·田尼尔爵士（Sir John Tenniel, 1820—1914）的插图本《爱丽丝》教给我该如何想象爱丽丝、小白兔、叮当兄弟俩（Tweedledum and Tweedledee），还有其他，等等。然而，我镜子后面的想象世界甚至超出了田尼尔的插图所描绘的世界。亨利·詹姆斯（Henry James）在《小男孩与其他人》（*A Small Boy and Others*）中，对乔治·克鲁克香克（George Cruikshank, 1792—1878）的《雾都孤儿》（*Oliver Twist*）插图的力量推崇备至，认为决定了他想象世界的方式：

> 小说对我来说似乎更多的是克鲁克香克的而不是狄更斯
> 的；小说中的形象如此生动可怕，一切都标上了克鲁克香克
> 的特质，以至呈上来的鲜花或美好、旨在表示安慰和欢呼的
> 场景和人物都横陈其手中任其摆布，效果比公然的恶劣与恐
> 惧更多了一份隐秘的险恶、一份暗含的诡秘。

再举两例来说，有哪个读者，只要碰巧见过那些插图，其想象力不曾受过柯本（Coburn）为纽约版的詹姆斯作品所做的精美插图的影响，或者不曾受过威萨克斯版（Wessex）或年庆版（Anniversary Editions）的托马斯·哈代（Thomas Hardy）作品插图的精彩照片的影响？

作为阅读难题的第一个方面，我在倡导一种纯洁的、孩童放任式的阅读行为，毫不怀疑、无所保留、没有质疑。这种阅读，用柯勒律治著名的话来说，是心甘情愿地悬置疑惑。然而这样一种悬置，甚至不再意识到怀疑会是一种可能。这种悬置不再是意志的刻意而为的结果。它是自发的、未加思考的。我将其比作两人之间互道"我爱你"有些过于随意。如米歇尔·德吉（Michel Deguy）所说"La poésie comme l'amour resque tout sur des signes.（诗歌，如同爱情，让一切符码充满危险）"，读者与被读的小说之间的关系如同一桩恋情。这两种情形都要求毫无保留地向对方献出自身。我手中的书或书架上的书发出一声有力的指令："读我！"但是读它是有风险的，是不安全的，甚至是危险的，如同一个说"我爱你"时，你回复"我也爱你"一样。你永远无法知道这样一种回复会把你带向何方，就像你永远不知道读一本特定的书会把你带向何方一样。在我自己的情形中，阅读某些书对我的人生有着决定性的意义。每一本这样的书都是一个

转折点，一个新纪元的标志。

　　阅读，就像在恋爱，绝不是一种被动的行为。它要求大量的精神的、情感的甚至物理的能量。阅读要求积极的付出。读者必须利用其全部才能在其内心尽可能充分地、形象地再营造出作品中的虚幻世界。对于那些不再是孩子，或者不再孩子气的人们来说，还有必要付出另一种努力。这就是要尝试（这种尝试很有可能不会成功）把"批判性"或怀疑性阅读的积习悬置起来。

　　如果这种双重努力——肯定的努力与否定的努力——不成功的话，就不太可能了解顺从于页面文字的魔力会有怎样的危险。类似的，如果你的全部注意力专注于辨认乐谱的技术细节，或在思考较早乐曲的回音，那你几乎无法把一首乐曲作为音乐来欣赏。如果你要正确地阅读文学，你就必须要变成一个小孩。

　　实现这种效果必须要有一定的阅读速度，就如同音乐的情形一样。如果你在字面停留的时间过长，文字就失去了通向未知窗口的威力。如果你演奏莫扎特（Mozart）的钢琴奏鸣曲或者一支巴赫（Bach）的《哥德堡变奏曲》（*Goldberg Variations*），就要求有合适的节奏，弹得太慢的话听起来就不像音乐了。阅读也是一样。阅读就是在产生一个虚拟的现实，读者必须要读得迅速，节奏明快，眼睛跳跃着扫过页面。

　　不是所有的读者都能够这么阅读文学作品。比起夏洛蒂·勃朗特（Charlotte Brontë, 1816—1855）的《简·爱》（*Jane Eyre*），我更喜欢艾米莉·勃朗特（Emily Brontë, 1818—1848）的《呼啸山庄》（*Wuthering Heights*）。我觉得我应该更欣赏前者一些，因为有那么多的读者喜欢这本书。《简·爱》对我来说是一部伤感的实现愿望的书，其高潮出现在简嫁给了又瞎又瘸、象征性地被去势的罗切斯特："读者，我嫁给他了。"我对 D. H. 劳伦斯（D. H. Lawrence）（1885—1930）有着同样的抵触情绪。《恋爱中的女人》（*Women in Love*）的高潮是厄秀拉（Ursula）与伯金

(Birkin) 最终在一起做爱的场景，在我看来有些可笑，不是说
该场景本身，而是劳伦斯那过分渲染的语言："她的欲望得到了
满足。他的欲望也得到了满足。她对他的意义就像他对她的意义
一样，那个远古的、神秘的、可触知的、真实的异体。"哇！在
我看来这简直就是幼稚。把某作品看作幼稚也就剥夺了该作品打
开一个新世界的威力。它就成了页面上死的字符。别的读者会有
别的候选作品。我一直认为安东尼·特罗洛普 (Anthony Trol-
lope) 的小说很迷人，它们既再现了维多利亚中产阶级意识形
态，又对那种意识形态进行了隐含的批判。我认识一个人，她觉
得特罗洛普的作品很讨厌，因为她认为该作品错误地表现了女性
心理。

好的阅读是慢速阅读

　　然而，好的阅读也要求慢速阅读，不光是跳跃性的明快节
奏。一个好的读者不会让文本中任何内容在他面前丢失，就像詹
姆斯说一个好作家与生活的关系那样。"努力成为一个不丢失任
何东西的人"，那就意味着与自愿悬置疑惑正好相反，甚至都不
再记得被自愿悬置的疑惑是什么。也就是弗里德里希·尼采
(Friedrich Nietzsche) 所倡导的慢板 (lento) 阅读。这样的读者
在每一个关键词或短语前面停顿下来，慎重地前看后望，步行而
不是跳跃，内心充满焦虑地努力不让文本对自己有任何的欺瞒。
"当我在设想一个完美的读者时"，尼采说："我总是设想一个充
满勇气与好奇的怪物，他灵活、狡猾、小心翼翼，一个天生的冒
险家与发现者。"慢速阅读、批判性阅读，意味着在每一个拐点
都充满怀疑，质疑作品的每一个细节，努力弄明白到底是什么在
产生魔力。这就意味着不去关注作品所打开的新世界，而去关注
作品打开新世界的方式。两种阅读方式之间的差异或许可以比作

被《绿野仙踪》(*The Wizard of Oz*) 中巫师的眩目表演所吸引,
和与之相反,观看幕布后面猥琐演员在那里拉动杠杆操作机械,
制造虚假的幻觉之间的关系。

在我们整个纠结的传统中这种去神秘化表现为两种形式。这
两种形式至今仍占统治地位。一种可以被称之为"修辞性阅读"
(rhetorical reading)。这类阅读指对产生魔力的语言技巧的仔细
关注:观察比喻语言的使用方式、观点的转换、至关重要的反
讽。反讽表现在,比如说,小说叙述者所知道的情况与叙述者一
本正经地叙述里面人物的所知、所想与所感之间的差异。一个修
辞性读者工于"细读"(close reading) 的各种程式。

另外一种批判式阅读形式是追问文学作品如何灌输关于阶
级、种族或性别关系等信仰。这些被看作眼光、判断力与行为的
模式,在作品中被作为客观真实表现出来,而实际上是意识形
态。它们是真实掩盖下的语言虚构。这种去神秘化的模式如今被
叫做"文化学研究",或者,有时被叫做"后殖民研究"。

应该记住的是,文学作品有着强大的批判功能。它们挑战霸
权意识形态,又强化这些意识形态。文学在当代西方意义上,作
为印刷文化的伴生品,充分利用了言论自由的权利。普鲁斯特
(Proust) 在《追忆逝水年华》(*Ála Recherche du Temps Perdu*) 中
对马塞尔 (Marcel) 迷恋阿尔贝蒂娜 (Albertine) 的描述,把他
的神秘化过程有力地呈现于读者面前,使读者也深有同感。读者
发现虚构的阿尔贝蒂娜有着不可抗拒的魅力,尽管她不过是一个
迷人的谎言家。普鲁斯特也毫不后悔地解构了那种迷恋。他把那
种迷恋解释为误读、幻觉。文化批评在西方印刷文化中继续着、
并使得文学本身的批评嗜好变得更为明显。然而,这两种批评形
式——修辞批评与文化批评——都有着的一个效果,就是剥夺了
文学作品——对于特定读者而言——在被快速阅读时所拥有的巨
大威力。

阅读的困境

我正在倡导的两种阅读方式——纯真方式与去神秘化方式——是相互矛盾的。每一种方式都在妨碍着另一种方式，使其不能起作用——因此就产生了阅读的困境。把这两种阅读模式结合在一次阅读行为里是困难的，也许是不可能的，因为每一模式都在抑制和禁止另一模式。你怎么可能让你自己全身心地沉迷于一部文学作品，让作品带着你走、而同时又让自己与作品保持一定的距离，带着狐疑将其拆开来看其内部产生机制？谁又能够同时以快读和慢读两种形式进行阅读，把两种节奏结合到一种不可能实现的、既快又慢的阅读行为中？

为什么无论如何都会有人想要剥夺文学打开各式另外世界以及无数虚拟现实的惊人力量？这样做是令人恶心的、毁灭性的。你要读的这一章，哎呀，就是这种毁灭性的例证。甚至在赞美文学魔力的同时，也通过打开文学的大门而悬置了那种魔力。

这种努力去神秘化的动机可能有两种。一是文学研究是我们文化的普遍嗜好的一部分，即为了获取知识而获取知识，这在中小学和大学中大部分已被制度化，在新闻界程度略逊。西方的大学致力于发现一切事物的真理，如哈佛校训中的“真理”（Veritas），这也包括关于文学的真理。就我自己来说，文学研究替代科学成了我的职业。大学学习期间我从物理学转向了文学。我的动机是貌似科学的好奇心，想了解当时（现在还是）对我来说文学作品的那种奇妙之处、文学作品之间的差异以及文学作品与日常语言使用的不同。在这个世界上，我这样问自己，是什么使得丁尼生（Tennyson），想必是一个神志正常的人，以那样一种极为奇特的方式运用语言？他为什么要那么做？当这种语言被写下的时候有着什么样的可想象的用途，或者今天还有什么作用？

我当时就想、今天还想，来解释文学，就像物理学家想解释从黑洞周围或从某个类星体发出的怪异"信号"。我还在努力，而且仍然感到困惑。

另外一个动机是为了避邪。这可能是一个高尚的动机，也可能是一个不光彩的动机，就看你怎么看了。对于文学作品在灌输有关种族、性别或阶级的危险或不公正的观念方面所具有的力量，人们普遍有一种担心的。文化研究与修辞阅读，后者尤其在其"解构"模式中，都有着这种健康的或防御的目的。当修辞性阅读，或叫做"慢速阅读"，显示了文学魔力起作用的机制之后，那种魔力就不再起作用了。它被看作一种哄骗。当用女性批评来阅读《失乐园》的时候，弥尔顿（Milton）的性别主义主张（"他只为上帝，她则为他心中的上帝"，Hee for God only, shee for God in him）就被揭露出了其庐山真面目。然而这首诗也就失去了其神奇的能力来向读者呈现一个想象的伊甸园，住着两位美丽而又充满色欲的人："他们这样手牵手地行走，／自从他们邂逅做爱的拥抱以后，／便是最可爱的一对。"（So hand in hand they passed, the loveliest pair That ever since in loves embraces met.）被去神秘化了的读者也许还会被那不饶人的批评家提醒，说那伊甸园景是从充满怨怼与嫉妒的撒旦的视角来呈现的："啊，地狱！"撒旦说，"我这悲愁的眼能看见什么呢？"（O Hell! What doe mine eyes with grief behold.）

弥尔顿的撒旦或许可以被称为原型解密者，或者多疑读者、怀疑论批评者或不相信者。或者说，当代批判型读者的原型可能是弗里德里希·尼采。尼采是一个古典修辞学的教授。他的《道德谱系学》（*Genealogy of Morality*），与他的许多其他作品一样，是一部文化批评著作。在《从道德之外的意义看真理和谎言》（*On Truth and Lie in an Extra-Moral Sense*）的一个著名论述中，尼采把真理（拉丁文"veritas"）定义为，不是事物真实状态的陈述或表征，而是一种比喻性的虚构，简言之，即文学。
"真理"，尼采说："是一支由隐喻、转喻和拟人修辞共同组成的
移动大军。"读者会注意到尼采将文化形式，包括文学，看作是
一支战争性的、进攻性的"移动大军"，必须由批评家操同样战
争性的武器去抵抗。读者还会注意到尼采在把真理称为移动大军
时使用了一个拟人修辞，正好为此做出了示例。他将真理的武器
对准了真理自身。

　　毫无疑问，这两种形式的批判性阅读，修辞阅读与文化研
究，共同导致了文学的死亡。在文学作为文化灌输的统治主权开
始消退之时，批判式阅读作为去神秘化的使者以雪上加霜的方式
出现并非偶然。我们不再那么需要或者愿意来被文学哄骗。

　　　　　　　　　　　　　　　　　　　（邓天中　译）

什么是异述性(iterability)?

作为其全部工作尤其是后期的写作和教学的一个根本部分，雅克·德里达提出了一种新的述行性话语（performative utterances）的概念与实践，它的出现是对 J. L. 奥斯汀与约翰·塞尔的言语行为理论模式的批判。这种新的概念和实践与伦理和政治决策、行动和责任等新的观念相关联。德里达最近的讨论课和著作差不多都是围绕述行性话语立场的特定案例：赠礼（gift）、秘密（secret）、证词（testimony）、好客（hospitality）、责任（responsibility）、宽恕和伪证（pardon and perjury）（在法语里是pardon 和 parjure，两词的前缀一致），以及法律与权利、伦理（道德）决策、政治宣言、死刑等之间的区别。对言语行为的这种长时间思考一直与对言语行为与文学之间关系的持续质询以及与对文学本身的质询紧密地交织在一起。①

---

① 本章《什么是异述性？》（*What is Iterability?*）以及下一章《我爱你》（*Je T'aime*）选自《文学中的言语行为》中的《德里达》一章，开头这一段选自雅克·德里达关于言语行为的观念，尤其是言语行为的行事性维度的泛读材料的开头部分，略有改动。该段落在这里提供了一个开放的框架，既是一个框架，又是我们传统上称之为"语境"的那个构架的开放，为了这一章以及接下来的那一章。米勒论德里达的章节，耐心细致而且严格缜密地思考了德里达对奥斯汀言语行为理论的重读以及他对约翰·赛尔的批判，对德里达的著作提供了，我认为，除德里达自己的著作之外的最才华横溢的、最全面的、最专注的介绍。我没有试着去编辑整个章节，而是选择了两个稍短部分，这两个部分多少还保持着完整。——原编者

在《有限公司》"Limited Inc"① 中的三篇论文一起组成了对异述性（iterability）及其意义的延伸的专题论文。德里达不止一次地表示，异述性，既不能说是一个概念也不能说不是一个概念，它是德里达著作过程中被赋予了众多不同名字——延异（différance）、处女膜（hymen）、增补（supplément）、药（pharmakon）、播撒（dissemination）、书写（writing）、边缘（margin）、附属装饰（parergon）、赠礼（the gift）、秘密（the secret）等的一个新名称。每个名字的作用各不相同。每个名字都是不同的语义或比喻系统的一部分。德里达在《后记》（ the "Afterword"）的一处脚注里就是这么说的。脚注也表明了关于"异述性"这一词在这个系列里的奇特之处。它既是这个系列里的一个成员，同时也是这个系列里每个成员的一个特征。它们都被标上了异述性、或者都是可以异述的、或者都命名了异述的一种形式。

从定义上说，这些单词的列举没有穷尽，而且（当前）远没有把自己局限于我这里所引用的、或看到经常被别人引用的那些词（药、增补、处女膜、附属装饰）……如果这一清单仍然确实是开放的，那么就已经有了许多其他的词在

---

① 《有限公司》（"Limited Inc"）中的《签名·事件·语境》（"Signature Event Context"）（下面遵从德里达的用法，Sec）是 Jeffrey Mehlman 与 Samuel Weber 翻译的。另外两个翻译——《有限公司 a b c》（Limited Inc a b c …）和《后记：面向讨论的伦理》（Afterword: Toward an Ethic of Discussion）——全部由 Weber 翻译。这些论文的法语原版，非常有意思的是在《有限公司》的英语版发表之后收集在一起的，是由 Elisabeth Weber（1990）翻译的。Weber "展示"了法语的原始版本，尽管《有限公司 a b c》和《后记：面向讨论的伦理》以前从未以法语原版的形式出版过。她把德里达对赛尔的引文与德里未处理的英语翻译成法语（由于《有限公司 a b c》与《后记：面向讨论的伦理》是用法语写的但打算译成英语）。她把德里达保留为英语的来自赛尔和其他人的引文翻译成了法语，因为《有限公司 a b c》和《后记：面向讨论的伦理》是用法语写作但是意欲要翻译成英语的。

使用（au travail）。它们共享某个功能性类比，但彼此仍然是奇异的、不可减约的，就像那些它们与之分不开的文本链条一样。它们都被标上了异述性，然而异述性又似乎属于它们的系列。（1988，155；1990，211—212）

这样的词非常多，可能多得数不清，这表明它们中没有一个是贴切的。这些词所命名的没有贴切的名称，只有延宕、移位、比喻、或不贴切的名称，也就是用词不当的生硬标签。

德里达通过异述性要表达的意思相当直率很容易理解。然而，读者却需要谨慎，因为后面发现要理解异述性"很难"，几乎是深不可测的难。如上引段落表明的那样，异述性只不过是一种可能性，让每一个标记得以被重复，并且仍然在与原语境——这个标记的始作俑者的"交流意图"——完全剥离开来的新语境中充当一个有意义的标记。始作俑者可以缺席或死去，但标记仍然发挥作用，就像它在其预期的接受者死去后继续发挥作用一样。在这里我必须再次重复上述已引段落，使读者能够确信德里达说了我说他说过的话。① 该段落重复再多次也不为过，我的重复即是异述的一个例证：第一次，我引用是为了举例说明德里达的"逻辑"风格；而这一次，我是为了强调该段文章定义"异述性"的方式。在新的语境里，同样的文字在新的语境里被做了改变，这一点，如我后面要说明的，是德里达关于异述性的主要观点之一。现再引此段如下：

因此，我重复，因为重复再多次也不为过：如果一个人承认书写（以及普遍意义上的标记）在发送人、接受人、产生语境等缺席的情况下必须能够起作用的话，那就表明，

① 提及的段落首先引于该文未剪切版（第75页）。——原编注

这种力量、这种能力、这种可能性总是内镌于，因而作为可能性也必然内镌于标记的功能或功能结构中。(1988，48)

"标记"（Mark）是德里达对任何符号或痕迹的统称，包括一个字，但也包括，例如，指示性手势（a deictic gesture），一种具有意义并因此超越了其自身的手势。

如德里达所示，用"标记"而不是用"字"，或者甚至用"符号"，意义非同一般。这使得他可以，比如说，挑战那个古老的观念，回溯到亚里士多德，即认为人是唯一使用语言的动物，因而显著地区别于其他动物。比如说猫，制造并使用许多种标记。它们必须因此，似乎是，被包括在人类家庭之内；或者相反，人与动物之间的界限在这种情形下消融掉了。然而，德里达用异述性想要表达的意思似乎足够简单与清晰：标记可以被异述。谁会反驳？这样做的后果是深远的。

第一个后果就是要颠覆奥斯汀言语行为理论的基本策略，即拒绝分析与定义那些边缘的、颓废的、非标准的、不严肃的、虚构的、寄生的、不纯洁的［……］言语行为，对于奥斯汀来说，约定俗成地依赖于一种假定的从属关系，即不严肃的从属于严肃的、不纯洁的从属于纯洁的。首先，举例来说，是那种标准的承诺，一个"我"，自我或主体，一个人，最理想的是男人，可以完全控制其感官，带着有意的目的在当前说话，并且说出"我承诺如此如此"。接着是偏离标准承诺的所有不纯洁承诺，比如，小说中所模仿的承诺，舞台上表演的承诺，说出时就意欲不遵守的承诺，或者被迫做出的承诺，精神失常或吸毒的人做出的承诺，或者一个来自与我们对承诺看法不同的文化的人做出的承诺。由于所有这些都是真实承诺的次要的、不纯洁的、颓废的、虚构的变形，因而可以被安全地抛在一边，从而标准的、严肃的承诺可以得到分析。这听起来足够合理。从柏拉图到亚里士多德以降，这种虚构对于真实的从属本身就是理由。

德里达以一种典型的手势姿态，完全颠覆了这种层级关系。对他来说，纯洁的承诺是从不纯洁的承诺中衍生出来的一种"虚构"幻象。为什么会这样？因为"原来"存在的是从一开始、或者从开始之前就被异述性，即不纯洁性，所标记的话语行为。不纯洁的才是原始的。纯洁的、常态的、标准的言语行为，如果存在的话，也都是从中衍生而来。由于不纯洁性始终是可能的，那种可能性不能被搁置一边。在分析任何言语行为或其他话语时，即使是显而易见的最可查证的表述性话语，这一点总是要考虑进去。

［……］

当一个句子或其他符号在一个不同的语境中被再次使用时，它就不会保持原样了。它被改变了。德里达追忆起"iterability"里的拉丁字根 iter 大概源自一个梵文字，意思是"其他"（other）。德里达在《有限公司 a b c》（*Limited Inc a b c…*）的一个新语境中引用了《签名·事件·语境》（"*Signature Event Context*"）中的一个段落：

> 限制了正是它所授权的那个东西，违背了它所建立的规范或法则，异述性图形把变化不可减约地内镌于重复（或身份确认）之中：一种推理，始终并且已经，不延迟，立刻（toujours déjà, sans attendre, aussi sec）："这种异述性——（再说一次，iter 很可能来自 itara，梵文里的 other，接下来的一切可以被读作推理出把重复捆绑在变异上的逻辑）构成了书写标记本身，不管涉及什么特定类型的书写。"（Sec，［重印于 1988］，7）。（1988，62；1990，120）

这些句子已经涉及异述性的进一步特征，即德里达的异述性概念及非概念各个方面最反对直觉的、最难以理解的、最难把握的一点。要接受某个特定的句子在许多不同的语境中会功能迥异这一事实是足够的容易，尽管要接受下面这一事实或许不是那么的容易，即这意味着不纯洁的是起源，假定的纯洁是衍生的、从属的。更加难以理解和接受（或许本身就是不可理解、不可接受的）的是德里达的论断，说即使一个句子或其他标记的集合只出现一次、永远不会再出现或被再次使用、永远不会被嵌入新的语境而被异述或改变，也竟然从一开始就已经在自己内部被分割了。没有所谓的纯洁的、标准的、非虚构的、自我同一的话语。这种标记在"推理，始终并且已经，不迟延，立刻，aussi sec"的内部被分割了（这里玩的文字游戏是德里达选择用于《签名·事件·语境》[*Signature, Event, Context*]中的法语词组 aussi sec，意思是立刻，与缩写 Sec，意思是"干燥"之间的关联。同样的文字游戏主宰着德里达在 Sec 结尾时的表达，说这是一个"非常干燥的讨论［propos tres sec］"）。下面是德里达的表达方式：

　　　　但是让我们更进一步说。这类事实只存在一次并且只局限于一个发送者和一个接受者的纯洁话语真的存在吗？我们在哪里可以找到它？我们怎样才能认出它？这里我们达成了另外一种类型的分析和另外一种类型的必要。难道说发送者或接受者的到场这样一个（明显的）事实不是被缺席的可能性弄复杂了、分割了、污染了、寄生了，既然这种可能性必然地内镶于标记的功能之中？这就是"逻辑"，或者说，相反地，眼见的希望还"图形"（graphics）一个公正：一旦（aussi sec）一种可能是必要的、必需的，作为可能性（qua possibility）（即使这种可能性被否定地命名为缺席、"不吉利"（infelicity）、寄生、非严肃的、非"标准"的、虚构性的、引用性的、反讽性的，等等），它就不再能够，无论是在事实上还是法理上，被括在括弧内、被排除在外、被分流一旁（laisser de cote），即使是暂时性地，在所谓的方法论基础之上。[奥斯汀在说他不会接触不严肃的时候就是这么做的。——JHM] 既然这种可能性是必要的、结构性的，它就总是在起作用 [cette possibilite travaille]，标记所有的事实、所有的事件，甚至那些似乎是在掩饰它的事件。就像异述性（iterability），不是异述（interation），即使是在事实上似乎只出现了一次的标记中也可以被识认出来。我说似乎，是因为这一次在其自身内部被它可重复性的结构提前分割或繁殖了。这就获得了事实上、立刻 [aussi sec]，从一开始就 [dans l'unique fois：这意味着"在单一事件中"]；而也正是在这里异述性的图形削弱了 [brouille] 事实与原则 [le droit] 之间的、事实性与可能性（或虚拟性）之间的、必然性与可能性之间的经典对立。然而，在削弱这些经典对立时，它引入了 [contraint a] 一种更强大的"逻辑"。(1988，48；1990，97)

异述性最难理解的部分是它"开启并套上"（"broaches and breeches"，塞缪尔·韦伯翻译的法语词 entame）了那个话语，即使它是第一次、或许也是唯一一次被说出。异述性是延异（differance），即，话语自身内部的缝隙，使得它与自身不同、在自身内部不同。异述性在话语内部打开了一个缝隙，但也使得它自身延宕，开放了之前与之后的时间性深渊。在一种未来的前瞻里，这种时间性使得当前永远不是当前，因为它总是朝着永远不是当前的过去和永远也不能作为当前而被到达的未来延伸，就像德里达所说的关于未来的民主总是未来的一样。异述性，由于它的断裂和开放性，可以像散开的种子似的播撒。

"裂开的"（dehiscent）一词是生物学单词，意思是"气孔的开口或开裂让果实里的种子下落或花茹（ananther）里的花粉下落"。"非裂开的"（indehiscent）意思是成熟时不开裂。"开裂"（dehisce）意思是沿一条线或槽爆开或劈开，就像某些植物成熟的果荚。这些词来自拉丁语 dehiscere：de，离开（off）+ hiscere，打开、分裂开，hiare 表始动词，是打开的、张嘴，从 ghei 到打哈欠，张嘴，是希腊语 khasma 的加上后缀的变体形式，表示很大的鸿沟，与现代英语的"深坑"（chasm）、"沟"（gap）、"张嘴"（gape）、"喘息"（gasp）相关。相关的英语单词有"gill"，意思是峡谷、深坑；"gyrfalcon"，意思是饥饿的或张嘴打哈欠的鸟。与"深坑"的关联富有挑逗性。它强调那个张开的缝隙，种子从中被抛撒出来，就像从一个神秘的、在某种意义上空洞的以及无论如何也无法完全理解或掌控的源头被抛撒出一样。异述性来自 iter，那个变化，即德里达最近称之为 le tout autre，那个完全意义上的他者。

不过，人们可以看出裂开与播撒之间的联系。这是因为言语行为所编码的信息和说写言语行为的人的意图都是裂开的、有缺口的、分离的，带着开裂的沟隙，以至于不像播撒的——就像种子被一个爆开的种子荚所播撒开来——那么的多义（德里达坚定地否定了这一点）。结果，可以被听话人或受承诺人清楚明白地确认的意识、意向性、意义和意图都是异述性的效果，而不是相反。如奥斯汀清楚地认识到的，如德里达也知道的那样，整个传统司法—政治体系都取决于相信对立面，取决于使对立面充分制度化并发生作用。不然的话，你怎么能让一个人对一个承诺、或对一个合同上的签名负责，然后如果他或她没能信守承诺的话就把他们投入监狱？

一个开裂的例子在这里可以成为我自己的语篇。它是异述性的一个特征，以至于我能够引用德里达的话，一字不差地重复它们。这种引用好像会剥夺德里达的话的分量。如果，例如，我引用他的话说，"通过这些困难，另一种语言和其他的思想找到了出路。这种语言和这些思想，也是新的责任，在我身上唤起一种尊敬，无论付出什么代价，我既不能，也不会妥协［transiger］"（1988，153；1990，282），那么没有人可能会认为是我自己正在申明说某个东西在我身上唤起了一种尊敬，我既不能，也不会妥协。然而，要我来"教德里达"，或者写一些关于其著作的东西，不管这到底意味着什么，这种要求都不是来自我的机构，而是来自德里达著作的文本，而且在某种程度上有悖于我的机构，因为有一些机构特征不想要德里达在教室里被重复或被写作。要我教德里达并写一些关于他的东西，这种要求是德里达所写作的文本强加于我的，这意味着我这么做的时候我自己的话有或者可能会有一种独立的行事力量，即使是我在引用并且评述德里达所写的东西的时候。

德里达在他最近的关于见证（witnessing）的研讨会上，反复引用了策兰（Celan）的生动词语，"无人为见证者见证"：

Niemand

zeugt für den

Zeugen.（1995，178）

人们看出其中意义的力量。我的见证，我给出的证词，只能由我单独给出。只有我才能为我所见证的作证。见证是绝对个人化的，自成一格的（sui generis），独一无二的、私下的、奇异的。德里达从中得出一个极端结论，即没有见证行为可以被证实。只有德里达一人知道那另外的法则正在把何种要求加诸他自身，该要求唤起了他的尊敬，让他不能也不愿做出妥协。然而，德里达也提醒我们，"证词"一词源自 testis，又源自 terstis，意思是第三。证人作为第三人身份证明某种至少是两个他者之间的交易。在这种情形下我见证了德里达与唤起他无限尊敬的另外那种法则之间的交易。作为德里达见证的证人或第三方，我证明对德里达所说内容的尊敬。这种尊敬让我希望自己来见证在教学或写作的行为中尽量做到忠实于德里达的言论。我要以一种带着差异的重复、一种播撒、一种裂开来向我自己的听众或读者传递这种尊敬，那会有不可估量的效果，或者也许没有效果。谁能够事先知道？甚至事后你又怎么能证实那种教学或写作的效果？换一种方式来说，即使对我而言以最精确的方式来重复德里达的话语，也无法让我免除责任。远非如此。那种重复的行为或异述的表现是一种言语行为，把一个沉重的负担、一个债务、一种责任或义务置于我的肩上。我对我说的话负责，即使我说的话源自我尽可能精确地再现德里达所说的话一种努力，并利用大量的引用来证明他就是这么说的。

（邓天中　译）

艺术政治化——什么是文化研究?

瓦尔特·本雅明（Walter Benjamin）在他的论文《机械复制时代的艺术作品》一文末尾处有一个著名的表述：如果政治的审美化曾被法西斯主义提出（die Ästhetisierung der Politik, welche der Faschismus betreibt），"而共产主义则用艺术的政治化作出了反应"（Der Kommunismus antwortet ihm mit der Politicizing art）（1969，242）。[①] 这种针锋相对的对抗所带来的问题是，这些对抗可能就像让—约瑟夫·古克斯（Jean-Joseph Goux）对该对抗所论述的那样（Goux 1989，21），最终的结果是一样的。把国家看作一件艺术品不仅仅是要假定，如纳粹所为，国家是一件艺术品，是元首（Führer）的创造，而且还要假定，作为后果，艺术应该直接服务于单一民族国家，那个精心打造的国家意识形态的工具。将艺术政治化，在另一方面，如在苏联所发生的情形，可能是要假定艺术应该直接服务于单一民族国家，那个精心打造的国家意识形态的工具。在这两种情形中，艺术与政治都被看作亲密相连，所以一个里面发生的情况在另一个里面同样发生。两者都倾向于假定艺术紧密地与一些人或单一民族国家联系

---

① 本论文有诸多版本。我所使用的是标准德国版本和英语翻译所推崇的版本。菲利普·拉古·拉巴特（Philippe Lacoue-Labarthe）在把纳粹德国描述为"民族审美主义"的一个例子时（1987，pp.92-113），详细阐述了将国家看作艺术作品的灾难性后果。另见德曼（de Man）（1996，pp.129-162）。

在一起，其后果就是，不理解艺术所扎根的特定语言、民族、历史时刻、阶级与性别结构、意识形态构成与生产技术水平、分配与消费，就无法理解艺术。

略加思考就可看出，本雅明的"交错配列"（chiasmus）方法既不对称也不可逆。两种陈述的元素在被调换后，不仅仅是改变了位置，也改变了其性质。"审美化"与"艺术"不是相同的东西。"政治化"与"政治"不是相同的东西。在各自的情形里，一种比喻性的转换代替了一个概念性的名称。要将政治审美化，就是要将国家仿佛看作一件艺术品，并因而将人类看作艺术品制作的原材料，可以被加工、改形以适用于某种严格的框架，如同舞蹈家旋入一支舞曲就必须遵守其节拍，这是席勒（Schiller）与叶芝（Yeats）所共同用到的比喻。这，本雅明说，就是法西斯主义。艺术的政治化，在另一方面，如本雅明论文语境所示，意味着肯定政治价值与艺术威力。艺术政治化意味着将天才、永恒价值等观念去神秘化，而且——例如在海德格尔身上所体现的——也意味着将艺术表达某个民族或种族的基本性质这一观念去神秘化了。取而代之的是这样的假设：即某一特定时期的艺术深深根植地于历史、根植于特定的语言和阶级结构、根植于特定的生产模式、分配与消费、特定的技术状态、制作者特定的主体地位。本雅明在他的论文中试图以这种方式把艺术政治化。共产主义，至少在理论上，严肃地对待艺术，不仅仅将其看作文化产品而是看作文化力量。[①]

随着文化批评在美国与欧洲迅速地发展成组织教学与研究的主导方式，将艺术"政治化"就成了文化批评的一项工程。同时，20世纪艺术的实际发展是面向国际化，这就使得对艺术的

---

① 在把这个问题考虑清楚的过程中我曾得到过菲里普·雷德尔（Philip Leider）的帮助。

地方性根源的思考可能越来越少。高尚艺术中这种国际化风格的发展伴随着技术的发展，并共同将艺术和流行文化与它们的地方性根源彻底斩断了。世界范围内的蓝色牛仔裤与 T 恤衫、电影、电视、录像带、无线电流行音乐与 CD 等文化正在各处不可逆转地取代至少是改变着、地域性文化。地域性更深层的差异持续存在，但表层文化在全世界范围内惊人地一样。这种文化侵蚀地方文化的威力非常巨大，以致人们对于扩大或发展区域特性的可能性极端焦虑，而区域特性似乎才是人类情形的合理常态。然而，要达成这一愿望，要赋予那些孱弱的、处于边缘化的生存方式一种自我决定的生命活力，是文化研究的一个主要目标。

一件逸闻性的示例可以阐释我的意思。几年前的一个星期天，在尼泊尔的加德满都，我住在上层社会的一家"婆罗门"（Brahmin）超大家庭里。当时这是我最远离自己的美国文化的一次经历。他们会怎样度过星期天的下午？看印度语的 VCR 电影。关于这些电影有很多话可说。它们是复杂的本地电影传统的产物，但是在一个美国人眼里，它们看起来，在一定程度上，像是美国城市暴力的电影与电视节目，例如《洛城法网》（L. A. Law）或《迈阿密风云》（Miami Vice）。后者在尼泊尔的国家电视台上映。

一场类似的根除运动和国际化运动在大学里发生。与 19 世纪情形不同的是，大学不是直接服务于单一民族国家及其国家抱负，各所大学如今越来越真正普及、国际化。比如，大学服务于跨国制药工业或电脑工业。在人文学科，一所特定的大学在集体性的科研与教学工作中基本不去顾及国界与限制。来自世界各地的年轻学者云集达特茅斯批评理论学校（Dartmouth School of Criticism and Theory）。而且，与技术发展相关联的复印机、传真机与电脑正在改变人文学科的研究与教学条件，就像在 19 世纪与 20 世纪早期机械复制改变了艺术的制作与使用条件一样，如本雅明在《机械复制时代的艺术作品》中所论及的。在数码复制、而不是机器复制时代，文化学研究的位置是什么？在历史的此时此刻，文化学研究的显性与隐性主张是什么？在大学里、在社会上的位置是什么？我要问的是，如果你把文化研究（culture studies）作为文化学研究的目标（the object of cultural study），你会发现什么？

　　各种形式的文化学研究无疑是过于武断。它们有着众多的、而且在一定程度上是互相矛盾的源头，或者说有着伴生性因素可能更为合适，以回避本该是对文化学研究意义进行质疑的核心问题。这个问题就是：什么导致了文化变化？有一点是肯定的：那种认为把人文学科的研究焦点从语言转向历史、政治和社会只不过是批评潮流风向的另外一次转变的观点是大错而特错的。这种转向是那些将这种研究视作职业的众多（大部分是年轻）学者对于深层动机所做出的反应。这些动机中的意识形态动机，对于那些身处变化之中的人们来说，可能不是那么的显而易见。

　　之所以这么说，是我意识到，就如同经历心理分析的人不愿意让自己的神经官能症被确认、被曝光一样，我们大家也都不愿意让自己的意识形态被确认、被公之于众。如果意识形态是语言与物质现实的混同，那么，如阿尔都塞（Althusser）所说，它也取决于下意识功能、取决于不思、“非思层面”（impénsee）。要将其思考出来，要以理论之维来对之反思，就会冒将其伤害致残的风险。这就是当理论被错误地指控为虚无时的情形之一。在另一方面，即使洞察力与有效行动总是必须依赖于一个盲区来起作用，但这种盲点会损害那种洞察力与有效行动。这种盲点不一定是那灿烂灯光的温和而有益的中心。这种洞察力可能只不过是灾难性盲点的另外一种形式。这种行动可能有效，但可能会与预期结果有着令人沮丧的差异。虽然盲点一直在变化，而且又是明见的条件，即使明见（clear - seeing）或理论总是以至少一步之距躲在盲点后面，但最好的办法或许是设法尽可能地看清楚。如果要把意识形态隐含或明确地与真实物质条件这个观念相对立的话，那么"意识形态的"一词本身就会不太贴切，因为真实物质条件的观念本身就是一个需要批评审视的意识形态的概念。

什么是文化研究

文化研究有着许多不同的制度形式，这些形式要么是在理论上，要么是在实践中、在政治上或在制度取向上彼此并不完全一致。伦理学研究与女性研究有着完全不一样的理论假设，两者也都与过去被称为美国研究的研究截然不同，其如今转变成为了多媒体、多语言形式的文化研究。与这些都不相同的是应用于文艺复兴与维多利亚英语文学的"新历史"研究。更加不同的是"英国伯明翰学派"的（British Birmingham School）文化研究，在一个由保守党领导的英国带有着强烈的制度化了的教学程序与特定的政治日程。相比之下，在美国或者在澳大利亚，文化研究则不集中、具有异质性，尚未严格地制度化。① 不过，相应的理论假设在所有这些文学研究的不同形式中都有出现。在某种程度上，我将重点讨论少数人话语（minority discourses）。

（1）文化研究往往假定，理解作品时如果结合理解作品的历史语境，包括那段历史的政治元素：即产生与消费该作品的物质的、社会的、阶级的、经济的、技术的与性别的环境，就可以获得对一件艺术作品、流行文化、文学或者哲学的最佳理解。如果你要理解亨利·詹姆斯，就去研究詹姆斯写作时期的出版业的状况。这些状况对于詹姆斯作品的意义是非常重要的，而非偶然

---

　　① 　要了解有关澳大利亚文化学研究的信息以及关于一般意义上的文化学研究的生动论文，请参阅 Morris（1988，pp. 15—26）。

的。作品，无论是高雅艺术还是流行文化，只有通过理解制作人的主体地位、制作人生存的社会地点，才能够得到充分理解。当然，"主体"（subject）在这里是一个双关语。它既指主体性，也指（被）臣服，就像当我们说"维多利亚女王的臣民"（Queen Victoria's subjects）时的意思。

（2）文化研究在取向上是跨学科与多媒体的。其先决条件是跨越或打破传统的学科分类。作为特定时期特定文化的伴生现象的同时，它们还研究电影、小说、诗歌、电视肥皂剧、广告、绘画、流行音乐、摄影、服装和厨艺。它们既使用社会科学、也使用人文学科中开发出来的研究步骤。文化研究在很大程度上借鉴了人类学与人种学的研究步骤，尽管它们对这些学科持批判态度。文化研究的跨学科性表现为以各种方式质疑早期的以语言为导向的理论，例如对文学与哲学文本的关注。不过，尽管对流行文化的关注把学术注意力从语言转向了各种符号，对于这些符号的阅读仍然是必要的。问题是当我们阅读广告或肥皂剧而不是阅读诗歌、小说，或哲学著作的时候，会涉及什么样的步骤变化。

（3）文化研究故意要打破这样一种假定，即有一套公认的经典著作应该要成为人文学科研究的核心。在一定程度上，如在人种研究与女性研究中，这种对于经典的攻击，其动机是想把迄今为止尚被忽视的女性作品与少数民族作品包括进来。在另外的程度上，如在新美国学研究中，其动机是源自这样一种假定，即如果你的关注焦点是文化，而不是按照某个永恒地崇拜经典的假定要求去关注文学或艺术，那么流行文化就和那些为精英鉴赏家而作的高雅作品一样重要甚至更加重要。

（4）文化研究往往假定一件艺术作品、流行文化、文学或者哲学不仅仅是在其历史语境里能够得到最佳理解，而且，如果能与特定的、当地的人联系起来理解，与一个以语言、地点、历史和传统来定义的民族联系起来理解，与那种非裔美国人或比如说奇卡诺人（一个民族）的经历联系起来理解，或者与莎士比亚时代的英国那些为剧院编写剧本或去剧院看戏的人们联系起来理解，那么，作品在这个世界上也就拥有了其最佳价值或交易。这并不是说一件作品移置到了一个新语境就不具有价值，而是说在这种移置时最好不要将其与作者的主体位置脱离开来理解。这么做的危险是将作品情感化或者美学化。比如说，作品可能被连根拔除，失去根基，成为霸权阶层消费者古雅有趣的审美玩具，就像北美白人（Anglos）可能欣赏奇卡诺人/一个壁画的复制品一样。然而，每一件文化制品，借用阿布杜·詹·穆罕莫德（Abdul Jan Mohamed）的话来说，最好看成是"述行性话语/事件与其作为一种美学客体的对立"。①

文化研究不把文化制品所处的语境看作是一种被动的、稳定的、不受时间影响的种族背景。作品不仅仅是如同岩石植于土中、或者宝石嵌入戒指中那样植入其语境之中，另一方面，那个语境是动态的、异质的领域，不断地在变化，部分地是通过加诸其上的新造文化制品的行为效果。同样的，种族文化也不可能与主导文化隔离开来。在一篇未发表的重要论文中，它在一定程度上也是对本书第一部分的一个早期版本的回应，大卫·劳伊德（David Lloyd）区别了个体种族文化与少数民族话语。劳伊德说，种族文化"可以被看作是转向了，可以这么说，转向了其内部差异性、复杂性与辩论，以及其自身的传统或历史、项目与想象"。

这种种族文化只有在与威胁着要以直接武力或通过同化的手段来摧毁它的国家主导结构发生冲突碰撞时，才被转变成了少数民族文化。少数民族话语就这样得以表述，同时记

---

① 1991 年 3 月 5 日 Jan Mohammed 给我的来信。

录着那种实际的、与潜在的损失，并正是以自己的内在逻辑
为主导文化批评提供了方法。①

被文化学研究与一件特定的作品联系起来的那个语境，不是
一个同质的种族文化，而是一个既在内部进行了自我区分、又受
到主导文化威胁、损坏与替代的文化。在美国之内的美洲本土文
化、与奇卡诺墨裔美国（人）文化的情况都是那些毁坏与替代
的好例子。②

（5）文化研究往往通过一系列的对立来进行自我定义，这
些对立看似是简约的二元对立：精英与大众、霸权与边缘、理
论与实践、反映文化的文化制品与制作文化的艺术，等等。这
样的思维方式有其危险性，正如从艺术的政治化到政治的美学
化这种明显的可逆性实例所表示的那样。人们往往假定某种等
级和辩证扬弃的可能性，很难让思想和实践走出正在被争辩的
假设。

许多文化批评家都充分意识到了这个问题，不论是在其理
论形式上，还是作为一个使用这些对立的实际问题。例如，阿

---

① 大卫·劳伊德（David Lloyd），《种族文化，少数民族话语和国家》（"Ethic
Culture, Minority Discourse and the State"）未发表手稿。在这两篇论文发表之前，通
过交换电脑输入的、激光打印的手稿，劳伊德对我的论文做出了回应，而我反过来
又对他的论文做出了回应，这一事实即是人文学科中学术条件发生了改变的实例。
人文学科在这方面只不过是正在赶上科学学科的发展，在科学学科领域这种出版前
的交流至少在过去 20 年里一直是正常的。电子邮件使得这种交流更加容易且迅速。
毫无疑问，它将越来越被人文学者所采用。

② 大卫·劳伊德极富表现力地对此进行了描述："关于一般意义上的少数民族
的历史经历，或许立即给人留下印象最深的，是其通过错位替代过程而不是根除过
程的这种决心。持续的错位替代表现为许多形式，在物质上和文化上，包括对已经
是混居的奇卡诺墨裔美国（人）人口的内部殖民化，以及其劳工移民和文化植入的
持续模式；对非裔美国人的奴役与隔离，持续的经济驱散；对土著美国人的种族灭
绝和替代，努力弱化他们对'地方性'土地权利的要求；对华裔与菲裔劳工的移民
与剥削，等等。"（13）

布杜·詹·穆罕莫德在"二元否定"与"作为类比的否定"之间进行了区分。他利用"类比"与"模拟"（"analogue"、"analog"）词语之间的双关，因而指向计算机系统中可行的两种不同的计算形式，二元计算与模拟计算。① 元否定是辩证的，受制于等级序列和我所称之为危险的那种还原，把关于基础根源与先存目标的假设神秘化几乎被不可避免地隐含其中了。通过类比的否定把每一个元素看作是差异性系列的一部分，没有等级优先，没有固定的起源与结尾。② 我把这种区别看作关键的理论要点。之所以关键是因为文化研究必须坚守这一点，如果它们要抵制被主流文化还原，它们就必须抗争。这也是一个很好的示例，足以表明文化研究与先前在其他语境下发展起来的理论探索之间的传承关系。这种区别，比如说，有点类似于两种表征或重复之间的区别，作为复制的重复和作为模拟物的重复，就像德里达、福柯或者德勒兹（Deleuze）（见 Derrida，

---

　　① 詹·穆罕莫德（Jan Mohammed）从计算机语言中借用一个词语的做法具有重大意义。这是技术语言可以被挪用到理论反思的一个例子。它也提出了一个问题，即数码计算机，比如说，如今几乎完全用于文化研究的科研和写作中，对于某些近似值而不是明显的非此即彼的二元对立更加有效的工业用途来说，模拟计算机已经表现得更为出色。

　　② 阿布杜·詹·穆罕莫德（Abdul Jan Mohamed）在 1991 年 3 月 5 日给我的信中，对这种对立的特征描述如下："在我讨论莱特（Wright）的书中，我打算这样来区别：第一种否定（由主导文化实践的）叫做数码（*digital*），是二元的，第二种否定（由少数民族文化以各种形式实践——从'指代'（'signifying'）到莱特探讨的那种暴力否定）叫做类比（*analogue*），通过援引一整套的差异来'否定'（'negates'），可以理解为'扬弃'（'sublation'）、'布鲁斯'（the 'blues'）或考杰夫（Kojéve）所谓的'辩证的征服'（dialectical overcoming）。"詹·穆罕莫德用在"否定"、"扬弃"和"辩证的征服"前后的引号在这里非常重要，因为这些词语属于"数码否定"的词汇。它们必须要被拧成新的用法来应用于"通过类比的否定"。詹·穆罕莫德可以通过文字游戏来指代类比计算。无论是哪种情形，这两种计算机都叫做"数码"和"模拟"。数码计算机只通过数字（在我们熟悉的桌面中用作基数）来表达输入和输出，而模拟计算机以连续的"语言"来表达输入与输出，就像时钟的指针围着时钟面盘的移动，以一种类似于詹·穆罕莫德称之为"通过类比来否定"的差异系列的方式。

1972；199—317；Foucault，1973；Deleuze，1969：292—307）
以不同的方式发展起来的那样。

（6）文化研究与理论的关系紧张，特别是与解构主义或后结构主义理论，这些理论在其前出现，而且没有这些理论文化研究不可能有今日的形式。一方面，文化研究完全是理论性的，以至于"批评"理论几乎就是"文化研究"的同义词。另一方面，文化研究有时对理论表示深深的怀疑，有时自定义为绝对地反理论，并会强调它们的实际取向以对抗"无结果的"推论和精英学院式对"纯理论"的定位。其中的忧虑是，既然理论是精英主导文化发展起来的，那么一旦被文化研究所挪用，就会以某种复原的形式使文化研究丧失能力。大卫·劳伊德在前面引用的未发表的论文中，强烈地反对这种假设。对劳伊德来说，理论是小群体话语必不可少的一部分，对于其改变大学并为少数个体或群体赢得自我决定权的实际政治目标来说是必不可少的。

（7）与理论的这种紧张关系伴随着一种阅读态度，这种阅读态度既不同于新批评的阅读态度，也不同于所谓的解构主义阅读态度。如果阅读，对于解构或者修辞批评来说，是人文研究的中心，而人文研究的取向是理解语言或其他符号，并预先假定每部作品中都有某种独特、难以解释的因素，那么文化研究在其阅读方式上就可能有时主要是主题性、解释性与诊断性的。就像一名医生或心理分析师为了马上开始那急需的治疗，而必须快速地仔细检查病人身体或心理疾病的细节以确诊是麻疹或精神分裂症一样，文化研究的从业者有时会尽可能快地浏览作品的显著特征以诊断其为特定文化所表现的另一案例。这种取向较多地偏向文化、较少地偏向作品本身，即使每种文化的异质性在原则上是公认的。修辞性阅读，或者所谓的解构，其假设是：只有积极地、介入性地阅读文本和其他文化制品才会具有社会有效性和政治有效性。仅仅进行主题性阅读会困于其所竭力对抗的意识形态，不管是其公开的理论主张还是政治主张。在文字领域里——文字是文化批评的媒介，只有对覆盖在清楚含义上面的语言或其他符号的过度使用进行苦思冥想——对于可以被称作符号的物质维度进行苦思冥想，只有这样一种积极阅读才会有效，也就是说，才会引起真正的制度世界与社会世界的变化，这是我论点中很重要的一点，下面还将进一步论及。

（8）最后，文化研究显然是政治性的。在研究中它们强调述行性，而不仅仅是理论性。它们的目标是通过校准当前的院系和学科并建立新的院系和学科来改变大学。通过对大学重新设计，它们想废除当前的主导文化，而赋权于当前的边缘文化——少数群体、妇女、男女同性恋者，所有那些处于劣势的、被迫沉默的、没有权力的文化群体。这种赋权意味着不仅仅是保护少数群体文化的现状或前状，而是赋予少数群体文化中的那些成员以能力、以新的自决创新方式来改变他们自己的文化形式、来修复他们受到的来自主导文化的损害。

文化研究的政治层面最为高贵也最为有吸引力。谁会反对匡扶正义、反对给被褫夺权力的人赋予权力？当他或她不是在阅读这部或那部作品，而是在推进普遍的正义事业，谁不会为之心动？问题是要知道你真的是在这么做，或者至少要尽可能地知道你为什么不能够了解。对于这一点，理论的反思可能至关重要——或者也许可以避免其发生。这是问题的关键。既然文化研究产出的是话语，那么不管它们会有什么样的效果，确切说都会是述行性的，也就是说是一种以文字行事的方式。这一效果因此将会在话语的权力与知识的关系上受到语言的约束。

在传统上，大学把自己定义为是纯粹追求知识的地方，从这一点来看，文化研究的公然政治层面令人担忧。当代西方大学将自己定义为理性原则所统辖的地方。一切事物都可以而且应该被理性化，其基础原则应该得到确认，该研究的结果应该存放于那些已经被理性化了的大的档案文件里。这一自我定义无疑是欧洲中心论的白人男权主导意识形态长治久安的欺骗性幌子。大学根本不超脱，而是权力的工具。这不是一个把与政治无关的大学政治化了的问题。大学已经是完全政治性的。然而，将大学的一个组成部分公然定义为其取向是对大学而且对以大学为工具的社会进行革命性变革，这就极大地扰乱了现状。情况可能是这样：仅仅是因为那些古老大学的霸权监护人无法让自己认真对待文化研究，因此一直以来对于文化研究目标的这种主张几乎没有遇到什么阻力，尽管情况现在正在开始发生变化。那些办大学的人中有许多是科学家，他们对于自己重塑世界的能力非常了解、很有把握，尽管正如文化研究的支持者们所认识到的那样，大学的恢复力量是巨大的，但把文化研究的目标如此不当回事，他们很有可能错了。①

　　还有一个危险是主导文化对文化研究的挪用。这种情况已经正在发生。比如，文化批评者们参加了美国新闻处（United States Information Service）或英国文化协会（British Council）的工作。比如说，有一位文化批评家最近曾被要求向英国文化协会提供英国摇滚乐队的 25 套最佳唱片作为英国文化活力的实例来向海外传播。文化研究所带来的文化多元化的庆典与转型解放，可以被主导文化轻松地——这种轻松让人沮丧——转换

---

　　① 文化研究的所有这些特征中，阿布杜·詹·穆罕莫德和大卫·劳伊德（1990）所著的令人赞叹的论文即是精彩一例，该书整册亦是如此，先前发表为《文化批评》（Culture Critique）第 6、7 期。尽管没有哪一部作品可以充分地把一个话语描述得像文化研究那样的多样、那样的充满争议、那样的具有异质性，但我脑子里还是想到了阿布杜·詹·穆罕莫德和大卫·劳伊德的论文对文化研究的假设的突出表达。我十分感激他们对我的文化研究的讨论的点评，这些评述让我有机会修改完善我的观点。

为颁布一种自由多元主义，而这种自由多元主义歪曲和掩盖了一个特定国家内主导文化和边缘文化之间的实际权力和财产关系。

（邓天中　译）

跨国型大学里的文学研究

不规则的马赛克碎片 (The Fractal Mosaic)

大学正在发生剧烈变化。剧烈变化正发生在大学身上。大学正在失去其理想,失去那自 19 世纪早期以来一直支撑着大学的引领性使命。[1] 正是在那时,在德国,现代研究型大学才得以创立。约翰·亨利·纽曼的《大学的理想》(*The Idea of a University*)(John Henry Newman,1852,1859,1873)向英语读者详细地解释了大学的概念,尤其是大学中文学研究的地位。[2] 理想——一个具有柏拉图式的共鸣的词语,它命名了一种卓越的形式——统领式的、有生产力的、父亲般的——特定的物质体现(material embodiment)就是依托这种形式才得以成型。受理想主宰的大学正在被比尔·里汀斯所称的"卓越"大学快速替代。一个特定学科当前定义为重要任务的不论什么都是"卓越的"。卓越不是指一种非历史的超越模式,凌驾于大学之上以决

---

[1] 对于这一点的讨论,比尔·里汀斯(Bill Readings)做得最好。我从这本重要的著作中学到了许多东西,这本书是当前众多关于西方大学转型的著作中最好的一本。里汀斯于 1994 年秋死于通勤飞机失事,这是人文学研究的一大损失。我把《黑洞》(*Black Holes*)一书献给他(本章即选于此书),以表达我作为朋友、也作为同事对他的感激。

[2] 见 Young(1993,pp. 99—116),该文把纽曼的书作为英国大学从 18 世纪到现在的一个发展阶段来进行讨论。

定大学应该是什么，应该做什么，给大学一个使命和目标。在里汀斯看来，卓越是一个顾名思义的定义。

在这种新的无理想的大学里，文学研究如今的作用是什么？我们仍然应该、需要，或者必须研究文学吗？如今研究文学的义务起源在哪里？是谁或者什么在召唤着我们这么做？我们为什么应该这么做？要达到什么目的？文学研究是否仍然可以辩解为是大学研究与教学的公益部分，或者说在这个正在快速成型的新的全球化社会中，文学研究仅仅是一个最后的残余零头，随着其他媒介越来越处于主导地位而即将消失？

[……]①

如果一部文学作品可以被比作一个个体的人，如果文学作品是其作者的碎片形象（fractal image），那么如普鲁斯特在《追忆》（À la recherche）中反复而雄辩地说的那样，文学研究，顺理成章地，应该作为独立研究来进行组织。应该研究每个民族文学中最重要的作品，这些作品将最直接地体现那种文化对于其文化传统的自我理解。每一个重要的民族作家都是一个小的多边形，以特殊的方式反映整个民族。每一个作家的作品，都会在碎片的自我相似性（fractal self‑similarity）中重复着这个民族文化的统一性和特殊性——即是什么使法国成为法国、德国成为德国、美国成为美国。而且，碎片自我相似性法则意味着研究从不同历史时期仔细挑选出来的有限的几部代表性作品会让读者理解整个民族的统一的文化。

最近美国多元文化学者提出这一形象时经常使用的方式，进

---

① 删除段落讨论了在文学研究显得不合时宜的大学历史上的这一刻"为什么要文学"的问题。这一段通过考虑普罗斯特（Proust）的一篇文章，以及在较小程度上《米德尔马契》（Middlemarch）的一段文章，来演示人物怎样地属于马赛克碎片，每篇文章都是一个奇特的寓言，或者用艾略特（Eliot）的话来说，是彼此的寓言故事。因此，每一人物，并且可以延伸到每一部文学作品，都是一个奇特的比喻，间接地描述着意识形态、历史、政治、民族，等等。——编者注

一步支持了马赛克比喻的当前可适用性。它被用作美国传统比喻的恰当替代品，美国传统上被比喻为一个大熔炉，把来自不同国家、持有不同文化、不同语言的移民们转变成同质的、说同一种语言的"美国人"（Americans）（我们习惯性地以转喻的形式这么称呼他们，却忘记了美国仅仅是美洲的一部分）。美国，在现在这种过时了的比喻中，在大熔炉发挥了其作用之后，充满着成百万的小多边形，这些小多边形彼此各不相同，但都在重复着民族文化的统一的形式。相反，在一个多文化的国度里，马赛克的小单元仍然线条分明，摩肩并立的元素永远都不会被同化成普遍的相同。然而，种族群体这一观念在以不同的方式重复着民族主义者的普鲁斯特碎片多边形的假设。其隐含意义是，所有的非裔美国人或本土美国人或奇卡诺墨裔美国人在本质上是由他们在其种族群体中的参与来定义的。每一个群体都是一个民族中的民族。"马赛克"一词是美国文化是什么或应该是什么的不同观点之战的一个焦点。

此外，"马赛克"是曾经广泛使用的、用于在互联网上查阅信息的浏览程序的名字。这一比喻让我们把互联网理解为一种毗邻领地的空间排列，可以通过多种超链接来浏览，因为马赛克中的每一个单元都与许多其他的单元相互毗连。使用者可以用不同的方式来穿过这样一种排列而达到同一个目标。"马赛克"的作用是作为一个程序，在互联网上查询信息。它能够做到这一点，是通过允许其用户在众多可行的路线中进行一系列的选择，从而在链接间高效移动以达到渴望的目标。

"得到'精神'"（Geist）:代表中的危机

美国大学的典型特色是有大量独立的系部，各自致力于单一民族文学的独立研究。处于主导地位的是代表我们的民族语言和文学传统的那个系部。这个已为大家接受的范式仍然有效吗？我们能否把马赛克碎片这种比喻既当作一种真实描述，又当作一种启发模式，这种模式不仅表明在大学里文学研究应该怎样得以组织，而且表明这样的研究有何用途？民族文学的研究今天正在发生着什么？所谓"今天"，我不仅仅是指当新的交流技术——电脑、电子邮件、传真、VCR、视频、CD - ROM、超链接，与"网上冲浪"——正在从根本上改变人文学者的互动与工作方式的时候，我也指当内战已经结束，当单一民族国家的权力和完整正在削弱，当经济和文化体系正在全球化，以及当大学的使命因而正在被改变的时候。①

[……]②

在全球化改变我们的文化生活和现实生活的方式中充斥着许多令人好奇的符号。美国的公众广播公司（Public Broadcasting System），直到最近仍然在很大程度上受联邦政府的资助，以至于它看上去几乎就像政府的一支军队，一个冒充"媒介"之名的国家机器。如今它改了名字，无疑是因为充分的商业与意识形态的理由，叫做"国际公共广播公司"（Public Radio Internation-

---

① "获得'精神'"（"*Get 'Geist'*"）是马修·阿诺德（Matthew Arnold）假想的德国哲学家阿米纽斯（Arminius）在《友谊的花环》（*Friendship's Garland*）的第一封信中给英国人提出的忠告（1871；见 Arnold 1965，5：42）。"在柏林"，阿米纽斯向阿诺德解释说："我们把'精神'（'Geist'）——智慧，就像你们或者法国人可能会说的，——与'野蛮精神'（Ungeist）对立起来……我们北日耳曼人以我们自己的方式为'精神'而努力，通过热爱知识，通过拥有全世界受教育最好的中等阶层与下等阶层……法国在她的民主中有'精神'（'Geist'），普鲁士人在她的教育中。你们在哪里有'精神'（'Geist'）呢？——把它作为一种力量，我是说，不仅仅是在闲散的个体中。你们的大众是蛮荒未化的，在你们中层阶级里'野蛮精神'（Ungeist）泛滥猖獗；而对你们贵族来说，你们知道'精神'在本质上是被禁止在贵族中茂盛蔓延的。"（pp. 40—41）（见 Derrida 对阿诺德的反讽"得到'精神'"的讨论）（1987，pp. 114—116）。

② 步 Vincent Cable 一篇论文之后，Miller 提及新技术使得商业全球化的方式，以及文学随即变成文化制品。——编者注

al），这很可能意味着他们将向海外出售节目。缅因州卡姆登
（Camden, Maine）的一家商店做广告宣传说，它"无条件担保
所出售产品都是'地球制造'"。这当然是一个全球级的笑话，
是"美国制造"或"日本制造"的模拟文字游戏。我们的商店
里满是"地球制造"的东西，也就是说，在一个国家设计，零
部件却在许多不同国家生产，再在另一国家组装，然后卖到更多
的国家去。

类似的变化也发生在我们的大学里。尽管其中有些变化是外
部强加的，最明显的是由于经费的缩减。但是变化的发生也来自
大学内部，其是在大学教师与管理人员有意或无意的共谋之下发
生的。传统意义上的"危机"一词已然不适合于描述这种变化
了。这个词暗含着走出危机、回复到先前状况的一种新形式的可
能性，就像一个病人经历危机并得以康复。大学里正在发生的变
化是不可逆转的。它影响研究型大学的各个分支与系部，但方式
各异，其对民族文学教学的影响尤其巨大。那些在民族文学系部
从事教学与研究的人们几乎还未曾开始意识到这些变化在以何种
方式改变他们的工作，他们只是刚刚开始为适应这些变化而进行
一些必要的观念上的改变。

在这里我要界定一下这些变化，以及它们怎样地改变了文学
研究这一职业。当浩劫创伤性事情发生的时候，学术反应就是努
力来理解它。而在这里，光是知识可能就不够了。当我们意识到
这一点时，变化就已发生而且已经为时太晚，就类似于创伤所显
示的那样。很明显，我们已经从曾经对大学的伤害中安然无恙地
走了出来。古老的系科还在那里，貌似在做着它们一直在做的
事。我们毫发无损。只是在后来，创伤后压力综合征的症状
（symptoms of post - traumatic stress syndrome：PTSS）才开始显现。
这些症状通常表现为对事件的痛苦重复，而这些事件的创伤力我
们当时并没有注意到。在某种意义上，这些事件在其发生之时却

没有真正发生，因为它们没有作为创伤性事件被人们所经历。只有现在，在回顾往事的时候，在事件发生以后，已然为时太晚，而且我们以为我们仍然身处其中的古老大学已经是一片废墟的时候，这些事件才表现为创伤性事件。而且，我们设法对大学里发生的事情进行总结反思，如我现在之所为，却远远不能解放我们，或许只能加速它所描述的这种全球化与去国籍化的进程。

我谨以美国的英语文学研究作为我的例子，因为那是我的专业。然而，首先应该承认的是，这一选择几乎不是单纯的。英语文学不仅仅是其中的一门民族文学。全球化的一个主要特征就是英语语言，主要由于美国的作用，正在逐渐变成，不论好坏，一门全球化语言。英语已经作为数百万非英语母语的人的第二语言在世界各地使用。与英语语言研究相伴的是英语文学研究，它已经成为传播资本主义意识形态最强有力的工具之一，或者至少我们过去常常很自信地认为情况是如此。但是当你静下来想一想，对莎士比亚或哈代的研究将会怎样地有助于美国的经济帝国主义还不是很清楚。

作为这些社会变化的结果，美国的英语文学研究正在发生些什么呢？一方面，它正在逐渐被日益增多的美语作品，也就是美国文学所吞噬。大多数美国大学现在都开设了英国文学系与美国文学系，不管它们可能被叫做什么。在这种堆砌中美国文学已经逐渐成为主宰。而且，一种布鲁克·托马斯（Brook Thomas 1994）所说的"再现的危机"（"crisis in representation"），存在于民族文学系部的写作、教学、与课程设计之中。美国高校的大多数老师过去都相信文学研究中部分代表整体的这一关系的有效性。一部好的文学作品被假定为一个有机的整体，因此，研究一个部分可能是理解与教授那个整体的一种手段。老师们可以问心无愧地使用一个篇章的详细研究。在《模仿论》（*Mimesis*）（1953）中，埃里希·奥尔巴赫（Erich Auerbach）把这作为一种阅读方法出色地加以了运用。作品的每一部分都反映了其整体，也反映了作品周围的文化的整体，在这一假设下仔细挑选出来并进行阐释的整部作品，就可以被用作一种方法，来理解被认为是同质的周围的文化。对奥尔巴赫来说，来自弗吉尼亚·吴尔芙（Virginia Woolf）的《到灯塔去》（To the Lighthouse）的一段引文就能说明现实主义表征的整个现代派做法。其他学者有可能会说，研究《白鲸》（Moby - Dick）和几部其他的经典作品就会让读者有机会完整了解 19 世纪中期的美国文化。当然，这样的断言通常是经过认真的资格限定而做出的。但是这种尝鼎一脔式假设的某种形式却在作为毋庸置疑的意识形态素（ideologeme）而广泛应用。一种意识形态顾名思义就是毋庸置疑的，因为它是一种无意识假定，是一种被当作自然事实（a fact of nature）的文化制品。这种特定的意识形态素可能已经有了更大的力量以成为无须言说的假定前提，来指导对经典的选择与教学课程的设计。

很少有人，即使是那些高声支持的人，还对这种范式持有坚定不动摇的信心，因为我们认识到美国是一个多文化、多语言的民族。一部特定的作品或经典，只是一个复杂的、无法总计的整体的一部分。选择教学《白鲸》而不是《汤姆叔叔的小木屋》（Uncle Tom's Cabin），或者甚至选择两者都教，都不足以证明两部作品就是其文化的客观代表。这种选择是心血来潮、是不正当的——却并不意味着一定就是糟糕的。它意味着教学大纲与课程的设计人员必须为自己的选择负责，而不是依赖示范性的普遍标准来为它们辩护。我们也不再求助于具有内在优势的某种标准来让我们认为《白鲸》这部作品比《汤姆叔叔的小木屋》更好，或者相反，那种标准也是意识形态偏见的结果。我们曾有可以被证实的代表性标准来对一部教学大纲做出合理的解释，而现在我们正在丧失对于这种可能性的信心，这对那些接受过老式文学教学方法训练的人（比如我）来说是莫大的灾难，就如同美国公民来说对他们选举出来的代表是否有能力代表他们丧失了信心一样，都是莫大的灾难。

人文研究中的代表性"危机"导致了在课程设置、文学教学和写作的实际工作中、在职位和项目的决策中出现了大量的问题。如今这么多的时间都花在了理论思考中，其中的一个原因就是我们对该如何走下去没有达成共识。许多人觉得他们必须从头开始（或者从无开始）重新创造文学教学的整个机制。

对于文学系来说，所谓的代表性危机伴随着人文学科一个更大的代表性危机，人文学科是新世界中新型大学的一个元素。伴随着这种变化的是一种认识，即，至少在美国，我们现在不是，并且从来就不是一个有着统一文化的单一民族国家，自文艺复兴或者以其更现代的形式，自18世纪以来那个观念就一直在监管着这种欧洲式的公民意识。

丧失了对于英语文学研究的特殊作用，英语系在日益发展的新型大学中倍感压力。英语教授已经被剥夺了其作为单一民族国家统一文化的守护者与传播者的传统角色地位。把美国的文化理想建立在英语文学研究的基础之上，也就是说，建立在碰巧是用我们主导语言的一种形式创作而成的外国文学研究的基础之上，总是有点异常。英语文学在美国教育中的作用如同18、19世纪在大学的英语文学研究被正式确立之前，希腊文学和拉丁文学在英国教育中的作用。一个英国公民与一个美国公民，无论其阶级、性别或种族，很有可能是以完全不同的方式来阅读莎士比亚、弥尔顿或狄更斯。这些作家从属于美国公民、表达我们的民族价值观或我们霸权阶层的价值观的方式与他们从属于英国公民，或为英国公民表达这样的价值观的方式有所不同。这并不是说英国文学对于正处在发展阶段的美国文学的影响不够重要。然而，为了更好地理解《白鲸》而阅读莎士比亚与把莎士比亚作

为你自己本土遗产的主要表现来阅读不是一回事。《俄狄浦斯之
王》（*Oedipus the King*）对于雅典人的作用与了解这部分作品和
其他希腊悲剧对于理解 A. C. 斯温伯恩（A. C. Swinburne）的
《卡里顿的阿塔兰达》（*Atalanta in Calydon*）所具有的重要性也
不是一回事。莎士比亚对英国岛屿统一的强烈肯定以及他对阿金
库尔村（Agincourt）胜利的充满爱国主义激情的描述，在一个
通过革命战争击败英国而建立起来的国度里听起来空乏无力。
"莱克星顿"（Lexington）、"邦克山"（Bunker Hill）、约克镇
（York Town），以及"福吉谷"（Valley Forge）（等名字）在我
们中间引起的共鸣大于"阿金库尔"。然而，多年前当我拿到本
科学位与研究生学位时，英国文学却是美国文学教育的基础。我
的英语博士学位入学考试考到托马斯·哈代即止，根本没有考到
美国文学，更没有考什么理论。

　　在美国研究英国文学与在韩国、挪威、中国台湾、德国或意
大利研究英国文学在一个主要方面有相似之处，在另一个主要方
面又有所不同。要把其作为一种价值观与人文主义理解的源泉来
认真对待，就是在研究一个外国——一个欧洲西海岸的小岛
国——的文学。区别当然在于英语正好也是美国的主导（有人
可能会说是"官方"的）语言，而在韩国、挪威、中国台湾、
西班牙、德国以及其他国家则是第二语言。然而，英语语言的美
语形式在美国占据主导地位或许只能让我们更难看清楚把美国的
人文价值观教育建立在并非我们的本土文学之上到底有什么问
题。美国文学与不列颠文学绝不是一个同质整体的不同部分，即
使传统上美国文学一直被作为英语文学的一个分支在教授，如现
在在我自己的大学里，以及在我任教过的另外两所大学：约翰·
霍普金斯大学与耶鲁大学——不列颠文学的训练依然是美国文学
教育的基础。在我现在所任教的加州大学尔湾分校（University
of California at Irvine），有六七百名英语专业学生。对想研究文

学的本科生来说，这是最明显的选择，尽管在尔湾分校几乎一半的学生是亚裔美国人，英语是其中许多人的第二语言。乔叟、莎士比亚、弥尔顿、华滋华斯、狄更斯、伍尔夫——这些人在受过高等教育的美国公民的思维和行为方式中依然起着很大的作用。

然而，如今在社会上、在大学与社会的关系上以及在文学研究方面所发生的急剧变化正在质疑传统的英语专业。所谓传统英语专业，我是指对于英国作家从"贝奥武甫到弗吉尼亚·吴尔芙"的主要经典作品进行差不多是隔离式的研究，课程组织方式专注于不同的历史"时期"：中世纪文学、文艺复兴、18 世纪、浪漫主义、维多利亚时代、现代主义、后现代主义。这样一种划分产生了许多关于经典、关于作品与时期的统一、关于文学历史的线性连续性等的有问题的假设。到底什么样的变化正在解除这些假设？这些假设又为什么会得以出现？

现代形式的西方研究型大学源于 19 世纪早期根据威廉·冯·洪堡（Wilhelm von Humboldt）设计的计划建立起来的柏林大学。这类大学的主要作用是服务于在德国尚处于摇篮阶段的单一民族国家。单一民族国家被设想为一个有机统一的文化，具有单独的一套理想与价值观，深藏于一个统一的哲学传统与民族文学中（或以某种方式挪用了希腊文学与拉丁文学的民族文学中。大学以两种方式服务于民族—国家：（1）作为批判性思考与研究的场所、探寻一切事物的真理的场所、赋予每件事情以理性的场所，按照莱布尼茨的公式（the Leibnizian formula），一切事物皆有其原因；（2）作为教育、塑造或训化的场所，是男性公民（大学里当时都是男性）被反复灌输（inculcate）（或许有人会说是"注射疫苗"）统一的民族文化的基本价值观的地方。大学的任务就是生产国家的臣民，双层意义上的臣民（subjects）：作为主体与作为公民，对国家权力负责，并能传播国家权力。对于洪堡及其同事来说，遵从康德的思想，教育（Bildung）的基础就是学习哲学。拥有高学历的人们通常仍然被称为"哲学博士"，不管他们接受的是什么专业的学位。这在今天显得有些荒诞，因为哲学本身（philosophy proper），退一步说，不再具有其在康德、费希特和黑格尔时期对德国大学的那种作用，而其他领域的大部分博士对于哲学则知之甚少，甚至是全然不知。

从席勒（Schiller）的《美育书简》（*Letters on Aesthetic Education*）我们可以得到一些证据表明，19 世纪中期的盎格鲁—撒克逊国家，首先是英国，接着是美国，用文学代替了哲学作为文化教化的核心，从而偏离了这种范式。许多德国理论家，如施莱格尔兄弟（Schlegels）、谢林（Schelling）和黑格尔，授予文学教育以核心地位，为这种转型奠定了基石。在英国和美国发生的这种转型在很大程度上仰仗于马修·阿诺德（Matthew Arnold）关于文化与无政府状态、关于诗歌研究、关于批评的功能的论述。当代美国研究型大学继承了洪堡的大学的双重使命。这种延续性在 1876 年巴尔的摩约翰·霍普金斯大学（Johns Hopkins University）建立时已表现得相当明显了。霍普金斯大学明确地、有意识地把基础建立在德国大学而不是英国大学之上。美国大量的公立与私立研究型大学随即迅速涌现或处于筹备之中。

积累科学知识（包括历史知识、文化历史知识、文学史知识，以及人类学知识、物理学知识、生物学知识和其他的社会科学与自然科学知识），同时又教授一个民族的统一的价值观，把两者结合起来似乎相当协调一致。然而，这两个目标之间一直存在着一种紧张关系，这两个目标就是负责一个国家的民族文学研究与教学的系部的职责。一方面，其职责是通过文学来向学生传授一个民族文化的核心思想和价值观。这些内容被认为深藏于这个民族的经典著作中——在《贝奥武甫》中、在乔叟那里、在莎士比亚那里，等等。另一方面，科学研究被认为是批判性的、是"非功利性"（disinterested）的（不同于阿诺德使用该词的意义），是一种不受主观偏见干扰的对真理的探寻。研究是无价值观取向的，是"价值中立"（wertfrei）。它是根据可验证的研究的一种普遍方法来组织的，这种可验证研究经过必要的修正，既可应用于人类科学，又可应用于自然科学、社会科学以及生命科学。

这两项任务在很长一段时间会达到同样的结果——这种感人的信心，会使得民族文学系部的人们相信他们在同时完成这双重使命，在调和大学赋予他们的这两种相互矛盾的职责。一个英语教授会同时以实证主义的方法考据一位作者的生平，或者做着让人大脑麻木乏味的文献版本与编辑修改工作，而同时教授本科生弥尔顿、约翰逊、布朗宁、阿诺德以及其他人作品中的伦理价值观。第一项任务让他（他们差不多都是男性）觉得他正在做一些有益的事以支持其大学科学地探寻真理。他在为知识仓库增加内容。第二项任务让他觉得他是在完成教育的责任使命。

有待永存的文化（The Culture Evermore About To Be）

使用外国的文学来塑造美国公民，是洪堡研究型大学模式在美国被采纳时所发生的根本变化的一个征兆。比尔·里汀斯很合理地表述说在美国，一种统一的民族文化一直就是一个为未来准备的承诺与希望。它总是需要通过契约性的协议在共和国的自由公民之间约定产生，而不是作为一个无法逃避的传统从这个民族的历史过去继承而来的东西。① 它总是在待价而沽。英国文学被美国的学校和大学共同挑选出来作为创造其民族文化的基本工

① 如里汀斯在对朱迪（Judy）的（Dis Forming the American Canon）一书评价时所说："我急于从民族文化的当代德国大学到卓越式的官僚大学中引入一个过渡性的步骤，能够看到美国大学作为民族文化的大学的一无是处。"（1996，p.201）

具，这个民族文化一直是一个将来时，而不是现在时。［……］

　　或许有人会争论说，在过去的 50 年里，美国公民已经逐渐认识到他们有了一种本土民族文学，把他们团结在一起、使他们都成为了美国人，成为了都形似着美国这个大多边形的小多边形。但是在大学里"美国文学"和"美国学研究"作为独立的学科的崛起，表明情况正好相反。关于美国文学的重要著作，从玛提森（F. O. Matthiessen）、查尔斯·费德尔森（Charles Feidelson, Jr）、刘易斯（R. W. B. Lewis）、佩里·米勒（Perry Miller）的著作一直到更近的罗伊·哈维·皮尔斯（Roy Harvey Pearce）、萨克文·伯科维奇（Sacvan Bercovitch）以及哈罗德·布鲁姆（Harold Bloom）① 的著作，都致力于创立我们所缺失的统一民族文化而不是急于描述统一民族文化。他们极具特色地利用了一套复杂的、行动性的学术仪式，来冒充客观学术。他们在不协调的多样性中求助于这样的一般性概念，如尚待开发的边境（"到西部去吧，年青人"），美国的文艺复兴、美国的亚当、象征主义的某种用途、浪漫的某种用途、清教徒理想，从爱默森、狄金森以及惠特曼到克莱恩和史蒂文森再到阿门斯（Ammons）、阿什贝利（Ashberry）等的经典诗学传统的统一。为了整合美国文学而采取的不同的修辞范式你方唱罢我登场，缥缈如雾中之影。每一位学者对美国文学的统一都有着各自的想法，而每一个想法都与其他的想法互不相容。［……］如果谁有了一套可以被认为理所当然的经典，在很大程度上就像英国受教育阶层所做的那样，那么他不必为此着急或创立关于它的理论。［……］

　　［……］然而，为了统一美国文学所进行的任何尝试都将是

---

　　① Matthiessen（1941）；Fiedelson（1953）；Lewis（1955）；Perry Miller（1953）；Pearce（1961）；Bercovitch（1975）；Bloom（1976）.

带有偏见的、有政治倾向的——简而言之，是意识形态的。这里我所谓的"意识形态"是指错把一种语言现实当成是现象现实。最近著述如卡瑞利·伯特（Carolyn Porter）的新作，呼唤一种非一统的、多语言的美国学研究，能够更加反映事物现状的一门学科（Porter 1994）①，并且认识到，这些有关统一性的论断自始至终都是意识形态的，非真实的，或者更确切地说都是行事性的（performative）而非言事性的（constative）。他们的目标是要通过言语行为（speech act）来创立我们尚不具备的统一文化。这种论断做到这一点是通过借助某种选择性方式来阅读过去，就好像过去是我们所有在美国的人们所共享的一个传统，其方式就像看上去各自有着统一的、全民参与的民族文化的德国、法国或英国一样。或者至少，德国、法国和英国有时候认为他们有着统一的文化，而我们却很不安、很不确定。

　　当然，德国、法国或者英国的文化一体性是建立在对少数民族文化的排斥、对女性的压制以及其他诸多不公平的权力行为之上的。英国是通过对苏格兰人和爱尔兰人的野蛮暴行，通过对康沃尔人、盖尔人、苏格兰人与威尔士人语言的压制等来取得其文化一体性的。德国的文化一体性在很大程度上是诗人和哲学家们的虚构，从康德、黑格尔、费希特、席勒、歌德、施莱格尔兄

---

　　① 该领域重要著述包括：Lauter（1983）；Ruoff and Ward（1990）；Yans - McLaughlin（1990）；Pease（1990）；Fisher（1991）；Pérez Firmat（1990）；Kaplan and Pease（1993）；Pease（1994）；Lauter（1991）；新版 *Cambridge History of American Literature*，ed. Bercovitch and Patell（1994，1995，在本书写作之时，计划的八卷中两卷已出版）。约翰·卡洛斯·罗维（John Carlos Rowe）帮我列出此书单。1996 年秋罗维在加利福尼亚大学的人文研究学院组织了一个关于后民族的美国学研究（postnational American studies）的住宅研究小组（residential research group）。其目标是要把加利福尼亚大学和其他大学中的新美国学研究制度化。见 Liu，《未来的文学》（*The Future Literary*），精彩讨论了计算机技术以及其直观的表现方式对展现新型多文化美国文学史或如 Lauter（1994），Rico and Mano（1991）的选集的影响。Lauter 在《教师手册》（"Teacher's Manual"）中的论文（1994）很好地描述了如今发生在美国文学和美国学研究中的变化。

弟、荷尔德林以及其他人等，一直到海德格尔和施特凡·格奥尔格学派（Stefan George school）的诗人们。这种德国文化建立在两种怪异的思想之上，或者至少对于德国传统之外的人来说是怪异的思想。一种是费希特的观点，他认为任何人在任何地方都可以进行哲学思考——只要他或她是在用德语思考，尽管不是所有的德国人都能进行哲学性思考。① 另外一种观念是希腊文化与德国文化之间存在连续性，这么一来，就把拉丁文化、拉丁语衍生文化或罗曼蒂克文化（romance cultures）置于了——可以这么说——文化传播圈之外。这两种怪异却又有着巨大衍生力的观念仍然是马丁·海德格尔的思考基石（见 Derrida，1987，112—116）② 语言民族主义（linguistic nationalism）有着巨大的威力来决定国家的普遍情绪。它与种族或血缘一样重要，它与对边界清晰、地图上用一个颜色勾画出来的单一领地的依附一样重要。民族情绪在欧洲国家一直依赖于极其有问题、极其危险的假设之上，并因此把自己的脆弱性包含于其自身之内。然而在美国，要维持这种文化统一性的观念甚至就更加困难。

"废墟里的大学"（"The University in Ruins"）

　　洪堡在大学里进行文学研究的概念在美国一直延续到最近，至少是作为一种理想。如今这一概念正在迅速地失去其威力。我

---

　　① 这是费希特在《对德意志民族的演讲》（*Reden an die Deutsche Nation*）的第七篇 "Noch tiefere Erfassung der Urprünglichkeit, und Deutschheit eines Volkes（1955，106—124）" 中所做的复杂论述的纲要式总结。翻译请见《对德意志民族的演讲》（*Addresses to the German Nation*，1968，pp. 92—110）。

　　② 对海德格尔来说，德国在最高精神层面甚至要优于希腊。如德里达所阐释的那样："归根结底，德国因此就成了能够命名最高、最优精品（geistigeste）的唯一的语言，这一点最终是希腊语一定程度上的所缺。"（1987，113：作者自译）该部分讨论了远程技术与全球经济之间的关系。

们正在进入一个新纪元，在新的纪元里，大学的新范式以及进行文学研究的新理由，将需要被找到。这些变化正在大学内和大学外同时发生。

在外面，许多力量正在削弱单一民族国家的统一和边界。冷战的结束，伴随着经济与技术的全球化，如我前面所说，正在越来越多地以跨国公司来取代独立的国家作为权力的中心。欧盟与北美自由贸易协议（North American Free Trade Agreement）就是国家边界模糊、同时个体国家统治力被削弱的明显例子。"环太平洋带"（the Pacific Rim）区域的发展是另一个例子。这意味着加利福尼亚既属于美国，又属于一个经济实体，这个经济实体包括在日本、韩国、中国台湾、新加坡、中国香港、澳大利亚和新西兰的公司，将来还要包括中国大陆，尤其是由于它已收回了香港。这些变化决没有使民族主义情绪消失。事实上，它们还经常加剧了民族主义情绪。一个例子是英国对使用欧元的抵制，部分原因是因为那将意味着要放弃刻有女王头像的硬币，尽管还有更深的经济原因。其他的例子包括美国孤立主义政策的回归、苏联解体后东欧的民族主义战争、后殖民主义非洲的准内战，以及伊拉克与朝鲜的民族帝国主义。这类形式的民族主义越来越表现出与当前经济现实的格格不入。具有反讽意味的是，通往繁荣之路，竟然是学会英语，让尽可能多的国际公司在自己的区域建立工厂、在那儿投资。随着作为统一实体的民族—国家的存在因这种或那种全球化形式而削弱，以及随后出现的国家疆界的消失，越来越难以说出法国到哪里为止、德国又从哪里开始，甚至美国到哪里为止、墨西哥从哪里开始。我们都开始感觉到自己居住在某个边缘、交界或者边境，处在外围。

同时，单一民族国家的整体性正在以另外一种方式弱化。美国就是一个明显的例子。尽管有保守政客与教育家在积极努力推行一种单一语言与单一文学课程，美国的文化生活却是由各种各样的、相互交叉的、用许多不同语言说话写作的文化团体构成。这些团体不容易走到一起。他们的区域是互相不兼容的产品（商品）的场所。他们的价值观不可能由某种统领的普遍人类"文化"来统一起来（这些价值观不可能由普遍的人类"文化"的某种统领性思想来统一起来）。也没有任何一个个体明确地属于任何一个这样的团体。几年之内超过半数的加利福尼亚公民会将英语作为其第二语言。最近在加利福尼亚这样一个中上层城市、一个看起来同质的城市（尽管在传统意义上它不是一个真正的城市，因为没有市中心），在尔湾的幼儿园班级里所做的一次民意调查发现，在这些孩子的家里讲着二十多种不同的语言。通过美育教育来传播的那套传统单一价值观现在看来与过去并无二样：是一种意识形态的伪造，主要用来服务于受过教育的中、上层异性恋男性白人的权力。

　　文学研究在新的技术型跨国大学里有什么样的可能作用？在美国，以及许多其他的西方国家，那些负责为高等教育提供资金的人们不再相信大学的方式会跟过去相同。主要的证据是资金的削减，几乎总是用经费限制来作为理由，就像过去几年里在加利福尼亚大学所发生的情形一样。这所大学直到最近可能一直是可被认为是世界上最大的研究型大学。现在，经费的削减与由于"黄金握别"（golden handshake）提供的退休福利使得许多教授不得不选择提早退休，这些都在使这所大学走向衰败。大约2000名教授已提前退休。这种做法是从公司企业界借鉴而来。那些为大学出钱的人对于基础研究需要成为国家（也就是联邦政府）或州的直接资助项目这一点不再具有他们曾经有过的信心了。基础研究在任何情况下都是因为有助于军事集结而得到资助的。随着冷战的结束，对于许多基础研究的明显需求也就结束了。大部分人文学科的教授都很难接受这样一个事实，即他们在20世纪60年代、70年代以及80年代所取得的繁荣是冷战的结果，就像飞机和武器制造商的繁荣，或把人送上月球的太空竞赛一样都是冷战的结果。然而，我们曾经是军事—工业合成体的一部分。为了在冷战中击败苏联，我们需要一切都做到最好，包括人文学科，而花很多钱去发展人文项目就是我们这种需求的一个附加部分。这一目标在建立国家人文基金（National Endowment for the Humanities，NEH）的立法里得到了明确。如今冷战过去了，人文项目正在与大学科研与教学中的科学部分一起被"裁员"。国家人文基金（NEH）如今幸存了下来，但资金却被大量削减，并面临着关张大吉的威胁。一个新毕业的英语博士就业形势极端糟糕。那些主管者（立法者、信托人、评审机构、大学管理者、基金官员、公司主管）所需要的、或者他们认为他们所需要的、并因此而发出需求指令的，是拿来就能用的技术。许多应用研究可以由计算机或医药公司之类的机构来做得同样的好，或者更好。它们一直在增加资金支持大学里的应用研究，增补大学的科学技术与实验室设施（经常起初是由联邦政府出资）来研究开发可专利化的程序以为企业赢利。为了应付这种激烈的变化，大学正在变得越来越像一个官僚公司本身，例如被一群庞大的管理人员操控，他们的底线就是，如同所有的官僚机构，有效地延续自身，即使有时这意味着大规模的"行政裁员"。然而，大学与公司之间的这种类比不尽如人意，因为大学不需要为股东赢利。大学的主要"产品"，除了应用性研究之外，是获得学位的学生。

美国缺少统一的民族文化，这使得教育者特别容易随着民族—国家的重要性在全球的衰退而转向效仿官僚公司建立起来的大学。对于"如今谁在统治我们的大学？"这个问题的答案是，大学正越来越——不管是多么的不明显、不直接——被大公司（corporations）统治。这一主要变化对大学的教学和研究有着难以估量的影响。金钱就是力量，在其他领域如此，在这一领域也是如此。由于联邦与州政府的财政拨款大量削减，公立与私立大学都转向法人团体来寻求资助。在我工作的加州大学尔湾分校，法人团体的支持即意味着向制药公司、电脑公司、医药技术公司、部分所谓的金融工业、媒体公司等要钱。这些公司可能是由日本、英国、法国、德国、韩国或中国台湾的法人团体所拥有，它们的许多制造或销售都发生在美国境外。在任何情况下，它们都不必对单一的民族国家效忠。而且，它们正在参与这场世界范围的变革，即我们称之为信息时代，或者更消极地说，一个一切都变成视觉图像的时代正在来临。

在《未来的社区》（*The Coming Community*）里的一段骇人听闻的描述中，乔治·阿甘本（Giorgio Agamben）描述了新的"奇观社会"（society of spectacle）是如何在到处改变人类，在结束那个牢固的、主权的古老单一民族国家。

> 在这种极端的、无效的揭幕中，语言（人类的语言本质）却再一次地表现为隐藏与分立，并且因此，最后一次地，以其难以言说的威力，它把人类的归宿注定为一个历史纪元与一个国家政府：奇观的纪元，或者实现了虚无的纪元。这就是为什么今天建立在假定基础上的权力在全球范围内步履艰难，地球上的王国，一个接一个地，都在朝着民主奇观的政权方向前进，来完成国家的形式。甚至不只是出于经济必要性和技术发展的需要，让地球上所有民族都走向一个共同归宿的是源自对语言存在的异化，把所有民族从其重要的语言栖居地连根拔起……当代的政治就是这种毁灭性的"语言经验"（*experimentum linguae*）：整个星球都在剥离和清空传统与信仰、意识形态与宗教、主体性与社区性。（1993，81—82）

　　因此，区别是什么？只要我们能搞到赞助，人文学科中的我们难道还不能以或多或少同样的旧方式来进行我们的教学和科研？学院和管理部门不是还在统治着大学，决定着其课程与研究方向吗？我们不都是很熟练地拿钱、然后用这些钱做着多多少少我们想做的事情吗？人文工作者们不总是从理科同事的成功中受益匪浅吗？在某种程度上所有这些问题的答案都是肯定的。然而，从联邦政府或州政府的财政拨款到跨国法人团体财政资助的这种转变，正在改变着研究型大学及其管理，改变的程度比许多人业已认识到的更加严重。阿甘本没有提及大学，但很容易看出，随着政府失去其基础，曾经服务于政府的大学也在失去其基础。大学正在从一度是政府的教育机器——以阿尔都塞（Althusser，1972，127—186）的话来说，或者以更温和的方式来表述的话，一个进行批判性与创新性思维的地方——正在变成一个越来越不那么重要的地方，只是生产和传递全球性的交换信息。

　　如果说冷战期间大学军事研究所要求的保密有一些可悲，如今一种新型的保密正在侵袭着我们的大学，这种保密是法人团体所要求的作为他们资助研究的回报。例如生物系的两名资深教授，各自带着其由初级研究员、博士后研究员、研究生和技术人员组成的研究团队，可能受到不同的制药公司的资助。每一个科学家都对资助他的公司负责。这就意味着从基础研究到会产生市场化产品的研究的微妙转型，即使公司会告诉这些科学家们说他们可以继续进行他们一直在从事的研究，但要向公司保证如果真的有什么可申请专利的东西被开发出来，公司要拥有第一开发权。也是出于对资助公司的利益考虑，要尽可能长时间地对研究成果进行保密，至少要等到该成果获得专利。这可能会延缓研究结果的发布，而国家科学基金会（National Science Foundation，NSF）与国家卫生研究院（ National Institutes of Health，NIH）

所资助的研究，其条件就是要及时发表研究成果、并可供普遍查阅。在新的形势下，同一系部的两个研究生或两个博士后会接到禁令不准相互讨论或在教学中用到他们研究工作中正在做的数据，这从根本上违反了有关学术自由的基本假设。对于研究成果的衡量尺度会越来越不是新知识的获得，而是由大学所对之负责的公司来定义的产能。

这种新型大学里的个体教授属于其自己大学内部的当地研究团体，同样也属于同一领域内工作的那些人所组成的国际团体。我将在后面讨论新的交流技术在创建这些跨国研究"团队"方面的作用。这些技术意味着你可以待在你自己的大学里不动，却仍然可以与千里之外的许多国家的同事一起研究一个项目。另外一个全球化的因素是教授和学生们不断地从一个国家跑到另一个国家。这种迁徙是如今随着工作模式的改变，大的群体从一个国家向另一个国家的史无前例地迁徙的一个缩影。

在一种伴生的变化中，"社会"也不再像以前那样需要大学来传播民族文化价值观。不管这些权威们还在口头上对人文系部的传统作用进行着怎样的恭维，这一点是确定无疑的。心照不宣的是，在消费主义中意识形态的灌输与培训工作，可以由媒体、由报纸与杂志、由电影与电视来完成，并且高效得多。而且，这些学术官僚与立法人也不蠢。在人文系部从20世纪60年代起所发生的事之后，他们如今不再信任让文学教授去做他们过去所从事的工作，或者甚至于，官僚们会说，去做花钱雇他们来做的工作。天机已经泄露。不管那些管理大学的人们对西方经典所体现的永恒价值观进行怎样的标榜，他们得到的信息却是美国的文化现实是多样的、多语言的。而且他们现在知道了你不能再信任教授们以老的方式去教授乔叟、莎士比亚、弥尔顿以及其他。以新的方式来阅读这些作家，从某个特定的角度来阅读，正如教授们所倾向的、并教给其学生的阅读方式，那么这些作家，在一些管理大学的人看来就是炸药，会夷平社会大厦。因此那种或多或少的无意识策略就是当传统的文学系部转向文化学研究的时候接受其转型，然后或许再逐渐地砍掉资金。在公立大学里，这一行为是以资金紧缺、需要建造更多的监狱和资助福利工程为名义进行的。在私立大学里，对于人文学科的操控有时就更为直接与明目张胆。一个例子就是李·贝斯（Lee Bass），美国富有的石油家族一员，曾经向耶鲁大学的人文学科捐资 2000 万美元。他原以为他的捐赠会使得其有权选择他要资助的教授以及这些教授所要教授的课程。这一黑色插曲的最可怕之处在于，虽然耶鲁大学最终令人钦佩地归还其捐款来摆脱其制约，贝斯的天真不是在于认为他的钱可以赋予他某种左右大学的权力，而是在于他会有如此公然不掩饰的态度。绝大多数情况下这种操控是以更加有策略的、更加委婉与更间接的方式来实现的。一个相关的变化是，教授们作为公众事务专家的重要性越来越小了，无疑是因为媒体不再相信大学里的教授会说出他们想听的话，就像贝斯不相信耶鲁大学会聘请他所认可的教授。举例来说，公众电视频道所请的专家，通常是来自保守的基金资助的智囊团而非大学教授。

美国教育委员会（American Council on Education）主席罗伯特·阿特维尔（Robert Atwell）在 1992 年强调说美国高校在2000 年之前会更加瘦身、更加吝啬："高等教育正处在第二次世界大战以来最严峻财政形势之下。"（1992，Sec. B，5B）这种"瘦身"不是因为大学想变得更小、丧失话语权，而是因为资金的供给被切断了。探讨这种暗淡前景的论文列出了许多有价值的项目正在被取消。在 20 世纪 90 年代早期的衰退中，加利福尼亚大学的老师得到消息说政府的资金永远也不会再升到 20 世纪 80年代的水平。那可能不是因为政府再也没有足够多的钱来恢复到那种水平。在 1995 年，加利福尼亚走出了衰退、又发展起来了，有了税收盈余。加利福尼亚大学的州政府年度预算如今恢复到了衰退前的水平。然而，这种资金上的增加却不可以被误解为回归到 20 世纪 80 年代的繁荣。这种增加在经过削减的新规模大学里是工资开支与学生助学金的需要。对个别部门的资助仍然远低于历史最低水平。① 1994—1995 年度加利福尼亚大学尔湾分校总财政来源中不到 1/4 是来自州财政，而在 1984—1985 年度 52% 是来自州财政资助（*UCI News*，1996，3）。我手头的最新资料（1998）是 24%。强调财政拨款不会回到过去水平只有一个意义：它意味着加利福尼亚州政府，以其州长与立法的名义，即使是如今又有钱了，也不会许诺向加利福尼亚大学拨款到旧有的水平。他们不需要付款给一个他们不那么需要的旧大学。他们不再需要它的基础研究。现在还不清楚他们是否需要大学那最主要的、开宗明义的目标，即给予在高中阶段获得一定成绩水平的所有加州年轻公民以更高层次的博雅教育（liberal education）。后

---

① 例如，加利福尼亚大学尔湾分校的人文分支 1992—1995 年遭受了 1215035 美元的经费削减。似乎没有人会期待资助会恢复。尔湾人文系主任的一份最新备忘录引用了 90 年代美国高等教育专家的两份最新声明。斯坦福大学的前校长唐纳德·肯尼迪（Donald Kennedy）说："无法想象我们的社会对获取知识的支持会维持在历史水平。单是这种形势就已表明大学的领导正在面临一个资源制约的时期，与他们——或他们的教员——曾经历过的任何时期都不相同。"（1993，130）经济学家与高等教育专家大卫·布伦南（David Breneman）宣称："高等教育正在进入一个财政拨款永久衰退的新时代……'综合性学院或大学'可能会成为一种教育奢华，再也不能得到有意义的资助。""在争取州政府财政的竞争中处于不利地位，高校会发现很难增加他们的拨款份额……［加州的］财政前景会继续暗淡下去，尤其是对于高等教育……我的结论是加利福尼亚的高等教育处于紧急状态。"［前两句引自布伦南（Breneman，AGB no. 22 n. d.），后两句引自（Breneman，1995）］尔湾系主任对此的回应是为了开始讨论"人文学院可能进行的学术与/或行政重构"。这种重构的起因并不仅仅是财政危机，也是由于对大学使命的新定义所导致的学术方向的改变。这一使命不再是为了"知识的获得"而是服务于全球经济。例如，研究学习欧洲语言与文学很有可能在新型大学里有着较低的价值，特别是处于"环太平洋带"战略地位的大学里。

者的责任在某种程度上掩盖了大学的另一使命，即进行冷战研究。这一任务在新的形势下是否需要维持下去还有待观察。

拨款的恢复如今是建立在大学使命的新形象之上：来帮助加州的经济繁荣，因为加州的经济繁荣在全球舞台上成了一个大演员。负责人只花了五年时间就为学校找到了这个新的用途。在加州州长皮特·威尔森（Pete Wilson）、加利福尼亚大学校长里查德·阿特金森（Richard Atkinson）的讲话中这种改变就表露无遗。在 1996—1997 年度的财政预算报告中，威尔森说："加利福尼亚的高校一直以来就被尊为世界上最优秀学府。如同那些拓荒者、企业家与创新者们把加州建设成为一个让梦想成为可能的地方一样，我们的高等学府也在传承这一传统，培养我们的学生在全球市场上有竞争力、能赢得胜利。"阿特金森差不多是一字不漏地响应了威尔森的观点："我欣赏州长对高等教育在培养熟练劳动力参与全球竞争方面的重要作用，以及加州大学在加州经济健康发展方面重要作用的认识。"阿特金森在 1997 年元月发表的政策行文中再一次强调了这种新的取向。"我们必须有长足的经济增长"，他说，"这要求在以大学为平台的研究与受过高等教育劳动力方面的投资"。阿特金森在 6 页的讲话稿中仅仅有一次提到人文学科："抒情诗与磁共振造影虽然大不相同，但二者都能使我们获取缺之则无法获取的信息。"①"信息"在这里是关键词，就像在我工作的大学里用"信息控制论"（informatics）这样的术语来命名新的本科生必修课，旨在能够在所有的学生中普及电脑知识。对阿特金森来说，抒情诗有价值的条件是，像磁共振造影一样，必须是诗歌能给我们提供其他的途径获取不到的信息。阿特金森人很好，把抒情诗与磁共振并列一起包括进来。我认为说抒情诗给出一

---

① 1996 年 1 月 3 日的新闻发布与 1997 年 1 月的政策声明。

定的"信息"有其道理，但却几乎算不上合理的方式来说出诗
所做的最重要的事。要说丁尼生（Tennyson）的《夏洛特夫
人》（"The Lady of Shallott"）给出了英格兰19世纪30年代运
河方面的信息、或者说给出了丁尼生在作此诗时的心境方面的
信息都是正确的，但是却都微不足道。《夏洛特夫人》给出了
知识，极端的奇特，但与信息却不是一回事。诗也是言语行为，
是用词语来做事的方式，某种在"信息"君临范式之下不可能
的东西。我们也许应该充分利用这样的慷慨类比来维护人文学
科。然而，这一类比却明显地错了。

　　始终萦回于我心头的问题，自从我第一次读比尔·里汀斯
《废墟中的大学》（University in Ruins）就萦回于我心头的问题，
但是当我阅读了阿特金森校长的报告就更加让我难以释怀的问
题，就是：在这种新技术型、全球化型、后殖民时期的研究型大
学里，在这种以生产接受过良好教育的劳动力来确保大学所在区
域"在全球经济中具有竞争力"为使命的大学里，文学研究的功
能，如果还有的话，该是什么？我根本不觉得这个问题容易回
答，尤其是当我们试图要循里斯汀的思路，不想自欺欺人地认为
旧的方式与旧的理由还能继续下去的时候，于事无补。必须要找
到人文学科以及在人文学科内进行文学研究的其他的理由。

我们是怎样由彼及此的

　　到目前为止，我们讨论了正在改变美国英语文学研究的一些
外部力量。从内部来看，英语系怎样从一个相对连贯的工程，现
在普遍成为一个不那么容易站得住脚的混合物呢？变化开始于第
二次世界大战之后。变化过程有着许多明显的阶段：从20世纪
50年代与60年代新批评的胜利到70年代与80年代早期以语言
为基础的理论一统天下，到80年代、90年代文化学研究的加

入。每一阶段都是对人文学科应该教授统一文化价值观的旧思想的肢解。

对于过去半个世纪文学理论兴起的当前记述往往是围绕着一个特定叙事。然而，关于文学理论的兴与衰的故事在很大程度上被视为理所当然了，以至于无法了解到它是怎样的一种在某种程度上基于意识形态的虚构。意识形态从定义来看是无意识的。因此就很难或者说不可能通过演示其错误性而将其根除。意识形态是对我们世界存在的真实物质条件——包括我们生活与工作于其中的体制——的幻影式反射。仅仅希望通过把它公之于众就改变那种意识形态是错误的。意识形态批评并不改变意识形态。那需要一种不同的工作。然而，一个意识形态的故事，不管其多么虚幻怪异，肯定会对我们的集体生活与行为产生影响。远不止如此。被一种意识形态冲昏了头脑就像如普鲁斯特所描述的坠入了爱河。你可以从爱河中出来，就像你可以离开一种意识形态的迷惑，但却不是因为某人很耐心地向你解释了你对你恋人的了解是多么的错误，或者你对体制变化的理解是多么的迷误了。我们为什么需要告诉自己关于我们学科最近的历史的这个故事？我觉得我可以具体地说出部分答案。

曾几何时——故事都这样讲——在第二次世界大战之前文艺复兴前的时期，只有一种单一的经典稳居其中。教授们进行生平介绍，语言学、文学和思想史 、人物描述，以及印象性评价，对于理论没有任何有意识的需求。他们几乎没有意识到他们工作隐含的理论前提。他们所从事的是一种单纯形式的外部批评。这也是美国版本的洪堡式教育，对于世界所思、所说的最佳作品的阿诺德式的研究。当我在 1944 年进入欧柏林学院（Oberlin College）时，就在第二次世界大战结束之前，就在新批评被引入的前夕，新生的英语必修课是写作课。课本是 19 世纪的英语作家纽曼、阿诺德、赫胥黎等所著的关于自由教育理想的系列阅读材料。那本课本最早出版于 1914 年，但还是作为 1944 年欧柏林学院的必修教材（见 Aydelotte 1914）。① 阿诺德、纽曼与其他人的作品并不仅仅是作为散文的典范而得以呈现。阅读他们也是在接受基本文化思想教育，而这仍然被认为是高等教育的一个首要作用。但是今天在美国许多地方，这样的课程已不再作为本科生的必修课。

　　然后就是新批评的纪元。新批评部分是在响应为第二次世界大战退伍兵教授文学的需要。因为根据"美国退伍军人权利法案"（*GI Bill*），他们现在可以上大学，但许多人几乎是完全不了解西方传统。新批评并没有像人们所期待的那样在传统下开设速成班来对此做出回应。完全相反。在一项政治上与教学上都很英明的举措中，新批评认为读诗并不需要拥有任何特别的文学或思想史知识。不需要了解那段历史，一个人也可以成为一个好读者、好公民。柯林斯·布鲁克斯（Cleanth Brooks）与罗伯特·佩恩·华伦（Robert Penn Warren）的《理解诗歌》（*Understanding Poetry*）这本新批评的圣经中的诗歌就脱离了各自最初的文化语境。虽然给出了诗的作者与日期，但仅此而已。一本好的词典是唯一必要的解释工具。每一首诗都是不经意找到的，可以这么说，写在一张被风吹来的散页上。这首诗然后就被赋予了《理解诗歌》本身那强大的语境。按照通常的说法，新批评是非理论文内批评（atheoretical intrinsic criticism）的一种极端形式。它标榜常识阅读而不需要理论前提。同时，它又在学生大脑里灌输一套理论前提，关于抒情诗的优先地位、文学作品的自主权、好作品的有机整体性、隐喻的重要性胜于其他修辞手法，等等。新批评，如其批评家所注意到的那

---

　　① 有重要意义的是，艾德洛特（Aydelotte）是罗德奖学金（Rhodes Scholar）获得者，写过美国的罗德奖学金历史（1946）。罗德奖学金的初衷是向英国殖民地或原殖民地传播英国文化与英国价值观。

样，通过明显的形式主义的客观性走私进来了大量保守的政治与伦理思想。新批评是近来被称之为"美学意识形态"的一种模式。在新批评版本中，美学意识形态也意味着给予文学很大程度的自我封闭式的自主权。优秀文学作品的"有机整体"说就有理由不顾作者的生平与历史语境。作品可以作为一个自我封闭的单孢体形式来单独"分析"与欣赏。这个作品就是其自己的归宿。它应该被这样欣赏，远离任何鄙俗的工具性用途，并且极大地远离其历史条件。[……]

对新批评的这种描述没有能够看到，关注词语如何产生意义而不是讨论主题意义已经不仅仅是一个初步的理论举措。这一举措有着意义深远的影响。这个举措颠覆了许多新批评家们的保守计划。新批评的政治影响无法通过辨别其奠基人的政治立场而得到总结。不管那些奠基人的意图是什么，新批评对文本细节的关注让文学研究传导单一文化恒久价值观的这种传统观点岌岌可危。代之而起的是，新批评倡导，或多或少有点置自身于不顾了，对"细读"技巧的技术性训练。这类技巧远离了任何固定的文化价值观。它们可以被应用于任何时期的任何文本。新批评家们坚持某些普遍的文化价值观，却同时又在教授一种与那些价值观背道而驰的去历史化的、技术化的阅读形式。

故事在继续，新批评在 20 世纪 60 年代、70 年代与 80 年代早期被理论的黄金时期所取代了——理论结构主义、符号学、现象学、读者反应、马克思主义、拉康主义或福柯主义，但尤其典型的是解构主义理论。解构是苛刻与严厉理论的典范。故事的进展是（但是在这里故事撒谎了，就如同它在一定程度上歪曲了新批评），与新批评一样，解构是一种文内批评，但它是一种由微妙的理论反思支撑着的内部批评。这个歪曲事实的故事说，解构，按照一段熟悉的避邪式祷文，是去政治、去历史的，把每件事都转换成语言，搁置指涉相关，如此等等。大多数受过教育人不仅仅是在新闻中，而且是在左派与右派的学术语篇中都遇到过这个故事。

在这种被广泛接受的对解构的描述中，一切都被歪曲了，经常是认定了与真实情况正好相反的一面。雅克·德里达（Jacques Derrida），不仅仅在他作品的明显取向中，也在许多访谈的耐心辩论中，反复演示了这些错误特征的错误之所在。他在《莫什劳斯》（*Mochlos*）一文中说："解构也是，而且至少是，在工作本身当中的一种立场的选择，它构成并规定我们的实践、我们的能力以及我们的表现的政治体制结构。"（1999，22—23）这里的重点词汇是"工作"和"立场选择"。解构是工作。它起作用。它通过选择立场、通过在大学里、在大学所处的政治领域里的积极介入而起作用……类似的，很容易就可以证明，保罗·德曼的著作也是如此。德曼的著作总是关注意识形态、政治与历史，关注文学研究的制度化了的意识形态错误所产生的社会后果、关注研发在历史中进行积极介入的其他形式。

然而，这些介入形式与新批评一样，与传播一个民族文化的固定价值观格格不入。继新批评之后，理论的崛起接踵而至、颠覆了民族文学系部作为向公民灌输民族文化的场所的这一传统角色。认为理论有害于人文学科这一传统角色的人们是对的。但需要补充的是：在美国，乃至在整个西方，理论一统天下之时，这种模式其实业已式微。理论的崛起与其说是原因，毋宁说是症状。理论的崛起，如前所论，是出于理解历史与意识形态的急剧变化的需要。错误在于把理论看作是其所提出的并试图面对的问题的起因。理论做出回应，部分是通过问心无愧地完成大学的另一半使命：理性地理解一切。文学理论是对词语如何产生意义的概念性反思。理论在本质上是跨民族的。欧洲的理论正在被全世界的大学所挪用决不是巧合，尤其是在美国大学内被改变、被扩展。这种传播与西方技术和资本主义经济组织在全球的传播相并行。但这并不意味着它是同一码事。

今天，随着所谓的文化研究变得越来越重要，至少是在某些高校，20世纪60、70和80年代的理论继续被仔细地研读、挪用和应用，其方式日新月异、多种多样。而且文化研究还在被不断地延伸到新的理论性工作。所谓的"文化研究"的新重要性，我是指20世纪八九十年代美国高校，以及世界其他国家里文学系部的转型，转而对文学的社会语境感兴趣。这意味着，在其众多意义中，转向研究流行文化、少数民族话语、非西方文学与文化、迄今为止被边缘化了的妇女文学、男女同性恋文学，以及对电影、电视、录像等媒体的关注。曾经的明尼苏达大学的比较文学系被重新命名、纳入了"文化研究"这一词语。加州大学尔湾分校的"批评理论研究所"起初设立时是要研究诸如模拟与表征（mimesis and representation）这类主题，结果在90年代早期花了三年时间努力去定义和理解文化学研究意味着什么，结果并不完全成功。该研究所然后就转向研究"全球化"这个主题。

[……]

在许多——但决不是所有的——情况下，重新转向文化研究意味着回归到关于作品与其语境关系的模拟的、表现主义的假设。尽管现代的文化概念有着民族主义的起源，但是新的文化研究往往认识到了在一个特定的主导文化中存在着数不清的亚文化。一个个体有可能是一个"杂交体"或者同时属于几种不同的文化。例如，美国就被看作一个多文化、多语言、多人种与多民族的国家。新的文化研究的前提与实践决不可能是同质的，向文化研究的这种转型也不是以同样的节奏、同样的程度发生在所有的系部、机构或者国家。在英国、澳大利亚、南非或中华人民共和国的情形不同于在美国的情形。所有这些国家中从事这类研究的人们之间的激烈争论，不仅仅表明文化研究的异质性、文化学研究是一个意见分歧的场所，而且表明严肃的事情是如何充满了风险。人们一般说不会为了小事情斗得那么厉害。至少在美国几乎没有一个文学系不被以这种或那种的方式标上我们所谓的文化研究。这类取向在文学系部里徘徊了很长时间。它们一定程度上是在回归新批评及其后的以语言为主体的理论问世前所盛行的实践与态度。然而，当代的文化研究在许多方面与其先驱有所不同，譬如，对性别、人种和民族的敏锐关注。而且，文化学研究是继新批评和理论之后到来的。其作为后结构主义的历史地位标志着它且区分着它——举例来说，对先前理论的同化或抵制。

周蕾（Rey Chow）优雅而简洁地表达了理论与文化研究之间的联系："研究非西方的最强理由之一与对西方话语的局限性的根本质疑正好相关，西方话语是解构与后结构主义理论的典型特色。这样的符号问题逻辑上导致了对其他符号、其他意义体系、其他学科、其他性征、其他民族、其他文化的开放性研究。因此，与许多人的论点相反，我认为，解构和后结构主义理论与文化学研究、性别研究、男女同性恋研究和种族研究有着非常紧密的联系，因为对于学科、阶级、人种、性别、民族等的调查研究，不管是怎样的实证性研究，其中必须总是已经包含了那种隐含的理论上的理解，即理解对统治符号以及符号体系的批评不但需要从内部而且需要从外部进行。"不管是在获得新知识还是在进行体制或政治性改变方面，无论文化学研究在哪里有效，它做到这一点都将是通过挪用或者重创，不管是有意识还是无意识的。

然而，正如当周蕾说主张"与许多人的观点相反"时她所认识到的那样，对解构的错误概括，作为一般意义上的"理论"

的代名词，连同其充满活力的批判性，在一些学者看来，对于开辟一个文化研究的空间来说都是必要的。由于"纯理论"（high theory）主要是由精英体制中的白人男性来完成的，那些学者就认为，它必然会与文化学研究所要拒斥的现状同流合污。即使是阅读它也会被它可能支持的保守意识形态所污染。理论攻击是文化研究的内在部分。无论这种研究在哪里成为向外部批评的反理论回归，这一点都特别正确。

　　故事是这么发展的，作为对解构中的形式批评走入了所谓的死胡同的回应，在 20 世纪 80 年代中期或者更早，曾有一次向外部批评的回归，回归到一种新的渴望，即把文学研究政治化、重新历史化，使这类研究具有社会用途，使它成为后殖民时期、后理论时期妇女、少数民族以及曾经的殖民地的解放与知识启蒙的工具。"文化"、"历史"、"语境"和"媒体"；"性别"、"阶级"和"人种"；"自我"和"道德动因（moral agency）"；"多语言"、"多文化"和"全球化"——如今都已经变成了符号，以不同的混合方式，新历史学、新语用学、文化学研究、流行文化研究、电影与媒体研究、妇女研究与性别研究、同性恋研究、各种"少数民族话语"研究、"后殖民地研究"等的标语口号了。① 这一清单决不可能是同质的。我们今天所谓的"文化学变研究"，如我前面所言，是一个用于各种机构实践的异质的、缺乏固定形状的空间。这些实践几乎没有共同的方法论、目标或机构地点。然而，尽管它们各式各样，所有这些新项目都对文化制

――――――――――

　　① 一个具体的例子是在 Frank Lentriccia 和 Thomas McLaughlin 主编的 1995 年版的《文学批评术语》（*Critical Terms for Literary Study*）中新增加了一些词条，如"帝国主义/民族主义"、"欲望"、"伦理"、"多样性"、"流行文化"，以及"阶级"。在 1990 年的第一版中，这些尚不算"文学批评术语"，而现在它们十分重要，足以成为重写这本书的正当理由。倾向于借助一串标语口号式词语或"行话"（buzz words）来思维，是这些新发展的典型特点。［……］

品的历史和社会语境感兴趣。他们倾向于认为语境有解释性
与决定性作用。作者回来了。他或她的死讯被贸然地宣布了。
主体、主体性、自我都回来了，一同回归的还有个人动因、
认同政治、责任、对话、主体间性和社区群体性。对于传记
和自传、流行文学、电影电视广告、与语言文化相对的视觉
文化，以及霸权话语内部"少数民族话语"的本质和作用的
新兴趣，或重新燃起的兴趣得到了发展。

对于文化研究而言，文学不再如过去那样，比如对马修·阿
诺德来说，或者对直到现在的美国高校来说，对文化的表达独有
特权。文学仅仅是文化的众多征兆或产品之一，不仅仅要与电
影、录像、电视、广告、杂志等，而且要与人种学者调查的非西
方文化或我们自己文化中的无数种日常生活习惯一起肩并肩地接
受研究。

[……]

尽管在这个新领域里的人们倾向于捍卫文化与社会科学之
间的关系，但显然，如果文化研究在人文学科占据更加主导的
地位，人文学科就会与社会科学、尤其是与人类志学的融合更
近一步。就像人类志学家从人文学科的同事那里受益匪浅，在
研究生阶段接受人类学与社会学方面的科班训练同样地对于那
些进入文化学研究的人大有裨益，例如在统计分析方面、在数
据与概括的关系方面、在当人被用作受试时大学的责任方面、
在需要以各种方式来学习工作所必需的语言方面等的培训。一
种传统的欧洲中心论的文学教育对于许多文化学研究的项目而
言鲜有帮助。

文化研究中的那些人会很快指出美国的社会科学在许多方
面与美国的帝国主义同流合污，如同雷·周所观察到的，对非
西方语言和文化的研究已经在大学被制度化为那个帝国主义项

目的另一部分了（1995，110—111）。① 这是真的，但人类志学至少是自从列维·施特劳斯的《忧郁的热带》（Lévi - Strauss, *Tristes Tropiques*）以来一直在努力面对这些问题。文化研究有很多值得从人类志学的步骤与策略方面学习的东西，包括那些设计出来处理根深蒂固的欧洲中心主义的内容。而且，社会科学已经让文化研究误入歧途这一事实，并不能使得文化研究的众多社会科学特征得到丝毫减少。没有理由因此而受到指责。当前在美国高校的学科划分标准不过是众多标准之一。可以有所改变。

[……] ＊

贬斥理论（Abjecting Theory）

尽管理论继续在文化研究中起着辅助作用，就像那些学科名称"电影理论"、"酷儿理论"（queer theory）中所示，但它有时已被取代，回归到关于文学及其他艺术如何反映其历史和社会语境的前批评、前理论假设，这在伯恩海默的报告和其他场所都有提到。基于我上面所勾勒的对理论的错误概括而摒弃以语言为基础的理论，对于有些学者来说，已经成为向新型的外部批评的这种转型的一个必不可少的部分。为什么会这样？为什么在有些人看来，为了给这些新的发展开辟一个空间，有必要来"贬斥"

---

① "我们试图挑战的那个学科结构已经以多种形式，在很长一段时间以来，在与非西方语言与文学相关的教学行为中牢牢建立了起来……在所谓的其他文化里的'资历'与'专长'已经被用作使聘用、确定聘期、提升、考评、发表以及教学中的完全保守的体制行为合法化的手段。"

＊被删节部分"比较一切"讨论的是通过对《1993 年伯恩海默报告：世纪转型期的比较文学》（*The 1993 Bernheimer Report of the American Comparative Literature Association*）的阅读，文学研究改变中的命运、文化的兴起与比较文学的关系。——原编者

理论，用汤姆·科恩（Tom Cohen）① 的话说，来讲述一个关于理论的虚假故事呢？这种关于理论的错误怎样地损害了部分文化学研究的工作呢？解构从来没有拒绝过语言的指涉性。远谈不上拒绝。但是它把语言那无法回避的指涉矢量（vector）看作是一个要被质疑的问题，而不是一个可以被认为是理所当然的解决办法。只要文化研究仍然要依靠传统的文化思想来在主体或主体性身上产生一种认同感，这种认同感是通过一个单一民族国家或一种亚文化来灌输产生，诸如种族或性别社区，比如，非裔美国人、奇卡诺墨裔美国人、男女同性恋者的假定社区之类的亚文化，那么，就有必要抵制解构对于这种文化思想所必需的所有关键概念的质疑。这些概念包括认同、动因、一个特定文化的同质性——不管是霸权文化还是少数民族文化、通过其参与国家或社区的程度而对个体进行的定义，文本或任何其他的符号组合与其语境之间不可割裂的纽带。文化研究工程和相关的新学科要想走上正轨，往往需要绕过这些概念理论的质疑。这些关键概念被一种重置过的指涉性粘连在一起，这种指涉性已再也经不起被质疑、被继续当作一个问题。一个例子就是作为整体的文化与任何置身其间的主体认同之间那种假定的镜式反映关系，不规则多边形碎片的另一版本。正因为如此，至少是在从事文化研究的一部分人当中，就有必要贬斥"理论"了。

"文化研究"一词本身就表明在多大程度上这一新兴学科在

---

① 科恩用到了"猛烈的贬斥"（ferocious abjection）一词来描述二战后写作被发现以后人们对保罗·德曼著作的批判。这种特殊的贬斥在我追述的故事中，例如在查理斯·伯恩海默版本的介绍性论文《比较的焦虑》（*The Anxieties of Comparison*，1995，pp. 1—7）中，是一个重要的时刻。伯恩海默非常客气地引用了我的一篇论文作为反叛被反叛的理论这类事情的一个例子（5—6）。稍后，他说，"历史、文化、政治、地理位置、性别、性取向、阶级、人种——以新模式进行的阅读必须尽可能多地考虑到这些因素。窍门是要这样做而又不遭受米勒的批评，也就是说，不表示文学作品可以被解释为这些因素的直接反映"（8）。那确实是个窍门。

其自身的自我定义中就已经接受了它要改变的单一民族国家大学的传统使命的一面）。这一使命——你应该记着——是双重的：（1）积累与归类批评知识——物理与生物本质的知识以及文化知识，包括作为一种关键的文化形式的文学史，以及（2）通过德国人称之为教育（Bildung）而我们美国人传统上称之为"人文教育"的过程，在公民心中灌输民族文化来塑造国家主体公民。文化研究倾向于否定第二项使命。要完成这一使命就会落入保守主义者的手中，后者要求在大学里教授单一经典和单一民族文化的价值观。然而，从事文化研究的人们接受了第一个使命的一种形式，使文化本身成为研究、理解与归类存贮的一个目标。在"文化研究"中的第二个词就表明了这一点。文化不再是决定主体成为什么人的东西，在经历了国家教育机器的漫长的教育过程之后，文化以其多样化的存在方式如今像任何其他学科如天体物理学和人类基因组学一样是一个被研究的目标。它可能并不急于在大学里表征少数民族文化，而是认识到文化研究可以被轻易地增补，这也就解释了其在美国大学被制度化时的那种令人疑惑的轻松。把少数民族文化变成类似基本粒子和基因组这样的大学研究的目标，可能是在破坏这些文化，而不是在保护其活力。

　　如果大家知道了这些各种不同的文化都将被灌输给学生而不仅仅是被研究，对文化研究的反对声音可能更大。文化研究的大多数庆典，如伯恩海默的报告以及该书中的其他论文，都小心地回避了把这一新项目界定为行事性的、或者激进分子。相反，文化研究典型地被定义为收集新知识，是"研究"。要在研究型大学内获得合法席位这是非常必要的。无论什么时候从"科学"（Wissenschaft）到"教育"（Bildung）的转换明显地冲着少数民族或次级文化，大学都倾向于叫来警察以暴力来回应，就像20世纪60年代末期所发生的那样。在任何情况下，大学所进行的教育（Bildung）工程都依赖于具有一种统一文化的民族—国家这一观念。因此对学生同时成为许多文化的主体的质疑似乎并不能成立。或者说它成立的条件只能是沿着如今正在重新塑造大学的全球消费主义经济的思路，对文化进行激进的再定义。文化于是就成了潮流与服装的表面物质。这恰恰是新的全球资本主义所希望的方式——全世界人民都穿着残存的民族服饰，下身穿着蓝色牛仔裤，听着晶体管收音机。这有的时候被叫作"全球区域化"（glocalization）。问题是该怎样在一种多文化情形下生活，而又不屈从于这种表面性。

新发展变化的目标值得称道。谁会反对声援那些迄今为止无声的、妇女与少数民族、那些被定义为男女同性恋、那些经济上的劣势群体呢？对于那些既具有我们民族社会的特色，又具有新的全球性社会的特色的种族群体，谁会反对在大学里给他们一席之地呢？①谁会反对利用大学的转型来帮助建立未来的民主，这一政治与知识的未来地平线呢？谁会反对仔细研究流行文化，以及对我们思想和行为的塑造远远超过书本的那些媒体——电视、录像、电影呢？在文化研究中相当关键的部分是描述性的与归档存贮性的（文化研究中学术研究的一个根本部分是描述性的、分类归档的）。不同媒介中的以及来自不同文化的作品、妇女与少数民族的作品，需要被鉴定、归类、编辑、再版、与公众见面，让大学与普通民众都可以接触得到并在其中产生影响。这一工作是必要而且重要的。本章以其微不足道的方式，在一定程度上是文化研究的一种努力，因为正如前面提到的专著和文章中所述，对文学研究的制度化进行历史性调查一直都是文化研究的一个重要方面。然而我还是担心文化研究的努力、该领域里想要改变大学并以此来帮助创建一个更加公平的社会的那些人的愿望，

---

①　我说到美国，而且是在1998年的此时此地从我的"主体位置"（subject position）说到美国。

会受到他们自己行为的掣肘而让大学里的保守力量得以死灰复燃重夺文化研究的阵地。

　　让被忽视的作品走进教室、进入教学大纲、进入书本、论文、会议与研究群体仅仅是这项工作的开始。知识是不够的。这些作品必须要开始工作。只有所谓的物质主义的阅读才能完成这一任务。"物质主义"在这里并不意味着把对作品的关注转移到关注其历史语境，而是关注作品书写的原语言的材质。把多文化主义进行分类归档、把教学大纲扩展到包括迄今为止在美国大学很少被读到的全世界的作品，可能甚至会，如我前面所示，颠覆这些作品所拥有的带来文化变化的威力。大学有着一种令人畏惧的中立化力量。

网络空间里的文学

　　发生于 20 世纪 80 年代、从以语言为基础的理论向文化研究的转变因为什么而开始？重新定位毫无疑问是过于武断甚至是矛盾的。许多因素促成了它，如越南战争、20 世纪 60 年代的学生运动以及人权运动。创立文化研究的那些人深深地打上了这些事件的标记。而且，证据表明旧式意义上的经典著作中的文学在正在涌现的全球多种文化中的作用越来越小。很自然，年轻的学者不会希望把时间花在似乎越来越边缘化的内容上。那些正在人文学科进行研究生学习或已经加入人文学研究的师资队伍的大量女性或少数民族学者，无疑在很大程度上促成了这种变化。这些人不能够或者不愿意以旧的阅读方式从古老的白人男性经典作品中获得自我的感觉。很自然，他们该把目光转向别处来寻找作品以帮助自己确立文化认同感，就像同样自然的是，普通美国公民迟早会逐渐认识到英国文学是一种外国文学，一种无疑与我们的自身发展密切相关但却是外国的文学。华莱士·史蒂文斯（Wallace Stevens）在《箴言》中这样表述："对于美国文学来说，没有什么比它的英国源头更加不妥的了，因为美国人在情感上不是英国人。"（1957，176）

　　[……]①

　　文化研究与如今大学所深陷其中的经济的、意识形态的以及政治的力量所构成的巨大网络纠缠在一起。而且，文化研究本身，如我前面所言，无法只用单一的一套概念假设加以概括。它与其前身的以语言为主的理论的关系特别复杂。然而，一个主要的力量，导致了让文学边缘化的文化研究的兴起，这就是新的通信技术的影响。整个 19 世纪和 20 世纪，技术一直在改变着社会。没有人对此表示怀疑。然而，近几年随着电子时代的来临，变化的速度已大大提高。转向文化研究的年轻的美国学者是伴随着电视和流行音乐的新商业化形式成长起来的第一代大学老师和评论家。他们中的许多人在孩童时期和青春期看电视或听流行音乐的时间与看书的时间一样多。我不是说这些活动不好。它们只是有所不同。读书可能对你不好，就像福楼拜的爱玛·包法利与康拉德的吉姆老爷身上所显示的那样。这新一代的评论家在很大程度上是由新的视听文化塑造而成的。"文化"多少拥有了一层新的意义。它部分地命名了全球消费主义经济的媒质构成部分。新的媒质当然包括一些反霸权的元素。这种新的电子文化正在迅速地取代印刷文化。毫不奇怪，这些年轻学者希望研究在很大程度上塑造了他们的东西，尽管他们也参与了书本文化。在美国文学式微的明显证据就是许多接受过文学研究训练的年轻学者如今会感觉研究流行文化的召唤是如此巨大，以至于他们或多或少地放弃了经典文学甚至完全放弃了文学。

———————

　　①　这里讨论的是文学的不确定的力量、评论家在控制其沟通方面的无能，以及这对文化研究的特定从业者和倡导者可能会带来的威胁。

　　不管我们是多么的希望情况不是如此，可悲的事实是旧模式意义上的文学在新的全球化文化中正起着越来越小的作用……所有的统计数据都表明越来越多的人花费越来越多的时间看电影电视。如今又更迅速地转向了电脑屏幕。例如在 19 世纪的英格兰，小说一度起到的文化作用正在由电影、流行音乐、电脑游戏来发挥出来。这其中或许不存在什么本质性的错误，除非你碰巧，就像我，对旧的纸质印刷文化投入太大。尽管许多的文学作品都可以在线获得、可以下载到任何人的电脑上，我还是相信很少有人正在使用那种神奇的新资源。当然强·凯兹在《连线》（*Wired*）杂志上著文所描述的新的"数码年轻代"不是在使用互联网来接近莎士比亚。凯兹强调的一点是新数码国的公民或网民（netizens）对流行文化的忠诚以及他们对尚未进入其中、却想对他们宣讲流行音乐与电影的人们的不屑。

　　"数码年轻代"，凯兹说，"对流行文化有着共同的激情——或许是他们最共享的价值观，也是一个最被政客与记者所错误解读、错误处理的东西。当他们在星期一早晨晃悠着去上班的时候，他们很有可能是谈论在周末看的电影而不是上周的华盛顿新闻（或者，我或许该加上，谈论弥尔顿的《失乐园》多么美妙）。音乐、电影、杂志、某些电视节目，以及某些书，对他们来说至关重要——不仅仅是娱乐的形式，也是认同的手段"（Katz，1997，184）。① 诗歌与小说曾经是认同的手段。现在最新的研究小组是认同的手段。凯兹接着说，"与任何别的情况一样，许多年长的记者与政客所共有的对流行文化的反射性鄙视异

――――――

　　① 这篇文章也可以在线获取：www.wired.com/5.04/netizen/。强·凯兹更近的一篇文章，根据《美林论坛》（*Merrill Lynch Forum*）与《连线》的民调，对"数码年轻代"（the "digital young"）的一些概括略有改动。"我曾把'数码公民'（the digital citizen）描述为深深地远离主流政治"，凯兹说："民调显示事实上他们却高度参与，并且积极，甚至是怀有爱国情怀地看待我们现存的政治体制。"（第 71 页）

化了这个小组，使得小组里的成员把世界分成两个基本大类：得天下的，以及没得到天下的。在他们生命的大部分时间里，这些年轻人被贴上了无知的标签，他们的文化被认为是有害的。中伤他们的政治领袖与权威专家们（或许还该加上教育家们），还没有开始意识到这些持续的攻击是多么的具有摧毁性，他们已经创造了一个多么巨大的文化代沟"（Katz，1997，184）。《连线》的封底上不仅仅列出了"志迷的选择"（志"Zines"即杂志"magazines"），还列出了"帮助本杂志出版的音乐"。1997年4月版的清单，在众多的上榜歌手中，列出了马太·斯威特（Matthew Sweet）的《好玩100%》、阿沃·帕特（Arvo Pärt）《自深处》、《圣歌130》（*De Profundis Clamavi*，*Psalm* 130），梅尔文（Melvin）的《星际航行》（*Interstellar Overdrive*），史蒂文·杰丝·伯恩斯坦（Steven Jess Bernstein）的《监牢》（*Prison*）、《迈阿密风云》，玛莉·波依娜（Mari Boine）的《四射热源》（*Radiant Warmth*）。这与全球化有什么关系？流行文化以电影、磁带、CD、无线电广播，如今又以互联网（因其越来越多媒体化）的形式在全球播撒。这种媒体文化有着巨大的威力来淹没正在消退的书本文化那种沉静的声音，也淹没了各地地方性文化的特色，尽管这些特色经常受到全球媒体公司在寻找地方市场的"商机"（"niche"）时的有意呼吁和鼓励。这就是"全球区域化"意思的一方面。

同时，新的通信技术正在迅速地改变着人文学科研究与教学的方式。这些变化伴随着、也在一定程度上导致了洪堡式大学被服务于全球经济的、新的技术型的、跨国型大学所替代。这种新型大学是单一民族国家弱化的一个特征。有些观点夸大了或者错误地表述了计算机与互联网对于人文学科的革命性作用。从特定的角度来看，一台计算机，即使是通过"猫"与互联网相连，也只不过是，如有些人所认为的那样，一台被美化了的打字机。

然而我们不应该低估这种美化所带来的变化，例如新的修改的方便，那种区别于打印稿的，可以从电脑文件中增补、删除、从一处移到另一处的性能。这种便捷性逐渐促使那些电脑写作高手们认为他们所写的东西永远都不是终结形式。打印出来的东西总是一种潜在的无尽的修改、删除、增补与调整过程的一个阶段。［……］

然而，什么也阻止不了将电脑和互联网用于人文学科的研究与教学。某些项目，尽管可能是"超文本"与多媒体，却支持关于作品与其作者以及与其历史和文化语境的关系的传统观念。［……］学生在纷繁的"链接"间恣意"浏览"的自由可能掩盖了预定联系的强制性。这些可能会加强关于历史语境是文学作品的起因力量的强大假设。这取决于设立了什么样的链接、或使用者创建新链接的创新性。超文本也可以成为有效利用肯耐思·伯克（Kenneth Burke）所称之为的"以不协调性为标准划分观点"（"perspective by concongruity"）的一种强大方式，一种打破关于解释性语境的传统假设的方式。

而且，不管哪一类的超链接，对于合适的意义镶嵌于传统的印制书籍的线性连续体之中的假设都会有强大的消解能力。一方面，电脑的意义，就像打字机、莱诺铸排机、或者任何其他的技术设备一样，取决于如何利用它。另一方面，电脑也好、打字机也好、莱诺铸排机也好，都不过是众多技术设备中的一项。每一项都属于在符号的生产、投射、接收和交换中手、声、耳与眼的特殊级别的假肢。作为这样一种设备，电脑完全不同于打字机。它把自己新的矩阵强加于符号的生产、接收和交换的过程之中。这将对人文学者的教学和研究方式以及其赖以生存的知识空间带来变化，而低估这些变化将是错误的。那么这些变化到底是什么？它们很难被定义和理解，部分原因是因为我们身处其中。然而，现在所发生的数字革命（digital revolution）很明显与从手写文化到印刷出版文化的变革一样的激进、一样的不可逆转。电邮、传真、计算机编码的图书目录、代替了全字母拼写式的写作与打字写作的电脑创作、在教学中与日俱增的使用电脑与网络（经常是作为商业行为），越来越多的可用在线资源、从线性出版媒介到多媒体超文本、正在改变研究结果传播方式的在线发表论文与专著——所有这一切都在迅猛而不可逆转地改变着文学课（包括其他专业）的老师和学生的工作方式。

然而，最富戏剧性与诡异的效果是最难发现、理解与评判的。这就是数字化在我们研究客体身上所产生的变化。阅读印刷版的亨利·詹姆斯的《金碗》与下载到台式机或手提电脑上的超文本有什么区别？一眼看去在那种并非不重要的"搜索"能力、提取能力以及另外的操作网络文本的能力之外似乎鲜有区别。相反，我认为区别是激进而深远的，不亚于文学客体的存在模式的转变。即使是以初步的方式来理解这一变化也有助于我们看到为什么信息模式不适用于所有的文学作品，这些文学作品在网络空间里以光速传播，无处不在又无处寻觅，就如同在信息网络的假定透明中的那么多的黑洞。如今互联网有了很多的安全问题，也需要很强大的密码术来对抗政府解密的愿望。然而，文学作品在继续隐藏它们的秘密，如同死亡一样黑暗的秘密——即使它们被完全曝光、被公之于众、让全世界任何一个有电脑、有猫和服务器供应商的人看到。充满悖论的是，新的数码存在仅仅是使得——如果我们用眼睛来看的话，来看到那些无法看见的东西——那些曾经在印刷版本中隐藏得更深的东西，即文学作品隐藏我所谓的黑洞的方式变得更加明显。

瓦尔特·本雅明认识到新的媒体具有激进的变革性作用。他把这种真知灼见应用于分析摄像和摄影，名之为"技术复制的时代"。印刷也是，或许我们往往会忘记，一种技术复制形式；但是也许在摄像机快门的瞬间闪动，产生底片，赋予那在其被保存的一瞬间就已经死亡了的东西以魔幻般的、无穷尽的可重复生命中，这种复制效果更为明显。被摄影的东西在按动相机快门时被谋杀、被赋予了无限的生存来生。我们的计算机时代，互联网上数码化图像与文本的混杂超出人的想象的时代，是一个技术复制的时代，带着复仇，被平方或立方，被夸张地或成指数地扩张与改变，超越了技术复制（technischen Reproduzierbarkeit）的门槛或极限。数码化消融了图像与文本之间的区别，生产出比照片更加易逝、更加无处不在图像/文本。它们让公众更加了解了本雅明的照片瞬间感的另一面：它赋予被"拍"（shot）致死后的东西以一种鬼怪式、幽灵式留存，一种死后的生命，无处不在又无处寻觅。文学与鬼魂、与死亡、与死后的存活总是有着一种奇怪的联系，但这在许多文学研究中往往被回避。阅读《金碗》就是遭遇詹姆斯那发号施令的声音，有点像那些早期的留声机唱片上丁尼生或布朗宁的声音，那些听起来仿佛来自坟墓的声音、织裹尸布的梭子的声音。数据库里与互联网上文学作品的新的数码存在模式把那些作品转换成了无数的、喃喃而语的鬼怪群，归来而且在我们的召唤下可以再次归来，就像在《奥德赛》第十一章中为尤利西斯而从地下世界升起的阴影，或者就像我此刻正在电脑上听的格伦·古尔德（Glenn Gould）在 20 世纪 60 年代演奏的巴赫（Bach）的《好脾气的键盘》（*The Well-Tempered Clavier*）（这句话中"此刻"和"我"指代什么我留给你去想）①。

　　我的观点是这种新的数字化存在将在许多以及尚未被预见的方面改变文学与文学研究。我甚至会说，它将改变——已经在改变——文学的观念或文学性的观念，谋杀了文学，并赋予其一种

———————

① 同时参阅弗兰克（1963，pp. 3—62），以及 T. S. 艾略特（1932，pp. 3—11）。

新的存在来作为其自身的幸存者。文学学生将会且应该成为前面
历史时期的卫士与幸存的见证人，如同古典主义者在古典文化消
退之际见证着希腊悲剧的本质与功能。文学如我们所知，如德里
达所论，与民主，即与言论自由，说出或写出任何事情、一切事
情（当然，永远无法完全获得）的自由有着无法摆脱的联系。
我想补充的是，即使是自由言论的概念，也正在被电子革命所改
变。我要进一步指出，"文学"也与电子革命之前的工业化、与
如今行将就木的印刷出版时代、与笛卡尔及后笛卡尔的自我概
念、与表征与"现实"的相关概念一起相伴而生。所有这些因
素都是相互交织而又相互自立的。文学作为使用语言的一种独特
方式，不是源自说与写的任何特殊方式，而是源自一种可能性，
即撷取任何语言的碎片来虚构或相反地来言说真理事实，来实现
普通意义上的指涉性。这种"撷取"是根据复杂的历史决定的
常规、模式和规约。事实陈述之间的清晰对立是印刷出版文化的
一个特征。在互联网数字化的世界里，这种区别消失了、或者被
改变了，就像它已经被电视改变了一样。

　　[……]*

超文本的伦理

　　[……]

　　超文本通常是多媒体符号集。超文本扩展可以把一个线性文
字文本转化成一个巨大的无法确知的集合，让声音、图片与文字
相混杂。这一切可以用无数不同的方式进行浏览，因为每一链接

---

　　* 米勒探讨了文本从传统的印刷媒质转变为超文本形式对阅读行为的影响以及
对研究所产生的后果。尤其是他讨论了特罗洛普的《阿雅拉天使》（*Ayala's Angel*）
的电子版，论及了这种被改变了的阅读行为的语境。对超文本变化的讨论一直持续
到下一章的开头。

通向进一步的链接，你可以选择或不选择点击能为你打开一个新世界的某个特定的元素、或超文本图像中的某个物体。

[……]①

或许可以这样说，超文本不过是（尽管量很大）通过一种新的技术机制把曾经的语言集合或许以及它们与之交织的那种"生活"变得更加容易利用而已。在普鲁斯特的《追忆逝水年华》中差不多快要结尾的一段文章中，马塞尔在思索自己将要写的巨著的形式时，描述了他与人接触是怎样地与他生活有所牵涉并且可能导致了它。因此，马塞尔说，他意识到他需要一种新的叙述技巧，一种三维技巧，与我们今天所说的超文本并无殊异。

我曾经说过如果我们不一一回顾生活中那些最为迥异的场景，就不可能来描述我们与只是稍微认识的任何一个人的关系。因此每一个个体——我本人也是这些个体中的一员——对我来说都是一个持续时间段的度量物，他就像天体一样不仅仅在自己的轴心上而且围绕着其他人运行，最重要的是，其所占据的相对于我的连续性位置。在这些阶段中，（因为就在这最后的时刻，在这个聚会上，我刚刚捕捉到了这一点）时间似乎安排了我生命的不同元素，而对所有这些不同阶段的意识，让我反思在这本讲述生命的故事的书中有必要不使用我们通常所使用的两维心理（la psychologie plane），而使用一种非常不同的三维心理（une sorte de psychologie dans l'espace）。当我独自一人在图书馆里追逐自己的思绪之时，我的记忆激活了过去，而这种意识确定无疑

---

① 对超文本的讨论延伸到了对游戏世界虚拟真实性上，例如《神秘岛》（*Myst*）游戏的虚拟真实性，以及在特罗洛普小说的超文本形式里所没有的这种游戏叙事结构里面的开放性结局。——原编者注

给我的记忆所引发的过去重现增加了一种美感，因为记忆本身，当它把过去未经修饰地引入现在——把过去就作为其在现在时的原貌——的时候，压制了"时间"这一强大维度，生命就是在这一维度中度过的。［cette grande dimension du Temp suivant laquelle la vie seréalise］（Proust 1989/1982，608—1087，译文稍有改动）

马塞尔对待其记忆的方式就好像他有一个超文本程序供他在记忆之中到处驰骋。无论他从哪里开始，通过一系列的链接，都将到达那个巨大记忆储存磁盘的任何地方，但不是按照任何预定的通道。我们读者也必须这样做。叙事人复杂的跨越指代（cross – references）体系经常训练我们做到这一点。这些跨越指代与超文本链接没有什么不同，尽管读者必须把整个巨大的文本储存在其记忆之中，然后再做超文本为其用户所做的工作。优秀的读者会把他或她正在阅读的任何一段文章与前面的类似文章联系起来。除了印制的书页和他或她自己的记忆之外，读者不需要任何机器的帮助就能创建出一个虚拟的超文本。

然而，如今当书本作为储存和提取信息的主要手段的这一时期即将结束之际，人们仍然有可能被误导，认为像《追忆逝水年华》这样的作品是一个建立在空间布局模式之上的、稳定不动的有机整体。例如诺思罗普·弗莱习惯性地以这种方式将文学作品进行空间定型。约瑟夫·弗兰克的《当代文学的空间形式》则是这一假设颇有影响力的典籍。T. S. 艾略特的《传统与个人才能》让一代文学学生认为所有的西方文学都是这样的一个空间布局（参阅弗莱 1963，尤其是 21—38、69—87）。一个固定的、空间化了的文本，强加给读者一种单一的统一意义，这种意义产生于从第一个字到最后一字的线性阅读，在普鲁斯特的情况下，就是从第一个字到三千多页以后，会把阅读行为看作是纯粹的认知行为。我作为一个读者，只有当投入到文本中，与文本互动时，我才得以创建一个并不存在的意义。意义就在那里，以一种被动接受的形式等待着被产生。相反，有着这样明显的组织形式的超文本使读者有必要决定要通过哪一个路径来阅读文本，或者是让运气来为他或她做出选择。这里没有什么"正确"的选择，也就是说并不存在由先行存在的意义决定的客观合理的选择。超文本要求我们在每一个转折点做出选择并为我们的选择负责。这便是超文本的是非对错伦理（ethics）。超文本让公众了解了如何使阅读行为中意义的产生成为一种言语行为而不是一种被动的认知上的接受。这样用词语来做事，并不完全是由文本授权或证明的。文本要求我去阅读它。我的阅读即是对这个要求的回应，是对阅读所有的书籍，以及如今互联网上所有的文本这一难以抵制的义务的回应。在特定的情况下我是否已经履行了这一义务永远也得不到证实。我，最终，要为我对文本的理解负责。

　　电脑超文本揭示了这一尴尬局面，教会了我们以一种不同的方式来看待早期的文学作品。我们逐渐了解到那些作品已经是"原型超文本"，允许多种不同的阅读路径。所有的阅读，即使是最线性的阅读，也需要跨越指代（cross‐referencing）的记忆在文本内外来回不断地穿梭，普鲁斯特把这描述为人类时间的结构。对于这种运动的、无根基的、无法把握的往复振动来说，像"互联网"或者甚至"马赛克碎片"这样固定的视觉空间形象就不够了，它们不能很好地处理自《追忆逝水年华》这种印刷读物时代以来小说所拥有的那种符号结构。文学作品是"互联网星系"上的黑洞。文学和文学性在互联网上的出现，让人们无法将互联网看作是一个透明的电子高速公路，在这里，信息自由地来回穿行，全然无阻，成了一个公开的秘密。关于信息的传递被存在于任何甚至是最具明显科学性的符号系统中的"文学性"或"修辞性"成分所阻遏这一点，还可以有很多的话说。

文化研究与本体政治拓扑学
（the ontopolitopological）

　　全球化与新的远程通讯技术的一个后果就是它们正在导致许多新型的建设性的、并且具有潜力的社会组织——新型社群——的出现，其中包括研究社群与大学社群。一个例子就是在网站或聊天室进行交流互动的人之间建立了一种生动而又常常有争论的团结一致的感觉，比如那些专门讨论某个理论家如德里达，或专门讨论某个经典作家如莎士比亚，亨利·詹姆斯或普鲁斯特，或专门讨论特定的兴趣群体，如女性主义者，或少数群体的研究者的网站或聊天室。

　　然而，经由网络的新形式的跨国组织正在进一步发展成新型的政治团体。前面引过的强·凯兹（Jon Katz）在《连线》（Wired）杂志上的一篇新作描述并赞美了正在发生的情形，至少在美国，称其不仅仅是"当前政治体系的缓慢死亡"，而且是"后政治的兴起与'数码民族'的诞生"。最近的总统选举期间在网上浏览时，凯兹说，他"看到了一种新的民族——数码民族——的原始骚动（primordial stirrings）以及一种新的后政治哲学的形成。这种新生的意识形态"。他接着讲道："模糊而难以定义，表明了从疲惫的旧教条中拯救出来的一些最优价值观的混合——自由主义的人文主义，保守主义的经济良机，外加强烈的个人责任感和对自由的激情。"至于这种新的后政治团体是否会有什么作为则还有待观察。不过，我想凯兹是对的，他说一种新型的动态变化或者甚至一种令人不安的流动性描述出了网络上的互动特色。凯兹说："在网络里，观点几乎从来不会是静态的。它们就像孩子被投放于世界，被他们所经历的许多不同环境所改变，几乎从来不会以离开家时的同样形式再回到家里。"凯兹满怀希望，认为这些后政治团体会带来一个更好的世界，如果那些属于这些团体的人们选择以正确的方式行使他们的权力的话。"数码民族正在增加的青年公民（能够），如果他们愿意的话"，他说，"构建一个更加文明的社会，一种建立在理性、共享信息、追求真理以及新型社区基础之上的新政治"（Katz，1997，184）。关于这一点我们拭目以待。或许情况会朝着另一个方向发展。那得看情况而定——取决于许多难以预料的因素。当然美国正在做出各种巨大的努力既要控制或监察网络，又要使其商业化。

全球化的另一后果更加难以预料，也更接近于解释文学研究以及一般的人文研究中正在发生的，至少是在美国，那些剧烈变化。瓦尔特·本雅明（Walter Benjamin）很久以前就指出，新技术、生产与消费的新模式，19世纪工业化带来的一切变化，已经产生了一种全新的人类敏感性，并因此产生了一种新的世界生存方式。"在漫长的历史时期随着人类集体的整个存在方式的改变，他们的感官感知模式也在发生变化['die art und weise ihrer sinneswahrnehmung']。"（1974—1989，I：478）工业革命带来的所有变化，大城市的兴起，新交流技术的发展如摄影与电影，在本雅明看来，产生了一种新的做人方式，那种在渴求即时经历而同时又为一种破坏即时性的遥不可及的眼界的感觉所困扰的人群中的神经紧张的、孤立的、博德里亚式的人。本雅明被引用最多的关于该主题的论文是《机械复制时代的艺术品》（"The Work of Art in the Age of Technical Reproduction"）（1955/1969，148—184/217—251）。有人可能怀疑这类关于感官经历中的变化的观点。这些观点，在本雅明的公式里，与新集体的兴起相关联。我们依然有着我们祖先所拥有的五种感觉器官。进化式的突变往往需要数千年的时间，而不是区区两个世纪。然而，在不同的生命形式所拥有的感官中，人类的感觉、情感与认知器官具有不同寻常的灵活性。可能的情形是，今天坐在电脑屏幕前或者看电影或看电视的某男或某女，与18世纪乡村某个居民的在世感觉有了巨大的差别。阅读过去时代的文学作品就是找到那种差别的一种方法。这是阅读文学作品的一种强烈辩护词。这一证据，我必须要说，充满歧义。莎士比亚笔下的人，甚至乔叟笔下的人，似乎在很多方面与我们相似而不是有巨大差别，尽管说他们没有电视。然而，差别却也是重要的，需要仔细研究来精确区分。

　　雅克·德里达，在最近一次专题研讨会上的一篇文章里，强调了在利用电脑来上互联网的人身孤独和与人相处的新型方式的奇怪结合，以及新的远程通信所带来的内外之间传统界限的消失。随着从书本时代到超文本时代这种划时代的文化替代的加速，我们已经被更加迅速地带入了一个充满威胁的生存空间。这种新的电子空间——电视、电影、电话、视频、传真、电邮、超文本以及互联网的空间——深刻地改变了自我的、家庭的、工作场所的、大学的以及单一民族国家政治的经济。这一切在传统上都是以内—外二元的森严界限来组织的——不管这些界限是家庭的私人空间与外面的整个世界之间的围墙，还是一个单一民族国家与其邻国之间的边界。新技术侵入家庭、混淆了所有这些分界。一方面，没有人是如此的孤单，就像在看电视、打电话、或者坐在电脑前面读电邮或者搜索互联网数据库时那样。另一方面，那个私人空间业已被网络空间的存在假象中的大量的、同时产生的语言、听觉和视觉形象所入侵和浸透。这些形象跨越了国家和种族界限。它们来自全世界，带着虚假的即时性，让它们看上去都同样的逼近又同样的遥远。地球村不是远在他方，而是就在此处，也不再存在一个清晰的内外界限。新技术给家的私密性带来了"离奇"（unheimlich）"他者"。它们对传统意义上统一的自我、对扎根于一个亲切的、与特定文化绑定的地方的自我、对参与一个单一民族文化、受到牢牢的保护不被任何外来的他者所侵扰的自我的观念构成了可怕的威胁。它们也威胁着我们的这种假设，即认为政治行动的根基是一个单一的地形区域，一个拥有坚实的边界、拥有民族和文化统一的特定的单一民族国家。德里达把这套假设称之为"本体政治学"（ontopolitopologique）。不奇怪对于德里达所谓的"技术假肢中的一种新的、强大的进步"有着强烈的反应，它在"以一千种方式，把政治从拓扑中剥夺、去本地化、去疆域化、根除，也就是说，在该词的词源以及因此所具有的激进意义上，连根拔除，因而'去'词源化，就是把政治与拓扑不相关联，把政治的一贯概念从其自身分离出来，即把将政治与目前话题、与那个城市、那个疆域、那个种族—民族边界联系起来的东西从其自身分离出来"。①

对于这种根除、移位和模糊边界的一种反应，德里达也讨论过，就是猛烈回归到民族主义、种族纯洁性，以及正在导致今日全球性恐怖流血事件的狂热的、军事化的宗教。另一反应是歇斯底里地回归到美国的孤立主义。然而还有另外一种不同的反应，或许是，大学里的人文系部，从大约 20 世纪 80 年代起，迅速地从文学研究，主要是围绕民族文学的独立研究，转向文化研究。尽管没有什么比文化研究项目较之卢旺达与波黑的种族清洗更为不同的了，但是这类研究的发展在某种程度上可能是对新的通信技术所带来的日常生活中的变化的另外一种非常不同的反应。文化研究可以作为一种方法，遏制并克服新技术带入我们家庭与工作场所的那种侵略性的他者的威胁。

这种遏制和克服有着双重与矛盾的形式。一方面，它往往在一个国家与另一国家之间、一个种族群体与另一种族群体之间、一种性别或性取向与另一性别或性取向之间重新确立森严的界

————

① 源自最近一次关于见证和责任问题的未发表的研讨会专题论文，笔者的翻译。

限。有时可以假定说某个特定的个体可以通过他或她在种族群体里的参与来界定并因此通过理解该种族的道德精神（ethos）来对其加以理解。按国家、语言、类别或种族标准来划分大学学科的传统，在文化研究引入之后，在很大程度上还依然保持得很完整，尽管对于跨学科进行了很多讨论，而且许多人都认识到通过在特定群体或社区中的成员资格来界定身份是有问题的。如今传统的分科经常被简单地扩展开来，把妇女研究、男女同性恋研究、本土美国人研究、非裔美国人研究、墨裔奇卡诺研究、亚裔美国人研究、电影研究、视觉文化研究等中的独立项目包括进来。所有这些"他者"如今都在大学里被安上一个位子，但新技术所威胁着的内、外辩证二元的坚实的重新设立还是将其隔离开来。"他者们"还是被牢牢地拒之门外。学科交叉仍然要求交互的学科有着独立的完整性，就像"杂交性"要求两种杂交的基因品系要具有固定的性质一样。合作任务（比如说在英语研究与非裔美国人研究中）会让学者过着双重的、杂交式的生活，掣肘于两种不同学科的假定要求与条款约束之中。然而，我们却不应该低估这类学者的存在对于民族文学系部所产生的长期的改革效果。

　　另一方面，不管发生在哪里，回归到模仿的、表征的、描述的方法论都往往会把那些威胁性他者转变成某种在理论上（因为这也是一个理论）容易理解、容易"翻译"与挪用的东西。这会沿着波恩海默报告里为跨文化翻译设定的路线发生、或被假定发生。文化研究中文化的普及化观点，仅仅是因为这个术语无所不包，以至于实际上是空洞的，可能是一个交换的场所，一个把他者还原的场所。这或许是可能的，尽管所有的文化与所有的个人都可以在一定程度上被看作杂交体，而非固定的、意义明确的本质。个人的作品可以被看作代表了他们所反映的文化。一些经过仔细挑选的例子可以代表整个文化，并给予我们一种手段来理解、吸收该文化。这一过程依赖于一种主题式解读方法，将文本或其他的文化制品看作是对历史或社会语境的直接反映，这个历史或社会语境可以通过作品来加以理解，尽管语境的独立研究肯定也是必要的。这种研究形式有时也取决于非批判性地接受特别令人质疑的提喻修辞，以部分指代整体，就如同认为"解构"代表整个理论一样。历史语境可以通过代表性作品被轻易地置换成计划用来同化它的大学学科。这里的关键假设是翻译得以发生而没有根本性的丢失。自从洪堡式研究型大学首次建立以来，这种档案式的挪用形式就一直存在于大学之中。它们大学重要遗产的一部分，认为一切都有存在的理由，可以被置于阳光之下，可以被了解、理解和挪用。这种双重的、矛盾的姿态表明：对方是真正的他者，可以被牢牢地隔离于传统文学学科之外，而同时，对方又不是真正的他者，可以使之成为这个家庭的一个亲密（heimlich）成员。

[……]

相对而言，文化研究在大学里一直很容易被接受，尽管某些人并不这么认为，比如为妇女研究的制度化奋斗多年的那些人。然而，文化研究在大学里得以坚实确立只花了 15 年左右的时间，对于这样一场真正革命性的变化来说是一个相对较短的时间。这可能是因为文化学研究被那些主管者们无意识地认为是没有威胁的，会保持旧的制度结构多多少少完好无损。果真如此的话，我想大学的管理者们可能是错误地估计了文化研究改变大学的威力了。然而，大学可能甚至会把文化研究看作是维持少数群体秩序的一种方式。一旦这些新的学科得以确立，当权者们至少知道到哪里去找到这些团体的成员了。

文化研究的兴起伴随着大学里的技术化和全球化转型，而且它向模拟态的反理论回归就是那种转型的一个伴生品。为什么这种反理论的转型，在发生时，会让文化研究失效？一方面，它回归到了恰巧是文化学研究所反抗的保守的霸权意识形态。右派与左派的某些组成成分在有关文化形式的基本假设上有时有相似之处。例如双方有时都接受这样一种观念，即文化制品毫无疑问反映了它们的文化语境。你不能使用你要取代的那些人的意识形态来代替他们的意识形态。文化学研究无论在哪里使用了自我及其动因、指涉性、文化制品的透明性等前批评观念，或者无论在哪里假定说历史可以毫无疑问地以叙事的形式得以展现，或者文化制品可以通过全部主题来穷尽描述，那么文化学研究的工作就在政治上无效了。

　　幸运的是，文化研究中的许多工作有着巨大的理论深度，而且能够，通过干预性"阅读"行为，来传递它所讨论的文化制品的脱位的能量。"阅读"在这里命名的不只是与文学或仅仅是语言文本的交易，也包括"阅读"其他媒体中的作品：视觉或听觉媒体像电影、电视、流行音乐或广告。然而，阅读必须要与"理论"区别开来。尽管理论可以帮助阅读而且最理想的是理论应该从阅读行为中产生出来，但二者却不是一回事，它们也决不会总是协调一致。真正的阅读行为在某种程度上总是独特的、创始的。它们总是在某种程度上使那个可能是读者的动机前提的理论失去能力、失去资格。在文化研究中，在进行前批评、前理论和主要是主题式的阅读行为的同时，也可以很容易地用充满说服力的、正确而有力的理论诉求来点缀一个文本——例如提及福柯、本尼迪克特·安德森（Benedict Anderson）、巴巴（Bhab-ha）、法农（Fanon）、赛义德或伊里盖蕾（Irigaray）。简单的检测就可以区别这两种阅读。主题式阅读总结情节、描述人物，仿佛这些人物都是真实的，而且在作品不是用读者的语言写作的地方，可以引用一个翻译而无须回到那个原始语言。我所在说的"真正的阅读"（genuine reading）总是要求助于作品的原始语言，不管这可能是多么的别扭、耗时，也不管是多么的与大学学术杂志或商业性杂志的强大意识形态相违背。这种意识形态假定一切都可以翻译成英语而没有任何的丢失。对原始语言的这种求助是必要的，因为原作的力量，原作作为一个文化事件在某种程度上超出了其赖以产生的社会语境，就在于其对自己方言俗语的独特使用。

我把这种独特使用称为作品不可减约的他者性，甚至对于明显"产生"了它的那个文化的他者性。使用翻译就是将作品连根拔起，改变其本性，将其制成标本（hortus sicuss）或者干花，准备储存于跨国大学体系里无底档案室里，而这一体系越来越被作为全球语言的英语所统治。然而，提出在阅读行为中回归到原始语言只不过是——即使所研究的作品使用的是与批评家同样的语言时——一种需要的最明显说法，需要走到主题式阅读后面，并且关注或许可以被称之为的作品的物质性。作品作为一个事件，将文化价值观或意义带入现实存在，其威力依赖于对语言或其他符号的行事性使用（performative use）。这样一种阅读必须要照顾好关于作品的内在的异质性、矛盾性、奇异性、非一致性，而不是要假定某种直接反映文化语境的单个的整体性。只有这样一种阅读，才有望传导或保存原作曾经拥有的或仍然能够拥有的那种作为某种事件的力量。这甚至或许会使阅读，就像文章或讲座中所记载的那样，成为一个有助于带来社会变化的新的事件。

[……]

另一他者

无论是在最近的理论思考中还是作为文化研究、妇女研究、非裔美国人研究等中一个不可缺少的术语，他者的概念都非常重要。一种单一的霸权文化，文化学研究往往假定，需要将所有其他的文化定义为"他者"，从而来确立其完整性与权威。然而，"他者"一词或这一概念却在当前人文主义话语中以许多不同的、不兼容的方式被使用着。

[……]①

尽管"他者"在人文学科中的两种用法之间有着明显的不可通约性，但在他者的这些不同的概念里却可以观察到一个单一问题。一方面，他者被看作是一个辩证双方的一部分，要么允许一种"扬弃性消灭"（Aufhebung），要么假定一个双方都从中衍生而出的"一体"，就像所有特定的文化都可以被看作一般文化的特例一样。这样一种他异性（alteriry）并不引起困惑。如果他者真的是同一体的另外形式，思考、说话、做事的强大机器就不会在工作中受阻。理解和妥协（reconciliation）都有可能。各方可以交谈、或许达成共识。多文化的概念，举例来说，经常——尽管无法做到总是——假定有一个文化观念，普遍适用于彩虹条带上并存的所有文化。不管他者的文化是多么的奇特，不管少数群体的文化在霸权文化（hegemonic culture）内部是多么的不同，它仍然是一种文化。"文化"可以是一个普遍的概念，使得"多元主义"和"多文化主义"这些术语所命名的和解共存成为可能。这种普世主义（universalism）意味着我可以假定我能够理解异域文化，让我自己身居其中，与之谈判，以这样或那样的方式同化它，在同性质内将其吸纳，如同伯恩海默报告中建议从事比较文学的人所应该做的那样。我不需要成为本土美国人也可以

---

① 接下来讨论的是列维纳斯（Levinas）、拉康、德里达、亚伯拉罕（Abraham）与托洛克（Torok）、法农、赛义德、利奥塔、布朗肖（Blanchot）、南茜（Nancy）、巴赫金（Bakhtin），以及德曼作品中的他者、他者性、他异性（alterity），以及其他非近义词的半同源词，如 differend（差异歧论），haunting（灵异），dissensus（异识），the dialogical（对话），materiality（物质性）。——编者注

理解和教授本土美国文学与文化，就像我不需要成为英国公民也可以教授英国文学一样。在美国（以及在许多其他的国家），人文学科的制度化取决于这类假设。这些是，比如说，比较文学作为一个学科的基本假设前提，无论是旧的种类还是作为将使比较文学成为文化研究的一个分支的新的项目。文化研究或"多文化主义"中的新课题并不持续地质疑该假设前提，尽管它们尊重各种文化的奇异性。

在另一方面，他者可以完全成为他者，即德里达命名的"完全他者"（tout autre）。在与里查德·科尔尼（Richard Kearney）的对话中，德里达把解构定义为是对这种完全意义上的他者的一种回应："我不是说解构的主体或自我的肯定属实。我是说，解构，在其本身来说，是对必然召唤、传唤或激起解构的他异性做出的一种积极反应。解构因此是一种天命———一种对召唤的回应。"（1984b，118）如果他者是完全意义上的他者，那么任何协商都不能达成共识。所能够发生的一切就是某种言语行为，在编造、开创或建立可能被称之为他者的虚构。这种另外的可能性必然会与第一种相互交织。如果他者是完全意义上的他者，那并不意味着那里什么都没有。完全意义上的他者的非概念（non - concept）最远来自虚无主义。事实上，可能是偏见或习惯使得我们以单数的形式谈论他者。也许说"全然"（wholly others）可能会更好一些，我把完全意义上的他者们叫做"非概念"是因为概念是思想体系的一部分，可以进行逻辑的或辩证的综合，而完全意义上的他者们则无法被同化进任何这样的体系。不能被同化的事物正在对我提出要求，证据在于完全意义上的他者们扰乱了言语行为建立起来的每一个虚构，例如对个人、群体或者国家身份的虚构。完全意义上的他者们在其内部就分解了这些一体性，使它们无法整体化。

　　可以把完全意义上的他者们与天文学家所假设的黑洞进行比较——尽管这只是个比喻——两者都是不可通约的。黑洞，从严格意义上说，并不存在——如果说存在取决于可观察性和可测量性的话。黑洞无法观察，因为它们的引力非常大，没有光可以从中发射出来。这就是为什么天文学家那么小心地提醒我们没有黑洞被观察到过。黑洞仍然是一个未被证明的而且可能是无法证明的假说，它解释了某种被观察到的天体现象。然而尽管无法得到直接证实，黑洞却可以从物质周围的强烈混乱以及由此而导致的以各种频率发出的信号中推理出来。像黑洞一样，完全意义上的他者们从不直接显露自我。它们以可以登记入册的各种混乱来表明自己的存在。①

　　或许我的内在自我、我的是非感——我的决定和承诺的假定基础，我所做出的所有言语行为的假定基础——可以作为完全意义上的他者被"遭遇"（尽管不是一件真正意义上的遭遇）。或许完全意义上的他者可能是我与一个人面对面时所瞥见的无法理解也无法认出的那个他者。那么，或许完全意义上的他者可能是一种力量，超越文化与个人的差异，例如阿波罗与《俄狄浦斯王》中其他神祇的不可解释性或者亚里士多德《诗学》与《修辞》中的不可同化的非理性。这些他者，如他们所说"来自世界之外"。死亡，最后（有什么比死亡更最后的？）可能被当作某种完全意义上的他者而受到博弈，如同在

---

　　①　要了解杰出物理学家关于黑洞的权威描述，请参阅索恩（Thorne，1994）。天体物理学家们近来都更加愿意坚信黑洞毋庸置疑的存在，但他们仍然经常对他们所坚信的内容闪烁其词，说些"一个巨大的黑洞可能位于星系的中央"之类的话。量子力学的最近研究甚至显示被吸入到黑洞里的物质信息可能没有完全失去。参阅苏斯金德（Susskind，1997，pp.52—57）。

亨利·詹姆斯的《鸽翼》与华莱士·史蒂文森的《石棺之鸦》中那样。死亡作为他者在任何意义上并不必然预先假定存在某种超越——天神或上帝，也不假定有某种天堂或地狱，某种我们死去时要去的别的地方。死亡让这些问题永久性地开放，因为在死亡的宿地不曾有游客返回过。在《辩护词》（The Apology）中苏格拉底在面对死亡时的反讽的力量在于他那坚决的主张，即认为既然他对死亡一无所知，他也就对它无所畏惧。死亡，我的死亡，对我最重要的死亡，我最想了解的死亡，无法被经历。死亡不是任何"我之"经历的客体。它是完全意义上的他者。

或许完全意义上的他者是种族的、民族的、阶级的或性别的他者，是真正的他者，无法通过我自己对自我的知识的类推来理解，并因此无法与之协商。如我所言，今天的"文化研究"，像人类学，经常，尽管不是总是预先假定文化的他者能够被理解、能够被容纳进文化的一个普通概念下的某种同盟。假如错了呢？接下来会是什么？会不会有一种对完全意义上的他者们的文化学研究？评论界在这里步入了危险境地，因为这种关于完全意义上的他者们的假说会为诸多的暴力和不公平寻找借口。在面对无法同化的他者时，人类的本能是将其根除掉，就像在新世界（the New World）建立殖民地的欧洲人竭尽全力杀死本土美洲人，并毁灭他们的文化一样。在康拉德《黑暗的心》里，库尔兹的理想主义，他想为最黑暗的非洲带来文明之光的欲望，变成了其暗藏的一贯本性，一种"根除所有野蛮人"的欲望。①会不会有一种完全意义上的他者们的文化学研究

---

① 这一可怕的告诫写在库尔兹（Kurtz）关于《对野蛮习俗的压制》（"The Suppression of Savage Customs"）的理想主义论文的末尾。

能够避免这种情况的发生？能够尊重他者们的他者性？果真如此，这会产生大学的一个新组织，完全迥异于以透明、和谐或共识作为假定目标的那个组织。

异识的大学（The University of Dissensus）

从关于他者性的更为激进的假设可以推断出，我们应该有一所异识的大学。① 这样的大学会在自己的课题中对我前面命名的各种形式的不可知他者性进行制度化。异识的两种不同的观念——对应于他者性的两种形式——可以被识别出来。异识是个新词。它听起来像共识的负性加倍（negative double），就像"解构"听起来像"建构"的负性加倍，尽管两种情况都并非如此。说异识是共识的否定会让人相信，共识就是通过或许无休止的对话、通过理性地交换意见，超越异识达到完全的一致。异识在这种情形下不仅仅是通向一致的一个阶段。在一段

① 　这里有关异识大学的讨论是我在 1994 年夏季发表在《泰晤士报文学增刊》（*The Times Literary Supplement*）上的一篇短文中提出的思想的拓展。在那篇文章刊印的过程中发生了一件有趣的事。它被 TLS 编辑阿兰·简金斯（Alan Jenkins）删减、精心修改了。我有机会阅读并且同意了这个新的版本。然而在后来，"异识"（dissensus）一词，在我认同后的最终版本仍然存在，却被改成了"异议"（dissent）。"持异议者"（dissenter）一词然后就被用在了标题中，这个标题是 TLS 的某个人杜撰出来的，叫做"回归持异议者"（Return Dissenter）。这一改变让我的论文与我想表达的意思正好相反。"异议"表达的是对某种霸权的正统信仰的抵制，就像英格兰的持异议者抵制英国国教会（Church of England），或者像马修·阿诺德（Mathew Arnold）拿他所谓的"对异议的异议"（dissidence of dissent）来打趣一样。"异识"，在另一方面，预先假定了一种情形，不存在居统治地位的正统信仰，没有异议要表达，只有被去中心化了的、没有等级关系的社区，由比尔·里汀斯从吉奥乔·阿甘本（Giorgio Agamben）那里借用来的"边缘的单一个体们"（peripheral singularities）所组成。我不认为将"异识"改成"异议"是 TLS 的阴谋，要颠覆我要说的话。某个文字编辑或许甚至某个电脑程序可能不太喜欢"异识"这个词，因而用一个 TLS 词汇取而代之。对我意思的颠覆是一个显著的例子，证明了意识形态假设在按新闻业"要求的写作格式"（"house style"）以明显中立的形式工作时的巨大威力。按 TLS 要求的格式写作，很明显是不可能说出我想说的话。本书努力把我想说的话说出来。

时间里我们意见不一，但是如果我们继续谈下去，谈到足够长的时间，我们会逐渐达成一致。异识的这种观念认为分歧被假定存在于基本的同一性（fundamental sameness）的基础之上。我们都是理性的人类。这种同一性最终超越性别、性取向、阶级、人种、语言、民族、种族文化、个人奇异性等的差异。尽管并不完全是那么回事——我们有可能认为——一种文化与另一种文化一样好，不管怎么说，它们都是文化。碰巧居于统治地位的文化，或者我所从属的那个文化，似乎有权利相信，那些来自其他文化的人们，不管他们是多么的受到尊重，最终都应该从属于居于统治地位的文化。如果我们都逐渐地使用同样的语言、习俗与假设，事情就会变得简单得多。美国式英语——这样一种思路建议说——应该是美国的官方语言。异识是潜在的集体同一性内部的一种暂时的混乱，集体同一性受到一种普遍理性的保护，这种理性定义了什么是人类、定义了"人"（也包括女人）为理性动物。

在另一方面，异识可能被建立在持续存在的他者性基础之上，或许这是另一文化或其制品的激进他者性，或许是另一个人的激进他者性，可能是不同性别或性取向的结果，也可能是其他人身上的他者性，不论性别或性取向。这是绝对他者性的接力。绝对他者性通过它们来言说，并且对我提出道德义务、决策和行动的要求。如果这些可能性中的任何一种情形是真的，那么把共识强加于人，即使是经过了一个理性探讨和妥协的漫长过程，也总会是一种不公平的强迫，违背了别人或别的文化中永恒价值观的某些东西。如果情形果真是他者性持续存在，那么正义就要求一种由具有不可调和的价值观和目标的人所构成的异识文化。

如果文化研究要建立在异识的第二个观念之上，大学的人文主义一面到底该采取什么形式呢？那会意味着，一方面，文

化制品的模式以及有关文化制品的教学和写作中所发生的事件
的模式从陈述性到行事性的更充分转型。它也意味着面对创立
一所异识大学以抵制技术化摧毁的趋势这一艰难任务。① 异识
大学将会成为不可调和而且在某种程度上相互难以理解的善良
的所在地。我们应该尽可能多地获取对其他文化的理解。然而，
我们那样做时应该带着一种不安的意识，意识到就像翻译可能
最终是不可能进行的一样，即使我们还继续做翻译，因而其他
文化的他者性，就像其他人的他者性一样，可能最终是不可知
的，尽管我们必须继续设法去了解它。不过，这个"必须"应
该伴随着一种认识，即认识到知识也可以成为对抗其他文化的
一种暴力形式。其他文化对我们提出的要求不仅仅是理解，而
是如克瓦米·安东尼·阿皮亚（Kwame Anthony Appiah）所强
力提出的那样，是尊重。② 尊重不是知识的陈述，不是陈述性
的断言。它是一个言语行为，一个保证，一种证明："是的，
我尊重它。我尊重它的他者性。我要那种他者性继续存在。"
然而，在这种证明中，那个作为先存的道德施动者的"我"被
分离了。它成了其自身的他者。那个誓言不是在发出尊重的断
言之后仍保持不变的先存的"我"所发出的。那种断言，就像
是对他者发出的召唤做出回应一样，异位、取代并重新创建了
发出召唤的那个自我。异识的大学也不应该被看作是由先存的
兴趣群体或社区构成，这些群体或社区没有由于群体成员——
例如在妇女研究中，或者在不同的种族研究中，或者在男、女
同性恋研究中的那些群体成员——的教学或写作而得以改变。

---

① 比尔·里汀斯《废墟里的大学》（*The University in Ruins*）最后一章的标题是
《异识的社区》（*The Community of Dissensus*）（pp. 18—193）。该章对我关于这个话题
的思考有很大的帮助。另请参阅戴安·伊拉姆（Diane Elam）的《女性主义与解构》
（*Feminism and Deconstruction*），尤其是最后两章关于伊拉姆所称的"无根基的团结"
（"groundless solidarity"）。

② 1994 年 3 月 4 日在纽约的一次讲座。

认为每一个人都可以通过他或她在一个特定的阶级、文化或群体中的参与情况来得到完全的定义是一种谬论。异识的每一个行为都重新创建了异识的缔造者的自我，例如在教学约翰·弥尔顿或托尼·莫里森的某个章节时。而且，每一个这样的行为也隐含地重新创建或改变了大学。①

在大学里把异识制度化有难度但绝不是不可能的。"大学"一词不仅仅命名了大学的总体化目标，一切理性化的目标，而且命名了大学的一体性（singleness），正如其词源所示，"把一切化而为一"。大学总是声称是理性调研、教学的场所，与作为视野的共识在不同领域里展开讨论的场所，尽管这一声称可能总是掩盖了实际上的异质性。然而，每次阅读或教学一部文学作品时，都可能打破大学社区的连续性和整体性。尽管这样的事可能不像德里达所说的那样频繁而轻易地发生，但是当它确实发生时，它就不能被同化进一套已经存在的先设的假定和方法论中。在文学研究中，每一次这类阅读与教学行为都是与文学作品不可减约的陌生性（strangeness）的一次遭遇。我们曾经告诉过自己在教授文学时，我们是在履行自己的契约，向学生提供更多的知识，向他们灌输人文价值观。然而，这恰恰是如今正在受到广泛质疑的大学思想。我们的任务是想象并生成一所大学，这所大学将成为，用让—吕克·南希（Jean-luc Nancy，1986）的话说，一个"非功效的共通体"（Communauté désoeuvrée）。这样一个"未开工的"（unworked）或者被拆除了的社区将会成为群体的集合，每个群体对于其他群体来说都是他者，每个群体的工作目标和目的都有一定范围，不能以某种重要原则或普遍文化的某种思想来与其他的群体进行和解。这样的一所大学会被去中心化。

---

① 雅克·德里达在《杠杆》（Mochlos）中滔滔不绝地谈起了在教学中的这种转换威力（1992c，pp. 21—22）。

它会由"边缘的单一个体们"（peripheral singularities）——再次借用阿甘本的术语——构成，而不是由接受了某种普及化教育（Bildung）、实现了一个特定民族的有教养的公民这一思想的人们组成。如我前面所言，这些单一个体们也不会由他们在某个先存的社区中的参与来定义，即使是某个边陲社区，为了其预定利益他们积极而活跃。阿甘本在《未来社区》中有一章非常精彩，叫做《天安门》，表述了要想象一所异识大学是多么的困难。阿甘本，至少是在这个英语译本中，使用了"无论什么样的单一个体"（"whatever singularities"）的短语，而不是"边缘的单一个体们"（"peripheral singularities"）。"无论什么"一词是拉丁词 quodlibet 以及意大利语 qualunque 的翻译。"无论什么样的单一个体"，阿甘本解释说，不能"用归属的任何条件"（"by any condition of belonging"）（是红色的、是意大利的、是共产党的）来定义，也不能用条件的简单缺席来定义（一个消极社区，如毛里斯·布朗肖最近在法国提出的那个），而是要用归属本身来定义 [1934，84；阿甘本指的是布朗肖 "不明言的共通体（Communauté inavouable）"]。尽管阿甘本看到了在新的全球化文化中所有的人都正在变成"无论什么样的单一个体"，而且这些单一个体会走到一起形成"未来的社区"，但他争辩说这些单一个体以及他们将要形成的社区是"一个政府无法妥协接受的威胁"；"政府无论如何也不能容忍的，然而，是这些单一个体形成了一个社区却没有确定身份，人类共同归属却没有任何代表性的归属条件"（87）。天安门广场的游行就是这种共同归属的一个例子："这些单一个体无论在哪里以和平方式展示他们共同的存在都会有一个天安门广场，而且，迟早地，坦克都会出现。"（86）尽管政府在其机构之一——大学——里能够轻易地容忍那些它标注为非裔美国人、墨西哥裔美国人等身份，但是我所提倡的异识大学将会更类似于阿甘本所描述的"无论什么样的单一个体"的共同归属。这就使得"异识的大学"一词成了一个矛盾修辞。制度化了的异识深深地迥异于传统的"大学的理想"（idea of a university）。就像"未来的民主"（democracy to come）一样，异识的大学是一道地平线，是永远的未来。

　　我不会如此的天真以至于相信对于大学的这种重新定义不会受到任何的抵制。更可能实现的是一个由可识别的异识群体组成的大学，比如文化研究可能设想正在产生的那个大学，通过某种，在这里或那里，在此时或那时，无法包括在新范畴之内的开创性的阅读或教学行为。这样一件事可能未受到人们注意就过去了，可能看上去不是一件值得招来坦克的事情，但仍然会有效地带来变化，至少是在某种细微的程度上。在《真实的碎片》的216号，弗里德里希·施莱格尔坚称，"法国革命、费希特哲学以及歌德的《麦斯特》都是这个时代的伟大趋势（die großen Tendenzen des Zeitalters）"。Tendenzen 在这里命名了一种介入，非常有效地改变了历史的方向进程。在一段令人称羡的诙谐表述中，施莱格尔继续说，"即使在我们猥琐的文明历史中（unsern durftigen Kulturgeschichten），这些文明历史通常类似于一个各种变体的集合，伴随着这些变体的是持续的集注，原始的经典文本因而就此丢失；即使在这样猥琐的文明历史中许多的小书，几乎没有被当时的喧嚣的民众（die larmende Menge）所注意到，也起着比它们做过的任何事情（als alles, was diese trieb）都更大的作用"（Schlegel, 1964, 48; 1991, 46）。

　　我所描述的读、写或教的发起行为将具有行事兼陈述的功能。只有是一个言语行为而不仅仅是描述性的学术话语才会让任何事情发生，来完成我们无法完成的对未来民主的义务。只有在行事上有效，而不是偶然地支持了现状的教学或写作才能使得制度上和政治上的一切得以发生。对文化研究以及表示反对文化学研究——如在伯恩海默集中——的许多描述的一个局限是，它们往往根据这一传统理念来措辞，即大学仅仅是一个"学习"（*Wissenschaft*）的地方，一个由于"学习"（*study*）而发现新事实的地方，而不是一个教学和写作在某种程度上也是言语行为的地方。

尽管文化研究的语篇可以包括图表甚至声音材料，但其基本媒质仍然是语言。不管文化研究有着什么样的政治效力，都将至少在相当大的程度上通过语言来实现。尽管图片和音乐也具有强大的行事效果，解释后者需要对言语行为理论进行激进的修正。我用到了言语行为理论的术语来描述新型大学里异识的工作。然而，这些术语需要进行语义上的再变化，如亚伯拉罕（Abraham）与托洛克（Torok）（1978；1979，19—28）所说，以命名语言或其他符号的使用，语言的行事性使用，在J. L. 奥斯汀在《如何以言行事》（*How to do things with words*）里的经典分析中，其效力取决于一个由规定、规则、制度、角色、法律和既定公式所构成的复杂的语境。在行事性话语发出之前，这些需要各就其位。在那个话语发出之后它们仍然要保持原位。行事性既不创造它们也不改变它们，它依赖于它们不变的连续性。在其本身来说，它就是依赖于同一个语境的同一言语行为的或许数不清的其他表达的一种重复。牧师或治安法官所说的"我宣布你们为夫妻"这一话语就是一个经典的例子。它依赖于前面的婚礼仪式，依赖于教会的或民事的批准，赋予牧师或太平绅士以权力为人们主婚，等等。在任何特定的话语"我宣布你们为夫妻"之前这些都在起作用。之后它们仍在起作用、未发生改变。奥斯汀式行事性也假定预先存在作为施动者的永恒的自我，能够说"我承诺"或"我决定"或"我宣布"的那个自我或"我"。

另一种行事性创建了使其生效的常规和法律。每一个这样的行事性都是独特的、不可重复的，因为它让每一件事在事后都会

有所不同，不管以多么微小的方式。它使一件事得以发生，决定
性地改变了周围的语境。它对一个永远也无法制度化或理性化的
"他者"所发出的召唤或要求作出回应。这样一个行事性创造了
那个言说它的"我"。如德里达所说，这样一个言语行为是一种
用词不当，"虽然会继续通过传统起作用，却是以妖魔的形式在
特定时刻出现，一种妖魔式的变异，没有传统，也没有常规先
例"（1984b，123）①异识的大学应该是这种变异连续不断的系列
的场所。然而知识的分类归档也有着其行事的一面，而那些行事
"变异"也带来知识。无论是对行事性语言和认知性语言进行尖
锐区分还是愉快调解，其难度（事实上是不可能性）都不应该
被低估，同样不可低估的是大学里对行事性目标的阻力，尤其是
当那一目标被明确地表述出来时。

　　老师与学生在这一新形势里应该怎么做？首先，他们应该审
视我所描述的大学里的这些变化，并且设法理解它们。其次，他

---

①　按照德里达的观点，"形而上学的整体概念——逻各斯、文化表相、理论
（logos, eidos, theoria）等，都是词语误用（catachresis）而非隐喻……在《丧钟》
（Glas）这样的作品中，或者近期类似的作品中，我在努力制造一些新的词语误用形
式，另外一种写作，一种狂野的写作，标出语言的错误 [failles] 与偏差，以便文本
在其自身之内产生一种自己的语言"（1984b, 123）。汤姆・科恩（Tom Cohen）的
《反对模仿》（Anti - Mimesis）精彩地依托于德曼（de Man）与德里达，但又超越了
他们，重点关注了美国文学和电影，论述了什么是唯物主义、干涉主义的写作和阅
读。另外一个理论上急需的例子是瓦尔特・本雅明（Walter Benjamin）的唯物主义编
史学。在论述爱德华・福克斯（Eduard Fuchs）时本雅明说，"文化历史似乎仅仅是
要表现洞察力的一种深入；它甚至不表现辩证法中进步的出现"。本雅明说"辩证
法"意思是指唯物主义编史学的积极劳动。在《历史哲学论纲》（"Theses on the
Philosophy of History"）的第十七节中，他描述了当他（或她）找到了一种方式"来
从同质的历史进程中开创（herauszusprengen）一个特定的纪元——从这个纪元中开
创一种特定的生活、或从毕生事业中开创一种特定的事业"的时候，一个"历史唯
物主义者"（a historical materialist）就看见了"一个为受压迫的过去而战的革命机
会"（1969, p. 263）。只有类似于本雅明的 Herauszusprengen 的东西才会使文化学研
究成为一种有效的介入干预。本雅明把他的后半生用于开发一种以这种方式的唯物
主义批评方法。理论的使用，在这些思想家的身上，结果自相矛盾的是，不是对知
识作出了贡献，而是促进了政治上和体制上的转型实践，而且为它提供了例证。

们必须开始想出办法来向各式各样的支持者们证明他们在人文学科中的所作所为是正当有理的。这一任务一点儿都不轻松，尤其是由于法人团体的总裁和官员很有可能对于人文学科已经有了自己的看法，这些看法的形成是源于媒体对理论、对"政治正确性"、对妇女研究以及对多文化主义的攻击。学术通常起步于对它们的两次攻击。而且，许多这些资金来源以及管理它们的大学官僚们可能有一种倾向，认为人文学科的主要用途就是教授交流技巧。在迅速形成的新的研究型大学里，为以旧的方式所做之事要证明以旧的方式所做之事是正当的极端困难，也就是说，作为新知识的生产，学习（the Wissenschaft）在人文学科是合适的，就像关于生物的新知识在生物学中是合适的一样。关于《贝奥武夫》、莎士比亚、拉辛（Racine）、歌德、雨果，或者甚至爱默森、威廉·卡洛斯·威廉姆斯（William Carlos Williams），以及托尼·莫里森的新"信息"与关于基因的新知识在用途上有所不同，因为它制造出了可销售的药。那些将越来越掌控大学的法人团体的官员，连同科学领域里提拔起来的立法者和管理者，很有可能会说他们羡慕人文学科中新知识的生产。然而他们不太情愿出钱资助这类研究则表明他们可能并不是认真的。如今人文学科里的大多数教授都知道许多优秀的、受过高等训练的、有献身精神的年轻人文学者没能找到预备职位，或者有时任何职位都没找到。最近一期 *ADE Bulletin*（1998 年春季刊，第 119 期）的大部分篇幅都用来报道关于英语与其他当代语言的当前就业情况的严峻事实。这些文章强调了兼职教员和辅助教员（adjunct faculty）的快速增加，并报告说英语和其他当代语言的新科博士中，只有一半的人有望在拿到博士学位后的第一年内能找到预备教员的工作。

　　人文学科的教授和学生创造的价值产品是一种特定类型的话语：新的阅读、新的思想。尼古拉斯·尼葛洛庞帝在《连线》

杂志（1996，204）上最近①的一篇文章中为普遍意义上的研究型大学有力地论述了这一点。这些观点开启了新的内容，以前闻所未闻的东西。换一种方式来说，就是大学是这样一个地方：在这里真正重要的是那些不受控制的、不可控制的。不可控制的发生得并不那么频繁。大学里发生的大部分事情都是太容易被控制。事实上，它是自控的，就像我们说一台机器有一个防止其运行过快的"自动调控仪"一样。大学在以适当的速度运转并不断地重复原样。然而，大学应该把努力创设条件，以有利于创造不可控者作为其主要目标。只有我们能够劝说大学的新法人团体领导相信这种工作有着不可缺少的效用，我们才有可能在新的条件下发展壮大。做这件事需要很多耐心的思考和修辞。

（邓天中　译）

---

① 尼葛洛庞帝声称，研究型大学将在新的形势下起着重要作用，在新形势下，公司而不是政府机构越来越多地资助大学。这些公司需要大学成为一个各领域中的新想法都能得到发展的地方。他非常正确地看到了这一进程的昂贵性，因为不是所有的想法都能成功兑现。然而在他看来，大学的教育使命（培养受教育的学生）会支持那种重要的创新角色："企业意识到了它们无法花钱来承担基础研究，还有什么比一所高质量的大学以及其中各类人的混杂更好的地方来外包该研究呢？这是对那些已经忽视了大学——有时就在他们的后院——作为资产的公司的一次唤醒呼叫。不要只是寻找'经营良好'的项目。寻找那些聚集着年轻人，更好的是来自不同的背景，喜欢冒出稀唐古怪念头的年轻人的项目，尽管其中可能只有1%—2%的成功率。大学可以担负得起这么荒唐可笑的失败成功比，因为它有一个更重要的产品：毕业生。"（1996，第204页）尼葛洛庞帝所说的对于人文学科与自然学科来说都是同样的正确。挑战在于要说服管理者人文学科中的新观点也是有价值的。

三　文学中的言语行为

述行性的情感:德里达、维特根斯坦、奥斯汀

　　整个所谓的文学时代——如果不是它的全部——无法在某种电信技术统治下存活（特鉴于政治体制位居第二而言）。无论哲学，抑或精神分析，都不可以，或者是情书……

　　这里我要重提上周六我们一同喝咖啡的那位美国学生。她正在寻找一个论文题目（比较文学）。我建议她写一些有关20世纪（甚至更晚）文学中的电话之类的东西，比如说以普鲁斯特作品中的电话女郎，或者美国接线员这个人物开始，然后询问最先进的远程信息学，对依然留存于文学中的任何东西所产生的影响。我对她谈及微信息处理器与计算机终端，她看上去显得有些反感。她告诉我说，她还是喜欢文学（我也是，我回答她说）。我很想知道她说这句的含义。

　　　　　　　　　　　　——雅克·德里达:《邮件》，自《明信片》

　　在最后的这些章节里，我想要用一个例子——即，对普鲁斯特《追忆似水年华》中一些相互关联的段落的解读，其中包括一个有关电话接线员的部分——来证明，对言语行为理论的一种审慎、周到、精雅的意识，在阐释文学时是如何或有裨益，甚至可能是不可或缺的。

在我作为此章题词①的那个段落中所提及的《明信片》里，德里达通过其主人公所做的评论着实令人感到可怕，至少对于文学爱好者来说如此，比如说我本人，或者主人公的那位不幸的谈话者，也就是那位正在寻找论文题目的美国比较文学研究生（通过一种有效的述行效应）。他的评论在我心中激起了不安、恐惧、怀疑的激情，可能还带有一点隐秘的欲望，想要知道如果生活在文学、情书、哲学以及精神分析之外，会是什么样的情形。那就如同生活在世界尽头之外一样。

德里达在《明信片》中简短甚至有些无礼的用词，的确在大多数的读者心中产生这种情感。我们情绪激昂地反对这种评论。作为保存与播散主要方式的某些东西，如此之肤浅、机械和偶然，其中之转变，以及从手稿与印刷文化向数字文化之转变，如何能将诸如文学、哲学、精神分析与情书之类，看似在任何文明社会都如此普遍的事物终结呢？这些事物肯定能在电信统治下的一切变化中存留吗？当然我可以通过电子邮件写情书！当然我可以通过联网的计算机，撰写与传播文学与哲学，就像我可以通过手写、打字或印刷做到的一样。以面对面交谈为基础的精神分析（所谓的"谈话疗法"），怎么可以同束缚在印刷机的控制之下，并向数字文化的转向进而走向终结呢？

顺便提一下，阿维塔尔·罗奈尔（Avital Ronell）这位学者曾经写过现代文学中的电话，尽管，毫无疑问，她没有把它当作对德里达正面提问的回答。打电话的普鲁斯特，以及德里达《明信片》中的人物，都出现在了罗奈尔的名作《电话簿》中，其计划即预言电信统治时代的到来。劳伦斯·里克尔斯（Laurence Rickels）同弗里德里希·基特勒（Friedrich Kittler）一样，也早就鲜

---

① 我的题词选自雅克·德里达的著作《明信片》中的《邮件》。in *The Post Card*, trans. Alan Bass（Chicago：University of Chicago Press，1987），"Envois，" pp. 197、204；法文原著出于 *La carte postale*（Paris：Aubier – Flammarion，1980），pp. 212、219。

明而又概括地提及了现代文学、精神分析以及文化中的电话。①

　　虽然德里达的断言好像有些不合情理，但他的意思是："电信统治"中的变化，不仅仅是改变文学、哲学、精神分析，甚至是情书，而且会确定无疑地导致其终结。它会通过一种致命的述行断言做到这一点："不要再写什么情书了！"这怎么可能呢？除了别的以外，我对普鲁斯特的解读，要试图提供一个答案。既然德里达的话产生了恐惧、不安、厌恶、怀疑的情感，以及隐秘的欲望，那么那些话以另外一种方式成为"恰如其分"的述行话语。他们践行着其所言说，并且间接地带来了文学、情书等的终结，正如德里达在前面第二章中提及的那次研讨会中所说的，说"我爱你"这句话，不仅仅会在说话者心中产生爱意，而且可能同时在听众心中产生信念和爱的回应。

　　尽管德里达对文学爱好有加，但是他的著作，如《丧钟》(Glas) 和《明信片》，的确对文学的终结起到了推波助澜的作用。关于这一点，我们已经从某个特定的历史时期与文化中得知，比如说欧美国家过去的两个或两个半世纪。在西方，文学这个概念不可避免地与笛卡尔的自我观念、印刷制度、西方式的民主、民族国家的概念以及在这些民主框架下的言论自由权利联系在一起。那个意义上"文学"的出现只是最近的事情，开始于17 世纪末或 18 世纪初，并且在一个地方，即西欧。它可能会走向终结，但是那决不会是文明的终结。事实上，如果德里达是对的——我相信如此——那么，新的电信技术统治正在通过改变文

---

① 参阅 Avital Ronell, *The Telephone Book* (Lincol: University of Nebraska Press, 1989); Laurence Rickels, "Kafka and Freud on the Telephone", *Modern Austrian Literature: Journal of the International Arthur Schnitzler Association* 22, nos. 3/4 (1989): pp. 211—225; Laurence Rickels, *Aberrations of Mourning* (Detroit: Wayne State University Press, 1988), esp. chaps. 7 and 8; Friedrich Kittler, *Essays: Literature, Media, Information Systems*, ed. John Johnston (Amsterdam: G + B Arts International, 1997), esp. pp. 31—49。

学存在的前提和共生因素诸方面，而将其引向终结。德曼说，语言在述行性方面自主行事。如果他是对的，那么那种语言的物质化体现就并非不相关的了。具体化中的变化——比如我们现在正在参与的那种——会在词语（我应该加上其他的符号系统，包括诸如电影等图形系统）自主行事去做不可预见之事方面，产生相应的变化。

德里达在《明信片》一书中表述的一个主要观点就是：新的电信体制打破了曾经在旧的印刷文化时代占统治地位的内部/外部的二分法（inside/outside dichotomies）。德里达采用了在某种程度上已经过时的形式，对这种新的体制进行了反讽式的寓言化描写：不仅仅引述了主人公（们）与其爱人（们）的大量电话交谈，而且还利用了正在迅速消逝的书写、印刷以及邮局系统此类旧时尚的残余——明信片。明信片在新的交流体制之前就代表了公开性与开放性。今天，这些因"隐私"的丧失而带来了诸多的焦虑。明信片向所有人开放，供其阅读，就像当今的电子邮件一样，无法封缄或私有。如果两例中任何之一碰巧进入我的眼帘，我可以使自己成为或被神奇地变成其接收者，正如德里达在《明信片》和被称为《心灵感应》（"Telepathy"）① 的那篇妙文中谈到明信片与信件时所宣称的一样。如果明信片或者电子邮件内容进入我的眼帘，那么无论它们是写给谁的，它们都是写给我的，或者我可以当作写给我的。当我阅读从《明信片》中引用作为本章题词的段落时，情形即是如此。说话者传达给那位研究生的坏消息，即文学、哲学、精神分析与情书的终结，同时也传达给我了。我变成了这坏消息的接受者。由于主人公的话而使

---

① 参阅 Jacques Derrida, "Télépathie", *Furor* 2 (Feb. 1981): pp. 5 – 41, reprinted in Jacques Derrida, *Psyché: Inventions de l'autre* (Paris: Galilée, 1987), pp. 237 – 270, 英文版译为 "Telepathy", trans. Nicholas Royle, *Oxford Literary Review* 10, nos. 1 – 2 (1988): pp. 3 – 41。

那位学生心中产生的反感，同时也在我心中产生。

激情的言语行为

言语行为与激情之间是什么关系？通常情况下，我们欢迎或抵制文学作品所具有的那种能够产生情感的力量。问题是它们如何做到这一点的？"激情"这个词同时具有消极与积极的意思。当我们说到"基督的受难"（the Passion of Christ）时，其消极意义出现了，指的是他在十字架上受难至死。消极的受难往往与死亡的痛苦联系在一起。积极意义上的"激情"，在诸如"我酷爱爬山"（have a passion for climbing mountains）此类的说法中，得到最好的验证，或者预期更强烈一点的，如"我热烈地爱着她"。激情中掺杂着情欲，并且带有意向性。它希望拥有或者改变其客体。它往往是夸张的，就像狄更斯小说《我们共同的朋友》中，布拉德利·海德斯通对莉吉·海克斯汉姆所怀有的激情那样。它激发行动，甚至是危险、无理性的，甚至是自我毁灭性的行动，就像是登顶珠穆朗玛峰或独自航游世界的激情。一位叫做尼古拉斯·怀特（Nicholas White）的人，在苏格兰的玛丽女王被囚禁于英格兰的 19 年期间，拜见她之后，写下了一篇奇妙的文章——《苏格兰国家赦令大事表》。他在文中断言，玛丽"优美的苏格兰语音"，加上她的"萦绕着温柔的睿智"，或许会驱使人们试图释放她："其优雅加之众人所怀获益之心，会驱使他人为她铤而走险；因此，快乐是一种冲动的激情，将说服其心，并将其余一切抛开。"①

---

① *Calendar of State Papers Relating to Scotland*（London：Longmans：1858），4：300，转引自 Jayne Elizabeth Lewis，"'All Mankind Are Her Scots'：Mary Stuart and the Birth of Modern Britain"，in *Literature and the Nation*，ed. Brook Thomas，*REAL：Yearbook of Research in English and American Literature*，vol. 14（Tübingen：Gunter Narr Verlag，1998），p. 59。

在怀特看来，与玛丽·斯图亚特面对面的会晤，激起了快乐的情感。

然而，激情的问题不仅仅是经常难以确定的被动与主动的区分，而且是内/外对立的问题。或者从述事与述行话语之区别来看，所存在的问题是，是否激情的外在表现——无论是通过词语或其他符号——只是述事性地描述了依然存于内心的情感，还是那些外在表现述行性地创造了内在激情。我是先感受到了爱情然后才说"我爱你"，还是所说的"我爱你"带来了恋爱的状态？

我们将此视为一个问题，或许还是个无法回答的问题，其前提是我们以某种方式或在某种程度上，接受了胡塞尔在《笛卡尔式的沉思》① 第五个沉思中公开且言之凿凿地表达的假设：原则上我没有直接的路径，也没有可核实的间接路径，以便进入到他人的自我之中，进入到他的思想、感情、记忆、希望、感觉以及激情之中。如果我有这样的直接路径，那就会毫无问题，或者说问题从根本上会变得不同。在第二章中，我已经展示了德里达对"我爱你"这句口头禅所具有的述行力量所进行的令人钦羡的调查，是如何明确地预测了胡塞尔所说的他人自我的模糊性。在另外一篇文章中②，我证明了这个假设是如何决定了德里达在《激情》中的论断，即文学隐藏了无法探究的秘密，比如说，读者无法回答波德莱尔的《假币》（*Counterfeit Money*）中的主人公到底给了乞丐假币还是真币这个问题。德里达将这些无法探究的秘密命名为"全然的他者"（the wholly other），即绝不可知或同化为某种"同类"的他者性（otherness）。德里达认为，正是这种文学中的他者性"激起了我们的热情"。德里达通过它意味

---

① Edmund Husserl, *Cartesian Meditations*: *An Introduction to Phenomenology*, trans. Dorion Cairns (The Hague: Nijhoff, 1960), pp. 89 – 151.

② J. Hillis Miller, "Derrida's Literatures," in *Derrida and the Future of the Human* (*ities*), ed. Tom Cohen (Cambridge, Eng.: Cambridge University Press, 2001).

着，每一部文学作品中所隐藏的不可知的秘密，都具有能够唤起我们激情的奇怪的述行影响。正如德里达所表述的那样，这种激情通过一种不可抗拒但又根本无法实现之责任感的形式表现出来。① 在隐藏不可洞穿之秘密方面，一部文学作品同一场恋爱有异曲同工之妙：我感觉我的爱人隐藏着不可示人的秘密，她神秘莫测，这一切都激起了我的强烈的爱意，并且当她说（或者没有说）"我爱你"的时候，心中充满了对爱人的欲望，正如文学中的隐藏的秘密，激起了我找到那些秘密的欲望。当他/她祈祷上帝的时候，一种类似的秘密使那个虔诚的人充满激情，正如德里达曾经在《除名之外（附启）》中所说的那样。② 下面德里达的话是关于文学中的秘密，是如何利用他者的召唤而激起我们的激情的。

　　在文学中，在文学具有代表性的秘密中，存在着一个无须触及那些秘密而言说一切的机会。当有关文本意义或作者最终意图的一切假设都得以成立，无须根据，亦无止境，且作者本人不再由一个人物或叙述者、一句诗行或小说来表现——它脱离了假定的来源，从而保持尘封；当对文本呈现的表面现象——这正是我称之为文本或踪迹的情形——背后的秘密甚至都不再做任何决断；当这个秘密的召唤转而回指他者或他物；当这本身使我们保持激情，并将我们同他者紧密联系在一起；那么只有此时，秘密才能给我们带来激情。③

―――――――――

① Jacques Derrida, *Passions* (Paris: Galilée, 1993), pp. 67 – 68, 英文版为 "Passions: 'An Oblique Offering,'" trans. David Wood, in *On the Name*, ed. Thomas Dutoit (Stanford, Calif.: Stanford University Press, 1995), pp. 29 – 30。

② Jacques Derrida, "Sauf le nom," in *On the Name*, p. 56.

③ Derrida, *On the Name*, 29; in French, *Passions*, pp. 67 – 68.

维特根斯坦的痛苦

路德维希·维特根斯坦（Ludwig Wittgenstein）对激情的表达所进行的漫长思考，从他出版的一本著作延续到另一本著作。在诸如《蓝棕书》（*Blue and Brown Books*）、《哲学研究》（*Philosophical Investigations*）、《心理学哲学评论》（*Remarks on the Philosophy of Psychology*）①等著作中，它成为一个论题。这些沉思的焦点集中在他人痛苦的位置、表达性、其知识的开放性，以及痛苦的孤寂（the solitude of pain）是如何产生私人语言（private language）的——这是维特根斯坦另一个长期思考的问题。一方面，私人语言是个自相矛盾的说法，而这一点维特根斯坦从不同的角度一再说明。正如他所说，"这项调查的根本性质……是强迫我们在广袤而又交错纵横的思想领域向每一个方向穿行"②，他当然也是那样做的。另一方面，像我个人的痛苦这样独有的、只有自己才能感受的东西，除了私密语言还能用什么来言说呢？杰拉尔德·曼利·霍普金斯（Gerard Manley Hopkins）在《圣依纳爵·罗耀拉精神修炼评论》（*Commentary on the Spiritual Exercises of St. Ignatius of Loyola*）——对这种洞见最伟大的表达之一的一个雄辩的段落中，提出了这个问题，但不是从痛苦的方面，而是某个更须忍耐之物来说的，即我持久的、绝无仅有的"自我的品味"（taste of myself）。这种口味是一种自我意识的最基本的身体激情（bodily passion）（在忍耐的消极意义上），是"我

---

① Ludwig Wittgenstein, *The Blue and Brown Books* (New York: Harper Torchbooks, Harper and Row, 1965); idem, *Philosophical Investigations*, trans. G. E. M. Anscombe (Oxford: Blackwell, 1968); idem, *Bemerkungungen über die Philosophie der Psychologie / Remarks on the Philosophy of Psychology*, ed. G. E. M. Anscombe and G. G. von Wright, trans. G. E. M. Anscombe, 2 vols. (Chicago: University of Chicago Press, 1980).

② Wittgenstein, *Philosophical Investigations*, vii.

对自我的感觉":

> 这种（我的孤独）在当我思考的时候更为真实；当我
> 考虑我的自在（selfbeing）的时候，我的自我意识与自我感
> 觉，对我自己——高于一切事物而又存于一切事物之中的
> 我——的品味，而它比麦芽酒或明矾的口味更加独特，比核
> 桃叶或樟脑的味道更为特殊；它对于他人来说无论如何也是
> 无法传达的（就像当我还是个孩子的时候常常自问：对其
> 他人来说这会是什么样子?）自然中没有任何其他事物，能
> 够接近这种高度、独特性与自我化（selving）所带来的不可
> 言说的压力，这种我自己的自在。没有什么能解释它，与之
> 相似……在搜寻自然的过程中，我用大酒杯品味着自我，我
> 自己的自我。没有任何事物经过发展、精炼、凝结，能够显
> 示出一丝与之媲美的迹象，或给我它的另一种味道，哪怕是
> 与之相似的都可以。①

当霍普金斯说他自我品味的独特性是"不可言说"的时候，
这个词必须要照字面去理解。言说自我品味、用言词将其表达的
方法是不存在的。这是因为没有精确的词语用以表达独特或个人
的内心感觉。同时，也没有比喻语言来表达它们，因为"无一
物……类似于"他的自我品味。这里惊人的修辞（麦芽酒或明
矾的口味、核桃叶或樟脑的味道）必须要定义为牵强附会。它
们不恰当地为某些既没有文字名（literal name）、同他物也毫无
相似之处的事物命名，然而，霍布金斯所认为的诗歌的目标，同
普鲁斯特所认为的叙事的目标一样，是要去寻找某种讲述这种不

---

① Gerard Manley Hopkins, *Sermons and Devotional Writing*, ed. Christopher Devlin (London: Oxford University Press, 1959), p. 123.

可言说之物——我私密情感的这个全然的他者——的方式。这种
尝试的例子是霍普金斯的《德意志号的沉没》（"The Wreck of
the Deutschland"）以及他所谓的"恐怖的十四行诗"（"terrible
sonnets"）与"荒凉的十四行诗"（"sonnets of desolation"）。

　　维特根斯坦对于个人经验之不可传达性的表达没有那么夸
张，但依然非常肯定："对于私人经验来说，最基本的实际上并
不是每个人都拥有他自己的范例，而是没有人知道其他人是否也
拥有这个或其他的什么东西。这样，一部分人类感觉是红色、而
另一部分则感觉是另一种颜色的这个假设，虽然无法证实，但也
是可能的。"① 无法证实的原因是，我们无法同时从双方得到证
据，并置于桌面上进行比较。我对红色的感觉并由之而带来的激
情，是绝对无法与另外一人进行交流的。疼痛是一种遭罪的感
觉。我怎么可能知道另外一人在忍受痛苦？我怎么可能体会到他
人的痛苦？痛苦与身体之间的关系是怎么样的？② 它与意识的关
系？是否存在诸如"无意识的痛苦"（unconscious pain）之类的
东西？当我们说"我这儿疼"（指着身体的某部位）的时候，我
们是什么意思？动物有情感吗？或者说情感专属于人类而只是通
过修辞将其赋予猫或狗，就像我们所说的"那只疯狗袭击了我"
或者"那只猫满意地发出咕噜咕噜的声音"。关于维特根斯坦的
这一话题该说的话太多，部分原因是他就此要说的话太多，总是
一再回到它，就像是他无法确定位置或摆脱的模糊痛感。在
《蓝书》（The Blue Book）中有一个例子，维特根斯坦用以表达
这种令人不安的痛苦：

　　　　我们［被引导着去认为，"我们对世界的所知与所言的

---

　　①　Wittgenstein, *Philosophical Investigations*, p. 95（英文版）。
　　②　一本有关痛苦与身体的杰作，请参阅 Elaine Scarry, *The Body in Pain: The Making and Unmaking of the World*（New York: Oxford University Press, 1985）。

一切，都依赖于个人经验"，这句话意味着"它是全然'主观的'"]，面临着一个由我们的表达方式造成的麻烦。

　　另外一个非常类似的麻烦，在下面的句子中表达出来："我只知道我有个人经验，而不是其他任何人有。"——那么我们会称之为"其他所有人都有个人经验"这个论断的多余的前提吗？——但是它说到底能构成一个前提吗？因为如果它超越了一切可能的经验，我怎么可能设立这个前提？这样一个前提是如何得到意义的支持的？（难道它不像得不到黄金支持的纸币？）——如果任何一个人告诉我们说，尽管我们不知道他人是否有痛苦，但是当我们在类似于同情他的时候，我们当然相信这是真的，而这也于事无补。如果我们不相信他正遭受痛苦，我们当然不应该同情他，但是这是一个哲学、形而上学的信仰吗？一个现实主义者会比理想主义者或唯我论者给我更多的同情吗？——唯我论者实际上问的是："我们怎样才能相信他人有痛苦？相信这一点意味着什么？这种猜测的表达怎样才有意义？"①

　　如果胡塞尔、德里达或如我将示的普鲁斯特，接受他人彻底的他者性进而得出推论，或者就普鲁斯特而言，通过夸大叙事中的复杂性来调查这个问题，那么维特根斯坦不会对无可置疑的公式化表述心满意足（如"他者是全然的他者"），而会继续提问，对日常语言中的新句子进行试验，或许还会产生超越这个难题的新动向。难题在于，我们事实上无从知道他人的痛苦，但要表现得仿佛知道一样，比如说表现出同情的样子来作为对别人痛苦的反应。在伟大的哲学家当中，维特根斯坦的思想是最不安分、最具创造性的之一。他的创造性部分用于构思精彩的例子。如果维

---

① Wittgenstein, *Blue and Brown Books*, p. 48.

特根斯坦受到因他者之不可及而引起的痛苦的困扰，他就会不断地苦苦思索这个问题，从不同的方向往返于斯，仿佛希冀突然寻到出路。如同平常，在方才引用的段落中，维特根斯坦趋于假定，哲学思考中一个明显的死胡同，并不是如同"表达"问题一样的概念问题，即用语言表现这个议题的方式问题。

在维特根斯坦那里，"表达"是一个关键词。它在使用中充分地体现了其词根所含有的某种猛击或冲压的意思。语言中的这种力量的概念，在德语同义词 Ausdruck 中更为明显：其字面意思是"外部施压"或"外向推力"。Ausdruck 在维特根斯坦的双语思维中必定经常出现。*Druck* 在德语中的意思除了其他之外，还有"印刷"的意思，即将着墨的铅字强压到纸上。如果我们根本无法进入到他人的身体感受或思想，而只能假设去推断出他/她的痛苦——甚至都不是假设，因为真正的假设必定能被证明真伪，而在这种情况下是不可能的。由此可见，我们对他人痛苦的反应，我们对假定他人所有的痛苦作出反映而萌生的同情感，只是个信念的问题。那是一种表达方式，说这种反应涉及了绝对的述行话语，而不是认知或述事陈述。"我相信他人正在遭受痛苦"，就像是当她说"我爱你"时，我相信她爱着我一样。

摆脱这困境的一种方式是说——回想起德里达以及我将要展示的奥斯汀——不是他人的那种痛苦或其他任何激情藏于某处而后得以表达，而是说表达即激情，或者它无法与激情区分开来（两种截然不同的事情，而那正是问题之所在）。维特根斯坦在《蓝棕书》紧靠后面的段落中，某种程度上借助于威廉·詹姆斯（William James），对此进行了雄辩的陈述。下文出于《棕书》。

　　你会发现，在很大程度而当然不是全部意义上，将某物称为疑问、确信等的表达的正当理由，存在于手势的描述、面部表情的作用甚至是语调。在这一点上请记住，情感的个

人经验部分是地点严格确定的经验:如果我生气地皱眉,就
会感到额头肌肉的紧张;如果我哭泣,那么很显然我眼睛周
围的感觉是我所感的一部分,并且是重要的部分。威廉·詹
姆斯曾说,男人不哭是因为他感到伤心,但他伤心是因为他
哭了。至此,我想这就是詹姆斯的意味之所在。这一点常常
未被理解的原因在于,情感表达好像是某种虚饰的诡计,为
了让别人知道自己有这种情感才会想到它。目前,在这些
"虚饰的诡计"与所谓的情感的自然表达之间,已经没有严
格的分界线。就此而言,请参照(1)哭泣,(2)某人生气
时抬高嗓音,(3)写一封愤怒的信,(4)摇铃传唤一位你
想批评的仆人。①

这看上去足够清晰合理了。维特根斯坦强烈反对情感藏于纯
粹主观之域某处的观点,正如霍普金斯的阐述所示,好像他使用
它并不是为了味觉与味道这些身体气息浓重的符号。"我品味自
身","我闻自己的气味",尽管没有其他人能够施行同样的品或
闻的动作。在霍普金斯看来,每个人对自我的感觉都是极为典型
化的。对于维特根斯坦来说——至少在这里——情感也是典型化
的,无论是在当我生气时皱眉的肌肉感觉中,抑或在当我伤心时
伴随着哭泣的感受中,尽管在《哲学研究》的第331段中,维
特根斯坦否认此人必定会意识到这些东西:"我们毫无理由去假
设此人能感觉到,比如说,伴随着其表情的面部动作,或者情感
波动所特有的呼吸变化。即使是他的注意力刚刚被吸引过去,他
就感觉到了它们。"②

从维特根斯坦在我从《蓝棕书》中所引的段落中表达的观

---

① Wittgenstein, *Blue and Brown Books*, p. 103.

② Wittgenstein, *Philosophical Investigations*, p. 105(英文版)。

点看来，从我生气或伤心时的所言所写中，情感也得到具体的体现。词语同皱眉或眼泪一样，并非隐居于远处之物的符号，而是与情感不可分离的一部分。问题就在于"部分"这个词语。细心的读者会发现维特根斯坦的表达中存在的含糊之处："在很大程度而当然不是全部意义上"，"很显然……是我所感的一部分，并且是重要的部分"。在很大程度而当然不是全部意义上，将某物称之为怀疑或确信的表达的正当理由，在于伴随着词语表达的手势、面部表情的作用，等等。皱眉是我所感的一部分，且是重要的一部分。那么其余的情感呢？它们存在于何处？它由何构成？我们如何在他人中逐渐了解它？像口头语言、手势或面部表情等我们所能看到、听到或理解的部分，与我们从外部不能看到、听到或理解的部分之间是什么关系呢？由于这些问题很难、或根本不可能得出令人满意的答案，因而被圈于维特根斯坦的脑际，使他不断地往返于此，就像在《哲学研究》中探讨痛苦的冗长部分。

　　然而，另一个含糊之处可能同样无法判定。它出现于我所引的段落中且起码隐含地贯穿于维特根斯坦的分析当中。无论是通过词语还是通过诸如哭泣或皱眉这样的符号来对情感进行的表达，是认知性地还是述行性地同情感发生联系呢？维特根斯坦没有使用这种区分，而那也许部分地解答了他为什么不能满意地解决他人痛苦的可及性这一问题。一方面，他始终被困在"表达"这一认知术语中。伴随着某些词语的眼泪与皱眉，"表达"了情感，使之可被知晓，虽然它们与情感是不可分的，也不是与之保持距离的它的符号。另一方面，威廉·詹姆斯的著名论断，即哭泣令我们伤感，被维特根斯坦以其自己的方式接受，并赋予眼泪使我们伤感的能动性的力量。眼泪产生情感，而不仅仅构成它认知的一部分："一个人不哭因为他悲伤……他悲伤因为他哭。""虽然激情无疑是不同的，但是这个论断看起来同德里达的看法

如出一辙：除非他/她说'我爱你'，否则此人并未恋爱。话语
或外在符号（outer sign）是创造它所命名之物的言语行为或符
号行为（sign act）"。

　　存在着多少种情感呢？你怎么能确定已经全部收集到，并且
一一标记了呢？每一个名下是否存在不同的情感？比如，"感
激"（gratitude）这一独特情感的名字，是否与其他所有的都不
同，如"感谢"（thankfulness）？对于那些说不同语言的人来
说——比如操双语的维特根斯坦——会有不同的情感吗？他们肯
定也会经常思索这个问题，如："在哪些情形下你会说一个外语
词同我们的'可能'意思相同？同我们表达疑问、信任、确定
的词相同？"[①] 难道这不意味着，情感的名字是述行性的，而我
们怀有感激之情是因为存在着"感激"一词？这可能意味着
Dankbarkeit 与 Erkenntlichkeit 这些表达感激的词语，产生不同的
情感？那些只说德语的人只是感觉到 Dankbarkeit，而从未有感
激之情？

　　不同的语言中用以表达（明显）不同情感的、多得令人沮
丧的不同词语，有点像能够用于述行话语的、同样多得令人沮丧
的不同主动动词（你会记得奥斯汀所说的 10 的 3 次方）。每一
个施行不同的动作。每一个通向不同的分析。同样地（但是这
里的"同样"有什么力量？），当某人说"我对你的感恩之情溢
于言表"，感激与感激或感恩之情，可能不是同样的情感。这些
不同的词语为已然存在的不同事物命名，还是通过命名而创造了
他们？后一种假设看似荒谬，荒谬得就像是说因为我哭了所以我
伤心，我皱眉所以我生气，或者我说"我爱你"所以我恋爱，
但是要怎样才能反驳这些假设？你如何以这样或那样的方式进行
确定？读者会回想起 J. L. 奥斯汀的论断：数个世纪以来语言辨

　　① Wittgenstein, *Blue and Brown Books*, p. 103.

识力的增长，已经创造出由改良后的现代语言所命名的显著差别。或许正是因为维特根斯坦未能弄清述事与述行话语之间的区别——奥斯汀数年后才完成（在牛津而不是剑桥），才使他难以逃离以"在很大程度而当然不是全部意义上"、"很显然……是我所感的一部分，并且是重要的部分"为标志的困境。

维特根斯坦所选择的"可能"一词，成为其翻译或具含糊性的典范，而这种选择有些武断，只是随意选择的一个例子。然而，它看起来几乎不像是一个情感的名字，如"怀疑"、"信任"、"确信"或"感激"。然而，其意义非常重大。以一种特定的方式说"可能"（perhaps, *veilleicht*, *peut - être*），虽然不同语言各不相同，但是表达的都是不确定性。每一个词都以其语言表达了上述怀疑、信任与确信诸情感的杂糅，而这正是维特根斯坦在提出"可能"这个词的译法问题之后，进而去命名的。我们如何表达这种情感才能与"可能"这个说法完全符合？某人问："那是一只金丝雀吗？"，或者"那个人是真的生气了还是装的？"，或者"地平线上的那个东西是龙卷风吗？"，或者"我经历的是严重心脏病的最先症状吗？"我回答："可能。"它既不是怀疑，也不是信任与确定，而是居于这一切之中，属于"既不是……也不是"，或者"既是……也是"的中性物。"可能"表达了一种指向未来某时刻的情感，期冀或担心在那个时刻在一个特定事件中——某种方式解决这个问题。"可能"使游戏继续，使生活保持开放。如果我能够说"可能"，那么我依然活着，依然期待着某事的发生；然而一旦我能确定，那么未来就变得完全程序化、可以预见，不再是真正的生活，或至少不再值得过了。人类说"可能"的能力，可能是人类特有的、与时间产生联系之方式的符号。"可能"本身就界定了人类的暂时性，尽管我们都"知道"，它指向的是迟早必定会发生在所有人身上的一个未来事件——死亡，而幸运的是我们不知道——至少通常情况下不知道——会在何时发生。那可能是哈姆雷特所说的"随时准备着就是了"（The readiness is all）的意思。"可能"是表达"是的，我准备好了"的一种方式，甚至准备好了当死亡那一事件到来的时候去面对它。

雅克·德里达在两处讨论过不同语言中的"可能"一词，并说了一些与上文紧密相关的话。一处是在《友谊政治学》（*Politics of Friendship*）中，有关于尼采所谓的"这个危险的可能"（this dangerous perhaps）①，另一处出现在《在一定范围内，"这似乎有可能"》（"Comme si c'était possible, 'within such limits'"）这篇新近发表的文章的一段之中——该文重提了《友谊政治学》。德里达在《这似乎有可能》中之所论，与《心理：另类发明》中的文章遥相呼应。

> 在他处（他指的是在《友谊政治学》里）难道我没有试图分析这个"可能"同时兼具的可能性与必要性？在必至之彼（*that*）与来自未来并引发所谓事件之（此）（他者）（this）（the other）即将到来之际，其前途与宿命，其在一切经验中之含意［*à l' approche de ce qui vient, de（ce）（l'autre）qui vient de l'avenir et donne lieu à ce qu'on appelle un événement*］？但是这种关乎"可能"之经验，同时兼具了可能性与不可能性、作为不可能的可能性。它作为不可能之物而到来，抵达了此"可能"剥夺了我们所有的把握、并将未来留给未来之域……此"可能"使那个问题继续存活，它还可能保证它幸存下来［*il en assure, peut - être, la - survie*］。那么在这可能性（the possible）与不可能性（the im-

---

① Jacques Derrida, *Politiques de l'amitié*（Paris：Galilée, 1994）, chaps. 2 and 3, pp. 43—92, esp. 46, 86, 英文版本为 *Politics of Friendship*, trans. George Collins（London：Verso, 1997）, chaps. 2 and 3, pp. 26 - 74, esp. 29, pp. 67 - 68。

possible）相脱节的结点，一个"可能"（perhaps）意味着什么。当时是作为不可能。①

可能位于述事性的一方，位于拥有了特定知识即可预测必定会发生的某事一方。不可能位于述行性的一方，位于不可见、不可知之事物的一方——此事物以某种极度初始与反常的述行性为先导，其例证即为说"我爱你"或《美国独立宣言》。

奥斯汀的愤怒

J. L. 奥斯汀非常正确地区分了述事与述行话语。他开天辟地似的发明了它。但是，那并未解决维特根斯坦所言"在很大程度而当然不是全部意义上"的话中显示出的问题，而至此我有关维特根斯坦的论述中之意味，正是这个意思。这一点在奥斯汀很大程度上有关愤怒的文章中得以澄清，即《他者的心智》（*Other Minds*）与《假装》（Pretending）。②

尽管例子就是例子，只是从众多之中略显随意地选择出来，而幸好其中的任何一个都起到效果，哪怕是含蓄地。但是，由某位特定的哲学家或小说家挑选、作为总体情感范例的激情或过度情感，很明显是具有症候的。细心的读者已经注意到，英国（或奥地利）的哲学家赞成暴力的、令人不快的感觉或情感（疼

---

① Jacques Derrida, "Comme si c'était possible, ' within such limits,' " in the section "Derrida with his replies," *Revue Internationale de Philosophie* 3（Oct. 1998）: pp. 498 – 499，笔者译文。

② J. L. Austin, *Philosophical Papers*, 3d. ed. , ed. J. O. Urmson and G. J. Warnock（Oxford: Oxford University Press, 1979）, pp. 76 – 116、253 – 271，以下缩写为 *PP*. "Other Minds" 首先被发表于 1946 年，*Proceedings of the Aristotelian Society* 一书中，即他于 1955 年在哈佛大学发表《如何以言行事》演讲的九年前。"Presenting" 首先发表于 1957—1958 *Supplementary 32 of Proceedings of the Aristotelian Society*。

痛、愤怒），而法国人（德里达、普鲁斯特）更喜欢爱的激情（如普鲁斯特大量例证显示，绝非总是令人愉快的）。那看上去几乎太好了，以至于不像是真的，因为它符合不同国家在人们心中的固有形象：受虐成性的奥地利人，性情暴躁的英国人，多情善感的法国人。当然，选择愤怒作为范式，符合贯穿于奥斯汀《如何以言行事》（How to Do Things with Words）中所有例子的滑稽可笑的暴力（zany violence）。

在《他者的心智》与《假装》中，奥斯汀对日常语言的用法，进行了很长一系列细致的区别与分析，如"他正装作在下国际象棋"（He was pretending to play chess）与"他佯称正在下国际象棋"（He was pretending that he was playing chess）。如同在《如何以言行事》中一样，这两篇文章都没有得出任何明确的结论。计划在一开始被认为是边缘的，而非中心的；那些论文同专题讲稿丛集一样，结尾时说一切工作都尚未完成。奥斯汀以一种有些类似的方式开始了《为辩解进一言》（A Plea for Excuses）。他首先请求读者原谅他未谈论标题所承诺的内容，因而正如德里达所评述的那样，[1] 创造出了一个"述行冲突"（performative contradiction），因为在他请求我们原谅他没有讨论辩解的时候，他正在讨论辩解，并且述行性地请求得到原谅。这个矛盾本身就是一个述行行为。

《他者的心智》以另一个辩解或被宽恕的请求开始。奥斯汀说，他基本上赞成魏约翰（John Wisdom）在《他者的心智》中的观点，但是对于边缘议题（peripheral issues）仍有话要说："我充其量只能希望对问题的一部分作出贡献，并且更多一些专题研究，对此可能还会有所裨益。我只能希望它是更接近中心的部分。然而，事实上我的确感觉到自己在边缘问题上陷入僵局

---

① Derrida, "Comme si c'était possible, 'within such limits,'" pp. 500 - 501.

后，无法靠近中心。"（P，76）又出现了"陷入僵局"那一修辞，对于《如何以言行事》而言是如此关键！被困在边缘有利有弊，对于这一点没有任何一位奥斯汀的细心读者会质疑。有弊，是因为它阻止了向前的运动；有利，是因为它意味着你受到保护，免于陷入泥潭的中心，而那里是奥斯汀所有的作品都已接近并同时强烈抵抗的某种致命的黑洞。

《假装》开始于另一个述行语，另一个道歉，或被宽恕的请求。这一次的刺激因素是某位艾罗尔·贝德福特（Errol Bedford）所写的一篇论文，也出于《亚里士多德学会会刊》（Proceedings of the Aristotelian Society）。贝德福特认为，生气完全存在于某人好像生气时的表现。奥斯汀的阐释是："不存在一种生气的人本身可感的特定感觉。我们生气了，也根本不必有任何的感觉。"（PP，253）奥斯汀为脱离这个论题（虽然通篇的确间接地与之产生联系，且令人信服地、甚至轻蔑地推翻了贝德福特的论点），而牵扯到一些边缘事物而道歉。后者指的是在贝德福特的论证中毫不经意地被提及的东西，即假装生气或一切假装可能意味着什么的问题："对于这一观点（即，生气完全存在于某人好像生气时的表现），我不感兴趣，而是关心一些他毫不经意地做出的一些有关假装的评论（并且我意识到，把这些挑出来进行集中批评，对他不太公平）。"（P，253）

《他者的心智》以如下断言结束，即假设"我怎么知道汤姆生气了？"这个问题的意思应该是"我怎样探究汤姆的感觉呢？"而这个假设"只不过使我们找错了攻击目标"（P，116），虽然我们应该攻击哪个目标在很大程度上悬而未决。

《假装》结束时问道，"最后，关于假装的这一切，其重要性何在？"答案是，"虽然我不能肯定重要性是重要的（importance is important），但是真理可以"，另外，"对假装的阐明或许并不重要，然而要在一套相关的概念中为之分配其合适的位置，就必然会寻到某一个，哪怕是卑微的"（P，271）。最后一个奇怪的脚注记述了一个不可能的梦，虽然除了一位普通语言哲学家之外，谁还会知道普通—语言哲学家通常会做何种梦？另外，对莎士比亚扭曲的、如梦的仿效，是奥斯汀的特点："我梦想"，奥斯汀说，"拥有一句诗行，能够成为冷静的哲学家们的格言：虽非一切，亦非终结"（P，271）。

　　为什么这种对终结的反抗是具有决定意义的？为什么奥斯汀偏爱陷于边缘问题之中？两种可能性突然进入脑海，全都不同于德里达的"可能"，因为他的"可能"使得质询始终向一个事件可能的不可能性（possible impossibility）开放，即意料之外与无法预料之他者的到来。然而，我要向奥斯汀建议的第二个假设，与德里达的"可能"息息相关。下面是第一个可能性：也许有人会说，普通—语言哲学是一种语言游戏，一种足够严肃的游戏，但是其原则使那些将游戏带入终结的陷入不利之境。那些将某一特定调查方式坚持的最长而未达成任何结论的，"赢得了游戏"并获得了奖赏。他们做到这一点所用的方式是，想出日常语言中日新月异的细微差别（如"装作在下国际象棋"与"佯称正在下国际象棋"［我不是说没有区别!]），以及推陈出新的幽默小故事或情境，而其中之这样那样的词语似乎用得也是合情合理。后者的一个典型例子出现在《假装》接近开篇的地方："现在他走得更远，这样说吧，他一口咬住地毯（即，他非常生气——译者注）：我们会满怀同情地想象到那个画面——地毯是无罪的，咬是果断而恶毒的，损害是严重的。现在他做得太过头了，超出了假装与现实之间的界限，那么我们就不能再说'他装作很生气'，而必须说'他真的非常生气'。"（P，271）在通过这些方式而使讨论继续下去方面，奥斯汀真可谓是无比聪颖的。

　　对于奥斯汀反抗成为一切（be‐all）或终结一切（endall）的第二个可能的解释是这样的：或许他始终不肯得出非情愿的结论，即使其思想不断地趋向于此。这样不情愿的态度不仅仅提供了非传统、制度上的原因，来说明为什么要尽可能长久地停顿于边缘之上。奥斯汀希望远离依然施加向心力并在其特定的普通语言游戏中秘密地激发一切行动的中心。或许正是这许许的严重威胁、勇敢抵抗而又不断与之嬉戏的致命危险，最终赋予奥斯汀的作品以极大的价值。他就像一个伟大的斗牛士，九死一生。

请问这个既吸引又排斥奥斯汀的中心是什么呢？就像是一个深渊，吸引着逡巡在峭壁边缘、感到眩晕的人？我觉得它是可以被命名的。它有两个方面。第一个是担心用以表达情感的语言可能主要是述行性的，而不是述事性的。只有当我们说"我爱你"时我们才开始恋爱，这一实例就果然如此。先存在的情感与之毫无关系。另一个是担心可能无法确切知道他人是与我生气还是爱我。这两种担心是同一担心的不同方面。只有游戏在"可能"之中继续，而"可能"会阻止提早关闭，并使突破性事件会将担心变为令人满意的确定性之希望保持开放，而只有这样，玩普通一语言游戏的哲学家才能始终停顿于边缘之上。只有通过延长游戏时间，他或她才能远离产生过度焦虑的中心。

读者会注意到，这种担心与我在《如何以言行事》之核心部分——即讨论奥斯汀的章节——中所指出的难题密切相关。这个难题存在于两者之间：其一是唤起有意识的意图（conscious intention）的需要，使这种意图成为恰当的述行话语之前提；其二是要意识到，除非我们说"我言出必行"，并且断开述行功效与意图之间的联系，否则述行话语（诺言、示爱行为等）将被向后移动，进入到不可及、不可验证、摇摆不定的领域。我们究竟如何才能确信某人是否是"真诚的"？这种不确定性只会给犯重婚罪、出老千的人提供帮助，还有那位把说"我爱你"只当作引诱妇女的恶毒手段而毫无真爱的唐·璜。在我正在讨论的这篇文章中，同在《如何以言行事》中一样，最重大的问题利害攸关：依旧是拯救建立在稳固基础之上的道德、法律与秩序的可能性。奥斯汀开了一些轻松愉快的玩笑，如我们怎样才能确定那只鸟是只金翅雀，或者如果那个人没有恶狠狠地咬了地毯一口，我们怎么能知道他生气了。但是在这些玩笑后面，总是暗暗隐藏着对法律与秩序的激情。

尽管《他者的心智》要比《如何以言行事》早十年，尽管它集中研究我们如何才能知道他人生气的问题，但已经在胚胎中——孵出奥斯汀最大一只公鸡的胚胎——孕育了述行与述事语言之间的区别。比如，在一个脚注中，"我知道"与"我保证"这两个表达方法之间的区别得到了对比：

> 此处所考虑的，只是"我知道"与"我保证"（直陈式现在时单数第一人称）这两个表达方法的使用。"如果我知道的话，我就不会错了"或"如果她知道她不会错"这两句中的担心，与"如果我（'你'）知道我（'你'）不会错"中所担心的方式不同。又如，"我保证"与"他保证"迥异：如果我说"我保证"，我没有说我保证，我保证，正如同如果他说他保证，他没有说他说他保证，他保证；然而如果我说"他保证"，我的确（只是）说他说他保证——在"保证"的另外一个意义上，即我说我保证，而只有他能说他保证。我描述他的保证，但是我履行我自己的诺言，而他必须履行他自己的。

正如你们所看到的，问题是如果我说"我保证"，很显然我能够知道我是否真是这个意思还是假装保证，然而如果他人说"我保证"，这并没有告诉我任何有关他/她是否打算兑现诺言的信息。在这种不确定性中，存在着说"我言出必行"的吸引力。当我们中的任何一位说"我保证"的时候，无论我的抑或他/她的脑海中想的是什么，那些话使说话人保证去履行其承诺。意图是不相关的。

这其中所存在的问题是，它导向了保罗·德曼通过经过固执而又严谨的思考对此所得出的那种结论，即语言机械地、述行性地、自动地发生作用，常常违背说话者的愿望与意图。言语承诺[*Die Sprache verspricht（sich）*]；言语作出承诺，同时又否定自身，说错话，说走嘴。奥斯汀希望不惜任何代价避免得出德曼的令人反感的结论，尽管这是沼泽地之边缘，而他依然陷于其中。

奥斯汀在《他者的心智》中一组引人注目的文章，比较了"我保证（做某某事）"与"我知道（那是一只金翅雀或他/她生气了）这两种表达方法，而此时，奥斯汀最接近于这个中心。这两种表达方法看起来多多少少好像与述行与述事话语之间的对立相一致。说"我保证"是在作出承诺。这是以言行事的一种方法。说"我知道（那是一只金翅雀或他/她生气了）"看似是述事性的。它看上去好像是对可证实为对或错的事实陈述的描述。"知道"这个动词将其置于述事之域。你可能错了，但是你所知道的或者对了，或者错了。德曼的一个观点是，述行话语不向认知开放，而述事陈述的确向知识开放。

然而，奥斯汀思想之锐利再加之仔细甄别与精心的分析，使他逐渐认识到，"我保证"与"我知道"都是他后来所谓述行话语之形式。奥斯汀论证中略趋缓和的高潮出现在《他者的心智》中的一段。它开始时是这样说的："认为'我知道'是一个描述短语只是哲学中如此常见的描述谬误（*descriptive fallacy*）之一例。"（P，103）描述谬误是什么，我们可以从《如何以言行事》的开始部分得知。它是一个错误的假设，认为一切有意义的语言都是述事性的，或对或错。好吧，如果"我知道这事那事"不是描述性的,那么它又是什么?段落的其他部分虽然未以赘言确切地说,但几乎清楚地表达出,"我知道这事那事"当然肯定是述行话语,也就是说,"非描述我们所施之行动,而是去做它"(P,103)。说"我知道他生气了"是一个宣告,不是对事实的陈述。它与信仰宣告非常相似,虽然不完全相同。它是通过语言的一个设定(positing),而不表现其他可知与可证实的事物,就像是尼采所描述的那些设定一样,如不矛盾律(law of noncontradiction)。

几乎可以这样说,他人生气是因为我说"我知道他生气了"。我的证词及见证将其愤怒带入了社会世界之中,而在那里愤怒这个词具有了共享的意义。我们可以与《独立宣言》的中心句作以比较:"我们认为这些真理是不言而喻的。"如果真理是不言而喻的,那么它们就可为自己辩护。然而,说"我们认为"就是一个述行性的设定或者宣言,一个信仰或忠诚的宣称。即使通过解剖或检查羽毛我可以断定那只鸟是一只金翅雀,或者通过测血压来证明那个人的确生气了,但是说"我知道这一点"几乎同说"我爱你"一样,是述行话语。它创造了它所命名的条件。然而,这个有些令人沮丧的结论,奥斯汀始终困于其边缘的泥潭中心,正是他不惜任何代价想要避免涉入的,即使其代价是永无休止且毫无结论的沉思。

这种自我抵抗,在《他者的心智》结尾的一些斩钉截铁的断言之词中,显得异常明显。奥斯汀使用各种普通—语言表达中所蕴含的意味,谨慎地编织了一些玩笑话(如"我知道他生气了,因为他把地毯咬下来一大块")。但问题是,他在这些玩笑话中所提供的证据,根本不可能明确地引向这样一个令人感到安慰的结论。尽管如此,奥斯汀需要作为一种信仰的宣告而把它讲出来。它不是一个述事话语,而是述行话语,或者伪装成述事话语的述行话语:

似乎……信任某人、权威和证词，是交流行为——我们
所有人不断施行的行为——必不可少的部分。它是我们经验
中必不可少的部分，就像做承诺、玩竞技性游戏，甚至辨别
色标一样。我们可以陈述这种行为的某些好处，我们也可为
其"合理的"行为制定某种细则（就像是法院、历史学家
和心理学家为了接受证词而制定的规则一样）。但是不存在
像这样做的"正当理由"。(*PP*, 271)

不存在这样做的正当理由，原因是它们不能被证实，或得到
理性的支持。它们没有向知识开放。它们是"行为"（奥斯汀对
这个词的使用，为后来自创新词"述行语"做好准备），"信仰"
的行为。我们总是相信他人的证词，比如说我的爱人说"我爱
你"时，并且我们最好相信它们，因为法律、秩序、交流、美
满的婚姻以及社会的正常运转，都依靠这种信仰，尽管这种信仰
毫不顾忌我们是否对那种信仰有足够的证据。

（苏擘　译）

保罗·德曼

言语行为理论（speech – act theory）这个术语作为一个明确的质询对象出现于保罗·德曼作品中的时间，至少可以追溯到"劝说的修辞学"（尼采）（"Rhetoric of Persuasion"）——写于1975年的一篇论文，后来作为《阅读的隐喻》（*Allegories of Reading*）① 的第六章而重印。那个质询始终贯穿于德曼后来的写作生涯之中。同雅克·德里达的言语行为理论一样，德曼进行了彻底地修正，并且对奥斯汀（J. L. Austin）在《如何以言行事》（*How to Do Things with Words*）一书中所阐发的徒有其表的确定性提出了质疑，更不用说约翰·塞尔（John Searle）对奥斯汀的挪用了。我说奥斯汀理论具有"徒有其表的确定性"的原因在于，正如我在第一章所示，奥斯汀是个狡猾的家伙，一位十足的讽刺作家。德曼对奥斯汀的背离在一些重要方面与德里达不同。过分强调两者的差异是错误的，因为他们之间也具有诸多的相同之处；但是，即便如此，他们的言语行为理论似乎迥异——当然，是在"语气"（tone）上迥异。比如说，反讽（irony）在德里达的著作中就不像德曼那般普遍，虽然反讽与严肃绝非水火不相容。在《有限公司 a b c》（*Limited Inc a b c*）以及手法愈加精

---

① Paul de Man, *Allegories of Reading* (New Haven, Conn.: Yale University Press, 1979), 以下缩写为 *AR*。

巧的晚期著作中，德里达对言语行为理论的挪用，朝向一种毫无反讽韵味的责任概念，其例证则是"心灵：他者的发明"（Psy-che：The Invention of the Other）① 中的最后数页。言语行为是一种回应，一种肯定回答，是来自他者的要求或者命令，来自德里达所谓的"全然的他者"（le tout autre）。某些要求获得尊重、但完全身处他者地位之他者（radically other other）提出了诉请，而随着为其所请做出的公开辩护，诸如"全然的他者"之类煞有介事的术语，至少看上去与德曼的思想风马牛不相及。德曼对奥斯汀的修改与"解构"，采取了不同的方针。他清醒地在修辞学与语言学术语内工作，而这些术语至少在最初来自尼采。诚然，以"清醒"二字来描述尼采绝非准确，他亦无意于此（尽管他本人并不饮酒，并厌恶德国人喝啤酒）。更确切地讲，尼采是一位使用哲学论证来展示其不可能性的哲学家。德曼也是个清醒的人，但如我将示，亦如读者所知，在其清醒之中，依然存在着某种具有讽刺意味的野性。通过一系列貌似完美无瑕的推理过程，得出了出人意料甚至耸人听闻的论断。

德曼从明确区分述事话语和述行话语（constative and perfor-mative utterances）这项无望的工作开始。尽管话语行为理论的整个工程都倚赖于这种区分，但是每当德曼使用言语行为理论的术语时，他都会一再地被引入模糊的边缘，这也如实反映出他整个工程的全貌。他认为，这使得如下问题永远也得不到确定了：是否有可能确定用词语到底做了什么，谁或什么必须对此现象负

---

① 关于这最后数页，参见 Jacques Derrida, "Psyché: L' invention de l' autre," in *Psyché: Inventions de l' autre* (Paris: Galilée, 1987), pp. 58 – 61, 英语版本为 "Psyche: The Invention of the Other," trans. Catherine Porter, in *Reading de Man Reading*, ed. Lindsay Waters and Wlad Godzich (Minneapolis: University of Minnesota Press, 1989), pp. 59 –62. 我对这数页的探讨详见 "Derrida's Literatures," in *Derrida and the Future of the Human (ities)*, ed. Tom Cohen (Cambridge, Eng.: Cambridge University Press, 2001)。

责，乃至归根到底是否有可能用词语做任何事情。对于德曼来说，思考语言的述行之维（Performative Dimension of language），并非遭遇"全然的他者"，而是知识之极限的方式。这种极限是一种无法穿透的不可知性的边缘地带，将洒满智慧之光的理性团团围住，就像深夜在一位学者伏案阅读的书房里，黑暗将台灯发出的那圈明光团团包裹一样。对于德曼来说，阅读只是将那周围的黑暗变得愈加黑暗，将其带至光明，虽然这看起来有点自相矛盾。

"劝说的修辞学"（尼采）正是这种阅读的一个例子。德曼的阅读是在"哲学与文学话语之关系"（*AR*，119）这个问题的指导之下进行的。德曼的文章最初是对尼采那本被称之为《权力意志》（*Der Wille zur Macht*）的第516节的解读，同时兼顾了尼采的相关文本。德曼集中研究了尼采在第516节及其他部分中动词"设定"（*setzen*）及其同源词"弃置"（*aussetzen*）与"假设"（*voraussetzen*）相对于"认知"（*erkennen*）的用法。"设定"的变体词还存在于德曼作品的其他处，如其后来的论文"破相的雪莱"（"Shelley Disfigured"），而其他例证出现的则要更晚些。德曼准确地看到，尼采的对比与奥斯汀对述行话语与述事话语的区分相符。德曼说："正如尼采所料，述行话语与述事话语之间的区别是无法判定的。"（*AR*，130）

尼采"解构"了自亚里士多德以降的一条基本原理，即矛盾律，或者用另一种方式来表达，也就是非矛盾律。在德曼所引的一文中（*AR*，122），尼采说："根据亚里士多德所言，矛盾律是一切法则中最确定无疑的。"通过证明同一律（identity principle）是有关"设定"而非"认知"的问题，对这种确定性的解构，达到了预期的目的。那条定律不以任何确定的知识为依据，是毫无保证的设定。整个虚幻的逻辑推理结构都基于盲目的述行功能："身份与逻辑的语言用命令式来显示其权威（也就是说，你必须遵守非矛盾律。——JHM），从而将其自身行为视作对实存体的设定。逻辑由位置言语行为（positional speech act）构成。"（AR，124）这看起来已经足够清楚了。在明确的知识基础之上，它赋予了控制权，尽管它是负知识（negative knowledge）。"认知"已被"设定"所吞噬。整个言说、思想与写作的领域，业已变为一种泛述行性的行为（pan-performative act）："这会给予我们坚定的信念，认为只要缜密的思想充分意识到转喻所具的误导能力，就会在幕后起到支配性作用，这样用词语做任何事情，都是合理合法的。"（AR，131）

　　然而，借助于尼采的某些其他章节，尤其是《权力意志》第477节，德曼如其读者期望，对这种认识再度进行某种曲解。然而，他在另文"转喻的修辞（尼采）"中引自尼采所著"非道德意义下的真理与谎言"一文的话令人难忘："不吸取教训的人往往会在同一处跌倒。"（AR，118）德曼的读者，或者大体上所有的读者，可能就像《花生漫画》（"Peanuts cartoon"）中的莱纳斯或那个足球，一再地中同样一个圈套。在德曼的文章中，不可幸免的圈套是貌似清楚明白、实则悬而未决的知识。

　　进一步的曲解取决于语言的认知与述行之维的彻底分离，这也是德曼言语行为理论的基本前提。述事话语与述行话语是不能明确区分的。它们不能。所有的话语都是两者的混合体。但是既然话语是述行的，它就处于可知领域之外。这就意味着，所有的"设定"行为，均远非可能掌握之域，实乃根本无知与智识不足之域："在其指称功能方面，述行语言所具有的模糊性，并不比述愿语言（language of constatation）少。"（AR，127）述行语言的指称功能，大概指用词语做某事，并且同时知道所为之事是什么。事实表明，这是不可能的："论同一性的第一段（第516节）证明，述事语言实际上是述行的，但是第二段（第477节）断言，语言用以述行之可能性，同语言用以断言之可能性一样，都是虚构的。"（*AR*，129）这在几句之后以修辞方式进行表达：
"导致'设定'相对于'认知'、作为行动的语言相对于作为真
理的语言，占据稳固的优势地位的表面原因，并未中鹄的。它或
高于靶心或低于靶心，这就揭示出，长久以来人们臆断已被消除
的目标，只是被移位了而已。"（*AR*，130）

德曼同往常一样，从这个双重不可能性与这个双重无知中，
得出了影响最为深广的推论。"认为只要缜密的思想充分意识到
转喻所具的误导能力，就会在幕后起到支配性作用，这样用词语
做任何事情，都是合理合法的"，这一坚定的信念被下述事实破
灭殆尽，即无论是我们，还是缜密的思想，对如下事情都一无所
知："但是如果事实证明这同一个思想，甚至不知道是否做或不
做某件事情，那么就有充分的理由去怀疑它不知道自己在做什
么。"（*AR*，131）这让我想起来德曼在耶鲁大学的研讨会上所说
的一些话。他评论说，言语行为确实使某些事情发生，但这绝对
不是它打算或提前预测的那样。你瞄准的是一只熊，从空中掉下
来的却是某只无辜的小鸟。

通过尼采他发现，想要知道某人正在做什么是不可能的，而
这种发现使德曼得到另外一个范例，来证明那个关键的、颇费脑
筋的概括性结论——我在别处将它描述为尼采作品中令人反感的
因素。① 德曼通过细读尼采得出了这个结论，但是此刻尼采的支
撑材料被抛在一旁，只剩下那个结论悬于半空，主要依靠德曼之
断言来得以证实，并以其特有的词汇进行表达。

　　被当作劝说时，修辞是述行的；但是当被看作转喻系统

① In J. Hillis Miller, "Paul de Man as Allergen," in *Material Events* (Minneapolis：University of Minnesota Press, 2000), pp. 183 - 204. 在此论文基础上扩展的一篇同名论文中，我探讨了德曼的理论与反讽的运用。参见 *Others* (Princeton, N. J.：Princeton University Press, 2001) 中的第十章。

时，它解构了自身之述行。修辞是一个文本，允许两个互不相容、相互间自我毁灭的观点共存，因此为一切阅读与理解设置了不可逾越的障碍。述行语言与述事语言之间的难题，只是转喻与劝说之间的难题的变体，而后者既产生同时又破坏了修辞，从而赋予了它历史的表象。（*AR*，131）

一道难题就像是一个死胡同，一个标志着"此路不通"的死胡同。此处所论之难题，对知识来说是一道纯粹的屏障，并且对于述行、至少对于知其所为以及知其何所为的某一行为而言，也是一道纯粹的障碍。

德曼注意到，尽管尼采那里的文哲关系问题（并且含蓄地指出是普遍意义上之文哲关系问题，而不仅仅是尼采），并未得出答案，至少我们拥有了"能够以之为出发点进行提问、更加可靠些的'参照'点"（*AR*，131）。通过此种发现，德曼的文章从容地返回到了起点。然而，那个参照点是要承认，"准确地来讲，形而上学或'哲学'是'文学性的'，解构它是不可能的事"（*AR*，131）。这儿还有另外一件不可能之事，而哲学可能会对此感到欣喜。对形而上学的解构（这个短语很显然涉及德里达），听起来好像应该是件好事，但是被期待去施行此益举的工具，即修辞学或文学，证明不能完成被认为能够胜任之事，或深感无力、或太过虚弱。这使得形而上学——它在此处是对德曼后来称之为美学意识形态之领域的简略说法——庆幸完好无损，注定会无限地重复它的错误，尽管想要"解构"它的努力不屈不挠。

"劝说的修辞学（尼采）"为德曼后来所有的言语行为研究确定了方案，比如"承诺（《社会契约论》）"（Promises [*Social Contract*]）、"借口（《忏悔录》）"（Excuses [*Confessions*]）、"破相的雪莱"、"帕斯卡的劝说寓言"（"Pascal's Allegory of Persuasion"）以及"反讽的概念"（"The Concept of Irony"）。其中的每一篇都是难懂的文章，需要详尽的阐释，即使文章之目的只是要确立言语行为理论。尽管德曼的言语行为理论始终如一，并无什么"发展"，但同样慢慢地发生了转变，其焦点从有关述行话语的意识困境，转向了在毫无意识或意向性（intentionality）干预的情形下，语言自主述行的能力问题。在其言语行为理论中，德曼的注意力仍然集中在"述行修辞学与认知修辞学、转喻修辞学未能汇于一处"（AR，300）的方式问题，但是他更多地专注这是如何独立于意识、意愿和感觉心智而发生的，以及如何作为语言的机械学事实而发生的。"承诺（社会契约论）"带着如下主张结束的：政治改良这一无法实现、骗人的承诺，"听凭作家随意处理，而实未发生……语言本身使认知与行为分离。言语承诺（Die Sprache verspricht（sich））"（AR，276，279）。"借口（《忏悔录》）"（AR，278—301）一文，对卢梭《忏悔录》中"失窃的丝带"这一插曲，进行了复杂精细的解读。他的解读是分层级进行的，一个淘汰前一个，或用更好的来替代它，或超越它，更深入地切入到文本之中。在交换与替换的隐喻系统中，出于占有欲的阅读，被对于自我暴露时快乐的羞耻感的欲望所替代，尽管这种动机结构仍落入隐喻置换（metaphorical displacement）的窠臼，从而向理解敞开了大门。通过下述主张，这两种阅读被依次彻底搅乱，即卢梭用自己的证词为自己开脱，并未使用欲望所催发的替换策略，而是使用碰巧最先溜到他嘴边的话音："卢梭碰巧想起什么就说什么；说到底他什么也没有说，尤其是某人的名字。"（AR，292）以卢梭的主张为基础，即玛丽恩（Marion）这个名字，只是作为一种借口进入他的脑海之中，此种不断自动抵消的阅读过程之极致，是将借口与其他言语行为，视为如同语法一般机械的主张。这里所强调的是"随意的"打断、分离、破裂，以及得到德曼美所说的"浑然天成的几乎不可察觉的裂缝"（*AR*，291）。然而最终，或自始至终，这种破裂作为"永久的离题"（permanent parabasis）被四处散布，就像反讽文本中的反讽一样。

德曼总结道，借口由语言本身而不是由意愿、预计中的主体施行。这意味着，借口与通常意义上的言语行为一样，封闭于意识与理解之外，尽管它们在阅读的两个早期阶段的末尾，依然成功地发挥着作用。一个"彻底的分裂"存在于"卢梭的欲望与兴趣以及对这个特定名字的选择之间"（*AR*，288）。在接下来的展开论证部分中，德曼对此作出概括："从某种特定的角度来看，语言如若不是极度正式，或曰机械，那么它就毫无用处，无论这一方面被审美、形式主义谬见如何深深地掩藏……对比喻之维的解构，是一个独立于所有欲望而发生的过程；就其本身而论，它不是无意识的，而是机械的；在述行方面是系统的，但是在原则上同语法一样，是强制性的。"（*AR*，294，298）其结果是，言语行为的情感伴生物，比如说借口，由述行话语产生出来，而不是被它消除。正如"在克莱斯特（Kleist）的剧作中，判决重复着它所谴责的罪行"（*AR*，245），所以"借口之前产生出它们所赦免的罪责，尽管总是过多或不足。在幻想结束的时候，总是比开始时萌生更多的罪责"（*AR*，299）。此外，如果这个罪责在原则上向认知开放，那么无论赦免还是产生它的借口是盲目的，无法理解，成为弗里得里希·施莱格尔（Friedrich Schlegel）所谓的"不可知性"（*unverständlichkeit*）的东西。

在这个描述中，既然罪责是语言的认知功能，而借口是其述行功能，那么我们正在重申述行从认知的分离：一切言语行为产生过度的认知，但是它从未期待知道其自身产生的过程（唯一值得知道的事情）。正如文本从未能停止因压抑其自身施行的罪责而道歉，那么也没有足够的现成的知识，

来为认知的幻想负责。（*AR*，299—300）

在"破相的雪莱"①中，德曼以语言原始的，以及从而无限重复的表象，将其本身视为完全独立于人类意识之外的、毫无意义的自我设定。通过这种方式，他对言语行为的不可知性这个激进的理论，再度进行曲解。然而，"设定"一词的使用显示出，德曼言语行为理论是对相对较早的"劝说的修辞学"（尼采）的延续。雪莱《生命的胜利》（*The Triumph of Life*）中的设定，是复现的、"由语言自视拥有以及自身拥有的权位实现的、单一从而暴力的权力行为"（*AR*，116）。这个毫无意义、暴力的设定，由语言按照自己的意愿施行，没有任何主体性的干预。它随即被第二个设定抹去、遗忘、消除殆尽，而此设定毫无依据地将意义强加于语言之所设定。

　　一个同之前与之后的一切事物都毫无关系的位置行为，如何被写入序列叙事（sequential narrative）之中的？一个言语行为如何成为一个随即能产生语言叙事序列的比喻（trope）、词语误用（catachresis）？唯一的原因是，我们接着将意义的权威，强加于位置语言毫无意义的权力上。但是这极不协调：语言可以设定，可以表达意义（既然语言用以表达），但是语言不能设定意义；它只能在其再次确认的谎言中重申（或反映）它。这种不可能性的知识，也不会使其不可能性稍减。这种不可能的地位正好是修辞、转义、隐喻，如暴力——而不是黑暗的——之光，致命的阿波罗……如果从述行角度考虑，修辞（如下述问题：德曼正

――――――――――

① Paul de Man, *The Rhetoric of Romanticism* (New York: Columbia University Press, 1984), pp. 93 – 123, 以下缩写为 *RR*。

在考虑回响在《生命的胜利》中那翻来覆去的"为什么?""为什么?""为什么?"——JHM)完成了抹去语言设定权力的工作。(*RR*,117 – 118)

读者可能已经开始体会到德曼的严苛,尽管认为你已然体会到这一点,或许是个严重的问题。不借助任何来自男人或女人、他或她的主体性与其自身意图的帮助,语言独立地进行自我设定,是一个暴力的、毫无意义的设定行为。这种设定是一个言语行为,但属于一种非常异常的言语行为,因为它有意地脱离了自我(ego)。对于奥斯汀来说,至少如他通常阐释的那样,后者是适当的言语行为的必要媒介,正如某人说"我保证"① 一样。"言语作出承诺",但是以一种暴力、无意义、机械的方式进行的,丝毫没有意识到自身之所为。语言当然也以这个动词的自反形式"作出承诺"(*verspricht sich*):口误或说错话。语言出了差错。当我发生口误时,我说了本不想说的话。我的舌头毫无意义地替我说话,正如对德曼来说,语言独立地说话。只有在二手的、不确定的设定中,我才会将意义归于特定行为中的语言——这种行为必要地忘却或抹除原始述行设定中的暴力与无意义。这是"通过抹除而出现的认知的发音语言,对这种语言实际施行的事件的遗忘"(*RR*,118)。

新的设定行为将意义赋予没有意义的事物之上,然而,既然这种行为也是暴力的,抹除只是不完全的:"既然抹除是由语言手段完成的,而语言手段本身从未消除过其矛头所指之暴力,所以设定原初所具之暴力,也只能被抹除一半。"(*RR*,118—119)随后,那个序列重将开始:以语言的自我设定的另一个暴力行为

---

① 对奥斯汀而言,事情不是这样简单。在他看来,适当的言语行为(felicitous speech act)既需要又必不需要故意的意图。正如我在此前第一章中表明,这是奥斯汀如何以言行事理论的一个重要的核心问题。

为先，继以其意义的恢复、转义系统的建立及其不可读性之寓言化。然而沿着其叙事线（narrative line），无处不在的反讽始终悬止着语言意义的清晰。

尽管原初的暴力产生了历史，并拥有物质力量（material force），但是它处于时间之外，是即时、瞬间发生的。它在转瞬之间发生，正如雪莱《生命的胜利》中的太阳"喷薄而出"一样。第一个暴力的设定，立即被第二个、为毫无意义的权力行为赋予意义之设定行为覆盖。第二个设定产生出并非事件、某种意义上并未发生的意识形态。德曼断言，尽管康德的写作是个事件，但是从席勒以降、长期以来对康德的误读，并不成为事件（non - event）："从当时直至今日对康德的接受中，什么也没有发生，只有倒退，根本什么也没有发生。"① 如同以前的文章一样，在"破相的雪莱"中，虽然德曼经由略有不同的路径，他通过自己对言语行为作为无意义的设定进行的独特调查，再一次回到了不可知性的边缘。

现在我问一个绝非幼稚的问题。答案至关重要。德曼自己的作品也有述行成分吗？乍一看好像没有。他的作品以一种冷静的述事阅读方式展现出来，无论这种阅读忠实于文本与否。其认知上的真实性或虚妄性，可随时接受客观的验证。对于黑格尔，或者雷蒙德·盖伊斯（Raymond Geuss），或者德曼正确。德曼的"答雷蒙德·盖伊斯"从整体上来看，是一篇推理缜密、文献详备的文章，试图证明盖伊斯（以及传统经典的黑格尔解读）都误解了黑格尔，那么德曼理解的就正确吗？②

然而很容易证明，德曼的作品同任何文本一样，只是在这种情形之下、以特定的方式，才具有关键性的述行成分。一种方式

① Paul de Man, "Kant and Schiller," in *Aesthetic Ideology*, ed. Andrzej Warminski (Minneapolis: University of Minnesota Press, 1996), p. 134.

② Paul de Man, "Reply to Raymond Geuss," in *Aesthetic Ideology*, pp. 185 - 192.

是以不同的形式多次出现于德曼作品中的独特惯用语。这指的是
"我们所谓的"，比如说"抵抗理论"（"The Resistance to Theo-
ry"）① 一文中著名的定义所提的"我们所谓的意识形态"，或者
"帕斯卡的劝说寓言"（"Pascal's Allegory of Persuasion"）最后几
句话中的"我们所谓的寓言"。② 命名是一种位置言语行为，一
种词语误用，就像我们把一个婴儿称为"安德鲁"或者"玛丽"
时一样。德曼公式中的"我们"，既可以指作为作家的"我们"
（他真正的意思是他称之为寓言），同时也可以指集体的、传统
的、虚构的命名者。我们称之为意识形态，但实际上那不是它的
专有名词。它没有专有名词，除非通过共同认可的传统。

　　然而，德曼作品中的述行之维，渗透得比这还要广。他一再
重申他在《生命的胜利》中发现的"警告"，不仅仅作为"提
及"，而是作为"使用"。德曼，或者更确切地说是德曼的文本，
正警告读者，尽管它也警告她不要在意警告。

　　　　《生命的胜利》警告我们说，无论是行为、言语、思想
　　或文本，只要是与从前、以后或存在于他处的任何事物相关
　　的，不管是积极的还是消极的，什么都未曾发生过，而仅仅
　　作为一种随机事件，其力量，如死亡的力量，归因于发生的
　　随机性。它还警告我们为什么以及通过什么方式，这些事件
　　接着必须要在即使暴露其谬误也要重复自身的历史与审美的
　　恢复系统中重新整合。（RR, 122）

　　许多其他类似这样的述行陈述，都可以在德曼的作品中找
到。他全部的作品或许可以被定义为一种警告。然而，通过一种

---

① Paul de Man, "The Resistance to Theory," in *The Resistance to Theory* (Minneapo-lis: University of Minnesota Press, 1986), II.

② Paul de Man, "Pascal's Allegory of Persuasion," in *Aesthetic Ideology*, p. 69.

特有的且常常是重复性的行动——一种伪装为述事话语的述行话语——这种情形决然地、颇具策略地发生了。这种行为是从冗赘陈述的转化，而这些陈述声称，它们只是以略有不同的语言，但以附加诸多引述的方式，来述事性地对某一特定文本所说，及其对于来自阅读但现在据称无论何时都适用于一切文本的普遍共性的陈述之意味进行模仿。

德曼的作品充满了这种严格意义上来说毫无保证的语域置换（displacements of register）。它们是毫无保证的，因为虽然德曼所读的文本具有其自身独有的特性与历史多元决定性，但是其中没有任何东西，能为其一下子跳到全有或全无的概括（all－or－noting generalizations）辩护。这种跳跃的范式例证，是"所有文本的范式由一个修辞（或修辞系统）组成，而对其解构"（*AR*，205）突然从对卢梭《朱丽亚》（*Julie*）的阅读中喷发出来。既然这个句子是对卢梭文本所言之继续叙述，它是述事性的。既然它同德曼诸多的"理论"叙述对此类陈述的处理方式一样，可从那个语境中分离开来，并且使得它能具有普遍的适用性，那么它就是绝对的述行语。那个述行语表现为一个隐蔽的附加物或尾巴："我声明这具有普遍的适用性，虽然宣称那个原则在阅读中独立于其来源的正当性，根据我读过的文本，未曾从述事性与述行性方面得到证实。我知道这一点，与其说因为我知道，倒不如说因为语言知道，而不是因为我正在阅读的文本知道它是个普遍现象。"

"就言语承诺必定会使人误入歧途而言，语言必定同样将其自身所带之真理，传达给诺言。"（*AR*，277）这是这种跳跃的另一个显著例证，同其他大多数极精辟的格言一样，是德曼作品中特有的边界话语（border utterances）。这其中的很多都是隐蔽的拟人法，将语言拟人化，仿佛它是个能够独立行为的意识个体，能够作出承诺或发生口误，"产生"语言或"历史"（*AR*，

277），是"难以平息的"（AR，275）或"疯狂的"（AR，122），"具有分离能力"（AR，122），等等，而这些只能证明此类惯用语在述行方面的特征。"词语的疯狂"是不可阻挡的，因为它是词语的疯狂，而不是词语使用者的疯狂。虽然词语是疯狂的，但是其使用者或许能不受侵袭而保持理智。把词语投入精神病院，或者对它们进行精神分析或药物治疗，都是不可能的。如果它们疯了，那么它们就会一直疯狂下去。卢梭在《社会契约论》中作出了政治承诺，尽管他说这样的承诺是异常的，并且毫无根据。对此，德曼说道："这个模式是个卢梭本身无法控制的语言事实。正如其他读者一样，他必定会作为政治变革的承诺来误读他的文本。错误不在读者；语言本身把认知从行为中分离出来。"（AR，277）

拟人法是极端述行性的。它把一个名字、一张脸或一个嗓音归属于不在场的、无生命的或死去的。在语言被意义的赋属非法地赋予生命、给予灵魂之前，正如德曼本人在"破相的雪莱"及他处所言，其本身是无生命的、死的、纯粹物质性的。德曼的述行语赋予语言以生命，通过一种"难以平息的"必要性，驱使他去做在他处清楚地认为是异常之事——如在《作为破相的自传》（Autobiography as De - Facement），或者《抒情诗中的拟人论与比喻学》（Anthropomorphism and Trope in the Lyric）（RR，67—81；239—262）——从而同时巩固了他的理论，并且剥夺了其对控制权的要求权利。德曼的工程或可定义为某种极端的努力，以期悬置或撇开自我意识的范畴，有意地使主体或自我成为述事陈述或言语行为的媒介。然而，在一处被否定的人格，在他处又重新出现，即在将人格与代理权赋予语言本身的述行之中。

然而，正如所料，德曼已经等在那里了。他已经预见并阻止了因做了他认为错误的事情而受到的此类责备。在《黑格尔论崇高》（Hegel on the Sublime）中论及这样的拟人法时，德曼说：

"如果我们认为语言可以说话，认为一个命题的语法主体是语言而不是自我，那么我们不是在错误地将语言人格化，而是严格地将自我语法化。自我被剥夺了一切非语内表现行为能力（locutionary power）；对于所有意向与目的，它可能也均会保持缄默"①。或许如此，但是要说"语言可以说话"，在我看来像是个拟人法。当然，德曼的意思是说，这是牵强的拟人法，因为它知道这是对无生命的某物的拟人化，并且通过公然的反讽而使其自身不合时宜："语言可以说话。"（！）它是牵强的，因为除了一些具有拟人功能的术语之外，没有语言能够为语言的自主行为命名。此外，德曼强调这种拟人的樊深作用，即对自我的去拟人化、其严格的语法化。对此我要回答说，"语言能够说话"中的不适合的反讽，或可、或不可被某一特定的人察觉。比如，众所周知，海德格尔曾说过"语言可以说话"（Die Sprache spricht），但是他好像采用的是其字面意义。尽管如此，他的本意可能未曾真将语言视作一个人，或未曾希望他的读者这样做。然而，要抵抗拟人法诱人的魅力是困难的，也许是不可能的。

认识到德曼本人文本中述行方面的后果，是最令人不安的。他曾声明，任何文本的认知与述行方面，"不能被区分或调和"（AR，276），而这个声明也必须适用于他自己的文本，尽管他对这意味着什么保持沉默。"破相的雪莱"中的警告也警告我们说，我们不能听从《生命的胜利》中所发出的警告。"承诺（《社会契约论》）"在总体化的层面上，陈述了这个令人不快的困境，使得它同其他所有文本一样，也适用于德曼的文本。

一个文本由将一个声明同时视为述行性与述事性的必要性来界定［比如说我们在阅读行为中的这一个——JHM］，

---

① Paul de Man, "Hegel on the Sublime," in *Aesthetic Ideology*, p. 112.

并且在区分两种未必协调的语言功能这不可实现之事中，修辞与语法之间的逻辑张力［此为卢梭《社会契约论》前面部分有待发现的论文主旨］得到重复。情况看起来好像是，文本一旦知道它所陈述的是什么，它就只能虚伪地行事，就像是《社会契约论》中的行窃的立法者；如果文本无所作为，那么它就不能陈述它知道些什么。作为叙事与作为理论的文本之间的区别，也属于这个张力的领域。（*AR*, 270）

如德曼在下一页说明的那样，述事是述行性的，而理论是述事性的。任何文本——如德曼的这篇文章，或者你此刻正在阅读的我这篇论德曼的文章——都完完全全既是叙事性又是述行性的，尽管想要区分这两种活动是不可能的，尽管我们不能确定它们是否可以并存，尽管我们怀疑它们必定不会。知道了它们未必可以并存，知道了我们从未能确定它们在某一特定情形下是否可以，这就足以毁掉试图调解它们的工程。

两种功能之间的张力意味着，文本的述行方面使它产生欺骗性的、虚幻的知识，或者知识的幻象。这种幻象表现为述行性叙事，比如德曼每一篇文章所讲述的清晰的叙事故事。文本必须行动，也就是说，必须讲述一个故事，以期陈述它所知道的，但是这个叙事陈述必定具有欺骗性，同那位行窃的立法者一样，批准法律是为了自己非法牟利。一个文本，如德曼的论文，既不能确定其何所知，也不知道何所为，甚至不清楚它是否能有所知或能有所为。其行为与其所知极不协调，所以如果它做某事，那个某事与其原本所知好像承诺的相比，总是或者多些，或者少些。文本总是脱靶，或高于或低于所瞄准的靶心："与原始的理论输入（theoretical input）相比，它总是生产得稍多或稍少些。"（*AR*, 271）言语承诺［*Die Sprache verspricht (sich)*］。

对德曼言语行为理论的研究，总是不断把我们带到晦涩难懂的边界。德曼以那晦涩难懂之名义说话或者写作。它授权他说所说之话。但是不言而喻，那种授权并未准许他随便去说，尤其是那些在认知方面被证实为有效或无效的。更确切地讲，它破坏任何依凭它而说的事物并取消其资格。至于晦涩难懂或"以之为基础"，没有任何声明是对的或者错的，尽管从不可预见与不可知的角度看来，它或许在述行性方面是有效的。

德曼在《康德与席勒》（*Kant and Schiller*）中说，康德的《判断力批判》是个事件，那么在这个意义上，德曼的写作是否也是个事件呢？是的，我宣称我相信事实如此。我们能够知道它是何种事件，其意义与后果吗？通过德曼自己的证明来看，不能。德曼的作品是否如他所宣称的那样，是不可避免的、可恢复的，并会写入了审美意识形态？是的。这里我自己的这章是那个问题的例子吗？原则上我不能回答那个问题，并且必须留给我的读者来决定，尽管我必须警告他们说，他们的决定将是述行性的，不是述事性的。

（苏犟　译）

马塞尔·普鲁斯特

  马塞尔·普鲁斯特的作品对于理解激情与述行话语之间的关系，作出了何种贡献？于他而言，处于中心地位且常常过度的——但是绝非唯一的——激情就是爱，性爱或家庭之爱，与死亡和谎言相关，也涉及违法的同性之欲。

  我曾另外指出了提供一种解读普鲁斯特的方法所存在的特殊问题。①《追忆似水年华》的篇幅极其长。尽管如此，每一页都值得长篇评注，譬如说，10 页的详细注释。那将可以出版一本长达 3 万页的批评著作，显然这是不可能办到的事情，但却是一个颇具讽刺意味又极具吸引力的幻想。唯一的权宜之计是去选读一些篇章，正如保罗·德曼在《阅读的隐喻》中的《阅读〈普鲁斯特〉》一文中所做的选读；或者如雅克·德里达一般，在最近举办的研讨会上，讨论《追忆》的"囚犯"一节中贝戈特（Bergotte）之死这一片段。然而，《追忆》的内容如此繁复，变化如此之多，所以无任何一个部分能够代表其整体。如果《追忆》像是一幅碎形图案，其中每一部分重复着整体的样式（也就是技术上所谓的"自相似性"），那么它就像那些最有趣的不规则碎片形，一个偶然或"可能"的因素被引进生成性程式

---

  ① 参阅 J. Hillis Miller, *Black Holes*（Stanford, Calif.：Stanford University Press, 1999），pp. 313—377，仅见奇数页。

（generative formula）之中。每一部分都包含整体，甚至大于整体，就像维梅尔（Vermeer）的名画《台夫特一景》（*View of Delft*）中那一小片黄色的墙。这片墙本身就凝聚了维梅尔的特殊天才，较其整幅画作都更伟大。德里达所讨论的《追忆》片段中垂死的贝戈特也具异曲同工之妙。然而，每一部分都以其特有的方式反映了整体，以至于任何从部分到整体的提喻概括（synecdochic generalization）都是无效的。这种可能的不可能性无法被回避或施巧计应付过去。评论家必须学会去接受这一点，并选择更好的部分，也就是说，仔细阅读细微之处——与庞大的整体相比几乎微不足道的部分；同时，除了视其为别具风格的再现，勿妄断其必然体现整体的特征。

　　《追忆》之评论存在的另外一个问题是，它绝非一部业已结稿的巨著。《追忆》的英译本以及 1954 年七星出版社旧版的三卷本或许会诱骗读者产生这一想法。普鲁斯特在修改与校订"囚犯"仅过半之时就去世了。余下部分是编辑们在他死后凭借其草稿与注释的创作。七星出版社新版的四卷本将大量的初稿付梓（初稿字数例同第二卷的正文一样多），创造出一个令人不安的新《追忆》。它成为一种先于事实的超文本，或是一个重写手稿，由许多层次、各有分歧的版本构成，绝无任何一个层次或版本可以为其他的所替代，每一个都包含着富有价值的、颇具吸引力的材料，使之构成"不可总体化的"（nontotalizable）整体的一部分。我们可以想象一个文学超文本，使用按键，就可以即时获得从前的草稿与备选的版本。尽管标准的英文译本也会提供一些草稿段落，但它是线性印刷版，从始至终一个词接着一个词排列。就超文本的实际本质来说，这样一种计算机可读的版本可能会比线性传统文本更为真实。我们所拥有的诸多关于普鲁斯特的知识，很多都仰仗那些编辑们的证词和个人意见，是他们对普鲁斯特出奇难辨的字迹进行破译，而这只会愈发加重评论《追忆》的困难。

接下来是大量关于普鲁斯特的杰出评论的介入问题。如我在《黑洞》(*Black Holes*) 中评述道,普鲁斯特以降的每一位重要的法语文学批评家或理论家,实际上都就他写过一些重要作品:拉蒙·费尔南德斯 (Ramon Fernandez)、萨缪尔·贝克特 (Samuel Beckett)、乔治·巴塔耶 (Georges Bataille)、乔治·普莱 (George Poulet)、莫里斯·布朗索 (Maurice Blanchot)、伊曼纽尔·利维纳斯 (Emmanuel Levinas)、吉尔·德勒兹 (Gilles De-leuze)、罗兰·巴特 (Roland Barthes)、勒内·吉拉尔 (René Girard)、让—皮埃尔·里夏尔 (Jean – Pierre Richard)、热拉尔·热奈特 (Gérard Genette)、保罗·德曼、文森特·德贡布 (Vincent Descombes)、茱莉亚·克里斯蒂娃 (Julia Kristeva) 以及在最近那个研讨会上谈到他的雅克·德里达。瓦尔特·本雅明 (Walter Benjamin) 于《启迪》(*Illuminations*) 杂志上发表的重要论文之一就是关于普鲁斯特的。今天的普鲁斯特批评家理所当然要受到令人肃然起敬的前辈们的胁迫,并意识到他必定得从这些杂乱又丰富的评论中获得诸多益处。

阅读普鲁斯特时遭遇的最后一个问题,是现在被广泛认可的叙述者或叙述声音的不可靠性。有时人们认为,"那时我愚蠢地如此这般考虑;后来我逐渐了解得更加清楚"这种叙述结构是一个信号,说明相对于当时"写就的马塞尔"(written Marcel) 而言,现在"书写的马塞尔"(writing Marcel) 肯定是从已获知识的立场发言,可以看作是代表马塞尔·普鲁斯特本人说话。像保罗·德曼这样一些更为敏锐的批评家令人信服地论证说,事实并非如此,小说依然是开放的,从未实现作者、叙述者与主人公三者的吻合。① 这意味着,读者保持其独立,从不会把叙述者所

---

① 参阅 Paul de Man, "Reading (Proust)," in *Allegories of Reading* (New Haven, Conn. : Yale University Press, 1979), pp. 78。

说的都当真，无论它多么具说服力。读者必须自己做出判断——这不是简单的工作。

在这种不利的条件下，人们要鼓起所有的勇气与深思的远见，来面对恰当的解读所遇到的所有这一切障碍。正如康拉德小说《吉姆爷》中的海军上尉描述自己在将吉姆那艘被破坏得岌岌可危的"巴特那号"（*Patna*）牵回港口时的所作所为一样，"尽一切所能"，或"尽一切可能"①。我特意挑选了《追忆似水年华》中一些的段落，它们既不明显包含述行话语——承诺、谎言等——也与明显的述行话语行为不明确相关。普鲁斯特的作品中存在着很多这样的段落。我这样做是为了证明，要想恰当地阅读哪怕是不明显包含述行话语的段落，言语行为理论都是有用甚至必要的。

不可知的弗朗索瓦丝

最早从《盖尔芒特家那边》（*The Guermantes Way*）第一章那冗长且充满沉思的开篇部分，我选取了一个段落，就好似从一筐苹果中挑出一个苹果。我所选的三个段落碰巧都出自同一章。这也许意味着它们之间存在着某种"可能虚假的"（perhaps spurious）联系。我断言这联系是"可能虚假的"，是因为普鲁斯特的描述总是不连续的，经常将章节段落或奇闻逸事并置，除了偶然的联系之外没有太多的过渡。例如，第二个段落出自于一篇写得更早的文章，被普鲁斯特牵强附会地硬扯进来，插入到另外一个叙事之中。我选取的第一个段落，很典型地从对普鲁斯特的家佣弗朗索瓦丝的单独观察，转变为据称无论任何时候都适用于所

① Joseph Conrad, *Lord Jim*, ed. Cedric Watts and Robert Hampson (London: Penguin, 1989), p. 146.

有人的普遍原则。我们在语域之中一直做出这种改变，而没有考虑到它是一个述行性的信念陈述（statement of conviction），而非或可证明真伪的述事陈述。正因为对某个人真实的事物，未必对所有人亦为真。普鲁斯特在此做出的改变与保罗·德曼的相仿。德曼经历从阅读卢梭的《新爱洛伊丝》（*Julie*）中一个单独的段落，至做出以下这一断言的飞跃，"所有文本的范式都由一个人物（或人物的系统）及其解构构成的"[1]。所有的文本?! 为了证明这个推论的正确性你将需要研究多少文本？为了证明我们与他们所有人物的关系简直就像叙事者——既然这个叙事者一度邀请读者们称呼他为"马塞尔"，就让我们这样称呼他吧——所断言的一样，你将需要调查多少个弗朗索瓦丝与各种其他人物？读者们将会观察到，这也正是我自己的问题之所在，至少是暗中"认为"，假定，或者断言这个特别的苹果是一整篮子苹果的适当样品。

在这个段落中，马塞尔描述道，虽然他们家的老女佣弗朗索瓦丝对待他一方面充满尊敬与明显的喜爱之情，但是另一方面又告诉他们的邻居絮比安说："我（马塞尔）一文不值。"[2] 马塞尔错误地假设弗朗索瓦丝和大多数人是直率坦诚的。他们的话语与行为是他们内在心理与情感活动明白无误的有效符号："到了晚上，弗朗索瓦丝对我很亲热，得到我的允许在我房内坐一坐，每当这个时候，在我看来，她的脸变得透明了，我能够看到脸下的善意与真诚。"（E2：63—64；F2：366）当事实显示并非如此时，马塞尔深感"震惊"。这使得他不禁质问，是否这样的口是

———————————

① De Man, *Allegories of Reading*, p. 205.

② Marcel Proust, *Àla recherché du temps perdu*, ed. Jean - Yves Tadié, éd. de la Pléiade（Paris：Gallimard, 1989）, 2：366, 英文版本为 *Remembrance of Things Past*, trans. C. K. Scott Moncrieff（New York：Vintage, 1982）, 2：pp. 63 - 64. 以下引文使用的是这两个文本的卷别与页数，分别用"F"和"E"标示区分。

心非普遍真实存在着："所有的社会关系都是同样表里不一的吗？如果爱情也是同样如此，那么总有一天它岂不会令我深深陷入绝望的深渊吗？那将是未来的秘密。"（E2：64；F2：366）这是一种典型的叙事者预期叙述的姿态，从叙事的现在时来谈论主人公当时的焦虑与无知："那时我所知甚少。现在我知道了。未来已经揭示了它的秘密。"这可能指的是他因无法得知他深爱的阿尔贝蒂娜的真实情感、习性爱好与秘密行为而产生的所有痛苦。在这部长篇巨著的六个主要章节中，第四章与第五章都对此做了描述。

　　那种种痛苦作为例证充分反映了一个法则。稍后在《盖尔芒特家那边》中，普鲁斯特在讲述关于罗贝·德·圣卢对其情人拉谢尔的真实本质的无知时，让马塞尔确切说明了这个法则："他对几乎所有这些背叛行为一无所知。人们就算告诉了他这些不忠的事实，也不会动摇他对拉谢尔的信任。因为我们活在对心上人的全然无知中是一条迷人的自然法则，体现在最复杂的社会机制的中心。"（E2：291—92；F2：578）这个极不妥协的段落与后面相隔甚远的另一段落遥相呼应，后者对比了斯旺对奥德特众多情人的无知与查鲁斯像中小学男生对法国国王如数家珍一样能够如实详述这些情人姓名的能力。它也与叙事者为了解阿尔贝蒂娜而做的漫长却不成功的努力相呼应。即使在她去世后，他也从未能确切知道，她是否背叛了他，与女同性恋是否有过风流韵事。他知道，只有当他不再爱她时，他也就不再去在意了。有人能够让罗贝得知、理解、领会拉谢尔的不贞行为，也不会稍许改变他对她的信任。他幼稚的信念是一种与知识相违的述行行为（performative act）。这是信念问题，不会因知识而改变，正如宗教信徒对《创世记》中上帝创世论述的信念未受到地球的年龄与人类由低等动物进化证据的影响。除了在某些不能相交的边界，信任与理解是两个互不接触的独立领域。爱与知识不相容是一条"迷人的"自然法则。这个法则超越历史，适用于任何时间、地点与任何文化。如同万有引力定律，它是一个自然的而非某一特定文化的法则。它适用于像马塞尔的巴黎那样复杂的社会，也适用于更加"原始的"社会。我们不可能"进化"超越这个糟糕的普遍规律。我们必须从字面意思上来理解普鲁斯特表述中"迷人的"一词。这个法则迷惑恋爱中的人，使他变得无知，正如蛇迷惑它的猎物，或者魔法咒语使某物消失不见。诗歌富有魅力，是迷人的（charming）。在拉丁语中，"Carmen"（"让人喜欢的"）一词的本意是抒情诗。起初，它是指用语言表现出来的魔法咒语，简而言之，是一种言语行为（speech act）的名字。所有有效的、适当的言语行为是具有迷惑力的。它们不可思议地产生奇效。

马塞尔话中的底线是，正是因为你爱上某人，对他或她的激情指引你说"我爱你"，并说到做到，所以你注定会对那个人全然无知。这是个令人沮丧的甚至是可怕的观点，被假定为已经实现的真理。罗贝·德·圣卢注定对拉谢尔的真实本性和生活一无所知，只是因为他如此迷恋她。激情，尤其是爱的激情，生性与知识水火不相容。这个典型的激情对于普鲁斯特而言，正如痛苦之于维特根斯坦（Wittgenstein），愤怒之于奥斯汀（Austin）。爱得愈深，知道得愈少。过多的爱意味着绝对的一无所知。我稍后将会再来论述圣卢对拉谢尔荒诞不经的误读。

在关于弗朗索瓦丝虚伪的段落中，马塞尔基于这么一点证据就飞速得出一个绝对的概论。毋庸置疑，他的结论也是以与社会上众人打交道获得的更丰富的经验为依据的，更不用说这样的概论，在法国寓言、格言式的作品中，在历史回忆录与信件中，如深受他祖母喜爱的德·塞维涅夫人所写的书信集，有着悠久的历史。尽管普鲁斯特的表述有其独特的绝对性，这些联想还是使他的无知法则变得愈加可信。在普鲁斯特看来（或者至少在马塞尔看来），正如处于其第五笛卡儿式的沉思（fifth Cartesian meditati-on）中的胡塞尔（Husserl），或沉浸于"我爱你"之默想中的德里达（Derrida）看来，我们毫无机会接触他者的思想与心灵，只能在一个不合规范的、含糊不清的公式中，凭借胡塞尔所谓的"'共呈法'（appresentation）（类比的统觉）（analogical apperception）"，对此进行猜测。① 那个公式不合规范，因为它讨人厌。它含糊不清，因为每一个字都模棱两可。"共呈"（appresentation）不同于"表现"（presentation），"统觉"（apperception）也有异于"知觉"（perception）。每个字都间接迂回，难以捉摸，亦是亦非，是可能的问题。通过类比，共呈或统觉理解使种种或然猜想倍增。类比是非推论式的，是"除了"、"据说"、"反"推论的，取决于前缀"ana－"所采用之意。他者的思想与情感、自我意识可能类似于我自己的，或也可能不。此处另有一个"种种可能"（perhaps）的实例，既然他者的内在本质从不能被直接呈现出来，只能是被"附现"（appresent），无须被呈现之呈现。这是信念问题，述行假设，而不是可证实的知识。

　　马塞尔将认识他人与我们的知觉"构成"外部世界的方式相比较。这里就要说一说"pose"这个词根。"Pose"是述行语的识别标志之一。据奥斯汀所知，述行语有许多识别标志——假冒的、真正的、化名的、假名的、绰号的。搜寻这个变形人，使之露出本来面目，需要敏锐的目光。确认这些识别标志，由此说"是的，我声明这是一个述行语"，实际上也同样需要勇气。"任何真实"，马塞尔说。

　　　　也许均不同于我们自以为直接的感觉，不同于我们借助

　　① Edmund Husserl, *Cartesian Meditations: An Introduction to Phenomenology*, trans. Dorion Cairns (The Hague: Nijhoff, 1960), p. 108.

于一些隐而不现却依然灵验有效的思想所编造的真实，正如
树木、太阳与天空，倘若眼睛结构与我们不同的人去观察它
们，或者那些不用眼睛而用其他器官感觉事物的人来感觉树
木、天空与太阳非视觉的对等物，将会与我们所看到的完全
不同。(E2：64；F2：366)

马塞尔在此必须使用"也许"一词，因为连知觉也总是一
种或然（peut-être），而不是某种知识的问题。"或许"（per-
haps）是述行语的另一个别名。

"隐而不现却依然灵验有效的思想"是对路易·阿尔都塞
（Louis Althusser）或保罗·德曼（Paul de Man）所描述的意识形
态的完善定义。[①] 正是因为隐而未现，才灵验有效。正如仅仅因
为我们没有意识到自身碰巧生而有之的感觉器官的独特性，我们
才误认为自己所感知的太阳、天空与树木的世界是真实唯一的。
我们的感觉器官，在某种方式上，对光与声音的某些频率敏感，
但对其他的频率却并无反应。猫眼对红外辐射敏感，所以"看"
世界与人类看世界的方式迥然不同，例如，猫"看到"护墙板
后面的一只老鼠散发出的热辐射，因此它能透过墙看东西。马塞
尔声称的"正如"（"just as"）所体现的相似或类比，当然与胡
塞尔之"'附现'（类比的统觉）"（"'appresentation'（analogical
apperception)"）中的"类比的"（"analogical"）同样含糊，不
可靠。我们假设这一相似之处，却无法予以证实。我们对人的认
识正如同对无生命世界的感知一样盲目。马塞尔进而在这个小场

① 参阅 Louis Althusser, "Ideology and Ideological State Apparatuses (Notes Towards
an Investigation)", in "Lenin and Philosophy" and Other Essays, trans. Ben Brewster (New
York: Monthly Review Press, 1972), p. 162: "意识形态是对个人与其真实生存状况的
想象性关系的'再现'"。参阅 Paul de Man, "The Resistance to Theory", in The Resist-
ance to Theory (Minneapolis: University of Minnesota Press, 1986), II: "我们所谓的意识
形态正是语言的现实与自然的现实的混同，指示作用与现象性的混同。"

景的高潮中声明了这一点。

> 无论如何我认识到，不可能直接确凿地获知弗朗索瓦丝
> 究竟是爱我还是恨我。这样，是弗朗索瓦丝第一个使我懂
> 得，一个人，连同他的优缺点、他的计划、他对我们的企
> 图，并不像我过去所想象的那样是一成不变、一目了然的
> （就像我们透过眼前的栅栏看里面的花园一样），而是一个
> 我们永远不能深入了解，也不能直接认识的模糊的影子，关
> 于这个影子，我们形成无数的看法，或基于其话语或基于其
> 行动，而他的言行提供的信息往往不充分，而且互相矛盾。
> 我们能够同样依次想象，这片阴影背后燃烧着恨的怒火与爱
> 的光辉。（E2：64—65；F2：366—367）

马塞尔在与阿尔贝蒂娜的爱情长跑中经历的种种痛苦，被预
期包含在这段令人悲伤的、无情地去除了其神秘性的段落中。此
处的关键词是"影子"、"信念"、与"想象"。他者不允许检查
审视，它不像布置在我们眼前的花园，而是像一个黑洞，一片
"阴影"，我们永远无法看透，亦不能直接了解。然而，这是一种
以言行的形式，表现出神秘莫测的、不充分的、相互矛盾的符号
的黑洞，正如隐匿的物体投下一片阴影，表明那里有某物存在，
但是却不能令人满意地证明它为何物。因此，这些符号易引发众
多无法证实的解释。既然那些解释永远也不能直接与投下阴影的
隐匿物体进行核对，那么关于这个物体（他者的思想与情感），
我们所说的一切不是述事话语，不是陈述事实而是陈述信念，是
一种评述的形式，是述行话语："我认为弗朗索瓦丝爱我"，或者
"我认为弗朗索瓦丝恨我"。普鲁斯特对爱或恨的推测之语，是
"想象"："沉默之中我们可以不断想象那种像真的一样的恨和爱"
（un ombre où nous pouvons tour à tour imaginer avec autant de

vraisemblance que brillent la haine et l'amour" ［F2：367］）。弗朗索瓦丝爱马塞尔吗？或者她认为他一文不值吗？这绝对无法确切地说清楚。两者都是合理的假设，我们都能将其想象为真实的。

马塞尔假定，他者是一个令人费解的影子，这个影子发出矛盾的符号，引发无穷变化的矛盾假设，所有的假设都是同样无法证实的，亦同样为这种或那种情感需要所激发。这是他对人类生活所有的描述的前提预设。我现在将阐释两个相关的例子，来说明述行话语对这两个例子仍算是间接必要的。

"外婆！外婆！"

第一个例子是《追忆》松散片段结构的一个典例。马塞尔前往顿西艾赫（Doncieres）的军营去拜访他的朋友罗贝·德·圣卢，在讲述这次拜访时，他插入叙述了他外婆打给他的一个电话。其中部分内容一字不差地节选自普鲁斯特的一篇题为《阅读的日子》（*Journées de lecture*）的文章。该文于 1907 年发表在《费加罗报》（*Le figaro*）上，比《盖尔芒特家那边》第一章的脱稿早了 10 多年。这个插曲在 1919 年印刷校样阶段被加入《盖尔芒特家那边》，像一件首饰上镶嵌的一块小宝石。① 在《费加

---

① Marcel Proust, "Journées de lecture," in his "*Contre Sainte - Beuve*," *précedé de* "*Pastiches et mélanges*" *et suivi de* "*Essais et articles*," éd. de la Pléiade（Paris：Gallimard, 1971），pp. 527—533，以下简写为 *CSB*，译文均为笔者所译。关于电话的段落在第 527—529 页上。在这篇短文结尾，普鲁斯特间接回到这个有关电话的段落里所表现的基本要点与主题。他谈到，他曾经打算探讨"势利与后裔"，关于德·布瓦涅夫人的回忆录，这位夫人是 18 世纪末 19 世纪初的一位宫廷人物，但是他记忆中密密麻麻的一群鬼魂、幻象或幽灵打断他，分散他的注意力，正如在《尤利西斯》中一群幽灵纠缠着乔伊斯，不得不被他用剑击退。普鲁斯特许诺，到后来，他会抵制这样的分心，保证如果这样一个"鲁莽轻率的幻想"再次干预他，他将会请"她"不要隔断他与观众的交流，就好似打岔的"阻断思路的想法"是不予合作的电话接线员："我们正在谈话。不要切断电话，小姐！"（pp. 525—533）关于《费加罗报》上一文中有关电话的段落插入《盖尔芒特家那边》中的证据，参见 *Á la recherché du temps perdu*, 2：1590。

罗报》的文章中，普鲁斯特评论道，我们阅读仅仅是因为我们不能总是打电话。他的看法引人去反思与某人通过电话交流是件多么不可思议的事。在《阅读的日子》一文中，电话是打给一位女性朋友的，"我们想要交谈的朋友"（CSB，528），而在《追忆》一书中，电话是打给马塞尔的外婆的。这个段落为外婆的离世，为《盖尔芒特家那边》第一章的高潮部分做了铺垫。

普鲁斯特对电话的沉思冥想是早期对这个新媒体的奇妙之处的重大反思之一，也仍然是迄今最深刻的反思之一。它也是对新电子通信媒体对人类生活的影响最早进行的深刻思考之一。这些影响不是由任何特定阐述的述行力量造成的，而是来自通信媒体所产生的阐述的述行力量。电影，留声机，收音机，电视，盒式磁带录像机，以及现在的电子邮件和互联网，的确成百倍地增加了远程通信的能力。在 19 世纪，电话与电报首先使这种远程通信变为可能。手写，印刷和邮政系统以他们自己截然不同的方式促使远程通信提前到来。无论如何，每一个阶段通信能力的增强，都跨越某一道门槛，显著改变了人类的生活。

在分析他外婆的电话时，马塞尔强调了使电话产生效用必需的双重述行话语，以及电话使天涯若比邻的骇人魔力。"习惯"，他说，迅速使"我们接触联系的神圣力量失去神秘性"，如果电话接通所需的时间过长，又会使我们感到非常不耐烦（E2：133—134；F2：431）。第一个述行语体现在对着电话听筒说话，求助于接线员的力量。第二个述行语由完成一次通话的接线员实施。马塞尔将其比作使用符咒召唤的魔法，宛如《一千零一夜》或童话故事里的魔法一般。倘若魔咒灵验的话，愿望必须被"予以表达"，化为一个言语行为，正如情感或激情，直到它被赋予某种符号的外形才能使一些事情发生。当我们表达出一个愿望，如果女巫决定满足那个愿望，那么她会使之实现："我们仿佛成为童话故事里的主人公，女巫根据主人公的明确愿望，念动咒语施展魔法，让他的外婆或未婚妻出现在一道神奇的光芒中，在看书，在掉泪，在摘花，宛若近在观者的眼前，然而却又远在天边，在她们当时所真正生活的地方。"（E2：134；F2：431）时至今日，电视与网络摄影，譬如在视频会议中，就能使这个魔法成真。在电话使用的初期，还不存在自动拨号设备，对于所有的通话而言，"话务员的协助"无论从哪种方式上来说都是必需的，即使他们只是完成不为人所见的行动，即应打电话者的要求"请接某某地"，将插头插入相匹配的插口，接通电话。谨记这一点十分重要。

这不仅仅是一个双重述行语，第一个祈求被第二个不可思议的、符咒魔法的多重行为所认可。对马塞尔而言，它还是一种神圣的秘密仪式，为打电话的人接通阴间，即亡者的世界。劳伦斯·里克尔斯（Laurence Rickels）曾在众多文章中指出，在电话的早期阶段，这种科技手段是如何被广泛假设为一种招来死者鬼魂并与之交流的方法。① 玛丽·贝克·艾迪（Mary Baker Eddy）嘱咐应在其棺材内放置一部电话，以便她死后从另一个世界与现世通信联系，这仅仅是众多这种奇异的信心或故弄玄虚的实例之一。人们认为自己能够通过早期电话，或早期录音装置如留声机唱片，所特有的静电的噼啪声，听见逝去的人在远方或无限遥远的某处说话的声音。这种死者能够通过这些设备说话的观点甚至持续到了第二次世界大战期间磁带录音装置问世之时。

就里克尔斯所知，那些以为自己在电话或录音带上听见死者说话声音的人通常认为是他们的母亲在讲话。虽然马塞尔是和他的外婆而不是他的母亲通电话，但是人们猜测这个虚构背后的个

---

① 参阅 Laurence Rickels, "Kafka and Freud on the Telephone," *Modern Austrian Literature: Journal of the International Arthur Schnitzler Association* 22, nos. 3/4 (1989): pp. 211—225; and Laurence Rickels, *Aberrations of Mourning* (Detroit: Wayne State University Press, 1988), esp. chaps. 7 and 8。

人经历是马塞尔·普鲁斯特于 1896 年与他母亲的电话交谈，那时他离开母亲，住在枫丹白露，撰写小说《让·桑德伊》（*Jean Santeuil*）。据猜测，普鲁斯特对母亲的情感，尤其是他对母亲逝世的悲痛之情难抑，以至于在写作《追忆》时，他需要将他的情感转移到一个虚构的马塞尔对虚构的外婆的情感上，同样体现在他和外婆通过电话之交流与稍后同一章中他外婆去世之时。普鲁斯特的外婆于 1889 年去世，那年普鲁斯特 18 岁，他的母亲于 1905 年与世长辞，当时他 34 岁。他母亲死后，普鲁斯特写道："自此以后，我的生活失去了它唯一的目标，唯一的快乐与慰藉，唯一的爱，唯一的安慰。"①

　　普鲁斯特对他那个时代电话接线员的评述，是电话能施展一种神圣庄严的白魔法或黑魔法这种早期观念最充分有力的表达之一。接线员沟通未知世界媒介的能力愈加赋予他诸多丰富的古典与基督教人物形象。马塞尔提出了强有力的"相异视角"，打破今日大多数人理所当然地把电话仅仅看作是一种技术设备的习惯看法。我们没有注意到这个设备是如何不同凡响，彻底改变了人类的生活。现今，这一变化甚至更加翻天覆地，既然这么多人使用"手机"，能够从或远或近任一地方与世界上任何地方的任何人通话。通过夸张地将电话比作魔法和与超自然事物或与鬼魂和死者接触的各种形式，马塞尔暂时取消了那种亲近，正如在《尤利西斯》（*Ulysses*）中，詹姆斯·乔伊斯（James Joyce）就把电话线网当作是许多条与我们的始祖夏娃相连的脐带。②

---

　　① Cited in FI: cxxv, from Marcel Proust, *La correspondence*, 21 vols., ed. Philip Kolb（Paris: Plon, 1976—1993），5: p. 348，笔者译文。

　　② 乔伊斯甚至声称知道"伊甸城"（"Edenville"）的电话号码。它主要是由"1"和"0"构成，就像我们当前二进制的计算机语言："所有脐带都是祖祖辈辈相连接的，芸芸众生拧成一股肉缆，所以那些秘教僧侣们都是。你们想变得像神明一样吗？那就仔细看看自己的肚脐吧。喂，我是金赤。请接伊甸城。零，零，一。"James Joyce, *Ulysses*（New York: Modern Library, n. d.），p. 39。

　　要使奇迹出现，我们仅需把嘴唇凑近神奇的孔板，呼叫——偶尔要比所需时间等待更久，我得承认——值班女神，每天我们都听到她们的声音，但是从来没有看见过她们的面孔，她们是我们的守护天使，异常警惕地监视着令人困惑的黑暗王国的大门；我们呼叫万能的女神，她们的干预令远方的亲人出现在我们近旁，却不允许我们看见他们；我们呼叫地狱中的达那伊得斯姐妹，她们夜以继日地倒空、注满和传递声音之瓮；我们呼叫爱嘲讽人的复仇女神，正当我们向心上人轻声低诉知心话不希望他人听见时，她们蛮横地喊道："我听着呢！"；我们呼叫年轻的电话女郎，始终易怒的神秘女侍，幽冥世界里愤恨的女祭司。　（E2：134；F2：431—432）

　　这段话充满讽刺意味与令人烦扰不安的力量！马塞尔（或者说普鲁斯特，从《费加罗报》移置到此处的段落中）大大增加了电话女郎的矛盾绰号：守护天使，值班女神，万能女神，达那伊得斯姐妹，爱奚落人的复仇女神（稍后他又添加了"黑夜的女儿"，"传话的使者"，与"喜怒无常的守护神"）（E2：137；F2：435），仿佛他希望这些绰号中至少有一个将成功地唤起她们的回应。尊称她们为值班女神与称呼其为达那伊得斯姐妹相去甚远。达那伊得斯姐妹是达那俄斯的 50 个女儿，是被宙斯强暴，随后又受到善妒的赫拉派去的牛虻折磨的依俄的后裔。达那伊得斯姐妹被判在冥府中永无休止地向一个无底的瓮里面注水，惩罚她们听从父亲的命令在新婚之夜谋杀她们的新郎。复仇女神也几乎同样可怕。她们是背生双翅的可怕女神，追捕并惩罚那些犯下罪行却没有遭到报应的人。马塞尔的复仇女神借由她们的讽刺意识来惩罚人，说"我听着呢！"，来打断电话中与恋人或亲密家人的窃窃私语，然而，就马塞尔的情况而言，她们要复仇的罪行不明。也许，罪行是相信亲密的、私下的交流。这种相互关系违反了每个主体保持孤独的法则，无论它发出的什么外部符号被杂乱地暴露出来。

就好似马塞尔正在逐个尝试接线员一连串的绰号，宛如一个人接连向众神祈祷，希望至少其中的一位会听到并回答。这样的人可能实际上在说："你好？有人在吗？"无论如何，对马塞尔选择的绰号虽然表现了恐惧与敬畏，但却不见得是毕恭毕敬的。这些绰号同样强化了与电话接触的性别特征，或者产生了性别差异的问题。不仅接线员是女性——《追忆》中的外婆与《费加罗报》版本中的"朋友"或"未婚妻"也是女性，而且让接线员接通电话既需要恳请她们，又同时要经常保持警惕，因为根据女性变化无常那种陈旧的偏见，她们被认为是危险的，喜怒无常的，固执任性而又难以取悦。如果我是电话接线员，我将不愿被呼叫为达那伊得斯，爱奥落人的复仇女神，喜怒无常的守护神，或"黑夜的女儿"，不过"值班女神"或许还是可以接受的！

正如马塞尔所示，随着电话的出现，过去与在家里的安全感相联系的隐私感不复存在。电话引进外部世界，打破内、外世界的截然对立，危及私密交流的可能性。在这一点上，马塞尔对电话接线员的评述类似于亨利·詹姆斯（Henry James）早些年在其短篇小说《在笼中》（"In the Cage"）对电报员的评述。二者都将"操作员"理解为"侵入家宅者"，通过一种"搭线窃听装置"，可能偷听或读我们最私密的交流，这意味着我们永远不能确定我们与心上人的独处。这些接线员是万能的。她们使我们能够以言行事。①普鲁斯特的接线员逐渐知道任何关于我们的事情。

---

① 关于述行话语（performative utterance），奥斯汀原本考虑使用，后又摒弃的一个名称是"操作"（"operative"）。参见 J. L. Austin, *How to Do Things with Words*, 2d ed. , ed. J. O. Urmson and Marina Sbisà（Oxford：Oxford University Press, 1980）, p. 7。

她们无所不知，无所不能。今日，对于互联网的普遍恐惧之一就是，它意味着任何关于我们最秘密、最私人的事情都将变得众人皆知。

电话消除界限、将外部世界引入内部世界的一个引人注目而又令人不安的方式是，将遥远的事物运送到具有欺骗性的、近得吓人的距离。电话一旦接通，我们等待着，耳朵紧贴着电话听筒，倾听黑暗的听觉空间。这个空间就好似一片隐藏着另一个人的"阴影"，充满鬼魂的虚无缥缈的空间。我们首先听见的是细微的声响，几乎根本没有什么声音，细小的含糊不清的嗡嗡声，或者甚至连这样的声响也没有，期待着听觉空间的清理，也就是普鲁斯特所谓的"一个抽象的声音"。这是"消除距离的声音"，表明远距离通话的可能性已开始出现。那是"电话"的意义所在：远距离通话，正如"电视"也许意味着甚至更为神奇的"远距离看"。后者预先体现在马塞尔对女巫用魔法召唤出某人的外婆或未婚妻的幻象的评价中。只有当这个抽象的似有似无的声音响起，我们最终才能听见爱人的声音："我们的电话一经接通，在这到处都是幽灵，只有我们的耳朵在聆听的黑暗中，一个轻微的声音，一个抽象的声音——消除距离的声音——我们心上人的声音就同我们说起话来。是她，是她的声音在与我们说话，这声音近在耳旁，然而又相隔那么遥远！"（E2：134—135；F2：432）在电话上听到的声音如听筒一般贴近耳畔，然而自相矛盾的是，它同时又无限遥远。它是科技的奇异产物，正如我们今天所谈到的"计算机工艺"。我们所听到的是我们在面对面交谈中绝不会听见的一种声音。它拉近远方的距离，却仍遥不可及。

在这个段落的前一部分，马塞尔笼统地谈到电话的力量（这次他用的是阳性形式），强调电话如何引近心上人的声音以及他生活的整个世界。这一部分的句子是那些长长的连写句的范例，在诸多句法中勉力维持平衡，普鲁斯特以这样的句子著称：

像现在所有人一样，我那时候发现，对我的愿望而言，那突然变化的、令人赞叹的魔法实现得太慢，虽然片刻的时间就足以把我们想通话的人带到我们身边，看不见，但确实在我们身边。他仍然坐在他的餐桌旁，待在他居住的城市里，（就我外祖母而言，在巴黎），处于另一片天空之下，不一定相同的天气之中，他的情况和专注的事物，我们全然不知，但他马上就要把这些都告诉我们，就在我们一时心血来潮命令他出现那一刻，他发现自己（他与他蛰居的环境）突然被带到了几百英里以外的地方，带到了我们的耳畔。（E2：134；F2：431）

如上所述，正如选自《追忆》的第一个段落中的"想象"一词，此处的心血来潮也被赋予一种述行的力量。心血来潮命令或召唤，正如想象假定或提出他者恨我们或爱我们。

在将"阅读的日子"里的那个段落移至《追忆》中时，普鲁斯特省略了一节，这一节详细说明了我们是如何在电话中不仅仅听见电话线另一端那个人的声音，还能听见窗外周围所有的声音：街道上自行车的铃声，过路人的歌声，远处军团行军的号声。正如诗人描绘人物的出身环境，使人物传神逼真，那么这四周的声音重新构建了远方声音的环境，将那个遥远的世界不可思议地活生生展现在我们面前。正如马塞尔在《追忆》中描述的那样，那个周围环境的持续存在证明我们有充分理由说，与我们在电话里通话的人连同他周围的环境跨越了几百英里的距离，被运送到一个近得出奇的距离，即我们悉心聆听的耳畔（CSB，528—529）。

然而，电话危及的不仅仅是私人交流的安全性以及我对我的外祖母与心上人轻声低诉的爱语的保密性，它打破的也不止我们习以为常的空间经验，传统的内外、彼此、远近的界限。马塞尔于电话中倾听外祖母声音的经历改变了他对外祖母的感觉。这是由于她的声音脱离了与她的面孔和身体的正常联系而造成的。

> 几秒钟之后，我突然听见一个声音，我曾经错误地认为我很熟悉那个声音；因为在那以前，每次外祖母对我说话时，我总是习惯于边听边看着她脸上的嘴巴和占据着很大一块地方的眼睛；而她的声音本身，我还是这个下午第一次单独听到。因为对我来说，那个原本是一个整体时的声音似乎变形了，当它没有脸部线条的伴随，这样单独来到我身边时，我首次发现它是多么温柔悦耳；也许，它可能确实也从来未曾像现在这样温柔过，因为我外祖母认为我离开家，怪可怜的，感到她也许完全可以放任自己倾泻出她的柔情，而这在平时，恪守她的教养原则，她通常克制自己，不让这种感情流露出来……在她的声音中，我第一次注意到这一生之中那个声音流露出的忧伤。（E2：135—136；F2：433）①

马塞尔有两位外祖母。一位是与他面对面时他亲身体验认识的外祖母，他能够阅读她的脸，仿佛它是写下的或印刷的乐谱，而她的声音是演奏乐谱的音乐。另一位是他的"电话祖母"。一个新的电信体制引起对自我的新见解，对我自己与他人的新体

---

① 在一封信中，关于电话改变了他母亲的声音，令他感到极度痛苦的是，将她变成了其他人，马塞尔·普鲁斯特发表了同样的议论："那不再是你的声音"，在1896年写给她的一封信中，他写道。六年之后的1902年，在致安托万·比贝斯科（Antoine Bibesco）的信中，他描述他母亲在电话中的声音是如何改变，变老："在电话中，我突然听到她可怜的破碎的声音，脆弱的，总是不同于我一向熟知的那个声音，满是裂纹；正是从耳机中接收到反常的破碎的声音片段，我才第一次有了她身上有什么东西永远破碎了的糟糕感受。"F2：pp. 1589 – 1590，选自 Proust, *Correspondence*，卷2：pp. 144 和卷3：p. 182，笔者译文。

验。新技术的引进，当它仍与传统技术交接并存时，允许马塞尔并置两位外祖母，不经意间为马塞尔之断言提供显著证据。他断定，我们将一套关于那里真正有何物的假设，关于我刚才对那个人的感觉的假设，叠加或投射到作为黑暗的、永远无法理解的阴影的另一个人身上。它也提供一种方式，使我们明白，当德里达说新的电信体系将会毁掉文学、哲学、心理分析、和情书，他所指之意何为。以上那四种活动依赖于我与他人的一个相对稳定的自我的假设，无论这种稳定性可能是多么难以捉摸。这种相对稳定性是印刷与手写文化的特征。只有当印刷与手写文化几乎单独主宰了我们与远方的人们交流的方式，它才得以保存。随着电话的使用，以及随后所有那些改变了我们现今生活的、其他类似千里眼、顺风耳的装置的使用，一时间才流行，在新科技仍然十分陌生并不引人注意之际，在它们与传统的印刷文化相并存之时，开始领悟到它们在对自我新的投射中所起的作用。甚至对于现今的许多人来说，这些投射似乎是更加多变的，不稳定的，愈发公然虚假的，比如说，比一封情书传达出的自我更是"构建的"与"虚拟的"。

　　普鲁斯特关于电话的段落记录了那个认知的时刻。通过介入这个媒介的过程，电话建构了一位新的外祖母，这是我们无法控制的。我们每一个人在写信，通电话，写电子邮件时都依次是另一个不同的人，正如处于不同语言中的我们在人际关系中是不同的，难道不是这么回事吗？难道我们没有感觉到，给我们亲笔写信，或打电话，或发电子邮件的那个人每次都是不同的吗？另一个她或他是那个媒介造就的，无论是隐蔽的还是公开的，都不是一个固定不变的自我，就像马塞尔仍然倾向于假定的那样，猜想弗朗索瓦丝不是爱他就是恨他。虽然关于弗朗索瓦丝情感的唯一真相也许永远不会为人所知，但是它仍然存在于她公开示意的符号背后的"阴影"中。马塞尔的电话经历指出一个不同但是甚至更令人不安的假设，即自我也许可以被表达自身的媒介述行地创建。

比如说，17—18世纪伟大的欧洲书信体小说探索了人们在写信时有意或无意成为的那种自我。在19世纪，书信体小说的重要性下降，人们也许会猜测，在一种话语行为中，这证实了对手写书稿创造自我这一观点的抵制，或说明这个观点犹存。尽管巴尔扎克、狄更斯、特罗洛普与哈代小说中的人物也写信，他们的信经常被一字不差地嵌入叙事中，但是他们大多数情况下开口为自己说话，或者经叙事者之口讲述出来，或者被叙事者用间接话语生动地表达出来——所有这些不同的方式都假定了一个言语之外的自我的存在。根据19世纪小说的"现实主义"惯例，那个自我是由叙述者的话语记录或描述而不是由它们构建的。情况就是这样，无论多少19、20世纪的小说可能会在其他方面质疑我们每个人都拥有一个统一永恒的自我的假设。

外婆打给马塞尔的电话的最后的、亦是更令人不安的、一个特征有待确定。这就是，与某人的电话通话预告那个人的死亡。电话里的声音不仅仅是一个迥然不同的外祖母的声音。它是已经真正逝去的某人的声音。这个可怕的经历从电话接线员的那些夸张而又极度诙谐的绰号中已露端倪，如她们被视为中间媒介，"地狱里的达那伊得斯姐妹"，值班天使，为世人开启与阴间的幽灵、亡魂与鬼怪交流渠道的力量。

这正是马塞尔实际接通外祖母的电话时所经历的。马塞尔首先说明，与外祖母通电话所经历的远近距离使得他猜想，即使就近在我们眼前，我们也可能离他或她如在电话另一端般遥远。无论远近，打电话的人一般被普遍扩展为真实人物的典范："我更清晰地感觉到这最温情脉脉的亲近的幻觉，在这似乎伸手就能拥抱他们的时刻，我们距离我们所爱的人多么遥远啊。"（E2：135；F2：432）这个最温情脉脉的亲近是错觉。即使是那些我们正在触摸与拥抱的人，与我们也总是相距甚远。正如这一段落接下来所述，这意味着好比我们最亲近的爱人已经逝去。我们周边萦绕着鬼魂与幽灵，还有行尸走肉，无论他们看起来是多么生机勃勃："这个真实的声音似乎近在我们身旁，其实却离得很远！但是它也预示着永久的分离！许多次，我这样倾听着声音，却看不见远方和我通话的人，那个声音就像是人们从永不能再崛起的万丈深渊里对我发出的呼叫。"（E2：135；F2：432）

"真实的临在"——那个技术神学术语过去常常被用来描述基督的身体与血实际临在于圣饼与圣酒中。真实临在，如同道成肉身一般，是超自然神灵体现在尘世人身上的保证。同样的，对马塞尔而言，听到他外祖母的声音似乎确保她的灵性呈现。无论如何它保证那个临在是已经逝去的临在，保证它是从死亡的深渊中发出呼喊的声音。《圣经》上的"在深处"（"De profundis clamavi"）回荡在"死亡的深渊中"。

电话无须打电话人亲身的同在，并使他或她以幽灵般的声音复活，这预示着那个人的真正死亡，在段落的后一部分，这一观点得到强化。当联系突然中断时，给马塞尔留下的是紧贴着他耳旁的无生命的听筒，"徒劳地反复呼喊着'外婆！外婆！'就像俄尔浦斯孤零零地重复着亡妻的名字一样"（E2：137；F2：434）。即使当他仍然能够听见她的声音时，出现在他身旁的也仅仅是一个幽灵，而不是她亲自在场："'外婆！'我喊着，'外婆！'，我真想亲吻她，但是在我身边只有这个幽灵般的声音，和我外祖母死后可能来探望我的鬼魂一样看不见摸不着。"（ibid）先前，马塞尔说道，在电话上听到他外祖母的声音预示着"有一天会令我心碎的焦虑之情，当一个声音，离开了一个我可能再也见不到的躯体，这样独自回到我的耳边喃喃私语时，我渴望亲吻从那两片早已化为尘土的唇上说出的那些话"（E2：135；F2：432），很难确定马塞尔说这些话的意思。他指的是实际的幽灵般的听觉幻象还是（这是可能的）录音的某种形式，如留声机唱片？尽管在当时唱片是一件新颖事物，但这一可怕经历现今看来无论如何再寻常不过，以至于我们认为这完全是理所当然的。我指的是各种各样的录音设备（"ricordo"是个意大利语单词，意为纪念物、纪念品、纪念）：从蜡简唱片或塑料唱片，然后到录音磁带，到现今的收音机与激光唱片，都允许我们听见已故之人的声音或音乐创作，正如此刻（1999 年 1 月 24日，上午 8 点 38 分），通过电脑上的 CD 音乐播放器，我正在欣赏格伦·古尔德早在 20 世纪 60 年代弹奏的《巴赫：钢琴十二平均律》，而弹琴的人现在却已永远化为尘埃。

　　这些新的科技手段使死者复生，但是那个令人烦恼不安的力量也同样使生者永远改变。它使生者已死，使他们成为活着的死人。《追忆》一书的全称毕竟是《追忆似水年华》。这部长篇小说是一项"研究工作"，一项类似科学的研究，调查如何重新唤起对已逝岁月的记忆，正如格伦·古尔德的那些唱片记载着流逝的时光。当我们今天阅读《追忆》，我们好似正在倾听以印刷这个传统的科技手段而得以保存的已故的普鲁斯特的声音。我不知道是否还存有普鲁斯特声音的任何录音，当然这应该是有可能的。在《尤利西斯》中一个极其具有喜剧特点的段落中，乔伊斯让布卢姆将留声机的一个用途想象为让死者复活。乔伊斯的讽刺也许可以与马塞尔为听到已永归于尘土的人发出的声音所感到的悲痛相提并论：

　　　　此外，你如何能够记住每一个人呢？眼睛，步态，声音。声音嘛，是的，有留声机。在每个坟墓里放置一台留声机，或者每栋房子里存放一台。每周日吃罢晚饭，放上可怜的老曾祖父的喀啦啦响的旧唱片！"喂喂喂，我高兴极了！喀啦啦！高兴极了！能再见到你，喂喂喂，我高兴！喀噗嘶嘘。"使你忆起他的嗓音，犹如照片能使你回想起他的面貌一样。否则的话，十五年之后你都想不起他的长相了。①

最终，一个具有讽刺意味的主题出现在这个插曲的最后一句话里。马塞尔说，接线员妄图重新接通打电话人的联系："也许她们根据惯例，曾不厌其烦地求助于庄重可敬的印刷术发明者，呼叫过热爱收集印象派画作与驾驶汽车的年轻亲王（后者是德·鲍罗季诺上尉的侄子），但古腾堡与瓦格拉姆对她们的恳求置之不理。感觉到看不见的女神还将是对请求置若罔闻，我就离开了。"（E2：137；F2：435）古腾堡是印刷术的发明者，已经死去很久了，瓦格拉姆是与普鲁斯特同时代的人，好收藏印象派画作与汽车，于1918年10月在第一次世界大战中战死。究竟古腾堡与瓦格拉姆作为失败的祈求的对象在此有何相干？原来古腾堡与瓦格拉姆在那时是巴黎电话中心总局的名字，在此被普鲁斯特拟人化为电话局得以命名的人。古腾堡电话中心局得此名仅仅是因为它坐落于古腾堡大街上。这个名字与印刷机这个正在逐渐被电话取代的科技手段联系在一起，必须被召唤以使电话系统运转。这两个不兼容的电信制度，每一个都是不同的自我与他者观念的创造者，二者偶然和具有讽刺意味的并置并未逃脱过普鲁斯特的注意。

从上帝身边来的拉谢尔

现在，我想谈谈选自《追忆》的第三个例子，来说明言语

①　Joyce, *Ulysses*, p. 112. 在他的论著 James Joyce's "*Ulysses*"：*A Book of Many Happy Returns*（Baton Rouge：Louisiana State University Press，1982）中的 "History Repeating Itself with a Difference" 这一章节中，布鲁克·托马斯（Brook Thomas）引用并探讨了这个段落。参阅第149—150页。

行为是如何通过促进言语行为的激情在文学作品中发挥作用的。我所选的每一个例子都是独立的，在某种程度上是可分离的轶事，插曲，或者叙述片段，像一颗颗小珠子串在长短不一的、潜在无穷的片段系列上，织就《追忆》一书。这样的例子是潜在无穷的，因为这些轶事本已繁杂众多，并且只要马塞尔还活着，增加新的阅历，也就是说，只要"书写的马塞尔"与"写就的马塞尔"之间的分歧仍然存在，它们的数量就会进一步扩大。那个分歧界定了马塞尔仍然活着的事实。片段系列也是潜在无尽的，因为每一个插曲都能够被无休止地加以详述。正如马克·卡尔金斯在其关于普鲁斯特的优秀论文中描述道，扩展与延迟是普鲁斯特叙述的特点。[①] 这两个特征可以被定义为死亡的延缓或推迟。普鲁斯特扩展与延迟，运用这两个创作方法，巧妙地赢得更多的生存时间，恰如《追忆》中时常提及的《一千零一夜》里的谢赫拉查达一样，讲了一个又一个故事，因而避免被处死。

　　第三个插曲（E2：157—175；F2：453—470）可以快速概括如下。马塞尔与他的贵族朋友罗贝·德·圣卢前往巴黎的郊区，在那里，圣卢供养着他的情妇拉谢尔。她是他深爱的心上人，使他遭受许多嫉妒的痛苦。罗贝想让马塞尔会见拉谢尔，并赞赏她的敏感与美貌。这是灿烂的早春时节。这个破败不堪的小村庄开满了梨花、樱花，花团锦簇。马塞尔欣赏着这些美景，等候罗贝去接他的情妇。他一见到她，就立刻认出她是"来自上帝的拉谢尔"，是他在过去常常光顾的那家妓院里最后见过的一个妓女。她是一个只要出资 20 法郎就能买到她的肉体的人。现在，罗贝馈赠给她大量昂贵的礼物，以不断赢得她的欢心。他准备为他的痴恋牺牲一切。马塞尔思索两个拉谢尔的差异，假装被梨花

---

　　① 　Mark Calkins, *À la recherché de l'unité perdue*: *Genre and Narrative in Proust* (Ann Arbor, Mich.: UMI Dissertation Services, 1998), microfilm.

盛开的美景所打动，对圣卢隐瞒了他深爱的这个女人的真实经历。

然后三个人乘火车回到巴黎，在巴黎共进晚餐。拉谢尔席间向侍者暗送秋波，惹得罗贝痛苦不已。这时马塞尔与读者并不知道，拉谢尔是一位很有天赋的女演员。当马塞尔看见她站在舞台上时，他逐渐有些理解圣卢迷恋她的原因和"使圣卢受骗的错觉的本质"（E2：177；F2：472）。近看她无任何特别的地方，一张瘦削的长满雀斑的脸，但是远远看去，在舞台上，正如圣卢初次见到她，她蜕变成一位光芒四射的神秘人物。首次见到这样的拉谢尔，圣卢"自问如何才能接近她，认识她，一个神奇的世界展现在他的想象中——她生活的世界——从里面散发出美妙灿烂的光辉，但他却从不能够涉足其间"（E2：178；F2：472）。

这个片段只讲述了这点事。无论如何，天赋存在于细节——在于马塞尔遐想的详述和他用于描述拉谢尔以及两人再次邂逅情景的语言细节中。该段落涉及性欲的激情，即马塞尔称之为"名为爱情的通病"（E2：158；F2：454），它的创造力，它投射心上人面容背后隐藏的虚构人物的能力。

马塞尔再次将这种力量定名为"想象"。在整个段落中，他的术语与价值有关，两个拉谢尔的相对"价值"，马塞尔所认识的20法郎身价的廉价妓女，"无非就是一个小娼妓"（E2：164；F2：459），另一个是光辉耀目，容光焕发，难以得到手的拉谢尔，罗贝·德·圣卢赠送给她一条价值三万法郎的项链，对他来说她似乎是他的一切。这两种评价得自最初接触拉谢尔"小小的脸孔"的方式。

　　　　然后我意识到，如果男人首先通过想象认识一个女人，那么他会想象在女人的，如这个女人的，小小的脸孔后面蕴藏着多么无限的美好；相反，如果是以一种截然相反的、偶

然而又微不足道的方式认识的，那么他无数次魂牵梦绕的人
也许就会被分解为肉欲粗俗的、毫无价值的、低劣的元素成
分。(E2：161；F：457)

这段引文的写作要远远早于《追忆》后部的一个重要段
落。那时在威尼斯——他总是将这个城市与罗斯金（Ruskin）
相提并论——马塞尔突然发觉他如此热爱的那个美丽的城市被
分解成为微不足道的一堆石头，某种粗糙物质的、一文不名的
东西。① 此处这个片段，与随后那个段落以及《追忆》中无数
其他的段落相仿，似乎相对照了两种不同的观点。一种是神秘
化的观点，由激情引发，导致了对无关紧要的符号的述行"阐
释"，此处涉及的符号为拉谢尔的脸；一种是去神秘化的观点，
把符号仅仅看作是未经加工的材料，而不是一切有效符号，也
就是说，他们真正是什么就将他们看作什么。这两个观点不是
得自天真的马塞尔与阅历丰富的马塞尔之间的对照（"那时我
认为……；后来我明白"），而是不同的人对于同一物体甚至同
一人物并行存在的看法。圣卢对拉谢尔的迷恋是一种述行的
"沉迷"，通过他有关她智力与敏感的话语表述出来。整个片段
都在强化这一点。

圣卢的误解始于他所犯的一个重大错误，即"将她想象为
一个奇妙神秘的人，令人感兴趣而想要结识的，却又难以得手、
难以掌控的"(E2：161；F2：457)。这是一个涉及表/里的错误，
假定被当作符号的可见表层后面必定存在某种深藏不露与隐秘的
内在。普鲁斯特不只一次让马塞尔将其与圣像、圣坛或面纱下神
之投射相比较。拉谢尔的言谈对圣卢来说"颇似皮提亚的"

---

① 参阅 F4：pp. 230—234；E3：pp. 666—670. 我曾在 *Black Holes* 中讨论过这个
段落，见第 467—483 页，仅见奇数页。

（E2：160；F2：455），也就是说，宛如出自为太阳神阿波罗代言的女祭司之口。她的个性被封闭在其身体内，仿佛"被神秘地保存于神龛之中"（E2：160；F2：456）。她，更确切地说是圣卢眼中的她，尤其是她的脸，是"不断占据他无穷无尽想象力的对象，他觉得自己永远也不能真正了解的对象，他常常问自己，隐藏在她的眼睛和肉体后面的会是什么样的秘密自我呢"（E2：160；F2：456）。

到目前为止还好，这个片段似乎明确地将圣卢为爱的激情所驱策的投射去神秘化为一个拉谢尔的双眼与脸庞之下的想象之所在，一个难以接近的复杂性的圣所，如同宗教信徒想象他信奉的神之圣像后的空间。这个误解与马塞尔因真正认识到那里存在何物而产生的幻灭形成鲜明对照：只不过是女性的肉体，其中没有任何神秘之物，20 法郎就能买到的肉体。然而，更加充分仔细的阅读表明，事情并非如此简单，读者获悉这一点时也并不会感到惊讶。让我更仔细地研究一下这个片段中在比喻层面意义上的"言辞"。

读者也许会首先考虑马赛尔并非完全是拉谢尔公正无私的观察者。他几乎不可能以冷静客观的态度看待她。他前往驻扎在顿西艾赫的军营去拜访圣卢时，比如说，更多地表现出了一种对圣卢同性社交的情感。在这部长篇巨著临结尾时，圣卢最终成为一名同性恋或双性恋者。他因同性恋私情背叛了他的妻子，吉尔伯特。她曾是马塞尔的初恋挚爱。在小说中，正是马塞尔对圣卢的情感最公然体现了马塞尔·普鲁斯特被假定的同性恋倾向。文中存在隐秘的暗示。譬如，马塞尔所有的心上人都拥有变形的男性化名字（吉尔伯特、艾伯丁、安德烈），更不必说据称为异性恋的马塞尔，作为他所生活于其中的法兰西第三共和国社会道德观念的记录者，对同性恋很着迷，这个同性恋主题在《索多姆与戈摩尔》（"Sodom and Gomorrah"）以及其他章节中被过于详尽地论述。《追忆似水年华》是首批探讨同性恋在现代资产阶级欧洲社会中的作用的著名小说之一。紧接在我阅读的这个片段之后有一个奇特的场景，表现惊愕的（仍然天真的）① 马塞尔亲眼目睹圣卢痛揍一个当街与他搭讪并邀请他参加同性恋者约会的男人（E2：186—187；F2：480—481）。马塞尔有充分的理由嫉妒他的朋友圣卢对拉谢尔的挚爱。

　我正在阅读的这个片段首先描述了马塞尔对那个破败城郊外果树枝头的繁花——樱桃树与梨树，尤其是梨树——赞叹不已，心醉神迷。可以想见马塞尔也许知道，在中世纪，譬如在乔叟关于一月与五月的故事，以及"自由农民的故事"里，梨树是性欲的象征。在马塞尔的描述中，这些树首先被拟人化为女人，继而颇出乎意料地被人格化为男人，最后人格化为天使形象，而"一簇簇鲜嫩的紫丁香花"，"穿着紫莹莹的连衣裙，随风曼舞，婀娜多姿"（E2：159；F2：455）则直接为少女形象。小花园里的梨树与樱桃树首先被拟人化为"新来者，一夜忽至，透过沿着花园小路的栅栏，可以瞥见她们美丽的白衣服"（E2：159；F2：455）。然而，至下一页，一棵特别漂亮的梨树，独自矗立在一块草地上，被拟人化为男性。至少，那是翻译家们所做出的选择："那儿出现一棵高大挺拔、银装素裹的梨树，和它的一群兄弟们一样准时来到约会地点，直面太阳，含笑舞动着满树的繁花。"（E2：160；F2：455）最终，他们离开小城郊时，马塞尔还看到另外一棵梨树，这次将其人格化为一个天使。读者将会记得，所有的天使都是男性，是上帝的信使："我们抄近路穿过村庄。村里的房屋污秽肮脏。但是在每栋最破旧不堪的，看上去像是被硫黄雨烧得焦黑的房屋近

---

① 稍后在这章中，当他和德·夏吕斯男爵一起离开德·维尔巴里西斯夫人的酒会时，更确切地说，在夏吕斯快追上他时，马塞尔显然并没有明白夏吕斯对他的勾引挑逗。

旁，一个神秘的旅行者在这个遭受诅咒的城镇里驻足停留一天，一个光辉灿烂的天使笔挺地站立着，舒展开纯洁的双翼，璀璨耀目的保护之翼笼罩着房屋：是一棵开满白花的梨树。"（E2：163；F2：459）

为什么我如此关注马塞尔的拟人法呢？它们不仅仅是马塞尔"诗意"地观察事物的方式并润饰以华丽语言的实例吗？也许这个语言看起来既不需要诸如那般地认真对待，也不需那么深入地调查探究。适才上述引文提示，在从小城郊向索多姆与戈摩尔的转化过程中，还有其他的事情危在旦夕。在《创世记》第十九章中，索多姆与戈摩尔毁于上帝如雨点般倾泻而下的火与硫黄之中。罗得获救是因为他将两个神秘的陌生人，实际上是两个天使，迎进他的家里，予以殷勤好客的款待。读者会记得，当罗得的妻子听从天使的警告与罗得逃离时，她似俄耳甫斯一般违背了天使的禁令，回头张望故乡，结果变成为一根盐柱。在其最近一次值得称道的关于好客的研讨会上，雅克·德里达（Jacques Derrida）详细解读了罗得热情招待乔装改扮的天使这个不可思议的故事。

我正在阅读的普鲁斯特的整个插曲中，满是蕴涵着圣经的引文、典故与仿效。毕竟，拉谢尔不是随便一个普通的名字。它意味着这个人物是个犹太人。当然，她是德雷福斯的支持者。她为想到德雷福斯在魔鬼岛上的牢房里遭遇的苦难而流泪（E2：167；F2：462）。拉谢尔无疑是雅各最爱的妻子的名字。为了获得迎娶她的权利，雅各为拉谢尔的父亲服务了七年。起初雅各为拉班所愚弄，娶了她的姐姐利亚，正如罗贝·德·圣卢受骗上当，未认识到真正的拉谢尔："到了早晨，雅各一看，竟是利亚。他（雅各）对拉班（利亚与拉谢尔的父亲）说，你向我做的是什么事呢？我服侍你，不是为拉谢尔吗？你为什么欺哄我呢？"（《创世记》29：25）然后拉班也将拉谢尔许配给雅各做妻子，但是雅各必须再为娶她服侍拉班七年。那些《旧约》中的族长们公然一妻多夫，一夫多妻，甚至从某种意义上说是乱伦的，如雅各同时迎娶姐妹俩。在 1835—1907 年的英国，甚至与亡妻的姐妹结婚都是非法的，更不必说是与姐妹俩同时有婚姻关系。① 利亚为雅各生养了四个儿子时，拉谢尔最初还未生育。她最后终于怀孕了："神顾念拉谢尔，应允了她，使她能生育。她怀孕生子。"（《创世记》30：22—23）拉谢尔是与圣母玛利亚不同的类型。上帝奇迹般使她生育，正如上帝使童贞女玛利亚怀孕，或者状若鸽子的圣灵使之受孕，随着天使加百列作为传报的信使。加百列确实说出神奇的述行话语："天使对她说，不要害怕，玛利亚：至高者的灵荫庇你。看，你将怀孕生子，并要给他起名叫耶稣"，玛利亚以自我塑形的言语行为回应他的言语行为，对此她回答道："瞧，上主的婢女。"（《路加福音》Ⅰ：30—31, 38）拉谢尔的长子叫约瑟。在从大卫世家到耶稣本身这个历史悠久的家谱中，约瑟不是雅各最重要的男性继承人。《马太福音》开篇中基督的家谱把犹大（Judas）列为这一系谱始祖雅各的儿子。他很可能是利亚的第四个儿子，《旧约》中的"犹大"（Judah）。尽管如此，在《创世记》中，身着彩衣的约瑟备受关注。约瑟当然也是玛利亚丈夫的名字，结婚前就被上帝，或者更确切地说是状似鸽子的圣灵戴了绿帽子。"是只鸽子，约瑟"，乔伊斯让《尤利西斯》中的斯蒂芬·迪达勒斯想象玛利亚向丈夫解释她的怀孕时这样说道。约瑟问道，"什么将你置于如此非常的境地？"② 雅各诸多妻子给所生的所有儿子取名都是"有动机的"。名字的含义在《创世记》的文本中得到强调

---

① 参阅 Margaret Morganroth Gullette, "The Puzzling Case of the Deceased Wife's Sister: Nineteenth – Century England Deals with a Second – Chance Plot," *Representations* 31 (summer 1990): pp. 142 – 166。

② Joyce, *Ulysses*, p. 42.

突出。拉谢尔给她的长子取名叫"约瑟"，意为"增添"，作为
一个神秘的预期叙述的祈愿语态动词，表明她希望再多添几个儿
子，既然她已证明自己不是不孕的："她就给他起名叫约瑟；意
思是说，愿耶和华再增添我一个儿子。"（《创世记》30：24）

　　通过普鲁斯特选择给她取的名字，整个这个纠结复杂的背景
介入了读者进一步理解圣卢与其情妇的关系，正如一个由多种意
义构成的网络，借由雅各的妻子们给儿子们所取的具有象征意义
的名字，被引入《圣经》所述的历史。无论从关于一位仅知名
为"拉谢尔"或者"拉谢尔小姐"①的知名法国女演员的典故
中获得什么，普鲁斯特毕竟本可以随心所欲地命名圣卢的情妇，
行使那神命名其创造物一般的至高权力，从而构成作者神奇的述
行力量的一个方面："我给你取名为'拉谢尔'。"这种力量被令
人不安地揭示出来，当读者于草稿中发现普鲁斯特最初称呼罗贝
·德·圣卢为"蒙塔日"。"他的真名叫什么？"读者天真地
问道。

　　那么，为什么马塞尔称拉谢尔为"从上帝身边来的拉谢
尔"？圣经上并没有这种说法的先例，至少没有这样明确的表
述，不知情的读者或许会认为，它指的是上帝最终听见拉谢尔的
祈祷，开启她的子宫，因此她怀孕生下约瑟这个事实。然而，这
个引言实际上指的是19世纪一部由约瑟·哈列维（雅各·弗朗
索瓦·弗罗芒塔勒·艾利）（1799—1862）（Joseph Halévy）作
曲、尤金·斯克里布（Eugène Scribe）撰写脚本的歌剧《犹太
女》（*La juive*）（1835）中最著名的咏叹调的前几句。尽管现如

---

　　①　一位19世纪早期的知名悲剧女演员，名叫埃利萨·费利克斯（Elisa Félix）。
当然，这可被视为普鲁斯特给圣卢的情妇取名复杂性的另一个层面。我的著作 *Nou-
veau petit Larousse illustré*（Paris：Larousse，1937），p. 1635 中的一幅画像表明，实际上
名叫拉谢尔的女演员并不拥有狭长消瘦的脸。无论如何，那个拉谢尔生活在更早一
些时候，不可能成为圣卢的情妇。

今极少听到这部歌剧，然而它在普鲁斯特那个时代仍然在上演。虽然我曾在公共广播电台上听到过这部歌剧最新唱片的部分片段，但是我所能找到的唯一一张这个咏叹调的唱片，是由恩里科·卡鲁索（Enrico Caruso）于 1920 年 9 月 14 日在他职业生涯末期灌制的。这部歌剧的女主人公享有《圣经》人物的名字"拉谢尔"及其所有的内涵。约瑟·哈列维，一个 19 世纪犹太望族家庭的成员，① 也许为斯克里布的剧词所吸引，是因其女主人公拥有《圣经》人物约瑟母亲的名字。

如今这部歌剧鲜少上演的原因显而易见，尽管它被载入了欧内斯特·纽曼（Ernest Newman）的《1943 年著名歌剧的更多故事》一书。②《犹太女》表现反犹的敏感主题，至少剧情残忍得骇人听闻。歌剧情节发生在 1414 年的康斯坦次，戏剧性地描述某位布洛尼红衣大主教与神圣罗马帝国当局对犹太人的迫害。拉谢尔与她的父亲，以利亚撒，一位富有的金匠，因为她与非犹太人的帝国王子利奥波德相爱，而被宣判死刑。她为拯救王子说了谎话。然而，拉谢尔并不是以利亚撒的亲生女儿，不是一个真正的犹太女人。她是布洛尼红衣大主教失散的女儿。犹太人多年以前从一场大火中拯救出那个女儿，那场大火将布洛尼的主教宅第彻底焚为平地，烧死了他的情妇，拉谢尔的母亲。以利亚撒与拉谢尔拒绝发誓放弃犹太人的宗教信仰以挽救自己的生命，他们被领向康斯坦次公共广场的脚手架上，要被投入一口沸水锅中。（我没有骗你！）拉谢尔率先登上脚手架，

---

① 丹尼尔·哈列维（Daniel Halévy）是约瑟·哈列维（Joseph Halévy）的曾侄，*La fin des notables*（*The End of the Notables*）（2 vols. Paris：B. Grasset, 1930, 1937）的作者，这本书讲述法兰西第三共和国的早期生活。他是马塞尔·普鲁斯特的同学与朋友。丹尼尔·哈列维还写了一本关于德雷福斯案件的书，书名为 *Regards sur l'affaire Dreyfus*（Paris：Éditions de Fallois, 1994）。

② Ernest Newman, *More Stories of Famous Operas*（Philadelphia：Blakiston, 1946），pp. 320—340.

当她被推入锅中的那一刻，以利亚撒低声告诉红衣大主教，拉谢尔其实是布洛尼失散的女儿。然后，以利亚撒以同样惨不忍睹的死刑方式，胜利地走向他自己的死亡。你明白我所说的耸人听闻是什么意思。

这部歌剧中最著名的咏叹调是"从上帝身边来的拉谢尔"，由以利亚撒在第四幕结尾时演唱，在他默想保全其钟爱的养女的愿望与对基督徒的仇恨，以及他甚至不愿为拯救拉谢尔而放弃其信仰之间构成的矛盾冲突之时。这个咏叹调显然不是由斯克里布撰写的，而是由阿道尔夫·努利（Adolphe Nourrit），当时的首席男高音，创作的。努利说服哈列维，第四幕需要一个戏剧冲突高潮，这个著名的咏叹调顺势生成，据传闻，他为这个咏叹调提供了歌词：

> 拉谢尔！当自上帝身边而来的守护的恩典将你的摇篮托付到我颤抖的双手，我全心全意为你的幸福而奋斗。
> 啊，拉谢尔！……是我将你置于行刑者的手中！①

以利亚撒先是决定保全拉谢尔，但是当他的耳中充斥着外面人群发出的仇恨的呼声，他决心为两人的信仰牺牲他们自己。普鲁斯特对《犹太女》中这个著名的咏叹调这一典故的运用，当然暗指与德雷福斯案件相关的反犹主题。这是《追忆》中这一部分的一个中心主题。它将马塞尔在一家妓院初次邂逅的20法郎即能买到的妓女拉谢尔与哈列维歌剧中英雄的拉谢尔联系起来。尽管马塞尔从未真正与拉谢尔发生性关系，老鸨再三让她接待他，附和马塞尔给她取的诙谐名字，虽然她并不明白它的意

---

① Eugène Scribe, Oeuvres complètes (Paris: Furne; Aimé André, 1841), 2: p. 69, 笔者译文。关于阿道尔夫·努利（Adolphe Nourrit）写了这段歌词的断言，参见 Newman, *More Stories of Famous Operas*, p. 322。

义。称妓女拉谢尔为来自上帝的礼物尖刻讽刺拉谢尔被鸨母推荐
给他及所有嫖客的方式（关于这个片段参看 E1：619—622；F1：
565—568）。此外，正如歌剧中的拉谢尔被曝并非备受憎恨的
以利亚撒的犹太血统女儿，而实际上是一个红衣大主教的女儿，
普鲁斯特的拉谢尔也同样由卑微的妓女转化为贵族罗贝·德·圣
卢心爱的情妇："这个女人，我一见就认出了她是'从上帝身边
来的拉谢尔'，但是几年以前（在那个世界里，女人不改变境遇
则已，一改变就快得难以想象），她常常对鸨母说：'那么，明
天晚上，如果你需要我出来接客，你叫人去唤我，好吗？'"
（E2：160；F2：456）

　　我曾提及，命名的力量，无论是普鲁斯特命名他的人物还是
雅各的妻子们为她们的孩子们取名，为一个显著的述性话语提供
了例证："我命名你为……（某某）。"马塞尔脱口而出的、诙谐
的、暗含典故的绰号"从上帝身边来的拉谢尔"，那个咏叹调与
整个歌剧的换喻，在小说内部本身是命名作为一个至高无上的言
语行为、创造或改造被命名者的显著范例。读者会记得，奥斯汀
（Austin）运用洗礼命名的修辞来创造性命名一个言语行为的新
术语中产生的状况：述行的（performative），述愿的（consta-
tive），言外行为（illocutionary），言后行为（perlocutionary），表
态行为（behabitive），等等。

　　另外一个典故充分有力地作用于与马塞尔遇见圣卢情妇这个
插曲交织在一起的复杂的外在替代物。它也许影射的是所有妓女
当中最出名的一位，抹大拉的马利亚，当然她是在《圣经》与
基督教传统中最为知名。对抹大拉的马利亚的祈祷召唤是所有梨
树的拟人化表现倾向的目的。当马塞尔认出圣卢倾注如此多神秘
性与价值评价的情妇不过是"从上帝身边来的拉谢尔"，他深受
震动："不是说'从上帝身边来的拉谢尔'似乎对我仅有些微意
义，而是我发觉人类想象的力量，即爱的苦恼之基础的幻觉，相

当伟大。"（E2：162—163；F2：458）为了向圣卢隐瞒他情绪激动的真正根源，马塞尔转身面对梨树与樱桃树，"以致他或许认为是它们的美丽感动了我。果树的美丽确实以多少同样的方式打动了我；它同样让我亲近我们不仅仅亲眼目睹而且还用心感受到的某种事物"（E2：163；F2：458）。此处是一种清晰明确但又冷冰冰的、得自于眼见为实的认知与另一种由激情产生的未知的认识。后者是我们"内心同样感觉到"的"认知"。这里可以为证的例子，如圣卢创造出一个并不存在的拉谢尔，以及马塞尔通过隐喻的述行力量将梨树转化为天使。正如圣卢看错了拉谢尔，马塞尔也同样错认了梨树。然而这两个相似的错认，尽管他们是错认，——根据《追忆》中后来探讨的一个范式①——为被误认的、神秘化的事物提供一个进入美的王国的契机。这个国度消逝于往日，一个尽管被珍视为"记忆"却又从来不是一个没有记忆的过往，它又在始终也遥不可及的未来中为人所期盼，作为我们力求赢得的"酬劳"（E2：163；F2：459）。所有想象的产物——爱情、音乐、文学、艺术——无论在偶像化各种各样美的化身时具有怎样的幻觉性，使我们得以窥见这个失去的乐园，更确切地说，是这些失去的诸多乐园，既然它们繁复多样、无法相比拟，在想象这个广阔的王国里，每一个都占据着自己隔绝隐蔽的空间。这个层次众多、求而不得的美通过利用爱情幻想的夸张引申以及诗歌创作的虚构做作而得以寓言化。它们被用于命名任何文字中某种未知的、不可知的以及无法命名的事物。这个段落蕴涵着超乎寻常的美，尽管它描述了一个既"得体"又同时被视为一项错误的言语行为。

----

①　在我于他处讨论过的段落里，普鲁斯特探讨了这个关于凡特伊（Vinteuil）七重奏与艾伯丁谎言创造力的范式。参见 Miller, *Black Holes*, pp. 407 – 439, 仅见奇数页。

　　我把曾在花园见到的那些树比作素未谋面的天使，① 我会不会和马利亚一样弄错了呢？耶稣复活纪念日临近的那一天，在另一个花园中，马利亚看见一个人的形体，"以为是一个园丁"。这些向着如此适宜休憩、垂钓和读书的树影俯下身躯的令人赞叹不绝的白衣少女难道就不相当于是天使吗？她们掌管着我们对黄金时代的记忆，她们相信，真实并不尽如我们所预想，但是真实也可能焕发诗的光辉，纯真的奇妙光辉，也可能成为我们努力求索的报酬。（E2：163；F2：458—459）

　　这里提及了福音书中据圣约翰（20：11—18）所述的那个感人的事件。抹大拉的玛利亚，这个耶稣爱着的并消除了其罪恶的罪人，来到被钉死在十字架上的耶稣的坟墓前，发现他的墓穴空空如也，由两个白衣天使守护着。随后，她将复活后伫立在花园中的耶稣误认为园丁。当耶稣对她说话时，她突然认出他，欢呼认可他为"夫子"：

　　她转过身来，看见耶稣站在那里，却不知道那是耶稣。耶稣对她说，妇人，你为什么哭？你找谁呢？马利亚以为是看园的，就对他说，先生，若是你把他移了去，请告诉我，你把他放在哪里，我便去取他。耶稣对她说，马利亚。马利亚就转过来，用希伯来话对他说，拉波尼（拉波尼就是夫子的意思）。耶稣对他说，不要摸我；因为我还没有升上去见我的父；你往我弟兄那里去，告诉他们说，我要升上去，见我的父，也是你的父；见我的神，也是你们的神。抹大拉

---

　　① 普鲁斯特指的是罗得热情招待的那两个乔装的天使，以及《约翰福音》中耶稣复活后守护在其墓前的两个天使（《约翰福音》20：p.10）。

的玛利亚就去告诉门徒说，她已经看见了主，告诉他们主对她说了这些话。（《约翰福音》20：14—18）

抹大拉的玛利亚首先转身离开空空的坟墓，然后当她认出"园丁"是耶稣时，她再次转身。这些转身动作模拟表现了转意归主与精神顿悟的转变。每一次转身都是一个转义［那正是"转义"（trope）这个单词的意思所在："转动"（turning）］，是运用述行语言对意义的重新阐释，正如当耶稣呼喊马利亚的名字向她致意，而她则称呼他为"夫子"。这些转身也同样以动作示意马塞尔将梨树转化为天使这一评价以及圣卢将拉谢尔变身为无价之宝的逆转。最初，马塞尔说这些梨树就是梨树，绝非天使，正如拉谢尔真是"从上帝身边来的拉谢尔"，但是随后他说它们确实是天使，拉谢尔确实是罗贝的拉谢尔，就像园丁原来是耶稣，就像抹大拉的马利亚，据传说本是个妓女，变成一个圣徒。此处普鲁斯特的典故进一步复杂化，在于《圣经》上这个的段落也许为罗斯金（Ruskin）的《手握钉子的命运之神》（*Fors Clavigera*）中第 12 封信的调和，我们知道，普鲁斯特读过那封信，而信里讨论了抹大拉的马利亚与耶稣的会面。①

与耶稣的"不要摸我"形成鲜明对照的是其后几行中的另一个事件，即"多疑的多马"的故事，也同样仅记载于《约翰福音》中。多马·低土马（为双生子之意）应耶稣之邀触碰复活的耶稣手上的钉眼，把他的手伸进耶稣肋上的伤口。托马斯显然没有触及耶稣，但是他相信耶稣话语的效力。复活的耶稣有形又无形，实体化又非实体化，宛如一个幽灵或幻影。

---

① 对于这二者相关的主张，参阅 Julia Kristeva, *Le temps sensible：Proust et l'expérience littéraire* (Paris：Gallimard, 1994), p. 26。

> 但是他（多马·低土马）对他们说，我非看见他手上
> 的钉痕，用指头探入那钉痕，又用手探入他的肋旁，我总不
> 信……然后他就对多马说，伸出你的指头来，摸我的手；伸
> 出你的手来，探入我的肋旁：不要疑惑，总要信。多马回答
> 说，我的主，我的神。耶稣对他说，多马，你因看见了我才
> 信：那没有看见就信的，有福了。（《约翰福音》20：25，
> 27—29）

　　眼见为实才信，但是最虔诚的信仰是非眼见也笃信。信仰正是那样：信仰不曾亲眼目睹的事情。

　　普鲁斯特小说中的那个段落，被放置回《圣经》的背景之中时，是对人类想象力充满激情的颂扬，颂扬其领悟隐秘真理之力量，通向的不是理性而是述行的言语行为。这不仅仅体现在马塞尔将梨树转化为天使，甚至还反映在圣卢将"从上帝身边来的拉谢尔"改变为他心爱的情妇。

　　任何一位追溯过多少世纪以来抹大拉的马利亚传奇演化变迁的人都知道，抹大拉的马利亚曾经是一种"想象"活动的焦点，与圣卢滥加于拉谢尔身上的一样备受关注。相对于圣母玛利亚而言，抹大拉的马利亚是一个罪人，一个幡然悔悟的妓女，因此是犯下不可饶恕大罪的罪人更易于与之认同的一个知名人物。此外，由于缺乏可靠的圣经权威著述，基督徒们一直糅合了各福音书中各异的马利亚形象，加工出一个单一独特的马利亚（不过东正教并非如此，每一个马利亚都拥有一个单独的基督教圣人节日）。接着信徒们为抹大拉的马利亚虚构一个全面详尽的生平，突出地、最常见地体现在雅古普·德·佛拉祯（Jacobus de Voraigne）的《黄金传奇：圣人故事选读》（*The Golden Legend: Readings on the Saints*）。追本溯源，一个"传奇故事"不仅指的是用于阅读的东西，也指一种阅读行为。

不管怎样，除了《黄金传奇》中有关她生平的故事，还存在许多其他文字与图解的版本，甚至包括一个虚构的不足凭信的版本，即抹大拉的马利亚是萨拉的母亲，这个女儿的父亲是耶稣，当抹大拉的马利亚与萨拉逃离巴勒斯坦，逃向马赛，[①]萨拉成为历届默洛温王朝诸国王的始祖。抹大拉的马利亚转变为基督教圣徒好比拉谢尔变换为圣卢心爱的情妇，反映了语言想象的同样力量。抹大拉的马利亚的转变始于耶稣宽恕了她的罪孽之时，正如黑格尔在其早期的神学著作中一个精彩有力的段落里阐明的那样，用基督徒的爱取代犹太法律，随着对旧宗教的取消，以及同时对它的扬弃或升华，从而开创了一个新宗教。对黑格尔而言，抹大拉的马利亚出现于犹太教被扬弃而成就为基督教那一刻。她同时归属于这两个教派。[②]

马塞尔遇见圣卢情妇并注意到她是"从上帝身边来的拉谢尔"，这个插曲中的对立不是圣卢对一个不存在的拉谢尔的想象与马塞尔对所见拉谢尔的清醒认识之间的对立，而是想象的两种形式之间的对照。它们不过是由激情点燃的、由述行定位行事的同一种力量的两种不同形式："她那张消瘦的面孔一动不动，毫

①　See Jacobus de Voraigne, "Saint Mary Magdalen," in *The Golden Legend*, 2 vols., trans. William Granger Ryan (Princeton, N. J.: Princeton University Press, 1993), I: pp. 374 – 383; Marina Warner, *Alone of All Her Sex: The Myth and the Cult of the Virgin Mary* (New York: Vintage; Random House, 1983); Susan Haskins, *Mary Magdalen: Myth and Metaphor* (London: HarperCollins, 1993); Laurence Gardner, *Bloodline of the Holy Grail: The Hidden Lineage of Jesus Revealed* (New York: Barnes and Noble, 1997), esp. pp. 66 – 73、100 – 142; Margaret Starbird, *The Woman with the Alabaster Jar: Mary Magdalen and the Holy Grail* (Santa Fe, N. M.: Bear, 1993), esp. pp. 26、49 – 52、60 – 62; Michael Baigent, Richard Keigh, and Henry Lincoln, *Holy Blood, Holy Grail* (New York: Dell, 1983), pp. 330 – 347; and Ean Begg, *The Cult of the Black Virgin* (London: Penguin, 1996), pp. 93 – 99. Linda Georgiana and Matthew Miller 帮助我查阅这些书目，对此我深表感谢。

②　G. W. F. Hegel, "The Spirit of Christianity and Its Fate," in *Early Theological Writings*, trans. T. M. Knox (Philadelphia: University of Pennsylvania Press, 1971), pp. 242 – 244.

无表情，好似一张承受了两股巨大无比的大气压力的纸片，静止不动，似乎被两股无穷力量保持着平衡，这两股力量在她身上聚合，却没有相遇，因为被她隔开了。我和罗贝都在凝视她，我们从不同的角度看见了她身上的奥秘"（E2：162；F2：458）。在这个段落中，马塞尔最终以赞同拉谢尔神秘莫测的观点而结束，像一张纸一样单薄（也许记载着文字或图形符号，以供阅读，尽管马塞尔并没有这样说），正如一张脸是一个富有表现力而又高深莫测的符号。无论怎样无限的想象的压力从两侧施加于其上，拉谢尔的脸都令人费解，深不可测，而又不可知的。因此，她面对两种迥然不同而又无比强大的、分别由圣卢与马塞尔施行的想象行为，这最后也以保持均衡状态而告终结，同样忽略了拉谢尔"真正是"怎样一个人。

马塞尔述行力量的标志包括所有那些典故与引用，它们使一个事件成为一个复杂的讽喻，使任何事物不仅仅是它本身，而且还是一个代表某些其他事物的符号。对于马塞尔来说，拉谢尔是《圣经》中的拉谢尔，还是哈列维歌剧中的女主人公，也是抹大拉的马利亚，罗得的妻子；梨树转化为男性，然后化身为拜访罗得的天使，其后变为基督复活后守护其坟墓的天使，所有这些都是通过极有效的言语行为而得以实现。

在马塞尔的述行定位背后，在他的叙述文本表达中，马塞尔·普鲁斯特，叙述者的创造者与一切的基本来源，高贵而谦逊地立于所有这些由语言行为产生的隐喻的或寓言式的置换中。可能似乎对于许多读者而言，《追忆似水年华》是一部沿袭了现实主义传统的虚构的自传小说。若是如此，马塞尔笔下的人物就仅仅是渲染的人物，作为奇特的隐喻用以使现实主义的叙述愈加生动，表现马塞尔的心理，他的"诗人"天赋。正好相反，这个片段，正如《追忆》整部小说，是完全寓言式的。他借助于另一事物命名一个事物，证明"现实并非我们所预想的那样"。

《追忆》的意义取决于转义手法，这一手法使梨树成为天使，使哈列维歌剧中的妓女拉谢尔转变为"从上帝身边来的拉谢尔"，随后又化身为罗贝神秘莫测的心上人，一个谜一般的人物。

（苏擘　译）

四　他者主题

弗里德里希·史莱格尔：
对混沌的误用

　　……所有的美丽都是寓言。人们只能用寓言的方式来谈崇高，因为它是不可言说的。

——弗里德里希·史莱格尔①

　　"我羡慕那些在世时就成为神话的人"，叶芝半是恭维地对王尔德说，而他所得到的回复是："我认为人应该创造自己的神话。"这是叶芝将铭记一生的训诫。

——理查德·埃尔曼（Richard Ellmann）：《奥斯卡·王尔德》

　　我将通过弗里德里希·史莱格尔的神话观这个显然是间接的路线来探讨他的"他性"（otherness）问题。"神话"——仅仅这个词本身，就能产生无穷尽的、无休止的历史记事，而且，在不同的西方语言中，"神话"一词与我们传统中许多繁乱的其他关键词发生关联。这就需要另外一种无休止的记事，可谓无限上的无限，深奥下的深奥，以此来挑选整理出那些关联。但是，在这整个的复杂状态中，有一种矛盾或难题。在逻辑思维中，这确实是一个难题，一条死胡同。神话在逻辑上不可能同时是矛盾的

---

　　① "……所有的美丽都是寓言。人们只能用寓言的方式来谈至高，因为它是不可言说的"。（我的翻译）

两种事物，但是依照我们的传统，它就可以同时是两种矛盾的事物。一方面，"神话"指的是具有人性的故事，实在是颇具人性，一种可能具有危险性虚假的欺骗性虚构小说。另一方面，"神话"是关于众神与人类关系的故事。这种故事体现了一个民族对其起源及命运的最深刻洞察。在亚里士多德那里，"神话（muthos）"的意思是英语中所常常翻译成的"情节"，与人物、措辞、思想、戏景及音乐一起构成悲剧的六大元素。"情节（神话）"，亚里士多德说，"是对行动的模仿：——因为我这里用情节指的是对事件的安排"（1450a）①。亚里士多德又说，情节或事件的结构是最最重要的。为什么呢？因为"悲剧是一种模仿，但这种模仿不是对人类的模仿，而是对行动或生活的模仿，生活存在于行动之中，其宗旨是一种行为方式，而不是一种属性"（1450a；27）。亚里士多德对此观点的另一种表达是声称悲剧的目的是唤起并净化怜悯与恐惧。事件的顺序及关联，导致命运的逆转和发现，产生情感净化的效果。因此，情节或神话（muthos）——我们可能会按安德载耶·沃敏斯基（Andrzej Warminski）的观点而称之为事件的句法——是最重要的特征。你可能会看到没有人物或戏景（尽管这也很难想象）的悲剧，但是却不会看到没有神话的悲剧。神话（muthos）、神话或情节，纯粹是一种作为手段的安排或设计，用以产生某种行事的效果。

一方面，任何故事，不管真实与否，只要能产生想要的效果，都是没有问题的，重要的是要有行事的效能，而非指称或叙事的真实性。另一方面，亚里士多德所讨论的古希腊悲剧家们所选择的实际的神话（muthoi），都取自于循环重复的家庭故事。而这些家庭，简言之，都是因犯事而落到了众神手里，亚里士多

---

① S. H. Bucher, *Aristotle's Theory of Poetry and Fine Art*, *with a Critical Text and Translation of the Poetics* (New York: Dover Publications, 1951)，［1909 年版的再版］，p. 25。更多的参考资料请参阅本版及翻译，前面加有传统的手稿编号。

德说:"目前最好的悲剧建立在几个家庭的故事之上——基于阿
尔克迈翁、俄狄浦斯、俄瑞斯忒斯、梅利埃格、梯厄斯忒斯及忒
勒福斯的命运,还有其他那些作恶多端或遭受磨难的人的命
运。"(1453a;47)对于亚里士多德来说,悲剧的原型是索福克
勒斯的《俄狄浦斯王》。这部悲剧的情节或神话(muthos),远
非仅仅是一系列的经过恰当净化作用安排的事件,最后带来的或
许是无法回答的问题,这些问题涉及古希腊人所理解的人类命
运:为什么阿波罗决定让俄狄浦斯承受那样的痛苦?俄狄浦斯究
竟做了什么才能合理解释这种可怕的命运呢?

　　在柏拉图那里也同样有神话的矛盾概念,尽管在他看来神话
有着不同的结构和不同的情感效价。一方面,柏拉图谴责诗人因
为他们讲述有关众神的虚假(并粗俗)的故事,另一方面,众
所周知的是,柏拉图(或者更确切地说是苏格拉底)在其辩论
的关键时刻使用神话,例如在《会饮篇》(The Symposium)中最
初的雌雄同体之人的神话,以及《理想国》(The Republic)中的
男性神话。苏格拉底这里用的,那里又谴责。柏拉图两者兼而有
之,尽管,从逻辑上来看,他并不能做到这一点。比如说,当他
让苏格拉底谴责双重叙事的时候,他自己却在《理想国》中使
用了双重叙事。柏拉图扮演的是苏格拉底的角色,他谴责荷马以
奥德修斯的名义为《奥德赛》说话。

　　西方对神话一词或其概念的使用,在所有主要的历史阶段,
都可以找到类似的双重性:在诸如奥维德的《变形记》(Meta-
morphoses)这样的对希腊神话的拉丁挪用中,在14、15世纪人
文主义运动中古希腊罗马的复兴中,在那西方知识史中伟大的转
折点,也即浪漫主义时期中,以及在20世纪对"神话"一词的
使用中。后者继承的是浪漫主义式的双重性,这种双重性使得神
话既有危险的虚构性,又是最深邃而又神秘真理的一种表达方
式,这种真理无法用概念来表达,而必须诉之于叙述的形式。在

我们这个时代，一度富有影响力的文学理论和文学批评被称为"神话批评"或"原型批评"，是由诸如诺思洛普·弗莱（Northrop Frye）的《批评的解剖》①等阐发而来。经由各种各样的传承，源于浪漫主义以及18、19、20世纪的神话批评和人类学，诸如费雷泽（Frazer）的《金枝》（*The Golden Bough*），以及源于荣格的原型心理分析，这种批评方式假设说，甚至明显"现实主义的"、历史上有所指的文学作品，也通过悄悄地重复某种普遍神话的框架来获得它们神秘的力量。比如说，乔治·艾略特的《米德尔马契》（*Middlemarch*）中多萝西娅（Dorothea）、卡苏朋（Casaubon）及威尔·拉蒂斯拉夫（Will Ladislaw）的故事，正如小说中审慎的参考注释所标明的，就是重复了阿里阿德涅（Ariadne）、提修斯（Theseus）及酒神巴克斯（Bacchus）的故事。

但是，"神话"这个词，尤其是近些年来，已经有了明显惹人非议的意味。神话已经变成了意识形态的同义词，或者是被称作意识形态素的意识形态成分的同义词，也即那种被无意识假定为正确而实则错误的东西。意识形态素错将语言的东西当成了物质现实。例如在美国，我们会讲"提高社会地位的神话"，"供方经济学神话"，或"强壮而又沉默之人的神话"。罗兰·巴特关于消费文化幻想的书就名为《神话修辞术》（*Mythologies*），②而最近让·吕克·南西（Jean-Luc Nancy）和菲利普·拉古·拉巴特（Philippe Lacoue-Labarthe）合著的一本书则名为《纳粹神话》（*Le Mythe Nazi*）。③

这种双重性是怎么产生的呢？同一个词怎么会同时意指极好与极坏的东西呢？"神话"一词的两个效价之间的神秘联系是什

---

① Princeton：Princeton University Press，1957.
② Paris：Seuil，1957.
③ La Tour d' Aigues：de l' Aube，1991.

么呢？一个怎样导致另一个，或必然暗指另一个，或没有另一个的暗示就永远不会存在呢？我会以质疑一篇文本的方式来回答这些问题，这篇文本出现于我所粗略描绘的历史发展中的关键时刻：弗·史莱格尔《诗歌对话》（*Dialogue on Poetry*）中的"神话论"（"Talk on Mythology"）。《诗歌对话》写于耶拿，发表于1800年《雅典娜神殿》杂志的第3卷，这本杂志由弗·史莱格尔与其兄奥·威·史莱格尔共同创建于1798年。

尽管《诗歌对话》模仿的是遥远的柏拉图对话，但它缺少那种辩证的驱动力，而这种驱动力，在柏拉图的对话中，引得苏格拉底一步步得出最后的结论，尽管这结论或许是，正如在《普罗泰戈拉》（*Protagoras*）中所体现的那样，对于我们尚未知道的东西，我们现在比刚开始时确实了解了更多，因此，我们必须继续寻找我们问题的答案。与之不同的是，史莱格尔的《诗歌对话》，是由包括两位女性在内的一群匿名知识分子之间相对散乱的讨论组成的。他们的对话应是那种在耶拿圈成员相聚于弗之兄奥·威·史莱格尔家时的对话。参加成员间对话的意见交流被小组成员的演示打断，这种演示我们今天称之为"论文（papers）"。根据学者们的最佳猜想，这些参与者应该代表着谢林（Schelling）、诺瓦利斯（Novalis）、蒂克（Tieck）、奥·威·史莱格尔、奥·威·史莱格尔的妻子卡洛琳（Caroline），以及弗·史莱格尔本人及他的情人多萝西娅·维伊特（Dorothea Veit）。"神话论"是鲁多维柯（Ludovic）说的，鲁多维柯代表的应该是谢林或费希特（Fichte）。史莱格尔研究者的这些猜想既不能被证实也不能被证伪。比如，试图将"神话论"和谢林思想联系起来的研究并没有太多成果，尽管正如保罗·德曼（在其之前是黑格尔）所表明的那样，史莱格尔深受费希特的影响。整篇《诗歌对话》以其典型的大量自我矛盾，表达了史莱格尔自己的观点。至于他们是什么意义上的自我矛盾，而且是必然的自我矛盾，我待会儿再解释。

《诗歌对话》并不是柏拉图意义上的对话，而是一串断片，史莱格尔意义上的断片。就像其后的尼采一样，弗·史莱格尔意识到小说这种主要的现代体裁，更多的是源自柏拉图的对话而非亚历山大的叙事。《雅典娜神殿断片集》的第 77 条宣称 "对话是一串或一圈断片，文学的交流是更高层次上的对话，而回忆录则构成了一个断片系统"①。他原本可以继续说，他所看成浪漫主义典型体裁的小说也是一个链条，一个圆环，或者是断片系统。史莱格尔在其《诗歌对话》② 中所插入的一篇论文《小说信札》中说，"小说是浪漫主义的书籍"。他还在 "批评断片集" 中的一条中说："小说是我们这个时代苏格拉底式的对话。"（G，7；E，3）

读者将会在这些构想中发现悖论。如果断片确实是断片，那么它们就不可能连成一串、一圈，或形成系统。不管它们是怎么组合在一起的，它们仍然是一组矛盾的共处。比如说，试图用一串断片来固定船只将是一个危险的错误，因为它们不能相互连接形成稳固的支撑。一串断片是那种不能链接或联系的一串。史莱格尔说："一块断片，就如同一件微型艺术品，一定要完全从其背景世界中隔离开来，必须像刺猬一样自身具有完整性（in sich selbst vollendet sein wie ein Igel）"。（G，47；E，45）但是，这种完整性却把矛盾的思想放到如此邻近的程度，以至于它们表现出了不合理性。"如果一个人对专制冲昏了头脑并且无法逃脱"，史莱格尔被诺瓦利斯收录于其《花粉》（Pollen）的一篇断片声

①　Friedrich Schlegel, *Kritische Schriften*（Munich：Carl Hanser, 1964，p. 33，以下缩略为 G；Friedrich Schlegel, *Philosophical Fragments*, trans. Peter Firchow, Minneapolis：University of Minnesota Press, 1991，p. 27，以下缩略为 E。

②　G, p. 515；Friedrich Schlegel, *Dialogue on Poetry and Literary Aphorisms*, trans. Ernst Behler andRoman Struc, University Park：The Pennsylvania State University Press, 1968，p. 101，以下缩略为 DP。

称，"那么唯一的出路就是不停地反驳自己，将对立的两个极端连接起来。矛盾的原则（根据该原则，一件事物要么是这样，要么不是这样；这种法则排除了中间状态）不可避免地遇到劫数，剩下的唯一的选择是，要么采取承受苦痛的态度，要么通过承认自由行动的可能性来突显其必要性"（E, 17）。似乎这种"自由行动"所采取的形式便是不停地反驳自己，并将对立的两个极端连接起来。它是行动，因为它是一种言语行为，这点我将说明。将这种矛盾封闭在断片那有刺的、刺猬般的围栏里的结果，在另一个断片中得到界定："机智是被束缚的精神的一种爆发（Witz ist eine Explosion von gebundnem Geist）。"（G, 17；E, 11）

我稍后会回到为什么史莱格尔原则上不能撰写作品的问题，这里说的作品是指上下连贯、不会相互矛盾的作品，要遵循亚里士多德的或现代的有机整体论，也就是说，要拥有匀称的形式，其开首、中间、结尾，以及潜在的理念共同把整体连接起来。与弗·史莱格尔的其他作品一道——三套断片（《批评断片集》、《雅典娜神殿断片集》及《断想集》），论文"论不理解（On In-comprehensibility）"，以及奇特的纪实小说《路辛德》——《诗歌对话》是德国浪漫主义，或者更具体地说是耶拿浪漫主义的关键性文本之一。在《诗歌对话》中，"神话论"是最重要的时刻之一。要在弗·史莱格尔其他作品的语境中、在更为广阔的知识背景环境中理解这篇文本，那么似乎就要走很长的路去理解作为"神话"一词那漫长的西方史中一个阶段的德国浪漫主义。但是，史莱格尔对于不可理解性之可能性的关注，会让甚至最自信的读者停下来。

弗·史莱格尔在知识史中的地位模糊不定。一方面，他被认为是浪漫主义的关键人物，有大量的研究其作品的二手文本，22卷本的由已故恩斯特·贝勒尔（Ernst Behler）任总编的《弗里德里希·史莱格尔》，是 20 世纪学术界的一座丰碑。① 另一方面，如果保罗·德曼是对的，他总是卷入这样的事件中，那么，这样的鸿篇巨制在某种程度上就无意地掩盖了对于弗·史莱格尔作品中最具威慑力的、最令人不安的部分。② 史莱格尔在 1808 年皈依天主教，之后他又重写了他自己早期作品的一些重要篇章，为这种掩盖提供了典范。

弗·史莱格尔的作品究竟危险在什么地方，以至于它会使严肃的学者拒绝他所说的话，或是让他说一些他所言之外的话呢？答案在于，要认识到史莱格尔是一位伟大的反讽理论家和实践家。反讽那颇具威慑力的方面总会引起他们的压制。史莱格尔的断片从头至尾都是反讽的，正如我所提到的他的其他关键作品一样。不仅如此，断片的很多部分，都在试图以这样或那样的方式来界定反讽。黑格尔对此提供了线索，他对史莱格尔的理解已经到了相当的程度，比如史莱格尔的思想承袭于费希特，③ 并且如克尔凯郭尔所做的那样，他又憎恶费希特，尽管他俩憎恶的原因各不相同。正如克尔凯郭尔在其《反讽的概念》中所说："只要黑格尔提到'反讽'这个词，他立刻就想到史莱格尔和蒂克，

————————

① Ernst Behler, Jean - Jacques Anstett, and Hans Eichner 编辑，Munich：F. Schoningh 1958。

② 参见 "The Concepts of Irony," in *Aesthetic Ideology*, ed. Andrzej Warminski, Minneapolis：University of Minnesota Press, 1996, p. 182，以下缩略为 *AI*："最好的批评家撰写了有关史莱格尔的评论，意识到了他的重要性，他们想要保护他，使其免于常常遭受的轻浮的谴责。但是在这个过程中，他们总是不得不去发掘自我的范畴、历史的范畴及辩证的范畴，这些范畴恰恰就在史莱格尔的作品中被彻底瓦解了。"德曼所给出的这两个复原的例子是彼得·司丛狄和沃尔特·本杰明，这两个名字具有相当的魔力。除了这两个人，还有更加威严的黑格尔和克尔凯郭尔，如果所有这些重要人物都误解了史莱格尔，那么我们又怎么能期望做得更好呢？

③ 就此话题的精彩文章，参见 Werner Hamacher, "Position Exposed：Friedrich Schlegel's Poetological Transposition of Fichte's Absolute Proposition," in *Premises*: *Essays on Philosophy and Literature From Kant to Celan*, trans, Peter Fenves, Cambridge：Harvard University Press, 1996, pp. 222 - 260。

而且他的文体马上就被标上了某种不满的标签。"①公开指责史
莱格尔的文章出现在黑格尔的《美学》中,在《权利哲学的成
分》中,在《美学:美术讲座》中,以及在"Uber'Solger's
nachgelassene Schriften'"中,所有这些都或多或少地重复着同
样愤怒的谴责。比如在《权利哲学的成分》中,史莱格尔反讽
的标签被强烈谴责为"邪恶(实际上,是那种固有的、完全普
遍的邪恶)"②。在一篇有关其已故同事佐尔格(Solger)的文章
中,黑格尔谈到了"淫荡,却无视那些神圣和极其优秀的东西,
而这些东西则标注出了弗里德里希·史莱格尔的'路辛德'时
期"以及"反讽的最嘹亮和最繁荣的时期"③。克尔凯郭尔的
《反讽的概念》里有一长篇,尖刻地攻击了史莱格尔的《路辛
德》及其整体的反讽概念。④

　　为什么史莱格尔的反讽如此危险呢?为什么它会引起这种知
识界的纷争与不满呢?黑格尔在其《美学》的名为"反讽"的
前言中有关史莱格尔的一段话指明了答案。在这里反讽被黑格尔
界定为"无限的绝对的否定性"⑤。这个概念后来再次被克尔凯
郭尔用于《反讽的概念》之中,只是其效价稍有不同。反讽是

①　Soren Kierkegaard, *The Concept of Irony*, trans. Howar V. Hong and Edna H. Hong. Princeton: Princeton University Press, 1989, pp. 265-266. 李·凯普尔的译文有的是"愤怒"而不是"怨恨", Soren Kierkegaard, *The Concept of Irony*, trans. Lee M. Capel, Bloomington: Indiana University Press, 1968, p. 283。弗·史莱格尔使黑格尔义愤填膺。

②　G. W. F. Hegel, *Grundlinien der Philosophie des Rechts*, *Werke*, Frankfurt am Mian: Suhrkamp, 1970, 7: p. 279; Hegel, *Elements of the Philosophy of Right*, tans. H. B. Nisbet, Cambridge: Cambridge University Press, 1991, p. 182.

③　引自 Soren Kierkegaard, *The Concept of Irony*, trans. Howar V. Hong and Edna H. Hong, p. 547。

④　同上书, 第286—301页。

⑤　"Unendliche absolute Negativistat," G. W. F. Hegel, *Volesungen uber die Asthetik*, WeikeFrankfurt am Mian: Suhrkamp 1981, 13: p. 98, 以下缩略为 G; *Aesthetics: Lectures on Fine Art*, trans. T. M. Knox, Oxford: Clarendon Press, 1975, 1: p. 68, 以下缩略为 *E*。

自我的一种力量，能对一切说不的力量。在一个著名的公式中，史莱格尔将反讽界定为"永恒的主唱段"①，这本身就是一个具有反讽意味的自我矛盾的概念。在一场戏剧中，当一个演员走上前来用自己的人称说话时，就会有戏剧幻想的瞬间破灭，因为主唱段必须有某种需要悬置的、虚构的幻想，而永恒的主唱段将会是永远的悬置，没有什么其他可悬置的了。在"反讽的概念"中，保罗·德曼指明不可能给反讽下定义或是阐明其概念，但是在这之后他却最终将反讽界定为："如果史莱格尔说反讽是永恒的主唱段，那么我们就会说反讽是修辞寓言的永恒的主唱段。"②正如黑格尔所意识到的以及保罗·德曼所详细阐明的，史莱格尔的反讽概念源自费希特。黑格尔在《美学》中讨论了史莱格尔对费希特的承袭，他说：

> 自我，能够保持其为一切之上帝一切之主人的地位，在道德、法律、人性与神性的事物、世俗的与神圣的范围内，决不会有首先不被自我所规定的事物，因此也就绝不会有不被自我所同样破坏的事物。因此，一切真正独立的实在之物就只变为了一种表象，就其自身而言不是真实的，而只是一种外观，这是由于自我有其力量与任性，什么都任其自由支配……天才的神圣的反讽就是自我对其自身的一种关注，所有结合在一起的东西都被突然折断，只有在自我享受的幸福中才能生活。这种反讽是由弗·史莱格尔发明创造的，很多人都对它有着喋喋不休的评论，或者说现在又在对它进行喋喋不休的评论了。(*G*, 13：94，95；*E*, 1：64—65，66)

---

① Die Ironie ist eine permanente Parekbase, ——"：弗·史莱格尔，"Zur Philoso-phie"(1979)，见 *Philosophische Lehrhahre I* (1796—1806)，ed. Ernst Behler, *Kritische Friedrich Schlegel – Ausgabe*, 18：p. 85。

② *AI*，第 179 页。

　　黑格尔愤怒的厌恶公然指向了《路辛德》中他认为不道德和下流的地方，也即它对婚姻关系的轻视。克尔凯郭尔也哀叹《路辛德》是无限制的反讽所带来的那种极端不道德的例子。[1]

　　尽管黑格尔在其对佐尔格反讽的评论话语中已公开显露出对他的反对，但是，多少更加悄然地，黑格尔对于史莱格尔的反讽更深一层的反对或许在于，它为辩证的进程画上了一个句号。如果反讽是无限的绝对的否定性，是对一切说不，那么它就是一个永恒的悬置或主唱段。一旦你进入到这种悬置的状态，那么你就不能摆脱其中，或是通过废除或否认而继续走向绝对理念的最终实现。反讽是一种对立，没有任何可能在更高阶段得以综合。它是词源学意义上的困惑：一条不可能超越的死胡同或盲道。黑格尔说："对于这种否定性，佐尔格毫不动摇地坚持，当然它是思索理念的一个成分，但是却被解释为这种无限与有限的纯粹辩证的歪曲与消融，它只是一个成分，而不是整个理念，这正是佐尔格所要说的。"（G，13：99；E，1：68—69）

　　克尔凯郭尔对此阐释的方式是，一方面，苏格拉底的反讽出现在一个适宜的时机。正是那种是无限的、绝对的否定摧毁了希腊文化，为即将到来的基督与基督教铺平了道路。基督的出现将最终导致第二次到来、最后的审判以及历史的终结。而另一方面，史莱格尔的反讽则出现在错误的时间，它是时代错误的，使时间断裂开来。它对于基督教及其历史进程来说是一种可怕的危险，因为它扬言要中止或悬置该进程。因此，必须要不惜一切代价消灭它。对克尔凯郭尔来说，不幸的是，尽管他是一位丹麦的教区长，但它对于史莱格尔意义上的反讽却有着伟大的天赋。他

---

　　① 这并非完全不同于将克林顿总统的行为归咎于解构，正如无数的记者在克林顿的弹劾听证会所做的那样。

徒劳地花其一生的时间想要将它从自己身上抹去，将它归于这个或那个化名的自我，如 Either/Or 中的 "Either"。克尔凯郭尔是双重叙事的大师，因此容易有柏拉图所看作的内在的不道德性。这种不道德性与内在于双重叙事或我们今天称之为间接话语的反讽是无法分离的。

但是，有另外一个原因使反讽具有危险性。保罗·德曼解释说，即使不是不可能，也很难以这么多的词语来陈述 "反讽的概念"，尽管他最后还是这么做了。为什么会很难呢？这是因为，反讽自始至终都是不合理的、无法理解的，哪怕篇章中只有 "一点点反讽"。正如史莱格尔的论文 "论不理解" 所充分证明的那样，反讽就是这样不可理解的。这篇文章在其滑稽的失败中证明了这一点，也即对反讽不可能完全合理并表达清楚。几乎每个人都知道，反讽对于没有警惕心的人或是轻易相信别人的人是一个陷阱，比如那些政府官员们，他们将笛福的《消灭不同教派的捷径》当真，但当他们发现笛福只是用了言此意彼的反讽后，便由于愤怒而将笛福束之高阁。没有什么比误把反讽话语当真或径直理解而更让人感到尴尬或愤怒的了。但是，更加危险的是，反讽对于有警惕心的人也是一个陷阱。对于那些认为自己已经理解了它的人来说，对于那些认为他们拥有合理的 "反讽概念" 并因此能够保护自己的人来说，反讽就尤其具有危险性。这包括所有有学问的学者，包括我自己，我们是如此无畏、如此愚蠢和莽撞，以至于去研究反讽，努力使反讽清晰而又可理解。反讽不可能被理解，它本身就是不可理解的。

"批评断片集" 中的第 108 段断片就用伪清晰的反讽说明了这一点。读者将会注意到，断片的策略就是以各种方式声称，反讽具有危险的不合理性，因为它一贯反对矛盾的原则：

　　　　苏格拉底的反讽是唯一无意识做出的、然而却完全故意地掩饰。想要伪装它或是显露它都是同样不可能的。对于没有理解它的人来说，它甚至是在被公开承认之后也将始终是一个谜。它的用意是欺骗那些人，他们把它看成是一个诡计，他们或者是在愚弄整个世界的寻开心的恶作剧中获得乐趣，或者是当他们想到他们自己也可能被包含其中时而变得怒不可遏。在这种反讽中，一切都应该是既戏谑又严肃，既诚实地公开又深深地隐匿……在所有的许可中它是最自由的，因为借助反讽，人可以超越自我；而且它也是最合法的，因为它是绝对必要的。那些圆滑的平庸之人不知道该如何对这种持续不断的自我戏仿做出反应，他们左右摇摆直到变得眩晕，将本是玩笑的却严肃对待，将本是严肃的却看作玩笑。(*G*, 20—21; *E*, 13)

正如出色地撰写了有关这种断片评论①的乔治亚·阿尔伯特(Georgia Albert) 所观察的，"schwindliche" 的意思是"眩晕的"，确实如此，但是它还有着"诈骗"和"说谎或蒙骗"的弦外之音。想要掌握反讽的企图不可避免地会导致眩晕，仿佛人已经失去了自己理性的立足点，对于稳固地站在自己脚下的东西的字面含义不再具有"理解力"。反讽还会使人觉得仿佛被欺骗了一样，或者是变成了一个自欺欺人的人，被蒙骗或者是欺骗自我的骗子，没完没了地、无法停下地摆动或旋转，就像是陷入了旋转门之中。读者将会注意到，文章是一系列的概念对照，这些对照将关于意识和道德的逻辑思维组织起来：无意识的对照于故意的，隐匿的对照于公开的，欺骗他人对照于自我欺骗，自由对照于服从法律或自然规律，严肃对照于玩笑或戏谑。反讽同时存在

---

① 参照 Georgia Albert, "Understanding Irony: Three *essais* on Friedrich Schlegel," MLN (1993): pp. 825–848. 有关 "schwindlicht" 的评论参见第 845 页。

于所有这些对照的两个方面，所以对照的一方面不能被界定为先于另一方面，或者是对另一方面的确切否定。由于没有按其顺序序列进行逻辑思维的能力，所以当人遇到反讽或陷于反讽之中时，就会被一前一后从一端抛到另一端，每一端都在不断加速的令人眩晕的摆动中变成了另一端。反讽的大部分受害者都认为自己可以掌握它，将之看作是一种直接的"蒙蔽"（这种"蒙蔽"会假定人们知道隐藏于其后的真相），然后将它用作欺骗他人的工具。最好是足够愚哑，或是一个十足的圆滑的平庸之人，被迷惑并且知道自己被迷惑。但是，谁会想要成为一个圆滑的平庸之人呢？难怪黑格尔会遭到诽谤，黑格尔不是一个圆滑的平庸之人，他是一个伟大的哲学家。尽管如此——人们还会想，听黑格尔那带有浓重的斯瓦比亚口音的讲座会是什么样子。不管怎样，就我所知，黑格尔并没有被邀请参加史莱格尔的沙龙，他并没有以笔名的形式出现在《诗歌对话》中。

　　不幸的是，这篇文章的读者并没有免于由其命名和模仿所带来的晕头转向，读者陷入到文本所命名的那些令人眩晕的变换之中，受其牵累，不但不能透彻地理解反讽，反而有着不甚理解的经历。而这则是这篇断片中最不好处理的方面。如果你不理解这段文章，那么它就会引得你在信仰和非信仰之间无休止地摇摆。如果你理解了，那么你就会被自己的理解行为本身投入到令人眩晕的不理解之中。你要么理解要么不理解，而这就等于说史莱格尔思想中核心的困惑，并不是逻辑上的沉闷僵局或是纯粹的文字游戏的问题。正如史莱格尔在"论不理解"中所说："反讽是那种人们不能轻易与之游戏的东西（Mit der Ironie ist durchaus nicht zu scherzen），它有着极其长久的事后效应（nachwirken）。"（G，370；E，37）将反讽放到一旁或许会更安全。但是，在既定的情况下，一个人怎么能确信他不会反讽地讲话，即使并非有意而为之？抑或是怎么能保证与他对话的人不是在用反讽呢？

史莱格尔的反讽以及大部分最能理解他的人对其反讽的否认,与史莱格尔的神话概念有什么关系呢?简单回答就是,神话对史莱格尔来说,从头至尾都是反讽的。但是,要理解这究竟意味着什么,就有必要看一下"神话论"中那一系列的关键构想,要尽可能认真地阅读它们。在这篇文章及其语境中的"神话",与史莱格尔思想中的一套关键术语是有关联的,不仅仅是"反讽",而且还有"混乱"、"寓言"、"图画文字"、"象征"、"断片"、"崇高"、"阿拉伯式图案"、"想象"、"形式"、"作品"、"魔术"、"嬉戏"、"风趣"、"浪漫"、"自然"、"魅力"、"部分"、"整体",等等。这些词中,每一个都与其他的词相互关联,形成了史莱格尔思想之不成体系的体系。史莱格尔在一篇断片中说:"对于人的精神来说,拥有体系和没有体系同样都是致命的,它只不过是必须要下定决心将两者结合起来。"(G,31;E,24)这就是我说史莱格尔的思想是不成体系的体系之意指所在。他的话语是系统的,而与此同时又是极度反系统的。我所列出的每一个词,正如我要说明的,都通过与其他词之间的相互关联,以及与那缺场的、最终难以解释的中心,也即主导着弗·史莱格尔思想的"混沌"之间的相互关联,背离了其寻常的、预想中的含义,而这些词也是他对于作为本书之主题的他性的自我诠释。没有任何普通意义上的系统能够存在于黑洞周围。

"神话论"的开篇接近于弗·史莱格尔最著名的宣言之一:"我坚持认为,我们的诗歌缺少中心焦点,例如神话是古代才有的;有人可能会以这样的话来总结现代诗歌劣于古代的所有要素:我们没有神话。但是,我要补充说,我们就要有神话了,或者更确切地说,是时候我们诚挚地共同努力来创造一个神话了。"(G,497;DP,81)史莱格尔由于荒谬地宣称真正的神话能够被审慎地、自觉地创造出来,由此遭到了诸如威尔海姆·狄

尔泰（Wilhelm Dilthey）及弗·甘德尔福（Friedrich Gundolf）①
等人的严厉批评。我稍后将解释这种似乎不合情理的观点之逻辑
依据。

"神话论"界定了新神话将会是什么样子的，并致力于创造
出这种新神话。它是一篇极其活跃的狂想曲，对于迸发出一轮新
的诗歌热潮的可能性持夸张的乐观态度。而它要靠有意创造一种
能够与古希腊罗马神话相匹敌的新神话来得以实现："相比之
下，新神话必须由最深层的精神层面锻造而来；在所有的艺术作
品中它必须是最巧妙的，因为它必须要包含所有其他作品：它是
新的床和容器（ein neues Bette und Gefaβ），里面装的是诗歌的
古老而又永恒的源头，甚至也包括隐藏了所有其他诗歌的种子的
无限诗歌。"（G，497；E，82）根据浪漫主义最深层的范式之
一，新的神话将会是不断前进的，是一种朝向遥远目标的、循序
渐进的、动态的运动。它将以无限近似值的方式接近那个目标，
就像是一条曲线不断接近其渐近线。新的容器既是床又是容器，
以一种古怪而又矛盾的方式结合在一起，它将会是作为根基的大
地或矿脉（床），就如在"河床"里，而同时它又是一个容器，
以提喻的两种不相容的形式存在。这种新的神话将会是语源学意
义上的东西：它是最根本的，同时也包含并决定喻体和本体。

史莱格尔的新神话概念的关键是普遍性与个体性的结合，对
此，断片中给出了许多例子。所有这些新诗全部都是个体的，而
与此同时却表达出诗歌的普遍性的根源："一切事物都与其他一
切事物相互渗透，在所有的地方都有一种且是相同的一种精神，
只是表达方式不同而已（alles greift ineinander, und uberal ist ein
und derselbe Geist nur anders ausgedruckt）。"（G, 497；E, 82）

"神话论"中显露出典型的浪漫主义的历史印记，而这也同

---

① Ernst Behler 与 Roman Struc 在其对 DP 的引言中所引用，第 28—29 页。

样显露于诺瓦利斯和黑格尔的思想中，对后者来讲，只不过是方式不同而已。这个时候，我们要在曾经的黄金时代（希腊时代）和即将到来的黄金时代之间寻求一种平衡。未来的黄金时代无限遥远，那是一条新诗歌会不断接近的渐近线，这种接近永远延迟，无休无止。"神话论"那狂想曲般的热情预示了后来的诸如兰波（Rimbaud）《彩图集》（*Illuminations*）或是威廉·卡洛斯·威廉斯（William Carlos William）的《地狱里的科拉琴》（*Kora in Hell*）这类后浪漫主义作品对反讽的无节制使用。这三者都属于悖论的范畴，不断重复的开端时刻，必须建立在历史的基础之上，而同时又必须摧毁它以便为全新的未来铺路。对史莱格尔来说，新的神话将结合理想主义（康德和费希特）和现实主义（作为神秘泛神论者的斯宾诺莎）："任何形式的理想主义都必须以某种方式超越自身，以便能够回归自身并保持原有的样子。因此，从理想主义的矿脉中必将产生一种新的、同样无限的现实主义，而且通过类推其起源，理想主义将不仅是新神话的一个例子，而且也将间接变成它的源泉。"（*G*, 499; *E*, 83—84）

　　将莎士比亚和塞万提斯（如果我们以通常的方式将浪漫主义看作一个被限定的历史时期，那么这是相当令人吃惊的）看作"不在个体概念中而在总体结构中证明自身的浪漫主义诗歌的非凡才智"的杰出典范，史莱格尔在"神话论"中说，或是让鲁多维柯说："实际上，这种经过艺术排序的混乱（Verwirrung），这种矛盾（Widerspruchen）的富有魅力的对称，这种即使在整体中最小部分中也存在的热情与反讽的相当持久的更替，对我来说似乎就是一种间接的神话。"（*G*, 501; *E*, 86）"神话"在这里意指什么呢？它为什么被称为是"间接的"呢？为什么它不仅与热情有关系，而且还和反讽有关系呢？要回答这些问题就意味着要理解史莱格尔的全部作品，但是，我所引用的段落，不过是全部中的一个版本而已。在其周围的语境中去阅读它，或许能够理解全部。但是应该强调的是，史莱格尔所提出质疑的假定观点之一，便是对部分—整体之间的关系的预设，这种预设假定提喻修辞是正确的，也即部分是整体的一个精巧的缩影，能够通过部分而完全理解整体。史莱格尔的断片既不是部分也不是整体。如果它是部分，那么它就能够被完成，它就不再是断片了。如果它是整体，那么它就根本不是断片了。一个真正的断片自身并不是一个整体，因为它具有不可思议的不完整性，但是它也不是一个更大整体的部分。它实际是一个对史莱格尔所称之为"混沌"的十足他者的不甚恰当的寓言。①

　　要理解史莱格尔"间接神话"的意思，最直接的方法就是思考一下，对史莱格尔来说，这个神话指的是什么。间接神话所指的是什么呢？它把我们引向何处呢？它代表着什么呢？我已经说过，希腊神话是怎样表现了希腊人对人与神之间关系的一种最深刻的判断理解。比如说，《俄狄浦斯王》关注的是俄狄浦斯与阿波罗之间那最终谜一般的关系。对于史莱格尔来说，他所要求的、他认为已经由莎士比亚和塞万提斯所部分完成的那种新的浪漫主义的神话，表现了人类与他称之为"混沌"或"崇高"

---

①　对于断片那相互矛盾的、令人费解的"逻辑"，Han-Jost Frey 在其精妙的 *Unterbrechungen*（Zurich：Edition Howeg, 1989）中有着最棒的讨论；*Interruptions*，译者 Georgia Albert（Albany：State University of New York Press, 1996）。"理解"，Frey 谈到，"恰恰就是对残破不全的断片性的抑制，因为它创造了语境（Zusammenhang：结合，黏合），在这个语境中，每一种关系都断绝开来。断片或者是一个整体，或者是一个部分。这意味着它无法从整体的视角被理解（Das Verstehen ist geradezu die Unterdruckung des Fragmentarieschen, indem es Zusammenhang schafft, wo jeder Bezug abbricht. Das Fragment ist weder ein Ganzes noch ein Teil. Das bedeutet, dass es nicht vom Ganzen her verstehbar ist)"（*G*, 28；*E*, 26）。其他一些有关史莱格尔之断片的讨论与 Frey 的视角不同，主要有 Rodolphe Gasche 的 "Foreword：Ideality in Gragmentation"，见史莱格尔的 *Philogophical Fragments*, vii－xxxii；Phillipe Lacoue-Labarthe 与 Jean-Luc Nancy 的 *L'absolu Litteraire*（Paris：Seuil, 1978），尤见于第 57—178 页；Lacoue－Labarthe 与 Nancy, *The Literary Absolute*，译者 Philip Barnard 与 Cheryl Lester（Albany：State University New York Press, 1988），第 39—58 页。其中第二本书最初的法语版本包括了大量对史莱格尔的断片的法语翻译，而这些在英文版本中则被省却了。

（das Hochste）之间的关系。

这些词对史莱格尔意味着什么呢？"混沌"这个词经常出现在他的断片中。反讽的一个定义便是其中一例："反讽就是对永恒敏捷的清楚意识，对无限丰富的混沌的清楚意识。"（G，97；E，100，译文稍作修改）"混沌"：这个词本意是指一张敞开的、张大的嘴。一方面，混沌是一个张嘴打哈欠的无底深渊，一个深渊。另一方面，混沌又是一种混杂的多重性，所有"界域"的可能性和所有包括自然的有形事物和语言的公式化形式的确切有形的事物的共同存在。后者的例子便是史莱格尔的那些断片，或者是莎士比亚和塞万提斯的作品，或者是史莱格尔所称之为新"神话"的任何例子，比如他自己的《路辛德》。史莱格尔对神话（myth）和神话学（mythology）的特殊概念界定，源自神话和混沌的关系，任何神话都产生于混沌，而且神话所命名的、代表的、象征的或者是寓言化的，都是混沌。这就是为什么史莱格尔将大批的浪漫主义作品，包括莎士比亚和塞万提斯的作品，称为间接的神话。说它是间接的，是因为对混沌不可能有直接的表达。这也是为什么尽管希腊神话是单一文化的统一表达，但他强调的却并不是希腊神话的系统的一致性，而是希腊神话的混杂的充斥性。由于它所代表的是混沌那丰富的多重性，因此它自身就必须是混沌的、非理性的。"因为这是所有诗歌的开端"，鲁多维柯在我所探讨的"神话论"序列内容的结尾处如是说，"废除（aufzuheben：这就是黑格尔那著名的无法翻译的用词 aufheben，它既意指提起也意指废除）理性思维中的推理程序和规律，再一次将我们移置到想象世界的魅力混杂（Verwirrung）之中，人类本质的原初混沌之中，对此我知道它和古代众神的混杂群体（das bunte Gewimmel）一样都不是美丽的象征。"（G，502；DP，86）履行自己应该履行之职责的神话都是"间接的"，因为混沌和"至高"都是不能直接言说的。

用一个史莱格尔不会用的我自己的术语来说，混沌是十足的他者，或者是十足的他者群，超越意识，也超越任何缺乏想象力的命名。正如鲁多维柯所阐释的那样："…alle Schonheit ist Allegorie. Das Hochste kann man eben, weil es unaussprechlich ist, nur allegorisch sagen（所有的美丽都是寓言。崇高，由于它是无法说出的，因此只能用寓言的形式表达出来）。"（G，505；DP，89—90）这段公式化的语言出现在"神话论"之后的讨论之中，而我也将之看作我的铭文之一。这里的翻译敢于将"das Hochste"译成"崇高"，而这个词的意思却是"至高"。在德语中通常用"das Erhabene"一词表达"崇高"，我在注释1中的翻译是"至高"。鲁多维柯的主张紧随安东尼奥（Antonio）和萨利奥（Lothario）所作的声明，后者例示出我以上所列出的关键词汇是怎样在一系列的转换中被史莱格尔连续不断地安排与再安排，而那一系列的转换则构成了他的断片语篇。"甚至是在非常流行的体裁中，比如在戏剧中（Schauspiel）"，安东尼奥说："我们都需要反讽；我们需要事件和人被当作游戏（auch als Spiel），简言之就是生活的游戏（das ganze Spiel des Lebens），并且以游戏的形式被展示出来。"对此，萨利奥做出回应："所有神圣的艺术游戏（Alle heiligen Spiele der Kunst）都只是对宇宙之无限游戏的远距离模仿（von dem unendlichen Spiele der Welt），是不绝地重新创造自我的艺术作品。"（G，504—505；DP，89）鲁多维柯用我前面引用的那句话进行了回答。他宣称说，要用另外一种方式来表达你所说过的话就是，所有的美丽都是寓言。由于至高（das Hochste）是无法表达的（unaussprechlich），因此它就只能以寓言的形式来表达。但是，正如读者所能看到的，寓言与"游戏"和反讽紧密关联，这篇文章就在对"游戏"也即德语中的"Spiel"一词的不同用法进行游戏。在通俗戏剧中我们也需要反讽，那是因为这类戏剧必须要言此而意彼，正如反讽以其最简单、最经典的定义所表达的那样。甚至是通俗戏剧也要将事件和人，也即生活的游戏，表现为游戏，表现为某种不需要严肃对待的东西。这一点是必要的，这是因为表现的功能并不是让我们接近人和事件，而是将其从现实所指中扭曲过来，以便能够反讽地表现除其自身以外的其他事物。对于这种言此而意彼，反讽性的暗掘或悬置是必要的。但是，言此而意彼也是寓言的标准性概念。

对寓言给出的现代概念，从史莱格尔到罗斯金（Ruskin）、佩特（Pater）、普鲁斯特、本杰明，再到德曼，都强调寓言的手段或媒介与它所代表的事物之间反讽的不一致与不相等。举一个例子来说：普鲁斯特的马塞尔宣称说，在《美德与堕落之寓言》（*Allegory of Virtues and Vices*）中乔托对帕多瓦的宽容，看起来就像是通过格栅将开塞钻从那厨房的底层向上层交递的厨娘一样。就马塞尔而言，这是一种精妙的反讽与颠覆性的联想或比喻的置换。马塞尔说，如果这个女人没有被贴上"博爱（Karitas）"的标签，那么旁观者将永远都不会知道，乔托的壁画中那个粗壮的、威严的形象是用来象征慈爱宽容的。换句话说，寓言是完全反讽的，正如史莱格尔在开启"Spiel"这个词的概念游戏中所暗指的那样，而"Spiel"这个词在对话的时刻架接起当前会话者之间话语轮换的链接。

史莱格尔在别处所称之为"混沌"的事物，在萨利奥的介入中被赋予了稍有不同的概念。"所有神圣的艺术游戏"，萨利奥说："都是对宇宙之无限游戏（dem unendlichen Spiele der Welt）的远距离模仿（nur ferne Nachbildungen），是不绝地重新创造自我的艺术作品（dem ewig sich selbst bildenden Kunst-werk）。"整体来看，宇宙在这里被界定为无限的游戏，显示出永恒不绝的丰富的转换，是自由游戏或即兴创作意义上的游戏。那种无限的游戏被界定为一部艺术作品，一部没有作者的艺术作品。这部艺术作品持续不断地重新创造自我，在无休止的转换与替代过程中，就像是那无休止的大海之汹涌起伏的海浪一样，对自己进行塑造与再塑造。由于这部奇异的艺术作品是无限游戏的宇宙，不能被直接命名，因此就只能借由"神圣的艺术游戏"来实现，也即，借由人类艺术来实现其神圣的寓言职责，只能远距离模仿，在"远距离模仿（ferne Nachbildungen）"中，远距离的余象就如莎士比亚和塞万提斯是间接的神话一样（eine indirekte Mythologie）。

　　以寓言的方式讲话究竟意味着什么呢？史莱格尔关于神话的言论将对此给出答案。鲁多维柯在"神话论"的核心主张中所呈现的序列公式化表述，是一串或一圈断片，有着唐突的开头与戛然的结尾，句与句之间术语的使用常常变化。这一串断片并不能形成富有逻辑的、辩证的论证，每一句话都自我封闭起来，像是一只刺猬；每一句话又都是才智的迸发，以寓言的方式抛向不能用语言表达的混沌。如果每一句公式化表述都是一个不同于它所代表事物的寓言象征，那么这个序列中的各个成分之间就不是完全一致的或是彼此相像的。

　　我将要探寻的这个序列以一个反诘句为开端，这个反诘句是以一个独立段落的形式出现的："除了以这种想象和爱的变形（in dieser Verklarung von Phantasie）对周围自然进行象形符号式的表达以外，任何绝妙的神话还有什么其他的吗？"（G, 500—501；DP, 85）鲁多维柯一直在谈论的是斯宾诺莎的作品，他将斯宾诺莎的作品看作是在想象力和爱所赋予人的灵感方面，为浪漫主义诗歌提供了一种模式典范。在对斯宾诺莎的讨论中，并没有使用"神话"这个词，在有关斯宾诺莎的两个段落之后，它突然再次出现。《路辛德》中主人公的狂想曲之"美妙废话"，清楚地展现出史莱格尔用想象力和爱意指的是什么。他意指的是性的感受，因为它会产生各种故事，也即，"精彩的神话"。这

样的故事是对崇高或混沌的一种象形符号式的表达。正如任何神
话都必须是间接的，因此这些想象与爱的神话故事就是美好的变
形，将爱变成对周围自然的象形符号式的表达。跟任何象形符号
一样，它们以移换了的、比喻的、间接的形式表达出它们所想要
表达的。"象形符号"与"寓言"是相辅相成的术语。这里的
"自然"所指的不仅是人类自然，还有物质自然，而这种物质自
然则是对产生它的、不可见的、不可表达的混沌之可见的象征。
以有关人类爱情与想象力的故事的"精彩神话"的形式对自然
所做的象形符号式的表达，是象形符号中的象形符号。

　　《路辛德》非常符合这个概念。"神话论"的写作与史莱格
尔创作《路辛德》几乎是同一时间，它和《路辛德》之间的关
系就好比是亚里士多德的《诗学》与索福克勒斯的《俄狄浦斯
王》之间的关系。史莱格尔在"神话论"中，在"小说信札"
中，也即《诗歌对话》中所插入的最后一篇论文中，就是他自
己的亚里士多德。他提出诗歌、神话及小说的理论，这些理论对
于理解和证明《路辛德》是恰当有益的。

　　《路辛德》需要一些理由来证明它的合理性，它在各个方面
都一直是名声欠佳的。它不仅身处下流的境地，而且它也违反了
寻常的小说形式，充斥着杂乱的语无伦次。小说中有时间的变
换、倒叙、打岔的插曲，戛然的结尾后又紧随着在新的一个地方
重新开始，这些都让读者处于茫然迷惑的状态，在任何时候都不
能完全确信他或她究竟在哪。这部小说，如果能被称为小说的
话，并不是一个连贯的叙述。它是由一系列的分离的叙事片段不
连贯地修补在一起，带有很多插入的哲学思考。《路辛德》呈现
出一块一块的故事叙述及其他形式的语篇，这些故事叙述及语篇
似乎脱离于它们的阐释语境。这种所谓的小说极其自我本位，它
是自我陶醉的，甚至是手淫般自我满足的。正如保罗·德曼所观
察到的，"Eine Reflexion"这一部分，最初看起来就像是插入的

哲学"思考",并没有完全区别于"神话论"或是《诗歌对话》中的"小说信札"。但是,从一个稍微不同的角度来看,用一种歪像的手法,严肃的哲学术语"Eine Reflexion"结果却成了对性交这样肉体问题的思考的工具,因为这些问题起源于男性与女性生理的差异。[①] 这是对精神的一种报复性的物质化,至于这些物质化的必要性和重要性是什么,我将在稍后解释。最终,《路辛德》落得个纪实小说常会有的名声欠佳的下场。当然,从弗·史莱格尔的角度看,它应该是一部有关他和当时还是有夫之妇的多萝西娅·维伊特私通的叙述作品。难怪黑格尔和克尔凯郭尔都对此感到震惊。另一方面,《路辛德》也的确例示了史莱格尔用新神话的创造来意指的是什么。不管好赖,它都是德国浪漫主义的重要表达,而且,它还包含了对于理解史莱格尔思想至关重要的篇章,我将待会儿探讨其中的一篇。

　　关于说新神话的成分是象形符号中的象形符号是什么意思,以上所引用的那几句话之后的两句话已经清楚地表明。这两句话也构成了一个独立的段落。在读者看到它的时候,每一个新的断片都是对那个缺场的中心、那个全然的他者也即混沌的另一个不同的视角,或者是妙趣横生的矛盾的迸发性的一瞥,或者是寓言的象征。由于不像象形符号那样能够直接说出那无法言说的,因此也就没有象形符号所具有的优先权或胜任性。任何一个象形符号,只要被说出来或描绘出来,就立刻会被一个新的、不同的、不能兼容的符号所替代。每一个断片都像是来自黑洞的一组新的数据,这组数据会逐渐显露出越来越多的有关不能被直接看到或直接命名的事物的信息。"神话",鲁多维柯说,"有一个伟大的优点,通常是逃过我们意识的东西在这里就能够被看到、被抓牢,通过知觉和围绕着身体的类似灵魂一样的精神,神话将光芒

___

① 参见 AI,第 168 页。

照进我们的眼睛，并且对着我们的耳朵说话"（*G*，501；*E*，
85）。这个断片，正如读者所能看到的，依赖的是隐喻的成分。
就像灵魂之于身体一样，最早就有的混沌之于作为其寓言表达形
式的神话也是如此，那最早就有的混沌，正如史莱格尔在后几句
话所表述的那样，也称为不可言说的混沌。正如灵魂是看不见
的、听不见的，但是却能够在身体中、在其床上、在其容器中被
间接看见，因此神话的所指，或者说神话素的所指，也不是我们
能看到或听到的什么东西，我们永远都不可能直接意识到它。正
如身体包围着并且紧箍着灵魂，神话也在其将自身包围封闭起来
的意义上，象征着通常是逃过我们意识的东西。神话是一种使我
们能意识到我们通常意识不到的事物的方式，但是，我们是间接
地意识到它，正如我们是通过身体才知道的灵魂。由于身体并不
真的像是灵魂，我们通过身体对灵魂的了解也是间接的。身体是
对灵魂的寓言式表达，就像是神话是对"至高"、对那无法言说
的、不能表达之物的寓言式表达。史莱格尔的《路辛德》就是
一个例子，它是一个对想象力和爱情的最深刻洞察的寓言。《路
辛德》中的"身体"，对不正当暧昧关系的亲密细节的夸张描
述，是对"至高"的间接表达。

　　但是，另一个关键人物出现在了这个公式化表述之中。黑格
尔在其《美学》中，将美界定为"理念的感性显现（sinnliche
Scheinen der Idee）"，是对理念的可感展现。[①] 德语中的 *Scheinen*
既有显现的意思，也有好像的意思。史莱格尔的公式化表述，在
这里以及其他一些使用了展现这个措辞的关键地方，比如目前正
在被讨论的引文之后三段的地方，就是对黑格尔的这个概念的一
种恶毒的戏仿。就史莱格尔的情况来说，展现出来的（durch-

---

　　① "Das *Schöne* bestimmt sich dadurch als das sinnliche *Scheinen* der Idee." Hegel,
Vorlesungen über die Ästhetik, 1：p. 151. "因此美的特点即为理念到感觉的纯粹外观。"
Hegel, *Aesthetics*, 1：p. 111.

schimmert）既不是黑格尔思想中所体现出的绝对的理念，全部
历史都趋向要去完成的理念，也不是史莱格尔所表达的通过身体
展现出来的高贵灵魂，而是由像《路辛德》这样的神话作品所
寓言式地揭示的混沌。即使那种混沌被界定为"至高"，它也不
具备与黑格尔的"理念"相关联的精神上的仁慈与完整的特征。
史莱格尔的混沌是一切事物或任何事物之可能性的丰富的、群集
的共存，它并不支持道德和合法的普通标准，而黑格尔的理念却
是对它们的先验的支持，或者黑格尔至少是通过很多重大的作品
及很多严肃的讲座课程，来对此予以强有力的阐明。

　　如果先前讨论过的一篇文章对"游戏（Spiel）"这个词的各
种可能的含义加以利用，如果刚刚读过的那篇文章呈现出"隐
约地透露（durchschimmern）"的双重含义，既是身体的展现也
是寓言的展现，那么接下来的自我矛盾的断片则呈现出德语中一
个特别丰富的词族的多重含义：Bild、bilden、Bildung、umbil-
den、anbilden。Bild 意指形式，在英语版本中就按其自身被翻译
过来。它还意指修辞和暗喻，以及画像或图画。Bilden 意思是形
成，也意指教育。Bildung 意指培养及教育，这里的培养是指告
知要遵守规则或课程设置。大学教育，比如在洪堡（Humboldt）
为柏林大学制定的计划所体现出的观点中，不仅要致力于教授知
识，而且要致力于教育培养，致力于培养国家公民。Anbilden 的
意思是使一致，而 umbilden 意思是使变形。

　　史莱格尔用对这些不同词汇的游戏来表达一种双重的悖
论。一方面，崇高的混沌已经有了形式或已经被赋予了各种各
样的文化形式，我们应该在我们的新神话中使用那些先前就存
在的形式。另一方面，混沌又是没有形式的，在一定程度上它
更是一个在不断变形的地方。对此进行诗歌表达的恰当方式就
是创造出一种自身在不断变形的新神话。此外，这种新神话必
须是全新的开始，必须是创新性的，不依赖于任何先前存在的

形式。一方面，这种新神话将会是叙事性的，它会寻求最佳的间接方式，来表达一种一直就已经存在的、但却没有被我们意识到而且又永远不能被直接表达的东西。另一方面，这种新神话还要是彻底施事的，它将会是一种崭新的言语行为。它会创造出"至高"，这并不是发现意义上的创造，而是铸造出新形式意义上的创造，这新形式产生于原始的混沌，但却是对其故意篡改的变形。

　　"至于崇高（wegen des Hochsten）"，鲁多维柯说，"我们并不完全依赖于我们的情感（unser Gemut）"（G，501；DP，85）。正如我所说的，将 das Hochste 翻译成"崇高"是很大胆的，或许是一种崇高的大胆，因为德语中表示崇高的常用词是 das Erhabene。史莱格尔的意思或许只是最高尚、最难达到、最有价值意义上的"至高"，那种无法言说的、只能用神话来作为其寓意表达的"至高"。通过把 das Hochste 翻译成"崇高"而将康德、伯克及黑格尔对崇高的阐释牵涉进来多少有些误导。在至高方面，说我们并不完全依赖我们的情感，就相当于说非理性的情感、爱情及想象力，比如说《路辛德》中所表现出的，并不是与至高取得关联的唯一方法。另一种方法是"在所有的地方都参与到已经形成的事物中来（an das Gebildete）"（G，501；DP，85）。史莱格尔又接着说，这意味着我们应该在两个方面"开发、激发及滋养崇高（das Hochste）"："通过与相同或相似的一类接触（des Gleichartigen，Ahnlichen），或者水平相等的情况下与相敌对的一类接触；简言之，赋予其形式（bilden）。"（G，501；E，85—86）这是一种古怪的、不十分明确的表达。它那有些隐蔽的逻辑性似乎是这样的：由于至高本身是一个充满矛盾的地方，所以我们不仅应该通过似乎与其相似的事物来开发、激发及滋养它，而且还有通过与之敌对的在宏伟性上与之相称的事物来开发、激发及滋养它，比如史莱格尔在《路辛德》中有关肉

体之爱的详细描写。正如史莱格尔的断片通过将逻辑上相互矛盾
的表达写进一句话或两句话这样的紧密空间之内，以此来产生颇
引起争议的才智，至高也是必须要同时使用与之相似或相反的东
西才能使之得以表达，因为在任何情况下它都不能被直接或按字
面去表达。更确切地说，没有什么在通常意义上真的与之相似或
相反。同时以相似或相反的事物来表达它就是以史莱格尔称之为
形成（bilden）的行为对它赋予形式，去塑造它。由于它本身并
不具有固定的形式，所以我们所赋予它的任何形式都是既恰当又
不恰当。

　　给至高"赋予形式"这个概念是贝勒尔和斯达克（Struc）
对 bilden 的翻译，该概念在这里至关重要。至高自身并没有一
个人类意识能够理解的形式，任何神话的作用，不论是希腊神
话还是正在被创造的新浪漫主义神话，与其说是给无形之物赋
予形式，还不如说是给不断变形之地赋予形式。这种东西是有
形的，如果可以称之为形的话，这种形式对于人类意识来说是
异形的。史莱格尔对这种必要性的表述多少有些夸张，甚至有
些尖锐："但是，如果崇高无法被有意创造出来（Ist das Hoch-
ste aber wirklich keener absichtlichen Bildung fahig），那么就让我
们放弃认为自己拥有思想自由的艺术吧（freie Ideenkunst），因
为这将会是一个空洞的称号。"（G，501；E，86）思想自由的
艺术是有意的创造，是一种作为无法表达之物的寓言之新神话
的形成物。

　　形成物的主要特征是不断的变形，说神话是一种形成物究竟
是什么意思，这在鲁多维柯语篇的下一段以及《路辛德》的子
篇章中可以得到阐明。给至高赋予形式并不是一个单独的静止的
动作，它是一个施事的变形的永恒过程，之所以这样是因为寓言
神话所代表的事物本身并不是一个固定的统一体，比如说柏拉图
神话或是基督教的神性，三位一体，而是不断变形的轨迹。

"神话"，鲁多维柯说，"是自然创造的艺术品（ist ein solch-es Kunstwerk der Natur）"（同上），将之翻译成"自然创造的"并不是一个完全合理的选择。在"Kunstwerk der Natur"这个短语中，是主语属格还是宾语属格呢？这个短语一定包含了这两种可能性。德语的意思可能是"自然创造的艺术品"，也可能是"自然的艺术品"，当我们说，"那是一幅如此这般的图画"时，其意思也可能是"代表自然的艺术品"。德语的字面意思说的是"自然之艺术品"，就是这个意思。这一点值得深思，因为史莱格尔在使用 Natur 这个词时有着基本的、极其传统的歧义性。在他的用法中，这个词指的是介于人类和原初混沌之间的自然，它也指人类自然，还指一个单独的、连续不断的界域，尤其考虑到斯宾诺莎的泛神论对于史莱格尔在"神话论"中思想的公开承认的影响，这个界域不仅包括物质自然之有限意义上的自然，还包括"至高"，以及除此之外的人类自然。"自然之艺术品"源于也代表着这种复杂意义上的自然，同时又与之构成一个连续体。

鲁多维柯还说，在以此方式与自然纠结在一起的神话的"结构（Geweb）"中，"崇高真的就形成了（ist das Hochste wirklich gebildet）"（同上）。这句话包含有无法决定的、可选择的含义可能性。*Gebildet* 既可以意指神话产生之前对根本就不存在事物的创造，也可以意指神话为那一直存在的、无形的混沌赋予了形体。这句话的其余部分并没以这样或那样的方式做出决定，但是却帮助读者理解了为什么不可能做出决定。鲁多维柯说，在这样的神话中，"所有的一切都是关系（Beziehung）和变形（Verwandlung），被构象、被变形（angebildet und umgebil-det），这种构象与变形是其特有的过程，是其内在的生命与方法，如果我可以这样说的话"（同上）。新神话远远不是一套固定的神话故事，而将会像是史莱格尔所认为的整体浪漫主义诗歌一样（两者或多或少是相似的）充满动态，永远不会终结，不断发生变化。

《雅典娜神殿断片集》（*Athenaeum Fragments*）中的第116篇作为著名的一篇断片，就是对此的最佳表达。"浪漫主义诗歌"，史莱格尔说："是一种进步的、普遍的诗歌……其他种诗歌是终结的（fertig），因而现在能够被充分分析。浪漫派诗歌仍然处于变化的状态；实际上，这是其真正的本质：它将永远变化，永远不会尽善尽美……只有它才是无限的，正如只有它才是自由的；它认为它首要的戒律就是，诗人的意志（这是武断的任性意义上的意志；德语词是 Willkur）无法容忍其他规则凌驾在其之上。"（*G*，38—39；*E*，31—32）拒绝接受任何规则凌驾在其之上是史莱格尔思想的一个特征，这激怒了黑格尔，但大家能够看到其必要性。如果新神话将永远变化，永远不会尽善尽美，那么它就只有通过拒绝任何之前的事物，并以全新开始的方式，才能够走向其无限遥远的目标。如果它要进步，那么它就必须以一种绝对自由的、创造性的姿态，成为一种加诸其自身的新规则，这意味着拒绝所有先前存在的规则。

这种自由和任性必须进入新神话的内在结构，这就意味着，如果一方面其特征是在进入其中的各成分之间建立新的、迄今尚未听说过的关系，那么另一方面这些关系就未必是固定的，与之相反，它们必须处于一种持续不断的变化状态之中。这种变化有两种形式，正如 *bilden* 的那两种形式 *anbilden* 和 *umbilden* 所指明的那样，被构象、被变形。每一个新成分都必须和与之相关的另一个成分相符合，但是这个过程也是被同化到动态系统中的新成分的一种变形。

警觉的读者将会注意到，史莱格尔这里所描绘的只不过就是一种比喻系统。隐喻和其他主要的比喻——提喻、转喻及拟人——由于它们是通过替代、凝缩、置换、命名及重命名来起作用的，所以它们是基本的语言工具，凭借它们通过构象和变形来赋形的过程，从永恒的变形变质意义上来说，就已经完成了。

　　史莱格尔在这里的构象与华滋华斯1815年版《序言》中对诗人能力的热情洋溢的断言是一致的，这种一致性将会证实这一点。华滋华斯在其自己的一篇诗歌"坚毅与自立（Resolution and Independence）"中，讨论了一系列的比喻变形。该诗篇及其评论原本可以写成一个范例，一个有关史莱格尔所说的诗人是如何自己赋予自己法则、并且通过对自己比喻能力的至高无上的运用而不断地使事物变形的范例。但是，华滋华斯的短语"合理的对比"指出的意思是，他所使用的比喻修辞由客观的相似性而得到"合理解释"，而史莱格尔却没有做出这样的断言。华滋华斯所说的是对下面该诗篇"坚毅与自立"的评论，正如他在《序言》中所引用的那样：

> 像偶尔可以见到的巨石一块，
> 孑然横卧于一处光秃的高阜；
> 谁在无意中瞥见了，都不免奇怪：
> 它从何处而来，又如何来到此处；
> 俨然是一个具有灵性的活物：
> 像一头海兽，爬到平坦岩礁上
> 或者沙洲上，安然静卧着，晒着太阳——
> 这老头便像这般；偌大年纪，
> 没死，也不像活着，也不曾睡去；
> ……
> 一动也不动，就像是浓云一片；
> 这浓云，听不见周遭呼啸的狂风；

它要是移动，便是整片整团地移动。（II. 57—65；75—77）①

下面是华滋华斯对这些诗行的评论：

在这些意象中，想象力那赋予、抽取以及修改的能力在直接、间接地起作用，它们全部都被链接到了一起。那块石头被赋予了生命的力量，使它近似一头海兽；而海兽又被剔除了一些重要特征，使之同化为一块石头。为了使最初的意象，也即石头的意象，更接近于老人的形象和状况，就使用了介乎中间的意象；这位老人被剥夺了太多的生命与活力的迹象，以至于他已经到了石头和海兽通过合理的比较而混为一体的程度。说完这些，云的意象就没有必要再予以评论了。②

史莱格尔神话理论的这个方面似乎是非常积极的、乐观的，而这一面却是被那些批评家和学者们最常强调的，这些批评家和学者赞同史莱格尔，想肯定他作为浪漫主义或者我们今天称作审美意识形态的创建者之一的重要地位。但是，对弗·史莱格尔来说，事情并不那么简单，也不是那么令人振奋。

变形这个主题的黑暗面后来出现在了"神话论"和我早些时候提到的《路辛德》中反复出现的篇章之中。读者还会记得，新神话的作用就是形成寓言，也即对"至高"或史莱格尔称之为"混沌"的间接表达。能促进新神话形成的作品必须处于不

---

① 注：该译文出自杨德豫译《华滋华斯诗选》（《杨德豫译诗集》），广西师范大学出版社 2009 年版，第 112—113 页。

② William Wordsworth, *Poetical Works*, ed. Thomas Htchinson and Ernest de Selincourt (London: Oxford University Press, 1966), p. 754.

断的变形中，因为它们所间接代表的不是固定的而是处于不断的、无意义的变形变质之中，而这种变形是超越人类的理解能力的。"无意义的"在这里是个关键词，现在我必须阐明为什么它被证明是合理的，为什么这种无意义给史莱格尔的神话概念赋予了如此一个黑色的调子。

在有关至高是怎样通过不断变形的神话而形成的段落之后，是我先前所引用的那段篇章，该篇章在其自身的变形和构象中，将"浪漫主义诗歌（指莎士比亚和塞万提斯）的绝妙智慧"与神话合并在一起，"浪漫主义的智慧并不体现在个别的概念中，而是体现在整体的结构中"。现在我们则更容易理解这句话："的确，这种经过艺术排序的混淆，这种矛盾的充满魅力的对称，这种存在于甚至是整体中最小部分中的反讽与热情之间的反复不断的交替，对我来说似乎它们本身就是间接的神话。"（G，501；DP，86）史莱格尔已经说过，浪漫主义诗歌的智慧在于整体的结构而非个体的部分，现在史莱格尔又说，热情与反讽的交替关键性地存在于整体中最小的部分之中。在史莱格尔所提到的有关矛盾之对称的另一个例子，它必须是两者兼具。浪漫主义诗歌的智慧在于整体之非对称的对称之中，是整体结构中那稍微有些歪斜、有些差错的东西，使其具有了爆发性的智慧，正如断片也是智慧一样。不同于和谐的有机统一体，也即部分共同构成整体——没有丝毫多余，这正是亚里士多德认为好的悲剧所应该具有的——新神话的作品也是由部分构成的，但这些部分却反映出了整体的悖论式的妙智结构，这并不是简单的一部分与其他部分不相一致，尽管每一部分就其自身而言都是连贯而又自相一致的。每一个最小部分自身都被主导着更大结构的同一类矛盾所剥离，这并不是说一部分是热情的而另一部分是反讽的，而是说即使是最小的部分也都兼具热情与反讽。

下一句话赋予了这种不对称的对称一个名字，这个名字在史莱格尔的思想中以及整个德国浪漫主义思想那里有着复杂的共鸣。① 史莱格尔说，浪漫主义的智慧诗与新神话都被组织成阿拉伯式风格："［浪漫主义诗歌与神话的］组织风格是一样的，当然了，阿拉伯式风格（die Arabeske）是人类想象力（der menschlichen Phantasie）最古老的、最原始的形式。"（G, 501; DP, 86）正如史莱格尔其他篇章所展示的那样，当他说"阿拉伯式风格"的时候，他想到的是拉斐尔（Raphael）的阿拉伯式——动物、花朵及植物的复杂设计图案——以及拉斐尔所暗指的穆斯林设计。在这两种情况下，阿拉伯风格就像是《项狄传》（Tristram Shandy）中考波瑞·特瑞姆（Corporal Trim）的枝条上虚幻的装饰曲线一样，是一团混乱的线条，其中插入的那些离题的东西受控于一个中心，这个中心游离于设计本身之外，处于无限虚无之中。阿拉伯风格就是渐进曲线的复合体。

对"热情"和"反讽"这两个词的选择不是随意为之的。热情：这个词意思是"为上帝所拥有"。在浪漫主义智慧诗歌的范围内，它们本身就是一种间接的神话，是热情的诗歌，它们包含"至高"，或为"至高"所拥有，并对其进行间接的、寓言的表达。"反讽"：我们知道它的意思是什么，它的意思是不可理解、令人眩晕，是思维中的死胡同，是辩证发展的永恒悬置或悖逆。神话必须兼具热情与反讽，违抗的是理性。它必须是热情的，以便至高能够栖息于此。但是，由于这种至高还是混沌的，它只能在自相抵消的、非理性的或非逻辑的神话中被充分寓言化。对于这种语篇，史莱格尔称之为"反讽"，这种组合本身就是矛盾的、反讽的。一个人或一个语篇怎么才能既是热情的又是反讽的呢？两者中任何一个特征都会悬置或抵消另一个。

---

① 参见 Karl Konrd polheim, *Die Arabeske: Ansichten und Ideen aus Friedrich Schlegels Poetik* (Munich: F. Schoningh, 1966)。

在接下来的两句话中，这种不可能的组合之必要性得以阐明，这两句话是我所遵循的整个辩状的或是链状的序列断言的最高阶的构象。浪漫主义的妙智和任何神话，根据这个序列中早先使用的感性显现（*sinnliche Scheinen*），都必须具有严格意义上的热情，也即它们要允许至高隐约地透露出来。与此同时，隐约透露出来的东西必须要以反讽的方式来表达，因为它就如同反讽一样没有意义、荒谬而又疯狂，然后它就会满足保罗·德曼在"时间性的修辞"中对于反讽的概念界定："无法减轻的眩晕，是以至疯狂的晕眩。"[1]在德曼的妙语中，对"无法减轻"的理解不仅仅要停留在不间断的、没有减轻的意义上，而且还要将之理解为对黑格尔的用词 *Aufhebung* 的朴素翻译，译为"减轻"。*Aufhebung* 多少有些无法翻译，因为它的意思同时是"废除"、"保留"以及"提起"。但是它也可以被翻译成"减轻"，难以减轻的眩晕将会是一种晕眩，这种晕眩能够被界定为无限的、绝对的否定，无法进行辩证的分离、提升或减轻。史莱格尔说，"若没有绝对不可复归的、原初的、无法效仿的东西（ohne ein erstes Ursprungliches und Unnachahnliches, was schlecthin unaufloslich ist），这种妙智和神话都不能存在，并且在这种东西中，在所有的变形（Umbildungen）之后，它的原初的特征和创造性的能量依然是模糊不清的。在这里，幼稚的深刻（der naive Tiefsinn）允许荒谬与疯狂的伪装，简单与愚蠢（den Schein des Verkehrten und Verruckten oder Einfalti gen）的伪装隐约地透露出来（durchschimmern läßt）"（*G*, 501—502; *E*, 86）。

这些都是些强势的词汇——荒谬、疯狂、简单（头脑简单意义上的简单）以及愚蠢。正如保罗·德曼在"反讽的概念"

---

[1]　Paul de Man, "The Rhetoric of Temporality," *Blindness and Insight*, 2d. ed. (Minneapolis: University of Minnesota Press, 1983), p. 215.

（*AI*，180—181）中所阐明的，这些词极大地削弱了对这篇文章作为一个整体上强有力的、积极的、人文主义的阅读。这一点似乎可以通过早先说过的关于神话具有能够以寓言的方式代表至高的能力来得到认证，也可以通过史莱格尔的许多其他文章得到认证。这样的文章，依照总体的审美意识形态，似乎愉快地效忠于进步的历史观，将历史看作是在浪漫主义诗歌及新神话的指导下，越来越近地走向与至高的统一融合。与之相反，新神话视野的终点却是对原始混沌的疯狂与愚蠢的透视。

正如保罗·德曼也在同一处所观察到的，史莱格尔对这些词汇的第一版进行了重写，以便让它们更加强势。史莱格尔最初写的是"奇怪的（*das Sonderbare*）甚至是荒谬的（*das Widersinnige*），而且孩子般的但却世故的（*geistreiche*）幼稚"；后来他又替换为"颠倒与疯癫或天真与愚笨（*Verkehrten und Verruckten oder des Einfaltigen und Dummen*）"（*AI*，180—181）。这种修改是朝着与混沌的无意义更加赤裸的碰撞之方向进行的，而这也并没有给那些"众多批评家"的断言以什么证据支撑，只是在贝勒尔和斯达克对《诗歌对话》英译本所做的前言中被暗示出来，贝勒尔和斯达克两个人"已经在这种对新神话的需求中看出了史莱格尔后来皈依天主教的最初征兆"（*DP*，27）。天主教是一种广泛而又普遍的宗教信仰，但是我认为不可能使它，即使是远距离地，与《诗歌对话》中所呈现的混沌的、非个人的、疯狂的"至高"这个概念相一致。皈依天主教应该被看作是对此的逃离而并非是对它的继续。

那种"绝对不可复归的、原初的、无法效仿的东西"就是原初混沌。"原初的"、"无法效仿的"以及"不可复归的"必须要按其强势的或字面的意义来理解。这种"东西"是极其原始的，是一切的超验之源，并不是我们所说"诗歌原创性"这种弱势意义上的原初。说它是无法效仿的，但并不是查尔斯·狄更斯（Charles Dickens）被称为"无法模仿的波兹（Boz）"意义上的无法效仿，而是无法在模仿中直接呈现它这种字面意义上的不可模仿。它是"无法言说的"，只能间接表达。说它是绝对"不可复归的"，是指它无法通过分析而被复归到它的组成成分。尽管它是一个不断自我分化的轨迹，但是它并不能被人类语言所充分区分、分析或分解。但是，它原初的特征和创造性的能量仍朦胧地隐约透露出所有的形成、构象以及变形，而这些则构成了神话的特征。

混沌之所以能够隐约透露出来，正如史莱格尔的矛盾修饰法所表达的，是因为这种神话兼具幼稚与深刻。新神话幼稚得深刻，或是深刻得幼稚，就像童话故事一样。它是深刻的，但却并没有意识到它是深刻的。幼稚和深刻的结合使其兼具热情与反讽。但是，隐约透露的并不是混沌那原初的荒谬、疯狂、简单和愚蠢，而仅只是它的外表（Schein），翻译过来就是它及其"伪装"的遥远的、间接的微光。或许这是一件好事，因为人们越接近原初的混沌，就会越接近荒谬，越接近到疯狂程度的眩晕。或许可以这样认为，神话不仅是一种洞察的方式，而且也是一种保护。

但是，在我所追寻的那一连串序列中，史莱格尔在最后一句话中所强调的，是诗歌的非理性及其将我们置于混沌之中的方式。这句话使用了 aufzuheben 这个词，是对黑格尔的辩证否认的一种戏仿的预见。对史莱格尔来说，在趋向与绝对精神也即理念的遥远融合的无休止运动中，Aufhebung 既没有把我们提高到一个更高的层面，也没有走向对绝对知识的获得。它将我们移置到疯狂的混沌之中，导致全然的无知。黑格尔对此感到惊骇是对的。

保罗·德曼强调史莱格尔反讽语言的疯狂性，与其不同的是，我想申明，史莱格尔与黑格尔的差异源于他们对于什么超越了语言有着不同的直觉。史莱格尔认为是混沌，而黑格尔则认为是理念。我认为所有的一切都起因于这种差异。当史莱格尔所说的一切都被看作是盘绕在他称为混沌的那些"全然他者"周围时，他的非系统的系统之每一个特征都是有意义的（一种奇怪的荒谬的意义）。

　　这就是最后那句话，在这个没有联结的链条中的最后一环。由于我们通过它前面的那些句子又回到了这句话，所以我就再次引用它："因为这是所有诗歌的开端（Anfang），去废除（aufzu-heben）理性思维的理性之发展（Gang）和法则，并再次将我们移置（zu versetzen）到想象的美丽模糊中（die schone Verwirrung der Phantasie），迁移到人类本质的原初（ursprungliche）混沌中，对此我知道没有比古代众神的混杂群集更美丽的象征了。"（G，502；E，86）关于在"vernunftig…Vernunft"（合理的理性）、在"versetzen"以及"Verwirrung"中对 ver - 这个前缀的断断续续的重复，已经使用了一些早先的句子，待会儿我还会有更多的解释。如果 aufzeheben 不只是废除的意思，还有保留、提起的意思，由此暗示出诗歌是一种更高的理性，那么这篇文章则清楚地阐明这种更高的理性不是理性的，而是一种混淆。翻译的译文确认了诗歌将我们"移置"到原初的混淆之中，但是根据卡塞尔德语字典，versetzen 的字面意思为"置于……之上、移动、转移；在学校中从一个年级升到另一个年级；抵押、典当；回复"。这个词，按其效价之一，在意指"转置"时，几乎是 uber-setzen 翻译的同义词。ver - 这个前缀，正如在这个动词中，是对照对立的，既具有加强效果，又具有否定效果。versetzen 不仅能意指转置、穿越，还意指提出或存放东西作为抵押来贷款，简言之，就是典当东西。在史莱格尔的用法中，versetzen 确认了诗歌的语言有一种魔力，能够把读者转置到原初混沌的疆域之中，就像在讲另外一种母语的家里他被翻译成了另外一种语言。但是，那种新的语言，是一种疯狂与愚蠢的语言。

《路辛德》中的一段话专注于我所解释的所有主题，它会阐明这些关键的语汇不仅出现在《诗歌对话》及断片中。这段话出现的位置，是在对男主人公生活的典型过热的自传之末尾，而在名为"变形"的章节之前。《路辛德》似乎更多的是由狂热的热情所主导，而不是被反讽所主导，除非是这种反讽隐匿于这种幼稚的深刻之中以至于难以发现。或许情况就是如此。下面是这段话：

> 人的精神是他自己的普罗忒奥斯：它使自身发生变形，并且当它与自身产生争论时不会对自身做出解释。在生命那最深的中心，创造性的意志力产生了魔力。有开端也有结束，无论在始在终，所有精神文化构造的路线都消失了。任何在时间上逐渐前进和在空间上不断拓展的东西，只有所发生的事情才能称为历史的主题。但是那瞬时开端或变形的秘密只能被预言，而且只能在寓言中被预言。在四大不朽小说中我最喜欢的那个满脑子幻想的男孩，常常出现在我的梦里，他在不断玩弄着一个面具，而这并不是毫无理由的。寓言似乎已经潜入了似乎纯粹的描绘和事实，并且已经将有意义的谎言和美丽的真理混到了一起。但是，只有作为一种精神气息，寓言才能悬置于整堆事情上，就像是智慧与自己的创造之间那看不见的游戏一般，只是在其嘴唇上有一抹微笑的痕迹。①

根据《路辛德》中那强烈的自我陶醉和自我封闭，这篇文

---

① Friendrich Schlegel, *Lucinde* (Stuttgart: Reclam, 1973), p. 78; Schlegel, "Lucinde" and the Fragments, trans. Peter Firchow (Minneapolis: University of Minnesota Press, 1971), p. 104.

章以对普罗忒奥斯神话的改编为开首，这就将与一个神圣他者的遭遇转变为了与自我的遭遇。自我的最深刻的深度就是现在的不可用言语表达的他者的所在地。人的精神就是他自己的普罗忒奥斯。普罗忒奥斯是一位服务于海神波塞冬的先知海神，他逃脱了包括大力神赫拉克勒斯在内的任何人想要让他预见未来的企图。他通过将自己变为一个又一个动物的方式才得以逃脱。赫拉克勒斯与普罗忒奥斯摔跤的那一幕在这里被演变成了一个失败的努力，也即未能与自己达成妥协。之所以失败，是因为最深层的自我与开端和末尾那不可知的、不可表达地融合在了一起，而在这里，所有精神文化构造的条条框框都消失了。

对普罗忒奥斯故事的转置是一个寓言的缩影。这里的寓言接近妙智，而妙智又接近反讽，尽管这篇文章当中并没有提到反讽，但是反讽在其他地方到处都是。史莱格尔也将之描绘为像是看不见的呼吸，在整个语篇之中盘旋游荡，正如妙智在这里所做到的那样。在这篇文章当中，反讽的出现只是偷偷摸摸的，沿着妙智嘴唇上微笑的痕迹。妙智在这里被拟人化了，正如那男主人公多少有些矫揉造作地梦想着的"四大不朽小说"一样，把一部小说拟人化为一个英俊的男孩不仅仅是有些荒唐。拟人在这些讨论过的有关神话或寓言的文章中没有明确提及，但是，"古代众神的混杂群集"当然是对"至高"的寓言式的拟人化，也就是说，对那只能是间接表达的、不能直接表达的混沌之拟人法的生搬硬套。

寓言就像是妙智像是反讽，因为这三者都是言此而意彼。它们使语言发生扭转、转义或是变形。但是对史莱格尔来说，它们所意指的他者，却是混沌的疯狂与愚蠢，混沌是不可企及的开端，或是变形的原初之地，对此，所有的寓言都是用词不当的误用。它是开端或变形，出现或变化（Entstehung *oder* Verwandlung）。这是因为，开端就已经是变形了。在这里，寓言已经悄悄潜入了似乎纯粹的描述和事实。"混沌"被歧义性地称为"生命最深的中心"。我说是"歧义性的",这是因为不可能弄清楚史莱格尔究竟是意指主体的中心还是人类精神之外的中心,其中,人类千变万化的精神,因其对变形(倾向一侧的变形,类似普罗忒奥斯的变化)的倾向,就构成了寓言。它也可以两者都意指,因为在"最深的中心",人们走出主体性,进入开端与结束之地,在那里,所有精神文化的条条框框,思想教育(geistigen Bildung),都消失了。弗洛伊德以多少有些相似的方式,在其《梦的解析》(*The Interpretation of Dreams*)中一篇著名的文章中说,每一个梦都像是一个蘑菇菌株,一个围绕着不可企及之原初的阿拉伯式的线团。每一个梦都向下引向一个梦的解析(Traumdeutung)所无法到达之地。[1]

　　历史如乱线的图像,是在时间和空间上都从那缺场的中心或混沌之地逐渐前行的网络,与阿拉伯式风格的图像相得益彰,为其增添了光彩。历史是寓言,并由此而是反讽的,正如德曼在"反讽的概念(The Concept of Irony)"中所暗示的那样,他说历史与反讽是以一种非常奇怪的方式联系在一起的(*AI*, 184)。历史作为一种持续的演变,对立于那些彻底开始一段新历史的开

---

[1]　Sigmund Freud, *The Interpretation of Dreams*, trans. James Strachey, *Standard Edition of the Complete Psychological Works* (London: Hogarth Press, 1953 – 1966), 5: p. 530. 以下是 Samuel Weber 对该篇的译文,其中插入的是德文的关键词:"即使是在最佳阐释的梦中,也总会有一个地方(*eine Stelle*)必定处于黑暗之中,因为在阐释的过程中,人们注意到会有一团纷乱的梦中思绪出现(*anhebt*),这团思绪无法解释,对梦境的内容也起不到什么作用。而这就是梦的中心点,它置于已知与未知之间(*dem Unerkannten aufsitzt*)。对梦的阐释将人们引至梦境思绪,这些思绪必定是冗长的(*ohne Abschluss*),而且向四面八方延伸,形成网状的纠缠的一团思绪(*in die netzartige Verstrickung*)。在此网络中更为深奥难懂的一处地方出现了梦愿(*erhebt sich*),就像是菌丝体中出现了伞菌一样。" Sameul Weber, *The Legend of Freud* (Minneapolis: University of Minnesota Press, 1982), p. 75。Weber 对该篇(第 75—83 页)的评论颇具价值,尤其是其唤起大家注意到了弗洛伊德的德文版与斯特雷奇的英文翻译版之间的含义差别,而且他还密切关注到了弗洛伊德所写内容中的比喻修辞。

端，因为这些开端在不断标注历史总是重新开始的。这些开端在变形的基本动作中，出现于无法企及的中心。无论发生什么，过去发生了什么（geschieht），都像是那些围绕着我从弗洛伊德文章中所引用的蘑菇菌株那不可知中心的乱线一样。因此，历史就是对疯狂的反讽式寓言，在那最深的中心（jener tiefsten Mitte）。这个中心是神秘的，是个秘密，是奥秘（Geheimnis）。因此它只能被猜测，也即只能间接地凭直觉去感觉、去瞥视。

这种猜测或瞥视需要一个工具，一个媒介，来承载这个想法并使之不至虚无，这种媒介就叫做"寓言"。寓言后来以德曼最初的方式被界定为使用似乎是纯粹的描绘和事实来勾勒那个秘密的图解。在这里"秘密"这个词必须按其强势的意义来理解，它是一个或许永远都不会被揭示的秘密。所谈的这个秘密是一个真正的奥秘，是一个瞬间开始或变形的秘密，使向前的历史进程发生转向。这个秘密既出现也变化，既是开端又是变形。之所以这样，是因为变形是以那个无限小的开端或是那个开端的门槛为特征的。开端就已经是变形了，不仅仅是因为它在其自身内部就是持续不断的变形，而且还因为它不能开始。也就是说，它不能从那无限遥远的混沌跨过那个门槛，在不把自己变成另外的事物、不使自己发生转变、不变成某种开放的可命名为纯粹描述和事实的事物的情况下就进入历史。开端就是变形，在网状的网中，所有其他的变形或替代都遵循第一个图解。换句话说，开端就已经是一个图解了，正如对于卢梭（Rousseau）来说，第一个词就是一个隐喻。一部小说从头至尾都是反讽的，这是因为在描述事实、描述历史这个伪装或面具之下，它实际所命名的却是神秘的开端和生活的最深中心，尽管它必然是用间接命名的方式来进行的。用另外一种（反讽的）方式来说，或者用史莱格尔的话来说，就是说纯粹的描绘与事实，比如说在小说中，是和"有意义的谎言"，也即和"bedeutende lügen"混杂在一起的

"美丽的真实"。美丽的谎言这种表达实际上并不是真实的，但却具有寓言意义。"Bedeutende Lügen"这个反讽的命名所表达的是以反讽的方式说实话，这是尼采在《真理和谎言之非道德论》中所要提出的观点，但在这里史莱格尔的短语中，却已经被预示出来了。

如果人们越接近"生命最深的中心"就越接近疯狂与愚蠢，那么，这或者是以某种方式在史莱格尔自己的语篇中得到证实，或者人们就会总结说他是在谈论而不是在书写间接的寓言。如果是前者，史莱格尔并没有真正促成那种赋形于最高的新神话的建构。我能够解释清楚史莱格尔的言论，表明它的合理性，阐明它们是怎样前后一致、言之有理的，但这些似乎证明了史莱格尔被排除到了他最想表达的东西之外，即使是在其小说《路辛德》中。有没有什么方式可以让那些"似乎荒唐、疯狂、简单而又愚蠢的东西""在其所言中熠熠发光"呢？一种方法是使用史莱格尔所有重要作品中都随处可见的反讽，如断片、《诗歌对话》、"论不理解"及《路辛德》。所有这些作品都是以令人不安的混合方式将热情与反讽结合到一起。读者永远都不能确信是否该把史莱格尔的话当真，或者他是否给幼稚的读者设置了一个陷阱。"论不理解"便是很好的一个例子。史莱格尔一直在说，既然读者们发现他在《雅典娜神殿》中的投稿难以理解，至少部分是因为它们是反讽的，所以他将写一篇完全没有反讽的东西。但是，读者可以看到，《论不理解》中，从头至尾严重充斥着反讽，永远都不可能弄清楚史莱格尔是否是认真的。他或许是，也或许不是。意义悬置在永恒的主唱段中。

史莱格尔疯狂又愚蠢的写作的另一种方式，与其谈论的方式相辅相成，虽不太明显但更加微妙。对于给定的一个词及其近义词进行不断重复的效果，就是不断清空有意义的词而使之完全合理可靠。我所讨论的篇章就包括这样的例子：Spiel, Spiel, Spiel,

Spiel；bilden, Bildung, anbilden, umbilden；所有的词都使用 Ver
–这个前缀，包括那些意指迷惑、疯狂与荒谬的词，这些词在我
所关注的篇章中上下呼应，反复出现：Verwandlung, Verfahren,
Verwirrung, Verkehrten, Verruckten, venunftig…Vernunft, Verwir-
rung（again），versetzen，当然还包括另一篇文章题目中的 Unver-
standlichkeit。Ver –，Ver –，Ver –，Ver –：这个前缀唤起对其
自身的关注，尤其是对于不讲德语的人来说或许更是如此，它不
断将自己物质化为写在纸上的标志或是空无意义的噪音。正如我
所说的，Ver –是一个对立的前缀，它或者是加强语气或者是表
示否定，抑或两者兼而有之，这在臭名昭著的意为承诺的 ver-
sprechen 中，以及意为说走嘴、发假誓的 sich versprechen 中都有所
表现。① Verstand 的意思是心灵、智慧、大脑，变为 unverstandlich
后，意思是不可理解的，变为 Verkehrten 以及 Verruckten 后，意思
是疯狂和荒谬，由此 Ver –一步步越来越接近纯粹的无意义
噪音。

保罗·德曼已经注意到史莱格尔风格的这个特征，他将之称
为"能指的自由嬉戏"，并将其与反讽联系到一起，他使这种嬉
戏成为阅读史莱格尔的终点或高潮。这就是史莱格尔自己怎么变
得眩晕以至疯狂的程度，并且使他的读者也眼花缭乱。"论不理
解"，德曼说，"充满了双关语，尼采式的语源双关，这里有着
大量的有关 verrucken（疯癫）的 stehen 与 verstehen, stellen 与
verstellen，等等的嬉戏"（AI, 181）。德曼所举的例子是《路辛
德》中臭名昭著的那部分，"Eine Reflexion"，其中，严肃的哲
学术语所描绘的是性交。德曼说，"语词有一种表达的方式，它
们所表达的根本不是你想让它们表达的。你正在写一篇精彩的、

---

① 因为保罗·德曼的 "Promises（*Social Contract*）" 结尾部分的一段话而臭名昭
著，那篇文章阐发了 *Versprechen* 的双重含义。参见 *Allegories of Reading*（New Haven：
Yale University Press, 1979），p. 277。

前后连贯的哲学论证,但是,瞧啊,你正在描绘的确实性交……在那有一部机器,一部文本机器,它有着难以满足的决心和全然的任意性……在这里栖息着能指的嬉戏层面的语词,而能指的嬉戏又消解了字里行间的叙述一致性,消解了自反的与辩证的模式,而这两者,正如你们所知道的,是任何叙述的基础。"(AI,181)"正如你们知道?"大多数人在德曼告诉他们之前对此一无所知。德曼自己在这里似乎也用了一点点反讽,就像他在"瞧啊"那句话中所用的一样。"没有反思就没有叙述,没有辩证就没有叙述",德曼总结说:"反讽所破坏的,恰恰就是辩证就是自反,是比喻修辞。自反与辩证是比喻修辞系统,是费希特式系统,而那正是反讽所消解的。"(AI,181)正如《审美意识形态》中其他文章(所有这些文章的写作或讲座都晚于"反讽的概念")所确认的那样,德曼开始把这难以满足的文本机器界定为对文字物质性的一种揭示,尽管德曼用物质性指的是有关其后期作品的更加难解的问题之一。我将在本书最后一篇论文中再回来探讨德曼物质性的问题。

语言的物质化清空了它的意义,使其成为一个笨重之物,史莱格尔用语言的物质化所指的含义,在其"论不理解"中前面的一段充满喜剧与反讽意味的文章中得到了体现。这篇文章出现在史莱格尔的承诺之后,他承诺说他将真的变成"可理解的了(verstandlich),至少这一次是可理解的"(G,531)。① 这篇文章探讨的是"真实的语言(eine reele Sprache)"(G,531),也即康德作为哲学家的天才使之成为可能的东西,史莱格尔如是说。这种"真实的语言"就直接地按字面意义来谈论"至高"的目的而言,终将是一个充足的语汇集。它与沃尔特·本杰明的思想

---

① 英文版: "On Incomprehensibility," in *German Aesthetic and Literary Criticism*: *The Romantic Ironists and Goethe*, ed. Kathleen Wheeler (Cambridge: Cambridge University Press, 1984), p. 33, 此后缩写为 *OI*。

相一致，或者说它影响了他的思想，在 "Uber die Aufgabe des Ubersetzers" 中，"真实语言"的思想，纯语言的思想。在那些思考了这件事的人中，谁没有梦到过这样一种语言呢？

史莱格尔对这种真实语言的比喻好比某位名为格塔纳（Girtanner）的化学家所作的承诺。这位化学家说，19 世纪人们能够实现古老的炼金术梦想，用贱金属制造出黄金来，最简单的厨房用具也将由白银或黄金制成。真实的语言就像这种普遍的黄金一样，是一切的统治者或是衡量标准。黄金是所有国家中所有人们都知晓的普遍的衡量标准。"我原以为，在中国人中"，史莱格尔说，在一份越来越奇异怪诞的、种族歧视的名单中，"在英国人、俄国人之中，在日本岛，在非斯和摩洛哥的本族人之中，甚至是在哥萨克人、切列未斯人、巴什基尔人以及白黑混血儿之中，简言之，在任何即使是只有一点点启蒙与教育的地方，白银和黄金都是可理解的（verstandlich），并通过它们理解其他一切"（*G*, 532—533；*OI*, 34）。真实的语言将以同样的方式实现其普遍性，它将被所有文化的所有人们所理解和使用。在这个过程中，混合语的梦想将最终得以实现，如同目前英语所实现的梦想一样，只不过这种梦想的实现方式是颇有问题的。

但是，史莱格尔的比喻在发展过程中出现了一些奇怪的问题，它变得拘泥于字句而具体化了，正如《反思》（*Eine Reflexion*）中的哲学语言所变化的那样。这个比喻由此变得疯狂又愚蠢，同时还反讽式地滑稽可笑。当黄金和白银普遍到厨房用具都用它们制作时，那么艺术家就会"被允许将作品写在浅浮雕上，将黄金字母写到银笺上"（*G*, 533；*OI*, 34）这听起来很光鲜，但是这种书要带着它走来走去就有点儿难了，就像你今天很难带着台式电脑走来走去一样，这是我们今天对于史莱格尔预言的一种具有讽刺意味地表现。但是他的下一句话，却做出了讽刺性的转折。史莱格尔问道："谁会拒绝这样一本书呢？它印刷精致，语言粗俗，毫无意义（sie sei unverstandlich）?"（G，533；OI，34）这里对黄金的普遍理解（verstandlichkeit）突然变成了对那些不可理解的黄金文字的不理解（unverstandlichkeit）。文学越通过印到作为人类价值标准的贵金属上而被具体化，它就变得越没有意义，也即，越偏离诗歌的基本目的，而这，正如你所知道的，将会以比喻的方式解释那最高的、太初的及起源的混沌。在一种意义上说，它越变得珍贵，从另外一种意义上说，它就越没有价值，到最后这种瑰丽堂皇的诗歌就会沦为死亡的文字，毫无疑问是由黄金制成的文字，但却没有任何意义，就像是我桌子上的电脑，从某种角度看，它只不过是毫无意义的被具体化了的一个巨大肿块。

德曼在对该篇的评论中将其同化为他那时的思考兴趣，也即作为纯粹语法的语言和作为修辞替代的语言之间的机械游戏，这种游戏以一种特殊的具体化形式避开了人类的企图，同时也避开了意义。德曼强调史莱格尔那戏仿的"实在的语言问题（reele Sprache）"是怎样变为"无法控制的循环的，不像是自然却像是金钱，这是纯粹的流通，纯粹的流通或是能指的游戏，而这，正如你们所知道的，也是错误、疯狂、愚蠢以及所有其他邪恶的根源"（AI，181）。但是，史莱格尔强调的不仅仅是黄金和白银是怎样在所有的语言中、所有的文化中被普遍理解的，而且也强调其他一切是怎样通过它们而得到理解的。其他的一切都通过被界定为值多少黄金、值多少白银而得到理解，正如在马克思的分析中，所有的劳动力、原材料和劳动产品，都被归结为他们的金钱价值这种普遍采用的交换手段。一方面，这种使一切得以理解的、世俗的、物质的标准越成功，由此所产生的东西，甚至是黄金字母印刷的诗歌，其意义就越少。从那个角度来看，它就将是"不可理解的"，一如史莱格尔所言。另一方面，从史莱格尔的反讽的深层转折来看，只有没有意义的、不可理解的、愚蠢的诗歌才能够使得原初混沌的疯狂和愚蠢得以熠熠生辉。它的失败就是它的成功。尽管它不能解释混沌，因为混沌本身就是不可理解的、不能够被理解的，但它确实给出了一种宝贵的间接对抗，远远地，通过崇高的伪装（Schein）。

在史莱格尔有关反讽的具有讽刺意味的论文中，最终的具体化以及最具抨击性的反讽出现在下一个简短段落中。在这里我所追寻的具体化等同于灵魂飞离的死亡和尸体，将无意义的东西丢在后面。史莱格尔说，格塔纳这位承诺黄金时代即将到来的科学家，"已经死去，因此他已如此远离炼金术以至于人们可以用各种可能的手段从他身上提炼出大量的铁，这些铁的量要能够制成一小枚勋章，以此使他名垂千古（Andenken）"（G，533；OI，34）。格塔纳的身体经过火葬，在一个与之相反的炼金术过程中，远远没有变成黄金，而只是产生了一点点他曾许诺变成的一种贱金属。一具尸体的交换价值是什么？几乎永远是零。至少可以这样讲，用自己的身体制成一小枚铁质勋章的想法（Schaumunze：字面意思就是一枚展示硬币，铸造这枚硬币就是为了展览而不是为了流通）是可憎的。我当然不希望这个发生在我身上。这枚勋章就像是波士顿雅典娜神殿集子里的书，应作者之要求，在其死后，装订到自己的皮肤里。这两种情况，其目的都是一种怪异的具体化，荒唐而又没有意义，就像是银牌上面用黄金字母制成的毫无意义的诗歌，它是贬低而非提升黄金的价值。

支配所有这些反讽式笑话的修辞是语言的修辞，是它的物质基础。由于语言总是需要某种物质的东西以便写在上面，即使是对口头语言而言的调制声波的纯净物质也是如此，语言永远处于变回其基础的危险之中。它处于变成仅仅是声音或符号的危险之中，并由此而失去其价值，就像是一枚硬币被印上了无意义文字，或是由于使用时间久了文字已被磨掉。

这种到处存在的反讽，一种反讽中的终极反讽，最终会使得史莱格尔作品中的另一个反复出现的主题得以理解,如果我胆敢使用理解这个词的话。这就是诗歌作为魔术的概念。在鲁多维柯为其"神话论"的报告做准备的对话中,他宣称说"诗歌是魔术的最杰出的分支"(G, 496; DP, 80)。在鲁多维柯的谈论之后,萨利奥(他有时被认为代表了诺瓦利斯)宣称,就但丁而言,"实际上,每一部作品都应该是对自然的一个新的启示(Offenbarung)。只有既有独特性又有普遍性的(Eins und Alles)的作品才能成为作品(wird ein Werk zum Werk)"(G, 507; DP, 92)。没过一会儿,他又一次强调了这个词,说起了"对于独创性和内在的完美性,我想不到除了作品还有其他什么词(als das von Werken)"(G, 507; DP, 92)。当然,"作品"这个词在这里主要意指艺术作品。但丁的《神曲》便是史莱格尔所给出的一个例子。但是,对这个词的执著坚持赋予了它炼金术般的或是魔术般的含义。对于中世纪的炼金术来说,伟大的"作品"就是将贱金属转变为黄金。这种转变是一种修辞,即用一种魔术将人类精神变形为值得拯救的某个人,甚至是变形为某个神。如果诗歌是最高贵的魔术,那么这就意味着诗歌并不承诺或给予什么知识,它只是具有某种施事功能,带来某种结果,仿佛它是一个魔术方程式。但是,它们确实是魔术方程式的一个特征,至少表面看来如此,或是玷污了耳眼,毫无意义,愚蠢至极:"哇呀呀呀!法术来了!"魔术师如是说,然后就发生了事情。一盒纸牌被变成了鸽子。史莱格尔的神话概念最终是施事性的,而不是叙事性的。一部神话作品就是一个言语行为,通过它的毫无意义,以魔术般的方式揭示出一抹混沌之貌。这个公式中的"of…of"表明了双重的移动。由此神话作品通过其揭示来转化其读者。通过神话,我们不会知道任何事情,但是我们却神奇般地被变得迥然不同了。神话作品发生了作用。

　　但是,最终的反讽就是,由于这种转化不是由知识而是由魔术般的言语行为带来的，那么就没有办法确切地知道这种揭示是真实存在还是徒有表象，也即幻象。"骗局（Hocus pocus）"是一个俚语，意思是骗子的欺骗把戏。那盒纸牌并没有真的被变成鸽子，只是手法娴熟而已。所有言语行为的悖论在这里都是以夸张的形式出现的。说它夸张，那是因为我们所讨论的言语行为解决的是人类的最高命运，是这种言语行为使得所有其他的言语行为得以成为可能。言语行为施事的那一面不同于知识，它促使事情发生，但是什么会发生，怎么发生，是什么权威让其发生，这一切永远不得而知。换言之，对史莱格尔来说，神话是对语言的被迫的、滥用的传递，被投掷出来为一些没有恰当名字、完全未知的且不可知的事物命名。这个过程用修辞学的术语来说，正如我曾说过的，就是自相矛盾的误用，因此我把史莱格尔的神话称为对混沌的误用。对于史莱格尔来说，不能够确切知晓的是，新的神话作品是否能从骗局之中创造出最高的虚假表象，以语言魔术般的力量去投射出新的虚拟现实，抑或是这种作品是否会敞开大门，让我们瞥见到弗·史莱格尔称之为"混沌"的那先前存在的、永久的、完全异类的王国之表象、之幻象。没有什么比知晓这个更重要的了，但是我们却无法知晓。我们只能相信、证明一种可能性或是另一种可能性。而这就是史莱格尔有关神话和反讽的宣言怎样用"神话"一词体现出双重性或困惑的方式，这也是它们体现出对理性及辩证思维的威胁的方式，就是这使得黑格尔义愤填膺。

（王欣　译）

约瑟夫·康拉德:我们应该阅读《黑暗之心》吗?

> 不可及的取自其隐匿之处。
>
> ——雅克·德里达

我们应该阅读《黑暗之心》吗?我们可以读吗?我们必须读吗?抑或是与之相反,我们不应该去读它或不应该允许我们的学生及公众去读它?它的每一本每一册都应该从所有的书架上撤走烧掉吗?是什么、是谁给了我们这种权利来对其做出决定?我以"我们"的名义说话,而这个"我们"又是谁?什么样的社会塑造了"我们"?没有什么比简单诉求于某些同类的权威机构更成问题的了,比如说各地的英国文学教授们,他们能够共同决定"我们"是否应该阅读《黑暗之心》。我所谓的"阅读"并不仅仅是指让语词被动地穿过心灵之耳,而是去进行一种强势阅读,这种强势阅读是一种通过相应地生成更多的语言来对一本书作出积极的、负责的公正反应,这种语言即便是无声的或是隐晦的,它也会作为证词而出现。这种反应证明了那个做出反应的人已经被阅读所改变了。如你所见,问题的一部分在于,如果不采用那种强势阅读的方法,我们不可能权威性地判断是否应该阅读《黑暗之心》。只是,到那时候一切都太晚了。我已经阅读了《黑暗之心》,已经受其影响,已经做出了判断,而且也可能写

下了自己的判断好让他人去读。可是，我们中的哪一位将会或应
会就把别人的话当成书中所说的呢？每个人都必须自己再读一
遍，并将自己的阅读作为一种证据。保罗·策兰（Paul Celan）
说，用雅克·德里达（Jacques Derrida）颇多谈论的警句来说，
"没有人/ 为证人/ 提供证据"①。这或许可以改为，"没有人能够
为你进行阅读"。每一个人都必须亲自阅读、重新证明。

　　《黑暗之心》自身便写有这种结构。主要的叙述者通过确切
的引述来证明他所听到的马洛一天晚上在"奈利"号巡游小艇
上所说的话，据推测是在一艘游艇上，当时，马洛正和律师、会
计、公司经理等这些代表了先进资本主义和帝国主义的其他人在
一起，等待潮汐返转以便他们能够沿泰晤士河漂流而下直至大
海。② 他们有足够的金钱财富和闲情逸致，并且完全出于审美的
目的，可以花时间像马洛那样做一名被雇的职业海员。那个主要
的、连接整个故事的叙述者的职业却并没有特别指明，他以读者
所能够相信的严谨且仔细的准确性来引述马洛所说的话。马洛所

---

① Paul Celan, "Aschenglorie（Ashglory）", in *Breathturn*, trans. Pierre Joris, bi-
lingual ed.（Los Angeles：Sun & Moon Press, 1995）, pp. 178 - 179。

② 主要场景的"原版"（但是什么比这个叙事作品中原版基础的概念更为有问
题？），如果福特·麦德克斯·福特可信的话，则是康拉德自1896年9月到1898年9
月位于埃塞克斯 Stamford - le - Hope 的住所。在那里他认识了各种各样的商人，那些
商人的确是每周都乘船巡游（on a yawl）。"他仍在颤动"，福特说，"带着他的企图，
在站长、律师及会计的帮助下，使南非的钻石矿在水上漂浮。因为康拉德也有过那
种冒险——在挫败中自然而然告终的冒险……在等待新公司不断发展壮大的过程中，
他在周末的时候和那些商人一起在那平静水道（泰晤士河）的怀里漂浮" [Joseph
Conrad, *Heart of Darkness*：*An Authoritative Text*；*Backgrounds and Sources*；*Essays in Criti-
cism*, ed. Robert Kimbrough, Norton critical ed.（New York：Norton, 1963）, 第127页,
由此缩略为 N]。"使南非的钻石矿在水上漂浮！"故事本身对此只字未提，但是，读
者必须记住，马洛必要与康拉德本人严格区分开来，就像是"秘密分享者"中的
叙述者必须与他的区分开来。但是福特的证明表明，康拉德自己与此是串通一气的，
或者被需要是串通一气的，如果他能够为开发资源的帝国主义公司募集款项的话，
那么这与利奥波德二世对刚果的无情掠夺、或与克尔茨为象牙而抢劫那个国家并没
有什么不同。他似乎时刻把自己想象为塞西尔·罗兹的缩影。

说的话在全文都以引号标出，他说的是一个故事，这个故事是对他所称之为"阅历"的一种详细描述，也是对其的一种原因阐释，这种"阅历""也说不上什么原因仿佛照亮了有关我的一切——照进了我的思想同时它又足够阴晦——而且可鄙——从哪方面讲都不离奇——也不很清晰。是的，不是很清晰，但是却仿佛投注了一种光亮"①。那种详细描述和原因阐释都围绕着一种"表达正义"的愿望，正如马洛对克尔茨所说的（94），他是在"航海的至远点和我经历的制高点"（22）遇到克尔茨的。马洛在最开始所说的话，对于他的听众和作为读者的我们来说也是一种隐含的承诺，他承诺说他将会将他所受到的启迪传递给他们和我们。

　　具有敏锐观察力的读者将会注意到，康拉德让马洛所使用的语言混合了叙事和施事两种维度。一方面，马洛的阅历使他明白一切，使他能够"看得清"，这种"看"是康拉德所习惯赋予的带有双关含义的"看得清"，其日常用法就有此双关性：作为视觉的看和作为理解及获取新信息的看。而另一方面，马洛的阅历又赋予了一种义务，这种义务只能通过行为语言来完成，通过"表达正义"（94）或"保持忠诚"（88）来完成。如其在任何的言语行为中一样，任何"原因阐释"或"详细描述"的行为与叙事维度都不可避免地缠结在一起。但是，《黑暗之心》在其对马洛语言的施事一面的强调中，却异乎寻常得明晰清楚，它是一种特有的言语行为，也即，它是一种证明行为。马洛说："我始终对克尔茨保持忠诚，直到最后一刻，甚至超越最后一刻。"

---

① Joseph Conrad, *Heart of Darkness*, ed. Ross C. Murfin, Bedford Case Studies, 2d ed. (Boston: Bedford Books of St. Martin's Press, 1966)，第 22 页，后面文章中援引的页码均出自此书。我之所以引用这个版本是因为它很容易搞到，而且还包含其他一些有用的资料。该公司重新印刷了 1921 年海尼曼出版社版的康拉德《作品集》，这是获康拉德之允许的最后一版。

（88）"我没有背叛克尔茨先生——按命令我永远不应该背叛他——按照所写的我应该忠于我所选择的噩梦。"（81）究竟是谁发出的"命令"或是谁"写的"，这里并没有说清楚。据推测，马洛的意思是这写在其命运之书上，这是一个极其模糊的概念。这是因为，它即将写在命运之书上。实际上，正如读者可能会考虑到的，它是写在康拉德为马洛所编造的书上的。或者，正如马洛在其对最后一个插曲的描述中所承认的那样，他对于克尔茨的"未婚妻"的拜访（在克尔茨死于沿非洲之河的返程中，马洛回到了城市，这个城市"总让［他］想起发白的坟墓"［24］），由于他对克尔茨未婚妻说了谎，他没有公平对待克尔茨："对我来说，似乎在我能够逃脱之前房子就要倒塌，天堂似乎都要落到我的头上。但是什么也没有发生。天堂不会为这样一件小事而降落。我想知道，如果我已经还给克尔茨他应有的公平，天堂还会跌落下来吗？难道他没说他想要的只是公平吗？"（94）克尔茨确实对马洛那样说过："我只想要公平。"（91）

马洛早先曾说过："我最后以谎言压倒了他这个幽灵的天赋。"（64）马洛的谎言是要告诉克尔茨未婚妻，她的灵魂像水晶悬崖一样纯洁，她的额头闪着耿直的光辉，克尔茨最后所言是她的名字，而他实际上的最后话语是"仅为一口气的哭喊"，"恐怖啊！恐怖！"（86）。马洛的谎言是正当的吗？我们能够使马洛免责吗？这个谎言是在某种意义上还克尔茨一个公平吗？马洛曾经告诉我们他憎恶谎言，谎言有着必然会死亡的迹象："你知道我憎恨、嫌恶且无法容忍谎言"，他说，"不是因为我比其他人更直率，而是仅仅因为它让我感到恐惧。在谎言中有死亡的迹象，还有必死的意味——这恰恰就是我在这个世界上所憎恨和嫌恶的——我所想要忘掉的。它使我痛苦，惹我恼火，就像是咬到什么腐烂的东西"（42）。要说谎言有着死亡的迹象，这有些奇怪，它暗示出只有讲真话我们才能抗拒死亡，尽管马洛就其谎言说出了相反的意思。它压倒了克尔茨天赋的幽灵，其中最伟大的天赋是演讲的天赋，"表达的天赋，令人迷惑的，给人启迪的，最高尚的与最可鄙的，让人激动的那缕光，抑或从无法穿越的黑暗之心中涌出的欺骗之流"（63）。

谎言将我们置于与死亡合谋的位置，且任由死亡摆布。谎言将死亡引入了人类社会，这是稍微有些夸张的对伊曼纽尔·康德的作品，也即"论为乎仁慈、出于爱而说谎的假想权利"中所提到的说谎权利的否定。康德说，谎言永远不是正当的，即使是为了救人一命，因为任何谎言都严重地威胁着人类社会。人类社会依靠的是在任何情况下甚至是最极端的情况下严格的实话实说。《黑暗之心》中，在马洛的叙述中，"真实性"是一个关键词，尽管是一个极具歧义的词。他的整个故事的发起，便是对其经历的真实讲述。这种义务传递给了主要的叙述者，而后又传递给了作为读者的你和我。提供真实证据的诺言，就像是一般的诺言一样，往往是救世主式的。它关乎死亡和末日，带有《启示录》中所做出的那种诺言。即使是像抵押文件的签字人所做的那种常规性的承诺，都会招致死亡，正如"抵押（mortgage）"的词源所暗示的那样（译者注：从词源学上看，英文"抵押"一词中的"mort"与死亡有关，英文中"必死的"一词即为"mortal"）。签署抵押文件就是将自己的生命押给死亡，把自己的死亡写在文字中。我们传统中伟大、杰出的启示，基督教圣经的最后一部书，《启示录》，其结尾便是承诺并祈祷即将到来的启示，而这种启示永远都是未来的，永远都不是现时的、此地的："证明了这些事情的人说，当然我会很快到来。阿门。即便如此，来吧，上帝耶稣。"（《启示录》22：20）

马洛正处于经历了他人之死后得以幸存下来的人的位置。在克尔茨的结局中，死亡和幸存者那接踵而来的责任成了小说的核心问题。正如马洛所说，"我即将受到他记忆的眷顾"（66），正如克尔茨未婚妻讲给马洛的有关克尔茨的最初那句话是"我幸存下来了"（91）。当然，幸存者首当其冲的义务就是讲出有关死者的实情。就马洛幸存一事让人奇怪的是，当马洛最后遇到九死一生的克尔茨时，克尔茨被呈现出来，克尔茨已然是一个幽灵，从这个意义上讲他不可能死亡。在马洛的叙述中，克尔茨是幸存下来的；当马洛回到欧洲造访克尔茨的"未婚妻"时，黄昏已然低语着克尔茨最后的话语，这两点都证明了克尔茨是不可能死亡的。马洛以谎言压倒克尔茨这个幽灵的天赋这一点几乎是不可能的，因为幽灵还在散步，甚至在马洛对克尔茨未婚妻说谎的房间里散步。这个幽灵，远远没有被压倒，反倒是每次阅读《黑暗之心》时都被复活、被乞灵、被招魂。

　　或许马洛的意思仅仅是，他通过隐瞒那个口才真正所说的及其来源，他对于克尔茨未婚妻想要保留克尔茨的口才使其不死的愿望做出了让步。当克尔茨"死亡"时，被掩埋的那个不是作为幽灵幸存者和亡灵的克尔茨，而只是他肉体的皮囊或尸体："但是我当然知道，第二天朝圣者们将在一个泥泞的洞穴中掩埋什么东西。"（87）一连串的义务首先从克尔茨开始，他在那"恐怖啊！恐怖！"的呼喊中已然做出了评判。他"对于自己的灵魂在阳间的冒险已经做出了评判……他已经做出了总结——做出了评判。'恐怖！'他是个了不起的人，毕竟，这种表达代表了某种信仰；它表达出正直，表达出信念，在它的低语中有着反叛的震颤音符，它呈现出对真理惊鸿一瞥式的惊骇的神情——那种热望与憎恨的奇怪的混杂"（87）。接下来的义务便是马洛的了，作为幸存者他为克尔茨作证，在他的叙述中使克尔茨栩栩如生，告诉他在"奈利"号上的听众他对克尔茨未婚妻所隐瞒的真相。轮到主要的叙述者时，他的义务则是证明马洛所说的话，确切无误地引用他的话语，并将之作为注释置于不甚明了的语境之中。

　　在做出任何解释之前,确切无误的引用是证明或呈现公正的最重要的方式之一,就好比是我在此所引用的康拉德的《黑暗之心》。每一个引用都伴有一种隐含的誓约:"我向你保证这就是康拉德确实所写的东西,或至少是康拉德最具权威性的编辑们所能证明的他所写的东西。"① 体现公正的义务从康拉德的主要叙述者那里传递到了所有的读者,而今天的每一位读者都是康拉德的幸存者。从每一位读者那里,再一次要求他们公平对待康拉德及其《黑暗之心》,在读这本书时去证明所发生的事情——讲明真相,全部真相,除了真相别无其他。

　　阐释或阅读如《黑暗之心》这样的作品,做出证明是一种施事的言语行为,但这种言语行为却是一种特殊的甚至是异常的行为,这种行为不能用 J. L. 奥斯汀在《如何用语言做事》② 一书中所提出的言语行为理论来解释。施事的阐释会将所阐释之物变形,因此它就像一般的作证行为一样,不能用陈述的、可证明的证据来充分说明其正当性。没有人为证人做出证明。证人看到了他或她说所看到的,或者他或她在阅读行为中以某种方式做出反应,这一点必须被无条件地相信。这就是为什么,比如说在美国的谋杀案件中,陪审团被要求决定的不是被告是否有罪,而是他们是否"在合理的范围内确切地"相信被告是有罪的。正如雅克·德里达和维尔纳·汉莫策(Werner Hamacher)以不同方式所断言的那样,这种施事意义上的阐释,新启用的阐释,由于它的介入而改变了所阅读的内容,并且产生新的内容,这种阐释以悖论的方式完成的是马克思有关费尔巴哈论文的第 11 节:

---

　　① 最初的手稿存放在耶鲁大学的 Beinecke 图书馆。诺顿评论版引用了一些印刷版中所省略的重要的手稿片段。我在这里从诺顿版中引用了一些这样的片段,相信诺顿的编辑的引用是准确无误的。

　　② J. L. Austin, *How to Do Things with Words*, ed. J. O. Urmson and Marina Sbisa, 2d ed. (Oxford: Oxford University Press, 1980).

"哲学家们只是以各自不同的方式阐释了世界；但是，关键则是要改变它。"① 在这种情况下，阐释所履行的就是改变。不管以怎样微不足道的方式，它通过彻底改变世界上能够使事情发生的成分而改变世界，在这里所谈到的便是文学文本《黑暗之心》。

康拉德的读者也对这种阐释的要求做出了回应，因此围绕《黑暗之心》产生了一大批的二手文学。这些论文和书籍自然有着叙事的维度，它们通常会提供一些珍贵的资料，如康拉德的生平，康拉德在非洲的经历，19 世纪晚期的帝国主义，尤其是比利时国王利奥波德在比属刚果所一手导演的残忍的大谋杀，以及《黑暗之心》中人物角色的假想"原型"，等等。但是，这种二手文学通常也有一种明显的施事维度。康拉德的小说被拿到评判席上，被控告、被审判，最后做出判决。批评家扮演的是自己阅读的证人角色，同时也是提问者、起诉代理人、陪审团及审判长。批评家做出判决，体现公正。

《黑暗之心》常常从其批评家那里获判重刑，它被以愤怒的语词谴责为种族主义者或性别歧视者，有时在一篇文章中他被同时扣以这两顶帽子。比如，1975 年著名尼日利亚小说家齐诺瓦·阿切比（Chinua Achebe）的颇具影响力的论文（《康拉德是个血腥的种族主义者》）或者 1989 年贝蒂·伦敦（Bette London）所写的文章："这部小说基于未经检验的设想，这些设想本身在文化上就是有疑问的，它对于性及性别的表现，支撑的是没有把握的文化要求；它参与并宣扬种族的以及性别的意识形态，整个

---

① Werner Hamacher, "Lingua Amissa: The Messianism of Commodity – Language and Derrida's *Secters of Marx*," in *Ghostly Demarcations: A Symposium on Jacques Derrida's "Specters of Marx*," ed. Michael Sprinker (London: Verso, 1998), pp. 189 – 191; Jacques Derrida, *Spectres de Marx* (Paris: Galilee, 1993), p. 89; *Specters of Marx*, trans. Peggy Kamuf (New York: Routledge, 1994), p. 51. 德里达在这里提到了"施事的阐释，也即，将所阐释之物进行变形的阐释"，他认为这种施事的概念并不适用奥斯汀言语行为的概念，也不适用于马克思有关费尔巴哈的第 11 篇论文的正统理解。

叙事对这一点的表现是透明而又'不言而喻的'。"① 爱德华·萨义德在其《文化与帝国主义》中的评判，尽管也承认康拉德是帝国主义的批判者，尽管也意识到了对《黑暗之心》做出评判的复杂性，但最终在其总结中还是同样苛刻："康拉德的欧洲中心主义是错误的，这一点在文化和意识形态上都有证据，而且这种证据既深刻又充分。"② 这些都是有力的控告。如果他们所说的能够对《黑暗之心》呈现公正，如果他们的证据值得信赖，那么接下来不可避免的就是这部小说不应该被阅读、被讲授或被研究，除非它可能作为一种嫌恶的例子。但是，根据我所提到的悖论，你只有通过自己阅读这本小说才可能对此确信无疑，并由此将自己置身于变为性别歧视者、种族主义者及欧洲中心主义者的危险之中，如果那些批评们是对的话。即便如此，也没有人会为证人作证，而且也没有任何其他人能够替你阅读。

要想重新做出评判，那么就很有必要去冒险，自己去阅读《黑暗之心》，现在我就要努力这样做。但是首先，我必须要问一个终极问题。假若我或任何其他读者或读者群将要判定康拉德，或更确切地说是《黑暗之心》，确实是种族主义者和性别歧视者，在做出这样的判决之后，可能宽恕康拉德或他写的这部小说吗？打个比喻说，可能以某种方式使《黑暗之心》免罪、使康拉德获得自由吗？换句话说，这种情况下的真实性能够带来和解吗？和解，正如南非真理与和解委员会所希望发生的那样，就是能够说："我原谅你，我与你和解，尽管我现在知道你曾折磨并谋害了我的父亲或母亲，丈夫或妻子，兄弟或姐妹，或是我的邻居、我的朋友。"尽管美国在130年前解放了奴隶，80年前赋

---

① 这些引用源自"Critical History"section in Conrad, *Heart of Darkness*, ed. Murfin, pp. 107、109。

② Edward Said, *Culture and Imperialism* (New York: Vintage Books, 1994), p. 30.

予了女性以投票权，但是美国在很多方面仍然是一个种族主义和性别歧视的国家。父辈的罪过在孩子甚至是第三代子孙身上仍能看到痕迹。有人可能会补充说，那些罪过也可能会停留在这些父辈所诽谤的那些人的子孙后代身上。尽管方式不同，美国也同整个非洲一样，需要更多代人的努力去与历史和解，来实现更加完善的民主目标。这种民主，正如雅克·德里达所说，永远是"即将到来"。托马斯·曼（Thomas Mann）在其"威尼斯之死"中引用一句法国谚语，"理解一切就是原谅一切（To understand everything is to forgive everything.）"①。"威尼斯之死"有力地讽刺了或质疑了乐观的启蒙运动对理解之赦免力的信心。似乎是我们越有知识，我们越不能原谅，或者说，原谅作为一种最典范的、最至高无上的言语行为，如果发生的话，也一定是在与知识的对抗中发生的。一方面，很可能是理解一切就会发现原谅几乎是不可能的，当然，对于我所提及的那些批评家们，情况就是这样的。另一方面，或许真正的谅解乃是对不可原谅之事的谅解，正如德里达在其最近有关"原谅与伪证"的研讨中所争辩的那样，如果它是可原谅的，那么它就不需要谅解，只有不可原谅的才需要谅解。

谅解这个问题在《黑暗之心》中体现在马洛的叙述方式上。马洛的叙述对于他那些在"奈利"号上的听众来说是隐晦的请求，对我们读者来说也起到间接的效果，请求大家原谅他对噩梦的选择，原谅他对克尔茨的忠诚。似非而是的是，我们也同样被要求去原谅他的背信弃义，原谅他对克尔茨未婚妻所说的谎言，这种谎言便是对克尔茨的背叛。马洛的叙述是一种忏悔，忏悔永远都是需要或祈求谅解的，这通常会揭示出比忏悔者所知道的更

---

① Thomas Mann, "Death in Venice," in *Death in Venice and Seven Other Stories* (New York: Vintage Books, 1956), p. 13.

多的需要谅解的地方。在这种情况下，更多的需要谅解之处恐怕就是马洛（或康拉德）所没有意识到的种族主义和性别歧视。在他的忏悔中，马洛讲出了真话，以此弥补了他的谎言，除非是在最后反讽中的"恐怖!"和克尔茨未婚妻的名字（也即读者所一直未知的）会是同一回事，结果就是马洛终究说出了真话，甚至是第一次。但是，有人会争辩说，即使对于知情的人来说，那也决不是借口。可以说，马洛拐弯抹角地说出了真话，但其说谎的结果是，克尔茨未婚妻的余生都生活在幻觉的阴影之下，也即，生活在"恐怖"之中，而她自己甚至都不知道是恐怖。马洛的谎言尽管是善意的，但也具有施事效果，因为别人相信了他的谎言。康德本应该由于其对社会肌质的揭示而谴责它。

那些在"奈利"号上的人对马洛的故事究竟有什么反应不得而知，我们并不知道他们是否原谅了他的谎言。在马洛讲完他的故事后，公司的负责人只是说了句"我们错过了第一次退潮"（95），意思是马洛的故事使他们没能在该离开的时候离开。主要的叙述者通过做出观察结束了自己的解释，而这个观察则似乎是马洛故事对其看问题方式之影响的一个证据："通向地球遥远的另一端的平静的航道在阴暗的天空下忧郁地流淌——仿佛通向无边黑暗的心脏。"（95）任何更进一步或更为明确的判断就留给了读者，这要由我们——或者更确切地说是由我来判断，因为阅读和对阅读中所发生的事情提供证明，总是孤独的、单独的行为。情况确实如此，不管有多少判断是在强制性的、决定性的规范、传统及阅读协议的语境中做出的。当读者进行总结或做出判断的时候，历史的意识形态和地域的意识形态也通过这位孤独的读者表现出来，正如克尔茨说"恐怖啊! 恐怖"时所表现的那样，或正如马洛提及克尔茨时所说的那样，"他已经总结了——他已经判断了。'恐怖啊!'他是个了不起的人"（87），或正如阿切比说"康拉德是个血腥的种族主义者"时所表现的那样。

但是，每一个做出判断的人必须承担对此的个人责任，他或她也必须承担阅读行为所带来的一切后果的责任。

在对《黑暗之心》做出判断时要说的第一件事，便是它是一部文学作品，而不是一本历史书或旅行书，不是回忆录、自传或文学形式以外的任何其他体裁。不仅如此，它还是一部属于特殊历史时期和地域的文学作品，也即，它是一部写于资本主义和帝国主义盛行时期的英国文学作品。尽管这一点似乎是显而易见的，但仍有很多批评忘记或忽略了这个事实。诺顿评论版（Norton Critical Edition）的编辑罗伯特·金伯（Robert Kimbrough）就该卷的"背景与来源"部分所说的话，便是很好的例子。金伯说，这部小说的第一部分，"将故事设置在其历史的语境中"，第二部分"提供了所有康拉德刚果之行所经历的传记式的记录，而其刚果之行的艺术投射便是《黑暗之心》"，第三部分"提醒我们，尽管它有些自传的色彩，但对康拉德来说，这个故事却是一个有意义但却客观的艺术作品"（N, 84）。读者可以看到，金伯想让它同时具有不同的层面。《黑暗之心》是一部客观的艺术作品（无论这意味着什么），但同时它又内置于历史语境之中，内置于康拉德"传记式"经历的"投射"（无论这意味着什么）之中，毕竟，它是一部"自传式的"作品。这些"背景与来源"邀请读者通过其所指的准确性来衡量这部小说，这几乎是一种不可抗拒的诱惑，尤其在你知道了这些背景"事实"之后。比如说，将小说中主要事件的发生地看作刚果，或是将马洛获得工作的那个阴森森的城市看作布鲁塞尔，但是刚果和布鲁塞尔这两个地名都没有在小说中出现过，只是在第三句中出现了泰晤士河这个名字。至少这种保留需要被看作一种征兆。更为彻底的是，它也是一个符号，表达出要想进入《黑暗之心》所发生那些事情的国家的唯一途径就是阅读小说，而不是去游览比利时或现在又被称为刚果的地方。

康拉德的一生都在努力，在其信件、序言、论文以及诸如《大海的镜子》（1906），《个人记录》（1912）及《生活笔记与信件》（1921）等明显自传性的作品中，努力使他的读者们和批评家们相信他的作品是文学，而不是伪装的自传或旅行文学。我举两个例子。亚瑟·塞曼斯（Arthur Symons）在其《有关约瑟夫·康拉德的注释：附有未出版的信件》（1925）中，引用了康拉德写给他的一封信，在信中康拉德否认了塞曼斯将康拉德看作其小说中的人物克尔茨："其余的我想说，在你的文章中有些段落使我感到吃惊，我还不知道自己有'一颗黑暗之心'和'一副不羁的灵魂'呢。克尔茨确实有——我对他并没有漠然置之。"（*N*，153）而 1923 年 7 月 14 日写给理查德·科尔（Richard Curle）的信件，是康拉德对科尔最近发表在《时代文学增刊》上的对其最近出版的邓特统一版作品集的评论所做出的反应，他激烈地抗议科尔对他的错误定论，也即，他康拉德只不过是一个航海故事作家。"我曾希望"，康拉德写道：

> 大概看来，我也可能有机会从那地狱般的航船故事中解脱出来，我航海生涯的困扰在我的文学生涯及我作为作家的资质方面所体现的，一如萨克雷所常常光顾的画室之多对于他作为伟大小说家的天赋所体现的。不管怎样，我或许曾为海员，但我更是一个散文作家。我作品的性质确实存在着被我的选材的性质所混淆的危险……我承认你书中所记录有关我的航船和我的作品及我之间的关系的确是个事实，但是那是传记的问题，不是文学。（*N*，152）

传记和文学之间有什么区别？康拉德在给科尔的信中又以独特的比喻详述了它们的区别。康拉德说，几乎他所有的"艺术"，都存在于"我的非传统的总结与展望之中"（*N*，153）。

对于什么的艺术总结呢？是对归于总结与启发之内的故事中那明显有所指的或历史性的素材的艺术总结。这种素材对于启蒙式的总结及其艺术效果都是必要的，就好比那看不见的无线电波需要发送和接收装置才能被探知到，尽管重要的是看不见的电波，而不是装置："当然，这种总结和那些启发的可塑题材自有其重要性，因为没有这种可塑题材，那种总结与启发的实际情况就不会让人明白，就像马可尼（Marconi）的电波没有发送和接收装置就不会让人明白一样。"（N，153）康拉德是在说，他作品中所有指称的、模仿的或表征的方面，都是为了提供一种必要的素材基础，通过对素材的艺术安排，将看不见的变为看得见的。这种比喻与《黑暗之心》中经常引用的篇章是一致的，该篇章涉及的是马洛故事的特殊性质，不同于海员所讲的寻常故事。我将回到那个篇章。

许多有关康拉德的评论都默认《黑暗之心》是文学作品，但又在对它评头论足，仿佛它是其他的什么东西。要避免犯这种低级错误的确不太可能，因为每一个文本都会邀请读者进行有所指称的或是德里达继萨特之后所称之为"至高无上的"阅读，也就是说，这种阅读超越了作品的语言而趋向了它可能所指的外部世界。① 换句话说，将《黑暗之心》称为一部文学作品，正如我所做的那样，就是对文本中的某些可能性做出反应的一种言语行为。我曾含蓄地说过，"我宣称《黑暗之心》是一部文学作品"。宣称《黑暗之心》是历史、是回忆录、是自传也是同样可能的。这样做就会以这样或那样的方式直接给这部小说贴上模仿或指称的标签，而这样的作品值得通过其真值、通过其表征的准

---

① 参见 Jacques Derrida, *Acts of Literature*, ed. Derek Attridge（New York：Routledge, 1992），p. 44："'超越'在这里指的是按照意思或意义的方向超越对所指、形式及语言（注意我并没有说'文本'）的兴趣（这是萨特对于散文的简单却又合适的概念）。"

确性来做判断。很多批评家都是这样做的。尽管很多传统的规范通常会指明一个文本是文学还是非文学，但是却没有区分性的标记能确切无疑地界定一个既定文本是文学还是非文学。这种不确定性的原因在于，任何一个都可能伪装成另一个。电话簿中的一页也可能被当作文学。大家可以想象一本虚构的电话簿，这本电话簿可能看起来和真的一模一样，尽管你要想拨这些号码来给某人打电话的话它们都是拨不通的。

如果将《黑暗之心》当成文学或非文学是一种言语行为，一种相信的行为或证明的行为而不是一种叙事性的陈述，那么这就意味着，任何一个宣称它是或不是文学的人都必须对他或她的宣称负责。他或她必须说："我这么做了，我已宣称《黑暗之心》是文学（或与此相反，是历史或自传）。我会对这样说的后果负责。"以此，我现在就宣称《黑暗之心》属于文学。但我要补充的是，说《黑暗之心》是一部文学作品，绝不是使康拉德免于承担他在作品中所说之言的责任，但是，这种说法的确会改变那种责任的条件和状况。只是该如何改变呢？

在西方，文学作为一种制度的历史相对不算久远，或多或少开始于文艺复兴时期。我们西方人所知道的"文学"，是一种只属于西方社会的一种极其武断的历史产物。希腊悲剧并不是现代西方意义上的文学，中国古典诗歌也不是，不管这些看起来与我们的文学有多么相像。希腊悲剧是一种准宗教的仪式，中国诗歌具有阶级和机制的功能，就更不要说政治或历史典故的构造特征了，这与西方不尽相同。美国那所谓的文学及南非以英语为母语的所谓的文学是否与康拉德的《黑暗之心》是同等意义上的文学，这是一个既微妙又难以回答的问题，这个问题的答案绝不会是理所当然的。我怀疑美国文学和南非文学的性质和社会功能与英国文学大相径庭。举例来说，把英国维多利亚时期文学的范式应用到（在不扭曲它们的情况下）麦尔维尔、霍桑或狄金森身上一定是很难的，尽管它们都属于同一历史时期。

伴随现代西方意义上的文学所共同产生的，是自由言论权的民主，是现代的民族国家，是欧洲在世界范围的经济与政治的帝国主义霸权，是印刷文化，是现代著作权的概念，是版权法，是后笛卡尔的主体性及主客体二分法的概念。言论的民主自由，正如某一特定的民族国家所保证的，对于现代欧洲意义上的文学是至关重要的，而这一点，雅克·德里达在《文学行动》前言式的访谈中就已经非常富有说服力地提出过了。既然难以判定德里达是否是种族主义者或性别歧视者（尽管有人试图这样做过），那么他的评述对于搞清如何对《黑暗之心》进行评判还是有价值的。当然，尽管自由言论总是有其局限性，而且永远都不会得到完美的实现，永远是将来才能实现的理想，但是，基本上它使得文学成为可能，允许文学谈任何事情，并且在某种特定的意义上，允许文学拒绝为任何所谈之事负责："说话的人不是我而是一个想象出来的角色，我是凭着更高尚的责任感在行使我的自由言论权。"①

我所提出的所有这些特征（民主的自由言论、民族国家、欧洲霸权、印刷文化、版权法、笛卡尔的自我概念），构成了一个混杂的系统，在这个系统中，现代西方意义上的文学仅仅是一个成分。如果一个成分变了，那么整个系统就变了，包括系统中的任何一分子。在这些相互纠缠的成分中，有一些在我们的时代正在经历激烈的变化。这些天来，我们从方方面面的渠道都听说了民族国家的衰败。至少可以这样说，人们不再想当然地看待笛卡尔或黑格尔的主体性概念了。印刷文化正在快速地被一种新的通信领域所替代：电视、电影院、录影带、传真、电子邮件、电

---

① 参见 Jacques Derrida, *Acts of Literature*, ed. Derek Attridge (New York: Routledge, 1992), pp. 37–38。

脑数据库、互联网，网上的数据有着难以想象的、不相关的各种数据，包括（正在被这种新的媒介所改变的）文学及文学知识——所有这些都在全球的虚拟空间中自由漂浮。举个例子来说，在所有这些混杂的信息群中，我发现了《黑暗之心》的超卡软件版并将之下载到我的电脑中。尽管电子邮件的地址是在新汉普郡的达特茅斯学院，但我可以在佛罗里达准备一部分，在挪威准备一部分。阅读这样版本的《黑暗之心》与阅读印刷版的书籍是不同的，究竟不同在哪里又很难讲清楚。我们生活在一个后殖民主义的世界，欧洲甚至美国越来越不占支配地位，举例来说，东亚经济在规模和全球影响力上都对西方经济的霸权提出了挑战。互联网上的言论自由，与老式的新英格兰城镇会议中面对面交谈的言论自由并不是一回事，与印刷版文本中的言论自由也不是一回事。这些变化的结果或许是：随着西方风格文学从莎士比亚扩展到康拉德，再到其欧洲的同代作家，我们已经走到了西方风格文学的尽头。对这种文学的研究，在全世界西方风格大学的民族文学系中已经制度化了，这些大学是帝国主义和殖民主义遗产的一部分。

　　或许可以说，现代西方意义上的文学已经是一件过去的事了，它现在只是历史探究的目标，是想象中的、幽灵般的复活，而并不是什么现在创造出的或是能够现在创造出的东西，因为实质可能的条件已经发生了巨大的变化。将《黑暗之心》误读为它是一部简单历史性的、指称性的或是自传性的文献，而这一点或许就可以证明，尽管这种对文学之模仿的误读总是被普遍接受的，但是文学已不再能够从古老的阅读模式、规范及传统方面而被简单地理解了，而它们也是目前正在消失的印刷文化领域的遗产的一部分。正如我所说过的，一本虚构的电话簿总能被当成是真实的。惯常的免责声明（通常是显然在说谎的那种）会说"任何与真人的雷同，在世的或去世的，均纯属巧合"，做出这

种声明的必要性证明了真实与虚假的混淆是无处不在的，因而有
必要避开它。

　　《黑暗之心》以怎样的方式使对其的阅读是作为文学而非作
为历史叙事或自传的呢？最明显的方式便是康拉德与两位虚构的
叙述者的置换，就像是在柏拉图对话中的苏格拉底不会被当作柏
拉图一样，这两位叙述者也不会被当作是康拉德。如果有读者说
康拉德或者借主体叙述者之口或者借马洛之口来直接表达自己的
想法，那么他或她这么做就是在自担风险，违背了最基本的文学
传统。主体叙述者或马洛所说的任何话语都是反讽性的，或是被
悬置的，以主唱段的方式隐晦地呈现出来，因为那只是虚构人物
的话语。

　　康拉德谈论马洛的出身、本性及其与创造者之间的关系的
方式是特殊的、隐蔽性的，这有一点儿像卢梭的"新爱洛伊
丝"的第二个序言中"N."与"R."的问答，"R."据推测
就是指卢梭本人，尽管这并未得到证实。"N."问的是小说中
那些信件是真的还是假的，"R."回答说他不知道，当"N."
穷追不舍时，他又说如果他以某种方式确切回答的话，他担心
自己会说谎。① 在 1917 年写给收摘《黑暗之心》的《青年》这
本杂志的"作者注释"中，以及在"青年"（马洛第一次出现
在这里）与"走投无路"中，康拉德就马洛的"出身"问题对
"一些文学思考"做出了回应。康拉德说："有人会觉得我应该
对事情做些解释；但是实际上我发现这并不那么容易。"（N，
155）他接着还说，马洛"应该代表各种不同的事物：一个聪
明的屏障，一种纯粹的手段，一个'装扮者'，一种熟悉的精
神，一个低语的'精灵'。我自己曾经被怀疑，对他的俘获是

---

① Jean – Jacques Rousseau, *La Nouvelle Heloise*, *Oeuvres completes*, ed. Bernard Gagnebin and Marcel Raymond, Pleiade ed, 4 vols. （Paris：Gallimard，1964）2：pp. 27 –29.

经过深思熟虑的计划的"(N，155)。康拉德继续充满反讽意味地、带有歧义性地谈论着马洛，仿佛他是一个真实存在的而非是虚构的人物。或者说，他提及的是作为虚构人物的马洛，但他的存在却与康拉德自己难以分割，意思就是他们两个谁也不"在意"比对方活得长。

　　情况并非如此。我并没打算（去"抓"他）。马洛这个人和我是偶然走到一起的，就像是那些在疗养胜地认识的人有时会发展成为好朋友。我们之间就发展成友谊了，尽管在表达观点方面他总是很断然，但是他却不是一个闯入者，在我独处的时光中他就萦绕在我的心头，这时候，悄无声息地，我们的心灵就在极度的惬意与和谐中碰撞了。但是当我们在故事结尾分开的时候，我始终不能确信这会不会是最后一次。然而我认为我们两个都不会太在意比对方活得长。无论如何，他这种情况，他的存在终将会消失，他将承受消亡的痛苦，因为我怀疑他有些虚荣心（N，155）。

通过否认他对马洛的俘获是经过事先周密计划的，我猜康拉德是意在否认马洛是经过计算的文学技巧的产物。他自发地出现，就像是一个幽灵般的复制品，或是像在"秘密分享者"中出现在主人公船上"分享秘密的人"，而这则是本书下一章的主题。马洛似乎"出没"于康拉德的独处时光，也即他写作的时光，然后他们便"在故事结尾处分离"。一个幽灵，尤其是人自己的幽灵，与人自身既相同又相异。这个幽灵有其自己断然的观点。康拉德暗示说，这些并不是康拉德自己的观点，就像克尔茨的观点不同于马洛的观点一样。正如康拉德被马洛"占据了心头"，马洛也被克尔茨占据了心头，克尔茨作为幽灵被反复提及。马洛提到了"克尔茨先生的阴影"，"这吸引了后面的幽灵"

（65—66），提到克尔茨是"幽灵"（76），是"黑影"或"幽
灵"（81，82），"像是大地呼出的蒸气"（82），然后又提到他
是"阴影"（85），是"一个能言善辩的幽灵"（94），是一个
"显露出来的肉体"（64）。幽灵不会也不能死亡，它会作为归来
者而回来，正如当马洛回到欧洲看望克尔茨未婚妻时又听到克尔
茨仍在低语他最后的话语："我们身处其中的薄暮，一直在喃喃
低语，不断重复着它们。"（94）

《黑暗之心》为一连串的这些含义模糊的双重解释所萦绕：
马洛为克尔茨所萦绕，主体叙述者为马洛所萦绕，康拉德为马洛
所萦绕，克尔茨的未婚妻为据推测是克尔茨情妇的非洲女人所萦
绕，读者为整个系列故事所萦绕。读者为这个故事所萦绕，由此
而感到一种"模糊的不安"，正如马洛的故事给主体叙述者所带
来的感受一样（43）。读者仔仔细细地研读小说文本，努力对其
做出让步，以便能驱散或忘记这个故事。

《黑暗之心》之所以是一部文学作品的另一个原因在于其一
连串精巧的比喻及其他修辞手段，正如有人说的那样，而这些手
段则构成了小说的结构。这些手段中最简单也是最明显的，便是
明喻的使用，标有"像"或"如"这样的字眼。这些明喻取代
了由这个或那个叙述者所命名的东西，他们宣称这个（不管是
什么）像其他的什么东西，而这其他的什么东西又通过反复出
现构成了一个一致的潜台词。这种潜台词相当于一个对应物，界
定了所有能够被看作面纱的东西，隐蔽了更加真实或必要的
事物。

当主体的叙述者描绘日落前的暮景时，当天空"挥洒着纯
净的光，呈现出柔美的广袤"（N，4），正如从停在泰晤士河口
的"奈利"号上所看到的一样，他说："埃塞克斯湿地上的薄
雾，就像是（这是我给加注的强调）一块轻薄透明的、光芒四
射的织布，悬挂在树木繁茂的内陆小山上，使低处的海滨呈现出

模糊而又精致的褶皱感。"（18） 这种反复出现的轮廓建立起一种启示性的结构，这种启示性不仅是与死亡、判断及其他生命最后事物等相关的意义上的启示，而且具有"揭示（unveiling）"的语源意义上的启示性。

这些比喻一个接一个，夹在小说文本里面使之颇具节奏感，它们并不是偶然的、意外的。它们构成了一个系统，一个第一等级的描述性语言之下的强大的隐文本。它们邀请读者去看任何那两位叙述者所看到的、所命名的，这些都是作为面纱或屏障的叙述的第一层面，用来隐藏一些看不见的或是还没被看见的东西。但是，恰如启示录这种体裁的基本悖论所展示的，当每一层面纱被揭开之时，它所揭示的只是另一层面纱。启示：这个词在希腊语中意思是"揭示"。如果大家一定要说出《黑暗之心》所属的体裁，那么答案将是它是一个失败了的启示录，或者严格来讲，由于所有的启示最终都没能揭开那最后一层面纱，所以《黑暗之心》只是启示录这种体裁的一个成员而已。以《黑暗之心，现世的启示》为原型的电影，其名字取得不凡而又准确，除了"现世"这个词。启示永远都不是现在，它永远即将到来，它是一件未来之事，既远在天涯，又近在咫尺。

在《黑暗之心》中，借用康拉德的话来说，仿佛每一个情节都是"在不祥的幕布前面上演的某种卑劣的闹剧"（28）。这部小说的结构就是由一系列的情节插曲组成的，由于康拉德那杰出的描述能力，每一个情节在读者的想象面前都显得无比生动。一个情节结束了，代之以下一个情节，就仿佛是一个有图案的屏幕被拉开，又展现出另一个有图案的屏幕。而在所有这些屏幕之后，则是像马洛所说的"凶险的幕布"一样的黑暗。在开放式框架的情节中，薄雾缭绕的埃塞克斯海滨，我前文已经引用过，就"像是一块轻薄透明的、光芒四射的织布"（18）。在马洛的船只被攻击之前，模糊了海滨视线的大雾据说是"像百叶窗一样被卷起"，而后又再次降下，"缓缓地，仿佛在涂抹了油脂的凹槽内滑行"（55）。就在克尔茨说出他的判断之前，他面部表情的变化"好像是面纱被撕开一样"（86），显而易见的是，这不仅关乎耶稣受难之时神殿面纱的撕破，而且关乎作为揭示的启示形象。

《黑暗之心》就是由这种一个接一个的启示结构而成。作为揭示行为本身，这些启示揭示出的并没有太多事实真相，因为在一系列的揭示中无法达到"最底层"，无法实现终极的启示。从某种意义上说，每一个场景都和其他任何场景一样，距离隐藏其后的"真相"都同样既远又近。马洛在《黑暗之心》中的旅程，以及随着读者越来越深地投入到书中而带来的读者的旅程，是一种地点层面的运动。"奈利"号上的场景被阴森森的城市中贸易公司办公室的场景所替代：门口处两个上了年纪的、身着黑衣的女人一直在织啊织啊，就像是两个命运女神一样；给马洛检查头的医生说"知道吗，问题出在头里面"（26）。随着马洛越来越深入黑暗的中心，这些场景又让位于一系列的情节插曲，而这些插曲构成了故事的主要情节：法国船只漫无目标地朝树灌丛中扫射（"砰的一声，六英寸的枪弹就会射出一支；一小团火焰飞驰而出即刻消失，一缕白烟将会消散，一小枚射弹发出不太刺耳的尖锐声音——然后什么都没发生。什么都不可能发生"［29]）；工人垂死挣扎在死亡的小树林里；穿着笔挺衣服、撒着香水的会计，在毫无意义的混乱之中仍能记有一笔好账；在马洛奔往内河航运出发地的足有 200 英里的长途跋涉中，"几欲绊倒"（35）在额头中弹的尸体面前，当他到达出发地的时候却发现他的船已经毁坏了；马洛看到了其前任的尸骨，他死于一次荒唐的由两只小鸡引发的争吵；中心贸易站的储存仓库在午夜突然燃起大火；马洛和主机师在简陋的轮船甲板上跳起了以死亡为主题的舞蹈，以此来庆祝他们想要的铆钉即将到货；探索理想黄金国的远征，"带着数不清的装备及供给商店的战利品，却是一副慌张逃亡的可笑的样子"，而这一切消失"在有耐心的荒野之中，荒野将之吞没就像是大海吞没潜水者一样"（46，49）；有关航海技术的书，陶森（Towson）的《探索》（Inquiry），解释了马洛所当成密码的东西；在马洛的船只不断靠近克尔茨的贸易站的时候，受到了来自海岸的袭击，致使马洛的非洲舵手死亡；在贸易站遇到了一个穿得像小丑似的俄国人；马洛通过望远镜看到了挂在桩上的具有"象征意义的"头颅；当克尔茨试图爬回到因受其控制和蛊惑而崇敬他的那些非洲人之中时，马洛救了他；海滨出现的幽灵，读者会推测是克尔茨的非洲情妇；克尔茨在死亡前作出了总结，"对着某种意象、某种幻景喃喃低语——……'恐怖啊！恐怖！'"（86）；在马洛回到欧洲后遇见克尔茨的"未婚妻"并对她说了谎这一最后的情节插曲中，克尔茨非洲情妇举起手臂的姿势不断重复；小说最后简短的一段又回到了"奈利"号的甲板上，在这里马洛一直在讲着他自己的故事，同时又回到了最后的泰晤士河的幻景，泰晤士河是"一条通向地球遥远的另一端的平静航道，它忧郁地流淌在阴暗的天空下——仿佛要流向无边黑暗的中心"（95）。

你可能会说，当然任何叙事作品都是由一系列的接踵发生的情节插曲构成的，《黑暗之心》在这方面并无特殊之处。但是，其区别在于每一个情节插曲的素材和人物消失的方式，那些素材和人物除了在马洛的记忆中，从未再返回到小说中。比如说，大概与《黑暗之心》同时期的一部小说，亨利·詹姆士（Henry James）的《鸽子的翅膀》，也包含了一系列的插曲，但是相同的人物却在推动行动进展的缓慢的相遇轮回中，一而再地回到小说之中。在《黑暗之心》中，每一个情节插曲都像是一个在一块黑色幕布前表演的单独的不祥的闹剧，而整个故事则像是一系列的梦幻景象，每一个景象都与其前其后的其他景象无甚关联，每一个景象最后都永远消失，仿佛一层面纱被掀开却揭示出另外一个如它一样会消失的场景，以一种反讽的暗掘和置换的节奏来标明马洛的旅程。在旅程中，他越来越接近于实现一个隐含的诺言，也即发现最后的启示或揭示的诺言。几乎是毋庸多言，这个诺言永远都不会实现。为什么会这样？这种无法实现究竟意味着什么？这些都仍有待拷问。

　　《黑暗之心》第三个有特色的文学特征已经被指明了，小说的反讽意味贯穿始终。读者可能会希望情况并非如此。我们或许会谴责康拉德那激进的反讽，但是它却是一个不容置疑的事实。《黑暗之心》是一部反讽的杰作，诸如克尔茨那名为"清除野蛮风俗"的宣传手册所表达的动人的理想主义，结果却被手册底端那潦草的一行字"消灭所有的野蛮！"（66）给削弱了，诸如在死亡的小树林中，那些垂死的非洲人却被称为在非洲大陆文明化的伟大"工程"中的"助手"（32）。马洛的叙述尤其处处充满反讽，问题是不可能明确地知道该如何理解那些反讽。正如黑格尔和克尔凯郭尔所言，反讽是"无限的、绝对的否定"，抑或如弗·史莱格尔所言，是"一个永恒的主唱段"，是对可明确界定之含义的一种持续不断的悬置。它是一种不可理解性的原则，或者按史莱格尔的话说，是令人费解的。① 反讽是马洛叙述风格的一种不变的特征。他言此而意彼，诸如在中心贸易站的欧洲人卷入到可怕的帝国主义征服中时，那"死亡和贸易的欢快舞蹈"（29）被比喻成"朝圣"："他们手里拿着可笑的长狭板，到处走来走去，像是许多在腐烂的栅栏内被蛊惑的不虔诚的朝圣者一样。"（38）

　　这种文体上的暗掘同样也被效仿于更大结构的情节插曲之间

———————————

① 我在第一章中详细讨论了史莱格尔的反讽。

的置换替代,结果便是每一个情节插曲都被读者所掌握的信息所销蚀,读者知道那只不过是短暂的出现,并不是某种想要达到的终极揭示目标。每一个情节插曲都必定会消失,被即将在那块不祥的幕布前出演的下一个场景所替代。

《黑暗之心》第四个显著的文学特征是对于反复的拟人法的使用。对黑暗的拟人化用法(不管该词在这里是什么意思)在题目中就开始了,赋予了黑暗一颗"心"。拟人法是将一个名字、一张面孔或一种声音归属于不在场的、无生命的或是死去的人。通过一种言语行为,一个施事话语,拟人法创造出一个在现实中没有的虚构的人物。抑或是现实中真的有?一旦拟人化用法使用得当,那就好像这个人始终都在那儿,等待着以一个名字的方式被识别出来。所有的拟人又都属于用词不当。他们把对人物的语言虚构转移到了对未知事物或不可知事物的命名上。因此,严格来讲,这个"事物"用任何文字语言都是无法命名的,它是极大不同于人类个性的:它是某种不在场的、无生命的或是死亡的东西。很多传统的用词不当的例子都是拟人化的,这并非出于偶然:"岬(headland)","山面(face of a mountain)","地舌(tongue of land)","桌脚(table leg)"。"黑暗之心"就是这样一个用词不当的拟人法,赋予了它一个听起来有些野蛮的希腊语的修辞名字。我们把自己的身体投射到山水之中,投射到周围的人工制品之中。在《黑暗之心》中,拟人化是一种主要的间接命名的方式,命名的是康拉德以一种误导的、不充分的隐喻所说的"黑暗",或者是"荒野",或者用最简单又最真实的说法称之为"它"。

在《黑暗之心》中,对这个"它"的明确的拟人化有十几处,富有节奏感地为小说做出了标注,就像是一个反复出现的主旋律。黑暗并不真的是一个人,而是一个"它",尽管在马洛看来它像是一个人,但它却是无性别的或是两性不分的,冷漠而又没有人情味。马洛说，中央贸易站周围的荒野，"像是某种伟大而又不可征服的东西冲击着我，像是邪恶或真理，在耐心地等待着这场荒诞的入侵的结束"（38）。稍后马洛又说"大地的沉默打动了人的内心——它的神秘、它的伟大、它那隐藏起来的生命力的惊人的现实性"（41）。在那沉寂的、暗夜的荒野中，马洛声称，"所有这一切都是伟大的、期待的、缄默的，而那个人（贸易站里的一个职员）却自己在叽里咕噜地嘟囔。我想知道，那凝望着我们俩的无垠表面上的沉静，是一种呼唤还是一种恐吓……我们能够对付那无声的东西吗，还是它会对付我们？我能感觉到那个既哑或许也聋的东西有多么大，无比的巨大"（42）。"那是一种在思忖着神秘意图的不可缓和力量的沉静。它以一种复仇的架势在看着你……我常常觉得它那神秘的沉静在看着我要猴子把戏，就像是它在看着你们在自己各自拉紧的绳索上工作（他在'奈利'号上的听众）——为了什么呢？为了半克朗而卖命——"（49，50）荒野以一种邪恶的诱惑毁了克尔茨："荒野轻拍着他的头，看呐，它像是一个球——一个象牙色的球；它爱抚着他，并且——看啊——他已经畏缩了；它得到了他，爱过他，抱过他，进入他的血管中，吞噬着他的肉体，并且通过某种邪恶指点的不可思议的仪式将他的灵魂封存在自己的灵魂之中。他是它被溺爱的、被纵容的所爱。"（64）在克尔茨内部贸易站的那些非洲人消失了，"没有任何可察觉的撤退行动，仿佛将这些人突然喷射出来的森林又将他们收了回去，就像是长长呼气后的吸气一样"（76）。

最后引用的这句话表明了《黑暗之心》中拟人法的另一个可预测的特征。荒野的拟人化与介于马洛和"它"之间的非洲人的相应改造相得益彰。正如在托马斯·哈代（Thomas Hardy）的《还乡》中，小说开篇处对夜间荒丛的极度拟人化相当于宣称，从荒丛土墩上站起来、在黑夜之中形成一个轮廓的尤斯塔西娅·怀（Eustacia Vye），就是荒丛的代表或是其可见的化身，这可谓是拟人中的拟人。那么在《黑暗之心》中，所有马洛遇见的非洲人都是"它"的可见的代表和象征。尽管对于马洛（读者应该记得，他并不一定代表康拉德本人）来说，将非洲人看作神秘的"他者"、简单的"野人"或"原始人"或许有种族主义的嫌疑，即使他们的文化比欧洲文化还要古老，至少也与之同样复杂或高雅，但是强调这种他者性的主要目的是使非洲人成为可见的象征和证据，象征和证明了那个"它"，也即黑暗，是一个人。

这种拟人中的拟人是马洛所有拟人化的一个潜在的特征，但它却在被读者推测为克尔茨非洲情妇的那个女人出现在海滨的场景中表现得极其明显。

> 她野蛮而又华美，目光野性、气势宏伟；在她的前行中，有某种庄严的但却不祥的东西。在突然笼罩到这整块悲伤的大地、这广袤的荒野上的一篇肃静中，那有着旺盛生殖力的神秘的生命之庞然巨体似乎在看着她，充满哀伤，仿佛它在看着自己那黑暗的、激情的灵魂……她站在那里看着我们，一动也不动，就像是荒野本身，带着一副对一个谜一样的企图进行冥思苦想的神情。(77)

这一段就像是描写荒野如何引诱了克尔茨的那一段，好像是要表明这个"它"终归还是带有性别色彩的。它是女性，一个富有生殖力和神秘生命力的巨大肉体。由于荒野应该代表的是一种神秘的知识，"像是邪恶或真理"，这种拟人没有完全符合马洛所做的"性别歧视的"断言，也即，像马洛的姨妈或克尔茨的未婚妻这样的女性，是如何"出自它的"，因为她们具有无法克服的天真和无知。至少，人们会说两种相互矛盾的有关女性的性别主义的神话皆归因于马洛。一个神话是欧洲的男性往往将大地拟人化为伟大的母亲，充满古老的、有魅力的智慧；另一个神话是欧洲的男性往往以高人一等的态度对待女性，因为他们认为女性天生就不能像男性那样洞悉事物的本质。

同性恋或至少是同性社交关系的明显迹象，使《黑暗之心》中的性别政治更加复杂化。其他的批评家们已经从康拉德的作品中看到了这一点。那些商人聚集在"奈利"号上以度过一个远离女性的周末，这就是伊芙·塞奇威克（Eve Sedgwick）所谓的男性同性社交的极好例证。这艘游艇被暗示性地，当然也是传统性地，赋予了一个熟悉的女性的名字。在我所提到的长长的链条中，组成小说的大部分的结对都是男性对男性的结对。其中最重要的是马洛对克尔茨的迷恋，甚至是在克尔茨死后，马洛也对其极其忠诚。在本章中，我一直小心翼翼地将读者称为"他或她"，但是，经过片刻的思忖就会想明白，男人和女人不可能以同样的方式来阅读这部小说，也不会同样感到有义务去解释这部小说，还它以公道。男人和女人都有解释的义务，但方式却不同。

最后一个场景显示出马洛对于克尔茨的亲密度，与克尔茨未婚妻对其的亲密度形成一种竞争。马洛告诉克尔茨的未婚妻说，"我们在那很快就亲密起来了"。"我了解他，就像一个男人可能会了解另一个男人一样。"（92）这强烈暗示出马洛对于克尔茨未婚妻的嫉妒，就像一个同性恋男人嫉妒一个男人的异性恋一样。但是，马塞尔·普鲁斯特（Marcel Proust）大概知道这一点，于是让《追忆似水年华》中的马塞尔宣称，夏吕斯（Baron de Charlus）只嫉妒其恋人的其他男性情人，却一点儿也不嫉妒他们的异性恋人。不管怎样，在马洛对克尔茨的迷恋中，他赋予那位穿着杂色的俄国人双重含义的方式需要加到我所列出的其他双关之中。这里再一次暗示出马洛妒忌俄国人对于克尔茨的亲密。他想使克尔茨全部归他所有，他是克尔茨唯一的拯救者，也就是说，是克尔茨记忆中唯一保留的人。小说中唯一公开提及同性恋的地方发生于马洛和俄国人的交谈中："'我们什么都聊'，他〔俄国人〕说，想起往事激动万分。'我都忘了还有睡觉这么一码事，那个夜晚似乎连一个小时都不到，什么都聊！什么都聊！……也聊爱情。''啊，他跟你谈爱情了！'我说，觉得很有意思。'不是你想的那样，'他喊道，情绪很激动，'就是泛泛而谈。他让我看清了事物——事物'。"（71—72）

康拉德所创造的马洛，同时体现、揭示，并反讽地质疑了西方帝国主义和资本主义意识形态的复杂系统。我这里说的"创造"有两个意思——一个是发现，一个是虚构。在这个系统的组成成分中，并不仅仅有着对女性的某种"性别主义的"观点，而且还有一系列的同性社交甚或同性恋。这当然是康拉德时代英国社会的一个重要特征，同时这也被表现为一种帝国主义事业的整体性特征，比如欧洲人将非欧洲人描绘为奇异的，甚至常常在明显的愿望满足中，也将他们看做是性变态的。

我所总结的四个文体特征——虚构叙述者的使用、反复出现的比喻修辞、反讽的使用以及拟人的使用——使得《黑暗之心》得以要求被当作文学来阅读，而不是被当作直接模仿或参考性的作品，这样读者就不会让康拉德本人直接负责于他所说的话，好像他是一个记者或是旅行作家似的。当然，这些特征也都可以被用在非文学作品之中，但是将它们放在一起，像在《黑暗之心》中那样相互纠缠在一起，那么这些特征就可以让读者认定，"这就是文学"。

康拉德是以什么更高责任的名义，来维护这种"文学的"间接性及反讽的暗掘性，以及其小说中直接模仿层面的所有的悬置或是转移呢？以什么更高义务的名义，使得以虚假历史的或模仿的方式所命名的一切，被这些普遍存在的修辞手段所置换并使

之成为其他事物的符号呢？如果《黑暗之心》是一部文学作品
而不是历史或自传，那么它是一种什么样的文学作品呢？如果它
是一个启示的话，那么又是什么样的启示呢？在那邪恶之后隐藏
着什么呢？在一段常被引用和评论的一段中，主体的叙述者给了
读者回答这些问题的宝贵线索，尽管这要留给读者自己在其阅读
中去利用这些线索。

　　　　海员的故事有着直接的简单性，其整个意义都存在于裂
　　开的坚果的壳里面。但是马洛的故事却并非如此（如果除
　　去他编故事的偏好以外），对他来说，情节插曲的意义不像
　　是果核一样在里面，而是在外面（手稿中写的是"在看不见
　　的外面"），它所包起的故事又将它展示出来，就像是光芒
　　照亮了阴霾，好似那些暮霭的光晕，有时会在光怪陆离的月
　　光的照明下才得以被看到。(20)

　　"编故事"对于叙述来说是陈词滥调。讲故事就是要把很多
线联结在一起，来织出一条从这里通向那里的连续不断的线。布
块可能会由线织成，对照于谎言的真理这一整块布，正如谚语所
说，是"由整块布构成的"。作为布的谎言可以是一张网，一块
屏幕，或者是一层面纱，遮住隐藏其后或隐藏其内的真理。这种
内与外的对立，决定了叙述者对两种故事的区分。一方面，第一
种是那种被很多读者和批评家所认定的康拉德在其故事及小说中
所讲的海员的故事，这种故事的意义在于内部，就像是裂开的坚
果的壳里的果核。我将这称之为现实的、模仿的、有所指的故
事，有着明显的目标意图和道德寓意。而另一方面，马洛的故事
以及隐于其中的康拉德的故事，因为康拉德故事中很大一部分是
由马洛的叙述构成的，在表现意义方面有着迥然不同的方式。所
有可见的、具有代表性的成分，所有你从故事中可以看到的，根

据康拉德在其《"白水仙"号上的黑家伙》的序言中所做的著名宣言,也即他的目标是"最重要的,是要让你看见"①,并不是因为它们自己在模仿方面具有价值和可验证性而存在,比如说它们是为了给读者以有关在比利时属刚果的帝国主义的信息。那些成分的作用是为了揭示其他的东西,揭示草稿中所称为"看不见的事物"②,或许甚至是不可看见的,因为宇宙的暗物质或是在银河系中心那假定存在的黑洞,它们在本质上永远无法被看见,只能够被暗示。

康拉德的比喻不同于那些他并无所知的黑洞,尽管他的比喻修辞仍然是天文学的。它是一例特殊的修辞,这种修辞可称为修辞中的修辞或是表现法的修辞。正如暗夜中的暮霭是看不到的,除非借由月光以圆形光晕的形式出现,这样的月光弱于阳光,并由太阳折射而来,也正如马洛故事中的模仿成分弱于它们所代表的假定真实的事物,因此马洛故事的意义本身是看不见的,永远不会被直接表达出来。它不是在故事里而是在故事外,间接地由那些被命名的和描述的事物"表现出来",由此变为可见的。比如,当马洛拜访克尔茨的未婚妻时,他听到了尘埃喃喃低语而出的克尔茨临终前所说的话:"尘埃在我们周围持续不断地低声重复着那些话,这种喃喃低语似乎像是骤起之风的第一次低语那样压迫性地膨胀开来。'恐怖啊!恐怖!'"(94)读者将会注意到,低语的声音在这里是如何产生拟声回音的,"低语"一词重复了三次,伴有其吐气音的"whuh"和丝音的"isp"。这个故事所提供的启示是"光怪陆离的",像是一个阈限的、幽灵般的声

---

① Joseph Conrad, *The Nigger of the "Narcissus"* (London: Penguin, 1989), xlix: "我正努力通过文字的力量完成的任务,是使你听到,使你感觉到——最重要的是使你看到。"

② 《他者》的第八章将阐明福斯特的《霍华德庄园》中"看不见的"这个词的重要性。

音。它把一切都变成了幽灵，也即，变成了从死人那里回来的东西，不会死亡的东西，这个东西就在我们最不想它的时候，或早或晚，总是会回来的。

主体叙述者在这里所提出的美学理论的小型课程，以极好的言简意赅的方式表现除了模仿文学与启示性的、比喻性的或寓言文学之间的区别。对后者而言，一切被命名的事物，无论有多么形象逼真，都代表着没有明说的其他事物。这些事物不能被直接说出来，只能是被那些有眼睛去看、有耳朵去听、去领会的人推断出来，就像《马太福音》第 13 章中耶稣解释播种者寓言时所做的那样。所有这些体裁都关乎承诺，关乎死亡，关乎真实的秘密，关乎最后的那些事，也即耶稣所说的"那些自创世以来就被保守秘密的事"（《马太福音》，13：35）。

宣称《黑暗之心》是一部至少在最初时是混合了宗教或神圣体裁的世俗版小说并不荒唐，那些体裁涉及启示、比喻及寓言。康拉德自己就提到了他写作时的"虔诚"，也谈及了他的准宗教的动机。"我所确信的一件事情"，他在那封已经引用的写给塞曼斯的信中说，"我已经以一种虔诚的精神接近了我的任务目标，也即那些人性的东西。地球是一座庙宇，在这里上演着一幕神秘剧，凭良心讲，这幕剧既幼稚又辛酸，既荒唐又庄严。一旦身处其中，我就尽我所能表现优雅。我并没有以眼泪和呻吟来贬低我的准宗教情感：如果我从中获得乐趣或对此漠不关心的话，那么我既不会露齿微笑也不会咬牙切齿"（N, 154）。

就《黑暗之心》而言，整个故事所要揭示出来的"其他事物"究竟是什么呢？明确的答案是，那个其他事物就是"它"。在马洛的叙述中，他一直在对其进行拟人化，而当克尔茨说"恐怖啊"的时候，他也对"它"做出了判断。故事中所有的细节，所有模仿的、逼真的成分，都为了显现出对"它"的一瞥而被呈现出来。当框架叙述者说明马洛故事的意义在于其特有的

间接性时,他就承诺了对"它"的揭示。很多《黑暗之心》的
评论者都犯了一个基本的错误,他们把这个故事当成了第一种海
员故事的例子。那些包括 F. R. 利维斯在内的评论者,他们注意
到了有关那个无法说出的、不可思议的"它"的所有语言,并
且几乎普遍对这种语言进行了批判,因为太多的月光妨碍了康拉
德的天赋,他那使你能看到现实世界的天赋,他描写的生动与逼
真的天赋。但至少这些评论者们不怕麻烦,认真阅读了小说,注
意到了小说文本中有很多重要的语言成分,这些成分必须去设法
解释,而且这些语言成分并不符合简单模仿的、描述性的范式。

　　这个"某物",这个"它",是被揭示了吗?是大白于天下,
能够被人看到、由人评判了吗?确切的答案是并没有。直到最
后,"它"依然是不可命名的、不可思议的、无法言明的。这个
"它"是康拉德书中作为主题的那些"他者"的一个特殊类型,
至少在《黑暗之心》中如此。这个"它"虚假地、或至少是无
法证明地,被马洛的修辞手段拟人化为具有意识和意图。所有的
比喻及被揭开的面纱之修辞对它的命名指定都只是间接的、不充
分的。对于只能被那些已经跨过死亡门槛的人才会直接遭遇的事
物,又怎么能够揭示呢?读者只是知道"它"就是"恐怖",但
那究竟意味着什么却始终没有得到解释,除非通过暗示或隐晦的
东西才能够明白。除了它并非什么都不是以外,对于"它"说
不出什么确切的东西,尽管连那也不能得到确定,因为它可能会
是一个投射,而不是来自完全他性的事物的教唆、呼唤或命令。
对于"它",人们必须说华莱士·斯蒂文斯(Wallace Stevens)
所说的"像一个天体一样原始","位于地平线的中心":"它是,
而它又不是,因而,它是。"①如果"它"是完全他性的,它就

① Wallace Stevens, "A Primitive Like an Orb," in *The Collected Poems* (New York: Knopf, 1954), pp. 440 – 443, II: 87, pp. 13 – 14.

是完全他性的。除了用那些承认自己的不充分性的符号以外，对它不能说得更多了。每一层面纱被揭开后都显示出其后的另一层面纱。

《黑暗之心》的结构是一个不断延迟承诺的永久自我系统。这是一个马洛在其故事开首时所做的含蓄诺言，当时他说，尽管他与克尔茨的见面是在"航海的最远处，也是我人生经历的顶点"，还"不甚明了"，但是"这次会面却似乎投射出一道光芒"（7）。他含蓄地承诺要将这种启发传递给他的听众，而主要叙述者再将其传递给我们读者。但是，要实现揭示的承诺，却永远都是在未来，是即将到来的事物，这是末世论的或救世主式的，而不是目的论的。它是一个终点，这个终点在一系列情节插曲中永远不会到来，那些情节走向终点，就像生命走向死亡。在这方面，《黑暗之心》行使的是一种延迟，类似于《启示录》中所承诺的救世主的即刻到来，但是救世主的到来却永远是在未来、即将到来，越过了这个系列的最后一个，跨过门槛到了另一个世界、另一种状态。整个《黑暗之心》的写作，是以这种没有揭示的及无法揭示的秘密为名义的，出于对这个秘密的责任，同时也是对其所提出要求的回应，尽管它始终是一个秘密，无法接近。这部小说中有着不可接近的秘密，但却是这个秘密引发了整个故事的叙述，而这部小说中的在场，便是能够使《黑暗之心》被称为文学的东西。

最能明显体现没能作出揭示的地方，是马洛对于克尔茨和自己之间差别的评论，克尔茨在他临终前作出了总结，用言语表达出"对真理那骇人面孔的惊鸿一瞥"（87），马洛的病将之带到了死亡的边缘，而后又活了过来，因此多少能看到些克尔茨所看到的：

　　我记得最清楚的不是我自己的绝境——一个灰色无形的

充满肉体痛苦的影像，对所有事物——甚至是痛苦本身的漫不经心的蔑视。不！我似乎经受过的是他的绝境。诚然，他迈过了最后那一步，他跨越了边界，但是我却被允许抽回我那犹豫不定的脚。或许全部的区别就在这里；或许所有的智慧、所有的真相以及所有的真诚，都被压缩到了那微不足道的一刻，在这一刻，我们迈过不可见的门槛。或许吧！(87—88)

不跨过那条没人能回来的界限，人们又怎么能知道呢？你不可能"经历过"别人的死亡。别人有别人的死法，你有你的死法——我们都在无法交流的孤独中死去。要想"知道"，你就必须先死。如果你知道，那么你就必然不再会讲这个故事。甚至了解这个也必然是一件"或许"之事。但是，以这种非揭示的名义，正是当月光照在一圈暮霭上之时这间接的一瞥，才使马洛做出了帝国主义的判断。"它"是一块不祥的幕布，在它前面，那些欢快跳着死亡与贸易的舞蹈的人有着庄严而诙谐的滑稽表演，包括他们的种族主义和性别歧视，这些都被以反讽的方式悬置起来，显得既可怕又无意义。"它"的无所不在，使得马洛能够暗示出那个非洲女人和克尔茨未婚妻之间的同一性，而这一点是故事的关键。这种无所不在也使得他能够宣称，英国早期的罗马征服者，公司经理、律师、会计所代表的今天的英国商业，以及在非洲的帝国主义事业之间的非常重要的同一性。在探索理想国的远征中，马洛说，"他们的愿望是将财富从那块土地的内部掠夺走，在这后面没有任何道德目的，就像闯入保险箱的夜盗者一样"(46)。但是，在马洛开始其叙述之前，有关罗马人也说了类似的一些话，而且说的方式使之具有普遍的适用性："对土地的征服，主要意味着将之从那些有着不同肤色或比我们的鼻子稍平些的人手中夺走，当你过多地了解征服时，就会知道它不是一件可爱的事。"（21）《黑暗之心》就是对征服的探究。早期读者将这本小说看作是对利奥波德二世以及比利时在刚果的帝国主义的一种明确谴责。我偶然注意到，现在（2000 年），当一个新的政权已经接管了刚果，跨国公司正在争夺那里的矿藏开采权，比如说开采铜矿。这种新的全球经济与康拉德时代的帝国主义并无太大区别。当然，这部小说在马洛身上体现的是欧洲中心主义的观点。它的作者是一位欧洲人，他的明显意图是通过叙述者来评价这些观点。当然，它也代表了性别歧视的观点。这部小说的写作是要戏剧化马洛这位虚构人物可能会说的话，马洛是康拉德时代和康拉德同属一个阶级的白人男性，正如康拉德今天的评论者们，不管他们的评判有多么出色、多么公正，也同样代表了他们的时代、种族、性别和民族。但是，我还是宣称，通过作为叙述者的马洛，以及通过以"它"为衡量的背景，这些欧洲中心主义受到了激烈的批判，被揭示出其真实面目，揭示出它们是致命的、不公正的意识形态的组成部分。

但是克尔茨呢？他和其他帝国主义的代理人不是也没有什么区别吗？那些代理人的内心被"做着掠夺性的、毫无怜悯心的蠢事的一个软弱的、虚伪的、毫无眼力的恶魔"（31）所占据，他们并没有意识到他们是怎样既是帝国主义剥削的害人者，同时也是帝国主义意识形态的受害者。从另一方面来看，克尔茨"是一个了不起的人"，这个短语是马洛从一个代理人那里听来的，而这也正是马洛自己所不断宣称的。克尔茨是一个全才：他是画家、音乐家、诗人（他对着俄国人背诵自己写的诗歌），在获取象牙方面极其成功，还是一个极富天赋的记者，一个有着超凡能力的演说家，一个强有力的作家，写了一本具有煽动力的小册子，还写了一份报告致"清除野蛮风俗国际协会"："'只需简单执行我们的意志，我们就能一劳永逸地行使一种实际上不受控制的力量'，等等。从那一刻起，他在我心中得到了升华，使我理解了他。这个结束语很宏伟，尽管你知道这不大容易记住。它给我传递的信号是，威严的仁慈统治着异国的广袤。它使我兴奋得充满激情，这乃是雄辩术的不受控制的力量——语词的雄辩——燃烧宏伟语词的雄辩。"（66）克尔茨具有伟大政治家的潜力，正如马洛在克尔茨死后回到欧洲所遇见的记者跟他保证的那样："但是天啊！那个人怎么能说话呢?! 他使大会上的人们充满激情。他有信念——你难道没看见吗——他是有这个信念的。他能够使自己相信任何事——任何事。他本可以是一个极端政党的卓越领袖。'什么政党?'我问道，'任何政党'，他回答说，'他是一个——一个极端主义者'。"（89）在小册子手稿结尾处那著名的草写的注释，"清除所有的野蛮！"（66）以野蛮的坦白说出了真相，也即，对野蛮风俗的清除在对"野蛮"本身进行清除的过程中达到顶点。这个脚注以"颤抖之手"潦草写就，这证明了克尔茨对帝国主义的、慈善的、传教般事业的非凡理解。

那么，克尔茨究竟出了什么问题呢？他的情况显然要比马洛所遇到的其他任何人甚或马洛自己都更饶有兴味。马洛活了下来，作为一个神志清醒的人来讲述，是"我们中的一员"，以反讽的、欧洲的、启蒙的理性语言来讲述。或者更确切地说，除了他对克尔茨的迷恋，以及对乞求他去讲述的那个"它"的迷恋，我们可以说他是以那种语言去讲述的。他所提到的那个俄国人对克尔茨的迷恋，也可以说是他自己对克尔茨的迷恋："他还没有仔细考虑过这个问题，它就跑到他脑子里去了，于是他就带着一种热切的宿命态度接受了它。我必须说，对我而言，它似乎在各方面都是他所曾遇到的最危险的事情。"（71）马洛告诉了读者他对克尔茨之所以"疯狂"的诊断。谈到那些木桩上的头颅，马洛说：

　　这些头颅挂在那里没有任何的益处，它们只是表明克尔茨在满足他各种欲望中没有克制，表明他身上缺少一些东西——一些小的品质，当出现紧急需要时，这些小品质在他出色的雄辩之下无法发现。我说不好他是否知道自己身上的这种缺欠。我想最后他是知道的——只是在最后那一刻！〔最初的手稿中在这里还有一句话：如果是这样的话，那么就实现了公平。〕但是，荒野早早地就发现了他，不可思议的入侵而对他施行了可怕的报复。我认为它对他耳语了一些他并不知道的有关他自己的一些事，这些事他自己都没有概念，直到他征求这伟大的荒僻之地的意见——这耳语具有不可抗拒的魔力，它在他身体里高声回响，因为他的内心是空洞的。(58—59)

　　一方面，克尔茨堕落的故事是一例"入乡随俗"的欧洲人常用的叙述套路。克尔茨就像是《拯救》(The Rescue)中的林加德(Lingard)，像是《吉姆爷》(Lord Jim)中的吉姆老爷(Lord Jim)，也像是《诺斯特罗莫》(Nostromo)中的查尔斯·古尔德(Charles Gould)，跨过了边界，不再是完全意义上的欧洲人了。克尔茨将自己树立为异域土地上的国王，由此预示了大部分殖民地将最终成为独立国家的命运。在这个过程中，它们以这样或那样的方式背叛了殖民国家的理想、民族精神、法律及传统。美国在1776年就是这么做的。这种多少有些歇斯底里的、担心这种事会发生或是如果发生的话将必然是一场灾难的恐惧，从一开始就萦绕伴随着殖民事业。另一方面，克尔茨却从未做出过那种完全的决裂。毕竟，在他爬回海岸、试图汇合那些已成为他臣民的非洲人的时候，他允许马洛去营救他。他为欧洲而死，为理想而死，他的理想就是"在他从那可怕的、他想要成就其伟业的无名之地回来之时，国王能够到火车站去迎接他"(85)。

　　克尔茨出了什么问题？他，或是诸如马洛的另一个人，怎么可能保护自己不受荒野那邪恶低语的影响呢？就在这里，马洛的语言修辞，或者是通过马洛说出的康拉德的语言修辞，是相互矛盾的。这种矛盾是有趣的，也是有症候的。马洛指定了几种不同的方式来保护自己免于受到"它"的反入侵威胁，那个"它"已经进入了克尔茨，因为他"内心是空洞的"(74)。

　　一种方式是盲目的迟钝："当然了，一个傻瓜凭依全然的惊骇和细腻的情感，永远都是安全的。"(52)这包括了大多数的"朝圣者"，那些帝国主义的代理人。(130)

　　另一个保护自己不受黑暗侵袭的方式是奉献于艰苦的日常体力或脑力劳动，康拉德将这称之为"奉献于效率"(21)。他将这看作资本主义和帝国主义民族精神的基本特征。甚至，它仍然是当今我们美国意识形态的一个特征。比如说，加利福尼亚大学明确规定的任务，就是"有助于加利福尼亚在全球经济中具有竞争力"。大学为了效率而"裁员"就好比是公司为了利润而裁员。《黑暗之心》中那个穿着挺阔衣服、洒着香水的会计之所以受到保护，是由于他狂热地致力于保持账本的精确和整洁。马洛获救没有屈服于黑暗，正如他告诉读者的，是通过他全神贯注于找回那艘破损的蒸汽船，使之能够安全地沿河行使："细腻的情感被抹杀了。我没有时间了。我必须混合白石墨和羊毛毯条，以助于将绷带放到那些漏的蒸汽管道上——我告诉你。我必须看着舵，绕开那些障碍物，千方百计地搞定那些小事。在这些事情中有着足够的表面真理来拯救一个更聪明的人。"(52)

　　第三种保护自己的方式似乎已经很清晰了，但是，它却又是最含糊的。这在手稿中的修改与省略上就可见一斑。就在说完"对土地的征服……不是一件可爱的事，当你对其有着过多的了解时"之后，马洛又补充说："能够补偿它的仅仅是想法而已，在其之后的一个想法；不是一个伤感的（手稿为：言不由衷的）

托词而是一个想法；对这个想法的无私信仰——某种你能够建立
起来、在它面前鞠躬并为之奉献的东西。"（21）这里结尾处的
反讽的宗教语言，听起来有点不祥。但是，与其多少有些雷同但
反讽意味却不这么明显的一件事，在后来的故事中也提了出来，
当时马洛正在谈论着岸上那些边舞边喊的非洲人对他的邀请：
"让那个傻瓜张着嘴发抖吧——那个人知道，眼睛眨都不眨地旁
观，但是他必须凭自己的真材实料——凭他自己的内在的力量去
找到真相（接近于人类起源的'史前'人类舞蹈的真相：当然，
在那有一套熟悉的种族主义的陈词滥调，因为现代非洲文化和现
代欧洲文化一样，都不接近人类的起源）。道义？道义没有用。
所获得之物、衣服、漂亮的破衣服——这些破衣服只要一抖就会
支离破碎。不；你需要一个有意的信仰，在这艰难的划船中对我
是一种吸引——有吗？很好；我听；我承认，但是我也有一个声
音，不管好赖，我的声音是不能被消音的话语。"（52）

　　这里的矛盾是双重性的。在早一些的地方所提到的篇章
中，关于罗马对英国的入侵，马洛说是观念救赎了入侵的行
为，他说他敬佩那些罗马征服者，就是因为他们没有任何救赎
的观念，而就是把自己当作大规模的掠夺者和谋杀者："他们
最好的一面，是他们并没有对入侵编造动听的故事。我在想是
否可以把基于仁慈的想要开发英国的观念与一个想当总统的三
流国王联系在一起，严肃的元老院议员在赞许地谈论着它，留
着未梳理的长胡须的哲人在赞美它，市场上的商人无比推崇
它。不太会如此！而那则是我所喜欢的！"（取其手稿，引用
N，7）毫无疑问，这被部分地删减了，因为它是对利奥波德国
王的公然攻击，但是它也与后来出版的版本中马洛的言论产生
了直接的矛盾，就在被删减的片段可能不见的地方之后，马洛
宣称："能够救赎它（无论是罗马时代的还是现代的帝国主
义）的只有观念，一个在它背后的观念……以及对这个观念的

无私信仰。"（21）

　　但是，另外一个矛盾在于短语"有意的信仰"，以及克尔茨被界定为有意的信仰者的方式："他能够使自己相信任何事——任何事。"（89）有意的信仰在语词上就是一个矛盾，是一种矛盾修辞。你或者相信或者不信。有意的信仰是虚假相信，即使你知道这个信仰是对根本就不存在或者你并不真的相信存在之物的虚构的信心，在本文所谈到的情况，这个不存在之物就是对于能够证明帝国主义正当性的理想的坚实基础。说"我宣布我相信什么什么"或"我自己将有意去相信什么什么"是一种没有被奥斯汀所想象出来的一种言语行为，它是一种异常的行为句，强势意义上的异常：在规则之外。这种行为句在整块布中开创了自己的领地，靠自己的努力提升了自己。但是，在这里被马洛极力赞美的有意的信仰，却是使得克尔茨内心空洞的原因，也是使他对"荒野"的入侵毫无抵抗力的原因。你必须信或者不信，这样的信仰在肯定自我的行为中又消解了自我，它的核心是空洞的。信仰什么呢？信仰的是资本主义的观念，但是这个观念却是作为承诺的观念，承诺的是最终的弥赛亚式的揭示，以及对全世界之和平与繁荣的最终的千年统治。这就是克尔茨宣传手册所承诺即将到来的"由威严的仁慈所统治的异域之广袤"。这个诺言在今天依然存在，代表的是新的全球经济和新的科学—技术—电信—媒体通信的全球范围的统治。

　　读者或许已经预见到了我的论据所逐渐拉近的结论。克尔茨帝国主义意识形态的复杂的矛盾系统，恰恰与提倡将文学作品呈现为一个启示性承诺的意识形态相得益彰，这个承诺是要揭示什么，但真正的揭示又永远都不会发生。如果诺言不可能不被遵守，那么这就不是诺言。一个永远被延迟的揭示，这种文学诺言在马洛的叙述中及整部《黑暗之心》中都是充分的例证。不仅是马洛的虚构的叙述，康拉德的小说也都是符合这种范式的。小说是由一系列光谱复制成的，被我所描绘的那些语言形式的、比喻的特征所强化。

克尔茨的意识形态是怎样与马洛和康拉德的意识形态相重合的呢？文学作品，比如说《黑暗之心》或者是马洛在小说中的叙述，受制于德里达所谓的"文学的典范秘密"①，这个秘密就有可能使作品成为被无限延迟的诺言，这个在最后要做出揭示的诺言永远也不会实现。这个典范模式不仅是文学的，还是语言学的。它所依赖的是文学作品是如何由语言建构的，而不是由其他什么材料或成分建构的。马洛一次次地强调说，尽管克尔茨是个全才，是个艺术家、音乐家、记者、政治家，等等，但是他的主要特征却是其语言天赋："一个声音！一个声音！它是肃穆的、深邃的、震颤的，而人类却似乎连低语都发不出……克尔茨在讲述。一个声音！一个声音！它鸣声深沉直至最后。这个声音耗尽了他的力气，藏在他雄辩口才的华丽外表之下，藏在他内心的贫瘠黑暗之中。"（77，85）简言之，克尔茨（克尔茨这个名字有着双关之意，它在德语中是"短的"意思；马洛开了一个类似的玩笑［76］）对语言有着非凡的驾驭能力，这与马洛或康拉德颇为相似。"在这艰难的划船中对我是一种吸引——有吗？很好；我听；我承认，但是我也有一个声音，不管好赖，我的声音是不能被消音的话语。"（52）

克尔茨所谈的或所写的是什么呢？读者被告知的是有关清除野蛮风俗的宣传手册之高尚的理想主义。正如马洛以反讽的方式所证实的，通过"精彩的独白，关于什么的呢？关于爱情、正义、人生准则——或什么其他的"（75），克尔茨已经迷惑了身着杂色衣服的俄国人。但最重要的是，克尔茨讲述中的主导是没

---

① Jacques Derrida, "Passions," trans. David Wood, in *On the Name*, ed. Thomas Dutoit (Stanford: Stanford University Press, 1995), p. 29.

有实现的或是无法实现的诺言，他代表欧洲中心主义的帝国主义的资本主义向全世界承诺，并将自己看作对其的体现："整个欧洲都对克尔茨的成长做出了贡献。"（66）克尔茨就像是施洗者约翰，在宣扬新的资本主义的弥赛亚，或者说他自己就是那个自我宣扬的弥赛亚。他的订婚被称为是"有意的"，象征未来，是克尔茨的雄辩口才预期的特征。当马洛在试图劝说他回到船上时，他"咕哝着抱怨说"，"我有很多计划"，"我就在伟大事物的门槛前"（82）。后来，当他垂死之际躺在那艘将他带回欧洲的船上时，他的"讲述"全部都是面向将来的，全都是些伟大事物即将到来的诺言："他那疲劳大脑的荒地现在被那暗黑的影像所萦绕——财富与名望的影像谄媚地围着他那不可熄灭的天赋转，他那崇高的、高尚的表达之天赋。我的未婚妻，我的贸易站，我的事业，我的观念——这些都是临时的充满高尚感情的话语所谈论的话题。"（85）

这些诺言的实现被死亡所中止，死亡封存了一个秘密，因为克尔茨将它带到了坟墓。这个秘密是他庄严承诺的必然伴随物。身上带着这样一个秘密，克尔茨所象征的不仅仅是欧洲资本主义者的帝国主义意识形态，而且也象征着它的黑暗的阴影，一个不能消失的幽灵，也即那个帝国主义之必然伴随物的"它"。马洛以比喻的形式，用克尔茨及入侵了克尔茨灵魂的"荒芜"来对这个"它"进行界定。由于克尔茨象征的是黑暗，所以当黑暗入侵了他空洞的内心，他自己变成非洲人所崇敬和崇拜的"神"就是很自然的事情了。这一点非常醒目地预示了资本主义的帝国主义所带有的法西斯主义或者暴力的专制。克尔茨的灵魂就像"它"一样，是"一个无法猜透的谜"（83），他脸上带着"琢磨不透的微笑"（84），"是无法穿透的黑暗"（86）。马洛对克尔茨的忠诚，以及通过克尔茨对荒野的忠诚，使他感到仿佛他也"被埋到了充满着无法言说的秘密的广袤坟墓中"了（79），就像是那个非洲女人，她带着"一副对一个谜一样的企图进行冥思苦想的神情"（77），与荒野甚为相称。森林的样子是"隐藏的知识、有耐心的期待以及无法靠近的静谧"（72），它是"一种难以平息的力量的静谧，这种力量在沉思着一个谜一般的企图"（49）。这些语词——"无法言说的"、"谜一般的"、"无法靠近的"——都必须按照字面意思来理解。克尔茨在他的言行中，与马洛或康拉德在他们的叙述中一样，都不能在那最后的揭示中把最后一层面纱拿掉。在这三种情况中都做出了一个承诺，这个诺言能否实现是永远留在未来的。

克尔茨气势磅礴的理想主义的雄辩同时也被无法穿透的黑暗所笼罩，人们能说什么来解释这种矛盾呢？由于马洛的叙述和克尔茨的雄辩都是以承诺这种特殊的言语行为为基础的，因此就不可避免地呈现出任何承诺都有的两个特征：（1）如果不可能不遵守承诺的话，那么承诺将不是承诺，而是一种先知的叙事性宣言。不履行诺言的可能性是任何承诺不可分割的一个特征，不管是文学作品中的承诺还是政治领域的承诺。（2）任何承诺都是对未知的、不可知的未来的一种祈祷，是对一个始终保持神秘的神秘他者的祈祷，将之邀请到承诺那空洞的不确定性之中。

就马洛的叙述而言，我认为这是一种典范的文学作品，其叙述的内容都是不可思议的、令人费解的神秘事物，不可言说的秘密，等等，而这些又冒犯了康拉德的一些读者。就克尔茨而言，帝国主义的资本主义所做出的千年承诺，由于其核心就是空洞的，所以不能从被康拉德称之为"黑暗之心"的"它"之入侵的可能性甚至是必然性中分离出来。克尔茨的情况是很典型的，是这种必然性的一个比喻或寓言。所有帝国主义的资本主义都是黑暗的，它们是相伴而生的。今天，伴随资本主义在世界范围内实现和平、繁荣和普遍民主的太平盛世的许诺，那种黑暗的幽灵一点也没有消失。康拉德时代的帝国主义剥削及其相应的慈善理想，如今已经被取代，正如我曾提到的，被新的全球经济和新的电信体制之承诺所取代，但是，不公平、不平等、贫穷及血腥的种族冲突依然存在。

正如雅克·德里达及韦尔纳·汉谟策所认为的，政治左翼和政治右翼在他们所做出的承诺方面是一致的。对于由科学和转型的通信技术所主导的新经济而做出的全面繁荣的承诺，重复的是古典马克思主义的弥赛亚承诺，没有弥赛亚的弥赛亚主义。它重复的还是右翼思想意识的承诺，甚至是最无法言说的野蛮，比如说纳粹所做出的千年德意志帝国的承诺。每天我们都深陷于、淹没于、吞噬于那些承诺的现代形式——报纸与杂志、电视、广告、网络、政治及政策公告。所有这些承诺都表白说，一切都会变得更大、更快、更好、更"容易使用"，会带来世界范围的繁荣。这些承诺都是由语言或其他符号做出的，"表达的天赋，那令人费解的，给人启发的，最崇高的和最可鄙的，那跳动的光线，或者是那蒙蔽人的，都从那不可穿透的黑暗之中心流淌出来"（63）。

我再回到本文的开篇。我们应该阅读《黑暗之心》吗？每一个读者都必须由自己来决定。当然，一些阅读《黑暗之心》的方式可能会带来伤害，但是我还是认为应该去阅读它。如果将它解读为一种典型的对资本主义的帝国主义意识形态的有力揭示，包括其种族主义和性别歧视，我相信应该去读它，因为那种意识形态与作为其衍生物的文学的某种定义是一致的，包括同时存在于资本主义和非启示性的启示文学或无法揭示之秘密的祈祷文学。因此，我明确表示，应该阅读《黑暗之心》。我们有责任这样做。

（王欣　译）

E. M. 福斯特:公正地
阅读《霍华德庄园》

> 不仅是一个人,甚至是一个地方,也都有可能捕捉住光辉。
>
> ——E. M. 福斯特:《霍华德庄园》

对《霍华德庄园》①的恰当解读全然依靠你如何理解"未被看见的"(unseen)这个词以及它的众多同义词,"看不见的"(5),"不知道的"(100),"无限量"(9),"模糊的边界"(57),"被淹没的"(70),"更为内在的光"(88),"难以置信的"(202),"光芒"(335),"死亡之念"(236),等等。这些词汇与短语在《霍华德庄园》这部小说中反复出现,细心的读者很快就会注意到这样的重复,由此便会想到它们或许很重要。比如说,"恐慌又空虚"这个短语和"他熟悉生活中的各种窍门"(129)这个短语都在小说中反复出现。不论是伦纳德·贝斯特(Leonard Bast)还是玛格丽特·史莱格尔(Margaret Schlegel),在截然不同的场景中,都摔落了一张女人的镶框照片,都被碎玻璃所割伤。这难道不是表明了这两位角色之间的某种模糊

---

① E. M. Forster, *Howards End*, ed. Oliver Stallybrass, vol. 4 of the Abinger edition of E. M. Forster (London: Edward Arnold, 1973), p. 335. 此后的引文均出自这一版本。

联系以及这起重复事件的某种特殊含义吗?

在其他类似的重复中,"未被看见的"一词就像是音乐的主旋律一样贯穿于整部小说,谨慎而又低调地反复出现于不同的语境之中。这个词尤其与玛格丽特·史莱格尔有关联,比如,据说她曾总结道,"任何人都比任何机构更接近未被看见的东西"(28)。后来她又宣称,对于德国人来说,"文学和艺术对看不见的事物有着大家所称之为的奇想"(74)。叙述者注意到了威尔克特斯夫人临终之时的奇怪决定,居然将霍华德庄园留给了玛格丽特·史莱格尔:"对于更为内在之光的渴望最后终于找到了表达方式。未被看见的影响了被看见的。"(97)玛格丽特写信给她的妹妹海伦说:"……就未被看见的优越于被看见的一事,不要思虑过多。"(101)后来,她认为,"所有的风景都关闭在未被看见的事物中——没有人对此怀疑——但是海伦由于自己的经历而过快地关闭了这些风景"(192),而对于查理斯·威尔克特斯的浅薄的妻子多莉(Dolly)来说,"'幽灵'与'去教堂'便是未被看见的事物"(200)。在这些句子当中,"未被看见的"是什么意思呢?它指的是什么?我们作为读者应该认真对待它,还是非神秘化的叙述者做出的仅仅是具有讽刺意味的指向小说人物尤其是玛格丽特的一种个人的"奇想"?

"全然依靠你如何理解'未被看见的'(unseen)这个词"一句中的"你",我指的是这些词的读者,这些词的听众。同样,《霍华德庄园》的叙述者是在对你讲,对我讲,或对任何其他读者讲,但在每一种情况中,讲述的方法似乎都是不一样的。如果叙述者是在对我讲,那么我就必须尽我所能地去做出回应。至于叙述者是谁或是什么,他、她或它激发什么、命令什么、要求什么或是要我做什么,则是另外一个问题,对此我会回头再谈。

如同爱德华的其他小说及现代主义英国小说,《霍华德庄园》承袭了英国维多利亚小说的伟大传统，其表现之一便是它使用了所谓的无所不知的叙述者。比如说，乔治·艾略特在《米德尔马契》中的叙述者，安东尼·特罗洛普（Anthony Trollope）在《阿雅拉天使》①中的叙述者。福斯特在《霍华德庄园》中的叙述者不仅知晓一切，而且还能够任意颠倒移换时空，随意出入小说人物的内心世界。他（或她或它）还是小说中人物及其故事的喋喋不休的、深思熟虑的评论者。叙述者对故事的"解读"非常重要，而这也是使得电影版的《霍华德庄园》不同于著作版的原因之一。从常规上讲，电影几乎不会给叙述者留有什么空间，而小说却需要一个叙述者的声音，不管其多么没有个性。实际上，福斯特的《霍华德庄园》的叙述者却有着强烈的个人特征。

福斯特叙述的另一个特点是间接讲述，这一特点承袭于维多利亚小说，但却几乎无法移至电影版之中。福斯特的叙述者不仅能够进入并描绘小说人物的内心世界，他还能够在从第一人称现在时态的内心独白到第三人称过去时态的话语转换中替小说人物说话，而第三人称过去时态的话语即被称为"间接讲述"。叙述者对玛格丽特·史莱格尔所思所想的转述便是一例，当时史莱格尔姐妹发现，威尔克特斯夫妇就住在她们伦敦寓所对面大楼的公寓中。玛格丽特的妹妹海伦与威尔克特斯家的次子保罗有过一段短暂而又不幸的恋情："哦是的，毫无疑问的是，这是一件令人

① 在特罗洛普将近50本小说中我只提及《阿雅拉天使》（1881）是因为，像《霍华德庄园》一样，它讲述的是两个中产阶级遗孤女孩的故事。这是《霍华德庄园》延续维多利亚小说传统与情节的又一例。如此多的维多利亚小说都讲述孤儿的故事，以至于似乎有一场大瘟疫夺取了所有父母的生命。在英国维多利亚和爱德华时代的社会中，未婚女性是社会游戏中的一张野牌，不可预测因而具有威胁性，至少对男性霸权统治是如此。维多利亚和爱德华时代的小说典型性地讲述这样一张野牌是如何通过婚姻来最终获得定位与界定的。一个女孤儿比仅仅未婚甚至更加不可预测，因此对于这样的故事来说，女孤儿就比那些有父母控制、有父母来安排婚姻的女孩更适合成为故事的主人公。

讨厌的事。海伦对于那短暂的邂逅已不再留恋,但是——玛格丽特开始失去信心了。如果威尔克特斯一家就这在她的眼皮底下,那么这会重新唤醒那麻痹的神经吗?"(60)电影版的这段将需要做出处理,转变为不同的表达方式(比如说对话,或者是笨拙的画外音)以将信息传递给观众,而这却是小说的传统手法,正如叙述者的评论作为读者解读的一种向导,也常为小说所用。电影,有着小说所没有的丰富的视觉信息,① 但却很难找到叙述者评论及间接讲述的对等表现手法。小说和电影的另外两个区别在于,电影不可避免地要简短得多,略掉或删减了许多插曲,省去了很多重复(例如"未被看见的"一词或对干草及枯草热病的多次提及),而这些却为小说增添了太多的意蕴。

由于我对《霍华德庄园》的探讨多少还有些严肃性,或许这正好可以强调一下它喜剧的一面。这部小说充满了或大或小的笑料和搞笑的困窘遭遇,比如据报道一位意大利司机说起一位乡村女孩的愤怒,因为她的猫被威尔克特斯家的车给轧扁了:"她是个非常粗鲁的女孩"(211),就好像她的粗鲁在那种情形下不太恰当似的。福斯特,或至少他的叙述者,极其厌恶汽车,这些汽车发出臭味,制造噪音,扬起灰尘,并且破坏着英国的乡村。在这种情况下,那只猫就是这破坏者的牺牲品。玛格丽特意识到了这一点,而那位司机和威尔克特斯一家却对此反应漠然,这两者之间的矛盾对立带来了扭曲的喜剧性。不幸的书呆子伦纳德·贝斯特在去世时,书架和书倒在他身上,这便是小说黑色幽默的一个例子。《霍华德庄园》的喜剧性,很多都是叙述者那扭曲的评论所带来的,常常通过对虚构人物所言所行的准确报道而间接表现出来。甚至小说中严肃的一面,也带有一点喜剧性。比如

---

① 阿利斯特·达克沃斯在一封给我的信中,就《霍华德庄园》这部电影简要地总结如下:"(1)电影是视觉媒介,为小说中的语言描写提供图像的表征;(2)电影既模仿又叙述性地使用声音,因此或者执行或者'强调'福斯特的话。"

说，在《霍华德庄园》中，对看不见的事物越敏感，就越不易得枯草热病。威尔克特斯夫人和玛格丽特·史莱格尔对干草没有问题，她们与大地的亲近通过小说中在关键时刻她们拿着成捆或成捧的干草而体现出来。威尔克特斯一家都患有严重的枯草热，在晒干草的时节，他们不得不待在屋里，关上窗户，拉上窗帘。海伦在一封信中模仿他们打喷嚏："阿—嚏，阿—嚏。"（2）

在叙述者的语言中，伴随着间接话语的是对反讽的固有倾向性。在一既定情况下，不可能确认叙述者是在为他自己（或她自己或它自己）说话，还是以另一种带有讽刺意味的方式重复一个或多个小说人物的所思所想。一些叙事理论家们（最臭名昭著的是韦恩·布兹 [Wayne Booth]①）宣称，有些叙述者是可信赖的，有些是不可信赖的，而可信赖的叙述者才是最好的。但实际情况并非如此。反讽的一个主要特征就是对"不可靠性"的倾向，而这却是维多利亚小说及爱德华式小说的固有传统。你不可能选择有还是没有，不管愿不愿意，只要是使用了间接讲述和叙述性的评论，那么你就有了这种不可靠的反讽。

《霍华德庄园》也不例外。如果你碰巧喜欢阅读这部小说的话，那么阅读这部小说的很大一部分愉悦，来自叙述者话语的那种很棒的反讽语调。但是，反讽的愉悦却是一种令人不安的愉悦，因为它是一种被赋予的责任。叙述者并不会确定无疑地决定，你必须自己决定，反讽的悬置就要求你来做出决定。这或许最集中体现在叙述者为威尔克特斯一家的辩解上。威尔克特斯家的男人们，亨利、查尔斯及保罗，都是很糟糕的人——粗暴、自

---

① 参见 The Rhetoric of Fiction（Chicago：University of Chicago Press，1961）。比如说，在布斯论述詹姆斯·乔伊斯的《青年艺术家画像》（pp. 345—355）的章节中对这部作品进行了批判，因为该作品没有确切阐明我们对小说的主人公斯蒂芬·代达罗斯应该做出怎样的评判。布斯暗示说让读者处于疑惑不解的状态是不道德的，因为这或许会助长读者的道德相对主义。

满、大男子主义、心胸狭窄、恐惧外国人、麻木不仁。玛格丽特
最终把这些告诉了亨利，但是叙述者却具有讽刺意味地模仿他们
信仰与行为的合理性，以此来为威尔克特斯家的男人们辩护。威
尔克特斯决定烧掉垂危的威尔克特斯夫人写有将霍华德庄园留给
玛格丽特的短笺时，叙述者所说的话便是一例：

> 对于他们来说，霍华德庄园只是一栋房子：他们并不知
> 道对她而言，它是一种精神，她要为它找一个精神上的继承
> 人。并且——在这些谜团中再进一步的话——难道他们不会
> 作出比他们所设想的更好的决定吗？这种精神财富确实能够
> 传给后人吗？灵魂有子孙后代吗？一株欧洲春榆、一棵葡萄
> 树、一捆上面带有露珠的干草——对这些东西的热爱能够在
> 没有血缘联系的人身上传递吗？不；威尔克特斯一家不应该
> 受到谴责，如果问题太大，他们甚至都不能察觉到问题的存
> 在。不；在应有的争论之后他们撕掉短笺，将之扔在餐厅的
> 火炉之中是既自然又恰当的。现实的道德家绝对会宣判他们
> 无罪的。那些力求看问题更深一步的人或许会宣判他们无罪
> 的——几乎会。只有一件事是冷酷无情的，他们的确拒绝了
> 一个个人的请求，一位已故的女人对他们说，"这么做吧，"
> 他们却回答，"我们不会这样做"。(97)

这里比较了两种态度，一种是"现实的道德家"的态度，
一种是"力求看问题更深一步"的人的态度。叙述者并不在两
者之间公开表态，他公道地对待每一方，而读者就有责任自己
来选择判断。双方的立场都呈现出来，由你来决定选择一方还
是另一方。叙述者不会让你轻而易举地进行选择的，因为两种
立场的合理性都得以公平地展示出来。反讽非但没有抹杀所有
道德判断的坚实基础，反而是使得文学作品要求读者进行判断

和行动的必要手段。反讽和文学作品阅读的道德维度是必然交织在一起的。

我在题目中用"公正地阅读"指的是公平对待文本,当我阅读时能够达到小说对我提出的要求。公正地阅读并不仅仅是确实了解小说,也是正确理解小说,它还要以阅读为基础,以负责的方式做出回应,并确实有所行动。公正地阅读既是理解问题,也是做事问题。做什么事?作为阅读的结果,这种做事可能是你日常生活中有所变化的行为举止,或者说对其他人来说它会是你阅读的一个佐证,比如说在聊天、授课中,甚或在撰写小说的评论中,比如眼下的这篇论文。正如简·奥斯汀的小说以智慧、以平衡理智与情感的能力为标准来衡量它们的人物,也正如安东尼·特罗洛普的小说以是否忠于陷入爱河时的海誓山盟为标准来衡量它们的人物,《霍华德庄园》,如同福斯特的其他小说一样,是以对看不见事物的反应为标准来衡量它们的人物的。就不同情况下的不同评价标准来说,所有这些小说的读者都要接受审判。

我提及简·奥斯汀和安东尼·特罗洛普的原因,是他们的小说和福斯特的《霍华德庄园》一样,描绘的都是英国历史中特定时期的中上流社会的婚姻与爱情。三位作者的小说都是以通过婚姻而带来的金钱与财产的重新分配问题为核心主题,他们把这些交易放在一个既定的社会环境中,锁定在一个既定的历史时期。可以说,《霍华德庄园》所讲的故事,是对乡下的霍华德庄园这栋房子的占有是如何从第一位威尔克特斯夫人传到第二位威尔克特斯夫人的。说"被房子所占有"可能会更好些,因为房子是小说中看不见事物的最有形、最有力的媒介物。对简·奥斯汀来说,这个历史时期就是拿破仑时代法国大革命的结果,在英国是一段反动时期。对特罗洛普来说,是繁荣的维多利亚时期,建造阿尔伯特纪念碑及帝国主义时期,人们对此已经熟视无睹,

所以在其小说中也只是拐弯抹角地提及。① 对于福斯特来说，
《霍华德庄园》所涉及的正是英国的繁荣发展期，至少对统治阶
级来说是这样。② 正好在第一次世界大战之前，这时的大英帝国
正处于它最后的繁荣阶段，帝国主义的正义与非正义更为明显地
成为一个令人不安的问题。小说告诉我们，亨利·威尔克特斯做
柏树生意淘到了第一桶金，现在又经营着非洲的橡胶种植园。他
是这样一个人，"从希腊和非洲敛财，那些当地人就为几瓶杜松
子酒就把森林卖给了他"（280）。他公司办公室的墙上挂着非洲
地图，公司被称为帝国及西非橡胶公司。他的儿子到尼日利亚来
履行其"职责"，正如玛格丽特所说的："野兽般的工作——萧
条的国家，不老实的本地人，永远要为新鲜的水和食物操心。能
出产那种人的民族满可以感到骄傲，难怪英国已经成为了一个帝
国。"（109—110）当亨利·威尔克特斯被问道，"难道尼日利亚
的气候不是太糟糕吗"，他回答说："总得有人去……如果英国
没有做出牺牲的准备，那么她将永远无法保持海外贸易，除非我
们在西非设立公司，德——说不清的复杂情况可能就会出现。"
（128）出于对玛格丽特·史莱格尔的礼貌，他没有说完"德国"
这个词就停下了，因为她有一半德国血统，但是他谈及的事却表
明了帝国主义和民族主义之间的密切联系。如果英国不这么做，

---

① 在阿尔伯特纪念碑（落成于 1875 年）四个角上的动物雕像，由乔治·吉尔
伯特·司各特所设计，为了纪念死于 1861 年的维多利亚女王的亡夫。这四尊雕像歌
颂的是英国拥有殖民地的四个大洲：亚洲（大象）、非洲（骆驼）、美洲（野牛）及
欧洲（公牛）。其底座的四个角上也有寓意，分别代表着农业、制造业、商业及工程
业，而这些则都是亨利·威尔克特斯及其同侪们所崇拜的"正在老去的女神"。露
西·多尔莫，阿雅拉的姐姐，在特罗洛普的《阿雅拉的天使》中，在她人生中的一
段时间里，每天都到肯辛顿公园绕着阿尔伯特纪念碑去散步。尽管特罗洛普只字未
提它作为一个纪念碑对英国帝国主义的重要意义，但是他大部分的英国读者都会了
解它的维多利亚时期的哥特式宏伟，而对于很多美国读者来说，这样的所指是不被
看见的。

② 富人的兴旺伴随着下层阶级不断加剧的贫穷和健康状况的恶化，在城市中尤
为如此。《霍华德庄园》中的贝斯特一家便是这样一例。

那么德国就会接管西非。在一个稍后的情景中，玛格丽特和亨利
·威尔克特斯、他的女儿及女儿的未婚夫在一家冒牌的老英式餐
馆共进午餐，这家餐馆名为辛普森海滨店（"和吉卜林的小说作
品一样不具有老英式的味道"［149］；它今天还仍然存在）。他
们大吃了一顿古英式的大餐，有羊脊肉，苹果酒，以及斯蒂尔顿
奶酪，席间还零星偷听到了邻桌的对话："'你是对的！我今晚
就给乌干达发电报'，这句话来自后面一桌。'他们的国王想要
战争；那么让他发动好了'，这是一位牧师的观点。"（150）"他
们的国王"自然就是德国的凯撒·威廉（Kaiser Wilhelm），帝国
主义和民族主义再一次联系到了一起，这种联系将导致四年后的
第一次世界大战，也即这里所提到的国王想要的战争。福斯特比
特罗洛普更加直白地表现他对于大英帝国的复杂感情。特罗洛普
认为总的来说这是一件好事，福斯特却持相反的意见，尽管
《霍华德庄园》并不仅仅是一部反帝国主义的作品。他的叙述者
引用玛格丽特和亨利·威尔克特斯的话，但是并没有对他们做出
明确的评判，尽管威尔克特斯家男人们的威严是一种间接的判
断。这就是帝国主义者的样子，不管好赖，叙述者实际上是这样
说的，但是进行评判却是读者的事。最后，叙述者确实足够直接
地说，"帝国主义者并不是他认为的那样，或表面看起来的那
样。他是一个毁灭者，他在为世界大同主义铺就道路，尽管他的
愿望或许会实现，但他所接管的世界却将是灰色的"（320）。这
里，民族的差异得到了充分的尊重，正如今天所经常做到的那
样。全球化被悲叹为是对文化差异性的毁灭。但是，尽管展示出
了亨利·威尔克特斯的诸多缺点，但其美德却是不断受到褒扬
的。小说和电影之间的一个区别，至少在我看来，在于安东尼·
霍普金斯（Anthony Hopkins）在电影中对亨利·威尔克特斯的
表演使其比小说中富有吸引力得多。

　　在对小说人物社会定位的准确描绘方面，《霍华德庄园》承

袭了英国小说的悠久传统。福斯特只是告诉读者小说人物是多么富有或贫穷，他们的钱怎么赚的，他们做什么工作或是从事什么行业，他们喜欢什么食物，他们住在什么样的房子或公寓里，他们有什么样的仆人，他们是否既有伦敦的房屋，又有乡下的别墅，他们的家具是什么样子的，他们是否有小汽车或是乘坐地铁和火车旅行。比如说，特罗洛普的《阿雅拉天使》就会假定，其读者了解伦敦的地貌，并在脑海中清楚地知道伦敦及英国不同地区的社会含义。特罗洛普能够仅仅说他们生活在皇后门或诺丁山来为他的小说人物定位。《霍华德庄园》也假定其读者拥有同样的知识，因为它把史莱格尔一家放置在切尔西的威克汉姆，或把威尔克特斯一家放置在赫特福德郡的霍华德庄园或伦敦的迪西街道，"紧邻斯洛恩街"（133）。尽管霍华德庄园、威克汉姆和迪西街是虚构的地名，但赫特福德郡、斯洛恩街和切尔西却不是。关于小说人物的地址，读者已经知道得足够多了，或多或少能够搞清楚他们住在伦敦或住在英国的什么地方。霍华德庄园，和其他一些情境一样，清楚再现了英伦的乡村之美。福斯特在用简洁方式表现背景感方面有着非凡的能力，好比他对霍华德庄园的描绘，这是以赫特福德郡的一栋房屋鲁克奈斯特为原型的，而福斯特童年时期曾在那里生活过。尽管福斯特是以散文形式写作，但他的名字能够和华滋华斯及其他人一起作为英国伟大的地貌"诗人"。

我提到华滋华斯并非出于偶然，就华滋华斯和福斯特来说，地貌特征——树木、房屋、田野等——是看不见事物的主要媒介物，正如某些人，如华滋华斯的捉水蛭的人或福斯特的威尔克特斯夫人，他们就被褒扬为对看不见事物的专门启蒙的调停者，这些看不见的事物是由风景景观作为媒介物的。在小说接近结尾处，威尔克特斯夫人去世后有一段时间了，她已经变成了一个无所不在、无所不知、无所不包的精灵，至少在玛格丽特·史莱格

尔的心中是这样的。玛格丽特说:"我觉得,你和我和亨利,仅
仅是那个女人思想的碎片,她知晓一切,她就是一切,她就是房
子,是房子旁边斜长的树木。"(311)

　　一种令人钦佩的、典型福斯特式的地貌标志是叙述者所说的
火车站,这些火车站直至今天形成了伦敦的内环,从不同方向延
展开去,通向周边的地区。就像是今天的社会地理学家,或者就
像是《建居思》("Building Dwelling Thinking")① 中的马丁·海
德格尔 (Martin Heidegger),福斯特意识到对于一个城市的居民
来说,外出的地方已经在某种意义上包含了它们所通向的遥远的
地方。

　　　　像很多其他长期生活在这座伟大首都的人一样,她
　　(玛格丽特·史莱格尔) 对于各种铁路界标有着强烈的情
　　感,它们是我们通向辉煌与未知的大门,经由它们我们去经
　　历冒险、享受阳光,唉,然后还要经由它们回返。在帕丁
　　顿,整个康沃尔都是潜在的、更远的西部;沿着利物浦街道
　　的斜坡向南,是沼泽地和无际的板墙;尤斯顿火车站的电
　　缆塔一直连接到苏格兰;在滑铁卢那不安的混乱后面就是苏
　　克塞斯。(9)

　　这里"未知的"这个词是"未被看见的"一词的变体,在
下一段读者所看到的内容中被再次强调,"对玛格丽特——我希
望它不会使读者反对她——国王十字架车站始终暗示出一种无限
远的点"(9)。我们可以看到,叙述者对于这些看不见事物的标
记有些尴尬,但是不管怎样还是必须要做出这些标记,以便真实

---

① M. Heidegger, "Bauen Wohnen Denken," in *Vortrage und Aufsatze* (Pfullingen:
Neske, 1954), 2: p. 19; "Building Dwelling Thinking," in *Poetry*, *Language*, *Thought*,
trans. Albert Hofstadter (New York: Harper&Row, 1971), p. 145.

地描绘那些小说人物。

这种地貌特征以及认为读者了解地点名称之社会含义的假想，使得不了解伦敦及英国乡村的美国读者尤其感到难以理解。地貌标志是一种速记编码，暗示出小说人物是怎样的。如果你不知道这些编码，那么其含义就不会对你敞开。而且，大多数美国人更像是威尔克特斯一家人，而不太像史莱格尔一家人或第一位威尔克特斯夫人。很多美国人都是流浪者，我们从一个地方搬到另一个地方，而不会扎根在叶芝①所说的"一个让人依恋的永久的地方"。比起福斯特，我们不大会认为一个人是什么样子的可以由他或她所生活的地方以及家人在那里生活了多久来决定。带着强烈的反对情结，福斯特预见到了英国向流动型国家的转变："土地的封建所有权的确带来了尊贵，而现代对于动产的所有权又使我们退回到了游牧部落。"我们退回到了行李文明，未来的历史学家将会注意到中产阶级是怎样不必扎根土地就积累财富的，并会发现他们虚构的贫穷的秘密"（146）；"伦敦只是这种迁移文明的预示，这种迁移文明正在如此深刻地改变着人类的本性，给人与人之间的关系加诸了以往从未有过的更大的压力"（258）。

这种可称之为地貌的假想，以及有关性别与阶级的假想，使得《霍华德庄园》对于 20 世纪晚期的美国读者来说更为陌生，尽管事实是该作品是用他或她自己的语言写成的。对于爱好英国文学的美国读者来说，一个通病就是语言的相同掩盖了许多深层的差异。比如说，如果《霍华德庄园》是使用英语之外的其他语言写成的，那么这些差异就会更容易被注意到。如同《傲慢与偏见》及《阿雅拉天使》一样，《霍华德庄园》中有关性别与

① W. B. Yeats, "A Prayer for My Daughter," 1: p. 48, *The Variorum Edition of the Poems of W. B. Yeats*, ed. Peter Allt and Russell K. Alspach（New York: Macmillan, 1977）, p. 405.

阶级的假想与我们自己的大相径庭，以至于我们对这些作品的阅读，就如同是人类学家所探索的非西方文化中的亲属关系及婚姻风俗研究，遭遇到差异性的问题，而福斯特自己对其文化的特殊视角又增加了这种文化陌生性。这种陌生性使得对《霍华德庄园》的公正阅读不那么容易，尽管在我们美国人刚开始阅读时会有一种肤浅的熟悉感。

今天的读者受到训练而能够对有关阶级、性别、民族及种族的假想保持敏感性（这四方面乃是当代文化研究的主题）。人们认为，这些对于既定的文学作品来说起着主导作用，构成了既定的意识形态。这里我用"意识形态"这个词指的是路易·阿尔都塞（Louis Althusser）和保罗·德曼所意指的含义：没有说出的而且常常是无意识的假想，这些假想被认为是自然的、普遍的，尽管它们是社会的或是语言的，也可能是其他什么的。[1] 尽管《霍华德庄园》构建了其自己的某些或许是无意识的意识形态假想，但是就像是大多数伟大的英国小说一样，它同时还是对人物及其所属的社会的意识形态的批评性揭示。但是，对意识形态假想的揭示、对它们的了解，并不能使人从中解放出来，这一点，阿尔都塞和德曼都以他们不同的方式进行了强调。由此，我所倡导的"公正阅读"将是必要的，也即，能够真正做事的"唯物主义"阅读，这种阅读能够带来现实世界的行动而不仅仅是对其的了解。[2]

我已经说过，福斯特将其小说人物置于性别、阶级、民族及种族的关系之中，我还说过，他通过他们对于"看不见事物"

---

① 对于阿尔都塞，参见第4章第2条注释。对于德曼有关意识形态的论述，参见第10章。

② "唯物主义实践假设语言按照现实世界行动……并且始终相信这样一种可能性，也即文学是按照历史现实行动的。"（Elaine Scarry, "Introduction," in *Literature and the Body*: *Essays on Population and Persons*, ed. Elaine Scarry [Baltimore: The Johns Hopkins University Press, 1988], xxiii）。

的开放性或缺少开放性来衡量他们。这两种安排的形式是相互关联的，但也是相互矛盾的。让我来解释一下它们是怎么矛盾的。

　　《霍华德庄园》呈现给美国读者的困难之一，是福斯特所描绘的爱德华时代英国社会歧视的复杂性，还要加上叙述者对那些复杂性之反应的复杂性。《霍华德庄园》用以呈现阶级、性别、民族及种族差异之标志的精准优雅，值得长篇累牍地进行分析。福斯特极其擅长捕捉不同性别或不同阶级之间那微妙的冲突。并不是说今天的美国文化不够复杂或没有形成繁复的网状，而是这网络的条纹走向不同的地方。1910 年，英国还是一个美国从未经历过的阶级社会。在美国，作为一种根深蒂固的意识形态的预设，我们仍然假定社会流动性的几乎无限的可能性。作为一个多文化、多种族的国家，我们更多的是沿着经济的、种族的及民族的条纹来分隔，而不是沿着像英国意义上的阶级条纹来分隔。一位美国人所能预想到的界定方式是高加索人、非裔美国人、西班牙语国家人或是亚裔美国人，男性或女性，富有或贫穷，而不是由那种固定的、继承来的阶级地位来界定。《霍华德庄园》所呈现的英国是一个单一种族、单一文化的国家。种族在小说中只是边缘性地出现，正如在那些我所引用的有关非洲本地人的话语之中。小说对于种族差异几乎完全忽略掉了，这一点很重要。英国所有的中产阶级男性和女性都是白人，大英帝国依靠的是对印度人和非洲人的剥削，这两点已经被当成了想当然的假想，以至于种族几乎不是一个公开的问题了。民族差异代替了种族差异，我待会儿还要说得更多。

　　另一方面，《霍华德庄园》中的阶级分隔相对固定，具有很高的辨识度。但对于美国读者来说，摸清这些区分并不容易，尤其是福斯特在某种程度上质疑其时代英国所呈现的那种名义上的阶级差异。爱德华时代的英国的阶级差异以金钱来划分，但又不仅仅靠金钱划分，但是福斯特一点儿也没有将有钱没钱所带来的差异降低到最低程度。史莱格尔姐妹不如威尔克特斯一家有钱，但也足够使她们不必工作。她们通过继承成为知识分子解放小组的成员，而威尔克特斯家的男人们则停滞在商业中产阶级的意识形态的自满之中。根据小说所架构的微妙的区别，这就把史莱格尔姐妹放置在了威尔克特斯一家之上的阶级地位上。这也有意地质疑了像威尔克特斯一家这样的新兴富豪统治成员所造成的阶级差异。正如海伦在洞察到这一切时所说的："我一度觉得整个威尔克特斯一家人都是一个骗局，是一面充斥着报纸、汽车和高尔夫俱乐部的墙壁，如果这面墙倒了，在它的后面除了恐慌和空虚我什么都找不到。"（23）另一方面，海伦和玛格丽特·史莱格尔，"知道人与人之间的关系就是现实生活，永远永远都是"（25）。威尔克特斯夫人处于他们所有人之上的一个阶级，或者更确切地说，她的优越性不是阶级问题，而是对看不见事物的出众的敏感性问题。她的优越感凌驾于阶级差异之上。艾弗里（Avery）小姐，尽管她阶级地位很低，但凭借其与威尔克特斯夫人共有的对看不见事物的诡异的辨识力，她也优于威尔克特斯一家。威尔克特斯夫人仅仅把其出生时的房子，霍华德庄园，带入了其婚姻，但是她对这栋房子的依恋，以及对房子所体现的古老传统的依恋，将其置于小说中社会等级的顶端："她似乎并不属于年轻人及他们的汽车，而是属于那栋房子，属于荫庇房子的那棵树。大家知道她崇尚过去，仅仅过去所能赋予的本能的智慧遗传到她身上——我们给那种智慧的拙笨的名称是贵族。她出身可能并不高贵，但她确实关心她的祖先，并让祖先帮她。"（19）社会等级的底层是仆人阶级，他们的存在是件想当然的事，以至于他们几乎像是不存在一样。他们是否对看不见事物具有敏感性是不可能说出来的。正如大多数19世纪及20世纪英国小说所反映的情况一样，仆人做所有的家务劳动但却不被看见，他们几乎从未从内在得到体现，如拥有他们自己的性格、生活及喜好。小

说中除了贝斯特一家，所有的主要角色都有仆人：司机、女
仆、厨师、花园匠、擦鞋匠等，但多半我对他们几乎毫无所
知。只有贝斯特一家自己做饭，或更确切地说是伦纳德·贝斯
特做饭。福斯特对此事的描绘使之成为了一件污秽而又没有吸
引力的事情。(51)

　　在福斯特所描绘的英格兰，一个人永远处于他或她出生时就
决定了的阶级等级，而且，阶级决定能力，这一点对大多数美国
读者来说都似乎是荒唐的。伦纳德·贝斯特是一家保险公司的职
员，农业劳动者的孙子。他娶了一位没有什么道德标准的粗俗的
女人，他被固定在体面与深深的贫穷之间的窄窄的边缘上，而这
种贫穷是"无法想象的"①，也是无法叙述的。他只能轻轻地移
动，到那个窄窄边缘的一边或另一边。无论伦纳德·贝斯特多么
努力地想要通过阅读书籍及听音乐会来得到"文化"，他都永远
不能完全得到它。他对于罗斯金（Ruskin）、保若（Borrow）、杰
弗里斯（Jefferies）、斯蒂文森（Stevenson）及梭罗（Thoreau）
的阅读，只能将其置于"书的沼泽"(118) 之中，而不会将他
从其固定的阶级地位上提升一寸。我自己作为弗吉尼亚州农民的
孙子，我觉得伦纳德·贝斯特由于其血统继承和阶级地位而不能
正确读书的想法很令人不快。在美国，我们一般会认为阅读的能
力依靠的是跨越经济等级的内在智慧和教育，而这基本上对所有
人都是开放的。在21 世纪的美国，你不能轻易谴责那种由于阶
级出身而不能进行深刻阅读的无能，但是1910 年在《霍华德庄
园》里你就能。(193)

　　我已经说过，民族差异在福斯特时期的英国发生的作用，正
是今天美国的种族和民族差异发生的作用，但是，必须要弄清两

――――――――――

　　① "我们不关心穷人"，叙述者做出了这样一个颇有优越感的断言，无论怎样
的反讽都几乎不能弥补这样的断言。"他们是无法想象的，只能由统计员或诗人去接
近。"（第43 页）。

者之间进一步的不同。很多种族和不同民族血统的人一起生活在
美国，而《霍华德庄园》还属于民族主义盛行的时期，而这种
民族主义即将导致第一次世界大战及后来的第二次世界大战的爆
发。民族主义者认为，英国充满了英国的男人和女人，德国充满
了德国人，俄国充满了俄国人，等等。少数民族并不重要。民族
血统是身份的主要决定因素。英国人就应该像是英国人的样子，
德国人就是德国人的样子。每一个民族的特点都能够被准确地
界定。

　　《霍华德庄园》戏剧化了民族决定个人身份的意识形态假
想，这不仅反映在人物的语言中，更集中体现在玛格丽特·史莱
格尔和她的妹妹海伦这两位主角被界定为跨国婚姻的产物。她们
的父亲是德国人，而母亲是英国人。叙述者评论说，一半英国血
统一半德国血统"对两个小女孩来说是一种独特的教育"（27）。
她们混血的血统意味着，孩提时候她们就与茱莉亚阿姨那样的英
国人相处，英国人认为上帝已经指派英国来统治世界，而同时她
们又与去英国看望她们父亲的堂兄这样的德国人相处，德国人认
为上帝已经指派德国来领导世界。13 岁时，早熟的玛格丽特就
让大家都很尴尬，因为她说，"对我来说，两件事情有一件事很
清楚：或者上帝并不了解英国和德国，或者这两国并不了解上
帝"（27—28）。这些假想那危险的荒唐性是显而易见的，但是
我们之中又有多少能不受这些关于固定的民族身份及其神赋使命
的假想的束缚呢？我们之中有哪一个没有一些卑鄙的渴望去生活
在这样一个国家，这里每个人都讲相同的语言，分享相同的
"价值观"，阅读相同的书籍，栖息于相同的文化？难道不是还
有一些美国人仍然认为上帝已经指派了美国去统治世界吗？

　　如果，一方面，民族主义者的假想呈现为意识形态的谬见，
那么，另一方面，小说本身似乎在某种程度上又依赖这些谬见。
在小说结尾部分，亨利·威尔克特斯租住在威尔士边界的希罗普

郡的房子这个场景中，玛格丽特在房屋的园子中散步时向一位看不见的入侵者提出质问:"你是撒克逊人还是凯尔特人?"据叙述者说，这栋房屋"经历了盎格鲁—撒克逊人与凯尔特人之间的边界争夺战，是原本的事情与理想的事情之间的战争"(228)。这暗示的是 19 世纪(在我们这个世纪也一样)盛行的种族主义和民族主义的假想，这种假想宣称撒克逊族的成员是理性的、实际的、务实的，而凯尔特人则是心不在焉的、不切实际的。① 这与对看不见事物具有敏感性和不具有敏感性的人之间的区别颇为相似。令人惊讶的是，这也类似于英国与德国之间的民族特征差异，这种差异依赖于史莱格尔姐妹的性格被塑造为分裂于两种文化血统。由于《霍华德庄园》围绕于两个主角身上的这种自我分裂，我们可以认为这部小说整体上依赖于有关民族身份的假想。尤其是玛格丽特，她挣扎于对德国的看不见事物的忠诚和对她所敬仰的亨利·威尔克特斯身上所有的务实、勇气和刚毅的忠诚。尽管她的父亲是普法战争中德军的英勇士兵，尽管他是"打败了奥地利人、丹麦人和法国人的那个人"，正如玛格丽特对其妹妹所说的，他还"打败了他自己内部的德国人"。为了逃避德国沙文主义及征服的野心，他移民到了英国。玛格丽特总结说，"我们跟他一样"(156)。这位父亲"既不是一个好争斗的德国人，因为他对英国记者是如此之好，也不是一个国内的德国人，因为他对英式风趣是如此珍视。如果要将他归入某个阶级，那么将会是黑格尔和康德的同胞，是理想主义者，容易心不在焉，其帝国主义是空气中的帝国主义"(26)。

------

① 一个更加明确的典故指的是乔治·梅瑞狄斯的《凯尔特人与撒克逊人》，在 1909 年他去世时该书尚未完成，1910 年发表于英国的《半月评论》及美国的《论坛》。参见 George Meredith, *Celt and Saxon*, *Works*, vol. 20, memorial ed. (London: Constable, 1911)。梅瑞狄斯是深受德国浪漫主义影响的维多利亚小说家，福斯特让《霍华德庄园》中的伦纳德·贝斯特决定在树林中过一夜，部分原因就是记起了梅瑞狄斯的《理查德·法弗尔的考验》(1859 年)中的类似场景。

"史莱格尔"并不仅仅是听起来像上随随便便的德语名字，它是史莱格尔兄弟的名字，弗·史莱格尔及奥·威·史莱格尔，黑格尔和康德的同胞，也是他们同时代的人，他们兄弟两人以其不同的方式，成为德国浪漫主义时期"看不见的事物"的重要代言人。有关黑格尔和康德的一篇文章的早期手稿就证明了这一点："他们的父亲，这位伟大批评家的远亲……"①这本书的第一章讨论的是弗·史莱格尔。就现实问题或民族主义假想的意识形态神秘化问题，《霍华德庄园》多少有点自相矛盾，比如其对于帝国主义的态度，再比如福斯特揭示了阶级假想，不过却用它们来放置其人物角色。读者必须要做出判断。这本书不会明确肯定。

《霍华德庄园》中对性别及性别差异的处理也同样如此。这或许就是意识形态假想系统中最精巧细腻的成分，这部小说既揭示了这种意识形态假想系统，也利用它来放置其人物角色。这部小说是对今天我们称之为"父权制"的有力揭示与含蓄批判，这种父权制在亨利·威尔克特斯及其两个儿子身上得到体现。他们的不敏感，他们对于男性优越感的露骨的假想，他们对于"双重标准"的接受，这种双重标准使他们允许男性背叛婚姻，但却排斥任何有婚外性行为的女性，他们那不能征服的、无法容忍的对女性的俯就——这些在那熟练的琐碎描绘中一遍遍显示出来，正如对参加女儿婚礼的亨利的描绘："亨利已经安顿好了；他慢慢地吃东西，几乎不说话，在玛格丽特的眼里，他是婚礼宴会中唯一一个成功回避了情感的人……他不动声色地待着，只是偶尔发号施令——能够让客人更感舒适的命令……'伯顿（Bur-

---

① *The Manuscripts of Howards End*, ed. Oliver Stallybrass (London: Edward Arnold, 1973), p. 26. 没有办法知道福斯特是否将弗·史莱格尔或奥·威·史莱格尔看作是"伟大的批评家"。奥·威·史莱格尔在福斯特的时代或许有着更高的重要性，但今天，弗·史莱格尔更多地受到大多数学者的敬仰。

ton）'，亨利喊道，'从餐柜中端出茶和咖啡！'"（217）这样社会中的女性对于结婚几乎没有什么选择权，因此变为她们丈夫的附庸，或者不结婚，因而独身并且没有工作。史莱格尔姐妹既聪明，又受过良好的教育，但在当时的社会条件下，她们不可能有一份工作或某种，事业也不可能真正考虑做这样的选择，就像是维多利亚时代一样，只有男人才应该工作。史莱格尔姐妹的弟弟梯比（Tibby）给她们带来了很多麻烦，因为尽管他是牛津的高才生，但他却拒绝考虑从事任何工作，尽管他的姐姐们向他宣扬维多利亚时代的男性工作的信条。史莱格尔姐妹思想解放，她们信奉"节制、宽容和性别平等"（25）。但是，尽管海伦有一个私生子，但这两位女性的生活多半还是由爱德华时代的假想所决定，这种假想是她们周围的人就女性的位置所制定的。这些都很好地包含在为参加亨利女儿的婚礼从而从伦敦到希罗普郡的火车之旅当中：

　　没有什么能够超越这两个男人（亨利和查理·威尔克斯特斯）的好，他们为一些女士拉高窗户，又为另一些拉低窗户，他们按铃叫仆人，当火车驶过牛津时他们认出了不同的学院，他们抓住那些要翻落到地上的书或小提包。对于他们的礼貌没有可以挑剔的：这有着在公立学校接受过教育的风格，尽管小心周到，但却充满男子气概。在我们的运动场，赢得了比滑铁卢更多的战役，玛格丽特在向一种她并不完全赞同的魅力鞠躬，当他们没有认对那些牛津的学院时她也没说什么。"男性和女性创造了男性的他们"；去往舒兹伯利的旅行确认了这句让人质疑的话，那个长长的玻璃轿车，开起来毫不费劲，感觉又如此舒适，变成了一个让人联想到性的温床。（208）

《霍华德庄园》中所呈现的所有成分，都可以用激进的女性主义来阅读，但是，正如对其他意识形态成分的处理一样，要弄清楚福斯特的立场并不那么容易。他的叙述者赋予了威尔克特斯一家应有的权力，使他们能够有效运用父权的力量。他表明玛格丽特真正地爱上了亨利，而同时十分清楚地、并明显享受般地展示出，这些"有男子气概的"男人们在他们周围施行了什么破坏，最戏剧化的是导致伦纳德·贝斯特的死亡。对很多读者来说，这部小说的高潮或许就是那一刻，玛格丽特最后说出了对已是她丈夫的亨利·威尔克特斯的谴责：

> 如果它杀了你亨利，你就会看到其中的关联！你已经有了一个情妇——我原谅你了。我妹妹有个情人——你开车把她从家里带来。你看到其中的关联了吗？愚蠢、虚伪、残忍——哦，太卑鄙了！——一个当他的妻子活着时侮辱她、当他的妻子死去时欺骗她回忆的男人，一个为了自己的快乐而毁了一个女人，然后将她抛弃来毁灭其他人的男人，并且给人糟糕的财务建议，然后又说他对此并不负责。这个人就是你……没有人告诉你你是什么——糊涂，不道德的糊涂。(305)

如果读者知道福斯特变为一个同性恋者，并在 1914 年公然写出一部同性恋的小说《莫里斯的情人》（该小说出版于他死后的 1971 年），那么性别处理的问题就会弄得更加复杂。了解了这一点对于阅读《霍华德庄园》会有什么不同呢？《霍华德庄园》是一部偷偷摸摸的同性恋小说吗？要回答这些问题一点也不简单。一方面，"是同性恋"并不是一个绝对的条件，如留有红色的头发，甚或如生物学上的男性或女性，尽管后者也有其歧义。成为同性恋的方法与生理冲动的方法一样不计其数。每个人在某种程度上都是双性的。此外，同性恋行为和情感，就如同异性恋的一样，镶嵌于每一个处在复杂的社会、文化、个人、心理及生理矩阵中的个体之中。说"福斯特是同性恋"像提出新问题一样，并不能解决阅读《霍华德庄园》中的问题。英国同性恋的社会历史与美国的完全不同，在其合法化的过程方面不同，在不同阶级中对其的接受与拒绝的程度不同，在男同性恋与女同性恋之间所作的区别方面也不同。正如女性主义的阐发者、福斯特的同时代人弗吉尼亚·伍尔芙所悲叹的，在英国的职业及统治阶级中，男性间的同性恋要比女性间的同性恋得到更多的认可。① 尽管在《霍华德庄园》出版时同性恋行为在英国还是非法的，但是就在这个时候，被称为"同性恋崇拜"的潮流在牛津和剑桥开始盛行。一种特殊的或多或少带有地下组织意味的诗歌，也即所谓的乌拉尼亚诗歌，表达了这个群体的情感与态度。诺埃尔·安南（Noel Annan）提出理由争辩说，这种大学师生间的秘密的同性恋组织存在的背景是当时同性恋是非法的，当同性恋在英国合法化后这种组织就消失了，那也仅仅是在 1976 年。② 这种特殊的地方化的社会历史是美国读者很难正确阅读《霍华德庄园》的另一个例子。

　　福斯特的"同性恋"，无论那究竟意味着什么，能够解释小说中对异性恋激情的相当漠然且远距的处理吗？是如福斯特其他小说中体现所的那般吗？抑或如另一位被认为是同性恋小说家的

---

① 　在对莫妮卡的描绘中或许有着小心翼翼的女同性恋关系的暗示，莫妮卡与因怀上伦纳德·贝斯特的孩子而逃离英国的海伦在慕尼黑合租一间公寓："玛格丽特试着猜测莫妮卡这类女孩子——是她们称之为'意大利 inglesiato'的那类：南方那粗俗的女性主义者，大家敬而远之的那类。海伦却在她困难的时候求助于她！"（第 291页）

② 　若干年前在南佛罗里达大学的会议上所做的公开讲座。亦参见 Hugh David, *On Queer Street：A Social History of British Homosexuality：1895 – 1995* （London：Harper-Collins，1997）。

亨利·詹姆斯的小说中所体现的那样？读者被告知亨利·威尔克特斯对玛格丽特·史莱格尔的求婚"并不在世界伟大的爱情场景之列"（161），他们甚至没有握手来标注这个事件，就更不要说亲吻了。电影版本意味深长地偏离了小说版本，使玛格丽特在承认并接受亨利的求婚时亲吻了他，并且在后来出现了一段颇长的他们两人肉体情爱的镜头。海伦·史莱格尔和伦纳德·贝斯特之间的性爱被认为是不合情理的。凯瑟琳·曼斯菲尔德在其日记中奇怪"致使海伦怀孕的究竟是伦纳德·贝斯特还是他那把致命的雨伞"①。电影的改编使得海伦被伦纳德的诱惑（或是伦纳德被海伦的诱惑）更加可信。不管怎样，这都符合小说中所呈现的海伦那有点目空一切的轻率。我觉得玛格丽特对于亨利·威尔克特斯的吸引更加无法解释，我也很难想象他们两人的性爱，尽管福斯特小心翼翼地建立起玛格丽特对传统的、刚愎自用的男性的崇拜。但是亨利被刻画成一个如此卑鄙、有着如此根深蒂固的"恐慌和空虚"、如此不能说出"我"这个词、也即如此不能对自己的承诺或行为负责的人，以至于海伦的厌恶和反感（她说他的眼睛像是"白兰地球"［158］，一种糖果）似乎比玛格丽特的爱更加合理。但是，亨利·威尔克特斯如同伦纳德·贝斯特一样，也被称赞为是一个"真正的男人"（144），而她们的弟弟梯比却不是一个真正的男人。梯比那明显的缺乏性征被呈现为他作为一个人的弱点之一，而亨利的男性生殖力也是他吸引玛格丽特的原因之一，是他整体男性气概的一种表现。玛格丽特与亨利的婚姻，对于使她作为女性最后成功拥有霍华德庄园是必要的，绝对地控制着她那被征服的、崩溃了的丈夫，就好比夏洛蒂·勃朗特的《简·爱》结尾处，简·爱控制着她那残疾的、眼盲的

---

① Katherine Mansfield, *Journal*, ed. J. Middleton Murray (London: Constable, 1954), p. 121.

罗切斯特一样。或许这两种情况都有某种愿望的实现吧。

福斯特的"同性恋"能够解释为什么其小说中的传统婚姻都是如此的悲剧,为什么他对于像亨利和查尔斯·威尔克特斯这样的"父权男性"如此厌恶,为什么坚强而又神秘的年长女性在其小说中扮演这样的角色,比如说这部小说中的威尔克特斯夫人及《印度之行》中摩尔夫人。但是,设想我们不能理解另一性别的性感受或有着不同性取向的那些人的性感受,这就会质疑那些显然"勃起"的 19 世纪男性小说家,如特罗洛普(Trollope)、萨克雷(Thackeray)、梅瑞狄斯(Meredith)或哈代(Hardy),质疑他们去做那些他们在其小说中花大量时间去做的事情的能力,也即,刻画女性主人公的情感与思想。在第 4 章已经引用的一段篇章中,亨利·詹姆斯说特罗洛普使英国女孩成为他特殊的刻画对象。[①] 詹姆斯的很多主人公也是英国或美国的女孩,而这些女孩也是我提到的那些小说家的主人公。福斯特通过使《霍华德庄园》的故事围绕于史莱格尔姐妹展开并主要刻画异性恋的方式,加入了英国小说中的这个悠久的传统。

不管怎样,《霍华德庄园》在很大程度上保持着隐蔽的状态。到处有的只是伊芙·塞奇威克(Eve Sedgwick)所称之为"男性同性社交"[②]的时刻,比如说在亨利·威尔克特斯和他的儿子查尔斯之间的紧密关系。当亨利的儿子因为误杀而被投入监狱的时候,亨利的精神崩溃了。小说中最温暖的时刻之一,在对"对立的"两性之间那紧张且又永远不会完全令人满意的关系的一个光明时刻,便是伦纳德·贝斯特在火车上与一位男大学生的偶遇这一插曲。小说的前部分展示出,伦纳德极其厌恶与他的情妇、不久就会成为其妻子的杰基(Jacky)睡觉。杰基是"一个

---

　　① 参见第四章对此的讨论。

　　② 见于 *Between Men: English Literature and Male Homosocial Desire* (New York: Columbia University Press, 1985)。

大块头的 33 岁的女人"，当她坐在伦纳德的膝盖爱抚他的时候，她的体重伤害了他。后来，杰基从卧室叫他，但他却磨磨蹭蹭不肯上床（52）。她那圆嘟嘟的福相对他并无吸引力，而"或许他所知道的最好的幸福，就是在去往剑桥的火车旅程中，一位举止得体的大学生跟他讲过话。他们聊了起来，渐渐地伦纳德打开了话匣子，讲述了一些自己家里的烦恼，也暗示了其他一些烦恼。那位大学生以为他们能成为朋友，邀请他喝'饭后咖啡'，他也接受了，可是后来他却变得害羞，小心翼翼地不要在他所入住的商务酒店里被唤醒"（120）。这次短暂相遇的温暖预示了《印度之行》中弗尔丁和阿齐兹之间更加公开的同性恋的温情。对于小说中的温暖，除了史莱格尔两姐妹间及露丝·威尔克特斯和玛格丽特·史莱格尔间的亲情与理解，没有什么能与这相匹敌了。而露丝·威尔克特斯和玛格丽特·史莱格尔间的亲情与相互理解更是女性同性社交的有力证明。

　　正如阶级、种族及民族主义的情形一样，就性别问题想要正确阅读《霍华德庄园》的努力，会将读者带入到一个某种程度上自相矛盾的迷宫之中。但是负责任的读者将会给出证据来支持他或她的阐释。这部小说对于爱德华时代的英国不同性别之间关系的复杂呈现，迫使读者在最后基于允许自由阐释的证据而自己去判断。

　　那就剩下了"看不见的事物"。我在开头时提到过，《霍华德庄园》的人物角色是以他们对看不见事物的反应或缺乏反应来衡量的。看不见的事物，如阶级、种族、民族及性别，只是又一个与普遍的意识形态有关的衡量人物角色的方法吗？并不完全如此。一方面，它是一个绝对的、不是模棱两可的衡量标准。那些对看不见事物敏感的人绝对优于那些不敏感的人。能对看不见事物做出反应的能力遮蔽了所有其他的衡量标准。伦纳德·贝斯特有这种能力，但他的妻子杰基显然没有。玛格丽特·史莱格尔有,正如她的妹妹海伦也有,尽管方式多少有些不同。威尔克特斯夫人有这种能力到了一种至高的程度,而威尔克特斯家其他人都没有,包括亨利的女儿艾维(Evie)。玛格丽特姐妹的茱莉亚阿姨没有,她们来自德国的堂兄弗里达(Frieda)也没有。对看不见事物的反应并不是女性反对男性的问题,不是底层反对中产阶级的问题,也不是德国反对英国的问题,因为并不是所有的女性、所有的德国人或任何阶级的所有成员都能意识到看不见事物的存在,而对这些事物是需要做出反应的。然而,对福斯特来说,有这种意识,是一件必要的事情。

那么对看不见事物有意识或无意识指的是什么呢?今天可能会用来替代看不见事物的一个词将会是“他者”。对于福斯特来说,或者更确切地说,对《霍华德庄园》中福斯特的叙述者来说,种族、民族、阶级及性别的他性,能够以这样或那样的方式,通过宽容及同情而被减低到相同。尽管福斯特颂扬差异性,但事实的确如此。① 民族、阶级及性别的他者,至少大体上,能够被同化在一个乌托邦的理想社会,一个如玛格丽特和海伦·史莱格尔所想象的乌托邦的理想社会。小说的幸福结尾就是这种理想社会的缩影,福斯特对这种可能性的信念便是他“自由的人文主义”的内涵。尽管他只是简单考虑到了这种可能性,或者

---

① 玛格丽特·史莱格尔在小说结尾处与其妹妹的言谈中,为差异性进行了雄辩的捍卫:“这是人们与他们所伪装的要不同得多。全世界的男人和女人都在担心焦虑,因为他们不能按他们想要的那样去发展……那些他者——那些他者仍旧会走得更远,并且一起走到人性之外。不仅一个人,甚至一个地方,也都可以捕捉住光辉。难道你没有看见所有这些在最后带来的是惬意吗?这时对抗相同性的战斗的一部分。差异性——永恒的差异性,被上帝播撒到单个的家庭之中,以便永远都会有色彩;或许有些悲哀,但这色彩却是日常的灰色。”(第335—336页)但是,对于差异性的承认(甚至是性偏好上的差异性,正如这里所暗示的),在玛格丽特身上并不是矛盾的,在福斯特的叙述者身上也不是矛盾的,他们都相信同情和宽容会使差异具有可理解性,正如读者所能看到的,即使差异性是对看不见的事物的一种反应,也即是对“光辉”的一种反应。

比如说让玛格丽特考虑到了这种可能性，也即男女两性可能会完全地互为他者，但是这种暗示很快就被推翻了："两性之间真有竞争吗？每一个都有其自己的道德标准，他们之间的相互爱慕只是自然让万物发展的一种手段？褪去人们交际的恰当性，难道就堕落到这份儿上了吗？她的判断力告诉她不是的。她知道，出于自然的手段，我们已经建立了一个能为我们赢得永恒的奇迹。"（237—238）

另一方面，福斯特的"看不见事物"的概念，被他称之为"光辉"，对它的反应指引着少数人"超越人性"（335），将他置于自由人文主义之外。看不见的事物只是保持那样：看不见的状态，因此它是未知的、隐匿的、模糊不清的、看不见的。它不能退回到同一的样子，它对于任何理解行为都是混杂的，它是"完全他性的"。由于看不见的事物保持看不见的状态，因此没有办法在那些意识到它的人和没有意识到它的人之间做出评判。你或者是意识到它，或者是意识不到。因此基本上看不见事物所做出的呼吁不同于其他人所做出的呼吁，即使后者的呼吁会促成看不见事物的发生，正如威尔克特斯夫人对玛格丽特·史莱格尔所做的一样。

玛格丽特的那句话，"只是连接起来！"，当她仍然希望改变亨利·威尔克特斯以使他更接近自己的梦想时所说出的那句话，用这句话她要表达"只是连接起平淡和激情，如果这样的话两者都会得到提升"（183），这句话经常被看成是《霍华德庄园》中智慧的顶峰。但是，这句安慰的、乐观的口号，与小说中处处可见的难以调和的对立是不相容的，这种对立便是"生活中的日常灰色"（142）与看不见事物所提出的急迫的要求之间的对立。后者带来的是艰难地与日常生活的平淡相调和的行动。平淡与激情相互矛盾，想要将两者连接起来的努力很难成功。显然，玛格丽特没能让她的丈夫连接起平淡和激情，或者说甚至没能让他瞥一眼看不见的事物。

意识到看不见事物所做出的召唤是一个使命,这个使命是最高的使命,是要求最高的、最具有绝对权威的,尽管它强调的那些所谓的责任是不可能完成的。它不可能完成是因为它来自"无限",由此将无限的责任放在接到召唤的人身上。它并不要求做这个或那个,而是要求以能无意识地带来正确行动的某种方式去感受。但是,行动是否正确并不能用已经存在的伦理或道德行为规范来证实,你永远无法确切知道你已经对看不见事物所提出的要求做出了正确的反应。不会有任何推荐的声音从天堂传下来告诉你说你做的是正确的,尽管叙述者带有讽刺意味地同情那些人,那些人希望"在天上会有一位我们这类人来关心我们——不骄傲自大,也不泪流满面——……"(107)

海伦是小说中差异性的发言人,这种差异性能够帮助读者理解对看不见事物有反应的人和没有反应的人之间的不同。像威尔克特斯家男人那样的人,他们不能承担起"个人的责任",这是因为:

> 那个说出"我"的小东西在他们脑海之中已经消失了,谴责他们也只是浪费时间……有两种人——我们这种,能够忠于自己真实地生活,还有另外一种不能真实生活的人,因为他们的大脑没有内容(。)他们不能说出"我",实际上他们也不是"我",因此他们是超人。皮尔庞特·摩根(Pierpont Morgan)在他的一生中从未说过"我"……永远不是"我";如果你能够刺穿他,你就会发现他的大脑中只有恐慌和空虚。(232)

这种悖论显而易见。像亨利·威尔克特斯这样有权势的人,并没有行动所依赖的真正的核心,不管他们看起来怎么自我、怎么坚定而又怎么活跃。他们基于传统规范而机械地行动，究其本质，他们恐慌而又空虚。而另一方面，那些对看不见事物做出反应的人，却有着赋予他们行动与选择合理性的情感中心，尽管他们似乎并没有特别挑衅的或持重的自我。但是，他们能说出"我"，他们能够对自己所做的事承担个人责任，而随其责任的承担而来的，则是他们说出"我"的能力。说出"我"是一种表示行动的言语行为，这种行为在每次承担责任的一刻都重新创造出一个"我"。

那些能够说出"我"和不能说出"我"的人之间的区别与两种不同的生活方式有关。亨利·威尔克特斯没有现在，正如他没有过去。他生活在即刻的未来所需要做的事情之中。而另一方面，海伦和玛格丽特，就像威尔克特斯夫人一样，努力生活在永恒地不断发生的"现在"之中，这种"现在"将她们与自然、与土地联系在一起，并且她们通过"传统"与个人及社会的过去联系起来，并以此赋予她们一种连续性。当玛格丽特违背其丈夫的意愿回到霍华德庄园去见她妹妹海伦时，叙述者这样描绘玛格丽特："乡村的宁静浸染了她，这和记忆没有关系，与希望也没太有关系，最不相关的是接下来五分钟的希望。它是属于现在的宁静，超越了理解。当她们踩着砾石散步时，当月光洒在她们父亲那把剑上时，都一遍遍传来'现在'、'现在'的低语。"（312）

在《霍华德庄园》中作为对看不见事物的反应而做出的正确行动有很多，如威尔克特斯夫人决定把霍华德庄园遗赠给玛格丽特·史莱格尔，伦纳德·贝斯特在树林中散步了一夜，海伦与伦纳德·贝斯特上了床，玛格丽特因同情那只被轧扁的猫及其主人而跳下汽车，在小说结尾处，玛格丽特代替第一位威尔克特斯夫人接管了霍华德庄园。以上所列出的可谓混杂多样，但是，所有这些行为，都是以这样或那样的方式违反常规的行为。他们公然反抗普通的道德规范和普通的行为准则。他们反对那些我所认清的意识形态的设定。

　　在所有的人当中,史莱格尔姐妹的堂兄弗里达所说的一句话,是理解通过对看不见事物的敏感性来衡量人们的关键:"一个人除了相信自己的情感外,对任何事情都不确信。"(167)叙述者评论说,尽管这句警句"不是原创的一句话"(它来自济慈的一封信),但它却"揭示出了一般德国人所拥有的而一般英国人所没有的对宇宙(最初的原稿在这里还有'看不见的事物'一词)的兴趣。不管多么不合逻辑,它是好的、美的、真的,与值得尊敬的、可爱的、胜任的形成对照。它是里德风景旁边的勃克林风景,刺耳而又欠考虑,但是却进入了超自然的生命。它削尖了理想主义,搅动了灵魂"(167)。情感起因于对看不见事物的反应,而理性与其却几乎毫不相干。看不见的就是未可知的,并不听从理性或理解。其真理性无法合理地讲述出来,但它的确产生有其自身真理性的情感,它是一种与看不见事物相一致的真理。情感真理是唯一一个我们能够确认的东西,它有其自身的保障和确认。情感决定恰当的行为,而不需要参照普通的道德或行为规范。威尔克特斯夫人将她的房子留给了一个几乎是陌生人的人;玛格丽特跳下了汽车;伦纳德·贝斯特在树林里散了一夜步;海伦与伦纳德·贝斯特上床。

　　看不见事物所施加到能感觉到它的人身上的命令是绝对的、急迫的、不可抗拒的。但是,却不可能用一般的行为法规来证明你对看不见事物所做出的反应的正当性。你所做的是正确的,但是却不可能证明它是正确的。看不见的事物就像是《霍华德庄园》中心的一个黑洞。其他主要的主题成分,阶级、民族、性别等的差异,能够通过与爱德华时代社会的其他叙述的比较而判定为正确或错误。没有什么能够衡量或证实看不见事物的黑洞,甚至连证明它的存在都不可能,那不是一个主观的幻想。威尔克特斯一家无法理解、也不可能理解我所列出的那些行为，所有这些行为都是以这样或那样的方式源于与看不见事物的邂逅。威尔克特斯一家在内心深处有着恐慌和空虚，而不是一个能意识到看不见事物的负责的"我"。

读者对于《霍华德庄园》的正确反应就犹如我所指出的那些行为。正如威尔克特斯夫人是霍华德庄园所象征的看不见事物的传递者，《霍华德庄园》在这个传递的连接中是一个进一步的传递者。小说呈现出了正确行为的模式，这些行为是对施加在那些对看不见事物敏感的人身上的义务的一种反应，但是读者绝不应该照搬这些。对于看不见的事物，你要独自做出反应。每一个读者都必须调整自己的反应。比如说，难道不可能宣称《霍华德庄园》中所有那些指代看不见事物的部分，都仅仅是保守的、白人的、西方的、男性的意识形态的另一部分吗？这部分是一种虚假的专制，使得其他关涉种族、性别及特权与财富不平等分配的意识形态成分稳固地个就其位，权力的谱系没有改变吗？是的，那样宣称是可能的：你有权这样做。也可能严肃对待那些看不见的事物，将其看成是对《霍华德庄园》中保守的意识形态之各种成分的对抗。那么你就有义务对看不见的事物做出某种反应，这取决于你。或者，如果福斯特是对的，那是一种你自己情感的自发的真理性，作为被《霍华德庄园》所传递的对看不见事物的一种反应。这是唯一一个你能够确信的真理，基于此确信的真理，你就必须做出正确的行为。

（王欣　译）

五　维多利亚主题

艾米莉·勃朗特[*]

开始写《呼啸山庄》时，艾米莉·勃朗特并没有脱离贡达尔诗歌的世界，而是将诗歌中所表达的见解转换成小说的形式。正如贡达尔诗歌与艾米莉·勃朗特对内心体验的直接表达并无实质区别一样，小说和诗歌中也充满各种道德准则和形而上学规律。

诗歌与小说的共同点在于他们都属于浪漫主义传统。像布莱克的预言书一样，两者都运用个体创造的人物和事件，传达集体宗教神话的内容。《呼啸山庄》中的希斯克利夫和凯瑟琳·恩肖，贡达尔诗歌中的奥古斯塔·杰拉尔丁那·阿尔梅达（Augusta Geraldine Almeda）、裘利斯·布伦泽达（Julius Brenzaida）以及其他或明或暗的人物，都不是源于可辨识的宗教原型。他们来自艾米莉·勃朗特的想象性创造，正如乌里森（Urizen）和埃尼沙蒙（Enitharmon）来自布莱克的想象性创造一样，尽管他们体现的是不同传统的人物和理念。但是和布莱克的人物一样，艾米莉·勃朗特笔下的人物同样是用以表达对神、人以及宇宙之间关系的基本见解。

---

* Brontë, Emily, Wathering Heights. "The Shakespeare Head Brontë"、Boston and New York，1931，文中引文标注页码均为此版本。Brontë, Emily，"The Butterfly"，Five Essags Written in French, Trans. Lorine White Nagel. Iut. Famie E. Ratchford. Austin, 1948. 文中引文以1948 + 页码标示。

[……]①

诗歌和小说都以夸张的形式表现自身。他们常常将代表基本自然力量的人物冲突戏剧化，艾米莉·勃朗特作品的特殊价值，正是在于它对传统观念、主题之终极意蕴的探讨。

> 万物创造皆疯狂。溪流上的飞虫在舞动，它们的数量每分钟都因燕子和鱼儿而减少：后者会继而成为空气和水流中某些捕食者的牺牲品；人类也会因乐趣或有需要而杀戮他们的敌人。自然是一个难解的谜，生命存在的原则是毁灭；每个生物必须成为其他生物无情的杀手，否则其自身将无法生存。(Brontë 1948, 17)②

对艾米莉·勃朗特而言，万物生灵只能以毁灭的方式彼此相连。最强大、最无情的活得最长久，因为个体的生命取决于他者的灭亡，如果不残酷杀戮，只会被饿死或被杀。这种关系的形态就是一物对另一物的消耗。自然像是一个疯子造出来的毫无章法的迷宫。其疯狂之处在于，对一方是善的对另一方就是恶。因此任何行为或事件都全无一致的道德评判。对飞虫最大的恶，即被鱼儿或燕子吃掉，对鱼儿和燕子来说，却因生命所需成为最大的

---

① 有人指出，艾米莉的作品，不论是《呼啸山庄》还是贡达尔诗歌，都是想象的产物，旨在表达精神服从与精神反抗之间不可调和的斗争。——编者注

② 艾米莉·勃朗特写下本篇，以向其在布鲁塞尔的老师海吉尔（M. Héger）致意。在形式上，这是一篇道德化和神学化的自然历史，其风格类似于热忱的循道宗信徒、约翰·卫斯理的朋友詹姆斯·赫维（James Hervey）的名作《冥思》(Meditations)。但是赫维的《冥思》、卫斯理的《自然哲学概论》(Compendium of Natural Philosophy)，以及整个18世纪的自然神学，都致力于像上帝造物类作品那样表现上帝的智慧和仁慈，这与艾米莉·勃朗特从蝴蝶身上得到的启示完全不同。毛毛虫向蝴蝶的转变，是复活或心灵解放的传统象征（赫维让从蚕到蝴蝶的变化成为基督复活、升入天堂、我们因此得福的标志）。然而当艾米莉·勃朗特写蝴蝶时，她以其一贯的方式，在旧的形象中注入了新的寓意。

善。任何想要参透生命玄机的尝试，都终将面对难以化解的谜团。万物之创造只能描述而无法理解。以一个整体来看，自然就是一个不断自杀的行为，为了延续自己的生命，而将自身一点点毁灭。谋杀是生命唯一的法则，这就是说，生命是自相矛盾的，它依赖于死亡，离不开死亡。

[……]①

艾米莉·勃朗特的断言"万物创造皆疯狂"体现出的最黑暗的意味是，没有人能理解，仁慈的上帝究竟为何要创造这样一个世界。每个人的生命，像自然中其他任何生灵一样，不过是一系列暴力行为中的一环，或施暴或受暴，并都以死亡告终。"……为什么要创造人类？"艾米莉·勃朗特问到。"人类折磨他人，杀害他人，毁灭他人；人类忍受痛苦，经历死亡，遭遇毁灭——这就是人类全部的故事。"（1948，17、18）

[……]《呼啸山庄》开篇的几个章节，以讲述者为媒介，向读者介绍了这样一群人，他们正是生活在《蝴蝶》（The Butterfly）中所说的那种自然状态下。这种状态也与贡达尔诗歌中描绘的状态一致：斗争、反叛以及野蛮的虐行。和《呼啸山庄》中的世界一样，在贡达尔国度，每个人都针对其他人。

洛克伍德对呼啸山庄生活本质的发现，是伴随其一步步进入山庄的过程展开的。他两次造访，穿过各个入口，如庭院大门、正门、厨房门以及通向楼上房间的楼梯和走廊，最终来到了房间内部的最深处——立在一个小房间角落里、内置卧榻的大橡木箱。呼啸山庄于是看起来像是个层层相嵌的中国套娃。这座房子如同小说本身，闪回、时空交错、多重视角、叙述者中嵌套叙述者，错综复杂，扑朔迷离。不论我们如何深入呼啸

---

① 米勒在此将勃朗特的创世观与约翰·卫斯理的创世观作了一番比较。——编者注

山庄以接近其中心，其中总有更深之处。当洛克伍德最终来到这户人家的起居室，他听到的是"在顶里面有喋喋的说话声和厨房用具叮当的磕碰声"（1931，3），以及约瑟夫"在地窖深处"模模糊糊的咕哝声（5）。通过语言的微妙展现，房屋的内部便与人体的内部、人的灵魂深处同一起来了。洛克伍德逐渐深入呼啸山庄的过程，正是他不知不觉深入到山庄内隐藏的精神秘密的过程。正如呼啸山庄"狭窄的窗户深深地嵌在墙里"一样（2），希斯克里夫的"黑眼睛猜忌地缩在眉毛底下"（1），所以洛克伍德进入这座房子乃是对其整体构造的探察。

　　这一"内殿"中人们生活的实质，已经由洛克伍德看到的各种动物准确地体现出来。古怪的房间暗处都是凶狠的恶狗："橱柜下面的圆拱里，躺着一条硕大的猪肝色的母猎狗，一窝唧唧叫的小狗围着它，还有些狗在别处时隐时现"（3）。洛克伍德试图抚摸那只母狗，但她的嘴唇"向上翻起，白牙上口水滴答，随时准备扑上来"（5）。而后，只剩下他一人在屋里时，他朝这些狗做了个鬼脸，结果它们都从暗处一跃而起，蜂拥而上，朝他扑了过来。一时间，壁炉边"又是撕咬，又是狂吠，乱作一团"（6）。因狂风暴雨而得名的这座大宅，其外部的风暴呼应着内部的风暴，而追究起风暴的根源，则可能来自居住在此的人们。洛克伍德见识了希斯克里夫的狗，这实际上是他对其主人真实本性的首次接触，正如希斯克里夫自己在说话时暗示的那样："这所房子客人极少，我愿意承认，我和我的狗都不太懂得如何接待客人。"（6）

　　《呼啸山庄》中使用的动物意象，是评判人物精神力量的主要方式之一。希斯克里夫是个"凶恶、无情、狼一般残忍的人"（117），而埃德加·林顿是只"吃奶的小兔子"（131），林顿·希斯克里夫是只"哭哭啼啼的小鸡"（237）。这些形象不仅仅是打个比方这么简单，它们说明，同关于蝴蝶的那篇文章一样，在《呼啸山庄》中，人类是自然的一部分，与其他动物并无区别。批评家曾对充斥于《呼啸山庄》中表示暴力行为的动词做出各种评论，这些动词如"翻滚、拖拽、粉碎、折磨、挣扎、屈服、倒下、倒缩、越过、撕扯、迸裂"（Schore，1950：xv）①。没有其他任何一部维多利亚小说像这样描写如此残酷暴虐的场景。没有其他任何一部小说能用人物意志的暴力如此完整地描绘出这些人物。在《呼啸山庄》中，人们只在一种情况下继续生活，即他们的意志力依然顽强、不受阻碍，可以迅速、不假思索地行动，以至于这种行动几乎不能说是出自审慎的选择，而是出自一种恒久不止的敌对心态。对这些人而言，生命的继续依赖于他们意志的延续，因为在这个世界上，毁灭是生命的法则。假如这些人物失去了意志，或意志减弱，就会进展缓慢，发展停滞，时间凝固，他们的生命也会随之衰弱和消逝。除非他们可以找回失去的意志，否则生命便彻底终结，或慢慢走向死亡。所以噩梦后一点点挨时间到天明的洛克伍德这样说道："……时间在此停滞了"（30），所以处于生命低谷、唯有行动才能拯救自我的小凯瑟琳这样说道："哦！我腻烦透了——我给关起来了……"（342）还有伊莎贝拉，她是小说中的软弱人物之一，只能让自己和其他活着的人一样，成为暴力领域的一员，才能逃离希斯克里夫的暴虐。那一段她出逃呼啸山庄的描写，正是对小说中生命本质的浓缩："我跑过厨房时，让约瑟夫赶快去他主人那儿。我还撞倒了哈里顿，他正在门口把一窝小狗吊在一张椅子的椅背上。我就像一个从炼狱中逃出的亡灵，连跑带跳地顺着陡峭的山路往下飞跑，然后又不走曲折的弯路，直接穿过荒原，连滚带爬翻过围堤，涉过沼泽；事实上，我是慌慌张张地朝着田庄望楼的

---

① Shorer, Mark. *Introduction. Wuthering Heights.* New York, 1950.

灯光直奔而来。"（208）

呼啸山庄的人像恶狗一样生活，他们只有依靠意志力才能活下来——洛克伍德第二次拜访呼啸山庄时明白了这一说法背后的含义。他发现山庄的每一个人都带着荒野动物般不可遏止的狂怒憎恨着其他人，到处是无序和混乱。[……]

山庄中的人们之所以体现出动物性，是由于之前一种文明礼束状态的缺失。对一个人来说，像动物的行为和与人相像的动物行为是大相径庭的。动物不会违反什么法律法规，它们相互残杀也并非不道德。《呼啸山庄》中的人物就回到了动物的状态，而这一回归只有逾越所有的人类法规才能实现。呼啸山庄的居住者摧毁了"道德"一词的含义，因此，正如这个词在希斯克里夫那儿的用法一样，它可以用于指代最非人性的残酷暴行（174）。

在文明社会，人的需求不是立即满足的，也不是自私的，而是由一套复杂的合作行为系统协调而成的。多数社会行为，都是为他人或将来的需要考虑。这样一来，文明社会中人与人之间的直接接触就十分少见。艾米莉·勃朗特作品中文明人的范例是洛克伍德，他是这个潮流社会中纨绔子弟的代表。洛克伍德十分惧怕与其他任何人产生亲密关系。他觉得既厌倦又无力，不知道自己该做什么。百无聊赖之中，他来到了画眉田庄。对那里的居民，他摆出一副深谙世故，却放下身段到贫民窟四处猎奇的样子。

而呼啸山庄恰恰相反。在那里，人们彼此敞开胸怀，没有隔阂，没有约束。这种原始的方式尽管将人们置于极其危险的境地，但对艾米莉·勃朗特来说，也胜过洛克伍德式的虚伪和做作。洛克伍德自己最终也认识到这一点。"我觉得"，他说，"这一带的人比起城市里形形色色的人来，生活得更有价值，就像地窖里的蜘蛛比起茅屋里的蜘蛛那样。然而这种深深吸引人的地方，并不完全是对旁观者来说如此。他们确实生活得更认真，更执著于自己，很少去管那些表面的变化，以及琐碎的外界事物。我可以想象到，在这儿，几乎有可能存在着终生信守不渝的爱情。而我，原来是坚决不相信有哪种爱情能维持一年的……"（70）与他人之间直来直往的关系对自身而言可能是一大危险，但这种关系同样使人生活得更加深刻、真切。洛克伍德曾经坚决不相信持续一年的爱情，但在呼啸山庄他见证了一段超越生死的爱。

在山庄中洛克伍德还认识到一种现实。如果说文明社会将野生动物的凶猛和北方风暴的狂野拒之门外，那么对荒唐无稽的超自然力量它同样会敬而远之，因为后者与前者一样决不能以人的标准作为衡量。当洛克伍德钻进橡木卧榻的围板中，将自己关在所有房屋的最里端时，他"觉得现在安全了，不用再提防希斯克里夫和其他任何人了"（20）。但正是在这里他才最危险，而这危险并非来自人或自然的暴行，而是源于超自然的能量。这最里端的房间有一扇通向屋外的窗户，在洛克伍德的梦中，凯瑟琳·恩肖的鬼魂就是试图从这个窗户进来。自然的他性，被更恐怖的鬼魂的他性所取代，因此，狂风暴雪的荒野，既是自然力量也是非自然力量的体现。这些精神力量是自然固有的，与自然中隐秘的生命同在。在《呼啸山庄》中以及艾米莉·勃朗特的诗歌中，这种生命的双重性体现在一个古老而原始的象征物上：风。恩肖先生去世的那个晚上，狂风大作；希斯克里夫离开山庄时又是一场风暴，树枝断裂砸倒在房屋上；希斯克里夫死去时，就在洛克伍德看见凯瑟琳鬼魂的窗边，那个夜晚也是风雨交加。超自然的神秘力量同自然中动物和风暴的狂野不羁相互呼应。在梦中，无精打采、四处游荡的洛克伍德不能自已，陷入了呼啸山庄的纷乱与骚动。恐惧之下，他将那个鬼魂孩子的手腕在破玻璃框处来回擦动，直到鲜血直流，浸湿床单。

［……］①

对于艾米莉·勃朗特而言，没有人可以独立自主，所有苦难说到底都源于孤立和分离。一个人最大程度上融入他／她自身之外的生活中时，才最是他／她自身。不论就"某人自身"这个词语的字面意思还是词源含义而言，自身之外的自我乃是一个人的实质（Burke 1945：21—23）②。它是自身内心的东西，是在"自身之下"支撑自身的根基。一个人真正的存在，处于他／她自身之外。艾米莉·勃朗特的作品正是探讨这一奇特处境的必然结果。

［……］③

在《呼啸山庄》中，凯茜清楚有力地表明了希斯克里夫在这一方面的体现。她与希斯克里夫的关系使她不仅拥有希斯克里夫，而且通过希斯克里夫，她还拥有了整个世界，因为这种拥有的私密性抹去了自我的边界，使一切融为一个整体。"如果一切都消失了"，凯茜说，"而他还活着，我也会继续存在；如果一切都在，而他消失了，世界对我而言便是陌生一片，我将不再是其中的一员"（93）。［……］希斯克里夫对凯茜来说是如此，凯茜对希斯克里夫而言也是一样。希斯克里夫谈起凯茜来和凯茜说到希斯克里夫时一模一样，不论我们从凯茜还是希斯克里夫的角度来看他们之间的爱，表现的都是同样的关系。"两个词"，希斯克里夫说，"就可以概括我的未来——死亡和地狱。失去了她，活着也是地狱"（170）。还有另一处"——哦，上帝！当你

---

① 在此之后米勒探讨了暴力为何在勃朗特作品中是对缺失或是离开幸福状态的反应。——编者注

② Burke, Kenneth. "Panadox of Suhstauce". A Grammar of Motives. New York, 1945.

③ 艾米莉的诗歌以及凯茜和希斯克里夫之间的关系，表达了人类希冀彼此之间建立联系的渴望（不管是同上帝、自然或其他人），以此来实现真正的自我，减轻因丧失而带来的痛苦。——编者注

的灵魂进了坟墓，你还愿意活下去吗?"（185） 如果希斯克里夫
是凯茜存在的基础，凯茜也是希斯克里夫存在的基础，然而，尽
管上帝的造物不能离开上帝而存在，上帝本身却以其独立的自足
而存在。

凯茜和希斯克里夫之间像树根与树干一样紧紧相连。他们彼
此的关系隔绝或者说同化了他们与其他一切的关系。一个只有通
过另一个才与这世界发生联系。通过希斯克里夫，凯茜拥有了自
然中的一切。通过凯茜，希斯克里夫也拥有了这一切。正如多恩
的诗《太阳升起》中所说的那样，世间万物，像依照其中心或
本源一样，依照着它们的关系来筹划自身，而上帝因此被忘却或
摈弃了。如果神秘主义者说："我是上帝所以我存在"，或笛卡
尔说，"我思故我在"，凯茜一定会说："我是希斯克里夫，所以
我存在。"她这种夸张的说法，成为一段悠久传统的高潮，也是
其终结，即爱情是一种个人宗教，被爱的人是上帝，崇拜者和信
徒只有一个。艾米莉·勃朗特在此，和她在其他作品中一样，让
这一浪漫爱情的传统尽情展示，将其发挥到极致。

为了维持快乐，凯茜只需要维持她与希斯克里夫的同一性。
这种同一性仿佛坚不可摧，因为正如凯茜断言，它可以超越一切
世事变迁和人世浮沉而继续下去。她的爱本身就是爱之永恒的保
证。若相爱的人坚守，它们的爱就会坚如磐石。若其中一个消
失，另一个也不会存在。一个人的存在完全由另一个人决定。

［……］①

　　我有一次梦见我在天堂里了……天堂不像是我的家，所
以我哭得很伤心，闹着要回到尘世来，惹得那班天使大怒，

---

　　① 该篇中省略的部分，探讨了希斯克里夫和凯茜之间关系的复杂性，以及与其
相关的其他几种关系，尤其是毁灭和缺失的关系。——编者注

把我扔出天堂，扔到了呼啸山庄高地上的荒原中心。接着，
我在那儿高兴得哭醒过来了（91）。

对凯茜而言，她对希斯克里夫的爱和升入天堂似乎是互不相
容的。爱希斯克里夫便意味着离开天堂。身在天堂，要与希斯克
里夫分离，又是对凯茜的放逐。两者只能选择其一不能兼而有
之。凯茜对希斯克里夫的爱是对上帝的无视，对上帝之法的
逾越。

在她与希斯克里夫的关系中，爱与宗教职责的对立从一开始
就存在。读者第一次看到这种关系时就发现，他们的爱是通过对
宗教和道德责任的弃绝而存在的。"希斯克里夫和我"，凯茜在
日记中写道，"准备反抗了"（21）。他们反抗宗教和家庭权威的
压制，他们以爱之无序和自由的名义进行抗议。这段日记描述的
事件发生在凯茜父亲去世后一个糟糕的礼拜日，那时她哥哥亨德
利是家中的暴君。尽管天气很差没法去教堂，约瑟夫却让凯茜、
希斯克里夫和那个小农工到阁楼上做三个小时的礼拜。宗教压制
要求人放弃一切快乐，所思所行都为礼拜服务。行使父亲权利的
哥哥，其暴政和宗教压制相当。"你们忘了你们还有个家长呢！"
那暴君说："谁先惹我发脾气，我就毁了他！我坚决要求保持完
全肃静。"（22）

暴政的象征是书籍，即被编纂成册的要求他人绝对服从的权
威。当凯茜和希斯克里夫试图躲在餐柜圆拱里连接起来的餐巾后
面，以逃避礼拜日时，约瑟夫却让他们回到新教徒礼拜日诵读虔
诚经文的旧时光中去："主人才落葬，安息日还没有过完呢，福
音的声音还在你们耳朵里响着，你们竟敢玩起来了！你们真不知
害臊！给我坐下，坏孩子！只要你们肯读，好书有的是。好好想
想你们自个儿的灵魂吧！"（22）这里读书与玩乐对应起来，前
者通向救赎，后者则是为一己私欲、偏离上帝的堕落之途。基督

徒只能二者选其一，凯茜和希斯克里夫扔进狗窝里的那两本经书又再次证实了这一点，它们的名字分别是《救世之盔》和《走向毁灭之大路》。对孩子们而言，只有两种可能：他们或者将自己裹在僵硬拘谨的救世之盔里面，或者打破一切障碍阻隔，迈向毁灭的大路。

约瑟夫在《呼啸山庄》中的重要性非同一般。他是个"最让人讨厌的，自以为是的法利赛教徒，他翻遍《圣经》，为的是把找到的好事都留给自己，把骂名都扔给邻居"（46），"待在有许多邪恶事供他训斥的地方是他的使命"（74）。对约瑟夫而言，世界上有两种人，一种人受上帝眷顾而得救赎，另一种人占大多数，他们堕入地狱且不可挽回。约瑟夫认为自己是上帝的选民之一，他歪曲了圣保罗（《罗马书》第8章第28节）的话说道："一切都要为了赐恩给那些从这个肮脏世界里选拔出来的好人！"（97）在约瑟夫眼中，上帝已经为多数人做好安排，无论人们怎么做都得下地狱。于是，约瑟夫深感自己有责任担当中间人，将上帝的诅咒带给恶人，将人类邪恶之事传达给上帝："哦，主啊"，他喊道："审判他们吧！我们人世的统治者是不讲公道，没有王法的啊！"（352）约瑟夫的上帝是愤怒的上帝，同约瑟夫一样，这个上帝将除自己以外的所有人判定为"没有出息"，这也是约瑟夫的惯用词之一（15，45，99，164，352）。这样的上帝是个虐待狂，他为其生灵遭受的痛苦而欢欣，为永远剥夺他们的快乐而快乐。

如果不是因为小说的中心事件源于孩子们接受约瑟夫对他们的评判，那么《呼啸山庄》中约瑟夫的宗教信仰看起来似乎无足轻重，只是用陪衬耐莉·丁恩似的较为温和的基督教派。然而尽管孩子们奋起反抗，他们却无法否认约瑟夫宗教信仰的效力。约瑟夫在恩肖家中的影响早已决定了他们对生活的理解。"凭着他一套假正经的讲经论道法"，耐莉·丁恩说："［约瑟夫］居然

取得恩肖先生的极大信任。而主人越衰弱，他的权力就越大。他
毫无怜悯地折磨老主人，大谈他的灵魂问题，以及对孩子要严加
管束的事。他怂恿主人把亨德利看成是个不可救药的人，每天晚
上还照例要在他面前说上一大通希斯克里夫和凯茜的坏话，而且
总是有意迎合恩肖先生的弱点，把最重的罪名推到凯瑟琳的身
上。"（46）

　　约瑟夫将《呼啸山庄》背后关于人类处境的观点表达得十
分清楚。这种观点显然属于基督教的新教主义。我们知道，艾米
莉·勃朗特受两种形式的新教影响，一种来自作为国教牧师的父
亲所信奉的福音派，另一种来自姨妈勃兰威尔（Branwell）和仆
人塔比（Tabby）所信奉的循道宗教派。从盖斯凯尔（Gaskell）
夫人对夏洛蒂·勃朗特的传记中，我们可以窥见这些影响的作
用。她提到，勃朗特牧师有一次问其中一个女儿（大女儿玛丽
亚，她在 11 岁时夭折），"打发时间最好的方式是什么"，得到
的回答是，"为来世永恒的幸福筹划安排"（Gaskell，1879：
42）①。为了天堂里的永世幸福而摈弃当前的快乐，温顺服从的
孩子，还有描述救赎约定时的商业化语言——新教主义的所有要
素都在这段介绍中体现出来。当勃朗特的孩子们既可能接受循道
派思想，又可能接受福音派国教思想的时候，勃兰威尔姨妈对他
们思想的影响也许最为直接，这些理念包括：人天生堕落，需要
上帝拯救；宗教理论的系统化相对而言无关紧要；笃信某些简单
的观念，如享乐皆罪恶，众生必行终极救赎之路，以及只有节
制、克己、忠于职守的生活才有机会终得救赎。循道派和福音派
都认可的育儿方法，神圣地记录在那时的儿童读物中，它认为本
能或自然的所思所行与可被准许的所思所行之间，存在着一种确
定无疑的对立。前者皆为害，因为儿童不也是原罪的带罪人，不

---

① Gaskell, Elizabeth. *The Life of Charlotte Boontë*, Lendon, 1879.

也将沿着毁灭的大路走下去吗？只有那些受控制的行为，不论控制是来自外界的强迫还是内心的自愿，才是有益的。有德行的生活是一场善恶两股势力之间的艰难斗争，一旦松懈，恶势力便会获胜。因此，约翰·卫斯理在他的布道"论儿童教育"中说道：

　　就我们而言，迁就孩子就是让他们的毛病无可救药。明智的家长应当在孩子产生念想之时就予以阻挠……在任何情况下，永远不能投其所好……尽早告诫你的孩子们，他们是堕落的灵魂……一位真正明智、体贴的家长会万分小心，不让孩子们滋长感官欲望，控制他们寻求感官愉悦满足的自然倾向。（Works，VII，126—129）①

　　不难看出，一个敏感的孩子在这些宗教教义的支配下很可能得出这样的结论：这场斗争还没有开始就已经失败了，向恶的自然本能太过强烈，任何自然方法都难以将其击退，这场冲突的条件让胜利毫无可能。这种对上帝与人类之间关系的看法，正是在《呼啸山庄》和艾米莉·勃朗特的诗歌中所表现的。凯茜·希斯克里夫，以及贡达尔诗歌中的人物，身处的情况既简单、明确又很合理。他们得知世上只有两种行为。有益行为本身不是目的，

① 艾米莉·勃朗特受到此种儿童教育的影响，这一点从夏洛蒂·勃朗特在《简·爱》中对福音派校长罗伯特·布罗克赫斯特（Robert Brocklehurst）的描写可以进一步得到证实。布罗克赫斯特以威廉姆·卡拉斯·威尔逊（William Carus Wilson）牧师为原型，也就是艾米莉·勃朗特七岁时就读的牧师女子学校的经营人，她和姐姐们于1824—1825年在那所学校念书。真实的卡拉斯·威尔逊并不比虚构的布罗克赫斯特更加快乐，他著有大批儿童书籍和期刊，被福特·K. 布朗（Ford k. Brown）称为"廉价的心灵恐怖读物"。这些书刊旨在向儿童头脑中灌输对上帝和地狱的畏惧之心。"在吓唬小孩子、让他们成为福音派儿童这件事上"，布朗说，"他算是一个惊人的大师；他那冷漠无情、正经到残忍的双手，定是在千千万万英国青少年的心中播下了宗教恐怖的种子"（Brown，1961：p. 463）。关于布朗对布罗克赫斯特和威尔逊的讨论，详见其作品第451—457、463页。

而是一种途径，借此实现那个唯一完满的结局——遵从上帝的旨意升入天堂。有害行为是那些本身是愉快的、对当前有益的行为。现世的生活，就是上帝安排的来自天堂的流放，任何妄想超越这一点的企图，都是对上帝律法的违背。

正是这个原因，循道宗信徒十分反对神秘主义，那个跨越堕落世界与上帝之间空白地带的、最显而易见的权宜之法。如果能打破罪恶之躯的沉重枷锁，随时随地享受与上帝交融的无限快乐，那么，企及上帝的需要与在现世企及上帝的不可能性两者之间不可调和的对立关系就可以打破。但是，和许多其他基督教派一样，循道宗信徒觉得，在神秘主义狂喜中与上帝交融，即使是真实的，也是转瞬即逝，因此只是生活的小插曲，而不是生活的主要部分。

艾米莉·勃朗特也认识到神秘主义并无多大效力。［……］勃朗特和循道宗信徒一样，认为现世获得的任何愉悦，甚至是与上帝神秘交融的快乐，都是暂时的，片刻的，是天堂永恒幸福的苍白映像。人们只有在死后才能希冀获得长久永恒、无边无际的快乐："一个沉思的圣灵不久告诉我 / 生命完结之前我们唯有不停企望……"（232）只要我们活着，我们就一直同上帝分离。所以在这个世界上，任何体验和经历，比如与上帝的交融，都无非是在通向毁灭的大路上又迈进了一步。这是在用唯一完满终结的映像来取代那个终结本身。这样犯下了盲目崇拜的罪恶，即用上帝的造物取代上帝，正如希斯克里夫提到自己即将与凯茜重逢时说的那样："我告诉你吧，我就要到达我的天堂了，别人的天堂对我毫无价值，我根本不想进！"（381），或者像艾米莉·勃朗特对贡达尔其中一个人物的描写那样："他的灵魂愿意为她 / 将美德、信念和天堂抛弃"（140），或者其中另一个人物对他的爱人说："为了你，在无尽的岁月 / 我甘愿忍受无限的痛苦……"（152）

　　为了求得救赎，希斯克里夫和凯茜似乎只能选择救世之盏而不是通向毁灭的大路。只是有一个困难：对艾米莉·勃朗特而言，若失去上帝的眷顾，所有人类的行为都是恶的，都在向地狱迈进。"为来世永恒的幸福筹划安排"是不可能的，因为时间总会让人离上帝越来越近，但却不能保证人死后会进天堂，对此人们总是无能为力。无论一个人追随上帝，即随时随地寻求人神交融的快乐，还是接受与上帝的分离，都在不断拉开他的灵魂与上帝之间原本已经无限广大的距离。艾米莉·勃朗特的世界，像卡夫卡、马修·阿诺德一样，是无上帝之境。对艾米莉·勃朗特而言，对卡夫卡也一样，人注定要犯下两大罪孽中的一种，要么是焦急、懒惰之罪——违反上帝的禁令，试图随时随地与上帝交融，要么是接受与上帝分离之罪——试图建立一个没有上帝的如意世界。艾米莉·勃朗特应当会赞同卡夫卡所言，人天生最容易犯下的罪过不是懒惰而是焦急。他们二人的区别在于卡夫卡的人物（《城堡》中的 K 是个不错的例子）总是十分天真地相信他们很快就会实现与上帝交融的目标，而艾米莉·勃朗特的人物并不希望离开他们现世的生活。在艾米莉·勃朗特的作品中，所有人都该下地狱，没有选择救赎的途径。若得了救赎，便是上帝对有罪之人的赠礼。正如有评论家指出的那样，贡达尔诗歌在这一点上除了继承"原罪说"这一传统，可能还要归功于拜伦。奥古斯塔就可以算是女性化的曼弗雷德。她也是饱受深重罪孽的折磨，不论怎么做都终将毁灭。和拜伦一样，在艾米莉·勃朗特看来，即使众人向德向善，人人皆受诅咒，无人可得救赎："人人都注定犯下罪恶，忍受哀痛／然而人们依然向远方深深凝望／仰慕德行那遥远的星光。"（122）

　　在相信罪孽的必然性这一教义方面，艾米莉·勃朗特不太像亚米尼亚斯派（Arminian）的卫斯理，而更像加尔文派的循道宗信徒乔治·怀特腓（George Whitefield）。卫斯理认为上帝的恩典赐福众人，接受恩典的人都可以得救赎。但对怀特腓来说，恩典只是赐予那些少数的选民："……上帝旨在通过耶稣基督，仅将救赎恩典赐予一部人；……让余下的人，在亚当堕落之后，继续他们的罪孽，并最终得到其应有的报应——永久的消亡。"[1] 怀特腓接受上帝选择和上帝遗弃的学说。个体的自由意志并不对其命运产生实际作用，因为一个人的意志掌握在上帝手中。没有多少人可以被召唤、被选中，一些人，可能是大多数人，不论怎么做都注定要毁灭。艾米莉·勃朗特和怀特腓一样，强调人容易犯下罪过，多数人都将面临被上帝遗弃的处境。

在上帝强加于人的奇怪处境中，人的所作所为只有两种可能，而两种都为恶，都违背上帝的律法。人可以在当下直接寻求与上帝的融合，打破他周围的阻碍，以重获天堂无尽的欢乐，但这样做得到的只是一种恶劣的融合假象。若走另一条路，人可以接受他与自然、他人、上帝的分离，这种选择往往是文明社会常用的道德权宜之计，《呼啸山庄》中的林顿一家便是代表。但是这种自私自利的盘算至少在某一方面也是违抗上帝：这样使当下的时刻本身不是目的，而只是达到将来某个目的手段，是对个人拥有物的保留或对更多拥有物的获取。这样，尽管世俗的谨言慎行起初是为了履行上帝的律法，但结果却建立了一个脱离上帝的尘世之国，这个尘世之国以人与人之间的算计为合作基础，致力于自身的目标，做每件事都是为个人利益的持久。从历史上看，这个尘世之国表现为生产、消费的商业社会，它成长于基督教国家中，仿佛正是由基督教内部的深刻矛盾应运而生。[2]

一个人无论是寻求与他人、他物盲目崇拜式的融合，以取代

---

[1] 这封信（pp. 628 – 644）清楚地阐释了怀特腓与卫斯理两人教义之间的差异。

[2] 关于这一过程，经典的研究有 Max Weber（1904, 1905；英译本：London, 1930）以及 R. H. Tawney（London, 1926）。

与上帝毫无可能的融合，还是让自己的孤立永远继续下去，对艾米莉·勃朗特来说同样有罪。在最后一首诗的开头，她描述了她的世界里堕落之人的普遍状况：

> 为什么要问日期和地点？
> 它们只不过是一些字眼；
> 人们向上帝下跪，崇拜罪恶，
> 像我们这样，蹂躏无助的弱者。
> （244）

（刘新民　译）

在艾米莉·勃朗特的世界中，人的处境既合理又不合理，而这一矛盾正源于上帝自身本质的矛盾。我们应当遵从上帝的律法，反对不以同上帝融合为目标的行为，这一点似乎相当合理，但是，既然在此没有什么行为能以上帝为目标，人的处境又是不合理的。上帝既规定了人的孤立，又向人承诺与他融合的终极快乐。在神圣之境，各生灵万物同在，彼此拥有，亲密无间。这个天堂中的上帝在一个广袤的世界里规定了理性、道德以及众人和万物的孤立。在一方面遵从上帝，在另一方面就是违背上帝，怎么做都得遭天谴。

一个公正慈悲的上帝与一个失去理性的暴君之间，其界限在一段布道文中展现得淋漓尽致。这段布道是在接近《呼啸山庄》的开头部分，洛克伍德在他奇怪的梦中听到的。从他的梦里我们可以看到，艾米莉·勃朗特的上帝是慈悲的上帝，他宽恕人的罪恶，尽管仅限于七十又七次。但同时，这个上帝又注定让人犯七十又七次罪，而且规定了不可原谅的七十一个的第一条是"任何一个基督徒都无须饶恕的罪"（25）。

杰别斯（Jabes）的布道文出自《马太福音》第 18 章第

21—22 节：①"那时，彼得近前来，对耶稣说，主啊，我弟兄得罪我，我当饶恕他几次呢？到七次可以吗？耶稣说，我对你说，不是到七次，乃是七十又七次。"这段文字首先说的是与他人之间的关系，接着以惊人的方式表现出基督教徒"伸出另一边脸给人打"的容忍美德。按照基督训诫这一情境，"七十又七次"似乎是要告诉我们，他人得罪我们几次我们就该原谅他几次，即使这个次数多得吓人。但杰别斯和他的会众都是经文直译主义者，于是将这段文字解释为，我们应当耐心等待他人得罪我们490 次以后，再起来反抗，给这个人重重一击。②所以才有在布道结尾处，会众冲向可怜的洛克伍德，所以才有洛克伍德因为杰别斯冗长无比的布道要求将他打倒："受苦受难的教友们，别放过他！把他拖下来！把他砸个稀巴烂！让这个人知道有他这个人的地方从此再也见不到他！"（26）洛克伍德这一举动似乎并不像新约而更像旧约的态度，同伊莎贝拉后来报复希斯克里夫时所主张的"以牙还牙，以眼还眼"（206）恰好呼应，也让我们想到亨德利为山庄定下的道德准则："用阴谋和暴力回报阴谋和暴力，完全公平合理！"（201）杰别斯、洛克伍德以及那些会众所关心的，不是将耶稣的话看作关于宽恕的训诫，而是以曲解的方式来证明，超出一定程度之后，复仇乃是合情合理，因为他们罪有应得。正如会众的朝圣节杖转变成了"大头棍棒"，这段经文的含义也被改变了。

　　杰别斯·伯兰德罕（Jabes Brarderham）牧师应当接着读一读《圣经》，因为就在这段文字之后，耶稣讲述了一个寓言，该

----

　　① Ruth M. Adams 说这段文字出自《创世记》第 4 章第 24 节，实际有误，因为《创世记》中的文字是"七十七倍"而并非《马太福音》18 章 22 节以及杰别斯布道题名中的"七十又七次"（Adams, 1958）。
　　② 英文中 seventy times seven 中的 times 既有"次数"的意思，也有"做乘法"的意思。因此杰别斯等人将其解释为"七十乘七次"。——译者注

寓言在人与人的关系和人与上帝的关系之间建立了一种联系
(《马太福音》第18章第23—25节)。寓言说的是一个熟悉的故
事，主人仁慈，免了他仆人的债，但当他发现他的仆人没有以同
样的慈悲之心对待欠其钱款的同伴时，便不再宽恕他了。主人将
他的第一个仆人交给"掌刑的"，说："你不应当怜恤你的同伴，
像我怜恤你吗?"这一节经文表明，如果我们宽恕他人的罪，上
帝便会宽恕我们，但是如果我们对他人毫无慈悲之心，上帝便会
惩罚我们，给我们应有的报应。正因为如此，《呼啸山庄》中的
上帝对待他的造物才这般残酷。因为他们对待彼此几乎没有半点
同情和怜悯，对上帝判予复仇的律法，他们也公然蔑视，这一点
在整部小说中都有所体现（69，205，206）。上帝在宽恕人490
次之后，竟然转而以最残酷的正义取代原有的慈悲，这一瞬间是
艾米莉·勃朗特十分关注的。艾米莉·勃朗特的上帝允许自己毫
无保留地给予报复，这与希斯克里夫、亨德利和伊莎贝拉对待他
人的方式并无差别：

> 皈依的时刻早已过去，
> 仁慈受尽轻蔑和挑衅，
> 为了最终倾吐出愤怒，
> 抛却因高傲冷酷的灵魂。
> 那愤怒永不会宽宥，
> 也决不生一丝怜悯，
> 将嘲笑受害者疯狂的哀求，
> 因他的悲哀而欢欣。
> 那受诅咒的人将永远
> 不会见到造物主的微笑：
> 怜悯占上风只有瞬间，
> 复仇才是永恒的基调。

（121）

（刘新民　译）

　　同艾米莉·勃朗特的其他作品一样，在杰别斯的布道中，上帝和人都被塑造成这样的形象：在需要表现慈悲和宽恕那一规定的时间范围内，他们用难以掩饰的焦急等待着，直到他们终于可以大干一场，好好伸张一番正义，将暴力发挥到极致。上帝与这些人唯一的不同，只在于他的力量没有极限。

　　杰别斯·伯兰德罕牧师的布道将基督新教的特点表现得十分显著：尽管新教努力承认每个人的独特性，并移除灵魂与上帝之间的阻碍，但最终却使每个人与他人、上帝之间的距离无限拉大。杰别斯的布道，似乎只允许敌意和仇恨成为人与人之间或人与上帝之间唯一的关系。在《呼啸山庄》这一基督教社会中，和艾米莉·勃朗特文章里的自然状态一样，毁灭是生命的法则，上帝注定让人彼此分离。在这个世界上，人们永远不可能在免受惩罚的情况下享有任何东西，诸如那"没有止境、没有阴影的来世"，那生命无限、爱意融融、其乐无穷的永恒的天堂，都是不可能的。

　　杰别斯的布道还有更加深长的意味。表面上人们可以理解布道中上帝的方式，但他们在试图了解上帝时却把脑筋动过了头，最终在无限费解中以冲突后的愤怒收场。为了让人们更好理解上帝的启示，新教的传统是将经文分篇分节，但是当一篇布道被"分成四百九十节，每一节的长度都相当于一次普通的讲道"时（25），就已经超出人们的耐心和理解力，变得荒谬无比了。假如这490节中的每一节都讨论"一种罪"，这些罪恶，如洛克伍德所说，都得是"性质极为稀奇古怪，我之前想也没有想到过的离奇罪恶"（25），是人所面临的又一荒诞处境。罪恶再也不能为理解和记忆方便仅仅分为七种了，罪恶的数量太大，几乎接近无限。不仅罪恶的数量不可理喻，而且一个人每次犯罪，都注定要犯一个不同的新罪："……似乎这位弟兄每次犯得是不同的罪。"（25）与此相关的另一个推论是这样：既然有那么多种罪，两个人犯同一种罪的可能性应该不大。尽管人人都有罪，但由于每样行为都是一种不同的新罪，所以每个人都是按照其所犯的罪而彼此区分，正如每个人生命的各种片段彼此不同一样。这愤怒的上帝强加给人的处境，只会让人与人之间催生仇恨、误解和分离，因为每个人都孤立在自己离奇罪恶的牢狱中，无法用衡量他人的标准衡量自身。这样一来，杰别斯的布道以一场会众间的混战结束便不足为怪了，因为每个人都是独一无二的，人人都应该与他人对着干。

　　在这样一个世界中，凯茜和希斯克里夫的分离在所难免。他们在荒原上乱跑乱撞时，命运将他们引入一段冒险，使得希斯克里夫只能在画眉田庄的窗外，眼睁睁看着里面的凯茜如何在一瞬间发生改变，如何再也不能和他成为本质的一体。和其他人一样，在他们的情况中，人类生存中再自然不过的分离和间断迟早会出现。凯茜和希斯克里夫的分离，和人的成长一样，自然发生，不可避免。尽管希斯克里夫完全可以指责凯茜，说她嫁给埃德加·林顿再次证实了他们的分离，但她却并不是导致分离开始发生的原因。其终极原因，是那个由上帝创立的、人类生存的本质。

　　逃避分离后，孤立随后而至——这一神圣的律法在艾米莉·勃朗特的诗歌中反复显现。这些诗歌表现的顺序特点是，在一段违禁的性愉悦之后，接着便是不可避免的后果：分离、流亡、监禁，以及最终的死亡。导致这些痛苦的直接原因多种多样，但其终极原因始终如一。这些诗歌就多次对人类生存的普遍规律做出表述。比如贡达尔王国是这样一个世界："当今之欢愉"换得的是"未来之苦痛"（187），"快乐依然通往邪恶，……欢愉是痛

苦的捷径……!"（185）"幸福在这样的岁月中获得／在那充满
折磨和泪水的黑暗"（121），以及"无情的律法坚决阻断／人间
的美德和真正的欢乐"（122）。艾米莉·勃朗特的作品中，没有
哪一篇能够如此真切地表达她对人类境况的阴郁态度。世上的美
德和欢乐都违背上帝的律法，但因法令一旦设立便不可撤销，因
而终将被严厉的统治者惩罚，正如希斯克里夫和凯茜儿时的爱之
后必然是分离。

　　一旦凯茜和希斯克里夫相互分离，他们该怎么办呢？无情的
律法生效后，还能做些什么呢？遵从或违抗上帝似乎都不可能，
因为美德和欢乐在凡间都不予允许。从凯茜和希斯克里夫对彼此
分离的反应，我们可以看到，他们与上帝之间的斗争是毫无希望
的，因为这个上帝和他的造物一样，都以毁灭为准则。

　　[……]①

　　凯茜死去时并不快乐，她只是与那个比她更像自己的存在完
全分隔开了。在将死的痛楚中，她表达了自己对进入天堂的渴
望："……让我最恼恨的东西，说到底，还是这一个支离破碎的
牢笼。我已经厌倦了，给关在这儿关腻了。我迫切地盼望逃进那
个极乐世界，从此永远留在那儿；不是含着泪水模糊地看到它，
也不是在痛苦的心境中想到它，而是真正待在那儿，待在那个世
界里。"（183）凯茜说得明明白白，除非希斯克里夫也在天堂，
否则她在天堂也不会快乐。可希斯克里夫依然活着，在屏障的另
一边，这屏障分隔着尘世的万物与天堂无限的关怀和欢愉。所以
凯茜欺骗自己，设法让自己相信，这个有血有肉的希斯克里夫不
是真正的希斯克里夫。她要带真正的希斯克里夫——她自己的希
斯克里夫——一起走："那不是我的希斯克里夫。我还是爱着我

_____

　　① 勃朗特的世界里，美德和欢乐是对应的，这一点在凯茜以及贡达尔诗歌中与
其相似的奥古斯塔身上都有所体现。

的那一个；我会带着他——他就在我的灵魂里。"（183）这一区分那么彻底，以至于她看见两个希斯克里夫，一个即将与她分离，一个在她的灵魂深处。然而她知道，假如希斯克里夫活着，而她死了，即使进了天堂，仍然不过是更加确定了她与他之间的分离。正如她两次告诉希斯克里夫，只要他活着，她在坟墓里也不会安心："我不愿一个人躺在那儿，他们会把我埋到十二英尺深的地下，在我身上压一座教堂。你不和我一起，我不会安息的……永远也不会"（144）；"我是得不到安宁的"（182）。

因为是自己意欲死去，凯茜依然算是掌控着自己的命运，但却无法超越她与希斯克里夫的分离。她对待自己生命的方式，只能让孤立更加确定无疑。无论是坐等上帝将彼此分离，还是在绝望中终得分离，无论是致使他人死亡，还是为了这必然的分离自己选择死亡，结果都是一样——远离一切欢愉，唯有了无希望、永无止境的哀痛。

凯茜死后希斯克里夫的处境，与凯茜活着时并不相同。他对自己处境的反应，不是绝望地接受分离，而是努力重拾曾经失去的完满存在。人类的普遍欲求是寻求与自身以外的东西相结合。彼此的差异，仅在于各人欲求的强烈程度以及满足欲求的不同途径。

凯茜死后，希斯克里夫将整个生活的重心放在了两个方面：他所失去的东西给他带来的痛苦，以及渴望她回来这一炽烈的欲求。因为凯茜是他的灵魂，失去了她，他只能在虚空的深渊中匍匐。为何他要花费大量时间精心策划，以毁掉画眉田庄和呼啸山庄以及其中的居住者？为何他以折磨亨德利、伊莎贝拉、哈里顿、小凯茜和他儿子林顿为乐？为何在凯茜生前和死后，他总是从事那些虐待和破坏的暴力事件？因为他是一个如凯茜所说的"凶恶、无情、狼一般残忍的人"，还是因为他的虐待行为有什么深层含义？

　　在希斯克里夫和埃德加打起来之前，有一段希斯克里夫和凯茜相互指责、相互谩骂的激烈场景，希斯克里夫说凯茜待他"太残酷"了，她背叛了他，嫁给了林顿。他说道，他不会"忍着不报仇的"（128），但是他又说"我不会找你报仇……暴君压迫他的奴隶，奴隶们不会起来反抗他，而是压迫那些比他们更低下的人——只要你高兴，你把我折磨到死我都乐意，只是也得允许我用同样的方式为自己找点乐趣……"（128）希斯克里夫对他人的残酷，是他与凯茜建立联系的一种方式。尽管希斯克里夫在呼啸山庄的出现扰乱了恩肖一家的生活，但是希斯克里夫与凯茜之间的关系，才是他针对其他所有人的真正根源，而且只是在与凯茜分开后，希斯克里夫毁灭性的仇恨才愈演愈烈，一发不可收拾。对他人的虐待，是希斯克里夫对凯茜能采取的唯一复仇方式，因为最能左右山庄变化的不是希斯克里夫，是凯茜自己。

　　希斯克里夫的虐待行为，不仅仅是想间接报复凯茜，同时也是以一种怪异、矛盾的方式想与她重建原有的亲密关系。如果凯茜可以说："我就是希斯克里夫"，希斯克里夫同样也可以说："我就是凯茜"，因为正如他所说，她是他的"灵魂"。凯茜拥有了希斯克里夫就拥有了整个世界，倘若她要失去希斯克里夫，"那整个世界便是陌生一片"。希斯克里夫也一样，失去凯茜后，他成为整个世界的异类，被世界抛弃。如果他和凯茜年少时的关系，能够让他通过凯茜拥有整个世界，那么现在，失去凯茜后，他也许可以通过占有世界来重新得到她。对他人施加痛苦、百般虐待，与摧毁无生命的物体一样，是一种冲破自身与世界隔阂的方式。既然希斯克里夫已经失去了凯茜，唯一剩下的东西——比如再也不能与凯茜融合——只有以毁灭的方式，让众人万物都和他一样。因此，他变成一个虐待狂，如贡达尔诗歌中裘利斯·布伦泽达遭奥古斯塔背叛以后转而向世界征战一样。《呼啸山庄》中希斯克里夫针对除凯茜以外所有人的暴力，诗歌中的战争主题，这两者都起着同样的作用。这两种情况都暗自认可，战争或虐待和爱一样，因为爱必须打破相爱人之间的分离，也具有毁灭性。奥古斯塔也是一个虐待狂。她一会儿鼓动她的情人们为她放弃荣誉，一会儿又背叛他们，让他们痛苦不堪。像爱一样，虐待是人与人之间的壁垒在坍塌那一刻的交融。虐待之乐的顶峰便是分离之感的消失。受虐人好像失去了他的界限，融入到整个世界中。与此同时，施虐人的自我也开始消解，和世界融为一体。希斯克里夫与凯茜的关系就是通过凯茜才和全世界交融在一起。他觉得他可以反转这一过程，通过同化全世界来重新得到凯茜，因为他唯一的目标就是和凯茜"一起化掉"，得到最终的幸福（329）。所以他打算这样去做，控制呼啸山庄和画眉田庄，然后毁掉它们。提及自己的财产，希斯克里夫说道，"我真希望把它们全都从地面上给毁了"（380）。由此可见，希斯克里夫一心想着的就是暴虐和破坏。英国文学中没有其他任何一个人物像他一样，从他人的痛苦中获得如此多的快乐："我没有怜悯！我没有怜悯！"他叫嚷道。"虫子越是扭动，我就越想挤出它们的内脏！这是精神上的出牙现象，越是疼，我就越使劲磨。"（174）在文中另一处，他向耐莉诉说他对他儿子和小凯茜的感受："很奇怪，对任何像是怕我的东西，我都会产生一种非常野蛮的想法。如果我是生在法律不怎么严厉，风尚不怎么文雅的地方，我一定会把这两个拿来慢慢做个活体解剖，作为晚上的娱乐。"（308）

　　希斯克里夫企图通过破坏和毁灭重新得到凯茜的努力失败了，正如奥古斯塔企图通过残酷的爱与外界融合，以及凯茜决定自己要死去，这些都会失败一样。希斯克里夫失败了，因为当他用残暴的力量将一切人和物统统消灭以后，他也一无所有了。他非但没有感觉与凯茜更接近，反而更加强烈地感受到他渴望已久的这种亲近感彻底消失了。奥古斯塔换了一个又一个情人，然后又接连将他们毁灭，因为在他们身上她得不到她想要的。希斯克里夫也发现自己狂暴的复仇并没有重新得到她,反倒因为失去她感到更加痛苦。"这是个很糟糕的结局",他问道:"我拼死拼活,竟落得这么个荒唐结局,不是吗?我拿了撬杠和鹤嘴锄,要拆毁这两所房子,而且把自己锻炼得像赫拉克勒斯那样能干坚强。可是等到一切安排妥帖,全在我的掌握之中,却发现自己连掀掉一片瓦片的意志都没有了……我已经没有欣赏它们灭亡的心情了……"(369)

对于自己已经丧失摧毁那两座房子的意志,希斯克里夫给出的理由再次证实,他与世间万物的关系都是他与凯茜的关系,同时,他这样说也是在承认,自己想通过毁掉两座山庄来重得凯茜的做法是一大失败。他说,世上的每样东西都在提醒他,凯茜存在着,但他却无法拥有她。经历一番破坏和毁灭之后,在暴行的废墟上,他真真切切意识到凯茜已经不复存在。"……对我来说,还有什么不跟她联系在一起的呢?"他问道:"还有什么不使我想起她呢?我哪怕低头看一下这地面,她的面容就印在地面的石板上!在每一朵云里,在每一棵树上——充满在夜晚的空中。白天,在每一件东西上都能看到她,我完全被她的形象所包围!最普通的男人和女人的脸——就连我自己的脸——都像她,都在嘲笑我。这整个世界就是一部可怕的纪念集,处处提醒我她确实存在过,可我失去了她!"(370)世界不再与凯茜同为一体,而是与凯茜的消失同为一体。对世界毁灭式的占有并不能拥有凯茜,只能再次面对凯茜消失后的空缺。她死后,希斯克里夫便生活在这样的地狱中:"我几乎就要看见她了,可是我还是没能见到她!当时我急得都快冒出血来了,由于我那苦苦的渴望——由于那想见她一面的狂热祈求!可我一眼也没能见到。正像她生前那样,老是作弄我!打那以后,我一直时多时少地被这种难以忍受的折磨捉弄着!"(331)希斯克里夫对他人的残酷虐待,结果只能让自己备受凯茜的折磨,她无影无形,却威力巨大。

在这个世界上，孤立的痛苦无可逃避。不管是被动还是自愿，不管是遵从上帝还是违背上帝，任何男人、女人都无法逃出——哪怕是随随便便的一分多钟也不行——自我本体外那令人窒息的围墙。人注定犯下罪恶，遭受痛苦，这律法一旦设立，便不可更改。上帝的一切造物，人类也好，动物也好，都像只丑陋无比的毛虫，藏身在花朵中，秘密地将花朵毁灭。万物的创造本身似乎就是一个错误，它像一部制造罪恶的机器，上帝在人堕落之后就该立刻毁了它。艾米莉·勃朗特对世界的看法让她对万物创造的整个体系十分排斥，并竭力谴责：

> 我在身边摘下一朵花。花朵初绽，美丽动人，可是有只丑陋的毛虫藏在花瓣中，使花朵已经开始萎缩。"多么悲哀的世间景象啊！"我感慨道，"这只虫子依靠这株植物保护自己，却又得毁掉它才能生存。为什么要创造虫子？为什么要创造人类？"……我将花朵扔在路上，那一刻我觉得整个世界就是一部巨大的机器，一部只生产邪恶的机器：我开始怀疑，上帝在人类第一次犯罪时没有将其完全毁灭是否出于善意。"这个世界本来就该毁掉、消灭掉"，我说道，"就像我毁掉的这只虫子，除了它自己和它碰过的东西让人厌恶之外，它一生什么也没做过"。(1948，17、18)

如果整个世界都该毁掉，人必将向着死亡——但不是他人之死，而是自己的消亡。人们自童年或胎儿时就保留了许多关于美好天堂的记忆，诸如那无限的关怀和欢乐。艾米莉·勃朗特的许多作品，就是探讨人们在现世如何可能实现这一切的种种方式。但是，所有方式都归于失败。每种方式都不过是证实了人注定要犯下的罪恶和忍受的痛苦。因此，艾米莉·勃朗特笔下的许多人物往往会面临这样一个时刻：当其他一切都遭遇失败，这些人会奋力一搏，全速奔向死亡。只有在死亡中，他们才能找到"无尽岁月的无尽福祉"（185），即世上万物间的最终阐释——天堂。

她的人物不是坐等死亡，即在闲适的生命过程中，在生命点点滴滴的消逝中，等待死亡悄然而至。这些人物的生命力太过旺盛，注定为其所害。"我是个强健的人，这对我来说就更痛苦了"，希斯克里夫说道，"我还要活下去吗?"（185）死亡是最强烈的意志行为。这种意志通过毁灭自身的内在力量来毁灭自己，只有力量耗尽，才能实现死亡。

在死亡之门的另一端，等待着人们的会是什么呢?

> 漫长痛苦的岁月会否，
> 以恒久的泪水为惩罚?
> 不，我决不认为那样;
> 仇恨的上帝不会容忍，
> 也不会在万世中观赏;
> 他的造物在战栗中绝望!
> （138）

对艾米莉·勃朗特而言，倘若说所有人都会毁灭，同样，所有人也都可能被救赎。她确实支持卫斯理所倡导的、被怀特腓所诟病的"普遍救赎"观（1834，629，634，636）①，或者说，她相信所有人都有得救赎的机会。如果一些人可以被拯救，那么所有人都可能被拯救，因为没有哪个人比其他人更值得获救。艾米莉

---

① Whitefield, George. "A Letter from the Rev. George Whitefeld to the Rev. John Wesley". John Gillies, Memoirs of Rev. Whitefield. New Haven, 1834.

·勃朗特仿佛曾经体验过死亡的时刻，或是曾经身在上帝赐下救
赎恩典的最后审判。她认可约翰·卫斯理所说的："上帝赦免的是
不虔诚的人，而非虔诚的人；上帝宽恕的是不够神圣的人，而非
已经足够神圣的人。"（Works, V., 50）对卫斯理而言，上帝赐
给现世的人恩典，受惠于这些恩典便会在善行中体现，末日审判
时，上帝根据这些行为对人进行评估，因为善行意味着忠诚，因
此得圣洁。所以卫斯理是反对唯信仰论的。而对艾米莉·勃朗特
而言，她却相信某些人在死去时能够得到上帝救赎的恩典。

　　艾米莉在诗歌中反复证实"人人注定要毁灭"这一律法是可以
反转的。贡达尔诗歌中的一个人物这样说道："倘若多年之前我犯下
罪过／这罪过也应被哀痛洗脱。"（138）奥古斯塔让她的一个情人
"召唤死神吧——是的，死神，他就是你自己！"因为尽管由于爱奥
古斯塔而犯下罪过，也以死作为惩罚，但死亡却是得到永恒幸福前
的解脱。俗世罪孽的尘埃永远不会让心灵污秽：

　　　　若你在这眷念之世界犯下罪孽，
　　　　那不过是阴郁之尘的短暂停留——
　　　　你的灵魂像来时般净洁，
　　　　回归上帝时它纯粹依旧。
　　　　（71）

　　艾米莉·勃朗特对人类处境的观念中最自相矛盾的结论在
于，她相信由罪恶带来的痛苦足以弥补这个罪恶。每个人都注定
犯下一些罪过，也都注定在进天堂之前忍受一些痛苦。当然，被
动顺从的人，像埃德加·林顿一家，并不完全遵循这一法则。他
们是在很长一段时间里一点一点地将他们罪恶的配额用掉。而
且，末日审判时，世界的大转变需要一直等到"罪恶挤出最后
一滴毒汁，死亡射出最后一支利箭"后才会实现。一定数量的

罪过对耗尽罪恶这一巨大工程十分必要，这样新生命的再生才得以成为可能。在艾米莉·勃朗特笔下，历史事件的高潮便是一场世界范围内的大浩劫，人和动物的所有罪孽和痛苦，都在这场浩劫中，在承受和忍耐中熬到苦涩的终点，最终转变成天堂的幸福："上帝正义且慈悲，对其造物而言，无论是人类还是动物，有理性的还是无理性的，上帝降于他们的每一分苦难，我们天性中的每一分痛苦，无疑都是为天国之丰收播下的一粒种子。当罪恶挤出最后一滴毒汁，死亡射出最后一支利箭，罪孽和痛苦将在火葬的烈焰中了结，离开受它们折磨的苦难之人，进入幸福光辉的永恒之境。"（1948，18，19）

既然所有人注定要犯下罪孽，承受哀痛，那么人人都理应渴望死亡，最幸运的人便可以最早死去。同样，万物创造的终极目标，也是罪恶最终耗尽时那炽烈的死亡。因此，贡达尔诗歌中的一个人物才可以这般呐喊：

> 而我不会错过任何刺痛，也不希望减轻折磨的煎熬；
> 历经的痛苦越多，福祉的到来越早；
> 身着地狱之火的长袍，天堂般的光芒闪现，
> 倘若这预示着死神的来临，圣景亦在眼前。
> （239）

同样，在艾米莉的"黑斯廷之夜的哈罗德国王"一文中，哈罗德国王在战场遭遇死亡，实际是从沉闷压抑、阴谋四起的宫廷生活中得以解脱。和贡达尔诗歌一样，在本篇中，战争导致死亡，但最英勇的战士不是胜利者，而是战斗中的牺牲者。哈罗德国王在黑斯廷之夜发生了翻天覆地的变化，他至高无上，他无拘无束。因为他不仅能释放自己的所有本能，尽情杀戮，残酷施暴（一切出色的战士都是施虐狂），而且他即将获得他生命中真正

的自由——死亡："战士们和造物主都可以看到，一个非凡的灵魂在他的眼中熠熠生光；同时，万千种人类情感在他身上迸发，它们被升华，被净化，几近神圣。他的勇敢、骄傲不是鲁莽，他的愤怒合情合理，他的自信绝非独断。他内心的信念是，除了死神，没有任何人力可以将他击败。对于死神，他早已臣服，因为英雄触碰死神就如同奴隶挣脱枷锁。"（1948，12）[①]

　　死亡是我们俗世状态的一种彻底转变，因此任何通向死亡的途径都可以视为神圣。艾米莉·勃朗特在描写这一转变时，最主要用到的就是丑陋毛虫变身为美丽蝴蝶这一表现心灵解放的传统形象。现世与来世毫无相似而言，即便这恐怖无序的现世是进入和谐天堂的必要开端。因此，既然艾米莉·勃朗特已经称万物之创造为"疯狂"，她也可以这般直言："尽管如此，我们在出生日依然欢庆，依然颂扬上帝让我们来到这样一个世界。"（1948，17）凯茜和希斯克里夫的痛苦磨难已经转变成天堂的无限安宁，其象征就体现在小说结尾处洛克伍德所看到的"飞蛾在石楠和风铃草中展翅飞舞"（385）。同样，在关于蝴蝶的这篇文章中，我们也看到，说话人刚一摧毁毛虫（这也是大自然毁灭规律的一部分），一只美丽的蝴蝶便展翅飞出，隐入苍穹（1948，18）。

　　摧毁毛虫才能生出蝴蝶，这说明即便是自然中最极端的变化对艾米莉·勃朗特来说也不算足够。以艾米莉·勃朗特的自然观，毛虫不能自然死去，而必须死于暴力。生命不是产生于生命，如蝴蝶产生于毛虫；生命只能产生于死亡，如蝴蝶从毁灭的毛虫中飞出。无论这一变化的速度多么迅速，都不是一种连续性变化，而是一种完全的突变：生命来自死亡，天堂之福祉来自世间之痛楚。

---

　　① 见 Roger Caillois, "War and the Sacred"（1959, pp. 163 – 180），他对战争的宗教意义所做的阐释与艾米莉·勃朗特的观点相符。

毛虫转变为蝴蝶这一形象，不仅仅表现了罪孽之人死后向蒙福之人的转变，同时也代表了整个世界的变化，即在末日号角吹响时，世界将转变为"一个新的天堂和一个新的人间"。认识到这一转变的必然性，我们便明白，质疑上帝准许万物创造衍生的智慧乃是冒昧之举。正如没有毛虫就不会有蝴蝶一样，没有这个疯狂的世界，不慢慢耗尽罪恶配额的"最后一滴"，就不会有"幸福光辉的永恒之境"。在论蝴蝶的文章中，说话人被眼前发生的神奇变化所触动，感叹道："让生灵万物不要再评判其造物主了，世界的象征即将显现——正如丑陋的毛虫是华丽蝴蝶的初始阶段，这个世界也是一个新天堂和一个新人间的萌芽，其微不足道的美丽将远远超越人类的想象。想到如此粗鄙之物将迎接一个如此辉煌的未来，你怎能不鄙薄自己的盲目与冒失，竟会去指责全知的神没有在自然萌芽之时就将其毁灭？"（1948，18）

这种对世界的双重看法，在多首诗中都有所体现。这世界在人类眼中既是一片丑恶，同时又会转变、美化为其相反的景象。每一分痛苦，每一个暴行，每一则罪过，都是必要而有益的，都为那个终极大转变所用。在其中一首诗中，这种转变的表现形式是"漆黑的大海"变成"明媚的大洋"，"广阔，明亮，波光闪耀"，"如太阳般洁白"（221）。在另一首诗中，说话人正在哀叹寒冬对夏日美好景致难以阻挡的破坏，突然空气似乎被"成千上万闪烁的火星"点燃了，这些"闪耀的小精灵"预示着这样一个真理，同人类的邪恶一样，动植物在冬季里死去十分必要，因为这样才能使"永恒之日"更早到来。这闪耀的小精灵之歌，以另一种方式向我们传达，痛苦于我们有益，承受的痛苦越大，就越早实现作为生命目标的死亡：

啊，凡人凡人，快快送终；
由时间和眼泪摧折，

那样我们可飞满天空，

处处便洋溢欢乐。

让悲痛分散苦难者的注意，

黑夜将他的路遮掩；

它们催他快快去安息，

绵绵无期的长眠。

对于你这世界像块墓地，

赤裸的沙碛一片；

对于我们它是繁花满枝，

越来越明亮鲜艳。

倘若我们能撩开头巾，

朝你的眼飞快一瞥，

你就会为那些活的人高兴，

因他们都将安息。

（200）

（刘新民　译）

　　如果生命之美好仅仅是因为它使死亡成为可能，那么希斯克里夫的确有充分理由将其一生的暴虐行为称作"精神上的出牙现象"，而且毋庸置疑的是，尽管希斯克里夫不屑地声称他只是在找寻他自己的天堂，但只有当他和凯茜"重归神性"的时候（211），他们才能重获拥有彼此的快乐。死亡是生命的真正目标，谁在否认上帝分离之律的徒劳中耗尽自身，谁就最先到达死亡。在诗歌和小说中，将人们最直接引向死亡的两种方式，是违禁之爱和人身暴力。尽管对他人的暴力虐待或和他人的违禁之爱，与死亡以及死后和上帝的融合不尽相同，但与默默忍受分离相比却更为接近。这两种方式冲破了自我的重重包围，为自我和天堂中无限的爱与关怀融为一体做好准备。

　　在缺乏自我意识的孩童时期，凯茜和希斯克里夫并不了解未来的分离，他们在那时拥有的东西，只有在他们死后才再次获得。他们不是顺从地接受孤立，而是努力获得在现世的融合，最终耗尽全部气力，以此获得安宁。用乔治·巴塔耶（George Bataille）的话说，他们的英雄气概体现在"以死亡的方式认可生命"（1957，12）①。凯茜的死是由他们的相拥引起的："他们各自站住一刹那，接着我根本没看清他们是怎么聚在一起了。只见凯瑟琳朝前一扑，他就把她接住了，他们俩就紧紧拥抱在一起，我心里想，我的女主人从这样的拥抱中放开时，是绝不可能再活着的了。事实上，照我看来，她好像立刻就不省人事了"（184）。希斯克里夫疯狂地想接近凯茜的灵魂，在这一过程中他耗尽自己的生命力，也终于死去："我得不断提醒自己：要呼吸——几乎还得提醒我的心脏：要跳动！这就像要把一串硬弹簧扳直一样……哪怕是最细小的动作，要是没有那个思念在带动，做出来也是被迫的；不管是有生命的，还是无生命的东西，如果跟我那个无时不在的思念没有关联，我也是被迫才会注意到的……我只有一个愿望，我的整个身心都渴望实现它。我已经渴望了那么久，这样毫不动摇，以至于我确信它定能达到——而且很快就要达到了——因为它已经耗尽了我的一生，我已经在期望它的实现中被吞没了"（371）；"……你怎么能叫一个在水中挣扎的人，在离岸只有一臂之遥的地方停下来休息呢？我总得先到岸，然后休息啊！"（380）。

　　在《呼啸山庄》的结尾，凯茜和希斯克里夫通过上帝实现了相互融合的安宁。这个上帝一方面是无所不在、至高无上的，他完全超越这个世界，为世界耗费心神，另一方面这个上帝既然

①　Bataille 在他那篇关于艾米莉·勃朗特的精彩文章中写道："L' érotisme est, ··· l' approbation de la vie jusque dans la mort"（1957，12）。

无所不在，因而又存在于这个世界之中，犹如小说末段那掠过荒原的微风。我们无须像洛克伍德所说"想象在这样一片安宁的泥土下"，"在宜人的天空下"，"长眠于此的人却并不安宁"（385）。只有在死亡这个完完全全的交融之境，希斯克里夫才能与凯茜"化在一起"，得到最后的"快乐"。凯茜和希斯克里夫最终的幸福，如同他们童年时的第一次融合，只能从象征的角度来看。两个相爱之人的分离引发了猛烈的风暴，它席卷而出，吞噬了小说中的所有人物，最终被平息，重归宁静。希斯克里夫冲破阻碍，抵达旋风中心的静止点，在那里，所有的对立冲突纷纷化解，他重新拥有了凯茜，因为在上帝那儿他拥有一切。和风拂过草丛，吹进呼啸山庄敞开的窗子里（350），这一切都让人真切地感受到，希斯克里夫获得的安宁又再度折返，影响着这个世界。位于中心的宁静向其圆形外围渐渐扩散、蔓延，将柔和的光辉洒满整个世界。洛克伍德所见到的呼啸山庄中人们最初的野蛮状态终于得以改变。

［……］①

在《呼啸山庄》中，巨大的压力以及强烈的渴望和意志主宰一切，足以穿过现世进入超自然世界。风暴在接近中心处最剧烈，但中心却是一片平静。希斯克里夫用尽力气，一直想要抵达那个岸边，最终到达后，他找寻到的和谐再次返照他身后那个世界，使哈里顿和小凯茜间的温和之爱得以可能。只有经过希斯克里夫的暴虐，才会有平静之爱，而非洛克伍德或林顿一家的虚伪和闭锁。

艾米莉·勃朗特通过《呼啸山庄》说明，社会若任其发展，便会越来越空洞、空虚，直至教堂消逝、上帝消失。只有恢复上帝，才有复兴社会的可能。与神圣之境的交流不能以平静、慈爱

---

① 本篇的最后一部分始于对凯茜的故事和小凯茜的故事之间异同的探讨。

的方式进行，必须有一个人打破宗教、道德的律法，进入介于上帝和人之间的禁区。进入这个区域，就意味着要进入恐怖、堕落之境，要被迫将这一破坏力带回世界，并为这种破坏力粉身碎骨。凯茜和希斯克里夫在试图将儿时的关系延续到成年时，便进入了这样一个危险的领域。

在凯茜和希斯克里夫之间非同寻常的风暴之后，必然是痛苦和死亡，但它却使第二代人的幸福成为可能。只有第一代爱人的罪恶"挤出最后一滴毒汁"，以死亡为代价换来快乐——只有那时，呼啸山庄的烈风才能变成小说结尾处的和风，吹向哈里顿和小凯茜，吹进敞开的门窗。艾米莉·勃朗特在她关于蝴蝶的那篇文章中，提及世俗之罪恶和哀痛向天堂之欢愉的转变，这里第一对爱人被第二对所取代，正是这一转变在世间的重演。文明的和平、安宁与希斯克里夫非理性的越矩、暴虐并非不可调和的对立面。希斯克里夫和凯茜的毁灭之爱正是哈里顿和小凯茜和美之爱的必要基础。

这两个爱情故事的关系在小凯茜身上形象地表现出来：她独自坐在即将咽气的丈夫身边，忍受死亡的现实带给她炼狱般的痛苦，但这对于她自身的成长以及后来和哈里顿最终的幸福生活来说，是不可或缺的一步。她必须间接感受死亡之痛，而且要达到她在林顿死去时所说的那种程度："你们丢下我，让我一个人跟死亡搏斗了这么久，我感到的和看到的只有死亡！我觉得自己也像死了一样！"（335）只有经历了死亡，她才能开始慢慢教育起哈里顿来，开始重建文明的生活。她之所以与死亡面对面，是因为她卷入了希斯克里夫企图通过摧毁两座山庄向凯茜报复的计划之中。这里，暴力和最初的情人的痛苦再一次让下一代人的美德与幸福成为可能。小凯茜的个人经历与小说中展现的历史进程实现完美的契合：通过恐怖、暴力、死亡，在虚假的孤立中，将建立起一个以和谐之爱为基础的成熟的社会。

　　然而在《呼啸山庄》的结尾，尽管一个良性社会已经创立，但吉默屯沼泽区的教堂仍然连一个牧师也没有，教堂本身也开始渐渐腐朽。在末尾处，就在最后那几段描写埃德加、希斯克里夫和凯瑟琳的墓碑，描写飞蛾在风铃草中振翅飞舞、微风轻轻拂过草丛之前，小说刻意强调了教堂的破落，并对其情景进行了描述。为何教堂没有在文明进程中重建起来？这一问题的答案将是对《呼啸山庄》内涵的最终阐发。

　　教堂被遗弃是因为它们不再必要。上帝已经从极端新教主义那个至高无上的神，那个用愤怒强制实行其律法的上帝，转变为源于内心的、像掠过石楠的微风那样无所不在的上帝。人们可以在任何时候任何地点，通过人类之爱，拥有这个新上帝那亲切仁慈的力量。希斯克里夫和凯茜强行进入上帝所在的世界，不仅让哈里顿和小凯茜间的平和之爱得以可能，而且使制度化的宗教变得毫无裨益。希斯克里夫和凯茜之爱成为天堂与世间新的中保，也使当时任何其他的中保成为多余。他们的爱将"一个新的天堂和一个新的人间"带入这个堕落的世界，并使之成为当下的现实。

（朱静梅　译　周敏　校）

哈　代

[……]

在我关于哈代诗歌的"语言学时刻"的讨论中，我将围绕符号与其所借以写作、雕刻以及表达的材料间的关系谈谈看法。托马斯·哈代是现代最伟大的以英语写作的诗人，这一点得到了普遍认可。他当之无愧地可与叶芝（Yeats）和史蒂文斯（Stevens）比肩。但是关于哈代究竟有多伟大、怎样理解哈代的诗歌等，则鲜有共识。假如译者选择要"精读"，那么光是其数量就够吓人的。更不要说解释其诗歌所带来的巨大难度。① 大部分抒情诗歌都难以评价，哈代的诗歌更是如此。他们或是否定分析技巧，或是似乎不需要它们。[……]② 而且，很难想象一本包括超过900篇文章的书拿来精读。而任何试图将哈代的书减到可控范围的做法都是不成功的，当然，也包括我自己在这里仅讨论哈代的一小部分诗歌。[……]③

如果单独的精读不能令人满意，那么研究整体然后通过标注诗与诗的相似点再据此分类，按主题或现象组织也同样不可取。

---

① 哈代的诗歌被视为一种对于罗马泛神论的颠覆，一种"错误导向"，从罗马式的关注自然到关注语言和符号所标记的自然的转换。——原编者

② 引用的两篇文章阐述在读哈代诗歌时所遇到的问题，并附有批评例子参考。——原编者

③ 米勒（Miller）从哈代本人关于诗歌的次序和统一性问题的理解出发，提出关于怎样读哈代诗歌的警告。——原编者

哈代诗歌的主题之一，也是他小说的主题，是每个时刻的独特体验，也是那一时刻各个语言记录。每一个时刻、每一篇文章，都是无与伦比的。如果把某种体验或某首诗歌看作是与其他的相似的或是重复的，然后就据此做整体解读模式，那么这就是在犯简单化的错误。这是诗歌本身所不断反对的。

［……］

《诗歌全集》（*The Complete Poems*，1978）中的诗歌就该按照明显的无序来进行阅读。这种无序的秩序就是一种根本的不一致和"无关性"。这种不一致体现在它无法通过直究根源来达到一致或统一，至少哈代是这么说的。"哈代的理念"国度，或是记录这一理念的地形图的文章的国度是无法用图表显示出来的。它是无法描绘的。

几种不一致同时出现在哈代的一本诗集或是收录在一起的一整个系列中。一个就是时间的不一致。这种无关性来源于一个奇怪的事实，即不同时间的记录——例如（这里只是一个例子），以诗歌的形式——可以并置在一个集子里。它们就像一块土地或描绘那块土地的地图上相连的小块土地。在上述引文中，哈代曾表示，写于不同时期的诗歌必须要"不相关、甚至不一致"。对于哈代来说，至少是在这篇文章中，时间是一种必要的不连贯媒介。空间的字面意思，在一片土地、一幅地图、一本乐谱，或是在《中晚期抒情诗》（*Late Lyrics and Earlier*）中连续多页的诗歌中，是并置及"临近"的领域。这种时空的奇特的不一致性使得"偶然的小震撼"成为可能，这些小震撼是由偶发的不同时间的空间记录的并置引起的，批评家和记者的意识试图将其调和。他试着使其在意义以及地理位置上相关，但这是无法完成的。这种由偶发的不同时间的空间并置所引起的不一致是文章的财富。在这里，文章成了哈代对于"印象"的注解。这对于文章来说是件奇怪的事。就好像一首曲子，或其中的任何一部分可以任意挪动、重置。它们可以以任何顺序组合起来。结果是，诸如哈代的诗歌这样的集子，被"偶然"组织起来。就像一个"混合物"那样，几乎一定是不和谐的。

　　思想及其本身的不一致要加诸时空及文章既是物体又是意义的事实的不一致上。哈代总是公开在其后续的诗歌集的前言中坚持说，试图找到"思想的连贯"及"在各种不同时间、环境和心境下的写作的连贯性"是错误的（1978，84）。他的诗歌，他说道，不代表某一个统一的"人生观点"，相反，"我从都不试图协调一系列转瞬即逝的印象"。思想的不一致自然而然地来源于时间、空间及偶尔的前后文的不一致。任何由批评家加诸哈代身上的概念或理念的一致性都是一种错误的构建，这是由不由自主地想要抚平毛边的欲望所引起的。批评家想要让作家的一切都便于他清楚地以这种形式总结："对于哈代来说，是这样的"，或者"在哈代的诗歌里，那是普遍的规则"。诗人告诉读者，不存在那种统一。也许唯一存在的规律是不符合以及不同，总是无法包括并列、相匹配的那些规律。

　　[……]①

　　哈代的诗，据他所说，是"无关的，甚至不一致的（情感）溢出的并置"。这仅仅是因为他们是未加工的印象，是"一系列的转瞬即逝的印象，我从来不试图协调它们。它们是通过谦卑地记录我对于那些机会和变故加诸我身上的［生活］现象的各种解读所产生的"（1978，84）。如果是这样的话，那么诗歌的不连贯就不仅预设了诗歌中表达的各种"生活哲学"的不连贯、其音调的不和谐，更预设了各种对于生活现象解读的自身的瓦解。果真如此的话，这些解读就会和谐。事实上，它们的不和谐

_____

　　① 哈代拒绝自身的统一性在大卫·休谟（David Hume）拒绝个人或组织的统一性的讨论中被认为是相似的。

就证明如果某事物要一直同它自身保持一致，那么世上根本没有哈代或哈代的思想这一说。哈代只是各种思想碰巧聚集的地方。哈代诗歌的价值在于，它们是对某一时刻所产生的印象的真实记录。其价值就在于每一种印象都是"不加修饰、不加协调的"。所有都是被杂乱地放在一个集子里，甚至没有给编上虚假的次序——既不是按照年份的顺序，也不符合逻辑，更不是什么音乐的"渐进"顺序。这种无序反映了它们存在于哈代意识中的样子，它们在他保存纸张的地方，在他抽屉或是其他什么地方的样子。

正是在这种情况下，读者必须要理解哈代奇怪的又常被忽视的反复声明。他说，他以第一人称写的诗是戏剧化的独白。在他为第一本抒情诗集《威塞克斯诗集》（*Wessex Poems*，1898）写的简短的前言中，他写道，"这些诗歌在观念表达上很大程度上是戏剧化的或人物化的，这在那些看上去不是那么明显的地方也是这样"（1978，6）。同样的话还在《今昔之歌》（*Poems of the Past and Present*）（1902）中重复过，不过把"不那么明显"换成了"不那么明确"（1978，84）。我想，这也许意味着大部分的诗，即使是没有前后文暗示的——例如，以第一人称为题目或使用第一人称的——都应该被想成是一个虚幻的人物所说的，而不是托马斯·哈代自己所言。在《时间的笑柄和其他诗歌》（*Time's Laughingstocks and Other Verses*，1909）中，他又做出了同样的否认。这次，他公开表示，诗歌的不连贯是由于它们是"人物化的"："意义的断开是不重要的，尤其当想到以第一人称所写的抒情诗将被视作由不同角色所说出的戏剧独白的时候"。（1978，190）

[……]

对于哈代来讲，在抒情诗中严格而谦卑地忠实于每一时刻的印象意味着要变成一系列不相关的人。结果是，被人物化的诗集一会儿由这个人说，一会儿又由那个人说，不管它们是不是可以由那一时刻的托马斯·哈代以第一人称说出来。哈代并不通过想象一会儿把自己变成历史或小说中这个人或那个人。相反，"哈代"是一系列不相关的、转瞬即逝的人。每一个都是那一时刻印象的产物，然后再将这一印象在拟人化的诗歌中记录下来，而后他们都消失不见，除非再重读诗歌，或是回想起过去的印象，否则他们不会再出现。"托马斯·哈代"不是他自己，他不是任何人，他是一片空地，没有围墙，没有边缘，没有方位。在这里，易逝的人物暂时出现，然后再消失不见。他们只在写满诗歌的纸上留下剪影，这些诗歌哈代一直保存着，有时直到四五十年后出版。

我已经说过，过去的印象还可以回想起来。对于哈代来说，回想甚至不需要借助于作为"记忆工具"的诗歌这种书面形式。哈代在他存在的暂时性上这两种可能性都很小。一方面，他不能一直做同一个人，一会儿也不能保持相同的思想和感情。无论他多努力地想要保持原样，就像诗中所说的"风的预言"所证明的那样，一种无法抗拒的无常迫使他背叛自己。另一方面，不论他多努力，他都无法忘记那个他曾背叛的早先的自我，那些他不再感受到的情感。它们时不时地会回来，突然地，无法预料地，默默地指责他的背叛。

[……]①

如果所有这些不连贯的形式导致了哈代诗歌的不一致和不关联，那么在这种紧急情况下，批评家可以，其实他们最好还是听从哈代的建议。他一定希望他有哈代所要求读者具有的那种能发现正确注解的机敏，他一定会一首诗一首诗地读，来尽可能搞清楚每首诗究竟对于生活现象做了怎样的易逝的解读。他一定会尽

---

① 考虑到哈代同休谟在记忆观念上的不同。——原编者

可能坚持要把诗歌按大的主题联系起来，他一定尽可能注重那些一次勾勒出一片土地的细节。他不会试图获得能够看到整个艰难王国的国土的俯瞰图。哈代曾决绝地说道，照道理来讲，他收录在一起的诗歌不应该被看作是统一的思想王国，也不是对于这种思想的语言注解。它们更应该是一种分散的聚集，任何企图将其融合的行为都会是失败的。

[……]①

哈代诗歌的特征在于其无常。其连贯性在于展示某种无关性，展示其耐心的、终身的、不断更新的试图准确记录并解释的努力。这当中值得注意的是片段的结合和部分的相符。诗歌、体验的时刻、心境、此时到彼时的自我，对于哈代来讲既不是完全分裂也不是完全统一。这就是他痛苦的原因。

为什么对于哈代来讲生活的统一既不可以完全异化也不可以完全同化？无关性来自某种语言，或者总的来说，来自符号。我所列举的所有诗歌都显示出语言的这一特色。对于哈代而言，位于目的与行为之间、不同时刻之间、自身与他者之间、意识与全景之间的，是词语。词语的这种袭击（descent）就是哈代诗歌中的"语言学时刻"。所有这些诗歌都以这种或那种方式与首先产生的语言或符号的力量相关联，然后产生作用。符号有一种强制性作用。它们无限期地重复这种作用。一方面，它们没有任何自觉的世俗或神圣的目的。另一方面，它们的写作材料也没有什么根据。重要的是，这些只言片语不能形成一个系统。每一个都有其自身的意义，正如哈代称之为"片段"的分开的单一体（见《片段的结尾》[226—227]）。但是一个给定的选集，比如我所选的这一群组，并不相符而形成一个完整体。尽管一系列例

---

① 文章的这一部分以米勒称作"一些诗歌的简单概括"开始，在阅读哈代的《诗歌全集》（*The Complete Poems*）时会碰到。——原编者

证表明，并不存在绝对的整体，只有不一致的混合物。其中一种混合就是哈代所有迥异的诗歌都收在《诗歌全集》这个集子里。

任何片段都有其各自的前因后果而不能形成连贯的整体（即使是与看似属于其他生活故事的书中临近的诗歌分离开来）。每一个都是由对前诗的否定而来。每一个又反过来被后面的诗否定。尽管这一片段不属于任何一个连贯系列，它却也不会消失。在结束的时候它沿着自己留下的轨迹继续行走。这些轨迹交互影响，不能停止。它们有一种力量，能进入并不相合的环境中，并几乎都产生破坏性力量。《再现》（The Re-Enactment）中刻在墙上的早期爱情故事"不给后来的激情留有余地"。它破坏了在那里开始的新的联系，旧的片段一旦产生就既不会被废止，也不会随着时间抹去自己，像镌刻在墓碑上的那样被逐渐风蚀。旧的片段，或者说它所做的记号——比如它的签名，在它并不适合也不能通过修饰或重新解读而被同化（在最根本的意义上使其"相似"）的新环境中重复自己。这些片段只是盲目地出现在各个地方，就像一列无人驾驶的火车行驶在轨道上。

让我来解释清楚这在我所选的多种不完全和谐的诗歌主题中是怎样的。在《德伯家的苔丝》（Tess of the d' Urbervilles）中有一段是说苔丝对于音乐有非同寻常的敏感，并一直惊奇于作曲家所拥有的力量。即使是在死后，他也使后代再次体验他所有过的感觉（第13章）。相似的观点在《无名的裘德》（Jude the Obscure）中也出现过。裘德去拜访那位创作了深深震撼了他心灵的赞美诗的作曲家。作曲家告诉裘德说，他已经因为创作赞美诗赚不了钱而放弃了它，转而投向葡萄酒生意（第10章第3部分）。在一个例子中，作曲家死了。而在另一个例子中，作曲家变节了。但是在两个例子中，乐符都能够脱离原创者的自觉意识而产生作用。

[……]

　　这一例子的另一版本，《远离尘嚣》（*Far From the Madding Crowd*）中的巴斯喜巴（Bathsheba）有一种奇想，是事先不会想到，事后也不会反思的奇特行为——不考虑后果。当事情结束时，她差不多就忘光了。当她做这事的时候她也很难记得。由哈代所说的"许多圣徒"通过在《圣经》上转动钥匙随机占卜所指引，一部分凭着运气，她送给伯德伍德（Boldwood）一个情人节礼物："我们结婚吧。"正如读者所记得的那样，它的作用是毁坏性的。伯德伍德不可救药地爱上了巴斯喜巴，他的生活最终给毁了。他成了情人让他成为的人。他错误地以为，情人节礼物表达了送礼人的意图，尽管事实远非如此，正如叙述人所说："自从早上收到了这封信，伯德伍德就感觉他人生的天平慢慢偏向了理想的激情一端。"情人节礼物独立于清醒的意识之外而自由活动，它通过使某些事情发生而产生了致命的作用，就像在其他例子中音乐片段、诗人的房间和诗歌那样。在以上三个例子中，符号都决定了偶然的拾获者的情绪。

　　所有我从这些诗歌中举的例子，经过或多或少的修饰，都可以归入这一类型中去。比如，在《最后一盏油灯之外（靠近途葚公园）》中，一件过去了30年的小事，一对恋人在一个潮湿的雨天夜晚，在郊外的一条令人沮丧的路上来回踱步。这对于情节发展很重要，至少对于诗歌的讲述者来说，这条"孤单的小巷"成了这一事件的永久符号。这条巷子与发生在那里的事件产生了不可名状的联系，就好像那事件是刻在那个地方。又或者地点的存在仰仗事件的发生，好像人物把背景带入临近的开阔场景中。实际上，场景和背景或者题字及其所涉问题正是如此。一方面，事件与其周遭环境并无关系，就好像题字可以通过转录、翻译、模范、复制及再复制从一个地方移到另一个地方，所写内容似乎不一定与其最初镌刻时的土地有必然联系。另一方面，二者的关系又密不可分。不论看上去有多荒唐，每一个都依附于另一个而存在。这种荒唐性及对于思想的强制力，在《最后一盏油灯之外》（*Beyond the Last Lamp*）被绝妙地戏剧化了。最后一句诗中的最后两个词偶然出现明显的押韵，这似乎是表达场景与事件间不可预知而又纠结难舍的呼应。痛苦、小巷、遗迹：这些的和鸣将诗歌压缩成微型的：

> ……然而
>
> 对于我来说，当夜是怪异而潮湿的时候，
>
> 没有这些同志一起来约会
>
> 蹑手蹑脚，慢慢地，痛苦地
>
> 孤单的巷就不会存在。
>
> 在那里，他们沉思自己的痛苦，
>
> 以及意愿，而巷就在那里。
>
> （1978，315）

　　一方面，《最后一盏油灯之外》这首诗证明哈代是一位坚持因果严密性的诗人。这一篇章将自己置于场景及偶然见到场景的观者之上。在这对恋人走后很久，它成为自己再次演绎的不可抗拒的原因。这种再次演绎发生在场景之中，在观者的意识中。观者想到场景必会想起那对伤心的恋人。也发生在作为观者的诗人笔下，他必须要写下这一切。也产生于任何一位读者脑海里。在所有这些地方，这对恋人再次蹑步，就像当晚在靠近途迬公园（Tooting Common）的地方，走在最后一盏油灯下的沉闷的雨巷上。这种顺序形成一种严格的因果链，每一条链都决定下一条并决定着篇章能够继续下去。它会以一种或另一种形式永远继续下去，一次又一次地，就像现在读者读到这些句子时脑海里会浮现的画面那样。

　　然而，在这首诗中，其他的各种因果联系被有意打破了。这

一篇章与前因后果割裂开来。读者无从得知为什么这对恋人如此
沮丧，到底发生了什么让他们走到这里，以及这以后会发生什
么。如果哈代的决定论意味着故事从开始到中间都由纠结的因果
一步步引向一个注定的结局，那么无论是这首诗还是哈代其他大
部分诗都不符合这种归纳。这一篇章不是在讲述故事，而是讲故
事的一个时刻。这一时刻与前因后果脱离开来，看似无法挽回。
这些也许由普遍意义上的因果联系产生符合这一时刻，也许不符
合。没办法确定。另外，尽管这一篇章看似有力量引起场景，使
之成为这一篇章的符号。这既不是那对不幸恋人的意图，也不是
其所知。对于他们而言，场景是视情况而定的。只是碰巧在那里
发生而已。这与他们的困境毫无关系。

　　这首诗歌表达了哈代诗歌中常见的矛盾性。只不过它是以另
一种形式表现，如"在风景画前"。人们通常全神贯注于前因后
果，而忽视了当前的时刻或他们此刻所处的位置，在危机时刻或
有强烈情感的时候尤为如此。尽管如此，那个地方还是会因为他
们的激情而永远与之关联在一起。那个地方甚至能够使不经意地
来到这里的人回想起那一片段，就像一对新的恋人"再次演绎"
旧日的相恋。在《最后一盏油灯之外》中，那对悲伤的恋人沉
浸于"一种神秘／过去曾是或将来会是的事物"中以至于根本看
不到眼前沉闷的景象："某种沉重的想法压迫着每一张面庞，／
使他们失去了时空的概念。"（1978，314）尽管如此，他们不经
意地将自己的悲伤刻在场景之中，这样他们以后就可以重新回味
痛苦。一件无关的小事、一件物体、一个场景、一张纸，都可以
转化为一个符号或一组符号，或故事的片段，传达一个秘密信
息："哈代曾在这里。"因果关系的一个特殊形式或因果性（它
既不特指某一个也不指另一个）总是与以上的转化有关。

　　《最后一盏油灯之外》中无关紧要的副标题（靠近途茝公
园）的作用在于，邀请读者自己试一试。那副标题好像在说：

"途茝公园存在，它是一个真实的地方，在这个区的任何一张地图上都可以找到。在一个雨夜去那里，自己看看。如果你找对了巷子，走在油灯下你会发现那对悲伤的恋人还在那儿来回走动。或者无论如何，如果你读过这首诗你都会发现他们。"谁又能说事实不是如此呢？到那里去自己看看吧。

另一首诗，如《在伯特雷尔城堡》（*At Castle Boterel*）中，哈代又看到了一个过去很久的发生在康沃尔郡一条险峻巷子上的求爱片段。他又看到这场景是在重回这一地点的时候。尽管这一片段"只持续了一分钟"，而其他很多事也发生在这里，无论如何至少在一个人的心中，即诗歌讲述者的心中，这一场景仅仅记录和表达这一件事。这一场景变成了一个印记，事件可以通过它重新回味并借此重演，正如读者阅读书上的文字时，小说中的场景和人物在其心中活了过来。这里的矛盾性在于，事实上岩石上什么也没有刻。它们是空白的，却好像刻有字一样，好像实际上诗歌已经被镌刻在上面。岩石有了文本的作用，尽管它并不是文本。

> 远古的岩石形成了道路陡峭的边缘，
> 它们在那里见证了许多，从开始到最后，
> 地球长久次序的瞬息，
> 但是它们用光与影所记录的，
> 是——我们俩所经历的。
> （1978，352）

以"同样的方式"——尽管哈代在每一事例中的位置有所不同，有时是充满激情的参与者，有时则是因果及偶发的见证者——《最后一盏油灯之外》中的文字，不论是在哈代诗歌的哪一个版本中，抑或由哪一位读者阅读，都有可能让那对恋人的

影子重现而使读者成为哈代的复制品。读者在探访场景时即使不把那条"靠近途琏公园"的简陋的巷当作早已被抹去的片段的记忆符号，也难免在想象中看到那对恋人。问题的要素在这里构成一条链，每个条链都使某种形式保持鲜活。无论任何人读到任何版本，这种形式能够自我更新。而且这些链接都能够被其他链条所替代，它们是相互转化的，从最初的片段到这一片段偶然发生的场景，到参与者的脑海中，再到因偶然在其近旁而不得不将二者联系起来的因果关系的见证者，都是如此。（抑或）到也许很多年以后，由参与者或见证者在纸上写下的字，即诗歌，到不论何种情况下偶然见到这首诗歌的读者，这首诗可能以任何一种副本像种子一样传遍世界。当人们探访场景时，他或她会看到其真实的面貌——这一形式会自我增殖。

在这条链中，读者是无助的接收者，他除了再次拾起幻象外别无选择。当他读到这首诗时，他情不自禁地通过心灵感应或遥感感受到哈代曾有的感受，他情不自禁地失去了自我。从某种意义上，他在那一方面情不自禁地变成了哈代自己，或是时不时被某种幻象侵入的化身，不论是《最后一盏油灯之外》中被分离的悲伤的恋人，还是《在伯特雷尔城堡》中快乐的恋人。这种侵入和再生的发生与情境、目的，或被入侵者的心境，这种拥有和失去与其前因后果无关。它可能会影响他的生活，使其偏斜，甚至毁掉它。这样，他今后可能为原属于他人的魂灵所困。在看似无害的诗歌中存在着伟大的力量，但不一定是为善的力量。这就好像发生激情相遇的场景里的力量，像"再次演绎"中一样，像与保罗的"写在英国剧院里"相呼应的未标记的石头那样，尽管是空白的，却在几个世纪后将这些文字带回相遇者的脑海中。圣保罗语言是"亲密的重音/重音落在/前面的大理石，余波被广泛地散开来；/然后全都消失不见"。尽管它们并未在石头上留下自己的痕迹，石头仍然可以使其重现，至少重现于想象

中的"劳作的人们"的脑海中，他们站在那里，直直地凝视不
列颠博物馆里的石头，讲述诗的后半段。好像（他）又再次听
到了圣保罗的话语（1978，382）。像一页印刷纸或者一间房间
的墙，抑或一块空白的石头，任何一个或一套物件都会有幻象，
比方说就像"写在瀑布下"中的玻璃。这块玻璃使那对恋人的
欢乐时光一直存在着，同样的，这只钟，这把老六弦琴，在
"老家具"中的火绒箱都被世世代代的使用者的鬼魂缠绕，"手
后有手，变得越发虚弱"。

　　在《地图上的地方》（*The Place on the Map*）中，有力量激
起灵魂的不是描述地点的文字而是对于那个地方的常规展示，场
景的图解符号带回了发生在那里的片段。地图使场景永恒，正如
地图自身一样，也如将看到地图的体验记录下来的诗歌一样：
"那么地图唤醒了她的文字、地点、时间……/它的片段以哑剧
的形式重返。"（1978，322）从片段到场景，再到场景的地图，
到哈代的意识，到写在纸上诗歌中的文字，直到读诗的读者，这
一形式以至于永恒，总是不费吹灰之力地适应各种物质，使其成
为它的媒介。这就像家族成员的脸庞由基因密码而代代相传，又
像哈代众多诗歌中浮夸复杂又矫揉造作的韵律不断增加自己的诗
节并把其表达的不论何种内容弄成自己的形状。这些诗节状的形
式的这种蹩脚的复杂性，它们各自的特性，众多的不同，以及其
仅仅使用一次的事实，使得诗歌的形式变成其内容的寓言似的表
达。每一片段及幻觉的时刻的独一无二性，每一个与其他的不能
通约性，与使用的诗节形式相呼应，尽管诗节形式看似与它的主
题材料不是特别合适。

　　《抹去碑文的墓碑》（*The Obliterate Tomb*）也许是一首讲述
碑文被抹去的那一时刻的诗，其形式随其永恒。无论是家族的敌
人还是其后代都没能保持家族墓碑完整如初。那块碑上"记录
着一道清晰的线，它的天资/在他们那个时候被告知"（1978，

386）。这块石头差点被毁掉，其碑文差一点被擦掉，它的"家族被遗忘"，它"无人知晓"。这首诗的矛盾性（这种矛盾性与《最后一盏油灯之外》不同）在于，它既没有让这个家族的朋友成功也没有让敌人得逞。诗歌使其形式永恒，它替代了被擦去的坟墓，在每次人们读起它的时候使"那条清晰的线"永恒。它以一种极具特点的有偏见的、不能让人满意的方式完成了这些。读者不被告知家族中任何一位成员的名字，实际上除了知道他们痛恨诗歌的主角，错估他、残酷虐待他外，对他们一无所知。在一个场景中这家人"退缩无语／像首失落的歌一样"（1978，383），但是在另一场景中这家人还待在那里，像远方传来曲调的香气，好像要再次证明对于哈代来说，没有什么形式是可以被完全擦去的。所有都找到方法继续存在下去，无论其形式是已移位的，还是已支离破碎的。

《风的预言》（*The Wind's Prophecy*）与已经讨论过的诗歌都不同，它定位于哈代对于符号在远方对于未来的影响力。在这种情况下，就不是电话通信、电视或心灵感应，而是预见、前瞻、"前通信"，或"前感应"——如果真有这些词的话。如果，我现在能像在"家谱"或其他我列举出来的许多诗歌那样，挑出一些由过去传送过来的符号。这些符号从一种化身传向另一种，最后传到我这里，具有一种决定我思维、感觉、行动，甚至我是何种人的力量，那么现在产生的符号就会有一种自我实现的神秘力量。这种形式所说的会成为现实，因为这种形式会使之成真。在目前尚未提到的《我赞颂和歌唱女王殿下（薄情恋人之歌）》中，一个薄情的恋人过度夸奖现在的爱人。他有意识的夸张情歌随着数月后他遇到另一个女孩而完结，可能变成了不可能：

> 后来才知道这是多么奇异和惊人，
> 我扫视了未来，

（哦，我的心，自行其是吧！）
通过预言我知道，
未来已经打算好要做什么事，
确保我的韵律。

（1978，466）

"确保我的韵律"——这一短语鲜明地提出这样一个观点，即时间会证明或确定概念方案中最不可能的部分。即使那些方案是有意编造或直指那些并不符合描述的人们，情况依然如此。心完全可以希冀"自行其是"。时间就像是一家确保某一产品（在此例中是"韵律"）的公司，继续运作，一旦它发生故障就负责维修。

《风的预言》是一首同样主题的诗歌，尽管它所吟唱的曲调与那位薄情的恋人并不十分相符，它却更隐晦、更具力量。在《风的预言》中，旅行的恋人一次又一次地向他离开的黑发的爱人表达忠诚。但是，出于本能，他将从海面和他所经过的陆地上吹起的强风拟人化。对他而言，风仿佛是大声而沙哑的尖叫声，抑或有时候是一种催眠的、低声的轻笑。这个声音是在预言"你的爱还未知"。风预言说，这个旅人将背叛这个黑发女孩而爱上一个"有着一头闪闪金发的女孩"（1978，494）。在哈代的诗歌中，拟人法是人类自己声音及自我的投射，而不是存在于无生命物质中的某种品质的回应。细心的读者在著名的《远离尘嚣》的开篇章节中会发现这一点。艾格顿·西斯被拟人化了，但他是作为看客的投射。在《德伯家的苔丝》的结尾中，哈代指出，"不朽的总统"是拟人化。它并不似在自然之中或之后的有意识的神性。在《风的预言》中的讲话者将他对于注定不忠的预见归结于风，没必要将这首诗与哈代当年第一次见到艾玛之后离开特里菲娜的旅程联系在一起。讲话者所投诸风的预言，虽然和有自觉的愿望和意图不符，却一个字一个字地都将实现。诗歌的这种预言性的口吻已经说明得很清楚了。预言本身就打破了讲话者对于黑发姑娘的忠诚，并为其在见到金发姑娘时预言的实现埋下伏笔。

　　正如也许不可避免的那样，我把哈代说成是一个单一的人，把他的作品说成是一个可以归于一种法则的单一个体。然而这种同化是在不可同化、前后不一致的前提之下的。在我所探索的诸多领域中，连续和断开的奇怪的结合是哈代作品的特点。这些包括一首诗与另一首间不完全一致的相似性，这些诗歌中出现的很多个自我以及对各个自我生活现象的解读。这些自我和解读不能被其他的同化，而它们自己又有一个相似的家族共同体。另外，在下列这些诗歌中有一些并不十分贴切的类比：景观的场景、发生在那里的片段、物体、思想及其内容，以及诗歌的语言，这些都以物理标记的形式记录在纸上。接着，就有物体或场景不直接讲述符号，就像一张上面什么也没写的空白纸张一样。它们的作用在于，好像是被语言镌刻下来。更进一步地，对于哈代而言一种符号，或符号的一种形式，一套程序，与其材料基础是可以分离的。它可能从一种基础转向另一种。它可以被写在岩石上、房间里、饮料杯上、乐器上、意识中、纸上，仍能发挥作用。另一方面，一种给定的符号形式可能与一种跟它不相关的基础紧密相连，被其去掉标志。最后，对于哈代而言，语言或符号由于一种使自身永久存在的往复力而具有一种神秘的自生、自我繁衍和散播的能力。这种现象可以不需清醒的意识或意愿而发生，意识只在后来接受已经存在的符号时才插进来。哈代诗歌的所有这些特色只能被不可同化的规律归结起来，这一规律只能用反常的方式表达，正如我已表达过的。那即是，不怎么平行的反常食物组成的一条链。

　　我已说过，哈代诗歌的永久性话题是所产出的预言、符号在无清醒意图的情况下起作用并一直起作用的能力。换一种说法，哈代的作品构成一种长期的、耐心的、忠实的发掘那没有标签的人所产生的影响。"标签"内在联系着思想、声音、立场、文字、意义、理由、信息、措施、比例、逻辑、和谐、集会。如果一种超然的有意识指向力量，即上帝，没有标签（"我已经找了上帝五十年"，哈代写道，"然后我想如果他真的存在，那我应该已经发现他了"；引自达芬，1967，196），那么就没有什么证据能保证开始、中间和结尾的关联，没有共同的历史或个人的历史，也没有什么能支持单一个体思想的连贯性——例如，"托马斯・哈代"——就像它一直在穿越时间。最后，也没有什么支持语言的连贯性，不论是将其看作一个整体，如英语，抑或是在整体里的个体语言系统，如哈代的《诗歌全集》，也不是其中任何一首诗，如《风的预言》或《湮没的坟墓》。语言连贯性的概念也是一个反复以理性为中心的概念，它随着标签信心的消失而消失。对于哈代而言，没有标签，在有意识的超然思想的意义上没有，在内在的合理秩序形成的意义上没有，在语言本身作为一种预先存在的秩序意义上也没有。替代这些整体性和连贯性的只有一些个与自我、故事、意群冲突的片段。它们每一个都徒劳地想把自己展现出来以成为整体的标签。每一种零碎的对于秩序的要求都被其他力量中和了。它们整个都处在碎片之中，就像被砍成碎片的蛇蠕动的身体。哈代的作品对于各种片段的发掘令人钦佩，尽管其中也有动摇、犹豫及对所失去的不舍。这没什么不妥，因为当标签丢失的时候，很多东西都失去了。正是在这一意义下，哈代在最严格的术语中被称作有着"极无理性"的诗人。（1978，303）

　　[……]①

---

　　① 缺失的一段是说某些观点可能认为哈代是有标签、理性及原因的作家。

哈代作品中无理性的一种形式是这两种冲动的并存，即对于古老的抽象思维方式的怀念和证实他的经验并不支持他的这种思维的需要。哈代所作的一本诗歌集代表各种不同时刻、场景、片段同时进行的"极非理性"的混杂。这些元素互相影响、互相抑制、互相矛盾，不愿形成一个连贯序列。每一时刻都是无法变更的原因，但是没有一个有力量将所有的整合成一个合理的原因链。

这个"原因"很容易发现，在我说的无法变更中就有暗示。对于哈代来讲，起原因作用的不是思想、力量，或者深思熟虑的意志，而是被写出来或说出来的声音。更宽泛地说，哈代认为的原因总是某种符号。这些产生并继续作用着，脱离任何有意识的意识，全体的或特定的。对于哈代来说，不论以一种多么偶然或不经意的方式，一旦一个符号产生，它就会一直将编入其中的意义加于周围的事物之上，就像一个基因密码时不时地制造出一张相似的脸。由于在一个单一的有预谋的意识的意义上，这些符号不是某一种原因的产物。如果有人认为某一个体有意用语言来传达信息或达成想要的效果，它们根本不是任何一个意识的产物。它们不会形成一个有秩序的整体，它们的作用也是不可预估的、偶然的。对于哈代来讲，不是意识产生符号，而是意识被符号产生、塑形、控制，完成或未完成。对于哈代而言，内在意志决定无意识力量，无意识力量使得事情按照现在的样子发生。用一个短语解释这一赘述：发生，就发生了。哈代坚持说，"不朽的总统"这一称呼是一种修辞，一种拟人法，是将一种非人的能量拟人化。这种能量使得事情发生，好像它们是偶然发生的，这些力量中最重要的是偶然形成的文字或其他符号。哈代作品中最重要的主题是对这种事实的发掘，比如，我在这里所呈现给读者的这一小部分。

尽管哈代动摇过，没有坚持这一点（如他自己所说，正如他没有坚持其他所有的那样），将宇宙作为整体的定义似乎比其他的出现次数更多。它不是一种"能量"，物质或精神，也不是"意志"，不是任何形式的、有知觉或无知觉的"意识"，而是一种交流体系。整体就是一个符号或语言结成的网，像邮局或电报服务，沿着网的线边，信息不停地被传达。这些以一种无序的方式制造或破坏碰巧来到一条或更多条传输线的意识。比如，这些可能发生在某人收到一封信的时候，或他读信的时候，抑或是看到一张地图，发现他或他在一个曾发生过某一片段的地方的时候，即使这个地方既没有被明显标记出来也没有被它所讲述的故事铭刻。这只巨大的符号网络既不是非物质的，也不是精神的。这是一种奇异倾向的产物，即物质是被概念标记的，所以应该将其自身转化成意义丰富的符号及不断延伸的符号体系。

　　在某些神经错乱的形式中，他也许会不知不觉地被看成无线电或电视信号的传输者。他所看到和感觉到的，他最隐秘的思想，都违背他的意愿地被发送出去，然后由某种"思想警察"接收并记录下来，在他眼皮底下任何间谍都无所遁形。也许，这种病理学的错乱，不外乎是我们想当然地将其视为客观案例的推论罢了。我们被不同波长的、种类复杂得难以想象的信号渗入、刺穿、侵入、淹没，日日夜夜、每时每分。为什么我们不能也成为传输者呢？人们记得那个男人的故事，他的牙齿填充物意外地起到水晶无线电接收器的作用。那么，直到医生搞清楚到底是哪里出了问题，他都必须日日夜夜地听到来自最强大的当地的音乐、新闻、商业广告、肥皂剧、工厂的广播等。可能雅克·德里达是对的，在《心灵感应》（*Telepathie*，1981）和《邮票》（*La carte postale*，1980）中，他看到这样一个事实的重要性，即弗洛伊德在他关于心灵感应的神秘著作中所列举的证据，"几乎总是已经写好了，文字的，不要说纯书信的（信件、明信片、电报、来访卡）"（1981，20，我的翻译）。德里达还看到，弗洛伊德关于无意识的理论属于现代邮政系统及电报通信，没有它们做模型的话根本不可能。现代通信与其说是心电感应和无意识的工作图形，不如说是它们的客观化身和证据。心电感应依靠书写，它是书写的一种作用。一个人碰巧堵在了这个网上，看！他得到了远方的信息。无线电、电视、声呐、信息储存、磁带的取回和管理、唱片。在更压缩和强大的电脑中，不外乎是人类触觉、听觉，以及接收远处信息能力的延伸。所有这些不过是不可思议的写作及记录某种符号的天赋的修饰。我们已经具有后者很长一段时间了，尽管在最近150年间在其技术力量方面曾有一些跳跃。哈代的诗歌也属于心电感应、电话和电视的时代——遥感、遥听、遥望。哈代宇宙观最概括的说法可能是，它是一大堆线，沿线的每一个方向都是信息、声音、幻象，彼此不连贯又快速复制。这些信号并非由一个全知全能的"中心"掌控，它们被自动播报，不受任何理解逻辑系统指导。它们是"极不理性"的产物，一种包罗万象的非理性。

　　［……］①

　　哈代诗歌的副本兼有接收者和传送者的性质。这是十字路口的一个点，在这里，组成宇宙的许多语言学事件碰巧聚在一起，成了印在纸上的文字。在那里，它们等着被传送。这样，就可以又采取其他形式，其中最明显的就是在阅读这些文字的读者心中，书的重印以另一种方式完成这些，一位读者可能变成接力赛中的一棒。例如，他或他可能被迫要写一篇评论，这样一篇文章再以同样方式发生在另一人身上。它们会继续发生，即使没人注意到它们，就像一个无线电、电视、电报或电话信号不需要依赖接收而存在那样，像一台电脑默默将存入的信息储存起来那样。

────────────

　　①　在对德里达和心电感应的评论之后，米勒考虑了符号的转换和通信系统。其中特别提到"王君"及"在博物馆内"中的场景。——原编者

某人意识到哈代诗歌的一种模式纯属偶然，不可预知且时断时续，对于其性质来讲绝非必须。

[……] 对于哈代来说，只要曾经好运或坏运地将自己以某种方式镌刻在物质上，或某人的心里和头脑里，或在纸上或石上，或在墙上或用具上，或在风景之中，或仅仅是周遭的空气，就不会死亡或者说不能死亡。

在本章，我从收藏在哈代的《诗歌全集》中近千首诗歌中的一小部分诗歌中截取其所传达的符号，我重新传达它们时或多或少地受了些干扰（也许是多而不是少）。或者，用法国人的话说，叫"多余"。或者，为了使图形丰富些，我充当了媒介。我挖出了像封在墓中一样禁锢在书皮中的鬼魂，使其再现。我让它们得以在我脑海里、在这些纸上，当你读到这些页时在你脑海里再次行走。

（孙娜　译　周敏　校）

杰拉尔德·曼利·霍普金斯诗歌中的自我构建

从一方面看来，霍普金斯（Gerard Manley Hopkins）的作品是几十首近乎完美的抒情诗；而从另一个角度来看，他的作品是各种文件的集合：诗歌、诗歌的片段、信件、笔记、本科学士论文、讲座笔记、未完成的评论及布道词等。但是，在这看似混乱的集合中，我们可以发现一个确定的、贯串始终的结构，这个结构与抽象的想法无关，也并非具体图像构成的模式。要创造这种结构，感官的世界已经通过语言转变成思维，或者如人们所说成为霍普金斯自身。本文写作的目标仅限于揭示这个普遍的、虚构的结构。其主要的局限性在于，需要对霍普金斯非时间性的内心世界进行散漫的和逐一的描述，还要探究这个整体语境，每一首诗歌都在这个语境中存在并具有真实的意义。

I

我找到了自己身上作为人和座位自我的特质，也发现自己拥有最坚定的意志、最与众不同的品质；和我见到的其他东西相比，这些特质更加卓尔不群，更加高调。（1937，309）

　　看起来，随着首次意识到自身的存在，对霍普金斯来说，个性化问题就迎刃而解了；没有人对于个人身份的独特性和真实价值有着更强烈的恐惧。霍普金斯将笛卡尔"我思"改写为"我品味自己故我在"。"我的自我存在"，霍普金斯说，"对自我的意识和感知，对自我的品味，对于我作为主体和客体置于万物之上并溶于万物之中的品味，比麦芽酒和明矾的味道还要特别，比核桃叶和樟脑的气味还要与众不同，并且无论通过何种方式都是不能向他人言说的（就像我小的时候，常常会问自己：成为其他人是什么样的感觉呢?)"（The Notebooks and Papers 1937, 309）。

　　从它认识到自己的那一刻起，霍普金斯的自我，不是一种缺失，一种诉求，而是一种满足。它并不需要从外在的事物中寻求生命之源，因为，它的生命力早已经被赋予了。从一开始，人们就发现了自己是由"如此丰富和特别的自我堆砌成的"。与洛克以来的悠久传统不同，霍普金斯的自我意识并不依赖于对外部世界的感知，更不依赖于与外部世界的联系。霍普金斯的"我思"并不单单是一种理性的自我感知，这种感知是通过质疑以及将自己和一切看似来自外部世界的事物分离开获得的；同时它也不是洛克的自我意识，它来自感知时刻的心理虚无。和前者类似，它完全是与内心有关的，彻底独立于外部世界。这是因为，对于霍普金斯来说，"当我将自己、将我的自我存在与其他事物比较时，其他事物毫无例外地以相同的方式拒绝了我，而表现得与我有天壤之别。因此，我对于自我的丰富知识只能从它自身得来"（1937, 310）。

　　那么，最初的自我意识并非一种想法，而是一种深刻的有机感知体验，遍布整个存在过程中。只要人们一意识到自我，自我就已经存在了。这似乎形成一种自我的永恒存续体验，只要个人存在，这种体验就时刻存在。随着时间流逝，它依然如故，明显是不可摧毁的。如果它超越了无形的意识，那仅仅是为了获得一丝极小的实体感；说它是极小的，是因为这种感觉存在于一个简单、无形的躯体，这些躯体彼此相同，只能体味一个自我。

这样来说，霍普金斯的自我是积极的也是确定的，就像外部世界的事物被感知一样，它可以被充分感知。内在特性是人类存在的基础，一个人什么都不需要做就已经存在了，并能够保证自己一直存在下去。在获得自我感知时，一个人会欣喜异常，因为他意识到自己内心的丰富、个人的独立。［……］对于霍普金斯而言，"人的本质""比世界上其他事物更加高调，更具有自我的，更加独特的"，这个事实证明，人类是"生命的荣耀，受人拥戴的国王"（1948，73）。这样看来，人类和上帝一样，是自足的。

在霍普金斯为个人的独特性和自足性欢欣鼓舞的背后，也有一些思想流派对这种独特性感到惊讶；这种惊讶掩盖了一个更深刻的问题，该问题是形而上学的基本问题之一，这个问题也引发了所有其他问题。如果没有人可以解释这种"不可言说的高调和精神力"，也没有什么与之相像；如果"我品味自己，品味自我存在"，"那么我，我的存在，我对自我的品味，我对自我存在的品味，又来自哪里呢？"（1937，310）

II

对霍普金斯来说，上帝存在的证据，既非来自外部世界，也非源于直觉，而是可以从每个人都是独一无二的这一事实中推导出来。

　　没有什么有限的东西可以依托于本体存在或者能够永恒存在，因为无论从时间规律还是本质上来讲，没有什么东西

可以在存在之前就有所作为，也不能在它具有相应的本质之前发挥其"作用"和决定功能。(1937，312)①

如果这适用于其他创造出来的事物，那么对人类来说，人类是自创的或独立存在的说法就更加不可能。霍普金斯彻底改变观点，认识到以其自我的本质为证，他那貌似独立的自我必须依赖于他本身之外的其他东西，他自身的存在必须源于一个"更好或更高的决定力"(1937，309)。所以，几乎是在为自我的独特性欢欣鼓舞的同一时刻，他突然感受到对上帝的恐惧（1948，56）。原因是，如果上帝可以做这么多事，他也可以选择不做，或者选择对他的子民任意妄为。对于霍普金斯而言，"自我是绝对的，自我与上帝的绝对性相比，就像无限小与无限大相对立"(1937，331)。那么，这个问题就变成，"这个存在既比我优越又对我有威胁性，我应该和他应该建立一个什么样的关系？"(Poems of Gerard Mauley Hopkins，1948，73)

答案很简单，也很完整。"人是创造出来的。那么就和其他事物一样，去赞扬、崇敬并服务于上帝；给予他荣耀。"(1937，303)但是，上帝的子民怎样"给予他荣耀"呢？只有通过做自己，通过不断完善自己。自我并非一种静态的所有物，而是一种活动：

> 每个人只做一事，此事相同：
> 让存在发挥作用，因为每个人都栖于其檐下；
> 那么，自我——也就相应行动了；它言说并拼写出自我
> 大声呼喊着：我做的事情中可以看出我的本质，我是为

---

① 对于这个词的使用，请参照《笔记》（p. 127）："这些意象……一旦停留在哪里，在思想中就凝滞了，许多其他的意象也是如此。"

那个而来的。（1948，95）

　　但是这里上帝所造之物显示出明显的不同。除人类之外，其他物种只能追求它与生俱来的本能，无法做其他事情。它没有选择，只能"大声宣扬他的名字"，"使上帝为人所知"，"讲述他的故事"，"给予他荣耀"（1937，95）。"他们总是做本能之事。"（1937，303）但是，如果人类能够选择给予上帝荣耀，那么，他必然也能选择不给予他荣耀。人对本性的满足，对他与生俱来的自我的践行，是偶然的。如果他自我的实现使他"超越所有其他可见的所造之物"（1937，303），那么在自由意志和与之伴随的自我意识作用下，他也能在其他所造之物成功的地方失败。因此，霍普金斯不断发展对自我的本质的认识，这时一个惊人的转变发生了，过去似乎十分确定的东西变成了"正无穷小"（1937，322），变成了既存在同时也不存在的东西，就像线上的点一样。存在的只有自我的潜能，"本质上完全不同于其他自我的"自我，然而"本质"必须成为自我的一部分（1937，322）。过去似乎可以依赖自身而存在的东西，很大程度上就像马拉梅（Mallarméan）的"虚无"；"从存在的角度上讲，它"什么都不是，是零"（1937，322）："在本质存在之前的自我具有成为某种东西的可能性，但是并非任何东西；只有获得本质，它才成为真正意义的自我，比如说一个人。"（1937，325）

　　考虑到霍普金斯的世界观，现在我们可以看看"糟糕的十四行诗"中记录的可怕的经历、自我意志的麻痹和与之伴随的精神的眩晕是如何成为可能的，甚至是必要的。只有人的自我意识才能投射到虚无的深渊，只有人的思想能够经历这种投射的恐惧：

　　　　哦思想，思想如高山般高低起伏；陡落的悬崖

　　吓人，陡峭，深不可测；轻视他们

　　祈祷他们从来没有悬挂在那；我们短暂的存在

　　无法对付那长久的陡峭和幽深。（1948，107）

　　如果只有人能够品味自己，感知自我，那么也只有对人来说，自我体验会成为自身与上帝分离、与所有事物分离的恐怖经历，完全陷入自我折磨的监狱：

　　我怨恨，我心痛。上帝最深奥的法令

　　让我体会到痛苦：我体味到我自己。（1948，110）

　　自我原本看起来是确定的、可延续的和自足的，现在却发现，它不仅是被创造出来的，还需要外部世界的帮助从而可以实践真正的自我。如果没有自身之外的东西，人会一直瘫痪着，只是一个"正最小值"，不能将可能性转换为事实。自我放逐，困于自我的牢笼之中，发现自我不能够自足，在这种疏离中，它完全是不健全的，就如同太监一样。它是"时间的太监"（1948，113），也就是说，它完全不能将行为投射到未来，然后执行这个行动。非人类的生物会在时间的流逝中成长、改变、有所成就，人类则不能如此；在其孤立和疏离之中，他发现自己被投射到隐秘的黑暗之中，时间在那里得到延长，成为无尽的空虚瞬间的集合。每一个瞬间，因为其空虚，似乎如人生般漫长：

　　今晚，我们度过了怎样难熬的几个小时啊！

　　我的心，你看到了怎样的景象；你做出了怎样的决定！

　　长日拖延，你会见到更多。

　　我所说一切，有证可鉴。

　　然所谓小时，实指岁月，生命。（1948，109）

在这种极端的时刻，必须要抓住任何可能的帮助。或许，在那个非人类的世界中，生物"他们总是做本能之事"。尽管因为"毫无相似之处"，那个世界拒绝了人类，但它同时也通过某种方式避免人类坠入深渊，使不断向前的生命不再处于完全静止之中。

III

从早期零碎的笔记中可以看出，尽管在那个世纪中自然有着无与伦比的重要性，但霍普金斯对外部事物的本质有着明显的兴趣，这是很伟大的。

霍普金斯与自然的主要关系，到今天仍然是人对于外部世界的最深刻的反应：它让人震惊地意识到每一个被感知到的事物是一个顽固的、无法消减的事实。"但事实上"，霍普金斯说，"我经常感觉到没有什么东西的意义如此重大，如此接近真理，就像是或否一样"（1937，98），对于事物的存在，没有人表达过更强烈的惊讶感，也没有人如此诚挚地努力去体味它的美妙，使它成为人与世界关系中的基本成分。

在自身之外的世界里，霍普金斯发现了什么？他发现，每个事物都有拥有独一无二的自我、鲜明的本质，绝无雷同。以他们轮廓的清晰感和明确感为例，这种个性在事物中显现出来。霍普金斯的自然拥有清晰确定的边界。这个自然，没有模糊或者移动的痕迹，生活于其中的事物就如同在半透明的空气中一样清晰地显现出来。即便是最微小、最复杂的东西，空气也可以附着到他们的表面，他们和周围的物品有着如此鲜明的界限：

　　不羁的空气，哺育世界的空气，

让我依偎在她怀里，无论何处，

她围绕着每一个眼睑、每一根头发；

在毛茸茸的、纤细的毛发般的

雪花中

回家。（1948，99）

　　有些结构和模式是事物独特个性的标志，他们是可以感知到的，霍普金斯将他们叫做"内在特性"。有很多这样的例子，这里我只举一例。"在一座木桥下，我看到一些轻盈旋转的灰尘——有一种特别的、十四行诗似的内在特性。"（1937，211）但是"内在特性"不必是一个单独的物体才具备的，它也可以是许多物体聚集在一起时形成的一种模式。然而，这种"内在特性"并非只是不同部分的简单组合，而是一种内在的有机整体。"内在特性"也并非仅通过视觉发现的（尽管对霍普金斯来说视觉是相当重要的）。与霍普金斯诗中通感的运用方法相对应，他在《日记》（*Journal*）中对各种感觉感知单个物品内在特性的方式进行了的详细分析。文章的开头是"你手中的风信子使你困惑，它的内在特性被各种感官感知"（1937，145）。"内在特性"，总会被应用在一些语境中，在这些语境中，可以看到单个事物或者事物组合的同一性和有机整体性。此外，内在特性总是让人联想起鲜明的轮廓，也经常和"明显的"、"刚硬的"、"清晰的"之类的词联系起来。在霍普金斯的世界里，每一个物体都是它自己，与宇宙中其他事物鲜明的区分开来。与丁尼生（Tennyson）和里尔克（Rilke）眼中的自然不同，它并非静止的、无言的、悬于永恒的现在，它会突然开始消失，变得不存在。在霍普金斯看来，自然既非静态的，也并非观察者无法理解的，它并不逃避观察者的观察。对于观察者来说，它可以看成是一份礼物，直接作用于观察者，没有任何距离和空间的阻碍。即便是通常被认为是静态和毫无生气的自然景色，在霍普金斯看来，也是重要活动的中心，甚至是人类活动的中心。"山脉，和其他一系列不经常见到、似乎无生命的物体一样，拥有人类的气息，有被打断的活动的痕迹。"（"Poems and Prose of Gererd Manley Hopkins" 1953，115）

那么，自然对象没有死亡，一个重要的力量在内部保证他们的存在。它们不是静态的，甚至当看起来纹丝不动的时候，它们也在不断地活动。这种内部的力量，遍布在自然界中，是"内在特性"的真正来源，也是它的表现方式。内在特性，并非单单是事物组合而成的外在模式、或者让人看着舒服的设计模式；它是内心规律和内心活动的表现方式："这个世界上到处都有内在特性的存在，行为和目的很有可能就落入到某种规律当中：就像我从窗子中看出去，我在扫帚扫起的土块和破碎的雪块中就发现了它。"（1937，173，174）"事物的本真在它的内部。"（1948，70）"纯度，某种特性的比例，来自一种塑造力；物质是难缠的、拘束的，但是这种塑造力战胜了物质，让自己发挥主导作用。"（1938，159）霍普金斯的笔触与中国国画有着惊人的类似：他们那种旋转的、旋涡式的模式似乎表现出一种遍布整个自然界的、无所不在的精神力量。霍普金斯的自然，就如柯勒律治（Coleridge）或者怀特海德（Whitehead）的一样，是一个重要过程的中心点，是精神活力和物质的顽强抵抗相遇时的爆炸点。自然处于永不停息的运动当中，其中也显示出内部能量和拘束的外在形式间的紧张关系，内在特性就是两者的集合点。

霍普金斯用了另一词来替代内部能量这个概念，这个词不是指一个事物的外部设计或者外部模式，而是指从内部支撑它的那种能量。在本科阶段，霍普金斯在一篇关于巴门尼德（Parmenides）的随笔中写道："所有事物都是内置力在支撑的，没有了这种力，这个事物也就没有意义。"就如同表面上看起来独一无二、可靠无比的"对自我的品味"在意识到的那一时刻，实际上只是"正无穷小"。自然中似乎充满了许多相互对立、截然不同的事物，事实上他们却受到一种无处不在的精神力的支撑。这种精神力量就是上帝："我们驱车回家的时候，天空繁星点点：我向后略躺，看着它们，我的心也比往常开阔起来，对上帝充满赞扬，因为美好的事物源于他也集中于他。"（1937，205）更惊人的是霍普金斯尚未出版的隐居笔记中的一篇文章，在文中可靠的外部世界消解成为上帝的表达方式。在文章中，对自然的、卑微的、科学性的观察很有可能从自然主义中除去了，因为霍普金斯说："上帝对自我的言说就是上帝的话语，超越了自我，存在于外在世界里。那么这个世界就是一句话，一种表达方式，就是上帝的指示。因此自然的目的、目标、意图和它的生命和运作方式都是以上帝之名，也是为了去赞颂他。"（引自 Peters，1948，175）对霍普金斯和中世纪来说，自然也就是我们解读"上帝的指示"的"自然之书"。但是，这里有一个很大的不同：中世纪类比的传统在霍普金斯这里似乎消失了。对于中世纪的基督徒来说，自然界的每个事物都复制了超自然界的某些方面。因此，自然就成为一种详细了解超自然世界的方式。而霍普金斯则认为，世界是"随着上帝的光辉而改变的"，通过世界上的事物，我们仅仅可以知道上帝的力量和存在，而非超自然世界的任何细节。

现在可以很清楚地看到为什么在 1872 年霍普金斯发现邓斯·司各脱（Duns Scotus）的《对彼得隆巴德（Peter Lombard）话语的评论》（*Commentaries on the Sentences of Peter Lombard*）时是如此狂喜，也可以知道为什么那一年他这样写道："那时我每次感受到天空和海洋的内在特性时，我就想到司各脱。"（1937，161）霍普金斯对自然和人类自我的理论在司各脱那里得到了验证。霍普金斯总是觉得，事物或人的独一无二的个性是他们自身的一部分，是他自身形式的一部分，而并非像亚里士多德（Aristotle）或者圣托马斯（St Thomas）宣称的那样，是构成形式的物质造成的结果。他一直觉得，采用亚里士多德或者托马斯似的理性形式（species intelligibilis），一个人感知到的不是事物的"什么"（whatness），而是事物的独特个性，即"此性"（thisness）。在司各脱式的传统中，个体化的形式，使一个物体不仅仅是一种物种的成员之一，比如说一棵松树，而且是这棵不可复制的松树。霍普金斯发现自己对世界的理解系统化了。更重要的是，霍普金斯感到，通过对世界上事物的直接感知，他可以直接了解到是上帝作为"内应力"支撑着每个事物的存在。他不想让一个抽象观点或形式构成的世界（"松树性"、"风信子性"等）来横亘在自己和上帝之间。矛盾的是，司各脱式的形而上学，从某个角度来看，似乎危险地与唯名论扯上关系（Landry，1922）。这种形而上学，与亚里士多德的理论形式相比，为霍普金斯坚持的"上帝指令"论世界观提供了更好的基础。霍普金斯深深感到："所有事物"，他写道："都充满了爱，充满了上帝的存在，只要我们知道如何和他们接触，让他们释放火花，点燃火苗，产生水滴，形成水流，发出声音，讲述他的故事。"只有在这样的一个世界中，上帝才可以不通过任何媒介显现在他所造之物的心中，世界也就成为霍普金斯所说的"上帝的表达和指令"（1937，342）。

IV

　　"如果我们知道如何和他们接触。"对自然中事物"内置力"的感知是依赖于观察者的素质而定的。霍普金斯的《日记》和其他描写自然的诗歌的真正主题，不是自然本身而是人与自然的关系。霍普金斯用了一个惊人的句子来描写"桥"，以及他感知到的存在于主体和客体之间的这种动态交流：他称之为"我们与事物之间精神力量流动的路径"（1937，98）。就像两块磁铁一样，这种紧张关系"为我们证实自己和将自己的思想传递过去"提供了十分必要的支持（1937，98）。本体和客体至少有一点共同之处：他们都具有内置力这种内在的能量。这种内在的精神力量从事物中闪现出来，从他们中放射出来。每个客体不只是时刻紧张地压抑着精神电荷。另一方面，一旦受到哪怕是最轻微的刺激，这个电荷也会跳脱出来，而所有的客体也就可以有彼此接触的机会了。在霍普金斯看来，世界是个巨大的电荷网，事物可以释放和接收电荷。而事物本身就是这种神圣能量的不竭之源：

> 世界充满上帝的光辉，
>
> 　如箔片摇晃时的闪光，它爆发出来。（1948，70）

但是人类也是充满能量的：霍普金斯说"壮举中闪现荣誉"（1948，112）。"自我在身体和脸庞中闪现出来。"（1948，104）对于怀特海德（Whitehead）来说，感知并非事物之间动态交互的一种特例。在感知的那一时刻，"精神力量流动的路径"就在主客体之间创造出来，这个过程中主客体的贡献是相同的："你盯着看的东西似乎也在盯着你看。"（1937，140）和他读过的前苏格拉底派的东西一样，霍普金斯的认识论完全依赖于"类似的感知理论"（1937，102）。只有观者可以对感知到的精神力量回复相同的精神力量，那么这一认识的时刻、这一主客体合一的时刻才会发生。

在描述自然的时候，霍普金斯几乎总是提到主客体。他不仅描述风信子，他还说："当我的同伴在讲希腊人对风信子之美的描述是如何贴切时，我脑海中就捕捉到它们之美。"（1947，

174）"我捕捉到。"这是个主动动词，表明思维积极主动地捕捉到事物。这个句子在《日记》里和诗中反复出现；这是霍普金斯使用的很特别的一个术语，用以描述剧烈的感知活动："今晨，我捕捉到晨曦的宠臣，光之国的王子，晨光拖曳的雄鹰。"（1948，73）

就像霍普金斯的自我意识是对自我的有机体味，而非纯粹的理性洞察；那么在内置力动态变化的时刻，他对外部世界的理解既是感性的也是理性的。这是一个思考着、感受着、感觉着的主体对客体的完全占有。客体被主体内化了，因此霍普金斯反复讲说，内置力是内心深处感受到的，而非仅仅是理性上意识到的："我以前从来没有感受到天空可以如今天这样毫无遮蔽。"（1937，143）"四处环视，但是我把注意力主要放在观察峡谷的深处，这时，我感受到了威尔士的内置力和它的魅力。"（1937，210）从"捕捉"这个词和这个词的不断使用中，人们可以推断出这些经历的不稳定性。讲到这些经历的时候，作者带着一种狂喜的口味，似乎他们是数次失败里偶然几次的成功。

实际上，有些时候，内置力确实没有出现。它的出现依赖于感知者和被感知者的状态：感知者需要有全新的视野，将注意力集中在被感知的事物上："除非你不断保持头脑的清醒，否则你就不能记住或者相信事物的内部特性有多么深刻。"（1937，140）内置力出现时，似乎世界上什么都不存在了，存在的只是感知物与被感知物之间让人狂喜的交流。霍普金斯与浪漫主义诗人的不同之处在于，他对情感的记忆不感兴趣，也就是通过对现在的强烈感知来联想起过去的某一时刻；《日记》和诗作中记录的每一时刻都是自足的。霍普金斯的时间存在明显是不连续的，她是由一系列生动的感知构成的。每一次感知都与其他感知不同，每一次的感知似乎都会马上消失并立刻被其他的感知体验所取代，有时也被单纯的空虚或者疲惫所代替。即便过去与现在的关系以记忆的形式在霍普金斯的诗中有所呈现，那么它也是挽怀那稍纵即逝、无法挽回的内置力带来的狂喜；在这种狂喜消失之后，通过这种方式得以再现："看到一个少年在焚烧一大捆金银花（尽管火焰的样子我已经记得不太清楚），火焰呈现出棕色和金色。"（1937，159）事情在笔记中记下很久之后，才会写在《日记》里。笔记记下了几个例子，我们可以从中感知到一种疯狂的尝试，它试图抓住稍纵即逝的、脆弱的东西的一部分。《日记》和诗歌难道不是这种尝试的工具么，试图通过文字给予那些独一无二的、瞬间完成的、不可复制的经历某种形式的永恒？这些时刻不可避免地流逝了，对此《日记》和诗歌中表达了一种隐含的、深深的痛苦。失去这些经验是痛苦的，因为那一时刻的自我也同样失去了。在《日记》中，我们可以发现，他急切地尝试用文字给予这些稍纵即逝的瞬间永恒；他也有一种强迫性的冲动，希望拥有更多这样的瞬间。除了剥夺自身反复拥有这些经历的权利，霍普金斯再也想不出比这更痛苦的自我改造形式和忏悔形式。（1937，199）

　　但是有些时候，即便条件允许，感知者也期待内置力的活动，它却不会到来。人们必须忘记过去和将来从而全身心地生活在现在，还必须忘记其他人的存在："即便有一个同伴，狂喜也不会到来：你想要一个人去感受它，感受安逸的感觉——所有的压力都消失了。"（1937，111）有其他的一些计划，试图将个性建立在与自然的直接联系中，在这些计划里人们可以清楚地看到什么被遮蔽了：这样的计划严格来讲是与道德无关的。这样的行为并不属于克尔凯郭尔（Kierkegaard）所说的"道德"境界。对霍普金斯来说，自我并非在人际交往的关系中形成的，而是在对非人类的自然的体验中形成的，这些经验忽视了其他人类的存在。对济慈（Keats）和华滋华斯（Wordsworth）来说，也是如此。霍普金斯的《日记》和他最伟大的诗篇，都记录了他与其他人完全隔离的经历。

但是即便在这个时刻，你是一个人，同时你也与过去、将来和其他人类完全隔离了，这也并非总是足够的。有时候仅仅是因为感知不起作用，有些人会体会到彻底的失败，而且会一直失败下去："每当我想到，内在特性的美丽不为一些朴实的人们所知，并在他们面前隐藏以来，我就感到很悲伤。如果他们有欣赏美的眼睛，内在特性之美近在咫尺，并随时随地都可以再次被召唤出来。"（1937，161）

有时候由于某些原因，客体不能被感知到，不能够在精神力量中闪现出来，在这种情况下，诗人也不能够提供相反的作用力。下面的情况是可以被感知到的：当自然物发生改变时，会让一直存在但隐藏起来的内在特性被发现："是研究树枝的内在特性时候了，因为鼓起的花苞让他们形成了一个眼睛可以观察到的角度，否则眼睛是不可能看到他们的。"（1937，141）"在风信子上，我捕捉到很显眼的一缕强光，眼睛可以从花朵发出的蓝光里面将它抽象分离出来，就像水托起它们的深藏的内置力在思想上漂流而过。"（1937，174）"托起他们的深藏的内置力在思想上漂流而过！"这与下面的看法是多么不相同啊，即每个个体都是独立的自我，拥有内在特性。现在，霍普金斯想要获得外围的感知，去内化它，去"托起它在思想上漂流而过"从而穿过主客体之间思想力流动的路径。

到有了充分的交流的时候，感知者与被感知物就会进行亲密的接触，互相渗透，互相联合。这种经历是早期诗歌的主题，如《春》（Spring）、《星夜》（The Starlit Night）、《大海与云雀》（The Sea and the Skylark）、《丰收的喧嚣》（Hurrahing in Harvest）。从"狂喜"（ecstasy）这个词的认识论意义来讲，这种经历对自我的影响是：自我跳出了自身的限制，通过感知自然，并与之形成认同，创造了新的自我：

这些事物，一直在这，但是观众

愚笨；当他们两者相遇，

心上生出了翅膀，勇敢地

向他飞去，啊，绕过了半个地球，追随他的脚步。

（1948，75）

V

有一个晚上，透过走廊的窗子，我看到天空布满斑纹，月亮也被做上标记——从始至终，我读出了不经意间四处弥漫的内在特性。（1937，190）

榆树的树顶感动了，用叶子表达出来。（1937，190）

一方面，自然物是可以被人类理解的；人们可以读懂他们，就好像他们不仅是物体，而且是符号。另一方面，他们是无声的符号。只有当人类出现去解读他们的时候，他们才会说话。人类赋予了自然物话语和语言，在"解读"他们的过程中，在用话语赋予意义的过程中，人们给予自然它不曾拥有的东西，即自我意识和说出那种意识的语言：

如果地球的眼睛、舌头和心在他处的话，

那么如果不是在亲爱的、固执的人类那里，又是在哪里呢？（1948，96）

人与自然间"精神力流动的路径"其实是语言。在主体和客体相遇和融合的那个点，语言出现了。对于霍普金斯来说，语言有一种神奇的品质，它可以接近这个事物，从中努力获得事物的意义，并使意义永远成为人类的所有物。追溯到 1868 年，霍普金斯在一篇关于语言的小论文中写道："对每个字来讲，意义是一个事物，而非一种关系。每个字上都附着着激情、迷恋和热情，这个字拥有指示和生产他们的能力，尽管这不是每次都成功的。"（1937，95）在某种意义上，霍普金斯在诗中的努力都是为了创造出一种话语的连续体。这些话语，就如同专有名词一样，可以让他表现出对独特的个人经历的着迷。霍普金斯的所有诗歌都基于这样的一个基本发现，那就是，语言可以模仿事物，用不同的形式表现事物，将他们从自然永不停息的运动中拯救出来，并将他们翻译到语言的永恒王国中。霍普金斯发现，也诚如他所言，① 语言可以"捕捉"事物，"拖住"他们，并把他们转化为精神上的东西。对于他来说，隐喻不是"诗学谎言"，语言也不是任意的符号。他发现了一些当代诗人、哲学家和人类学家作为中心主题在探讨的东西：在话语中，主客体都出现了，我们可以用这种方式来与他们接触；如果没有对它进行命名，这是不可能成功的。语言并非一个任意的标签，它将客体鲜活地传递到心里。对于同一事物使用不同的言词，这些不同的言词可以传递给大脑不同方面的现实，而这些现实又有些许（或极其）不同。每一个新的言词都是一扇窗，透过它，新的一部分现实得到揭示，给事物命名就是去感知它。事物并非主观的，并非思维"强加"在"外界"的产物（1937，154）。它"真的在那"，只有在被命名的时刻才会被感知到。我们只有在用语言描绘这个世界的时候，我们才真正看到了它。隐喻、拟声词、合成词、倒装、词性转化和其他语言表达的特殊技巧，仅仅是言语模仿论普遍的操作形式。从某种意义上来说，霍普金斯的诗歌中，所有看

---

①　霍普金斯描述了上帝不断哺育人类的美好画面，详情请参见《德意志帝国的毁灭》中的第四诗节。（1948，p. 56）

起来似乎特别的方式，都是在用语言对客体进行完美的模仿，事物的具体性和活力都得到了充分的感知。

但是如果对霍普金斯来说，语言向外是面向事物的，那么它们向内是面向精神的。甚至在霍普金斯最早的作品中，我们也可以看到他痴迷的另一个基本点：对于语言本身的着迷，对语言词源的迷恋，对它们多重意义的着迷，痴迷于它们没有指涉任何具体经历而具有抽象的先入的概念。霍普金斯对于语言本身的内在特性是十分敏感的，但是并不将它们的意义考虑进去。事实让他感到很惊奇，那就是相同的言词在不同的语境中可以表示完全不同的事实概念："天空竖起了微小的火苗。总体看来，'peak'（竖起）是个好词。因为阳光透过百叶窗，透过一缕缕头发，把光线洒在铜把手上面。草地上竖起了花朵。"（1937，32）如果霍普金斯是维多利亚时期最沉醉于自然的诗人，那么他也是最迷恋语言本身的诗人，他并非把语言当作反映外界现实的符号，而是作为特定的精神状态的符号。

相应的，伴随着诗歌模仿论的理论和实践，我们可以注意到一种非常不同的理念，这种理念下，人们只对诗歌本身进行思考，而不指涉外部世界："但是如音乐的曲调和旋律、绘画的构图是音乐和绘画中最能震撼我的东西，诗歌的构思、模式和我习惯称之为'内在特性'的东西，是我力求达到的，它们在诗歌中的重要性超出其他的一切。"（Letters of Gerard Mauley Hopkius to Rolert Bridges 1935a，60）如霍普金斯所说，内在特性，是"艺术的灵魂"（Letters of Gerkrd Mauley Hopkins to Richard Watson Dixon 1935b，135），是内在特性使一件艺术作品具有"个性化的美丽"，它赋予诗歌和绘画自然物才有的特殊性、独特感和此性。"内在特性"那么就具有两个非常不同的意义：它既可以指手工艺品的刻意设计，也可指在没有人类干涉的情况下自然物形成的模式。

　　霍普金斯力图使他的诗歌成为有机整体，诗歌的每一部分都会和其他部分相互联系，从而像外部客体的名字一样，超越其孤立感："只有将内在特性不断重复、经常提及、反复重复、一再追逐，才能将它传送给大脑。在这首俳句中，话语改变了、也软化了它的内在特性，话语在重复修辞中表现出来，和话语一样，诗歌也使用了重复修辞。"（1937，249）马拉美（Mallarmé）使用了霍普金斯自己可能会使用的术语，说："神秘之处就在于，秘密的身份是由两个部分构建出来的，但是这两个部分以内在纯洁性之名，侵蚀、消磨这些客体。"（Poulet，1952，343）对霍普金斯和马拉美来说，为了"内在纯洁性"，重复或者排比修辞可以在诗歌的两部分之间确立起一个"秘密身份"；所谓"内在纯洁性"，霍普金斯将其称之为完整的内在特性。现在我们已经严重偏离了诗歌的模仿论理念，模仿论将诗歌认为是对外部世界的模仿，是主客体之间反应强烈的交汇点。霍普金斯诗歌中肌质的密度，既是为了创造自足的期间或者"变化的内在特性"，也是为了表现自然界中发生的某些事件中凝结的能量和光辉。如果霍普金斯对各种"重复修辞"的使用有些极端，如谐音，头韵，行中韵，威尔士严格押韵的诗歌，等等，这在一方面上是为了表现自然，那么，另一方面，它对外部世界完全是冷漠的，是想要"思维（同外部世界）隔离"，是"为了内在特性的缘故传递内在特性"。

　　在诗歌中，内在特性是"最重要的也是唯一永恒的东西"（1938，225）；它"区分不同风格，也表现不同风格的独特之美"（1938，225）。但是诗人只有具备个性才能够得到它。霍普金斯说，"每个诗人都要有创造性，创造性是诗歌天赋的基本构成条件；那么每个诗人都像是自然界中的一个物种（并非该物种中具体的某一个），只能出现一次"（1938，222）。既然他是一个物种，而非具体的某个属，他具有"此性"，而非本质，那

么每一个诗人就和无生命的物体十分相像。"难怪我的诗歌在充
满奇思妙想的地方会犯错。"霍普金斯写道:"诗歌的构思、模
式和内在特性的优点在于可以使之变得与众不同,与众不同的缺
点在于让人觉得有点古怪。这个缺点我是无法摆脱的。"
(1935a,60)当霍普金斯说他力求获得诗歌的"内在特性"时,
我们可以看到,这不仅仅意味着他在诗歌的模式、构思和有机整
体方面努力,也意味着只有通过这些方面他的身份才能得到肯定
和实现。因此在致亨利·普赛尔(Henry Purcell)的十四行诗的
前言中,霍普金斯赞扬普赛尔"用音符谱写出人的品质和个性,
这些品质和特性是他自己和所有人都具备的"(1948,84)。但
是该诗并没有向圣托马斯致敬,而普赛尔的音乐之所以受到赞
扬,不是因为它表现出"一般的人",而是因为表现出一个绝对
独一无二的自我,即普赛尔自己的"非同一般的精神":

> 是它塑造出的特征引起了我的注意;
> 它是对自我的讲述,是对突然的自我的复述,
> 他们强加在耳朵上,包围着耳朵。(1948,85)

在以"作诗"为手段进行个性化的过程中,有一个很严重
的缺陷处于中心位置,这个缺陷导致了这个计划的不稳定和最终
的坍塌。"没有人,不知道什么地方",霍普金斯孤立无援,一
个人被留在密不透风的围墙中,无力地体验着自我。

VI

可以从两个方面来看待霍普金斯的失败。没错,表面看起
来,诗人很大程度上是在模仿外部的世界,但实际上,他是在诉
说自我,做自己。一个诗人同时是很多诗人。但是,"作诗"毕

竟需要借助语言来完成，而语言是有意义的；即便他们表述自己的内在特性的时候，他们也仍然是符号。一首诗绝对不是一个自我创造的行为，没有外部世界，它是不可能存在的；无论这首诗多么独立于外部世界，要想成功的话，它必须忠实地代表外部世界。而对外部世界的依赖要想成功，就必须依赖那个世界的稳定性和实体性。

霍普金斯的自然，充满了不同的单独个体，内在特性为他们的生存提供用之不竭的能量。他们依赖于这样的自然，看起来是完全合适的。然而，我们可以看到，在霍普金斯对自然的理解中，发生了一个灾难性的转变。最初的时候，自然中似乎满是牢固的、静态的、持久延续下去的物体，这些物体除了做自己之外别无他法，只能永远做自己。但很显然，这些事物处在不断的变化中。自然界中，不仅充满动能，而且动能还在不断地进行动态扩张。你一定记得《丰收的喧嚣》中描写的云，不断地聚集和消散，"在天空中形成，消解"（1948，74）。只有在某种运动中，事物才能够向外散发出他们不竭的能量。事物并非永远封存于某一个内在特性中，这一发现，也没有什么恐怖的。

他之前感受到事物拥有永恒的与众不同之处，然而，在霍普金斯成熟阶段的宏伟诗篇《女巫的叶子的预言》（*Spelt from Sibyl's Leaves*）和《自然是赫拉克利特之火及复兴的舒适》（*That Nature is a Heraclitean Fire and of the Comfort of the Resurrection*）中，他表达了与之相反的观点。最初只是简单地感知到事物的内在特性处于不断的变化过程中，现在则痛苦地认识到，事物"塑造出来的特征"最终会被彻底摧毁。从来没有人这样强烈地表达过对自然的感知，自然就是生与死的交替。正如在《巴门尼德》（*Parmenides*）里，"毫无意义的夜晚，如同粗壮却动弹不得的躯体"，夜晚将事物可感知的形式隐藏以来，而白昼不可避免地尾随而至；黑夜成为绝对不存在的象征，不存在将吞没所有创造出来的事物，所有人世间的美丽：

> 真诚的，超凡的，平等的，合拍的，拱形的，大量的，
> ……惊人的
> 黄昏努力成为时间中最宏大的夜晚，一切之源，一切之
> 家，一切之棺
> 因为对大地来说，她的存在已经摆脱束缚，但她的花斑
> 马气数将尽，——就像，托盘，
> 或者许多互通体，大量存在；
> "自我沉浸在自我中，粉碎——完全瓦解，现在完全瓦
> 解。"（1948，104）

　　我们只有知道霍普金斯多么珍惜"事物最初的确定性和鲜活之美"（1938，72），才能充分理解在"自我沉浸在自我中，粉碎"的意象之中，蕴涵着多么强烈的悔恨之情，多么浓烈的"遗憾和愤怒"（1948，112）。这是个动态的图像，其中所有个体的不同形式都回归为原始的混沌时期那"粗壮却动弹不得的躯体"。在那种混沌中，所有的自我都变得模糊不清，不可避免地与其他自我混在一起。在霍普金斯惊人的发明中，自然成为"互通体"。他建议，将一个完整的句子，比如说"彼此间互相贯通"缩略为"互通体"，因此这个词成为对所描述事件的完美模仿。人们会感到，在自我彼此冲撞乱成一团时，还在绝望地抵抗他们存在的解放，而不同的缩略词也试图将彼此区分开。

　　在一首名叫《自然是赫拉克利特之火》（*Nature is a Heraclitean Fire*）的诗中，霍普金斯使用了前苏格拉底时代的象征，即火，象征着存在的能量，在他研究巴门尼德的文章中，他称之为"天堂之火的火焰"（1937，102）。在诗中，能量有上千种表现自己的形式，但都被认为如云一般短暂，如篝火中的稻草一样

不能持久，不断被摧毁，并被其他形式所取代。霍普金斯说，"上帝令事物不断向前、永恒地运动"（1937，84）。如果《女巫的叶子的预言》描绘出夜晚瓦解的吓人景象，稍后的诗歌就是白昼的赞美诗，白昼就如同具有破坏力的大火，"许许多多的事物都被加满燃料，自然的篝火熊熊燃烧"（1948，112）。存在的能量，存在的火焰，是事物生来就有的，让他们在自我中存在。但恰恰是这种能量，让他们不能够做自己。因为那种能量，驱使事物不断地实践自我，最终会导致他们的毁灭，导致自我的瓦解，使他们变得与之前的自我完全不一样。只有"天堂之火的火焰"，变化活动本身和不断的变形是永恒的。

如果自然如同白昼一样不稳定，无时无刻都向黑夜靠拢；如果自然改变如此迅速，像火焰一样具有摧毁力；如果自然就像诗歌中证明的那样处于无处不在的变迁当中，那么，我们怎么可以通过形成对外部自然的认同，来构建自我永恒的身份呢？

VII

另一方面的证据是同样致命的。如果自然让人类失望，那么人类让自然和自我更加彻底地失望。人与自然的关系，与那种神圣而集中的注意力相比是完全不同的，这种注意力"托起他们的内置力在思想上漂流而过"。如果说自然物缺少稳定性和持久性的话，那么人类就更加彻底地缺失这种能力。在非人类的自然中，转变和变迁是规律；而对人类来说，自我毁灭是不二法则。因为尽管人类具有实体，但他的个人身份太敏感、太精神化，不能历经变化而保持自身的独特性；树和花却可以做到这一点。人从自然中学到的最后一个经验教训就是，人是自然的一部分，这就意味着人是会死亡的。如果所有的事物都在自然燃起的篝火中燃烧，人也会在相同的大火中毁灭：

> 但是（自然的火焰）扼杀了她最美丽、最美好的瑰宝，
> 上面清晰地篆刻着自我
> 人，人留下的火痕，他头脑中的印记，
> 那么快就消失了！
> 两者都湮没于
> 深不可测的，巨大黑暗中。(1948，112)

　　如果人对自然的感知可以诗化，通过这种方式，人类可以获得一个确定的、永恒的身份的话，那么在死亡的那一刻，这个身份也会土崩瓦解，摆脱束缚。

　　但是由于尘世生活的限制，这个计划注定要失败。如我们所见，人类内化自然的能力是断断续续的，有时候精神上的无力感会取而代之。就像经常发生的那样，如果自我没办法实现自我，即便那个世界可以给予它愉悦，它也会彻底切断和那个世界的联系。在精神萎靡、精神瘫痪的时候，自我完全处于自我折磨的状态里，与外部世界的联系就彻底切断了：

> 寻寻觅觅，我找寻安慰
> 在孤寂中摸索；
> 我寻之不得，
> 如白昼中的盲人
> 或水世界中的饥渴者。(1948，111)

　　最适合表现精神匮乏的意象不是一个饥渴的人处于荒漠之中，而是一个饥渴的人站在水里，却喝不到；不是一个处于黑暗中的人竭尽全力想要看见，而是一个盲人站在光亮里，却看不到光明。

　　语言有双重倾向，在霍普金斯诗歌模仿说和诗歌"是为了内在特性的缘故而成为言语的内在特性"两种说法的分歧中，有某些预示性的东西。文字并非主客体的连接点，而是他们绝对的、永恒的分歧点。文字没有主动拥抱事物，与它们交流，把它们传递给人，而是成为人类内心牢笼中不透明的墙。

　　　　……要怎样明慧的语言
　　　　才能让我的心摆脱黑暗天堂中令人困惑的禁忌
　　　　挫败地狱的符咒。
　　　　这让我有个孤单的开始，
　　　　去记下没有听到的，听到没有想到的。(1948，109)

　　思维将语言投射出去捕捉客体，但语言可能会永远穿过混沌的空虚而不与任何事物交流，包括事物本身和事物内部的上帝。

　　　　我的悔恨
　　　　发出无数次的呼喊
　　　　哎！
　　　　如同寄给远方爱人的死信
　　　　中的悲鸣。(1948，109)

　　霍普金斯与自然进行了长久的对话，结束时，《丰收的喧器》中那种喜悦的心情已经彻底转变了。他与自然彻底断绝了联系，生活在麻痹的精神藩篱当中，将自己完全隔离起来。"这个饱受折磨的大脑/这个饱受折磨的大脑还在折磨着他人"(1948，110)，他的状态就如同受诅咒的人一样，困于对自身局限性的思考当中，这种思考具有摧毁性。"与他自己的行为相反"，霍普金斯写道："这个迷失的灵魂就像一头困兽一样胡冲

乱撞，在牢笼中疯狂地构建内在特性，燃烧他们，盯着他们，是最黑暗的灵魂。"（Peters，1948，177）

VIII

如果肯定自我的所有积极方式都失败了，可能还有最后一个办法，这种方式需要穿越极端的绝望和精神否定来达成：通过自我牺牲来创建自我。这种刑罚，就是基督的"自我毁灭"（1935a，175）行为，这是历史中核心的一部分。如茶隼在宣称自己是天空的主宰且向东翱翔时，最可以展示茶隼的特性；上帝，这个人类的传道者和救世主，在牺牲自我的时候，最能表现耶稣的奉献精神。

晚年时，霍普金斯计划写一篇关于牺牲的论文。这篇文章从来没有发表，但可以确定的是，他想说的东西已经撒落在他作品的字里行间。非人类的事物，可以通过做自己来赞扬上帝，通过"实践每个人赖以存在的自我"来颂扬上帝。但是为了实现对上帝的颂扬和赢得自身的救赎，人类只有放弃做自己。人类，只有彻底改变自己的本质，才能逃脱诅咒，不再"什么人都不是，处在无名之地，/在世界的广袤之中"，自我放逐，与一切隔离，"处在上帝之外的贫瘠荒野里"（1937，344），他被迫永远地体味自我。只有通过放弃自我，成为基督般具有奉献精神的人，人类才可以避免自己的存在在时间中不断眩晕、飞逝的厄运：

> 我是
> 墙边沙漏里的沙
> 温柔地落下
> 不停运动、堆积
> 很快越聚愈多，冒尖——最终翻转过来（1948，56）

在《评论圣依纳爵罗耀拉的精神修炼》（*Commentary on the Spiritual Exercise of St Ignatius Loyola*）中，霍普金斯详细探究了自由意志和恩典，他想出了一种非同寻常的隐喻，去定义这种转变。不管什么时候，任何人的自我都是无数个可能的自我中的一个，就像是三维立方体的一个横截面。它是整个"自我节点"的一个"层面"。"自我节点"是一个人的一部分，很可能是他实际自我的一部分。但自我变得有乐于奉献的时候，自我就是抛弃它的一个层面，实现它的另一个层面。每个人，甚至包括撒旦，都至少会有一个潜在的层面与基督有相似。

但是这个转变是如何发生的呢？因为就人类自身的力量而言，是没办法将"自我的一个方面"转换为另一方面的。答案只有一个：通过上帝的恩典，"（它）会将接受者从自我的一个层面提升到另一个层面，最终做出基督那样重要的行为"（1937，337）。霍普金斯眼中，恩典的概念将他与后宗教改革时代的神学家联系在一起，而不是圣托马斯时代的天主教。对于信奉圣托马斯天主教的教徒来说，创世从开始那一刻就使一个人的灵魂永恒而不可摧毁。哪怕是在他转向道德的两个极端——要么是恶魔要么是圣人——的时候，他也无法不做自己。

于圣托马斯来看，恩典不能影响一个人永恒的自我（善或恶），仅仅会对那个时刻存在的自我产生作用。但是对于霍普金斯来说，恩惠能够使一个人的内在本质发生根本改变。（这个改变）是"由一个整体转变为另一个整体。就像人们在谈到圣餐变体论的神秘之处时，会讲到在这个过程中一种物质完全转化为另一种物质。但是这里并非在讨论物质问题，而是说到（恩典）将人类由一个自我提升到另一个自我的层次，这就是神力的最好展示"（1937，337）。"这里并非在讨论物质的问题"，霍普金斯说，而是"通过不同自我间的差异和空虚"（1937，334、335）

将一个自我转变为另一个自我；除此之外很难将这个现象定性。

那么，自由意志在哪里呢？这样看来，为获得上帝的恩典，上帝的子民似乎只能祈祷，别的什么都不能做。但是有个地方，霍普金斯称之为"欲望最少的地方"，那里人类对上帝的"期望"也最低；人类自由意志活动的空间就在那里。在霍普金斯的"恩典"理论中，"交流"是个关键词。人类通过和上帝发生交流，得到了救赎。对人类来说，他唯一能做的工作就是微微改变自己的意志从而和上帝交流，获得恩典："通过这个极微小的行为，上帝的子民可以弥合现今糟糕的意志和将来更好的意志之间的罅隙。"（1937，333）"人类与恩典发生联系并支持上帝的安排"，这样人类才能构建更好的自我，这是人类唯一可以做出贡献的地方，尽管他们的贡献是如此微小。

但是即便是在彻底变成基督之时，一个人仍然可以保持自我，因为人类感知到的自我在他的意识中仅仅占有极少的部分，而整个自我意识中现在充满基督的神圣性。彻底转变完成之后，与之相对应的形象是一个空空的壳或器皿，在这个空间里基督无处不在；同时，在基督的作用下，更积极的自我产生了："这仅仅"，霍普金斯写道："显示出人类自己的本质，就像风将帆吹满的时候，帆上的字或者旗帜上的图案最显眼。"（1937，343）

然而，直到死神来临，这种人向基督的转变仍然是偶然的，充满危险的。它需要上帝不断给予新的恩典，也需要人类不断地说对上帝说"是"（1937，333）。只有在复活的时刻，人类的灵魂和肉体才能安全地、永远地转变为基督："复活的安慰"是人类唯一的、真正意义上的安慰：

肉体凋零，残余的肉身
化为寄居的蛆虫的食物：席卷世界的野火，只留下
灰烬：

在电闪之中，我听到最后审判的号角

瘫倒

我立刻拥有成为上帝般。"因为他也具有我的特质，并且

这些凡人，笑话，不堪的陶瓷碎片，补丁，碎木屑，永恒的钻石，

都成为永恒的钻石。"（1948，112）

在他充满绝望和希望的时刻，我们必须把霍普金斯留在这，让他远离自然，远离诗歌，惊骇地看着在眼前分崩离析、不断被吞噬的世界，如同看到了最后审判日的号角。除了"复活的安慰"和彻底转变的希望之外，我们什么都没有留给他；彻底转变使人类发生了巨大改变，就如同将含有杂质的木炭变为永恒的钻石，将一种同质异形的物质转变为另一个完全不同的自我；这种改变如此之大，以至于两者间隐秘的联系只在于，上帝使原本潜在的自我成为了现实，然而实现的方式迥异，如天壤之别。

（代广荣　译　周敏　校）

六　论德里达

信仰的告白（A Profession of Faith）[①]

　　与德里达的首次会面是我生命中的一个决定性时刻。[②] 那是1966 年 10 月，地点在著名的约翰·霍普金斯大学，当时那里正在召开"批评的语言与人的科学"国际研讨会，因为要给自己的学生上课，我错过了他那场名为《人文科学话语里的结构、符号和游戏》的演讲，但我聆听了他对其他论文的讨论。后来，会议上的论文和讨论得以出版和翻译，我读了这些东西，有一位名叫塞尔吉·杜布罗夫斯基的现象学家对他的观点提出了质疑，德里达的回应对当时的我来说是十分震撼的，他说："我根本不相信有概念这样的东西存在，我认为根本没有概念这种东西。"（SSP，272）

　　德里达演讲结束后不久，我在霍普金斯大学的四方形建筑里见到了我的同事也是朋友乔治斯·普莱（Georges Poulet），他告诉我说，德里达的演讲和他自己（即普莱）的著作中的观点处处针锋相对，当时，普莱正在写关于整体和中心的书，而德里达的作品则是关于去中心的。然而，普莱说德里达的演讲是会上最

---

　　① 此文以及后面论德里达的文章的引文页码均参见后面所附的缩写作品对照表。——编者

　　② 这是本书中唯一一章在德里达去世前所写的文章，也因此是唯一一篇德里达本人所读过的文章。他的回应总是非常礼貌大度。本文最早以法语发表在 *L'Herne* 的一期德里达专刊。为使本文与其他写于德里达去世后的章节一致，我对本文进行了一定的修订。

重要的，虽然雅克·拉康、罗兰·巴特和其他很多著名知识分子也提交了论文。我一直记得普莱说这话的时候表现的洞察力和大度。他说得对，德里达的演讲标志着所谓的解构进入了美国知识界。在尤金尼奥·多纳托（Eugenio Donato）的推荐下，我开始读德里达那个包含两部分的长篇论文，它于1965年12月和1966年1月分两次发表在《批评》杂志上，后来德里达又将它们扩展，成为《论文字学》的第一部分。

几年之后，德里达作为访问教授来到霍普金斯大学，我去参加了他的第一期研讨班。当时我是想看看是否能听懂他讲的法语。在研讨班上，德里达将柏拉图的模仿与马拉美的模拟概念进行了对比，这是其《播撒》中"二部讨论"（The Double Session）的一部分（De，175—285）。我当时和现在一直认为那是一次绝对出色的研讨会。我至今仍然将他散发的对比马拉美的"模拟"和出自柏拉图《裴德若篇》的一段材料的讲义保存在一个地方。自那以后，我就成为德里达研讨班的忠实参与者，先是在霍普金斯大学，后是耶鲁大学，再后来又在加州大学厄湾分校。在霍普金斯大学，我们开始一起吃午饭，在我们之后40多年的纯粹友谊中，这种情形延续不变。德里达及其著作一直对我产生着最重要的智性影响。

德里达对我思想产生最大的影响是其"全然他者"（wholly other）的观念。这一观念成为德里达著作中越来越显著的一个特征。他所谓的"纯粹他者"到底是什么含义，仅此一点，就不容易理解。对很多人而言，要接受或支持一种对信仰的表白或是对忠诚的誓言，会更加困难。探讨德里达纯粹他者的一种途径，是了解他对主权和无条件性所做的区分。对德里达而言，无条件性是指研究型大学不受外部干涉的假定自由。德里达把大学的无条件性定义为这样一种特权：它可以质疑一切而不受惩罚，甚至可以质疑人们质疑事物的权力。

德里克·阿特里奇（Derek Attridge）收集了德里达研究文学的论文，将其命名为《文学的行动》（1992）后出版，阿特里奇对德里达的访谈构成了文集的第一篇文章。这次访谈中，德里达定义文学的方式跟他最近演讲中定义大学的方式颇为相似，比如《无条件大学》这一篇，这原是德里达 2001 年在斯坦福大学所做的"校长讲座"；还有另一篇论文，是他 1999 年在雅典的派迪昂大学接受荣誉博士学位时所做的演讲，这篇文章的题目是《无条件性或主权：欧洲边界大学》（*IS*，14—67）。

这两篇演讲都是谈论主权（sovereignty）与德里达所谓的"无条件性"（unconditionality）（这是英语里的一个新词）之间的根本区别。二者的区别究竟在哪里呢？德里达说"主权是神学意义上的一种幽灵"，它看起来似乎在那里，但实际上并不在。主权有三个特征：第一，主权高于法律，他或她有颠覆法律的权力，如同获得了赦免权。第二，主权概念不能与国家概念分离开来。第三，主权是上帝的代言者，由上帝任命和授权。即便在美国这样一个建立在政教分离原则基础上的国度，对美国国旗效忠宣誓的誓言里也是将美国描述为"上帝庇佑下的国家"，世贸大厦"9·11"被毁后，所有的美国人都被力劝吟唱《上帝保佑美国》这首歌。这种假定是一个"幽灵"，一个光天化日之下的鬼魂，因为不存在这样一种可靠的数据：依据这种数据可以假定上帝站在美国一边，就像也不存在另一种数据，可以证实那种"恐怖分子"的假定：上帝站在他们一边，并且支持他们攻击世贸双子塔，也支持他们在伊拉克杀死更多的美国士兵。一个人得知主权是一种幽灵之后，并不会失去对它的信仰。完全相反，主权的幽灵时常作为"亡灵"归来。

相比而言，无条件性显然没有这种不可靠的神学基础。在西方世界，自 17 世纪以来，随着宪法统治下的民主国家的崛起，人们享有不受约束的民主自由，可以畅所欲言，质疑一切，这样，文学便以一种现代的形式独立了。当然，这种民主并没有完全在现实中确立，它总是处在"即将建立"的状态：

> "什么是文学？"（德里达问）文学是一种历史的产物，它具有自己的传统、规则等特征，这种虚构的东西原则上授予人们权利畅所欲言，打破规则，并取代他们，从而催生、促进甚至进而质疑自然与体制、自然法与传统法以及自然和历史之间的传统差异。这里，我们要问一个法律意义和政治意义上的问题。在西方，在相对现代的形式上，文学机制和一种授权有关：有权畅所欲言，但又对民主这种现代思想的诞生毫不质疑。它并非离不开某一地的民主，在我看来，从民主最宽泛的意义上来说，它是离不开带来民主的那个东西。（*AL*，37）

对文学的这个定义，使我们能够更好地理解"无条件大学"里面的"假定"（comme si）扮演的角色，文学也使德里达所谓的"虚构"总是能够在反馈（或拒绝反馈）时这样说：那不是我自己在说话，而是一个虚构的人物在虚构的故事里说话，其方式是一种 comme si，因而，你不能因为我的那些"假定"而追究我的责任。我刚才引用了德里达的文字，就在那段文字下方，德里达说了这样的话：

> 我们所谓文学（不是纯文学也不是诗歌）的含义是作者被授权抒发己见、畅所欲言，不会受到审查，不管这种审查是出于宗教还是政治目的。这种不负责任的责任，这种拒绝向特定权力报告自己的思想和作品的责任或许就是最高级的负责任的行为。向谁汇报？汇报什么？这就是未来要回答的问题，也可以说是这种经历会促成的事件要回答的问题，

这个事件就是我所说过的那种即将到来的民主。这种民主不是明天的民主，它明天不会出现，它的概念与将来相关 ［a－venir 即 avenir，意思是"将来"（阿特里奇注）］，它与许诺言的行为相关，那是一种永恒持续的诺言。（AL，37，38）

前面提到了"向谁报告？报告什么？"，这对整个文章十分重要。拒绝的行为反而是负责任，对一个主权国家说不，反而被定义为"或许是最高级的负责任的行为"，怎么会是这样呢？如果不这样，那到底又该向谁报告呢？又该对谁负有更高的责任呢？我将在第 2 章和第 9 章讨论这些问题。但现在，我想说的是，德里达在《灵魂：有关他者的发明》中提到的述行语这个概念回答了这一问题，而且，这也是《无条件大学》的高潮部分。这样看来，似乎德里达定义为"假定"、自由和无条件的虚构的文学能够作为一种无根据的述行语言行为与一种文学概念相一致，这种概念既不是建立在事先存在的体制化的惩罚机制的基础上，也不是建立在执行这种语言行为的"我"的权威之上。他在雅典接受荣誉学位所做的演讲定义为 "Inconditionalite ou souverainete"，也即"无条件性或主权"（我想再次强调）。"无条件大学"鲜明地区分了在基于神学的国家主权的幽灵和无拘无束、"无条件"的自由，在理想的大学里，这种自由可以对一切提出质疑，这是无条件的大学。而这种大学，就像一个真正民主的国家一样，永远都是处于"将要出现"的状态。德里达似乎在宣布他对一个巨大的"或者/似乎"的忠诚，用他自己的话说，是在"做一次告白"。他的"告白"（profession）当然暗示着"教授"（professor）这个学术上的头衔。教授通过授课或写作的方式来告白自己所信奉的东西。德里达标题中的"或"一字，将那种永远非法的主权与无条件的自由对立了起来。

这种无条件在文学研究中似乎格外明显。按德里达的看法，在过去的 300 年间，西方的文学模式本身就是无条件、不负责和畅所欲言的。文学就是言论自由权利的极致表现。研究文学就是在告白对文学无条件性的信心。

但事情并非这么简单。在《无条件大学》的最后一部分，在第七个总结性的论点中，德里达提出了一个观点，这一观点颠覆了他之前关于大学无条件性的所有观点。他提出了一个"假设"，但自己又承认这一假设对那些斯坦福的听众来说可能是无法理解的。德里达异乎寻常地承认，说他的这个观点不好理解。他的观点基于一种假定，但这种假定乍一看根本无法成立，"非常难懂，几乎无法证明"。也就是说他的观点是一种不符合科学的假设。一个善意的假设也可以被证明是错误的，如果它确实是错误的话。

那个奇怪的假定到底是什么呢？它是这样一种预设：宇宙中思维的无条件的独立性依赖于一种奇怪的语言行为，这种行为造成了德里达所谓的"事件"或"最终结果"。

这种语言行为之所以奇怪，不仅因为它不依赖于现实存在的规则、权威和环境，就像有一种奥斯汀语言那样；还因为它的存在并不自由、自主，也不无拘无束，不像德曼的语言行为那样独立于所有现存的环境，也不像奥斯汀作品中那些虽令人称奇但又有点过分的法官一样："作为官方行为，法官的裁决造就了法律。"[①] 其实不然，德里达心中的那种述行言语行为是对他自己所称的"le tout autre"，即全然他者的一种反应。这种反应在一定程度上是被动或顺从的，它遵从了一种召唤或命令。我们面对召唤，只能坦白我们的信仰，或是宣誓效忠于它。只有这种言语

---

① J. L. Austin, *How to Do Things with Words*, 2d ed., ed. J. O. Urmson and Marina Sbisà (Oxford: Oxford University Press, 1980), p. 154.

行为才能形成真正的打破既定历史轨迹的"事件"。这种事件是"匪夷所思"的。根据德里达的记忆，这种事件永远是这样一种不确定的东西，尼采将它称之为"'或许'的一种可怕的表现"。然而，德里达却说"只有匪夷所思的东西才会出现"，这就是德里达为什么会提到"匪夷所思的无条件和全然的他者造成的可能的事件"。德里达这里是在利用"事件"一词的本意，那是一种会到来的东西，会抵达的东西。它在适当的时候自己到来。我们只能对它说"是"或"不"。我们不能召唤它，是它召唤我们。

"全然他者"究竟是何物？德里达在"灵魂：有关他者的发明"中做了详细解释，他解释了"发明"在被用作发现时的含义，被用作揭示而不是编造时的含义，以及他所说的"全然他者"是何含义。然而，鉴于我的目的，《死神的礼物》才是最重要的文本。在这本书里，德里达对《创世记》中的亚伯拉罕和以撒、克尔凯郭尔的《恐惧与战栗》和梅尔维尔的短篇《文书巴托比》做了独特的解读，德里达对全然他者下了定义，至少是在解读圣保罗的时候他这样做了，他将全然他者与跟上帝有关的一种概念联系起来，它是这样一种神性："在它在将要被遵从的时刻变得无形、隐匿、无声、分散和神秘。"德里达在总体上把全然他者与神秘和死神联系在一起，把它视作死神的礼物，那死亡只能是一个人孤独的死亡，就像全然他者对于我的所知一样。德里达说：

> 我们不知道那东西从何处到来，也不知道等待我们的是什么，我们被献祭给绝对的孤独。没人会跟我们说话，没人会为我们说话；我们只能依靠自己，我们每个人都只能依靠他自己（就像海德格尔提到死亡时所说的那样，那是我们的死亡，那也永远是"我的死亡"，没有人能替代我）。

　　全然他者还以一种并不显露自己的方式得到诠释，它存在于他人内心秘密的完全不可获得性中："每一个他人都是一个全然的他者，每一个旁人都完全是或全然是他者。相异性和单一性的概念构成了义务和责任的概念。结果，责任、抉择和义务的概念先验地陷入矛盾、耻辱和困境之中。"在第 2 章和第 9 章中，我将更深入地探讨这种矛盾、耻辱和困境。

　　文学被包含在这种全然他者的概念之中。文学也隐藏着无法解开的秘密。文学作品也是对全然他者的回应，这不禁叫人想起文学与布朗肖的"文学与死亡的权力"中死亡之间的关系。[1]德里达解读梅尔维尔《死神的礼物》中的短篇《文书巴托比》时，明确表现了这一点，后来作为一篇论文收录到《赠与死亡》中，这本书是用法语出版的，现在用英文出了第二版。德里达这篇名为《神秘的文学：匪夷所思的起源》的论文进一步探讨了亚伯拉罕、以撒、克尔凯郭尔和卡夫卡，最后得出了惊人的结论：文学隐含着无法揭示的秘密，文学没有责任心，但同时，文学又依靠这种方式发挥作用——所有作品合力促成那一个事件，它们逆向接近无限和责任（一种像亚伯拉罕那样的空洞和无限的责任）。这样定义的文学，其实就是一种神学遗产的继承人，没有那种神学遗产，文学根本无法存在：

　　　　文学显然继承了一种神圣的历史，在这段历史中，亚伯拉罕的时代是至关重要的秘密（谁能否认，说文学作品不是宗教的继承者，说它不是对一个无神世界中至圣的联系和

---

　　① Maurice Blanchot, "Literature and the Right to Death," in *The Gaze of Orpheus*, trans. Lydia Davis (Barrytown, N. Y.: Station Hill Press, 1981), pp. 21 – 62; "Littérature et le droit à la Mort," in *La Part du feu* (Paris: Gallimard, 1949), pp. 291 – 331.

回应呢?），但同时，它又否定了那段历史，那种归属和那份遗产。它否认了那种亲缘关系。它靠那个词语的双重含义背叛了那段历史：它对它不忠，在揭露了它的"真相"和秘密之后与它决裂。那就是它自己的起源：匪夷所思的可能性。（*LS*，157；*DM*，208）

有必要对德里达的观点做些补充：大学教授接受或"告白"文学的责任/不负责任以及它的无条件性，并且把它们传授给学生的途径就是大学里传统的文学研究。一个小小的例子就是 E. M. 福斯特《霍华德庄园》中所表达的对国家主权的不同观点。

现在，我已经表达了我对德里达的主权和无条件性观点的认同，我是在解读和传递他的观点的时候达到这一结果的。但为了达到这一结果，我显然付出了代价：神学意义上的国家主权与大学中的无条件自由和文学研究之间的界限因此变得模糊不清。最终的结果是二者似乎都变成了神学或半神学的概念。但二者的区别究竟在哪里呢?①

区别其实显而易见，但可能不能为人轻易接受。这种区别是"不—可能的"（im - probable）和"无法证明的"（not provable），但它对德里达的思想却至关重要。对德里达和我而言，所有世俗的主权通过上帝的法典获得权力的说法都是幽灵，乔治·W. 布什就曾多次这样宣称。这样的人只不过假称看到一些并不存在的东西，而且对其做出反应。另一方面，文学作品，以及在"无条件大学"中教授此类文学作品（如果此种情况确实会发生的话），都是对一种召唤或指令的回应，这种召唤或指令来自全然的他者，全然的他者既是不真实的，但又或许会到来。就像前面所说的那

---

① E. M. Forster, *Howards End* (New York: Vintage, 1989), pp. 30 - 31.

样，每一部文学作品都是完全孤立的，也像杰拉德·曼利·霍普金斯（Gerard Manley Hopkins）所说的那样，是"逆反的、原创的、少见的和奇特的"①。每部作品都彼此不同，就像每个人都彼此有别。当我作为一个读者或教师来对文学作品体现的纯粹他者做出回应，并且向学生或读者以书写的方式传达我的意图时，我可能（只是"可能"）在履行我的职业责任，对一切提出质疑，从而在我的大学里创造或者保持"无条件"的状态。

我对德里达思想的告白是否"恰如其分"，这个问题还得留给德里达自己来回答。其实，他很可能会不置可否，因为根据德里达的观点以及他的信仰告白，我会像别的学者那样，需要自己去探寻究竟，尽力去对他提出的纯粹他者的观点来做出自己的回应。

（万小磊　译）

---

① Gerard Manley Hopkins, "Pied Beauty," 1. 7, *Poems*, 3d. W. H. Gardner（New York：Oxford University Press. 1948），p. 74.

德里达的遗留物

文学始终是宗教的遗物。

——德里达《死亡的礼物》

以色列啊，你的百姓虽多如海沙，惟有剩下的归回。

——《以赛亚书》10：22

而余留的一切都是文学。

——保罗·魏尔伦

死亡，在明确说出前所未闻的东西之前就死去，那对我而言，意味着被交出，以我的遗留物的形式，恰如以我一切所遗之物的形式，被毫无遮蔽地、毫无自卫可能地，即刻被解除了武装，交给他者，交给他人。

——雅克·德里达《野兽与君王》

德里达在生前最后的系列讲座的第五讲中，在我曾经部分引用为题词的一段重要文字中，再一次给出了他者的定义。如我在第一章已部分说过的，在德里达后期关于伦理、责任、政治、友谊、决定、宗教、牺牲、死亡和其他话题的写作中，他者的概念担当关键作用。在《死亡的礼物》（*GD*，82—115；*DM*，114—57）中关于"每一个他者都是完全的他者"的反复思辨即为一例。在他最后的讲座中，在本书前几章已引用的一段话中，德里达将他者定义为那些比我活得更久的人——那些"在拉开距离的跨越生死那一步之后，在那一段跨越之后，当我将已经去世，当我已经去世，当我将已经离别人世，不复存在，走了，消失了，我已完全不能自卫，被解除了武装，由他人掌控，或如人们所说的，用那种说法，我死了"（*BS*，第五次讲座，我的英译）之后还活着的人。德里达在我的题词里，以一种极其夸张或强调的方式说，死亡，就是听任一人所遗之物，不仅他的遗体而且还有他身后的一切遗留之物，完全由他人处置；就是被毫无遮蔽地暴露，以他的遗体和遗物的形式，以他身后所遗留之物的形式；就是被交给他人，毫无自卫可能；就是即刻被彻底解除了武装。

德里达的遗物将发生或会发生什么情况呢，既然他可以说已死去并因此任凭我们这些他者处置？要对此做出决定的责任该由谁来承担呢？德里达的遗产会遭遇什么样的命运？德里达的著作将继续被阅读呢还是被迅速遗忘？德里达所说的和所写的，即他的"遗留物"，是将被人们正确地还是错误地理解和占有呢？而"正确地运用"又指的是什么呢？人们如何能够做到，哪怕心中怀有世上最好的意愿，准确地"运用德里达"？在他去世后他的作品应怎样被有效地运用？我们（或我）应希望他的作品怎样被运用？

"理解德里达"意味着一项叙述或认知的活动。我能正确地理解德里达所写的东西或不能。但是，"运用德里达"则是一项双重的行为言语事件。第一，它假定德里达著作并不简单的是读者认知性理解或误解的对象，并假定德里达著作具有行为句的作用，能使读者阅读时自身发生变化。阅读德里达就是一种允许文字对我做某种行为的方式——通过积极回应德里达著作对我提出的阅读要求。第二，阅读德里达迫使我也要用文字做一些事，要在自己的处境或语境中，基于我对德里达著作对我提出的被阅读的要求的回应，做出主动的和行为的干预。

我的语境或"生存处境"，同德里达写作我眼下正在阅读的任何作品时的状况，可能甚至几乎肯定有很大差别。德里达是一位"世界作家"，就是说，他的著作在全世界拥有读者，并且像弗洛伊德的情况一样，大多数的是英语读者。德里达是一位世界级的英语作家。就是说，各种各样的人都读德里达的英译作品，从中可以窥见极其成问题的英语全球霸权。德里达的读者身处非常不同的文化和个人处境。所有这些读者，在中国，在印度，在巴西，在挪威，在非洲，在俄国，在加拿大，暂且不提美国的吧，究竟是怎样理解德里达的呢？他们应该怎样理解德里达呢？他们应该怎样运用他呢？当然这都因人因地而不同。但他们是否都应该读他呢？这个问题并非不成问题，至少对一部分人来说如此。

即使阅读德里达是普遍有益的事，我们还是可能想象出阅读德里达对一特定的个人是有害的某种情况。可类比的是，通常，霸权主义的民族国家的那种"好像"或幻觉是坏事，但在特定情况中它可能有助于解放；还有，尽管本质主义在理论上名声不佳，但是在某些情况中，女权主义某些方面的"本质主义"在政治上可能产生作用和效果。有些人宣称，德里达说的是"一切都是语言"或"文本没有意义；你可以使文本意指任何你想指的意义"或"解构的目的就是摧毁西方文明"。显然，与其重复他们在报纸上读到的东西，这些人倒不如干脆保持沉默或者去认真阅读德里达。这种人还为数不少，比如，《纽约时报》上德里达讣告的那位无知且恶意的作者。

我的结论是，德里达遗产的"命运"是不确定和成问题的。要说出德里达的作品将发生什么情况是困难的，而也许更困难的，是说出应该发生什么。

还好德里达本人过去数年来对遗产的事谈的不少。或许可以说他甚至被遗产的问题困扰。《档案之恶》和《马克思的幽灵》是显眼的例子。德里达焦虑不安地关注的问题是他的著作在他死后将发生什么情况。至少对我而言，每次阅读德里达最后几次讲座中对死亡的忧惧——恰如笛福的《鲁滨孙漂流记》中所表达的忧惧——所作的精辟而冗长的思索时，我都会一再地想到，这思索表达了德里达要勇敢面对自己死亡的尝试。那场死亡在不到两年的时间内就发生了。委婉地说呢，德里达并非完全如迪兰·托马斯的名句那样"缓缓地走进那沉静的夜"①。他最后系列讲座的第六讲是生机盎然的，然而他用其中很大篇幅来探讨究竟是选择火葬呢还是土葬的问题。关于鲁滨孙对于自己可能被活埋的忧惧，德里达把那作为一个问题提出，而且是在具有不同宗教和文化的全球化语境中提出的。他最后说，对这个选择的思考引向了一个真正的哲学难题，一个无法裁定的两难选择。如果我用土葬，我可能被埋时还没死。我可能被活埋，真是一个恐怖的想法。如果我用火葬，我的骨灰可能会散入风中，被传播、被标误、被掘出。那么我将没有一个处所作为我曾经享有生命这一事实的标志。德里达显然为这两种选择相当烦扰了一阵。后来他还是土葬的而不是火葬。

　　我的题词中所引的这段文字，在我看来，无论是谁读到它，都一定会认识到，它不仅夸张地表达了德里达那令人震惊的想法，即那些比他活得更久的人可以随意处置他的遗体的想法；它同时也表达了一种焦虑，对他死后他的遗留物将发生什么情况的焦虑，在这里遗留物的意思是第二条词义上的，指那些他所写的发表的和未发表的书页。德里达说，死亡对他而言意味着被交出，以他的遗体的形式，正如以他身后所遗之物的形式，被交给他者，而且被完全解除了武装，面对他者。"所有我的遗留之物"的说法，是对"遗留物"的双重意义所做的文字游戏，既指我

---

① Dylan Thomas, "Do not go gentle into that good night," *The Collected Poems* (New York: New Directions, 1953), p. 128.

的遗体又指我留下的作品。

　　然而，这个词的双重意义在英语中比在法语中明显，因此你可以指责我的文字游戏是对德里达的遗留物的强暴行为。比如，法语的遗留物更常用来指一次会餐之后的剩余物，盛宴的残余，如哈姆雷特所说的"为葬礼而备的烤肉"被"冰冷地端上了婚礼的餐桌"（《哈姆雷特》，1.2.180—181）。"所遗之物"若意指作者身后留下的作品，则通常用一个不祥的拉丁词源的词指称该作者的全部作品，比如我说"我已经阅读了德里达的全部作品"。《在美国传统英语》中，遗留物的第二个和第三个词义是"遗体"和"一位已故作者的未出版的作品"。注意未发表的这一词的限制性。这个限制对于德里达并不完全适用，因为他大部分未出版的手稿已经被公之于众——作为口头发表的讲座，而且经常由听众用录音带保存了。无论如何吧，我放胆使用"遗留物"这个词来指称德里达所有的写作和演说，出版的或未出版的，包括已录制的口头演讲。

　　"遗留物"在词典中的第一个词义是"在其他部分被取走、耗尽、摧毁之后所遗留的一切"，第四个词义则是"遗迹或化石"。或许我们可以说，德里达以两万多页未出版的作品的形式——大部分是多年来的讲座——所留下的东西，是"遗迹或化石"。德里达过去经常说起，或多或少故意地，他希望自己老年时能有时间修订和重写这些讲稿以便出版。我听说，德里达留下嘱咐：他遗留的那些讲稿，作为他的遗物，不许出版。同样的，他拒绝将他过去15年间在加州大学欧文分校的讲座——是他自己即席译成雄辩而精彩的英语的——制作成正式的录音磁带。他说，我的英语不够好。尽管有他本人的禁止，当时不曾悄悄地录制那些讲座是一件大错特错的事，因为那些讲座常有精彩高妙的评论，那些是临时添加的内容，是他正在译出的法语文本中没有的。德里达从来不阻止学生们自己做录音，因此这些令人印象深刻的演讲的一些遗留物肯定存在，漂浮状地播散在那所大学的电子技术档案馆或数据库的某处。还好，我们已确知，所有德里达的"遗物"，指的是他未出版的手稿和计算机文档，都将在一二十年内用法语和英语出版。这将由法国的加利出版社和美国芝加哥大学出版社出版。

德里达《丧钟》的两栏文字一开始就是一场复杂的对法语词汇"遗留物"和"遗留"所做的文字的游戏。在右手栏，即热内这一栏，一开始就是热内的一段语录。它展示了那个可憎的形象：某人把整整齐齐撕碎了的一张伦勃朗画的遗留物碎片冲进了马桶里："'被撕成小小的规整的四方形的，冲进了马桶洞里的伦勃朗的遗留物'被分成了两半。"（*Ge*，1*b*；*Gf*，7*b*）在这里以勃朗特为代表的欧洲美学模仿传统就这样结束了！它从内部被分成了两半，就像任何其他东西一样。在左手栏，黑格尔这一栏，说话者/叙述者一开始就问："归根结底，今天，此时此地，对我们而言，黑格尔留下的遗留物究竟是什么呢？"因为在法语中"鹰"和"黑格尔"两个词发音相近：法语可以把两者造成一个双关诙谐语，"他（黑格尔）的名字很怪。从鹰那里，那名字获得了帝国和历史的力量"（*Ge*，1*a*；*Gf*.7*b*）；鹰，作为德国民族主义和帝国主义目标的象征，在这个双关语中，与黑格尔的作为前定命运的历史观，融合在了一起。"今天，那个双重遗产留下的是什么呢？"德里达或他的发言人问道。

作为名词，动词和动名词的遗留物，遗留或遗存等许多显眼例子，四处散见于德里达的所有著作中，就像大屠杀受难者的或一种比较吉利的焚烧的余灰。遗留物及其同源词对于德里达很重要。我将进一步援引并讨论三个更显著的例子，它们通过一种静默的中继转发，分别以一种德里达写作的典型方式指称他者。这种无穷尽的相互指称，致使遗留物一词和它诸多同源词的任一实例，都成为所有其他实例的鬼魂、踪迹和余灰，或者说，它们像幽灵一样徘徊在它背后，而绝对没有任何一个坚实的、实体的和实质性的实例可被看作所有其他的奠基"根源"。

《文学的行为》的开篇之作是德里达同德莱克·阿特里奇的访谈，在这里遗留物这一词在某处反复出现。德里达提出的观点是，文学在西方是一种原则上允许谈论一切、质疑一切的机制。德里达问："那是什么呢？当欲望仅仅铭写在某种'遗留'的东西上——那东西像一件由他人处置之物，一件可以被重复的东西，究竟什么'遗留'下了呢？'遗留'的意思是什么呢？"在这一段里，"遗留"作为一个问题遗留下了。同这个问题相关的是关于文学的怪异事实，即文学同时是许多种东西——是一件物品，是在铭写行为之后遗留的东西，是可以重复的东西，是可以与其物质底面分离的某种鬼魂般的东西，是即使每一册书都被销毁也至少可以"虚拟地"遗留下的某种东西——而这是德里达在《论时间》里强调的（*TT*，37；*DDP*，443）。①

德里达的著述里对"遗留物"的可能意义的最重要的解释，我是在《纸机器》中找到的。在这里德里达解释他是在什么意义上说"遗留物"不是物质性的——尸体是物质性的而且我们通常认为收藏在那两个档案馆的德里达的手稿也是物质性的。这段文字较长，但它是一个连贯完整的论辩。而这段论辩对于理解我这一章的论题很重要。在这场同《教育世界》杂志（2000 年9 月）的安托万·思派尔的访谈中，德里达将他对遗留物的思考连接到他的踪迹概念上——那是我们更熟悉的。由于思派尔很难理解德里达所谈的内容，而且德里达用遗留物所指的意思确实是反直觉的，德里达就特别仔细地说明了他的意思：

---

① 参阅我的文章《德里达和文学》，收在 "Derrida and Literature," in *Jacques Derrida and the Humanities*, ed. Tom Cohen（Cambridge：Cambridge University Press, 2001），pp. 58 - 81.（其中有关于"时间论"的评论）。

踪迹据其定义是从不在场的、从不完全在场的；它在自身铭写了对某种它物的幽灵的指称。遗留物也不在场，同踪迹完全一样。这就是为什么遗留物的问题使我陷入了思考，而这思考经常是关于遗留物一词的，或更严格地是关于遗留一词的。[我认为是更严格的，是因为关于动词遗留的问题不是一件已完成的事而是一个正在进行的过程，不是一件遗留物而是一个遗留的行为。现在进行时态能更好地命名它] 遗留物的遗留不可能被简化为一种真实的余留物，或一次减法之后剩余的差。遗留物"是"不，它不是存在，不是其之所是的变体。像遗迹一样，遗留物首先激起思想活动然后才成为存在或超越存在。[这里是一些海德格尔和列维纳斯的间接引语] 遗留物不可能经由直接的直觉感知而被认识（因为它指称某种完全他者的东西，它在自身中铭写了某种无限他者的东西），而且它逃避一切形式的领会 [领会是一现象学术语，指的是通过意识到意识之外的它物而获得的一种把握，一种既不是理解也不是认识的把握，它只是领会而已]，逃避一切形式的纪念碑化和一切形式的档案馆化。经常地，像踪迹一样，我把它同余灰，没有实体性遗留物的遗留物，联系在一起，本质上说是这样，但是它又必须被思考在内，而且若没有了它就不会有任何思考或计算，也不会有任何能够给出说明和理由的理性原则，也谈不上有存在了。这就是为什么有"遗留物效应"的原因，这是从结果的意义上说的或从在场的，可理想化的，可理想地重复的余留物的意义上说的。我们此刻正在说的话不能被简化为你正在做的笔记，或我们正在做的录音，或我正在说出的词语——不能被简化为它在世上遗留下的东西。所遗留的遗留物就不能被这样计算了。不过也会有遗留物效应，即那些固定在纸面上的句子，或多或少可重读和可重现的句子。这些遗留物效

应因此将产生在场效应——在场效因地点不同而不同，而且
随着同它相关的不同语境和不同主体以一种极其不稳定的方
式而不同。四下散播着遗留物效应，即不同的阐释，然而在
场的并且与其自身同一的遗留物的实在却无一处可见
（*PMe*，151—152；*PMt*，385—386）。

这一段落，我必须指出，甚至对德里达来说，也是怪异的，
其明确的"不"非常突出。一种遗留物，他说，不能被视为某
种物质性的遗留物，如德里达所写的所有那些草稿，印刷的书籍
和文章，所有那些录音带和数字化记录——这些他死后被储存或
归档在这里或那里的遗物。一种遗留物不是某种更大东西余留下
的一部分，不是减法的产物。一种遗物，不管怎么说都从来不是
在场的，也不是任何一种存在。它不在场。它不是实实在在的。
它不是它之所是，它也不是它似乎所是——像，举个例子，在欧
文"加州大学批评理论档案馆"的草稿的纸张似乎是德里达遗
物的例证那样。一种遗留物，从德里达的意义上说，并不是符合
理性或某种形式的计算——如我刚刚提到的算术减法——的
东西。

那么，遗留物它究竟是什么东西呢？德里达在这一段文字中
给出了各种暗示。首先，他断言，一种遗留物并不符合系词
"是"的理性逻辑。它不是它之所是。此外，一种遗留物就像一
个踪迹。我们知道，据德里达，一个踪迹不是它之所是。那是因
为，它是一个符号，指向某种幽灵般的东西，某种异于它自己
的，先于或后于它自己的东西，是"一种运动，其中时间和空
间的区分尚未发生"（*PMe*，150；*PMf*，384）。踪迹受制于那条
德里达惊世骇俗地称之为"延异"的法则，一种同时既差异又延
宕的法则。我在下文将说明，德里达警告我们，千万不要把踪迹
想象成动物留下的足迹，以为我们可以沿着一个又一个爪印跟踪

这只动物。

如果遗留物就像踪迹（虽然其相似程度并非完全清楚），那么它就和踪迹一样，是同一特殊种类的符号。段落中的"可重复的"这一用词使我们把德里达关于遗留物的想法同他在《有限公司ａｂｃ》一书中对行为句的讨论联系了起来。遗留物就是可重复的一组符号的踪迹。这意味着，它可以与任何单一的物质底面和任何"饱和"的语境分离。它可以在许多不同的语境中，与许多不同的物质底面一起，发挥不同的功能。"可理想化的、可理想地重复的余留物"这一短语把德里达这里所说的和他阅读胡塞尔的方式以及他在上述提到的"时间论"中所作的声言联系了起来。这一声言是，他有一次计划写一篇论文，谈作为理想化之物的文学，这种理想化之物就是一种能够摆脱一切物质底面，或可以从中被释放出来的东西——虽然文学总是"束缚"于某一特定语言；而理想的三角形，并不依赖于任何物质性的，如印在几何书上的，三角形的存在，也不"束缚"于任何语言（*TT*, 37；*DDP*, 443）。

这就是德里达下述这些话的部分意义。他说，虽然遗留物并非物质性的余留物，但它有"遗留物效应"，其意思是，遗留物的某一种体现，即"那些在纸面上的句子"，可以产生效应，可以在许多不同的语境中，以不可预料的方式，通过"四下散播"，引起不同的解释，就像我此刻正在就德里达的遗留物做的我所喜欢的解释那样。

"由于遗留物是指向某种完全的他者，因此它就在自己身上铭写了某种无限他者的东西"这一断言，为理解德里达的"遗留物"的意思提供了宝贵的线索。它给我们权限把遗留物理解为非实在的，非物质的，不在场的，是个幽灵，因为它来自那个完全的他者，受那个完全的他者召唤而来，因此在它自身被铭写了那个完全的他者。德里达有可能把笔放在纸上，或把手指放在键盘上，写下这般的一系列文字，但实际上，是把自己铭写在这些文字中的那个完全的他者通过他说话的，命令他做出"发明"的。正是这个根源界定了德里达的遗留物的性质。它们是他者的铭写，因此绝非实在之物。

如果遗留物是如德里达所说的那般脆弱的那种非物质性的东西，那么如果我们认为，德里达那两个档案馆的草稿，一个在欧文，另一个在卡昂附近的当代出版纪念馆，加上那些留在他在里索朗日家中的东西，已经安全保留了德里达的作品，那就错了。德里达的遗留物仍然处于危险之中，尽管在欧文的原稿送到加州之前已经在里索朗日得到仔细的复印，使得复本能够在当代出版纪念馆得以储存从而远离在巴黎遭受核武器毁灭的危险。这就好像给电脑文本加了双重备份。德里达强迫性地为自己正在电脑上写作的东西制作不止一个备份。但所有这一切根本不起作用，或者说，实际上不起作用。

为什么这样说呢？德里达在《档案之恶》中有力地说明，任何档案都有双重功能。档案化所起的作用不仅是安全、完好地保存某人的作品，而且还能使人们忘记和摧毁它们。这种情况之所以发生，是由于弗洛伊德的死亡冲动或毁灭冲动，也是由于德里达在这里以希腊词汇 *hypomnema* 命名的意为淡薄、部分或不完全的记忆减损，而这种记忆减损正是由于试图保存记忆的努力造成的。正是在试图创造安全的努力中创造出不安全，这种强烈的倾向后来被德里达称为自我毁灭性的"自动免疫逻辑"：在那些允许并限定档案化的条件之上，我们能看到的，恰恰是易于遭受毁灭的东西，同时实际上是以毁灭相威胁的东西，因为它先验地把失忆和档案岩化引入了纪念碑的核心。引入了"记在心里"本身（如，我们说"我们可以把德里达的作品记在心里"）。档案化的功能总是先验地自我挫败的。（*AF*, 12；*MdA*, 26—27）我们认为，德里达的手稿安全而完好地保存在欧文批评理论档案和当代出版纪念馆中，但是仅仅把它们放在那里容易导致它们被遗忘：德里达在最后一次访谈时表达了他的不安。他说，他去世后只要两个月时间，他的作品就会被彻底忘记尽管他的著作仍然保留在图书馆里；"一切都将不复存在"（*LLF*，34；*AV*，35）。迄今为止，这两个档案馆几乎没有得到利用，尽管至少有一个明显的例外（杰森·史密斯对《马克思的幽灵》的早期手稿的论著，是令人钦佩的作品）。改录和出版德里达所有讲座的内容，包括英语和法语的，这样一项大工程正在进行之中。但是甚至到那时，有人读这些东西吗？大多数人对德里达手稿的被拯救，是会感到高兴的，但他们却不会立刻就去阅读它们，更不要说去用心背诵它们了。正因为它们被安全地保存，所以我们可以安全地忘掉它们。当德里达看见欧文图书馆里他的那些编目的手稿很专业地、整整齐齐地储放在一长排一长排灰色薄纸板文件盒里时，他说："它们看起来就像这么多的墓碑！"

许多读者会以为，数字革命已经改变了纸质档案的一切脆弱性。这一脆弱性使德里达的遗留物仍然像著名的亚历山大图书馆的纸莎草纸卷一样的不安全。那个图书馆的一场大火就烧毁了希腊文明的许多宝贵遗迹。而现在，利用扫描、具有兆等级储存空间的硬盘盒和服务器、分布式的数据库、多个备份，以及所有其他魔术般的奇迹，你也许会以为，档案已经绝对安全了。情况并非如此，德里达说。

德里达看到并且敏锐地指出了数字化和新电信技术在诸如精神分析学和大学这类机制和人们的生活中已经产生的革命性变化。德里达提出，已经被改变的不仅是建立档案馆的外在手段。随着从手写到打字机到电脑到 iPhone 的变化，内在认知和记忆系统也被极大地改变了，而档案馆储存的"材料"是由它们生产的。德里达挑选了电子邮件作为特别重要的例子。

　　如今电子邮件，比传真更有力地正在改变人类的整个公
共空间和私人空间，而首要的是改变私人的、隐秘的（私
人的或公共的）空间与公共的或可感知的空间之间的界限。
在技术这个词通常和有限的意义上说，它已经不仅是一种技
术：以前所未有的速率，以准瞬间的方式，这种工具可用于
生产、印刷、保存和摧毁档案的能力必将带来司法的和政治
的变化。这些变化将同样影响产权、出版和复制的权力。
（AF，17；MdA，35）

　　在弗洛伊德时代，精神分析学依靠的是手写的信件和笔记，
是邮政系统，即我们今天不耐烦地称之为"蜗牛邮件"的系统。
德里达说，如果弗洛伊德和他的助手当时就有了电子邮件，那么
精神分析学在理论上和实践上就会完全不同了。德里达说，他倒
是很想用一个整场讲座来做某种"回溯性科幻"项目，对精神
分析学做一番想象："如果……弗洛伊德，他的同代人，合作
者，以及跟随他的弟子，无须用手写出数千封的信件，而有条件
使用电信公司或美国电话电报公司的电话卡，便携式磁带录音
机，电脑，打印机，传真机，电视，视频会议，尤其是还有电子
邮件的话。"（AF，16；MdA，33）为什么说假如弗洛伊德能用上
电子邮件精神分析学就会大不一样呢？这是因为，德里达以令人
震惊和反直觉的阐述方式说，建档的技术模式改变了存档的内
容，这不仅发生在存档之时，而且早在其形成之时就这样了：
"档案馆，如印刷、写作、修复技术，或通常的记忆减损处理技
术一样，并非仅仅是可用于收集和保存过去历史中值得建档的东
西的处所——那些东西无论如何都会留存的，即使没有档案馆，
人们依然相信那些东西曾经就是或将来会是档案的。不仅如此，
档案馆的建档技术结构还决定了可建档的内容，甚至在它正在形
成之时或就它同未来的关系方面看也是这样。档案馆化既记录又

制造了事件。这也是我们对所谓的新闻媒体的政治经验。"（*AF*,
16—17；*MdA*，34）

正如 H. M. 麦克卢汉早就说过那样："媒介本身就是资讯。"

在《档案之恶》一书中有几页谈到这些影响我们生活方式
的精神、机制和政治的革命性变化，也谈到有助于外化记忆的新
型修复方法带来的变化。对这方面的内容，德里达在其他著述中
更详尽地分析可以作为很好的补充说明，比如在《摹写电视》、
《纸机器》、《信仰与知识》、《劣种》、《触觉》和其他书中。这
些技术变化的意义是德里达晚年写作的重要话题之一。仅这方面
就值得专辟一章来谈。然而，尽管德里达敏锐地看到这些"激烈
而无休止的动荡"（*AF*，18；*MdA*，35—36）的革命性，他还是
提出，这种破坏欲在数据库档案馆中的运作，比在纸质档案馆
中，只会更加强大也更加不可避免。这种"建档欲望"，仍旧像
以往那样分为"档案欲"和"档案恶"两方面，"档案欲"是
储存和保留一切文字和图片的欲求，而"档案烧"或"档案病"
则总是"伴随着死亡欲，侵略行为和破坏欲的威胁"（*AF*，19；
MdA，38）。

"病虫"总是留藏在软件里。硬盘早晚都要坏的。一个粗心
的错误指令就可能删除一个硬盘。黑客可以说就是互联网内置的
破坏力。虽然黑客们有时可以自认为他们有政治动机，但是他们
的行动基础经常显得好像是纯粹无政府主义的、技术爱好者的欲
望，想试试他们能否破坏在硬盘里储存的并且从网址上可获得的
"档案"。他们能做到这一点，是通过发送病毒和蠕虫，或通过
"蠕虫"，就是被隐秘地且难以觉察地征用了的遍布全球的个人
电脑，这些个人电脑已经成为不自知的"机器人"或"还魂
尸"。然后这些"机器人"就向选中的网址发出数百万条指令。
这样的重负将捆绑数以千计的硬盘和服务器，致使整个国家的网
络系统停止运行，无论是政府、银行还是公司的系统。甚至一个

国家的安全也可能受到威胁，如 2007 年俄罗斯黑客破坏爱沙尼亚计算机系统的例子。①

在这一点上黑客和人类免疫系统的抗体有着惊人的相似。这里我借用的是德里达的比喻——他后来才使用抗体这个比喻，而在《档案之恶》一书中他用弗洛伊德的术语把那叫做破坏欲，侵犯欲和死亡欲（AF，10，11；MdA，24，26）。这种欲望是出自本能并且不可抗拒的。大部分黑客是专门受训的程序员，往往受聘于银行、公司、政府机构，还包括军事机构。他们的工作就是改进计算机系统的安全和保密性能，设置"防火墙"或类似的东西。我的电脑经常收到苹果公司或微软公司的邀请，邀请我下载苹果公司运行系统的安全程序或我此刻正在使用的微软公司文字处理程序的改进版本。今天（2008 年 2 月 20 日）我刚从微软公司下载了安全升级软件，用来保护我的 Word 程序，使它不会遭到他们发来的升级信息称为"恶意"的入侵——那会删除我的硬盘内容。不用说，我赶快就安装了更新版本。然而，在这场无止境的互联网自身的网络内战中，新的侵犯很快就会被设计出来。一旦我有了"互联网联系"，我就是这个系统的一部分，无论我是否愿意。

这些"安全升级"无疑是由受过高级训练的软件专业人才

① 关于爱沙尼亚的互联网事件，可参阅 Estonia Internet event by Joshua Davis, John Robb, and Ralph Peters, "Web War One," *Wired* (September 2007), pp. 162 - 169、182、184。上约书亚·戴维斯和约翰·罗伯的引人入胜的文章，和拉尔夫·彼得斯的"第一次网络大战"。在他的边栏里，约翰·罗伯想象中国可能煽动一场全方位的"分布式的中断服务"（DDoS）攻击。这种做法并非偶然。这是媒体这些日子制造和怂恿"恐华症"的一种表现。这种臆想的攻击是通过"蠕虫网"来发动的，而"蠕虫网"就是被秘密变成黑客可以操纵的机器人的那些个人电脑网络。它们可以发出数千条或百万条的信息，淹没和破坏目标国的网站。"一场全方位的持续数日或数周的攻击"，罗伯说，"可以使一个现代信息经济体完全瘫痪，作为战争行为的一场全方位的 DDoS 攻击，有可能以军事部门和政府部门的服务器、民用的电子邮件、银行和电话公司为目标。"（第 166、167 页）。

在苹果或微软公司制作的。但是由于某种显然不可避免的突变，这些受训过的软件人才的一部分经常出问题。友善的计算机专家变成了黑客。这些软件专家本来是系统的修复附件，掌握着管理系统运行的很大权力，然而，为数不少的专家转而破坏这个系统。这种表现同抗体在自身免疫疾病中的行为是类似的。抗体的作用是保护身体免受来自体外的"抗原"，例如病毒的伤害。然而，在某些灾难性病例中，这些抗体转而对抗身体的器官和组织，最后破坏它们。

我们把黑客们切入计算机的破坏性程序叫作互联网"病毒"不是没有道理的。计算机病毒对互联网的破坏同有生命的病毒对人体的破坏是一样的。两种病毒都源源不断地复制自己并且破坏它们所寓居的躯体。"计算机病毒"这个比喻促使我们把万维网想象成一个有生命的器官——而它在某种意义上几乎是，或促使我们把身体想象成一个计算机系统——而它在某种意义上也几乎是。如德里达所言，这一切的底线是，"遗留物"——在纸质遗留物、数字化档案和遗体等多重意义上，必然受制于一条无情法则，即"档案化的工作总是，先验的，自我挫败的"（*AF*，12；*MdA*，27）。

把德里达所有的遗留物都发送到网络上，尽管那样能令人高兴地使它们更易于传播，却不能保护它们不遭受破坏欲的伤害或不遭遇自身免疫系统的自发性灾难。具有讽刺意味的是，这种情形同德里达的死因有相似之处。一些医学专家认为，导致德里达死亡的那种癌症，恰恰是自身免疫系统的反应的结果。我说那具有讽刺意味，是因为就在去世前几年，他敏锐地分辨出了档案馆中的，以及所有给定的政治共同体中的，自身免疫系统的工作方式。德里达关于自身免疫系统的冗长概念我会在第六章介绍。德里达最后一次接受《世界报》采访的报道引用他本人的话作标题，即"我同自己交战"，而那暗指他身患的致命疾病，虽然还有别的意思。万维网同样在同自己交战。把法语的《档案之恶》译成英语的《档案病》是够准确的，因为用法语说"我病了"用的就是该词。但是，该词同时具有的"坏"或"恶"的意思，如波德莱尔诗集的标题《恶之花》中的恶，而这种译法未能传达此意。德里达在他关于内生于档案馆的破坏欲所做的"题词"的最后一句中说："档案病有不止一种，不止一种记忆极限或记忆受损或其他档案病：由于这种无限性，档案病已接近极恶。"（*AF*，20；*MdA*，38—39）

要解答德里达所指的"遗留物"究竟是什么意思的问题，我们还有最后一条很有用的线索，就是在以上所引那长段中他特别强调的："我通常把遗留物，像踪迹那样，同灰烬联系在一起：没有实体性遗留物的遗留物。"这个联系为什么很有用呢？遗留物一词出现在德里达《灰烬》中的一个重要时刻。像飞散的灰烬一样散见于该书这儿那儿的遗留物一词，正是我要谈的该词三次显眼出现的最后一例。灰烬，至少在英语里，同余灰的意思不尽相同。就我的感觉而言，灰烬里可能还有余火，如德里达的书名《灰烬之火》的意思那样，而余灰则是完全燃烧后的灰烬的遗留物。我们很少说起单数的灰。常以复数形式使用的"余灰"给人的提示是，我们说英语的人倾向于把余灰想象为不计其数的，粉末状的，轻若气体的，几乎无实在内容的东西，而英语的灰烬，至少对我的耳朵来说，保留了某种凝聚状态，因为它在一定程度上保持了那被燃烧后才造成灰烬的物体的基本形状。

德里达是利用这两个词的意思的些许差别做了文章的。我下面将引用的《灰烬》中的一段话明确地把灰烬或余灰同遗留物联系在一起。正如该书的内容所表明的，在《灰烬》整本书的背景上笼罩那场使数百万犹太人焚烧成灰的大屠杀的阴影。关于大屠杀的指涉在有些地方是明确的，如在下文的选段里。像

《明信片》中的《发送》一样，《灰烬》是一部包含多角色对白的怪书，其中有各色各样的虚构人物在说话。这里讨论的这段，同《灰烬》整本书那样，是对某个单一动机的评论性的或展开式的各种表述。这个单一的动机，是一个无法翻译的句子，甚至在法语原著中就已经很奇怪了："那里有灰烬那里。"德里达说，灰烬这个奇怪的动词就这样进入他的头脑。这个句子由聂得·卢卡契译出来了，够好的，译成"灰烬在那儿"。但是，依照法语奇怪的习惯用法，那原句的字面意思大致是"它那儿有那儿灰烬"，因为 y 和 la 的意思都是"那儿"。有人在说话，且不管正说话的那人是谁吧，他在谈论某个"他"，或许是"德里达"呢。他说这个句子是"灰色的灰尘的词"，"某种具有物质性的东西——可见的但几乎不可读的"（C，41，43）。那句子几乎不可读是因为它"仅仅指涉自身"，就是说，它仅仅指涉词语的自反运作，而不指涉自身之外的任何所指物——像有意义的词应该做的那样。下面就是那段节选：

　　　　现在，此地此时，有某种物质性的东西——可见的但几乎不可读的——它，由于仅仅指涉自身，不再留下踪迹了，除非说它仅仅通过丧失它几乎并不留下的踪迹可以追溯踪迹。
　　　　——勉强算遗留下的些许遗物。
　　　　——这种消除痕迹的行为，那正是他称之为踪迹的东西。现在我有这么一个印象，对他来说，踪迹的最好范型，不是——不像有些人或许包括他在内曾经以为的那样——猎物的足迹，留下的印迹，沙土上高低不一的隆起，海面上的水纹，一步一个的脚印，而是灰烬（没有遗留的遗留物，来自那场大屠杀的，来自那场灭绝性焚烧的，来自火葬的焚香的）。

　　——为极少数人遗留的东西，而且，无论谁多么轻地触摸它，它就崩落，不是崩落成灰烬，而是消失在其灰烬之灰中。以这种方式写作，他就再一次焚烧了，焚烧了他虽然已经烧毁却依然敬仰的东西，他执意这样做。（C，42）

　　"其灰烬之灰"，或许，会成为余灰的灰色尘埃。踪迹、灰烬、余灰、遗留物，它们全都相似，因为它们都是布朗肖常用的表达式之一——"没有 X 的 X"——的轨迹。那些表达式对德里达非常重要，例如，他在《难题论》中就谈到死亡不可能的可能性。在这里，遗留物，诸如德里达那些收藏为档案馆的草稿，就是"没有遗留的遗留物"之物，而关于这一点我们可谈的大概就到此为止了，尽管我一直试图在进入正题之前解释这个公式，而且花了不少篇幅。

　　那么，此时此地，德里达的遗产中有什么没有遗留而遗留下了呢？我们已经知道德里达用遗留物一词所意指的意思是晦涩而复杂的，然后再问：他的遗留物注定会发生什么情况呢？最好还是用德里达自己的术语来回答这个问题，也算是通过僭占有而占有德里达遗产的一种方式吧，然后再向前抛出这个问题，就像眼下你正在阅读的这篇文章那样做。德里达对这个问题的探究采用了三种形式。在这篇文章里我将分析前两种形式。第三种形式是本书第三章的中心内容。这些形式是：（1）德里达对自己遗产的思考；（2）他对他人遗产的思考；（3）他的总体思考——关于发生在非在场的"现在"的事件，特别是那些由写作或言谈的行为句式方面所记录的事件，将如何改变那"将来临的"未来的问题。那将以不可预测的和偶然的——而德里达称之为"标误"的方式发生。标误这个合成词或这个概念经常出现在德里达这些年来写的许多作品里，这一点前面我已经谈过了。

德里达为人谦虚，因此他对自己的遗产没有多少话可谈，或者更好的说法是，他的不谦虚被很好地掩饰了，因为他为人非常谨慎礼貌。他很少正面涉及他身后他的著作的未来或命运的问题，但是也有例外，如《隐秘的品味》的一段和他最后的访谈《最终学会了生存》中的一些说法。在他死后，他的著作就会像他的遗体一样，完全被解除了武装，完全由他人处置，他不再有机会去澄清是非。德里达，或者说德里达的遗留物，此刻完全听由我处置，这一点我的读者一定已经注意到了。他已经不在了，无法告诉我我没有正确理解他。当他活着的时候，他确实经常试图澄清是非，尤其在他接受的多次访谈中，但也在讲座上或发表的文章和著作里。对我在他去世前多年来关于他的著作所写的东西，他说的话总是很友善，友善到甚至有些令人不安。

德里达很少讨论他身后他的遗留物，即他的著述，将发生什么情况，但第一次接受莫里奇奥 ·费拉里斯和吉安尼瓦·蒂默访谈时他谈到了这个问题。那次他是在巴黎，在里索朗日的家中接受访谈的。这一系列访谈，先是在巴黎后是在都灵，断断续续地从 1993 年持续到 1995 年，后来结集出版为《隐秘的品味》。我将引录的是第一次同费拉里斯的访谈（巴黎，7 月 16 日，1993 年），当时德里达正在谈论那些著名的经典哲学家——据称自成体系的西方哲学家，并借助同他们的关系来界定解构思想。这类哲学家每一位身后都留下了可以自成一家的著作，那上面可以签上单独一个名字（尽管"签名"的意义非常含混）："柏拉图"、"海德格尔"或其他什么人。德里达说，这些体系内的文本占据了他哲学教学和哲学写作的大部分内容。他列举了柏拉图、康德、黑格尔和胡塞尔（TS，4）。德里达然后再次耐心地解释了解构思想并且纠正了一种常见的对解构的误解。这一次，解构的定义是通过两方面来阐释的。其一是通过谈论用于研究体系哲学家的解构方法；其二是通过谈论时间如何总是，用哈姆雷

特的话是"失序的"，或用海德格尔的表述是"断裂"的。（对
有关时间的这一比喻，德里达在《马克思的幽灵》中做了最充
分的探讨。）说时间是断裂的裂片状的，意思是，时间拒绝被人
以借助一个在场的现在或借助同时期的事物的方式进行思考。这
里是德里达对解构的定义：

> 解构不是一种用以发现那抵抗系统之物的方法；不如
> 说，解构就是在阅读和阐释文本活动中再次标识，使哲学家
> 们能够造成一种系统效果的，不是什么别的，而是某种
> "功能受损"或"适应出错"，是某种功能欠缺——无法关
> 闭一个系统。每当我使用这种研究方法时，要解决的问题就
> 是，一是说明该系统并不能运行，二是说明这种功能受损不
> 仅打乱了该系统，而且它本身解释了那种对系统的欲求——
> 而那欲求恰是从这断裂或分离中汲取自身冲劲的（TS，4）。

德里达强调，这种战略必须有所区别地运用于各位哲学家的
著作。解构不是一种万验工具，像一种能够以完全相同的方式烹
饪所有鱼类、肉类和禽类的食谱；不可以用同一种方式去解构所
有的系统。药（Pharmakon）是解构柏拉图系统的关键元素，但
是用它来破坏康德的或黑格尔的系统就不起作用了。必须阅读每
一种著作，然后才能逐次找出不适合该系统的那一元素，同正在
讨论的系统不协调的那一元素——但恰恰又是该元素使那系统变
得可能/不可能。德里达术语和方法的多变性有时令他的读者感
到困惑。

那好，德里达自己的著作怎么样呢？它是否形成一个系统或
一家之言呢？鉴于他的著述似乎芜杂而繁多，德里达的回答很有
意思甚至有点使人意外。他声称他的著作产生于一场策略性的赌
博。他说这一赌是无来由的并且偶然的，因为他既没有权利也没

有理由去这么做。那完全是一个冒险举动。打赌是一种特定形式的言语行为。根据赌博的定义，你要么输掉要么赢得。你不能预先知道结果，否则那就不是赌博而是完全有数的预测了。德里达的赌注是一个决定，他决定以他称作"解构"的一种特定方式，通过他自身的独特性，进入他身处的语境。他决定以一种"解构"的方式从事他哲学教学和哲学写作的职业，而这是在那些聘用他的学院的限制之内的——最初在巴黎高等师范学院和巴黎高等社会科学研究学校，还有他担任过访问教授的许多美国大学：约翰·霍普金斯大学、耶鲁大学、加州大学欧文分校、康奈尔大学、纽约大学。

这是一场双重的赌博。首先，德里达赌的是他能够进入他的直接语境并且将其改变。其次，他赌的是，他根据赌注而写的东西将形成一种形散而质不散的非系统性著述——布朗肖可能会这么说。因此，这种著述，在一种全新和不同的语境中，将来有可能产生作用，也就是说，将来它会被全世界各种读者阅读：

> 我最初开始写此类东西时，比如写胡塞尔时，那种写作回应的是一种可以这样描述的语境：一种全球的哲学语境，更具体地，在某一时刻是法国语境，而甚至更具体的是在某一种学术领域内的，等等。但是，随着时间推移，我称之为个人性著作的内在连贯性和稳定性应该能够使这样一种情况成为可能——而这就是赌博了——二十或三十年后，我在前述语境中写的东西不会完全变得不合情理或过时，而这样就能抵抗——坚持——直到那语境将不再简单地是一堆能够限制我的写作内容的条件，而它同时也是因我在其中所写的东西而形成的。（*TS*，14）

个人性著作并不简单地进入或回应周围语境的那些不断扩大

的同心圆。著作作为一种大型行为句式进入那些语境，目的是使那些语境成形或变形——至少也能改变它们。然后这著作就在已发生变化的语境中变得有意义并且发挥作用。德里达不怎么光彩地承认，他有时是故意用一种他希望别人读不懂或至少不容易读懂的方式进行写作，这样他写的东西给人的印象就是怪异的，不合时宜的，或甚至有点疯狂。但是他说这样做的目的是，他写下的东西将以特别的方式改变其语境，最后的结果是使他写的东西变得可读。这件事还确实发生了。

德里达阐述了赋予他那场赌博某种正当性的普遍法则。他说"权且使用著作这个有点可疑而且老套的说法吧，我叫做著作的文字系统其实只是一种运作方式（某种程度上是内生的）——它能够生产那些使已生产出的文字变成可读的条件。""内生"的意思是"从内部生成的"。这条法则在文学中起作用的一个例子是乔伊斯的《尤利西斯》。这部小说最初对许多人来说几乎是不可卒读的，但是后来它渐渐变成现代主义文学的常见模式，以至于《尤利西斯》现在对于大部分人而言已经成为"一块饼"，甚至有些过时了。德里达赌的是，一种著作能生产其自身语境或改变现有语境的这条法则，对于他自己的著作、遗留物、全部著述、遗产，将一定会起作用的。如果将来那确实发生，如果他赌赢了这个战略性的赌，那就意味着他的著作将使一切不同的全球性语境产生重大改变，其结果是，他的著作，带着其自身全部独特性和鲜明个性，将成为一个有效的行动句式——尽管在未来那种结果将以不可预测的方式并且在极其不同的语境中发生。

如果情况确实如此，如果德里达赢了这一赌，那么他就没有理由为他的遗留物在他身后将发生的情况而感到焦虑了。它们将拥有安稳的未来和幸福的命运。可是德里达为什么还如此忧心忡忡呢，为什么要担心他身后可能发生的情况呢——在他走了，逝世了，消失了，或用一种说法"死了"之后？如果他的著作能起作用，如果他赢得了那一赌，那他应该没什么可担忧的。然而，他还是焦虑。他之所以焦虑，是因为，无论他关于那场赌博说了什么，他知道一旦他不在世了，他就被彻底解除了武装，一切由他人处置，完全不可能，像一个来自"幽远的坟墓"的幽灵的声音，去再一次向人们澄清何为解构。他将完全不可能说："错了，你弄错了。你误解了我的意思，让我来解释吧。"

这类解释的一个例子是德里达在一次同费拉里斯的访谈中的有点惊人的一个评述。他鲜明地将他的著作同结构主义并且同那至今仍经常被叫做"语言学转向"的东西做了区分。他说，他反对"逻各斯中心"就是反对语言学，也就是反对那被叫做"结构主义"的语言学形式：

> 这个故事的讽刺意味——有时是沉痛的——在于，特别是在美国，常遇到的是，因为我写了"文本之外别无它物"，因为我使用了"踪迹"的思想，有些人以为他们可以把那理解为一种语言思想（完全弄反了）。解构被铭写在"语言学转向"里了，而它其实是对语言学的抗议！（*TS*, 76）

德里达多次在其他地方解释说，他的解构思想不是"语言思想"，因为，他的著述自始至终一直强调，解构思想是关于不可思之物的思想，也就是说，是关于超越语言之物的思想。他把这超越叫做"完全的他者"。如果它确实是他者，完全的他者，超越语言，不可言说，那么关于它就只能说这么多了。在刚刚摘引的这一段里——这是为数不多的几处之一，德里达接着明确地（同时也极其慎重地）区分了他的思想和德曼的思想。他说："我尽我所能去做的，是标明语言学的范围和修辞学的范围——这就是我同德曼之间深刻分歧的症结；他对解构有一种更加

'修辞主义'的解释。"（*TS*，76）

德里达对德曼的评论提供了一个线索，可以解释德里达为什么有理由对身后自己的著作可能发生的情况感到焦虑。这个线索就是，那些对他人无助的遗留物在德里达手中——恕我直言——发生了什么事。这就是我上文开列的三个题目中的第二题。德里达写了很多关于还活着的同代人的文章，譬如关于福柯、拉康、列维纳斯、布朗肖、利科，甚至关于我的著作的文章。这些文章是溢美之词和尖锐批评的组合物，两者的比例因人因事而不同。

最有助于说明我的论点的重要证据，是德里达为已故朋友们所写的纪念文章和悼念著作。许多人（例如我自己）在朋友去世后会变得沉默，无言，丧失了表达能力。或许那不是一种很健康的哀悼方式。沉默可能会延长哀悼之伤，甚至会使哀悼变成弗洛伊德称之为"忧伤"的永无休止的哀伤。德里达恰恰对弗洛伊德的词义区分提出了质疑。他多次说起，所有的悼念其实都是无尽的忧伤。无论如何，德里达对朋友或熟人去世的反应，同我那种说不出话的结结巴巴，是明显不同的。朋友或熟人的去世总是会在他身上引发一场异常的文字喷涌。德里达是有史以来这类回忆录或纪念文章的最好作者。

人之为人就在于内心需要讣告，悼词或对已故者的纪念仪式，就像需要墓碑、有题刻的墓石和墓志铭一样。我们总要找到逝者的尸体并且郑重地埋葬它。举个例子吧，我们至今依然在做巨大努力，去寻找和确认在越战的军事行动中失踪的那些人的尸骨。在找到他们的遗体之前，我们认为那些士兵也许还在某处活着。纪念死者的这种内心需求在德里达身上是非常明显而富于言辞的。他对朋友去世的反应是迅速的，匆忙的，急于写出有关文章或著作去悼念那逝者，例如，德曼、列维纳斯或布朗肖，或德里达的《悲悼之作》中纪念性文章的所有对象——该书的法语版增加了篇幅，书名是《次次不同，世界的终结》。友人去世后德里达总是迅速成书，尽管他经常说这一场死亡令他无语，无言以对。

列奥塔的去世是这种无语的一个例子。据法国《解放报》载，德里达在得知列奥塔去世消息几个小时后说："我完全不知所措，找不到公众语汇来谈论正在发生的这件事，这件令所有曾经有幸接近这位伟大思想家的人震惊无语的事情。"（*WM*，214；*CFU*，255）无语的状况并不妨碍德里达说话，而且他很快就说了，似乎他必须抓紧时间。就在他说自己完全无语的同时，他对着公众说话了。他也没有因为自己曾经做出的决定而保持沉默。还是在他最早的悼念作品《罗兰·巴特之死》中，他决定要拒绝那些请求他在友人去世后立即谈论已故之人的邀请："我认为不可能，不得体，也不应该的事情，很久以前我就暗自而坚决地下决心不去做的事情，就是……在什么人去世后不久写东西发表，无论在纪念集会或悼念活动上，还是在关于那些生前曾经是我朋友的'忆念'文集中。"（*WM*，49—50；*CFU*，77）德里达也没有因为自己的高度觉悟而保持沉默。他完全觉察到这一类写作中的各种陷阱——在悼念性写作中他自己经常谈到的：如背信的诱惑，自恋式的悲伤发泄，泄露那些也许应该保密的隐私，或利用朋友去世的机会自己得分而同朋友算账等。

所有这些禁律还是无法阻止德里达写出许多这类文章和著作。说话和写作对德里达而言似乎是一种不可抗拒的冲动，而他这么做只是对这种冲动的反应。在德曼和列维纳斯去世后的数日，数周或数月里，德里达就写出了纪念他们各自的精彩著作，《多义的记忆——为保罗·德曼而作》和《告别列维纳斯》。在布朗肖去世后的那个周末，他中止了生前最后的系列讲座"野兽与君王"（第 2 讲），写出了关于布朗肖的精彩的纪念演讲。这份演讲后来在布朗肖的葬礼上宣读了。

德里达吩咐，我是这么听说的，不许在他的葬礼上宣读别人写的悼词。他要求在葬礼上宣读他本人弥留之际拟就的一份不长的陈述。他这一遗愿被执行了，但是我听说，同时也宣读了他本人著作的一些摘录。德里达显然想由他本人给自己下定论。他不想让其他任何人扮演他为布朗肖曾经扮演过的墓前演说人的角色。据我所知，《次次不同》是德里达去世前准备校对的两本书之一，就是《雷赫纳系列》的一册厚厚的纪念文集中他所写的那部分。那另一本书是《公羊》，一本令人惊叹的很薄的书，是关于保罗·策兰的一句诗的——"世界已消失，我必须带着你走"——那是策兰为纪念伽达默尔而作的。我认为策兰这句诗的意思是，现在你已消逝，这世界便已终结。我作为一个生存者被留下，去承受你身后生存的重负。就我同德里达的关系说，这正是我现在的处境。既然德里达已去世，这就是我们所有还活着的人的处境。那三本书的最后校对工作是在他身患绝症期间完成的，当时他已生活在死亡阴影里。他那一时期告诉我，在2003年秋天，他不能再工作了，意思是不能再著书立说了，但是他还能够校对以前写的东西。

　　友人的去世在德里达身上能生成言谈或文字，洋洋洒洒的字词。为什么呢？他希望用这些字词来完成什么事情呢？那些字词通常是带着他自己的死亡将临的念头写下的。在《隐秘的品味》一书中，对瓦蒂莫提出的问题，"你是否会想到来世？"德里达回答：

　　　　我思考的只是死亡，我一直在想这个，不超过十秒钟，死亡逼近的念头就会在那里出现。我一直在分析作为某种来世生存结构的"来世"现象，这是我唯一关心的事，但这恰恰是因为我不相信人死后还有生命。而根本上说，死亡是统管一切的——我做什么，我是什么，我写什么，我说什么。（*TS*, 88）

德里达为什么一直在思考死亡，他又为什么急于去写有关过世友人的文章和著作呢？我想，那是因为他始终担心自己去日无多而来不及，所以他急切希望尽早给予过世的朋友们他们各自实至名归的赞誉。在《隐秘的品味》书中的其他地方，德里达谈到给予公正赞誉的这种紧迫感，即必须现在而不是将来某一刻做出公正评价的紧迫感，他还谈到这种紧迫性同来世和弥赛亚的关系。德里达说：

> 当我这么说时，我知道我是在谈自己的死亡——那里，我肯定，我不能再占有任何东西，那里我将不再可能占有未来。在这个意义上，只有人可能谈到未来，而神灵则永无可能。因此我很清楚，这些统统不过是一种话语——不如说一种体验——是某种死亡必至的感觉才使这种话语成为一种未来。这里说的死亡必至的感觉，就是死亡随时可能降临这一事实——这点海德格尔在《存在与时间》里精彩地讨论过——而由于死亡随时可能降临这一事实，给去世的朋友他们应有的赞誉，就成为刻不容缓的事情了。(*TS*, 23)

为什么德里达试图公正地回应他人去世的尝试竟然是一次纪念文字的喷射呢——而那恰恰是他后来禁止在自己的葬礼上发生的事？我认为他的动机是双重的。一方面，我已经说过，他想给故世友人们应有的赞誉。这些纪念文字大部分是溢美而友好的。对已故朋友们的文章和人品，这些纪念性著述以优美的言辞给足了能给的赞美之词。这些悼念之作中蕴涵着一种急切感，一种赞美死者的意愿。他是遵循那条人们对已故之人只能说好话的古训这么做的。他必须尽快地这么做，不然就来不及给他们应有的评价，或不然他们就可能被人遗忘。德里达想还清活着的人对死者的人情债，而他的方式是尽力保护好他人的遗留物，这里指他或她写下的东西。他这么做是出于对那些作品的感激，虽然它们是永远不可回报的礼物。他想赞扬死去的朋友们，为那些友情礼物和思想礼物而感谢他们。尽管他的看法是，任何礼物都是一笔永远无法偿还的债，他还是想这么做。

　　德里达还想对已故友人的写作进行清点，想精确地评判它们。可以说，他想给出定论。他想确认死去的朋友们确实已经死去，就像在某种文化习俗中，死人的颅骨会被敲开或心脏会被挖走以确保死人不会起死回生一样。他还想确定尸体的永远安置之所。虚拟地说，在所有那些纪念仪式般的华美辞藻下面或里面，尸体被安置了，被安全地封闭了。保罗·德曼是在《多义的记忆——为保罗·德曼而作》中，列维纳斯是在《告别列维纳斯》中，布朗肖是在《献给布朗肖》中，等等。这些作品的标题有时会流露出某种特别的语调，《告别列维纳斯》就是一个例子。法语"告别"一词的字面意思是"愿你和上帝在一起"，就像英语的"再见"一样。凡是读过德里达那许多谈论列维纳斯文章的读者都知道，德里达认为列维纳斯倾向于认为上帝实有其人，而这一点部分地导致了他对列维纳斯的保留意见。对列维纳斯说"再见"就是以一种方式对他说，德里达希望列维纳斯所相信的那个真实存在的上帝会很好地照顾他。至于德里达本人呢，他持有自己的疑虑。

　　德里达的纪念文字中蕴涵着一种意愿，他想让逝者得其所，想发表定论，想清算债务——不太宽厚地。德里达的悼念之作以其特有的方式总是包含一种不显眼甚或难以觉察的意愿，他想表明和标明他德里达同其他人的写作的不同——同列维纳斯所写的，同德曼所写的，甚至同布朗肖所写的东西的不同。德里达利用了他人已经死去因此不能反驳他的事实，但他是自然而然这么做的而且显然没多想他自己究竟在做什么。他把这看作一个机会，可以算旧账了，虽然是大度地和隐秘地。当然，现在轮到我来利用德里达眼下的无助，说出我接着要说的可能实在是太过分的一番话了。不过，有时我的确觉得，德里达是在等着这些朋友们去世，逐一地，这样他就可以对他们各自的著作炫耀地发一篇高论，既然他们已经离去，逝世，走了，简言之，死了，而且不能再对自己的著作增加什么了，也不能回应他对那些著作的评说。

任何一种文化中的任何一种葬仪都有这种双重的动机。一方面，人们要确定死者已经确实死了，他或她不会做鬼再回来缠扰活人。这种事最好不要冒险。丧葬的仪式是一种切断同死者的关系，一劳永逸地断绝同他或她来往的方式。另一方面，人们为死者做悼文，如墓前演说或墓志铭，目的是确保死者不会被遗忘，确保死者将清晰地存活在活着的人的记忆里。所以，给予死者其应有的赞誉是一件急需完成的事情。这就是葬仪的困难之处。

读一读德里达关于已故友人的纪念文集的英语和法语的书名，我们或许能进一步理解德里达心中的悼念之情。帕斯卡·安娜·布拉特和迈克尔·内斯为德里达的《悼念之作》写了很好的序言，专门谈论德里达著作中的悼念性写作。《悼念之作》这书名很可能经过德里达过目。文章提出，悼念不是某种自然发生的事情，或最终会消失的东西——如"克服"友人逝世的伤痛那样。悼念是工作。那需要付出努力。你必须为此认真工作。工作方式之一是写作关于已逝朋友的纪念文章，一系列著述，就像收集在《悼念之作》中的文章。严格地说，这类著作文章就是行为句式，是行动性宣言。它们是一种用文字去做事情的方式。它们工作的成果是悼念工作的完成，目的是使我们可能最终抵达从悲伤中挺过来的那一点。

然而，如果德里达所说的悼念之情受到无尽忧伤的渗入是不错的，那么抵达那一点就是不可能的。他在许多地方都那么说了。比如，在《多义的记忆——为保罗·德曼而作》一书中，德里达谈到"那种不可能的悼念，那种悼念，把他者的他者性留给他者，因而尊重他的无限远的离去，最后拒绝接受或无法接受那个在自己身上的他者，有如在坟墓中或某种自恋的墓穴中的那个他者"（*MPdMe*，6；*MPdMf*，29）。悼念就像是西绪福斯的无尽头的劳作。在阴间，西绪福斯推着一块沉重的石头上山，而结果只是让它一再落下。或者悼念就像达那伊得斯姐妹无尽头的劳作。她们遭天谴必须永世使用漏水的容器去运水。如英谚所言，她们被迫"用漏斗运水"。悼念者的哀伤是无边无尽的。

　　德里达《悼念之作》的法语版的标题是《次次不同，世界的终结》，这标题概括了德里达急于给去世友人应有赞誉的那种冲动的最昂贵的理由。法语版在英语版的基础上增加了纪念杰拉德和布朗肖的文章，他们两人都是在英语版发表之后去世的。这个标题显然是德里达本人定的。那意思应该是，每一次友人去世都是不同的事件，因为每个人都是不同的，独特的，不可替代的，正如我同某一位朋友的关系不同于我同任何其他朋友的关系那样。朋友的去世就像是，我们常说的，"世界末日"。"倘若她死了，那对我而言就是世界末日了。"或者，这个标题可以被理解为，我的朋友或我所爱的人的去世是那个独特的人的世界的终结。那个世界只对那个人存在，就像我的世界只对我存在那样。当我的朋友死了，在那个瞬间性的灾难性的毁灭中，他那独一无二的世界的光焰熄灭了。

　　错了，德里达在《次次不同》的前言中说，那完全不是我的意思（《悼念之作》中没有这个前言）。德里达说，我的意思是，那是整个世界的末日，他的或她的，我的，和其他所有人的。当任何人（或动物或神灵）死去时，世界的末日就来了。这意思是，这个世界可以同时既终结又没有终结，整个世界的终结具有一种可以被重复的特性。它可能，而且确实是，一再发生的。在一种德里达称之为"不可能的体验"中，这个独特的世界终结了——不仅对于那个死去的人而且对于那个活着的人。它之所以是不可能的，是因为，世界那无限的整体似乎具有一次性永远消失的可能性，然而，每当有个人或有只动物死去，它又再次出现，然后再次消失，一而再、再而三地这样重复着。这就是"世界"对于我们必死之人的意义。只有通过法语所说的"那死亡"，世界才具有这种意义——在"那死亡"的意思中，死亡是实体化的，甚至人格化的一个实体。对这场反复重现的灾难，人确实无奈。如果另一人的死亡，尤其是一个朋友或我所爱的人的死亡，不仅对他或她而且对我，意味着世界的终结，那事情就是这样了。我所能做的只不过是用一份悼念之作记下这一灾难事件，而那作品的形式就是文字的涌流。那些文字总是太多太多但同时又还不够用，因为悼念的工作是无边无尽的。

读者一定注意到了，正如德里达本人那样，德里达标题里暗含的那条奇怪公式给出的假定是，死亡之后将没有生命，没有复活——那种复活在《论躯体的复活》可以安慰南希，也可以让人假定存在着某种上帝：

　　"上帝"意味着：死亡可以终结一个世界，它（指"上帝"）不知道如何表示这一世界的终结。一个世界总是可以比另一个世界活得更长。世界不止一个。不止一个可能的世界。那正是我们所希望相信的，无论我们多么不信上帝，无论我们多么不相信自己信上帝。但是，"那死亡"，即死亡本身——如果世上确有其事，并不为那个唯一和独一的世界的替代或延续，留下任何空间，绝不留下的。而正是那个"唯一和独一的"世界，使每一个有生命的存在物（动物，人类或神灵）成为唯一和独一的有生命的存在物。（*CFU*，11，我的英译）

　　我想，德里达的意思是，如果上帝的确存在，上帝就会保证那个世界能穿越一切有生命的存在物的连续死亡而持续存在。那正是我们相信的或相信我们相信的事情，但是德里达有怀疑。正是在这种对信仰的安慰进行不妥协的抵抗的基础上，德里达对他的标题在"以论文的样式"中做了解释：

　　　　他人的死亡，不仅是而且尤其是如果你爱这个他人，并不宣布一种缺席，一种消失，这个或那个生命的终结，也就是说，对某一特定的有生命的存在所展现的一个世界（它总是独特的）的可能性的终结。死亡（那死亡）每一次都宣布整个世界的终结，每一个可能世界的终结，而且每一次都宣布那个作为一个独特的——因此不可替代的也因此是无限的——整体的世界的终结。
　　　　似乎，一个无限的整体的终结的重复是再一次可能的：世界本身的终结，存在的
　　　　唯一世界的终结，每一次都是。（CFU，11，我的英译）

　　这一段中的斜体部分表明，德里达极力坚持要我们理解他说的意思，也说明他认识到，他的"论点"是多么反直觉的。说整个世界随着一个人或一只动物的死亡而终结，这一明显的荒诞性是不应该被掩盖的。这句话是什么意思呢？在我所引用的句子中，德里达耐心地对它做了解释。另一个人的死亡并不仅仅是一个单一生命的消失，这一单一生命是一种可能性——只对某一个活着的人所展现的某一独特世界的可能性。恰恰相反，死亡是整个世界的终结，是每一个可能世界的终结，是那个独特的因此也是不可替代的世界的终结。接着，在某种日常奇迹中，那个独一

无二的世界又重新出现了，而我呢，在我朋友或我的所爱之人的死亡之后，将继续生存在这个世界中。

德里达关于保罗・德曼的文章是一个突出例子，可以说明他关于已逝朋友的写作中的双重动机。1983 年德曼去世后的那些年间，德里达作为活着的朋友，仍然坚守着对德曼作品的忠诚。对那些必定，说得温和一点，曾经多少使他不悦的东西，德里达坚定地保持着沉默。德曼曾在《盲目的修辞：德里达对卢梭的解读》一文中对他进行了抨击，该文最初于 1971 年以书的形式发表在《盲目和洞见》第一版中。① 现在，在这么多年对德曼进行夸大的赞美之后，德里达开始报复了。而且他是在一次名为"重大事件"的会议上进行报复的。该会议是在汤姆・科恩的促进下组织的，理由是，距德曼写于第二次世界大战时期的作品被揭露，已经过去相当长的一段时间，因此对德曼所写的真正内容进行冷静的思考已再次成为可能。德里达在会上宣读的论文是"打字机色带：有限公司（2）（'在如此有限之中'）"，而论文采取的策略正是德曼用来捍卫卢梭而反对德里达的手段。那策略果然奏效了，至少是部分奏效了。简略地说，德曼提出，德里达声称自己在《论文字学》中对卢梭盲目不见的东西表现出了卓越洞见，但德曼说，那种洞见早已存在于卢梭的作品中了。卢梭全都知道的。德里达用来对付卢梭的武器，是从卢梭那里借用或偷窃来的。德曼书中的另一个攻击目标就是构成德里达论证基础的时期划分。德里达假定，卢梭属于形而上学或逻各斯中心主义时期。因此，他不可能知道我们 20 世纪结构主义者所知道的东西。而德曼认为，卢梭已经在那里了，是我们的同代人。

现在，数十年之后，德里达回到了卢梭的作品，德曼的作

---

① 德曼关于德里达的文章重印于 Paul de Man, *Blindness and Insight*, 2d ed., intod. Wlad Godzich (Minneapolis: University of Minnesota Press, 1983), pp. 102 – 141。

品，还有他自己的作品，用来证明不仅德曼在某些问题上误读了卢梭，而且他，德里达，早已说过德曼在驳斥他（德里达）时所说的话。安德载耶·沃敏斯基的一篇令人钦佩的相当新的（就我所知，尚未发表）题为《机械效应：德曼在和德曼不在时的德里达》的文章（此文在耶鲁大学举行的纪念德里达会议上宣读）中，采取了同样的策略，不过这次是用仔细提交的证据来说明的。沃敏斯基的目的是提出，再次简略地说，德曼早就把德里达声称作为纠正德曼对卢梭解读而所说的一切都已经说了。德里达所声称的作为德曼所说内容的补充实际上是从德曼那里取走的，正如德曼声称德里达是从卢梭那里取走那些东西一样。

锅和壶！锅说壶黑！这些家伙无疑玩的是棒球，但他们似乎一次又一次地利用这种游戏的同一规则！这一系列事件有它们喜剧的一面，类似于德里达很早以前评论过的喜剧方式：尼采声称自己超越了哲学，超越了形而上学，而海德格尔来了并且说，"不。尼采是最后一个形而上学家。而我，马丁·海德格尔超越了形而上学"。德里达自己，则小心翼翼地在他几十年来长达一万页（实实在在的一万页）的讲座中，把海德格尔又放回到逻各斯中心主义的阵营里。德里达很聪明，他不会声称自己最终超越了形而上学。没有人，他说，能够超越逻各斯中心主义，不管他采取怎样虚张声势的策略。尽管如此，德里达还是要把解构定义为至少是一种说明，说明为什么超越形而上学是不可能的，说明为什么甚至是最严格、最系统的逻各斯中心主义的表达方式也包含着那些使该系统保持开放的成分。形而上学之父柏拉图，从某种意义上说，在他开始谈论"药"（*pharmakon*）之时就已经超越了形而上学，就像亚里士多德，在他谈论隐喻，特别是谈论隐喻之误用时，就已经打破了作为亚里士多德作品构成部分的《诗学》的表面上看起来是连贯的完整性系统，而且是逻各斯中心主义的系统。

　　德里达关于德曼的系列文章，其中包括对托马斯·亨利的《背信弃义》的精彩讨论（*WA*, 161—201；*JD*, 577—600），引人注目地显示，德里达关于他人的遗产或遗留物的著述是溢美之词和严谨批评的结合物。那些文章含有德里达急于发表盖棺之论的心情，而这同时解释了德里达为什么有理由担心自己的遗产在身后会发生什么情况。这种焦虑关注的是"德里达之后"的事情，就是，叫做德里达之死的那个世界的特定终结之后——而其新开端也随之而来——发生的事情。"德里达之后"是《马赛克》杂志的特刊的标题，而本书最初就是为那特刊写的。

　　德里达在他去世前两个月刚刚发表的《世界报》的访谈中，以双重矛盾的两种假说的形式，表达了他对自己遗留之物的焦虑。假说一使用了遗留这个词的某一形式，上文已经引用过了。其一是，德里达感到，"人们还没有开始读我的书"，还有呢，"而过后，一切又有重现的机会"，就是说，人们有可能最终对他的作品进行严肃的阅读，他的作品会得到公正的对待，但只能在他去世之后。其二是，他又感到，"在我去世后的两周或一个月，一切都将不复存在"（*LLF*, 34；*AV*, 35）。他将被彻底地遗忘。除了正在图书馆慢慢烂掉的那些无人问津的书籍，什么都不会遗留下来。令人高兴的是，他的第二个假说错了。至于第一个假说，关于德里达作品的许多书和文章，例如我这篇文章，在他去世后已经出现。至于如果他在一旁阅读这些书和文章，他会不会觉得他的遗留之物得到公正对待，这是另一个问题。很可能不会的，虽然关于这一点他会保持谨慎和缄默。

　　毫无疑问，出于某种不可避免的必须，我在重复着德里达对他已逝朋友们的双重姿态。我在为我逝去的朋友宣读悼词，用这部充满无限哀伤之作，这作品就像世界的终结，我的世界同时也是他的世界的终结。在这最后一章，我重新回到悼念问题和这部作品之所以是悼念作品的问题——尽管它肯定不是完全成功的。

与此同时，我试图给德里达应有的赞誉，给他应有的地位，也许甚至，并非自知地，试图与他告别，这样在他离去之后，就能继续我的生活。太阳照样升起，带来一个崭新的世界。所有那么多纪念德里达的会议和一期又一期的杂志，如本章最早登载的那期《马赛克》杂志，显然具有这种双重力量。

德里达以其广博的智识和雄辩，探讨了那种为了当下的目的，以忠实和不忠实的方式占有遗产的双重行为。他在《马克思的幽灵》中，在谈到"标误"（*destinerrance*）这一总是不明的前景时，就是这样做的。"标误"的意思是，我在第三章中更详细地说明过，我写的任何东西和我传达的任何讯息，都也许，尽管永远无法确定，是注定要走偏，要出错的。它在新语境中能够起作用，但那是以不可预料的方式，根据不可抗拒的行为句式规律而起作用的。例如，我们今天要忠于马克思，就必须不忠于他。在《马克思的幽灵中》，这种"僭占有"被明确表述为一种关于行为句的新理论，与马克思在《论费尔巴哈》中的说法不同。

> 这一行为句式的阐释维度，即改变它恰恰正在阐释的对象的阐释维度，将在我今晚要说的话中发挥不可或缺的作用。"一种改变阐释对象的阐释"正是行为句的定义，这种定义对言语行为理论（在德里达的法语原文中，"言语行为理论"是用英文写的）而言是非正统的，正像它对《马克思关于费尔巴哈的十一条提纲》（"哲学家们只是解释了世界，但关键的是改变世界"）（*SMe*, 51；*SMf*, 89）而言是非正统那样。

德里达的行为句式的阐释与标准的言语行为理论是不一样的，其不同点在于，它既不由某个先在的自我授权，也不由某个先在的传统语境授权。它创造或再创造了说话者/行为者和语境。在这里的例子中，语境就是马克思的文本，德里达那非授权的阐释进入其中，并通过那种改变阐释对象的阐释而改变了它。改变阐释对象的阐释，是一种不名誉的毁容行为，它与尽量忠实于自己的阐释对象，不与文本内容有任何出入的阐释理想是格格不入的。它与马克思关于费尔巴哈的十一条提纲大不相同，它大胆地认定，阐释本身，即作为僭占有的阐释，可以是革命性的。它是能改变这个世界的，比得上，甚至胜过，破坏铺路石或登上街垒的行为。

　　这篇文章无疑是一个例子，说明当德里达再也不能在场捍卫其遗产时，他的遗产将要发生和已经正在发生的究竟会是什么情况。我只能希望，与其说这篇文章是误占有，不如说它是僭占有。这样的一种僭占有是一种非授权的、合法/非法的回应，是对要我阅读德里达著作并占有它的这一要求的回应，这回应是为了我个人此时此地的目的的，是在新语境下的。这个语境可以被称为"德里达之后再造的世界"，而那可以作为我眼下在其中继续存活的这个地方的最贴切的名字。

（庄陶　译）

德里达独特的述行性理论[*]

本章的观点基于以下假设（或因基于以下假设而难以成立）：

（1）performativity，可指表演舞蹈、演奏乐曲、扮演戏剧角色的方式，也可指某一特定表达（enunciation）作为述行性言语行为（a performative speech act）发挥作用的能力，前者与后者几乎无关。"他演的哈姆雷特令人叹为观止"，"他郑重承诺 10 点钟到这里"，尽管它们都是一种表达、一种发言、一种说话，甚至是一种以言行事，但前一句话并未体现、也未提及（refer to）后一句话对语言的运用。我把两者分别称为 performativity 义项一（即言语行为）和 performativity 义项二（即角色饰演，或舞蹈表演、乐曲演奏）。

---

* 在第七章中，米勒以朱蒂斯·巴特勒的 performativity 理论为切入点，勾勒出该理论的谱系传承，重点对巴特勒、奥斯汀与德里达三者的相关理论进行甄别，在此基础上突出德里达理论的独特之处。按照米勒的解读，在这三位理论家那里，performativity 的内涵与外延不乏重合之处，但更重要的是他们之间的差异：巴特勒偏重于义项二，奥斯汀和德里达则强调义项一。因此，译文将巴特勒的 performativity 理论译为表演性理论，而将奥斯汀和德里达所使用的 performativity 译为述行性。但请注意，奥斯汀与德里达的述行性理论并不相同。在下述情况述中，译文将保留原词 performativity，不采用汉译：（1）原文强调 performativity 是一个英语单词（类似的情况还有 performative 和 performance）；（2）原文将 performativity 作为一个笼统的概念使用，并未突出其具体义项；（3）本章前面部分，米勒举例（《维基百科》相关词条、巴特勒的著作等）说明作为一个理论术语，performativity 的多个义项常被混淆，此时，performativity 的多义性决定它很难找到对应的汉译。——译者注

（2）德里达的后期著作提出了一种独特的述行性理论。这一理论在已有的言语行为理论家那里没有先例。

假设是真正的述行语（performative），比如以上我提出的这两个假设。假设与传统言语行为理论中对述行语的标准定义完全吻合。提出假设，如同投下赌注。"我和你打赌，赌我可以证明，意为表演风格的 performativity 与指涉言语行为之得体运作的 performativity 几乎是两码事。我大胆提出，之所以存在相当严重的混淆，是因为在某些情况下，两者被视为完全相同，或基本相同。"

令人赞叹的在线百科全书《维基百科》① 设有"消除歧义页"，用于区分某一术语的不同义项，这些义项或多或少有些相互抵触。例如，《维基百科》罗列了灾难（catastrophe）的 9 个不同义项。下列内容便是"消除歧义页"的加长版。我认为混淆 performativity 的不同义项将是一场 catastrophe（灾难）。

"假设"对应的英语单词为 hypothesis，源自希腊语 hupo（"在……之下"）和 tithenai（"放置"），指预先提出的设想，以此为基础进行更加深入的探究。一个有效的科学假设如果是错误的，必须能够被证伪。正是这个原因，宗教原教旨主义者的下列信条并非是有效的假设：上帝在公元前 4004 年创造了世界；上帝的"创造"展现出"智慧的设计"。它们无法被证实，也无法被证伪。你必须把它们当成信仰，无条件地相信。如果我说月球是用绿色的干酪做的，只要到月球去一趟，带回来月球上的岩石，如果根本没有干酪，那么我的这个假设就能被证明是错的，而如果在月球上发现了绿色的干酪，那么我的这个假设就得到了证实。我希望我对于 performativity 两个义项几乎完全脱节的假设，能够通过例证分析得到证实，尽管这一假设架空了一些被广

_____

① www. wikipedia. org/.

泛认可的学科假设。

不过，首先应该说一说 performative 和 performativity 这两个词。我们在《美国传统词典》中查不到这两个词，我的电脑词典也不认识这两个词。即便现在很多人，尤其是学术界的同人，一直在娴熟老道地使用它们，但输入电脑后，显示屏上，这两个词都加了红色的下画线。显然，对这两个词的使用成了一种约定俗成。

Performance 是一个单词，毫无疑问。《美国传统词典》提供了五个义项，这里列举的是其中与本文相关的三个义项："施行：实施的行为或被实施的状态"；"表演：在观众面前表演一部作品或扮演一个角色的行为或风格"；"演出，尤指有观众的戏剧表演"。再清楚不过了。尽管 performativity 不是已有词，而是新造词，它应该是指表演的品质、擅长表演者的条件，或者，也许还有"表演研究"（"performance studies"）的研究对象。这里摘录《维基百科》对 performativity 的部分释义。据我所知，对于某一特定的话题或作家，《维基百科》往往能够提供非常灵通的、当下被广泛接纳的看法，因此在这里，还有下文关于朱蒂斯·巴特勒（Judith Butler）的部分，我都把它作为最好的信息来源。我们在使用任何印刷成册的或在线的百科全书时，都应该保持一份警惕和怀疑，《维基百科》也不例外。任何百科全书的词条都简化过度。假定的"权威"可能根本不是权威，也可能并非公正无私。我们还应该查阅其他的参考资料。《维基百科》常常会提供一些链接，给这一过程带来了便利。这里，我最关注的是人们对 performativity 的看法，或者，对朱蒂斯·巴特勒著作《性别麻烦》（*Gender Trouble*）的看法。我尤其感兴趣的是，这些"学术思想"中的一些混淆是从何而来的：

　　Performativity 这个概念与言语行为理论、语用学和约翰·L. 奥斯汀的著作有关联。它可以解释以下情形：一个命题可以构成或恢复它所指涉的物体，譬如所谓的"述行陈述"（performative utterrances）。［顺便说一下，这个定义有些曲解。按照奥斯汀的说法，述行陈述并不会构成它所指涉的物体。它改变已有的物体和人，譬如在正确的场合，牧师一旦说出"我宣布你们结为夫妻"，便确定了这对新人的婚姻关系。］

Performativity 这个概念也被运用于科技研究和经济社会学。安德鲁·皮克林（Andrew Pickering）提出科学研究中的"再现用语（representational idiom）"应转换为"述行用语（performative idiom）"。米歇尔·卡龙（Michel Callon）提议研究经济学中述行性的方面，即经济科学不仅能对市场和经济进行描述，还能对两者加以框定，它所扮演的角色究竟何等重要。［"对两者加以框定？"这是什么意思？假若恰如作者所言，经济学是述行性的，那么它不仅能"框定"市场和经济，即用一个人们能够理解的框架对其加以限定，而且能以言行事，积极主动地改变市场和经济。］

在社会科学领域，performativity 的概念还被用于指涉个人以遵照社会常规或习俗为前提的日常行为举止。哲学家、女性主义理论家朱蒂斯·巴特勒在分析社会性别（gender）的演变历程和政治演说时使用了 performativity 的概念。伊芙·科索夫斯基·塞吉维克（Eve Kosofsky Sedgwick）把酷儿 performativity 描述为一项正在进行当中的工程，旨在改变我们限定——和打破——身份边界的方式。①

《维基百科》的词条"表演研究"里写道，根据一种"起源叙

---

① http：//en. wikipedia. org/wiki/Performativity.

事"（origin narrative）的说法，20 世纪 60 年代，理查德·谢克纳（Richard Schechner）、维克多·特纳（Victor Turner）等学者开创了这个学科——我注意到这些开创者都是男性。这个学科最先在纽约大学和西北大学创建。《维基百科》如是说：

> 表演研究是一个发展中的"学术"研究领域，重点对表演（performance）和表演性（performativity）进行批判性分析。在这个领域，表演既是研究对象，又是分析方法。把事件当表演加以审视，可以就我们如何表演自己和我们的人生提供真知灼见。确定言语行为的述行性本质，有助于在对社会现象的描述中引入自反性（reflexivity）和批判性（critique）的因素。

维克多·特纳作为这一学科的开创者，他的身份表明，表演研究包含人类学的成分，但其关注重点是舞蹈、音乐和戏剧等表演，以及日常生活中的角色扮演。如果表演研究确是创建于 20世纪 60 年代，那么当时福柯、德里达、巴特勒等学者的著作尚未出版，或者，他们尚未产生广泛的影响。我甚至认为，当时奥斯汀的言语行为理论尚未在学术界产生实质性的影响。《如何以言行事》（*How to Do Things with Words*）第一版的出版时间是1962 年，我怀疑当时这本书是否受到广泛的关注。福柯《词与物》（*The Order of Things/Les mots et les choses*）的原始法文版出版于 1966 年。我认为，"performativity 理论"和当下的"表演研究"是其后发展出来的杂合品种，糅合了言语行为理论、福柯的思想和最初的表演研究。其谱系传承（"谱系传承"的英文对应词"filiation"有性别歧视的意味）脉络复杂，纠缠难解，这一点符合现代理论的总体情形。

《维基百科》中最新的这些词条，与两年前我撰写本章初稿时引用的上述词条出入极大，这也印证了我刚才提到的欺骗性。
这些词条中的变化是一个很好的例证，展示出《维基百科》时
常受到修改和更新的过程。你必须加快步伐，才能跟上《维基
百科》的更新速度。谁知道本书出版时，这些词条又会变成什
么样子？上述变化也表明，"表演研究"与"performativity 研
究"是两门非常活跃的学科。某个人，或某几个人，非常关注
这两门学科，所以对早前的词条做了彻底的修改。现在，《维基
百科》对"表演研究"是如此表述的：

> 另一种"起源叙事"（origin narrative）强调哲学家 J. L.
> 奥斯汀和朱蒂斯·巴特勒以及文学批评家伊芙·科索夫斯
> 基·塞吉维克对言语行为理论的发展。"表演研究"与女性
> 主义、精神分析和酷儿理论等领域也有着密切的联系。佩奇
> ·费兰（Peggy Phelan）、巴特勒、塞吉维克、何塞·埃斯特
> 班·穆尼奥斯（José Esteban Muñoz）、丽贝卡·施奈德
> （Rebecca Schneider）和安德雷·勒佩奇（André Lepecki）
> 等理论家在表演研究及这些相关领域的影响力旗鼓相当。表
> 演研究吸纳了戏剧、舞蹈、美术、人类学、民俗学、哲学、
> 文化研究、社会学等领域的理论，对音乐表演理论的借鉴也
> 越来越多。①

那么，从"表演研究"到"performativity"，又经历了怎样
一个过程？如我所料，当我开始思考"performativity"的起源
时，朱蒂斯·巴特勒的著作《性别麻烦》，或者说，该书是如何
被阅读或误读的，成了缺失的一环。我用鼠标点击《维基百科》
"performativity"词条中与"朱蒂斯·巴特勒"的链接，对这一

---

① http：//en. wikipedia. org/wiki/Performance studies.

问题的本质，或曰上述混淆的根源，有了进一步的发现。读者应
该记得，我更感兴趣的是人们认为巴特勒说了什么，而不是她实
际上说了什么。她的著作也许并非总是得到正确的解读。这可能
又是一起误读产生广泛影响和后果的案例。人们看到的常常是他
们想看到的，或希望看到的。这种情形在阅读当中时有发生。巴
特勒的本意可能并非《维基百科》所说的那种，但读者硬把她
的本意读成了后者。词条再次发生变化：与两年前我引述的
"朱蒂斯·巴特勒"词条相比，《维基百科》中目前的（2008年
2月）这个词条出现了很大的不同：

> 在《性别麻烦》中，巴特勒的核心论点是，生理性别、
> 社会性别和性欲等范畴的融贯性（coherence）——譬如，
> 男性身体中男性社会性别和异性恋欲望等浑然天成的融贯
> 性——其实是通过对程式化行为经年累月的重复而建构起来
> 的，并且成为文化的一部分。这些程式化的身体行为，经过
> 重复，形成本质化的、本体论意义上的社会性别"内核"
> 这一表象。这便是巴特勒以著名的述行语（performative）
> 理论揭示社会性别以及生理性别、性欲的思路。①

《维基百科》称，"performativity是巴特勒这部著作的核心概
念。它关注的对象超越了社会性别的扮演（the doing of gender），
我们不妨视其为成熟的主体性理论。事实上，即便她最新的著作
不再聚焦于社会性别，它们仍把performativity作为理论的核心"
（出处同上）。巴特勒的几部新著——《身体之重》（*Bodies That
Matter*，1993）、《容易激动的言语：述行语的政治》（*Excitable
Speech: A Politics of the Performative*，1997）、《消解性别》（*Undo-*

---

① http：//en. wikipedia. org/wiki/Judith Butler.

ing Gender, 2004) 以及《性别麻烦》1999 年版的"前言"——
自行做了一些消除歧义的工作。他们在一定程度上澄清了意为表
演的 performativity 与意为言语行为的 performativity 之间的混淆；
如果《维基百科》的说法是正确的，那么《性别麻烦》可以被
解读为强化了这种混淆。然而，《性别麻烦》对某一类 performa-
tivity 进行了探究，其影响非常大。这本书被译成各种语言，售
出了 10 多万册。

　　看过《维基百科》对《性别麻烦》的评述之后，我再来读
这本书，发现其中的论点要复杂得多，微妙得多。如果读的是包
含 1999 年"前言"的新版本，这种感受更强烈。对《性别麻
烦》做一个完整的评述需要很多篇幅，也会模糊本章的焦点，
即德里达关于述行语的新理论。譬如，完整的评述要求对 1999
年的"前言"逐段、逐句地进行解读和质疑，更别说巴特勒后
续的全部著作。我的目标要小得多，即懂得并解释巴特勒对 per-
formativity 这个单词的使用。

　　这个世界因《性别麻烦》而受惠良多。这本书对"标准的"
男女二元异性恋（binary heterosexuality）提出了很有说服力的质
疑，因而为男同性恋者和女同性恋者的性取向及社会性别开辟了
一个生存空间。在《性别麻烦》中，巴特勒首要的挞伐对象不
仅是生理性别与社会性别是天生的、天然的、不可更改的这些惯
有观念，更具体的是 1990 年女性主义思潮对异性恋标准等观念
的倚赖，而这些观念恰恰是它应该挑战的。女性主义接受异性
恋，导致它把男女同性恋者排除在"真实的"（the "real"）与
"可以理解的"（the "intelligible"）范围之外，其暴力程度不亚
于主要推崇异性恋的男性社会霸权和司法霸权对男女同性恋者的
排斥（过去如此，现在依然）。巴特勒挑战关于生理性别和社会
性别的主宰意识形态，不知疲倦地、充满耐心地、热情洋溢地、
细致入微地论证以下观点：生理性别和社会性别并非天然的、与

生理相关的、天生的、预先存在的，而是不断重复的话语形构
（discursive formations）的暴力产物，这些话语形构将各色性取向
和社会性别少数派隔绝开来，打上非正常的、"不真实的"
（"unreal"）标签。"司法权力不可避免地'生产出'（'pro-
duce'）它声称仅仅代表（represent）的一切；因此，政治必须
关注权力的这种双重功能：司法功能与生产功能。事实上，法律
生产出'在法之前的主体'这个概念却又将其隐藏起来，目的
在于援引这一话语形构，使之成为自然化的基本前提，继而使该
法律的管制霸权（regulatory hegemony）合法化。"①

　　结论："从戏仿（parody）到政治"是《性别麻烦》的最后
一章，以强有力的语言倡导政治上的主动作为（political agen-
cy），指出改变几乎人人都接受男女二元异性恋标准这一局面的
可能性。既然男女二元异性恋并非天性，而是错觉，是虚构，是
"虚幻的建构"（Geader Trouble, 199），那么它可以是另一种情
形。恰如巴特勒在 1999 年的"前言"中所言：

　　　　我们也许会怀疑"开辟可能性"究竟有何用处，没有
　　人认为生活在社会当中是"不可能的"、难以理解的、无法
　　实现的、不真实的、非法的，却会提出这种问题……任何政
　　治立场都掺杂着权力，这种不纯粹也许便是产生主动作为的
　　源泉，主动作为具有中止和反转管制型政体的潜能。被视为
　　"不真实"的人却掌控着真实（real），全体一致的掌控，这
　　种述行性意外（performative surprise）产生出至关重要的不
　　稳定性。（viii, xxviii）

---

　　①　Judith Butler, *Gender Trouble: Feminism and the Subversion of Identity* (New York:
Routledge, 2006), p. 3. 下文出自该书的引文均在括号内标注页码。

　　"这种述行性意外产生出至关重要的不稳定性"：这是一个令人惊奇的简洁陈述（formulation）。它把述行语（performative）定义为"掌控"，又把这种掌控定义为创造不稳定性，不稳定性的出现"出其不意"。你无法预见这种不稳定性。它的出现出其不意，而一旦出现便为时已晚。这种不稳定性为拆解异性恋标准的"主动作为"提供了一个空间（space）。

　　不过在这里，我的主要兴趣是 performance、performative，尤其是 performativity 等术语和概念在巴特勒的话语体系中扮演的角色。述行语（performative）这个术语，作为一种言语行为的名称，意思是以言行事，而非述愿性（constatively）地为事物命名，它是 J·L·奥斯汀在《如何以言行事》中的创造发明。奇怪的是，巴特勒从未在《性别麻烦》中提及奥斯汀，尽管言语行为这个术语偶尔会出现。① 在《性别麻烦》中，言语行为理论被视为理所当然、毋庸多言，而 performative 一词，套用德里达的说法，被"征用（exappropriated）"了。这样做并不可耻。德里达本人曾不止一次称赞创造性的解（误）读——严格说来，即不忠实于原著的挪用（appropriation）——认为这是正确的方向。举个例子，关于我们有责任与权威决裂这一点，他是这样说的："不与传统、权威、正统、规则和教条创造性地唱反调和决

---

　　① 在 2003 年发表的一篇文章中，巴特勒明确地、较为详细地探讨了奥斯汀的学术思想。这篇文章是肖珊娜·费尔曼（Shoshana Felman）法语著作 Le scandale du corps parlant（Paris：Seuil，1980）的英译本新版《会言说的身体之丑闻》（The Scandal of the Speaking Body [Stanford, Calif. : Stanford University Press, 2003]）的"后记"。该"后记"使用了表演性这一术语，并且明确指出表演研究受到了经由德里达和费尔曼传播的奥斯汀言语行为理论的影响。巴特勒关注的焦点是所有言语行为为何都是身体行为，但她认为两者的关系是矛盾的。她援引拉康的精神分析理论来抗击这种矛盾。巴特勒的这篇文章把费尔曼的言语行为理论与奥斯汀及德里达的言语行为理论做了区分。参见 Judith Butler, "Afterword to The Scandal of the Speaking Body," in The Claims of Literature：A Shoshana Felman Reader, ed. Emily Sun, Eyal Peretz, and Ulrich Baer (New York：Fordham University Press, 2007), pp. 142–151. 第 143 页提到表演研究。同一页上，巴特勒论及"伊芙·塞吉维克对婚礼表演性的解读"。

裂，就谈不上责任。"（GD，27；DM，47）在《马克思的幽灵》
（Specters of Marx）一书中，关于他对马克思的解读，德里达说了
差不多相同的话："一种述行性诠释，即一种改变诠释对象的诠
释，将在今晚我的讲话中扮演一个不可或缺的角色。"（SMe，
51；SMf，89）（本书第 5 章引述了这段话的一个较长的版本，本
书第 9 章引述了上述两段话，但语境不同。）即便如此，如果巴
特勒能说明她所使用的 performative 一词与奥斯汀的术语有何不
同，那会很有帮助。若要更多地了解巴特勒的言语行为理论，这
里涉及的是仇恨言论（hate speech）的述行性效果，我们必须阅
读她后来的一部著作：《容易激动的言语：述行语的政治》。

　　《性别麻烦》对奥斯汀只字未提，却几次提及德里达，且都
很关键，接下来我将加以说明。《性别麻烦》在理论上明显参考
了福柯（最明显的理论根基）和列维—斯特劳斯，论及精神分
析的第二章参考了拉康和弗洛伊德，另外还借鉴了一些女性主义
理论家的思想，有法国的，也有其他国家的——西蒙娜·德·波
伏娃（Simone de Beauvoir）、吕斯·伊里加雷（Luce Irigaray）、
莫妮克·维蒂格（Monique Wittig）等，不胜枚举。此外，perfor-
mativity 一词直到《性别麻烦》的最后几部分才比较突出，即便
如此，这个词出现的频率也并不高，与 performance、performative
甚至 performativeness 同时出现，常与 act（表演）、theatricality
（戏剧性）、masquerade（乔装）、drag（扮装）、acting out（将
……表演出来）连用。不过，1999 年的"前言"在很大程度上
可说是试图解释巴特勒笔下 performativity 一词的意义。这个词在
"前言"中反复出现。巴特勒的许多表述都把 Performativity 义项
一和 performativity 义项二混为一谈。譬如，"作为一种微妙的、
用政治手段实施的 performativity 产生的效果，社会性别与过去一
样，是一种'表演（act）'，容纳分裂（splittings）、自我戏仿、
自我批评和'天然特质'（'the natural'）的夸张展示，正因其

夸张，才揭示出社会性别的虚幻本质"（200）。"与过去一样"，这个短语暗示出一种摇摆不定的状态，而在 1999 年的"前言"中，"模棱两可"（waffle）一词明确但有些难堪地承认了这一点："《性别麻烦》有时候似乎只让读者得出两点结论：社会性别不过是一种自我创造（self‐invention）；或者，任何与社会性别有关的呈现都是一看表面便可读出其心理意义。随着时间的推移，这两个基本观点必须加以完善。此外，我的理论有时候把 performativity 理解为一个语言学术语，有时候把它用作一个戏剧术语，模棱两可。"（xxvi）

　　巴特勒对我所说的 performativity 义项一与 performativity 义项二稍加甄别，又承认对两者的区别闪烁其词，但她用左手拿出来的东西，紧接着又用右手收了回去。她声称，语言学意义上的言语行为与戏剧表演总是相互关联的，"以交错配列的方式相互关联"，但是她的表述很难支撑交错配列（chiasmus）这一修辞手法的本质特点，即两者交叉倒装，如十字形的两端："我最终认为，两者始终相互关联，以交错配列的方式相互关联，把言语行为重新阐释为权力的一个实例，总是会让人注意到它的戏剧维度与语言维度。在《容易激动的言语》中，我试图证明，言语行为既是被表演出来的（因而是戏剧化的，呈现给观众，任由他们阐释），同时也是与语言相关的，通过它与语言惯例的隐含关联，引发一组效果。"（xxvi‐xxvii）在接下来的句子里，上述两种 performativity 再次叠加，而不是如十字形般交叉倒装："若想了解关于言语行为的语言学原理如何与体态动作产生关联，我们只需认定，言语本身便是一种产生某种具体语言后果的身体行为。因此，言语既不专属于身体表演，也不专属于语言，它集言行于一体，其身份必定是模棱两可的。这种含混的特性会对以下方面产生影响：出柜；言语行为的叛乱力量；语言作为肉体诱惑和伤害威胁的先决条件。"（xxvii）

　　的确，语言总是有某种具体的化身，或如我手中这本《性别麻烦》上的油墨文字，或如我说话时呼气带出的声音，也许一边说一边做着意味深长的手势。的确，奥斯汀也认为，一个身体行为，比如法官戴着一顶黑色兜帽宣判一个罪犯绞刑，可以取代一个实实在在的言语行为，比如"我宣布你被判处绞刑"。然而，语言的物质性是一种无比奇特的非物质的物质性，德里达、保罗·德曼和其他理论家都已用不同的方式论证过这一点。① 语言与体态动作之间的关联难以支撑巴特勒的论断：言语行为与戏剧表演"总是相互关联的"，甚至是以交错配列的方式相互关联。一段特定的语言可以在无限种物质存在的情境中持续发挥述行性功能，其中许多种物质存在和情境并非直接与人体关联。

　　针对《维基百科》对巴特勒观点的阐述，我用了简短的篇幅试图解读她在《性别麻烦》中的真实说法，结束之际，不妨读一读 1999 年版"前言"中的一段关键文字。在此段文字中，德里达的文章《在法之前》（"Before the Law"）被视为《性别麻烦》中思想观点的始作俑者，主要牵涉到巴勒特对 performativity 的阐释，这至少对我来说颇为意外，可说是一种"述行性

---

　　① Tom Cohen, Barbara Cohen, J. Hillis Miller, and Andrzej Warminski, eds. , *Material Events: Paul de Man and the Afterlife of Theory* (Minneapolis: University of Minnesota Press, 2001) . 是一部主要探讨德曼物质性概念的论文集。其中包括朱蒂斯·巴特勒的论文《我如何能够否认这双手和这个身体属于我》（"How Can I Deny That These Hands and This Body Are Mine"），通过分析笛卡尔的《沉思录》（*Meditations*）探讨身体与语言的关系（pp. 254 – 273）；另有雅克·德里达的论文《打字机色带：有限的油墨（2）（在此限度之内）》["Typewriter Ribbon: Limited Ink (2) ('within such limits')"]，探讨德曼的"非物质的物质性"等主题（*TR*, *pp.* 277 – 360）。两篇论文值得广泛的讨论，尤其是将两者并置的时候。当然，"身体"是近来女性主义研究和文化研究的主要话题。2008 年 12 月 21 日，在网站 melvyl. worldcat. org 输入关键词"身体，政治"，便会显现大约 5385 种书籍和文章，题目有《〈失乐园〉中的身体政治》，或《女性身体与法律》等，如此组合排列，不一而足。巴特勒继《性别麻烦》之后的另一部著作《身体之重：论"性别"的话语局限》（*Bodies That Matter: On the Discursive Limits of "Sex"* (New York: Routledge, 1993)，从与社会性别的表演性相关联的角度探讨身体物质性的难题。

意外"。之所以感到意外，是因为卡夫卡的寓言《法的门前》
（"Before the Law"）和德里达的文章《在法之前》丝毫没有提及
以下观点：社会性别与生理性别是一种"述行性力量"作用的
结果，而这种力量的源泉似乎是一种不容调和的社会法（social
law），此法并非真实存在，而是虚幻的，是错觉，是我们徒然期
盼将来能够显现的某种东西的投射。

　　卡夫卡的"法"是一个超验的实体，类似于《圣经·旧约》
中的《摩西十诫》，尽管德里达的目的似乎是要展示此法总被
"文学"——即，虚构——污染，由此加以"解构"，但他的字
里行间萦绕着一种不可解构的可能性：这一超验之法确实存在，
只是永远无法接近而已。"无法接近之法从藏匿之处进行煽动
［法语原文：l' inaccessible provoque depuis son retranchement］"
（BL, 191；DL, 109），这是《在法之前》中更具挑衅意味的一句
陈述。而且德里达写这篇文章的初衷，是用于巴黎高等师范学校
的康德《实践理性批判》（Critique of Practical Reason）专题研讨
会，也就是说，这篇文章是针对康德提出的绝对道德律（moral
law）的评判。其中一节谈到弗洛伊德认为道德律根源于生殖器
和肛门臭味带给智人（homo sapiens）的羞耻感，这种羞耻感导
致了智人的直立行走，在这样的上下文中，卡夫卡的寓言《法
的门前》被提及。德里达还援引了弗洛伊德在《图腾与禁忌》
（Totem and Taboo）中提出的人类原初的弑父情结，又在脚注中
提到弗洛伊德友人弗利斯的双性恋倾向。受弗洛伊德启发，德里
达分析了卡夫卡笔下的乡下人如何被法律卫士的鼻子、胡子和皮
大衣威吓，观点颇具挑衅意味，但他并未就弗洛伊德的道德律或
卡夫卡的法如何强制划分异性恋框架下的社会性别发表明显的看
法（参见 BL, 192—199；DL, 110—117）。

　　然而，德里达对弗洛伊德理论的援引，辅以康德的敬重思想
（idea of respect），可能激发了巴特勒的灵感。在《性别麻烦》

第二章"禁制、精神分析与异性恋矩阵的生产"（"Prohibition, Psychoanalysis, and the Production of the Heterosexual Matrix"）开篇第一条脚注中，巴特勒说，她写这一章时正在讲授卡夫卡的《在流放地》（"In the Penal Colony"）。这条脚注直接提到了德里达的文章《在法律之前》。这几乎是 1990 年版《性别麻烦》中唯一一次直接提到此文，尽管另有一处把"在法律之前"这个短语加上引号，配以脚注提及德里达的同名文章。在第一条脚注中，巴特勒谈到福柯的一个观点，即权力已经分散，不再以"系统的总体"（a systematic totality）的形式存在，而后又说："对卡夫卡《法的门前》语境中的法，德里达诘问其存疑的权威性……他扼要重述了卡夫卡的法存在之前的情形，强调此种压制根本不合理。饶有深意的是，求助于卡夫卡的法存在之前的情形，以批判该法，也是不可能完成的任务。"（215）在《在法之前》中，德里达关注的主要问题是，何为文本文学（a text literature）？谁来决定一个特定的文本是文学？凭借何种权威？这些问题并非巴特勒在《性别麻烦》中的探讨对象。我的结论是，如果巴特勒撰写《性别麻烦》一书的驱动力来自她对德里达《在法之前》的解读，那么这堪称一次惊人之举，可算是"意见不同但富有创见的断裂（dissident and inventive rupture）"，德里达曾称赞这是"对传统、权威、正统、规则或教条的最负责任的回应"。巴特勒对德里达文章的解读引发了关于生理性别与社会性别新理论的"述行性意外"，这是德里达文章所不曾预测到的结果，恰如德里达著作《马克思的幽灵》的诞生也不曾从马克思的任何作品中看出端倪。这两部著作都以激进创新的姿态，与传统和公认的教条断裂或割裂，其中巴特勒的《性别麻烦》与当时占主导地位的女性主义决裂，因为后者把女同性恋者排除在外。

　　1999 年版《性别麻烦》的"前言"中，上文提到的关键段落一开始便毫不隐讳地谈到，相对而言，performativity 一词在该书中出现的次数并不频繁，但在出版后的几年里，这个词已经成了该书影响力的焦点。巴特勒还说，在接下来的著作中，她反复探讨这个问题，持续不断地进行修改：

> 近些年，我写了很多著作，都是为了澄清和修正《性别麻烦》中初现轮廓的 performativity 理论。很难给出 performativity 的精确定义，因为对于 "performativity" 一词的内涵与外延，我自己的看法也随着时间而发生变化，变化大多是受评论家的真知灼见影响；另外一个原因便是，很多学者都探讨这个问题，并且从各自的角度做了确切的阐述。(xv)

与 "解构（deconstruction）" 一样，performativity 已经成了一个时兴的理论术语，而且也与 "解构" 一样，"performativity" 的内涵与外延取决于人们如何 "阐述" 它，或如何使用它，其中当然包括一个特定的理论家，比如巴特勒，随着时间的推移赋予它的多种不同意义。另一个例子便是 "performativity" 一词也运用于表演研究这一学科。如我所示，巴特勒在《性别麻烦》中使用了 "performance（表演）" 和 "theatricality（戏剧性）"，但只字未提表演研究，也未提及利奥塔此前对 "performativity" 一词的使用。这也许表明，她独立创造了该词及其概念的一个版本，尽管其他学者先于她使用这个单词。

《性别麻烦》中，紧随上述引文之后，便是一段至关重要的话，谈的正是德里达的文章《在法之前》启发了巴特勒，使她开始思索她后来称之为 "performativity" 的理论。Performativity 理论是《性别麻烦》的基本内容。这段话之后，便是她对 performativity 理论的表述，在我看来条理相当清晰，相当全面。它同时也是对卡夫卡《法的门前》和德里达《在法之前》的解读，她的解读与原著见解相左，称得上述行性意外，很有成效的转换。她的表述汪洋恣肆，很有说服力。我在这里引述其全部，不做任何删节，以求对巴特勒所用 performativity 究竟是何意的疑问，产生最后一锤定音的效果。我先读了《维基百科》，再转向《性别麻烦》，其中的发现令前者提供的起源叙事显得过于简单了。

> 对于如何解读社会性别的 performativity，我的灵感最先来源于雅克·德里达对卡夫卡《法的门前》的解读。在卡夫卡这篇寓言中，等待法、坐在法的门前的那个乡下人赋予人们所等之法以某种威力。对权威性的意义揭示的期待，正是该权威得以树立和就位的途径：期待如有魔力，召唤出所期待的对象。我想知道我们是否不在一种类似的与社会性别相关的期待中饱受煎熬？我们期待社会性别作为一种或许能被揭示的内在本质而运转，这种期待最终会制造出它所期待的对象。那么，首先，社会性别的 performativity 围绕着这种进一步转喻法（metalepsis），即对一种社会性别化本质的期待制造出外在于这种期待的本质。其次，performativity 不是单一的行为，而是一种重复，一种仪式，其成效取决于在身体语境中的自然化，这种自然化在一定程度上可被视为有文化支撑的时间持续。(xv)

这段话的一个脚注指出，performativity 对重复的依赖这个观点出自皮埃尔·布迪厄（Pierre Bourdieu）的著作（206），但其语境当然也包括德里达提出的述行性言语行为的"可重复性（iterability）"。然而，这也许意味着 1990 年时巴特勒已经读过德里达的《有限公司 a b c》（*Limited Inc. a b c*）。对此 1999 年版《性别麻烦》没有提供任何证据。

巴特勒的著作如同交叉路口，我从这里出发追根溯源，另有一个因素使这个过程更加复杂：1979 年，《性别麻烦》面世 11 年前，让—弗朗索瓦·利奥塔便已在《后现代状况》（The Post-modern Condition：A Report on Knowledge，1984；La condition post-moderne：Rapport sur le savoir，1979）中把 performativity 用作一个关键词和一个关键概念。我将在这里进行简要的探讨。利奥塔在两个章节题目中使用了"performativity"一词："研究及其通过述行所达成的合法化（Research and Its Legitimation Through Per-formativity）"和"教育及其通过述行所达成的合法化（Education and Its Legitimation Through Performativity）"。所谓"述行标准（the Performativity Criterion）"，利奥塔的意思大致是，在后现代时期，科学、技术、教育和其他社会事业不能依赖已有的合法化原则。它们可以生产出自身赖以存在的根由，方式便是通过研究、教育及其他此类"语言游戏"（language games），利奥塔所说的"语言游戏"借鉴了维特根斯坦在《哲学研究》（Philo-sophical Investigations）中使用的这个术语。① 规则或原则的建立有赖于社会契约或约定。在玩游戏或决定何为科学新"真理"等情形时，我们同意遵守一定的规则。谈到技术如何"掌控""现实"时，利奥塔说：

> 这是如何通过权力而实现合法化的过程。权力不仅是良好的述行性（performativity），而且是有效的检验和正确的裁决。权力使科学和法律合法化的根基是后者的效能，而使这一效能合法化的根基是科学和法律。权力可以自我合法化，如同一个依照性能（performance）最优化原则运转的系

① 参见 Jean - Francois Lyotard, *The Postmodern Condition*：*A Report on Knowledge*, trans. Geoff Bennington and Brian Massumi（Minneapolis：University of Minnesota Press, 1984），pp. 9 - 11。下文凡出自该书的引文，均在括号中标注页码。

统。现在，社会的普遍电脑化带来的正是这种语境控制。不管是指示性陈述，还是规定性陈述，陈述的述行性（performativity）是随一个人所掌握的陈述对象的信息量成比例增长的。因此，权力的增长以及它的自我合法化现在正步入数据存储与提取、信息操作这样一条道路了。(47)

我们一想到这段话写于1979年，就不能不惊叹于它的前瞻性。如果你能记得那么久远的事情，那就想一想1979年计算机技术的发展状况！《维基百科》作为一种自我生成、自我调控的线上百科全书，便是一个豪华的数据库，这种可疑的自我合法化的数据库是富有远见卓识的利奥塔早就预见到了的。

限于篇幅，这里无法详细展示，但我仍可以说明，利奥塔所用的术语performativity是我试图消除的词义混淆的一个实例。利奥塔先是对奥斯汀的述行性言语行为概念做了一番还算正统的转述（9），随后话锋一转，对维特根斯坦的语言游戏论进行评述（10），继而提出performativity作为知识的"语用学"（他本人所用术语，23）概念（21），最后如以上引文所示，又把performativity解释为不管是指示性陈述，还是规定性陈述，通过实施权力而实现的合法化。最后的概念转换，使得利奥塔彻底远离了奥斯汀。我们有理由认为，利奥塔的这部名著可能对巴特勒有所影响（尽管如我所言，她在《性别麻烦》中并未提及利奥塔），肯定也对20世纪八九十年代广为流传的performativity理论有所影响。换句话说，巴特勒在《性别麻烦》中提出以述行的方式生产出社会性别的理论，对这一理论的广泛接受（误解）也许便是"通过权力实现合法化"的一个特殊实例，而在利奥塔看来，"通过权力实现合法化"是后现代状况的一个核心特征。

《维基百科》中的词条，加上我在利奥塔《后现代状况》中的发现，一起合成了一个精练的故事：大学各学科如何远离奥斯汀在《如何以言行事》中以相当明晰的语言提出的"述行陈述"概念，而以巴特勒为榜样，将所谓的"performativity"，甚或"performativity 理论"体制化。请看下面的起源小故事：本故事认为，受到女性主义和刚刚萌芽的酷儿理论的刺激，朱蒂斯·巴特勒挪用了德里达修改过的奥斯汀言语行为理论，嫁接到与德里达理论多少不相容的福柯著作，即《规训与惩罚》（*Discipline and Punish*）及《性史》第一卷（*History of Sexuality: Volume I*），而利奥塔的影子也许就在背景中盘旋。在此基础上，巴特勒发明了一套影响广泛的新理论，她称之为 performativity，其主要观点是，社会性别并非与生俱来，而是经由规训压力产生，这种规训压力强迫我们按照社会认定的适合某社会性别的方式进行表演，即规范我们的行为举止。《维基百科》中已经消失的那 performativity 词条旧版的说法简洁又有说服力："此种重复表演，生产出'社会性别内核'的幻象，以及'身体'表面/外在与'内核'的区别。自相矛盾的是，正是一种强制性的、重复性的社会性别'实践'生产出这样的幻象：每个人都'有'一个稳定的'社会性别'，而'她/他'只不过是通过'她/他的行为'来表达这个社会性别而已。"这一后来被称为"社会建构（social construction）"的观点如此强大，如此具有吸引力，能够解释如此多的现象，结果如《维基百科》所言，它被冠以"performativity"的名称，被不同的学科挪用：科学与技术、社会学、经济学、人类学、戏剧研究，以及日常生活"表演"研究，比如"我想让儿子做家庭作业，他煞有介事地应付了一番"。Performativity 理论如今已经成了一门学科，或一个跨学科的工程，比如我参加的那次学术会议便是如此，我在那次会上宣读了本章第一部分的一个更早的版本。（参见"致谢"）过去称为"表演研究"的学科已经有了一个替代性的名称："Performativity 理论"。

　　如今看来，"performativity"有众多义项，其中之一是这样一种设想：人没有固有的自我或主体性，而是通过对某一角色的程度不等的强制性重复，变成现在的状态。这仿佛是说，在舞台上扮演哈姆雷特或奥菲莉娅的演员面临着变成哈姆莱特或奥菲莉娅、又或许谁都不是的危险，这也是从文艺复兴时期到亨利·詹姆斯的《悲剧缪斯》（The Tragic Muse）又延续至今的反戏剧传统的担忧。① 所谓的"社会建构"，便是这个意思。日常生活有点像在舞台上演戏。你扮演异性恋者或同性恋者或英语教授的时间足够长，你便会变成一个异性恋者或同性恋者或英语教授。

上述观点令人沮丧，但又颇为引人入胜。它说的是一种与弗洛伊德称为"家庭罗曼史"的情形类似的社会现象，即孩子认为自己其实不是父母的后代，而是一个伪装的王子或公主。虽然我不是哈姆莱特王子，也不应该成为哈姆雷特王子，但我也不是一个真正的英语教授。受周围社会环境所迫，我成了一个英语教授，因为长期扮演英语教授的角色，它最终似乎成了我的真实身份、内心深处的真实自我。这一理论令人沮丧，因为它认为我没有固有的自我。但这一理论又令人兴奋，因为它揭示出那些逼迫我反复扮演英语教授、从而使之成为我所接受的自我身份的家庭、社会、意识形态和政治强力。一旦我懂得了这一点，我就能找到办法改变社会，从而改变自己，甚或无论在多么困难的情况下，我都可以无视自己的身份，通过"表演"使自己成为另一个人、另一个社会性别，或某一混杂的社会性别，或今天是这个人或这个社会性别，明天是另一个人或

---

① 关于后者的讨论，参见我的论文 "The Aftermath of Victorian Humanism: Oscar in *The Tragic Muse*," *Renaissance Humanism—Modern Humanisms（s）: Festszchrift for Claus Uhlig*, ed. Walter Gobel and Bianca Ross（Heidelberg: C. Winter, 2001）, pp. 231 –239；另更名为 "Oscar in *The Tragic Muse*," 收录于 *The Importance of Being Misunderstood*, ed. Giovanna Franci and Giovanna Silvani（Bologna: Patron Editore, 2003）, pp. 49 –61。

另一个社会性别。

我发现 performativity 理论的谱系传承非常有趣。"performa-tivity"的广泛影响显示出一种时兴理论阐述的述行性力量。当然，依照巴特勒读者的解读，她的"performativity"早已远离了奥斯汀或德里达赋予述行陈述的含义。我们也许可以说，这本身不是什么大问题。我们可以在言语与我们想表达的任何意思之间画等号。如矮胖子先生所言："问题是……谁将是主人——这是问题的全部。"① 学术生命穿过创造性的误解与征用，按逆时针方向前进。然而，如果 performativity 理论——其内容是，起初我们什么都不是，只有潜在的可能性，而后在外界的规训下，我们被迫通过重复表演变成我们目前的样子——被认为与奥斯汀或德里达的述行陈述理论有太多一致之处，在我看来，这是不正当的匹配行为，是我们不能忽视的问题。避免混淆不同的概念和理论，这是至关重要的。同样重要的是，不要被同一术语的多种互不相容的用法所误导，被它的异质性与多义性所蒙蔽，在本该看到本质区别的地方却看到一致性。我们必须消除歧义。奥斯汀、德里达和巴特勒所使用的"performativity"概念差别很大，但我们能够看出奥斯汀的"performativity"是如何沿着不同的路径分别演变成为德里达的"performativity"与巴特勒的"performativi-ty"。

只是，三者的区别何在？

奥斯汀的《如何以言行事》是英美分析学派或"日常语言"学派最重要的语言哲学著作之一。这是一本机智风趣、才气横溢又复杂得让人缴械投降的书。不过，它的基本主张却相当简单。奥斯汀认为，一些明白易懂的句子，不是可被证实或证伪的述愿

---

① Lewis Carroll, *Through the Looking - Glass*, chap. 6, in *Alice in Wonderland*, ed. Donald J. Gray (New York: Norton, 1971), p. 163.

陈述（constative statements），奥斯汀生造了一个术语来称呼它们，即"述行语"（performatives）。最初他打算称呼它们"执行语"（performatories），或"操作语"（operatives），或"契约语"（contractuals），或"宣告语"（declaratories），但最终决定采用"述行语"，这称得上是一个述行性决定。述行语指的是这样一种陈述："言即是行；或，以言行事。"① 述行性言语行为是一个"第一人称单数现在时陈述语气主动语态"（150）的句子，如果由合适的人在合适的情形下说出这句话，它所说的内容便会变成现实。例子有："我宣布你们结为夫妻"；"我答应一定在 50 页之内结束这一章"（我没有兑现这个承诺）；"我把手表遗赠给弟弟"；"我把这艘船命名为'玛丽皇后号'"；"我用 6 便士跟你打赌，赌明天会下雨"；或者，"我们可以称呼使该行为发生的不当言语为辱骂"（16）。这些句子并非陈述可以证实或证伪的事实。它们会让事情发生，比如，话一说完，那对男女立即成了夫妻，那艘船马上有了一个名字"玛丽皇后号"，而某种言语行为也有了一个称谓"辱骂"。

　　上述观点似乎非常简单易懂，却是革命性的哲学思维。在我看来，奥斯汀的述行语概念几乎与下述观点无关：我受到规训，被迫重复扮演某一角色，从而变成了这个角色本人或其社会性别。如批评家所言，奥斯汀的理论设定了一个前提，即一个预先存在的、稳定持久的自我是他所说的"恰如其分的述行语（felicitous performative）"的一个必要条件。这个持久的自我允许我说"我"，比如"我承诺"，允许我为这句话承担责任，在明天或其他某个时间兑现诺言，而没有可能说出这样的话："哎呀，

---

① J. L. Austin, *How to Do Things with Words*, 2d ed., ed. J. O. Urmson and Marina Sbisa（Oxford：Oxford University Press, 1980），p. 12. 下文凡出自该书的引文，均在括号中标注页码。我从另一个视角对奥斯汀的这本杰作做出更加详细的解读，参见 *Speech Acts in Literature*（Stanford, Calif.：Stanford University Press, 2001），pp. 6—62。

那是昨天说的话。现在我变了一个人。你不能这么天真，非要让我遵守一个不一样的'我'许下的诺言吧?"

而且，奥斯汀对戏剧表演或任何假扮行为有一种根深蒂固的厌恶，他根本不认为"表演"（performance）——意思是，在戏剧《哈姆莱特》中对哈姆莱特的表演，在芭蕾舞剧《天鹅湖》中对女主人公的表演——可以成为一种有效的述行语。《如何以言行事》一再强调他的这种厌恶。"比如说，我一定不会开玩笑，也一定不会写诗"，奥斯汀声称（9），把玩笑的空洞无聊与诗歌类似的浅薄轻浮、不够严肃联系起来。他直言，一个"述行陈述"

> 如果由，比如，舞台上的演员来说，或者写进一首诗里，或者自言自语说出来，都会以一种怪异的方式显得虚伪或空洞。这一点适用于任何一种陈述——在特定情形下发生巨大的变化（a sea - change）。在这些特定情形下，语言的运用以一种特殊的——明白易懂的——方式显得不够严肃，但这种特殊方式又是寄生于其常规用法之上的——可归为语言的白化论。(22)

"白化"意思是变白、变弱，如白化芦笋长在避开阳光的麦秆上，因而总是保持白色、脆嫩，永远不会变绿。不妨称之为幽灵芦笋。关于"表演研究"或巴特勒社会性别理论中的"表演性理论"与奥斯汀的述行性言语行为理论有任何一致、共鸣或呼应之处的观点，以上便是我的回应! 我们甚至可以说，按照《维基百科》的理解，巴特勒的表演性理论与奥斯汀的述行语理论背道而驰。

然而，就奥斯汀而言，事情决不会如此简单，但若想把其中的复杂性解释清楚，还需要很多页的篇幅。不过可以把其中最复杂的问题简要陈述如下。奥斯汀曾把构成《如何以言行事》书稿的系列讲座形容为一个过程，"按逻辑阶段，陷入停滞"（13）。停滞的发生源于对例子的分析。这些例子显示，有时候我们做事情的方式是说这事变得越来越复杂，甚至越来越矛盾。停滞的发生也源于术语的泛滥。述愿语与述行语之间的对立变成了以言指事（locutionary）陈述、以言行事（illocutionary）陈述和以言成事（perlocutionary）陈述三者之间的区分，而这三者又进一步划分为五类言语行为：裁决类（verdictives）、行使类（exercitives）、承诺类（commissives）、表态类（behabitives）、阐述类（expositives）。大脑受不了这么细致的划分，或干脆停滞了！而且，述愿语与述行语之间的截然二分几乎完全不成立。这一点"必须摈弃，我们应该承认更为普遍的言语行为家族，它们相互关联、交叉重叠"（150）。奥斯汀仔细分析了日常语言中的例子后被迫承认，所有的述愿语都有少许述行语的意味，而所有的述行语都有少许述愿语的意味。

　　上述停滞的发生可说是一个精彩的实例，让我们看到了一个伟大的哲学家受制于自己的思维，被迫对要展示的观点加以大幅的限定。此外，尽管奥斯汀严厉地、甚或如清教徒一般地宣称，我们一定不能开玩笑或写诗，《如何以言行事》满篇都是玩笑，还有我们称之为叙事或讲故事的诗歌类型。如果你仔细想一想，他举出的例子全部都是小故事，或内隐故事的一部分，比如，"我把手表遗赠给弟弟"（5）。奥斯汀举出的很多令人难忘的例子都是加长版的故事，而且往往是具有反讽或玩笑意味的故事，比如指控一个女人通奸时，可以"问她 X 卧室的手绢是不是她的，或者直截了当说，那是她的手绢"（111）。顺便提一下，这个典故出自《奥赛罗》（Othello）。《如何以言行事》里，典故比比皆是，许多都出自莎剧，比如上段引文中的"巨大的变化"，即出自《暴风雨》（The Tempest）。另一个故事是关于不恰当述行语的一个例子：一个不具备权威的人在错误的情形下对着一艘崭新的英国战舰打碎一个酒瓶，说："我把这艘战舰命名为'斯大林号'。"（23）奥斯汀认为一个恰如其分的述行语没有必要使用第一人称单数代词和动词的现在时主动语态陈述语气，他同样用了一个故事来说明这一观点。如果你要提醒他人，田里有一头凶猛的公牛正要向他/她冲过来，你不会说："我提醒你，田里有一头凶猛的公牛正要向你冲过来。"你只是说："牛！"（59）

　　奥斯汀不得不一再严肃地使用他所说的白化的、不严肃的、寄生于常规用法的语言模式，才能使他的论证得以持续。难怪他会说，他只是提及这些例子，而不是使用它们，不过，任何人只要稍作思考，便会知道两者之间的区别如同述愿语与述行语之间的区别，站不住脚。你不可能提及一个述行陈述却没有在某种意义上使用它。

　　从上述引人注目的停滞，我得出两点结论：

　　（1）奥斯汀的哲学论证并不系统和连贯，而是呈现出异质混杂的特点，恰如巴特勒所谓的表演性学说，既有令人不安的一面（"我并非生来就是某人或某物"），同时又有如释重负的一面（"因此，我也许可以变成我喜欢的某人或某物"）。

　　（2）由此可以推断出，奥斯汀也许不情愿地，或者无意中，把某种述行得体性（performative felicity）赋予了表演，比如舞台上或戏剧里表演的婚礼。"真实的"婚礼毕竟是对此前表演过无数次的一个脚本的重复。在奥斯汀看来，这种重复不会使一个婚礼失去它的得体性，它依旧不失为一种快乐地以言行事的方式。此言不虚，因为正是这种可重复性（这里借用德里达的术语），使得婚礼成了"具有习俗效果的常规程序"（14）。我认为，巴特勒在她的表演性理论中征用了（借用德里达的另一个术语）奥斯汀的言语行为理论，并非完全不忠于它的先祖。的确如此，尽管在我的记忆里，奥斯汀从来不用、也不可能使用"performativity"这个词。

　　那么，德里达的相关理论又如何呢？如《维基百科》所言，德里达是奥斯汀与巴特勒的中间人，这也是我的看法。当今表演性理论形成的过程中，德里达是一个关键阶段。然而，他的述行语概念与奥斯汀的述行语概念及巴特勒的表演性概念有着根本的不同。就德里达征用奥斯汀理论这一简单的事实，要讲明白是很容易的。1972年，德里达发表《签名事件语境》（"Signature E-vent Context"）一文，对奥斯汀的言语行为理论提出了强烈的批评。一位名叫约翰·塞尔（John Searle）的不幸的美国哲学家随即发表了《重申差异：复德里达》（"Reiterating the Differences：A Reply to Derrida"），轻率地攻击德里达的文章。我之所以用了"不幸的"和"轻率地"，是因为塞尔的文章引得德里达写了一篇很长的反驳文章，言辞激烈，充满好斗气息，虽然滑稽言论也比比皆是，这篇文章的题目是《有限公司ａｂｃ……》（"Limit-ed Inc a b c…"）。这些文章全部被译成英文，与德里达新写的《跋：走向探讨伦理学》一并收入《有限公司ａｂｃ……》一书。

　　德里达对奥斯汀的控诉语言洋洋洒洒，典型的德里达风格，但并不缺乏对奥斯汀的尊重，尽管几乎完全不把塞尔放在眼里。其主要内容如下：在一个述行陈述（比如："我宣布你们结为夫妻"）中，任何一种形式的语言都能被用在超过一种、其实是无数种不同的情境或语境中。因此，德里达所称的"可重复性"是述行语的一个本质特征。这种可重复性会产生超过一种的后果。我将谈一谈其中最重要的三种。

　　其一，如德里达所言，可重复性指的是一个述行语的语境永远不会"达到饱和"，即出现枯竭，而按照奥斯汀的理论，恰当述行语的一个特征便是必须出现在正确的"情境"中，所以就一个特定的个案而言，正确的"情境"是有数可查的。德里达说，不可能数得过来。于是，在奥斯汀眼里如此重要的恰当述行语与不恰当述行语之间的区别，不复存在。

其二，可重复性意味着奥斯汀深恶痛绝、试图"排除"的寄生型或白化型述行语——写诗、在舞台上表演、独白或开玩笑，等等——都无法被排除。没有完全"严肃的"述行陈述以独特的、一次性的事件存在于当下。异常性的可能存在是正常性的一个固有特征。

其三，可重复性使下述条件失去必要性：恰当的述行语必须依赖于自我的自觉意识及其"意图"，即说出"我承诺"并愿意信守承诺的"我"。下面是德里达在《签名事件语境》的阐述：

> 因为，归根结底，被奥斯汀排除在外的异常、例外、"不严肃"陈述和引述（舞台上、诗歌里，或独白中），难道不正是对一种普遍意义上的转引性（citationality）——或者不如说，一种普遍意义上的可重复性——所做的坚决的限定吗？而没有这种转引性或可重复性，甚至不会有"成功的"述行语。由此，我们得出一个自相矛盾又不可避免的结论：一个成功的述行语必然是一个"不纯粹的"述行语，这里，"不纯粹的"一词是之后奥斯汀自己提出来的，当时他承认根本不存在"纯粹的"述行语。
>
> ……鉴于此种重复结构，给陈述注入活力的意图永远不会完全展现于陈述的过程，也不会展现于陈述的内容。作为结构的重复，通过演绎（a priori）把至关重要的裂开（dehiscence，这个单词的意思是心皮的裂开）与碎片（法语原文：brisure）引入陈述。不再能如奥斯汀所愿，从"日常"语言中排除"不严肃"陈述，即间接引语（oratio obliqua）……最重要的是，陈述过程中意图的根本性缺省，或者说此种结构无意识，杜绝了语境的饱和。为了满足奥斯汀的要

求，穷尽一个语境的可决定性，自觉的意图至少应该即刻、完全展现于自身及其他，因为它是语境的决定性因素。因此在这一点上，语境这一概念——或对语境的搜寻——似乎与"日常"概念一样，因同样的理论与"兴趣的"不确定性而受到损害，也因同样的形而上学本源，即意识的伦理学与目的论话语，而受到损害。（*LIe*, 17—18；*LIf*, 44, 46）

德里达的言论相当确切且比较完整地拆解了奥斯汀在《如何以言行事》费尽心力建构起来（结果又自己动手拆除）的理论脚手架。那么，在发表了《签名事件语境》和《有限公司 a b c……》之后很多年里，德里达为何一直沿用述行语这一概念，把它作为其哲学论述的根本特色呢？1977 年以后，德里达撰写了很多文章，参加了很多研讨会，接受过很多访谈，其中很多，也许是大多数，都出现了述行性言语行为的理念。德里达涉及秘密、文学、友谊、殷勤、伪证、决定、主权、政治、责任、正义、死亡、当下、宗教等主题的思想中，述行语都是非常重要的一个方面。Performativity 义项一充斥着德里达后期作品的每一个角落。为什么？答案就在他那相当独特、甚或有失体统的述行语概念中，在他的后期作品中，德里达以征用奥斯汀理论的方式，即通过创造性的扭曲而加以挪用，从而发展出这一概念。"征用"一词点出了德里达与言语行为理论关系的异质性。他一方面极尽讥讽之能事，对它进行"解构"。与此同时，没有言语行为理论，他之后的作品根本不可能产生。

我所指出的德里达思想的各个方面都有一个本质成分，即相当不符合奥斯汀原意但彼此较为类似的一个述行陈述范式。述行语被视为一种回应（response），回应的是"完完全全的他者"（le tout autre）对我的要求，这一回应不倚赖已有的规则或法律，不倚赖已有的自我（ego）、我（I）或自体（self），① 不倚赖已有的情境或"语境"，反而是在言语行为发生时创造出自我、语境、新规则或法律。奥斯汀曾说过一段颇有见地的话，预见到了这一言语行为发生的方式："作为官方行为，法官的判决便是法律；陪审团的发现确定了定罪的重犯。"（154）朱蒂斯·巴特勒在新作《讲述自己》（*Give an Account of Oneself*）中就我对他者的回应做了另一番陈述，这种回应更具强制性。她的言论也许可以用来与德里达的范式进行比较。②

德里达式述行语在本质上与他那独特的时间"脱节"（out of joint）、延异（differance）概念是联系在一起的。德里达式述行语在当下与过去之间创造出一种绝对的断裂。它开创了一个未来，德里达称之为最近的将来（a future anterior），或曰不可预知的近期（a‑venir），在他的后期作品《即将来临的民主》（法语原文：*la democratie a venir*；英译："the democracy to come"）中，他反复用到"最近的将来"这个词组。对于我受到的召唤，我的回应在本质上是一种相互呼应的述行语。对于一个彻头彻尾的他者之前发出的述行要求，我必须回答"是的"。"是的"是一种联署，或者说，是对来自我以外的一种述行指令的述行性合作确认。一个范例便是德里达在《尤利西斯留声机：在乔伊斯作品里听见说"是的"》（"Ulysse gramophone：Oui‑dire de Joyce"）中，对莫莉·布卢姆的话"是的我说是的我将会是的"所做的分析。另一个范例则是德里达一个长达两小时、未见发表但充满真知灼见的研讨会发言，探讨的是法语惯用语"我爱你"

---

① ego、I 或 self 三个概念的内涵与外延既有重合，也有不同，此处为了传达出原文对三者的区分，故将 ego 译为"自我"，而将 self 译为"自体"。本文其他部分均将 self 译为"自我"。——译者注

② Judith Butler, *Giving an Account of Oneself*（New York：Fordham University Press, 2005）.

（法语：je t'aime；英译："I love you"；"you" 对应法语里的第二人称单数形式）。德里达指出，说"我爱你"不是述愿性地陈述事实。它创造出了我处于恋爱中的状态，是一个述行语。于是，我变了，变成了一个与人相爱的人。相应的，听我说话的那个人无法进入我的内心，因而无法确定我说的是真话还是假话。我的述行陈述，"我爱你"，必须经由你的回应述行语认可，尽管你没有确定的证据，不能证明我说的是真心话。事实上，你必须说："我发誓，我相信你爱我。我也回报你以爱。"另一个范例是亚伯拉罕对耶和华要求他把以撒作为祭品献给上帝的回应，德里达在《死亡的赠礼》（*The Gift of Death*）中对此做了篇幅很长的分析。耶和华说："亚伯拉罕"，而亚伯拉罕回答："看，我在这里。"（《圣经·创世记》22：1）

《心灵：他者的发明》（"Psyche：Invention of the Other"）一文的结尾部分言简意赅地表述出了德里达的反奥斯汀式述行性言语行为概念，很有说服力，令人佩服：

> 这种令人惊异的重复本身便可以借助偶然与必然的交叉，产生一个事件的新状态。不仅仅是通过对一个述行语的独特创造，因为每一个述行语都需要以常规和制度规则为先决条件——而且在尊重规则的同时使这些规则弯曲变形，以便允许他者到来［法语原文：laisser l'autre venir］，或允许他者在这个裂开开启之际宣告自己的到来。这也许是所谓的解构。（*Pe*, 44; *Pf*, 58—59）

上述这段话提供了一个契机，可以进一步把德里达的思想与列维纳斯的思想区分开来。前一章谈的就是这个问题。"他者"在德里达和列维纳斯眼里都是同等的胡搅蛮缠，与我也是同等的不对称，但这个他者在列维纳斯眼里拟人化的程度更明显，更像是我与邻居面对面的遇见。而且，对德里达而言，这种不对称的缘由主要是他者完全的他者性，但在列维纳斯看来，其缘由则是每个邻居对我的无尽要求与我作为回应者的有限性之间的断裂。另外，在列维纳斯眼里，我的回应受制于以"邻居"样貌出现的他者，以及传统意义上宗教和伦理道德对我对邻居应尽责任的规定。对德里达而言，他者便是"完完全全的他者"，除此以外，对于他者没有更多可谈的。而且，对于这个完完全全的他者对我所做的要求，我的回应被视为彻底的创新。我的回应被视为一个述行语，建构一起事件即将发生的状态，使得他者能够到来，没问题，但是这一到来开始之际，便在"断裂"中安置了某一种全新的事物，一种面向未来的事物。对于这种创新和这种断裂，我必须负全责。在《法的力量》（"Force of Law"）中，德里达写了一段话，详细说明了他与列维纳斯在理论上的区别（至少是部分区别），同时还指出，关于这一点可说的还有很多：

> 列维纳斯谈到一种无限的权利：这种权利存在于他所说的"犹太人文主义"，其基本原则不是"人的概念"，而是他者；"他者拥有的权利"是"几乎无穷尽的权利"［法语原文："l' etendue du droit d' autrui（est）un droit pratiquement infini"］（《无限的权利》（"Un droit infini"），载《从圣物到圣人：〈塔尔穆德〉新讲五篇》（*Du Sacre au Saint, Cinq Nouvelles Lectures Talmudiques*），第 17—18 页）。（*FLe*, 22；*FLf*, 49）

这段话演变成了典型的德里达式探究，探究的对象如他所说，是法律与正义、权利与正义关系的三大"难题"，由此对列维纳斯使用的"权利"一词提出异议。详见本书第二章。

　　我对德里达式述行性的解析就此结束，这里不妨引用《马克思的幽灵》中的一段话，其中出现了"performativity（述行性）"，我注意到这是德里达仅有的一次使用这个词。这段话令人赞叹地概括出了我试图归纳的德里达范式：

　　　　［在我们与马克思作品的关系中，以及马克思本人与令他写作的指令的关系中，］存在着必须要履行的伦理和政治责任，一种无条件的迫切要求，恰如与之不可分割的对思考的迫切要求。这牵涉到指令本身［法语原文：l'injonction meme］，如果有的话。

　　　　《马克思的三种声音》（"Marx's Three Voices"，德里达所探讨的布朗肖的文章）中也回荡着这一迫切要求（法语原文：l'appel）或政治指令、诺言或承诺（誓言，如果你更喜欢"发誓!"［指涉《哈姆莱特》开头鬼魂显现的场景，是《马克思的幽灵》中一个常态的在场］），即最初的 performativity［述行性；法语原文：cette performativite originaire］，它与言语行为［原文为英文拼写 *speech acts*］理论家分析的各种述行语不同，它不遵循已有的常规，但其断裂的强力产生了制度或章程，以及法本身［法语原文：la loi meme］，还有似乎、应该、看似必须反过来确保其最初述行性的意义。在法之前、在意义之前的法的暴力，打断时间的暴力，使时间脱节、移位、移出其安身之处的暴力："脱节"［原文为英文拼写 out of joint；又引自《哈姆莱特》］。恰在此处，延异，如果它是不可约的（irreducible），因任何承诺的间隔以及准备开启它的即将到来的未来［法语原文：l'a‑venir qui vient a l'ouvrir］而提出不可约的要求，那么它不仅意味着延缓、延迟、拖延、推迟（一些朋友往往这样认为，相当幼稚）……此时

此刻，承诺［法语原文：le gage］已经做出，甚至于也许
尚未做出决定加以确认。它毫不迟疑地对正义的要求做出
回应。后者，顾名思义，是不耐烦的、不愿妥协的、无条
件的。（*SMe*, 30—31；*SMf*, 59—60）

德里达的政治述行语概念是指对他者指令（如同莎士比亚
戏剧中鬼魂对哈姆雷特的指令）的回应，读者可以看出他的这
一概念与奥斯汀的述行语及《维基百科》所理解的巴特勒的表
演性概念相距甚远。至少从《维基百科》的表述来看，被社会
要求或强制扮演某一社会性别角色，在巴特勒看来是坏事，在德
里达眼里，其形式是来自彻彻底底的他者的指令，是好事。我的
结论是，我们必须非常明确地区分不同的 performativity 概念。我
们必须消除它们之间的歧义，避免思想混淆。我们必须抵制这样
的思路：经由表演性建构起来的社会性别类似于奥斯汀意义上的
承诺；两者都是德里达式的述行性回应，对彻彻底底的他者点头
称是；演奏一首莫扎特的钢琴奏鸣曲与其中任何一种 performativ-
ity 有类似之处。

然而……然而……然而——在我竭力消除歧义之后，我必须
指出，诸多 performativity，即便各不相同，彼此仍存在某种维特
根斯坦所说的家族相似性。对性别的社会建构有些类似于我第一
次说"我爱你"而坠入爱河。两者都有点像如下情形：我因弹
奏莫扎特的音乐而发生改变，在这种述行性表演（the same per-
formance of performativity）的同时也改变了莫扎特的音乐。这些
例子都显示出以言词或其他符号做事、行事的力量。

现在，我将分析乔治·艾略特的长篇小说《丹尼尔·德龙
达》（*Daniel Deronda*, 1876）中的两个时刻，借此展示 performa-
tivity 理论在两个方面的基本用处：理解文学作品中发生的一切；
视文学研究的本质功能为一种了解 performativity 研究中所存问题

的方法。①

这部小说中有一段，女主人公格温多林·哈里斯（Gwendolen Harleth）演唱一曲贝利尼的咏叹调，却由此暴露出她的自我、即她所处的社会教她变成的那个人身上肤浅和不真实的一面。她的表演和这首咏叹调均遭到小说中以弗朗兹·李斯特为原型的音乐家克莱思默（Klesmer）的尖锐批评：

> 是的，的确如此；你没有被教好。……不过，你也不是毫无天分。你唱歌不走调，嗓子也相当不错。但是你吐字不好；你唱的那首歌也有失你的身份。它的旋律表达的是一种幼稚的文化状态——一种摇摆不定的、倾斜着的、跷跷板一样的东西——是没有任何眼界的人的激情和思想。②

在出现得很晚的另一段中，这部情节双主线小说的男主人公，丹尼尔·德龙达，对垂死的犹太学者末底改（Mordecai）做出了一个郑重的承诺。他答应在末底改死后接手他的工作："我一定会去做我凭良心能做的一切，让你的生命发光发热。"（600）这句话与德龙达之前对末底改的承诺互为呼应："我会做到忠诚。"（564）不论从何种严格的意义上来看，这两句话都是一种言语行为，即奥斯汀所说的"述行语"。它们都是以言行事的实例。那么它们行的是什么事？它们把丹尼尔置于一个崭新的位置，将来他要么兑现承诺，要么食言。所有的承诺都如此行事。承诺是《如何以言行事》中述行语的典型范例。碰巧的是，

---

① 我对《丹尼尔·德龙达》的这一解读有一个早期的版本，以讲座的形式发布于一个名为"文本，行动，空间"的研习班，该研习班由拉斯·萨特（Lars Saetre）发起，于 2007 年 6 月 25—26 日在挪威卑尔根举办。

② George Eliot, *Daniel Deronda*, ed. Barbara Hardy（Harmondsworth, Middlesex: Penguin, 1986）, p. 79. 下文凡出自该版本的引文，均在括号中标注页码。

丹尼尔信守了承诺。

　　初看之下，德龙达的承诺像是奥斯汀式述行语。然而，我也可以证明，它们更符合德里达的政治、伦理和宗教承诺范式。德龙达的承诺是对"完完全全的他者"间接加诸他的要求的回应，这个他者便是犹太教的耶和华，末底改只是中间人或中介。此时，丹尼尔并不知道自己其实是犹太人，所以他做出承诺的语境并非是确知自己的身份。这是一种德里达式的莽撞行事，一个偶然的承诺。它证实了德里达多次引用的克尔凯郭尔的一句话："做出决定的那一刻无异于疯狂"（*FLe*，26；*FLf*，58）。德龙达的承诺使他的生命中出现尖锐的断裂或裂缝。从此，在一定程度上，他成了另一个人，一个处于原始阶段的犹太人。丹尼尔最终发现自己是犹太人，决意献身于犹太复国主义，并娶了犹太女孩米拉（Mirah），但这些事件都是发生在他做出承诺之后。它们构成了小说的结局。丹尼尔所做决定的根据和理由都出现于决定做出之后，而不是在此之前。决定的程序前后颠倒，不是马拉车，而是车拉马。或者，我们可以说，他的决定像变魔术一般变出了做出决定的根据和理由。

　　我不能确定这种引人入胜的解读是否正确。我们必须"消除歧义"。稍加斟酌，我们便会发现，德龙达对末底改的两次承诺也许是一种独特的现象，不完全是奥斯汀式述行语，也不完全是德里达式承诺。是的，它们符合奥斯汀对"恰如其分的述行语"的描述，因为两者都是第一人称代词加上一个现在时态主动动词，或者至少是一个隐性的主动动词："［我答应］我会做到忠诚"；"［我答应］我一定会去做我凭良心能做的一切，让你的生命发光发热"。而且，丹尼尔的承诺建立在已有的"我"或"自我"的基础之上。在小说中，他从头至尾给人的印象是诚挚、害羞、心思细腻、品行端正。一旦他看清自己的责任，便会下定决心去履行这份责任。英国道德观的大框架牢牢地占据着他做出承诺的语境。他享有自由，可以为某项使命而献身。他的问题在于尚未遇到压倒一切的、对他的生活有决定性作用的责任，而且他不知晓自己的真实身份。在小说的前半部分，他既无使命，对自我亦一无所知。现在，一份难以抗拒的责任出现在他面前。

末底改对德龙达的恳请源于犹太神秘教卡巴拉（Kabbalah）的灵魂转世观念。他们分属不同肉身，却共有一个灵魂。末底改相信，在他死后，他的灵魂将注入丹尼尔体内，而丹尼尔将接过他的使命，继续推进犹太复国主义大业。他将为建立一个新的犹太国家而奋斗。末底改认定丹尼尔一定是犹太人，事实证明的确如此。尽管当时丹尼尔并不知情，但他的承诺有着实实在在的根据，即他真实的犹太人身份。按照德里达的述行语理论，德龙达回应他人或"完完全全的他者"对他的请求，借助一个述行性言语行为变成了一个新的自我；或者，他本是一块白板，通过强制性的、压迫性的、重复性的角色扮演，有了一个新的社会自我。然而，两者都不是事实。

对乔治·艾略特来说，德里达的述行性理论和归诸巴特勒的表演性理论都有些耸人听闻。她相信固定的、固有的自我，尽管她的信念会有细微的变化，或者说，她认为没有这一自我的人处于危险的境地。小说中，与丹尼尔·德龙达相关的戏剧性事件是他发现了自己的真实身份，即他是一个犹太人。一旦发现了这一点，他便别无选择，唯有忠于他的发现。他满心欢喜地这样做了。他兑现了对末底改的承诺。

对许多现代读者来说，包括我在内，这种解读似乎太容易了。简直是弗洛伊德所谓的"家庭罗曼史"的一个奇怪版本：得偿所愿的版本。孩子幻想父母不是自己的亲生父母，幻想自己是伪装的王子，这些幻想都变成了现实。一个现代读者心想（即用蒙田的话来说，那些感觉自己"摇摆不定且多样化"〔法语原文：ondoyant et divers］的人），如果某种不容置疑的力量告诉我，我已经有了一个不能改变的身份，那该多好。站在乔治·艾略特的立场，我们必须说，《丹尼尔·德龙达》中关于丹尼尔·德龙达的稍显荒诞的寓言其实是作家的回应，回应的是她了然于胸的可能性：从她的双重视角中的一个角度来看，德里达式的自我理论或自我的社会建构论可能会引发多么灾难性的后果。我们可以证明，她预见到了这种可能性。艾略特的小说创作于一个历史转折点：自我是固有的、不可改变的这一概念行将过去时，取而代之的是更为现代的理论，即自我是可以改变的，可能与自由选择或经验形塑有关。而后者在历史上是有先例的，不光是蒙田的学说，还有——比如说——18 世纪的法国小说。

把德龙达对末底改的使命承诺解读为德里达式述行语，或奥斯汀式述行语，两者之间的逻辑困境（aporia）也已刻写在小说里。很久以前，辛西娅·蔡斯（Cynthia Chase）写了一篇非常精彩、至今仍有决定性影响的文章，[①] 用了另一套说辞来表现上述两者之间的矛盾：一方是所谓的"进一步转喻法"（metalepsis），即德龙达对末底改的承诺成为其原因的原因，另一方则是更为传统的叙事逻辑，其发展的方向是那个不可避免的、在过了一定阶段甚至是可以预见的发现，即德龙达从来都是一个犹太人。犹太人是他的"真实身份"。蔡斯解读的基础是在《丹尼尔·德龙达》中次要人物汉斯·梅里克（Hans Meyrick）写给德龙达信中的一句话，即"过去的结果在当下的原因"（704），称这部小说的叙述结构为"交错配列法（chiasmus）或进一步转喻法（met-alepsis），即颠倒了因与果的时间顺序：原因被迁至当下，结果

---

① Cynthia Chase, "The Decomposition of the Elephants: Double - Reading *Daniel Deronda*," in *Decomposing Figures: Rhetorical Readings in the Romantic Tradition* (Baltimore: The Johns Hopkins University Press, 1986), pp. 157 - 174. 下文凡出自该论文的引文，均在括号中标注页码。

却留在过去"（162—163）。"德龙达的故事中，起决定性作用的不是他生下来便是犹太人这一事件，而是他对这一事件的知晓或认可"，蔡斯说（162）。她又指出，艾略特"把原因指定为其结果的结果，把结果指定为其原因的原因，由此彰显现实主义小说的各项主张与实际运用的叙事策略之间的矛盾"（163）。蔡斯形容后者仿佛是"童话故事里的魔法变形"（168）。青蛙变成了王子；德龙达变成了犹太人。蔡斯认识到结果是该小说传达出两种不同的身份观。更传统的一种认为，身份由出身决定，不可改变，发现自己的犹太人出身时，德龙达唯有接受。他真的是一个犹太人。而另一种身份观认为，德龙达对末底改的承诺"使得性格和特点先于对出身的推断结果而呈现，并引发了后者"（163）。因为德龙达对末底改做出承诺，结果他发现自己是犹太人。尽管蔡斯在文章的后部分聪明地提到了言语行为理论，她却没有明确指出，自己的某个短语暗示出了述愿陈述与述行陈述不无问题的合并。她说德龙达对犹太人身份的"知晓或认可"，而非"他生下来便是犹太人这一事件"，对他的故事起了决定性的作用。这听起来像是在说，知晓与认可也许是一回事。然而，她所发现的进一步转喻法的逻辑困境，恰巧体现为这个并置。德龙达尚不"知晓"他的犹太身份，便已"认可"。这既像、又不像德里达式的述行性使命断言，因为对德里达而言，你永远无法确切地获知，你从自身那个"完完全全的他者"那里听到的召唤是不是真正的命令，或者是不是对你的召唤。在本章稍后的部分，我将探讨德里达在《亚伯拉罕，他者》（"Abraham, the Other"）中谈到的主题：他与自身犹太人身份的关系，与德龙达的案例颇为不同。

　　蔡斯还提到《丹尼尔·德龙达》的一个有点可笑或尴尬的特点。这个特点可说是显现其逻辑困境的一块伤疤。而此逻辑困境可以被定义为：在与述行性认可（performative affirmations）相关的身份问题上，艾略特意欲两全其美，尽管这是不可能的。这部小说的情节发展倚赖德龙达对犹太出身的不知情，这种情形一直持续到后部分，他的母亲向他揭示了真相。然而，在那个年代，只有犹太男人才接受割礼，非犹太人没有这个必要。德龙达怎么可能不知道自己是犹太人？蔡斯在脚注中提到，史蒂文·马库斯（Steven Marcus）在 1976 年的一篇文章中谈到了这个问题。他写道：

　　等到他发现自己是犹太人时，他竟然已经是成年人了，读完了伊顿和剑桥。其中意味深长的地方——鉴于当时在医疗实践方面的习俗［非犹太人不受割礼］——便是他从未朝下看。为了让《丹尼尔·德龙达》的故事情节站得住脚，德龙达受过割礼的阴茎必须是隐形的，或不存在的——而这其实是再次从细微处证明，这种故事情节其实站不住脚。①

　　"其实站不住脚"是马库斯的表述，对应的是蔡斯以及我跟随其后发现的那个逻辑困境。

　　本书将艾略特的疏忽置于以下语境：在很多文本中，德里达不厌其烦地关注自己的、弗洛伊德的、策兰（Paul Celan，1920—1970）的乃至整个犹太群体的割礼，视为他们被上帝挑选的标记或伤疤。在《丧钟》（Glas）、《割礼忏悔》（"Circum-

————————

①　Steven Marcus, *Representations*: *Essays on Literature and Society*（New York：Random，1976），p. 212，note. 如蔡斯（Chase）所言（224），玛丽·威尔逊·卡本特认为，"其实艾略特在《丹尼尔·德龙达》的情节中大量植入了当时神学界对主受割礼日的阐释"。德龙达遇见格温德林，劝她忏悔，这一天正好是元旦，即主受割礼日。当然我们所说的是耶稣还是婴儿时接受的割礼。维多利亚时期的新教神学家把这一事件解读为两大"教会"，即犹太教会与基督教会联合的开始。参阅 Mary Wilson Carpenter, "The Apocalypse of the Old Testament：*Daniel Deronda* and the Interpretation of Interpretation," *PMLA* 99（January 1984）：pp. 56–71。

fession"）、《明信片》（*The Post Card*）、《示播列》（*Schibbo-leth*）、《档案热》（*Archive Fever*）及《亚伯拉罕，他者》中，割礼都是一个必不可少的主题。艾略特忘记了的，德里达着魔般地记住了。这也许可以作为一个寓言符号，寓意便是他们针对述行性承诺（performative promises）的观点差异。忠于以割礼签订的宗教誓约意味着什么？割礼将你和该誓约捆绑在一起吗？德里达并不十分确定。

　　《丹尼尔·德龙达》的另一半是格温多林·哈里斯的悲惨故事，可以解读为对归诸巴特勒的表演性理论的预先呈现和批判。格温多林的形象是维多利亚小说中最出色、最复杂的人物再现之一。精妙之处赶得上托尔斯泰对安娜·卡列尼娜的刻画。想用几段文字传达出格温多林的复杂不是一件容易的事。我们不妨简而言之，说她只是《丹尼尔·德龙达》中许多借助表演加以呈现的人物之一。《丹尼尔·德尼达》中一个不可或缺的主题是在公众场合唱歌和演戏、不折不扣的表演，以及做这些对自我的意义。

　　对于现代的表演研究来说，这部小说不啻一个精彩的库藏，里面装着维多利亚时期与 performativity 义项二相关的各种理论。克莱思默是一个了不起的作曲家和钢琴家，我以前说过，他的原型是乔治·艾略特非常欣赏的弗朗兹·李斯特。克莱思默最后发现，德龙达的犹太母亲是一个有名的歌手和演员，艺名叫"艾尔查瑞希（Alcharisi）"。米拉是格温多林的陪衬，一个犹太好女孩，在绝望中企图溺水自尽，德龙达救了她，并最终娶了她，他的终极角色是犹太人的拯救者，这不过是一次预演。米拉被父亲逼迫，成了一名歌手和演员，但她一直抵制这些装模作样的职业，视之为对真实自我的疏离。这种疏离把她逼到了意欲自杀的绝望境地。格温多林刚好相反，总是处心积虑地扮演某种角色。她努力想成为一名优秀的歌手和演员，却徒劳无功，而小说也反复从这个角度来衡量她。

　　艾略特的 performativity 义项二理论很复杂，甚至可能有些自相矛盾。一方面，克莱思默的作曲和表演受到称赞，因为它们源自他那强大的、威严的人格魅力。他在自己的表演风格（performativity）中表达了一个已有的自我：

　　　　赫尔·克莱思默演奏了一首自己创作的乐曲，一首幻想曲，名为《愉快的、悲伤的、感恩的》——对某个并不十分显而易见的旋律理念进行全面的解说；他的手指仿佛有着不可一世的魔力，轻触象牙琴键与木槌，发出令人心动神驰的乐音，琴弦轻颤，为他低语，回旋不散，钢琴的情感流露本是不温不火，但一经他的手，保准在它的极限内释放出多彩多姿又深沉含蓄的激情。（79—80）

　　另一方面，克莱思默演奏得好，是长年艰苦练习、如学手艺般掌握技巧的结果。你必须是一个有耐心的学徒，学习这种手艺，有师傅向你传授。你不是仅仅坐在钢琴旁，表达你的内心。你还必须接受乐器的局限性，就克莱思默而言，他的乐器是"情感流露本是不温不火的"钢琴。然而，克莱思默有能力让琴弦替他发出回旋不散的轻颤话语，仿佛他自己在透过乐音说话。不像克莱思默的演奏，格温多林的歌唱矫揉造作，很不自然，米拉却是用心在唱歌。而且，米拉受过很好的训练。在上面部分引述的段落中，克莱思默称赞米拉的歌唱，同时严厉批评了格温多林的歌唱，令后者感到万分沮丧，因为她以为自己可以借助歌唱和表演出人头地。她不清楚自己需要付出多大的努力，也不明白成功是多么的不确定。克莱思默让她的幻想破灭了。

　　米拉不同于格温多林。她那坏心肠的父亲迫使她与母亲分离，迫使她放弃了母亲虔诚的犹太教信仰。父亲逼迫她做了演员和歌手。她告诉团聚的梅里克一家——他们为她提供了庇护所——她一向都很憎恨演戏。她父亲的情妇也是她的老师，"一位意大利女士、一个歌手"（252），预测她必败无疑："她永远成不了一个艺术家；除了自己，她不知道如何做任何人。"（253）这种说法与反戏剧传统是一致的，后者想当然地认为，做一个好的演员与一个固定自我的节操是不相容的，这个固定自我可以全心全意与另一个人建立亲密的关系。亨利·詹姆斯的《悲剧缪斯》对这个主题做了微妙的探讨，令人叹服。米拉心甘情愿地承认自己的局限性（从乔治·艾略特的角度来看）；她说："我知道我的表演称得上好的话，只有一种情况，那就是并非在表演，而是扮演一个我可以把自己带入的角色，内心的某种情感会带着我顺利演下去。"（258）有点矛盾的是，这种习惯使她成了一个天赋出众的歌手，专门演唱适合表达自我的歌曲。她在赫尔·克莱思默面前演唱，希望就自己是否有可能以歌手的身份在伦敦谋生一事听到他的专业判断，克莱思默握着她的手说："你是个音乐家"（541），但是他又说，米拉应该只在私人客厅演唱，因为她的嗓音不够洪亮，不适合在舞台上开音乐会。在艾略特看来，唱歌与表演似有不同：唱歌唱得好，并非与拥有一个固定的、实在的自我不相容。

现在剩下格温多林，小说中最复杂的 performativity 与自我关系之案例。她的表演应该放在克莱思默、艾尔查瑞希和米拉等人的表演语境中来评判。格温多林恰到好处地展现了巴特勒的主张：社会强迫人们，尤其是女人变得做作、有局限。社会把关于性别差异的意识形态假设强加给女性，仿佛它们都是天生的、固有的差异。格温多林遭到质询，被迫变成了她现在的样子。在维多利亚时期，她的观念以及微弱的表演与歌唱才华在一般的中产阶级、适婚、斯文女青年中非常普遍。她自以为是一个有天资的歌手，克莱思默给的评判却毫不留情。克莱思默告诉格温多林，

她"嗓子相当不错"，但她"没有被教好"，她选择演唱贝利尼
的咏叹调简直是灾难，因为后者的音乐"表达的是一种幼稚的
文化状态"，"缺少深沉的、神秘的、激情洋溢的泣诉——缺少
冲突——缺少人人适宜的感觉"（79），而米拉的演唱展现了这
些特质。

　　与米拉的演唱相反，格温多林的演唱表明她缺乏真正的自
我，而非拥有。当她面临做家庭教师的可怕未来时，她安排自己
与克莱思默见面，请他给予自己一颗定心丸：她有能力作为一名
演员和歌手开创一番辉煌的事业。她对克莱思默说："我知道我
的唱歌方法有瑕疵；但那是我被教坏了。我可以被教好；我可以
学习。你会理解我的心愿；——又唱歌又表演，像格里希（Gri-
si）一样，是一种高得多的成就。我自然希望能尽我所能，达到
一个高的层次。"（296）最终克莱思默告诉她，语气尽可能地温
和但不容置疑，她没希望成为第二个格里希。她起步的时间太晚
了，即便经过多年的艰苦训练，她也"很难超越中等水平"
（303）。

　　难道这意味着格温多林没有固定的自我？不尽然。她这个人
物形象是对后来弗洛伊德所说的歇斯底里症患者（hysteric）的
一个绝妙画像，非常有洞察力，尽管不包括弗洛伊德对歇斯底里
病症的病因学分析（etiology）。她受制于今天我们所称的"急性
焦虑症（panic attacks）"。格温多林的自我是一个奇怪的混合体：
她有着"天生的以自我为中心的欲望所蕴藏的能量"（71），一
种掌控他人的愚蠢欲望，比如她非常错误地认为她将能够掌控冷
酷的丈夫格朗库尔（Grandcourt）；与此同时，她内心深处潜伏
着对开放空间、现实和死亡的歇斯底里式恐惧。以下我描述的那
次急性焦虑症发作之后，艾略特评论道："她想起，比如当她一
个人走着路，光线快速发生变化时，她突然感觉到自己孤单一
人，不由得浑身颤抖。又会发生什么呢？她感到羞愧又害怕。孤

单一人身处一个宽阔的场景，她总有一种难以名状的感觉，仿佛有一个无边无际的存在对她漠不关心，置身其中，她颇感无助，无法保持自信，无法表现自己。"（94—95）

　　在这起与艾略特评论的 Performativity 义项二相关的重大事件里，格温多林为了让在奥芬德纳的家人和其他客人为之倾倒，打算表演莎士比亚《冬天的故事》（*The Winter's Tale*）中的一场戏，即埃尔米奥娜被音乐唤醒，从凝固的雕像状态中复活："音乐，唤醒她，奏起来！"这是一个很好的反讽：莎士比亚笔下这场戏赐予音乐一种把人从死亡一般的睡眠——比如格温多林与自我日渐疏离，终日神思恍惚、昏昏欲睡——中唤醒的力量。更有反讽意味的是，克莱思默弹奏的音乐唤醒了这位冒牌的埃尔米奥娜。克莱思默在钢琴上奏出一个雷鸣般的乐音，一块墙板突然打开，格温多林看到了一直隐藏在此的一幅画。画面上有一张死人的脸和一个逃离的身影。突然看见这样一幅画，格温多林的歇斯底里症即刻发作，陷入了极端的恐惧。有几秒钟的工夫，她停止了毕生从事的表演，变成了真正的自己。她是一个被隐藏的恐惧控制的人，恐惧的不是某个具体的事物，而是生活本身，生活那空旷的、不受管束的空间，永远不会被她掌控。片刻间，她完全放弃了表演："所有人都惊呆了，眼睛都转向打开的墙板，却又被格温多林一声刺耳的尖叫唤了回来。她站在那里，姿势没有任何变化，但脸部神情的变化，尤其是脸上的恐惧，着实吓人。她看上去像是一尊被恐惧的灵魂附体的雕像：苍白的双唇豁然张开；双眼平常都眯缝在长长的睫毛下，此刻却瞳孔放大，视线仿佛凝固了一般……格温多林扑通一声跪倒在地，双手捂住了脸。她仍在颤抖，却说不出话来。"（91—92）。

　　这个极具感染力的插曲可说是小说中很晚一个场景的预演：地中海上，格朗库尔从游艇掉落水中，格温多林无法救助即将溺死的丈夫，她的内疚受到了戏剧化的处理。她向丹尼尔忏悔自己与格朗库尔之死脱不了干系："我看见我的愿望在我之外。"
（761）格温多林的忏悔出现于小说的后部。其中又多了两个反
常的言语行为，即 performativity 义项一的可信案例。忏悔是对语
言的述行性运用，因为忏悔者不仅说出了真相，属于述愿的性
质，而且其方式也许会产生一定的后果。忏悔可能是一种以言行
事的方式。比如说，如果忏悔的是犯罪行为，则忏悔人有可能受
到审判，最终定罪。由于丹尼尔并未宣扬格温多林的忏悔内容，
而是像神甫那样替忏悔者保守秘密，所以她的忏悔只是引发了丹
尼尔的回应。丹尼尔的回应是一种怪异的承诺，与他对末底改的
承诺很不一样。阅读格温多林忏悔的场景相当痛苦，甚至颇为尴
尬，因为这个场景不仅标志着她泰然自若形象的崩溃，还因为她
在丹尼尔身上看到的不光是道德拯救者还是一个可能的丈夫人
选。平生第一次，她能够对自己以外的另一个人产生真正的感
情。然而，丹尼尔的宿命是娶米拉，尽管有些读者也许期待或希
望这部小说的两条线索能够合二为一，以格温多林与丹尼尔的结
合作为完满的结局。艾略特不断煽动读者的这种希望，目的只是
将它彻底打碎，仿佛这样可以给格温多林一个有点残酷的惩罚，
不管她是多么应该受到惩罚。

　　丹尼尔满怀同情和悲伤聆听着格温多林的忏悔。他尽最大可
能宽慰她，说即便她想尽一切办法去救格朗库尔，格朗库尔也几
乎必死无疑。其间，丹尼尔听着格温多林详尽的忏悔，听到她可
怜地恳求他不要离开她，他的回应只是抓住格温多林的手。这是
一个无言的承诺，但艾略特用一个异乎寻常的表述，把这个承诺
界定为在一张空白的纸张上签名，犹如我们今天说在支票上签
名："他抓住她的一只手，握紧，似乎是要像两个孩子一样一起
散步：这是他能回答的唯一方式，'我不会离开你。'自始至终，
他觉得仿佛是在一张空白的纸上签上自己的名字，而这张纸也许
会被填满可怕的内容。"（755）这里，一个动作，握手，取代了

一个不折不扣的言语行为，不过仍在奥斯汀的理论所容许的范围之内。然而，丹尼尔担心那张他签名——另一个述行语——的白纸将被填满格温多林的期望：他娶她。接着，格温多林讲完了她听任格朗库尔溺死的"邪恶"之后，又一次恳求丹尼尔："你不会离开我吧？"丹尼尔回答："我永远不会一时冲动离开你"，但"此时他痛苦地意识到，在她听来，他的话也许带着一个承诺，这个承诺也许某一天无法履行：他对一个无限期的希望做出了一个无限期的承诺"（765）。

这究竟是不是奥斯汀所说的"恰如其分的"承诺呢？是，又不是。丹尼尔说他永远不会一时冲动离开格温多林的时候，他说的肯定是实话，但格温多林的理解与他的本意有出入，他只不过是想在格温多林极度痛苦的时候对她好一点。丹尼尔有一种不祥的预感：格温多林可能误解了他的话。他说出这句承诺的时候，"他的声音，如同他的眼睛，无形之中使得他那一贯的同情心比真实的情形更显亲近和特别。在那一刻他摆脱不了一个不祥的预感：他的话产生了某种自我承诺的效果"（765）。丹尼尔本无意承诺，但他的语言、他的声音，还有他的眼睛都为他做出了承诺。这是一个绝妙的实例，展示出一个言语行为可能会产生意料之外的后果。它可能会导致某件事情发生。它可能是以言行事的一种方式。然而，它可能自行其是，与说话人的本意不相吻合。

一个言语行为可能产生意料之外的后果，这一论断呼应了后来保罗·德曼在《阅读的寓言》（*Allegories of Reading*）① 中《承诺（社会契约）》（"Promises [*Social Contract*]"）一文及其他后

---

① 　Paul de Man, *Allegories of Reading*: *Figural Language in Rousseau*, *Nietzsche*, *Rilke*, *and Proust* (New Haven, Conn.: Yale University Press, 1979).

期作品中提出的言语行为概念。① 我记得他曾在一个专题研讨会上对这个问题做过言简意赅的表述："你瞄准的是一只熊，却见一只无辜的鸟从天上掉下来。"你说的话进入人际网络、社会和政治领域，被理解成什么样子，将决定它会产生什么样的后果。有时候你的一番好意可能会有凶暴的或残忍的效果，恰如丹尼尔无意之中误导格温多林以为他也许爱她。他的话脱离了他的意图或意愿，自行运作，对此他亦有所悟。我所说的任何述行语都像是在空白支票或白纸上签名，听任别人填上我欠钱的数额或我所招致的义务。

　　我们能责怪丹尼尔背弃诺言吗？这是一道难题。毕竟他说了那些话，必须为此负责任。他握着格温多林的手，答应永远不会离开她。狄更斯在《匹克威克外传》（*Pickwick Papers*）中用一种滑稽但深刻的方式对这个问题做了戏剧化的处理。匹克威克给房东巴代尔太太写了一张正常的便条订晚餐："亲爱的巴代尔太太——排骨加番茄酱。你的匹克威克。"② 但荒诞的是，在巴代尔太太和她的律师看来，这是一封求婚信。这导致了一场因背弃承诺而打的官司，巴代尔状告匹克威克，结果使后者锒铛入狱。任何形式的言辞可能都有无法预见的和意料之外的述行性效果，比如害你入狱。保持沉默也许更好。

　　德里达的述行语理论更加激进，更令人不安。他坚持认为，连沉默都无法保护你，你仍有可能背弃从未明确做出的承诺。德里达在《死亡的赠礼》中指出，我做了一个含蓄的承诺，要照料世界上的每一个人、每一只动物，每一个"他者"，即便我不曾说过任何能被视为公开承诺的字眼。我将在第 9 章详细说明。

---

　　① 对保罗·德曼的言语行为理论较为充分的讨论，参见我的著作 *Speech Acts in Literature*（Stanford, Calif.：Stanford University Press, 2001）第 3 章。

　　② Charles Dickens, *Pickwick Papers*, ed. Robert L. Patten（Harmondsworth, Middlesex：Penguin, 1972），p. 562.

这种无限性导致了责任的自相矛盾。我根本不可能对所有这些他者、他们每一个个体都履行我的责任。我照料着我的一只猫，但我应该给世界上所有的猫、所有每天因饥饿和受冻而在死亡边缘徘徊的猫提供食宿。如果我们认真思考和解读《丹尼尔·德龙达》中格温多林的忏悔片断，便会发现它是一个很好的例子，让我们明白文学作品非常适合用作调研材料，探究 performativity 义项一与 performativity 义项二的区别。这部小说中的其他人物也是其他的好例子，提供了一系列的可能性。

德龙达的母亲，"艾尔查瑞希"，是另一个例证。毫无疑问，她的原型是闻名遐迩的女演员或歌唱家，如犹太人雷切尔（小说中提到过她）和意大利人格里希（小说中也提到了她）。艾尔查瑞希"天生便是一个歌手和演员"（696）。这句话的潜台词是，她是一个天资出众的人，她的才华是与生俱来的，是自我的一部分。不过她也接受过艰苦的训练。她成了一个知名的演员和歌手，直到后来她唱歌开始失声，开始走调。然后她便嫁给了一个俄国贵族，成了哈尔姆—埃伯斯坦王妃。然而，这也是她假扮、假装的一个角色："与做欧洲最优秀的歌剧女演员比起来，我假装自己更喜欢做一个俄国贵族的夫人；我假装——我扮演这个角色。"（703）

对于艾尔查瑞希的才情横溢和巨大成功，小说没有留下任何疑问。然而，这两点并没有使她成为一个好人或幸福的人。她处心积虑，背叛了她的犹太传统和她父亲虔诚的犹太教信仰，当上了歌手和演员。她把儿子丹尼尔送给她众多爱慕者中的一个——雨果·马林杰爵士（Sir Hugo Mallinger）抚养长大，成了一个英国人。从那时起，多年来，她一直残忍地阻止丹尼尔了解他真正的身世，即他是一个犹太人。至于艾尔查瑞希是否成为雨果爵士或其他任何一个爱慕者的情妇，艾略特出言谨慎。也许是，也许不是。

艾尔查瑞希摈弃了自己的犹太传统，这一点可以解读成《维基百科》对巴特勒早期理论的阐释，考虑到艾略特不赞成据说是巴特勒责令的东西，这种解读颇具反讽意味。而且，更为反讽的是，巴特勒在她目前的作品中开始拥抱她的犹太传统，比如阐释列维纳斯的思想，其方式更像丹尼尔·德龙达，而非他的母亲。艾尔查瑞希费尽心机，抛弃了父亲及犹太群体希望她拥有的自我，即一个犹太女儿和妻子，称职、附属于他人、驯顺。但她选择了自由，成了一名的优秀歌手和演员。艾尔查瑞希代表着表演、歌唱与人格操守分离的可能性，举个例子，人格操守能够使人做出并兑现承诺。她与哈尔姆—埃伯斯坦王子的婚姻是一场虚无缥缈的表演，其根基不是一个实实在在的自我。

小说中有一个场景：王妃向儿子丹尼尔揭示他的犹太人出身，并给他讲述自己的生活经历，试图为当年将他丢弃给雨果爵士的行为辩解。在这个场景里有一个段落，艾略特描绘王妃在丹尼尔面前高度戏剧化的表演，借助"真诚的表演"（矛盾修辞法），据理力争，自我防卫，同时又有忏悔，写得极为精彩：

> 她说这段话时，语调的变化与过渡都拿捏得堪称完美，只有最有造诣的演员才做得到。她说的话其实可能称得上真诚的表演：这位女士的天性便是如此，她的全部感情——如果是悲剧性的和真实的感情，那更是变本加厉——即刻用于有意识的再现：经历即刻融入了戏剧，她表演着自己的情感。轻描淡写来说，这不是什么不寻常之事，但王妃的表演不论是面容、声音还是手势都达到了常人难以企及的完美。如果说因为这种双重意识，她感受到的少了，那就错了：她感受到的——也就是说，她大脑中经受过的——愈发多了，

但有些与众不同：痛苦或愉悦的内核被包裹在精神陶醉引起的强烈兴奋之中，这种氛围既让她迷醉，又令她麻木。（691—692）

"精神陶醉"指代因扮演一个角色而产生的一种虚假的兴奋。它没有自我的扎实根基。艾尔查瑞希面对丹尼尔的表演被呈现为一场战役，一方是她的真实自我，另一方是她通过自我训练获得的虚假自我。艾略特写道："她的大脑似乎裂成了几块，相互震荡着，冲动之中开始了战斗。"（700）她决定告知丹尼尔的犹太出身，这是她的胜利，真实的犹太自我——艾略特称之为"可怜的、孤单的、被弃的自我残余，没有任何抵御能力"（699）——以及父亲对她的期望战胜了虚假的、做作的、表演的自我。这里，艾略特再次信守她的理论假设：我们每个人都有一个固有的、最终无法剥夺的自我，不论丹尼尔的"进一步转喻法"故事结构拿这个假设玩多少游戏。

　　凑巧的是，德里达的《亚伯拉罕，他者》中有一个与艾略特讲述的丹尼尔·德龙达故事相对应的故事。不过，德里达与其犹太出身的关系与乔治·艾略特套在丹尼尔·德龙达身上的故事大不相同。这一点佐证了我的看法：德龙达的承诺不能简单地归为德里达式述行语。德龙达发现自己是犹太人时，以满腔热情接受了这一事实。他认为这是他的真实自我，是来自耶和华的召唤。他把这个早已存在的自我当作成家立业和政治选择的基础：他娶了米拉，并致力于犹太复国主义运动。德里达正好相反，在关于自己与犹太传统及犹太教关系的公开言论中，他总是显得谨小慎微、复杂难懂，甚至自相矛盾。

　　我在第11章里简短地谈到《亚伯拉罕，他者》（法语原文："Abraham, l'autre"），但这里我必须点出德里达本质上的犹豫，与德龙达接受自己犹太出身的兴奋对比强烈。这有助于佐证我的

观点：德龙达的承诺只能算是准德里达式的承诺。完全讲清楚德
里达著作中的这个复杂问题，对其复杂纹理中的这一条线索追根
究底，其实是个无底洞。要达到这个目的，我们不仅需要阅读上
面提到的、谈到割礼的文章和书籍，还要读其他文章，比如
《如何避免言说：论否认》（"How to Avoid Speaking：Denials"）、
《他者的单语主义》（*Monolingualism of the Other*）或《宗教的行
动》（*Acts of Religion*）中的文章，以及探讨德里达与其犹太传统
关系的全部重要的但几乎都带有个人色彩的"第二手"文献，
比如收录《亚伯拉罕，他者》的《犹太性：向雅克·德里达提
问》（*Judeities：Questions for Jacques Derrida*）、吉尔·阿尼加
（Gil Anidjar）给《宗教的行动》撰写的序言（*AR*，1—39），尤
其是埃莱娜·西苏令人叹服的《雅克·德里达，一个青年犹太
圣人的画像》（*Portrait of Jacques Derrida as a Young Jewish
Saint*）。① 而且，与德里达后期撰写的许多文章一样，《亚伯拉
罕，他者》谈到了他著作中大多数重要主题：责任、赠礼、殷
勤好客、宽恕、主权、证词、第三个见证人的问题、非位置
（khora）、缺少弥赛亚主义（messianism）的弥赛亚性（messian-
icity）、新国际、未来的民主，等等，更不用说他的言语行为概
念。这里，我只简短但力求生动地概述德里达在《亚伯拉罕，
他者》中的言论，重点放在这篇文章对德里达独特的述行性理
论有何说法。毕竟这是本章的主题。

一方面，在《亚伯拉罕，他者》中，德里达全心全意地接
受了他的"犹太血统"："我从来没有，绝对没有［法语原文：
au grand jamais］隐匿过我的犹太血统［法语原文：ma filiation
juive］，能够宣称自己拥有犹太血统，我一直深感光荣。"

---

① Helene Cixous, *Portrait of Jacques Derrida as a Young Jewish Saint*, trans. Beverly
Bie Brahic (New York：Columbia University Press, 2004)；*Portrait de Jacques Derrida en
Jeune Saint Juif* (Paris：Galilee, 2001).

（*AO*，6；*AA*，16）另一方面，德里达又赶紧解释他为何不像德龙达那样直接说："我是一个犹太人。我发誓效忠于我的犹太传统。我承诺，我一定会去做我凭良心能做的一切，以推动犹太人的复国大计。"而且，当他开始罗列不能说"是的，我是一个犹太人"的理由，而必须界定为"我不归属于犹太性或犹太教的归属问题［法语原文：la question de mon appartenance sans appartenance a la judeite ou au judaisme］"（*AO*，8；*AA*，17）时，事情立即变得错综复杂，因素众多，甚至矛盾对立，或用德里达自己的话来说，"很不确定"（*AO*，8；*AA*，17）。你们可以看出来，对于"犹太性：向雅克·德里达提问"大会①提的问题，德里达并未给出答案，而是提了另一个问题。而德里达作为回应的问题，只能借助布朗肖式的自相矛盾："没有归属的归属。"

德里达说，他受一种奇怪的指令控制，要对这个话题保持沉默，当然，他在这次讲座中打破了沉默，详细谈论了这个话题。也许他的谈论是"避免言说"的一种方式。他接着说，他不知道说"我是一个 Jew（犹太人）"或"我是一个 jew（犹太人）"，是什么意思，也不知道首字母大写的"Jew"或首字母小写的"jew"何等重要。他有时候用首字母大写的"Jew"，有时候不用。他说，他不知道这些表达方式与有人对他说下述的话有何区别："你是一个犹太人"；"他们说你是一个犹太人"；或"肮脏的犹太人！［法语原文：sale Juif！］"（*AO*，10；*AA*，19）。他说他不知道做一个"模范"犹太人是什么意思，而他对模范之逻辑表示严重怀疑。同时，他回想起在《割礼忏悔》中，他引述了1976 年的一本笔记，其中他"并非嬉戏地嬉戏"，自称"犹太人

---

① 这次大会于 2000 年 12 月 3—5 日在巴黎犹太人社区活动中心举行。《亚伯拉罕，他者》以讲座的形式在大会上发表。

中的最后一个、最不像犹太人的一个［法语原文：le dernier des
Juifs］"（*Ce*，154；*Cf*，145）。在《割礼忏悔》中，他试图界定
"我的无人能懂的宗教"，又谈到"我的生活中上帝恒定在场的
状态有其他的称谓［法语原文：s'appelle d'autre noms］"
（*Ce*，154、155；*Cf*，146），我猜 le tout autre，即完完全全的他
者，是其中之一。自称犹太人中的最后一个，有双重含义：最后
一个真正的犹太人；最不具备犹太性的犹太人。这一点也许可以
在玛丽·雪莱（Mary Shelley）的长篇小说《最后一个人》（*The
Last Man*）和莫里斯·布朗肖（Maurice Blanchot）的故事《最后
一个人》（*Le dernier homme*）里找到共鸣。《继续生存/分界线》
（英译："Living On/Border Lines"；法语原文："Survivre/ Journal
de bord"）中"分界线"部分引述了布朗肖的《最后一个人》：
"但是在我（叙述者）在场的情况下，他仍将是最孤单的人，甚
至没有他自己，没有最后一个人，也就是他自己——因此他是所
有人中的最后一个［法语原文：Mais moi present, il serait le plus
seul des hommes, sans meme soi, sans ce dernier qu'il etait, —
ainsi le tout dernier］。"（*LO/BL*，132—134；译文有所改动；*P*，
176—179）

　　德里达的短语"犹太人中的最后一个"也许还呼应了希伯
来文《圣经》和基督教《旧约全书》中那些预言性文字中反复
出现的主题。那便是正义的或拯救的余民，即始终忠诚于耶和华
的少数犹太人，从不向其他奇怪的神卖身求荣："如果万军之没
有存留我们当中的一些人，我们早已像所多玛、蛾摩拉一样毁灭
了"（《以赛亚书》1：9）；"余民必回，雅各的余民必回归于全
能的上帝"（《以赛亚书》10：21；另见《以赛亚书》4：2）；
"但我要保留一些余剩的人，你们分散在各地的时候，你们必有
人在列国中从刀剑下逃出来"（《以西结书》6：8）。做一个余
民、犹太人中的最后一个，便是做余剩的那一个、余剩者，即法

语的 reste 或 restance（希伯来语的 sherit）。①（关于 reste，参见第五章）

　　至于自称 le dernier des Juifs（犹太人中的最后一个、最不像犹太人的一个）是何用意，德里达的解释是一长句令人惊奇的、带着典型德里达式阐释疑难或自相矛盾的话，译成英语竟然长达20 行。这句话盘旋往复，转向这个方向，再转向那个方向，你完全可以据此想象《亚伯拉罕，他者》中的复杂修辞。下面我将要引用德里达的一句话，在紧接着的一句话里，德里达的表述援引了"马拉诺（the marrano）的形象"，即文艺复兴时期隐匿在西班牙或葡萄牙境内的犹太人，他们为躲避宗教法庭的迫害，表面上改信天主教，暗地里依然信奉犹太教。

　　我［在《割礼忏悔》中］介绍自己是最没有犹太性、最不相称的犹太人，最配不上真正的犹太人这个称谓，但正因为这一点，因为一种断裂的力量将地域［法语原文：lieu］和当地的、家庭的、社群的、国家的一切，诸多此类，统统连根拔起后进行普适化，他以嬉戏的态度扮演着最有犹太性的犹太人［这句"以嬉戏的方式扮演角色"使得德里达更像格温多林或德龙达的母亲，而非德龙达本人］，最后一个因而也是唯一的幸存者，命中注定要肩负代代相传的传统，在选派（assignation）之前，在上帝挑选、灵魂永

---

① 杰拉德·本苏桑（Gerard Bensussan）的精彩论文《最后的那一个，余剩的那一个……（德里达与罗森茨维格）》（"The Last, The Remnant… ［Derrida and Rosenzweig]"，法文原文题目为"Le dernier, le reste… ［Derrida and Rosenzweig]"）紧随《亚伯拉罕，他者》之后，也被收入《犹太性》一书，该论文强调了我在文中提到的这种联系。参阅 *Judeities: Questions for Jacques Derrida*, ed. Bettina Bergo, Joseph Cohen, and Raphael Zagury - Orly, trans. Bettina Bergo and Michael B. Smith (New York: Fordham University Press, 2007), pp. 36 - 51; *Judeites: Questions pour Jacques Derrida*, ed. Joseph Cohen and Raphael Zagury - Orly (Paris: Galilee, 2003), pp. 43 - 58.

远得救之前，要储备回应和责任，总处于错把自己当他人的危险，这便是体验上帝挑选这一过程的精髓；仿佛最不像犹太人的一个能够担当最多的重任，而且仿佛（毫无疑问，你将注意到，我常常求助于"仿佛"［法语原文：comme si］，我是有意［法语原文：a dessein］为之，并非嬉戏，并非随口说说，因为我相信"仿佛"中隐含的"也许"，诗性或文学性，简言之，如心脏跳动于我想托付与你的世界）——仿佛否认最多的那一个，看似背弃归属——无论是归属于社群、宗教，甚至于人民、民族和国家，等等——之教义的那一个，仿佛这个个体独自一人代表着他看似通过发伪誓背弃的一切对他最后的要求，对他的夸张要求。（*AO*，13；*AA*，21—22，译文做了修改）

我引用了这么长一句话，一部分原因是它提及德里达在《亚伯拉罕，他者》中否认态度的另外两个特点。其一，他认为，合乎道德规范的决定只有在不受已有法律或规定左右的情形下，才是诚挚的。（参见第二章）他称之为"一个解构，也是关于决定的道德规范，关于责任的道德规范，受制于不可决定因素的长期存在，受制于我之决定为我中他者之决定的律法，一心一意［法语原文：vouee, devouee］创造阐释疑难，不能够或不情愿［法语原文：au ne - pas - pouvoir ou au ne - pas - devoir］信任对立双方的边界，比如两个表面看似可以分离的概念"（*AO*，17；*AA*，25—26）。其二，德里达再一次坚决声明，拒绝认同任何家庭、任何社群、任何群体、任何民族或任何教堂会众。（参见第六章、第八章）另外在《亚伯拉罕，他者》中，德里达透露，他的坚决克制，以"不要算上我"应对每个归属（包括归属于任何犹太社团）的呼吁，归因于他在阿尔及利亚埃尔比哈上学时亲身经历了法国政府推行的反犹主义：

　　最后，我想简略描述的悖谬效果是，作为一个受到迫害的犹太青年，我的痛苦（毕竟很平常，无法与欧洲犹太人的苦难相提并论——后者促使我更加慎言，讲求体面，使我不愿谈这个话题），毫无疑问，扼杀了我心中对任何社群、任何具有凝聚力与集群性的组织——不论它的性质如何——最基本的信心，首当其冲的当然是任何以族裔、宗教或民族背景为由成立的反犹太主义集群（法语原文：attroupement）。……一种模糊的感觉在我心里成形，刚开始我听之任之，然后进行理性思考，理由越来越充分，这种感觉便是被中断的归属感，一种被双方烦扰的关系：一方是公开宣称的敌人，当然是反犹分子，另一方是"我自己"这一方[法语原文：du cote des "miens"]，如果我可以这样说的话。（AO，15；AA，23—24）

　　德里达声称，接受那些他者们所说的"你是一个犹太人"的断语，从而如艾略特小说中丹尼尔·德龙达那般兴奋地加入犹太人的社群，是一种反犹太主义的姿态，这看似荒谬，实非如此。这样做其实是接受反犹主义划定的犹太人与非犹太人之间的界线，因而中了敌人的圈套。年轻的德里达由于他的犹太出身被阿尔及尔的一所法国学校开除，进了当地的一所犹太人学校。他憎恨这所犹太人学校，不久便开始逃学。

　　德里达解释说，从根源上拒绝归属于任何群体，这为任何有效的伦理行动提供了必要的基础。其中包括对我的召唤，或看似是"完完全全的他者"对我的召唤，我所做的述行性回应，以一声"是的"承诺毕生的使命。德龙达一旦发现自己的犹太出身，便视之为上帝挑选的一个明确标志，他唯有顺从；与他不同，德里达认为所谓的上帝挑选问题重重，不可确定。必须将其置于虚构的"仿佛"一类中。你永远无法确定，你真的受到了召唤，或者，那个召唤的对象就是你，不是别人。这意味着对德里达而言，那个决定终身使命的述行语"是的"或亚伯拉罕式的"看，我在这里"，与他独特的述行性理论是一致的，总归是一种不确定的莽撞行事。"做出决定的那一刻无异于疯狂。"你无法借助任何已有的理由来证明这一决定的合理性。在把决定说出口的行动中，它创造出自己的理由，以及决定者的自我。德里达非常明确地把这一现象与自己的述行性理论挂钩。说"我是一个犹太人"是一个述行陈述，不是述愿陈述。这一点类似于说"我爱你"。然而，与"我爱你"一样，"我是一个犹太人"是一个奇特的、反奥斯汀式的述行陈述。它创造出说话者的自我，而不是基于一个已有的自我。

　　而且在这个以及其他任何一个言语行为中，信仰与知识之间存在永远的脱节，或者不如说，你处于不知道你知道（know without knowing）的状态。陈述先于知识，甚至事后你都无法确定你在陈述时做了什么，即便这种不知晓的状态（nonknowledge）是你的言语行为"得体性"、即负责任的及时回应的没有根基的根基（ground without ground）。德里达说："像我一样，在知道自己说什么，所说之话正是心中所想〔法语原文：en voulant dire〕的情况下，要说'我是一个犹太人'〔法语原文：je suis juif〕，是非常困难的、很不确定的。你只能在话说出口之后，才试图去思考一番；因此，尚不知道你做了什么，行事〔法语原文：le faire〕却以某种方式先于知晓〔法语原文：le savior〕发生，而且相对后者而言，越发〔法语原文：plus que jamais〕显得多种多样。"（AO，28；AA，36）"以某种方式？"何种方式？这种说法包括了什么？或排除了什么？"越发"？相对于言语行为事件发生之前的状态？为什么是"越发"？德里达小心谨慎地让自己的话有所保留，且强调细微差异，但并未让他的话更加清晰易懂，也许他只是暗示，说出"我是一个犹太人"是一件异乎寻常的（"模范的"）事？

我说过，这种不知晓的状态正是这个言语行为发生功效的没有根基的根基。几页之后，德里达也说了这样的话：

> 这是可能的：我没有受到召唤，我，甚至不排除这种情况：无人、没有哪一个人、没有人，曾经召唤过任何一个人、任何一个独特的个体、任何人。从根源上误解目标的可能性（关于"标误［destinerrance］"，参见第三章）不是一种罪恶，而是名副其实的任何召唤、所有命名、所有回应与责任的结构，也许是它们的使命。（AO，34；AA，41—42）

这种可疑性与列维纳斯的看法很是不同，后者认为他者的面容霸道地唤起了我的回应。我曾在一个不同的语境中提到，德里达把这种奇特的、无法核实的上帝选择归为弗朗兹·卡夫卡的寓言《亚伯拉罕》的同类：卡夫卡以喜剧的笔法，令人不安地想象出不止一个可能的亚伯拉罕，包括一个"不招［德语原文：ungerufen］"自来的亚伯拉罕。这个"他者亚伯拉罕"就像教室后面的坏学生，误以为老师叫了他的名字，其实被叫的是那个好学生，为的是让他的良好表现得到奖赏。德里达独特的述行性理论把他自己——与他的犹太性相关——以及我们处于决定中任何时刻的人永远置于这个坏学生的情境。卡夫卡的寓言这样结尾："也许他根本没有误解，老师的确叫了他的名字［德语原文：wirklich genannt］，老师的意图是让对最好学生的奖赏同时也是对最坏学生的惩罚［德语原文：Bestrafung］。"① 德里达问道：

---

① Franz Kafka, "Abraham," trans. Clement Greenberg, in *Parables and Paradoxes*, bilingual ed. (New York: Schocken Books, 1969), pp. 44、45.

"这样的问题真的必须问我吗？或者注定要问我？那个坐在教室背后最后一排的我？"（*AO*，4；*AA*，14）他指的是在"犹太性：向雅克·德里达提问"大会上他被问及的问题。读者可以看出来德里达与艾略特笔下欣喜且毫不犹豫地顺应上帝选择的德龙达相差有多远。

　　在本章的结尾，我想问一个问题：如果只是 performativity 两个义项的其中之一，那么《丹尼尔·德龙达》，我指的是整部小说，体现了哪一个？它可以作为两种 performativity，即兼有 performativity 义项一和 performativity 义项二的实例。《丹尼尔·德龙达》是一场表演；或者，阅读《丹尼尔·德龙达》是一场表演，就像看着乐谱演奏一首莫扎特的奏鸣曲；或者，就这一特定情况而言，由于这部小说长且复杂，还是地地道道的维多利亚小说，因此阅读它就像演奏一首李斯特的钢琴曲。《丹尼尔·德龙达》也是一篇加长的奇特的述行陈述。它创造了一个虚拟的文学世界，要"进入"这个世界，只有依靠我阅读过程中书页上那些言词的述行性功效。这些言词召唤出或以如魔法般创造出格温多林、丹尼尔和其他所有的人物，恰如光天化日之下的鬼魂，他们的"世界"，以及他们的言行。这些言词如此行事，是在回应艾略特未写之时这部小说以某种可能形式存在的幽灵前世。这一切的发生遵循着德里达在《一个抑音节的时间：标点符号》（"The Time of a Thesis：Punctuations"）中提出的准胡塞尔式文学理论（*TT*，37—38；*DDP*，443—444）。就小说每一页上的语言而言，它们行使着这种最高权力，它们在时序上中断（因为艾略特的个人生活、社会环境或以前的作品中，没有任何迹象表明她将创作这部小说），它们的源泉是来自某个完完全全的他者的创造或发现，因此它们更像是德里达式的述行语，而非奥斯汀式的述行语或《维基百科》所阐释的巴特勒式表演性。

　　我在本章已充分说明，我们必须仔细辨别几种不同的 performativity，从而确定德里达的"独特理论"究竟有何独特之处。同时我也证明，它们之间的区别是解读文学作品的强大工具。然而，它们是利刃，所以必须小心使用，避免自伤。

（石平萍　译）

本书编写作品对照表

本书引用的德里达著作缩写表（缩写字母后的 e 代表英文，f 代表法文）

Af *Apories*, Paris：Galilee, 1966

AA "Abraham，l' autre". In *Judeites*：*Questions pour Jacques Derrida*, ed. Joseph Cohen and Raphael Zagury-Orly, 11 – 44. Paris：Galilee, 2003.

AO "Abraham, the Other", Trans. Gil Anidjar, In *Judeites*：*Questions pour Jacques Derrida*, trans. Bettina Bergo and Michael B. Smith, ed. Bettina Bergo, Joseph Cohen, and Raphael Zagury – Orly, 1 – 35. New York：Fordham University Press, 2007.

AR *Acts of Religion*. Ed. Gil Anidjar. New York：Routledge, 2002.

AV *Apprendre a vivre enfin*. Paris：Galilee, 2005.

BL "Before the Law". Trans. Avital Ronell and Christine Roulston. In Jacques Derrida, *Acts of Literature*, ed. Derek Attridge, 181 – 220. New York：Routledge, 1992.

BS "La bete et le souverain (deuxième année). Private computer files, 2002—2003（因是私人电脑文档，故无页码——作为德里达的朋友，米勒被允许使用）

C *Cinders*. Trans. NedLukacher. Bilingual edition. Lincoln：University of Nebraska Press, 1991.

Ce "Circumfession". Trans. Geoffrey Bennington. In Geoffrey Bennington and Jacques Derrida, *Jacques Derrida*, 3—315. Chicago: University Chicago Press, 1993.

CFU *Chaque fois unique, la fin du monde*. Ed. Pascal – Anne Brault and Michael Naas. Paris: Galilée, 2003.

DL "Prejuges: Devant la loi". In Jacques Derrida et. Al. , *La Faculte de juger*, 87—139. Paris : Minuit, 1965.

DM *Donner la mort*. Paris : Galilée, 1999.

Fle " Force of Law : The ' Mystical Foundation of Authority ' ". Trans. Mary Quaintance. In *Deconstruction and the Possibility of Justice*, ed. Drucilla Cornell, Michel Rosenfeld, and David Gray Carlson, 3 – 67. New York: Routledge, 1992.

Ge *Glas*. Trans. John P. Leavey, Jr. , and Richard Rand. Iincoln: University of Nebraska Press, 1986.

Gf *Glas*. Paris: Galilée, 1974.

GD *The Gift of Death*. Trans. David Wills. Chicago: University of Chicago Press, 1995.

Lie *Limited Inc*. Trans. Geffrey Mehlman and Samuel Weber. Evanston, Ill. : Northwest University Press, 1988.

LLF Learning to Live Finally: An Interview with Jean Birnbaum. Trans. Pascal – Anne Brault and Michael Naas. Hoboken, N. J. : Melville House Publishing, 2007.

LO/BL "Living On/Border Lines". Trans. James Hulbert. In Harold Bloom, Paul de Man, Jacques Derrida, Geoffrey Hartman, and J. Hillis Miller, *Deconstruction and Criticism*, 75 – 176. New York: The Seabury Press, 1979.

LS "Literature in Secret: An Impossible Filiation". Trans. David

Wills, In *The Gift of Death*, 2d ed. , and *Literature in Secret*, trans. David Wills, 119 – 158. Chicago: University of Chicago Press, 2008.

MdA*Mal d' archive*. Paris: Galilée, 1995.

MPdMe*Memoires for Paul de Man*. Trans. Cecile Lindsay, Jonathan Culler, and Eduardo Cadava. New York : Columbia University Press, 1986.

MPdMf*Memoires pour Paul de Man*. Paris : Galilée, 1988.

Pe*Psyche* : *Inventions of the Other*, Volume 1. Ed. Peggy Kamuf and Elizabeth Rottenberg. Stanford, Calif. : Stand University Press, 2007.

SMe*Specters of Marx*: *The State of the Debt, the Work of Mourning, and the New International*. Trans. Peggy Kamuf. New York: Routledge, 1994.

TS *A Taste for the Secret*. With Maurizio Ferraris. Trans. Giacomo Donis. Ed. Giacomo Donis and David Webb. Cambridge: Polity, 2001.

TT "The Time of a Thesis: Punctuations". Trans. Kevin McLaughlin. In *Philosophy in Frnace Today*, ed. Alan Montefiore, 34 – 50. Cambridge: Cambridge University Press, 1983.

WA*Without Alibi*. Ed. And trans. Peggy Kamuf. Stanford, Calif. : Stanford University Press, 2002.

WM*The Work of Mourning*. Ed. Pascale – Anne Brault and Michael Naas. Chicago: University of Chicago Press, 2001.

后 记

大约三年前，几个朋友在一起聊天，谈到米勒，谈他的为人和他的作品，也谈他对中国的情怀。有人说，米勒的作品比较适合中国读者；还有人说，在文学理论的翻译作品当中，最喜欢读米勒的著作——记得北师大中文系的王勇教授就这么说过。正是这次闲聊，使我产生了再编一本米勒文集的念头。于是，我把我的想法告诉了米勒，他立刻表示同意，并表示大力支持，同时把他尚未给我的著作寄给了我。

最初，我想请他编一本自选集，但他认为我对中国情况比他更了解，应该由我先提出选题，再和他商量。由于我们是近30年的老朋友，相对比较了解，所以我在比较短的时间里便给他提供了一份备选文章名单。他非常满意，只提出两三篇修改建议。选题确定之后，麻烦的是联系出版社授权；虽然我也做了一些工作，但主要还是通过米勒以作者身份进行联系获得授权的。那时他已年逾八旬，与出版社往返交涉，委实令人感动。

本选集没有按照年代顺序，而是采取以主题为中心的编辑方式，但基本上涵盖了米勒在不同方面的成就。众所周知，米勒是个非常善于通过解读文学文本来阐释理论的批评家，他一生似乎没有建构自己独立的理论体系，但他在不同时期对理论的阐释都是对文学批评和理论的重大贡献。德里达的解构哲学在美国的传播和流行，更是直接得益于米勒在文学方面的阐发。因此，采取围绕主题的编辑方式，也许更能体现米勒在不同方面的成就。

在准备翻译之际，我突然患病，虽然后来痊愈，但身体大不如以前，于是便邀请了上海外国语大学文学研究院的周敏教授与我合作，她在文章整理和翻译方面做了许多工作，对翻译的校对更是付出了大量心血。借此机会，我——也代表我的朋友米勒——真诚感谢周敏教授和本书的所有译者。

当然，在整个编选过程中离不开中国社会科学出版社、尤其是郭沂纹主任和史慕鸿女士的鼓励和支持，如果不是她们允诺出版这本选集，整个工作不会这么顺利。在此谨向中国社会科学出版社以及郭沂纹、史慕鸿、责任编辑等表示衷心的感谢。

　　　　　　　　　　　　　　　王逢振　2013 年初秋于北京